北京高等教育精品教材
BEIJING GAODENG JIAOYU JINGPIN JIAOCAI

Statistical Analysis
统计分析系列

◎薛 薇 编著

SPSS
统计分析方法及应用
（第4版）

電子工業出版社
Publishing House of Electronics Industry
北京·BEIJING

内 容 简 介

本书是北京市高等教育精品教材。全书以统计分析的应用需求为主线，以通俗易懂的语言对SPSS中主要统计分析方法的核心思想进行系统的介绍，并对其在SPSS中的操作实现步骤进行详尽说明，同时配合应用案例分析，使读者能够较快领会方法的要点，掌握方法的实现操作，明确方法的适用特点。本书克服了SPSS手册类教材只注重操作说明而忽略原理讲解的不足，同时弥补了统计专业教材只注重原理述论而缺乏实现工具的缺憾，是一本特色鲜明、具有广泛使用价值的精品教材。书中相关章节的示例数据文件及全书电子课件可登录华信教育资源网 www. hxedu. com. cn 免费注册下载使用。

本书可作为高等院校财经类专业本科生和研究生学习SPSS统计分析方法和软件使用的教材，也适合于从事统计分析和决策的社会各领域读者学习使用，尤其适合于从事社会科学研究、经济管理、商业决策、人文教育、金融保险等行业的中高层管理人员学习使用。

图书在版编目(CIP)数据

SPSS统计分析方法及应用/薛薇编著. —4版. —北京：电子工业出版社，2017.6
(统计分析系列)
ISBN 978-7-121-31514-5

Ⅰ. ①S… Ⅱ. ①薛… Ⅲ. ①统计分析-软件包-高等学校-教材 Ⅳ. ①C819

中国版本图书馆CIP数据核字(2017)第105189号

策划编辑：秦淑灵
责任编辑：秦淑灵
印　　刷：三河市双峰印刷装订有限公司
装　　订：三河市双峰印刷装订有限公司
出版发行：电子工业出版社
　　　　　北京市海淀区万寿路173信箱　邮编 100036
开　　本：787×1092　1/16　印张：24.75　字数：634千字
版　　次：2004年9月第1版
　　　　　2017年6月第4版
印　　次：2020年12月第11次印刷
定　　价：65.00元

凡所购买电子工业出版社图书有缺损问题，请向购买书店调换。若书店售缺，请与本社发行部联系，联系及邮购电话：(010)88254888，88258888。

质量投诉请发邮件至 zlts@phei.com.cn，盗版侵权举报请发邮件至 dbqq@phei.com.cn。

本书咨询联系方式：qinshl@phei.com.cn。

前　言

《SPSS 统计分析方法及应用》自出版以来，得到了广大读者的支持和喜爱。在第 4 版中，我们将仍然保持前版的写作风格，努力以深入浅出的方式，有条理地全面介绍统计分析方法的核心原理，并以实际数据为纽带说明 SPSS 的操作过程，同时以应用案例为背景剖析统计分析的应用解决方案，书中相关章节的示例数据文件及全书电子课件可登录华信教育资源网 www.hxedu.com.cn 免费注册下载使用。

随着 SPSS 软件版本的不断升级，在听取读者各方面意见的基础上，我们对前版进行了修订。修订后的《SPSS 统计分析方法及应用(第 4 版)》(以下简称《第 4 版》)，对以下方面进行了调整和增补：

第一，以 SPSS 21.0 中文版为主要讲解对象。在操作方面，SPSS 的最新版本与我们所选用的版本之间无大差异。

第二，为适应软件新版本的需要，重新更换了前版中的所有操作窗口截图，并调整了部分应用案例。

第三，对部分章节安排进行了重新调整，使内容更具逻辑性和连贯性。

第四，加强了对统计分析结果实际含义的解释，使读者更易理解。

第五，对部分统计方法的原理做了更详尽的阐述，如对应分析、列联分析中的统计检验，协方差分析的计算过程、指数平滑等。

第六，重新统一和严格规范了一些统计称谓和概念，使全书更加严谨。

统计分析需求日益旺盛已是一个不争事实。大数据背景下，掌握权威统计分析软件 SPSS，是高端管理人才必备的职业技能。真诚希望读者能够通过阅读本书，逐步领会统计分析方法的精髓，掌握 SPSS 软件的操作，举一反三灵活应用于统计分析的实践中。

此外，本书编写过程中，梁馨文、要卓、柯黄松、王艳红、杨志峰、吴莹、王琪、林家嗣、冯艺超、高云飞、董健等同学为案例数据的收集和计算分析做了大量工作(梁馨文、要卓共同完成第 2，3，4 章；柯黄松完成第 5，6 章；王艳红、杨志峰共同完成第 7，8，9 章；吴莹、王琪共同完成第 10，11，12 章；林家嗣、冯艺超共同完成第 13，14 章；高云飞、董健共同完成第 15，16 章)。陈欢歌等同仁对整本教材框架和内容提出了宝贵的修改建议，并完成了 12 章和 13 章部分内容的修订。在此一并表示衷心的感谢！

本书不妥和错误之处，敬请各位读者指正。

编　者
于中国人民大学应用统计科学研究中心
中国人民大学统计学院

第 2 版前言

一、统计应用的特点

在计算机技术迅猛发展的今天，政府和企业的统计应用已逐渐呈现以下特征：

第一，数据量和数据关系复杂性快速膨胀

数据量和数据关系复杂性快速膨胀是目前统计应用中遇到的主要问题。通常，一般规模的统计分析项目中，数据量可达到百万条甚至近千万条。统计应用也不再以统计年鉴和统计报表的纸面方式获得数据，而要求直接从电子化多媒体化的基础业务系统、管理信息系统和决策支持系统的数据库（数据仓库）中提取数据。利用计算机和网络进行有效的数据组织和数据管理已经成为统计应用的基本环节和基础方式。

第二，数据分析方法日益丰富

在数据处理和数据分析中，以坚实的数学理论为基础的统计分析方法已获得广泛应用。近年来，以计算机技术为动力的数据挖掘技术也为数据分析增添了新的方法和思路。机器学习、神经网络和生物遗传算法等已成为处理海量数据，探索数据内在规律性，提取数据中未知知识的重要手段。这些数据分析方法的成果不断地体现在统计分析软件和数据挖掘软件体系中，并通过强大的计算机处理能力和网络分布处理能力进行模型的高速计算。

第三，统计应用需要具有可操作性的整体解决方案

传统的统计业务处理流程是报表上报、人工汇总、撰写分析报告，最终实现为有关管理决策部门提供信息监督和咨询服务的目标。统计应用的科研长期以来也沿用了这种套路，即由统计业务方提供数据，由统计方法专家进行数据分析、撰写分析报告和提供咨询建议。这样的应用方式存在两个主要问题：首先，许多企事业单位统计应用起点较低，基础较薄弱，无法提供完善的报表支持，出现或资料不完整或没有电子化的数据来源等问题，使得统计分析常常成为无米之炊；其次，不定期的统计报告方式难以满足统计业务的长期发展需要。目前，越来越多的统计应用要求研究人员提供能够与统计业务绑定的、可长期运行的、具有可操作性的统计应用整体解决方案。这个整体方案将统计业务处理功能、统计数据、统计分析方法完整地集成起来。因此，如果没有一个符合企事业单位统计业务自身特点的统计信息系统，统计分析方法的应用将很难实现健康的、落地生根的、滚动式的发展。

总之，如果说数学是统计方法的首要工具，那么，统计应用软件已经成为统计应用的首要工具。

二、统计应用软件的分类

长期以来，统计无论在国内外政府和企业都有着广泛的应用，但统计应用软件在企事业信息化建设中的认可度却相对较低。产生这个矛盾的一个重要原因就是统计应用软件概念混淆，分类不清。目前，人们在提及统计应用软件时会涉及统计分析软件、统计信息系统、统计数据库系统等方面。规范统计应用软件分类标准对统计应用软件发展和统计信息化建设有着

深远的和现实的意义。我们经过对国内外大量资料的分析研究，结合自身统计应用软件开发应用的经验，提出了统计应用软件分类标准，希望能抛砖引玉，引起大家对统计应用软件的关注和研究。

首先，统计应用软件是应用软件的一种分类，是应用软件从应用领域或应用行业划分出的一个分支。其次，根据应用性质，统计应用软件可划分为统计分析软件、统计信息系统和统计数据库系统三大类。

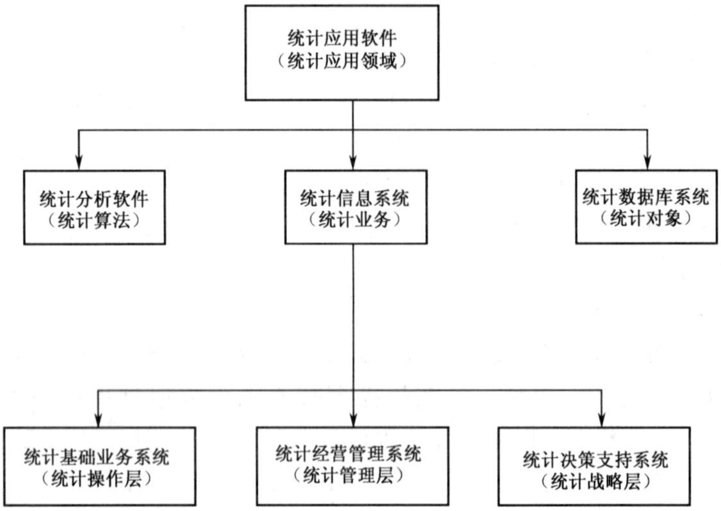

- 统计分析软件是依据统计分析方法开发的支持数据分析的工具型软件，如 SPSS 和 SAS 等。
- 统计数据库系统是基于统计数据库管理系统而建立的包含统计数据资源的数据库系统。其中，统计数据库管理系统是根据统计处理对象（统计数据）的特征和一般处理功能而研制的数据库管理系统（DBMS）。
- 统计信息系统是采用软件开发平台，结合统计数据库系统和统计分析软件等核心技术开发的服务于统计业务处理和统计数据分析的信息系统。根据统计业务的不同处理层次和服务对象，统计信息系统一般又可分为统计基础业务系统、统计经营管理系统和统计决策支持系统。统计基础业务系统主要用于统计数据的采集处理和统计报表的采集处理，包括统计专项调查与普查处理系统等；统计经营管理系统主要用于统计数据和报表的汇总、查询、传输、基本分析和信息发布等；统计决策支持系统主要用于统计数据综合分析预测和深入的数据挖掘处理等。

因此，本书将重点讨论的 SPSS 软件是一种专业的统计分析软件，用于数据的各种分析，进而最终为企事业的科学决策服务。

三、关于本书

“数据”是科学决策的重要依据。“让数据说话”是科学决策的正确途径，掌握数据分析方法和数据分析软件工具是科学决策的有效手段。本书旨在通过对 SPSS 统计分析方法、软件及应用案例的介绍分析，使读者由浅入深地了解和掌握统计分析方法，快速掌握 SPSS 软件的使用，并灵活运用于数据分析和科学决策中。

● 以统计分析过程为主线介绍 SPSS

目前，关于 SPSS 软件的书籍比较多，也受到广大读者的普遍青睐。作者参考分析了这些书籍，并在多年教学经验和实践的基础上，总结形成了一套独特的 SPSS 软件教学方式。

由于 SPSS 软件是一种专业性较强的统计分析软件，因此作者以为该软件的介绍方法应有别于其他非专业性的、大众化的计算机软件。对于大众化软件，一般可以按照软件中菜单的顺序来依次讲解；而对 SPSS 这样的专业软件来说，该种方法则存在许多不利于快速掌握和应用 SPSS 的问题。

很多已经具备本专业领域知识的读者学习 SPSS 软件过程中遇到的问题是：首先，拿到一批数据后不知道如何用 SPSS 组织它们，不知道如何利用 SPSS 对它们进行基本加工和整理；其次，不知道应从何处入手分析，应采用 SPSS 中的哪些分析方法和功能实现对各类数据的由浅入深的分析，不知道如何理解和合理解释分析结果等。

因此，作者以为，对 SPSS 软件的学习介绍应从实际应用出发，以统计分析的实践过程为主线，从 SPSS 基础和数据管理功能的说明入手，按照针对不同数据类型、分析需求由浅至深、分析方法从易到难的思路展开，而非软件菜单的逐一介绍。这样，能使读者在非常短的时间内掌握 SPSS 的核心功能和分析方法，并可很快运用于实际工作中。另外，随着对软件使用的不断娴熟和分析需求的不断深入，读者可继续学习和应用 SPSS 的一些高级分析方法，进而逐步实现对 SPSS 功能的全面掌握和应用。

● 统计分析方法、SPSS 操作及案例分析的有机结合

目前，虽然介绍 SPSS 软件的书籍比较多，但将统计分析方法、SPSS 操作及应用案例分析有机结合的书籍并不十分多见。有些书籍比较侧重对 SPSS 操作的手册性介绍，对数据分析方法讲解很少，给大量有统计分析需求、但又不很了解统计分析方法的读者带来诸多学习上的困难；有些书籍则比较侧重统计分析方法的论述，但却缺乏对 SPSS 操作实现的必要说明，这样又会给方法的实际运用带来障碍。从快速掌握和应用 SPSS 的角度看，作者以为，较为合理的方法是将上述两方面有机结合，并配合大量的多领域的分析案例，使读者一方面可以了解分析方法的核心思想，掌握方法的正确应用范围，不至于滥用和误用方法，另一方面也使读者能够快速熟悉和掌握 SPSS，并在理解分析方法的基础上给分析结果以正确合理的解释。

● 通俗的统计分析方法讲解，详尽的 SPSS 操作过程说明

针对读者群的特点，本书力求以最通俗的方式对统计分析方法的核心思想、适用范围进行讲解，避免大量的数学公式和数学证明，目的是使读者能够快速而轻松地了解方法的本质，正确运用方法。同时，方法的介绍是紧紧围绕 SPSS 的输出结果展开的，目的是希望读者真正理解 SPSS 为什么要输出这些统计量及它们对分析结论的重要性，进而会正确、合理和完整地引用分析结果。另外，本书对 SPSS 的操作过程也给出了较为详尽的说明，但并非是对菜单功能的简单罗列，而是将其穿插于分析案例的实现过程中。因此，读者通过案例的学习，能够获得了解方法、掌握 SPSS 操作步骤、合理解释分析结果的多方面收获。

本书适合于从事统计分析和决策的社会各领域各相关专业的读者，尤其适合于从事社会科学研究、经济管理、商业决策、人文教育、金融保险等行业的中高层管理人员。同时，也可作为高等院校财经类专业研究生和本科生掌握 SPSS 统计分析方法和软件使用的教材。书中附配套案例数据光盘供读者学习和练习。

此外，本书编写过程中，梁馨文、要卓、柯黄松、王艳红、杨志峰、吴莹、王琪、林家嗣、冯艺超、高云飞、董健等同学为案例数据的收集整理和计算分析做了大量工作，陈欢歌等同仁对教材框架和内容提供了诸多宝贵的修改建议和大量参考文献资料。在此一并表示衷心的感谢!

由于水平所限，书中的问题与错误，请读者批评指正。

编　　者

于中国人民大学统计学院

目　　录

第 1 章　SPSS 统计分析软件概述

SPSS(Statistical Package for the Social Science)社会科学统计软件包是世界著名的统计分析软件之一。20 世纪 60 年代末，美国斯坦福大学的三位研究生研制开发了最早的统计分析软件 SPSS，并于 1975 年在芝加哥成立了专门研发和经营 SPSS 软件的 SPSS 公司。此时的 SPSS 软件主要在中小型计算机上运行，统称为 SPSSx 版，主要面向企事业单位用户。20 世纪 80 年代初微型计算机出现，SPSS 公司以其敏锐的市场洞察力和雄厚的技术实力，于 1984 年推出了运行在 DOS 操作系统上的 SPSS 微机版第一版，随后又相继推出了第二版、第三版等，统称为 SPSS/PC+版，并确立了微机个人用户市场第一的地位。20 世纪 90 年代，随着微机 Windows 图形化操作系统的出现和盛行，SPSS 公司又研制出了以 Windows 为运行平台的 SPSS 第五版、第六版。90 年代中后期，为适应用户在Windows 95操作系统环境下工作的习惯，并迎合 Internet 的广泛使用，SPSS 第七版至第二十版又相继诞生，统称为 SPSS for Windows 版。

1994 年至 1998 年间，SPSS 公司陆续购并了 SYSTAT、BMDP、Quantime、ISL、ShowCase 等公司，并将其各自的主打产品收纳于 SPSS 麾下，从而使 SPSS 由原来单一的统计分析软件向为企业、教育科研、政府机构等统计决策服务的综合性产品发展。为此 SPSS 公司已将原英文名称更改为 Statistical Product and Service Solutions，即统计产品与服务解决方案。目前，SPSS 在全球已拥有众多产品用户，分布于通信、医疗、银行、证券、保险、制造、商业、市场研究、科研教育等多个行业和领域，已成为世界最为流行、应用最为广泛的专业统计分析软件之一。

2009 年 7 月，IBM 公司斥资 12 亿美元收购了 SPSS 软件公司，SPSS 软件更名为 IBM SPSS Statistics，目前最新版为 24 版。

从 SPSS/PC+版本到 SPSS for Windows 版本及至今，SPSS 在用户操作和分析结果的展现方面做了非常大的改进。SPSS/PC+版本是通过命令行方式(即用户输入 SPSS 命令和参数)完成数据的管理和统计分析工作的，统计分析文字结果和图形结果均以文本字符方式展现。SPSS for Windows 的第五版、第六版，在保留以前版本的手工输入命令、参数操作方式的同时，还为用户提供了直观的图形化菜单界面。用户的数据管理和统计分析工作可以非常方便地通过鼠标单击菜单或按钮，并配合简单的对话框输入来实现，从而免去了记忆命令和参数的负担，也不需要任何计算机编程。同时，对于图形分析结果，能够以图形点阵的方式显示，并允许用户对其进行编辑。SPSS for Windows 第七版以后的版本，进一步完善了用户的操作界面，增加了用户熟悉的与 Windows 95 风格一致的工具栏按钮。在分析结果的输出处理方面，改变了原来版本的输出方式，以崭新的树形结构方式管理分析结果，以文字、表格、图形混排的形式展现分析结果，以强大、灵活的编辑功能随心所欲地编辑分析结果，以内容丰富的“统计教练”联机帮助方式帮助用户理解分析结果。同时，还实现了对互联网的全面适应，并支持数据的动态收集、分析和 HTML 格式报告等。

“易学易用易普及”已成为 SPSS 软件最大的竞争优势之一，也是广大数据分析人员对其偏爱有加的主要原因。而大量成熟的统计分析方法、完善的数据定义操作管理、开放的数据接口以及灵活的统计表格和统计图形，更是 SPSS 常胜不衰的重要法宝。

1.1 SPSS 使用基础

快速掌握 SPSS，需要首先熟悉 SPSS 的基本操作环境。

1.1.1 SPSS 的基本窗口

了解 SPSS 的窗口是学习使用 SPSS 的入门点，应了解 SPSS 有哪些基本操作窗口，各个窗口的功能和特点是什么，各窗口之间的关系怎样。掌握了这些，用户就能够很快地理清软件使用的总体框架和脉络，进而快速进入 SPSS 的核心。

SPSS 软件是由多个窗口组成的，各个窗口有各自的作用。如果要快速入门，只须熟悉两个基本窗口即可，它们是数据编辑器窗口和查看器窗口。

1. SPSS 数据编辑器窗口

成功启动 SPSS 后，屏幕会显示如图 1-1 所示的窗口，这就是数据编辑器窗口。

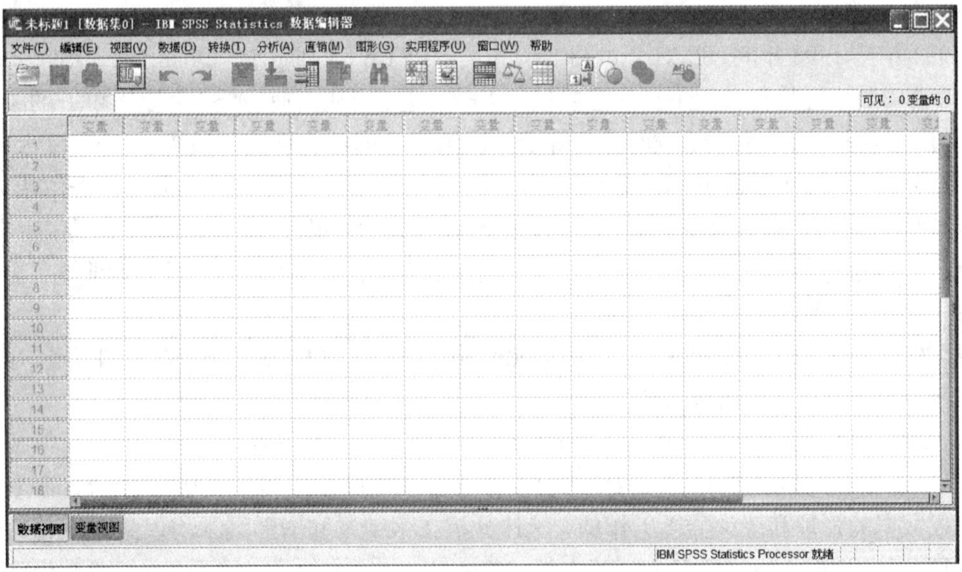

图 1-1 SPSS 数据编辑器窗口

SPSS 数据编辑器窗口是 SPSS 的主程序窗口。主要功能是：定义 SPSS 数据的结构、录入编辑和管理待分析的数据。其中，【数据视图】用于显示 SPSS 数据的内容，【变量视图】用于显示 SPSS 数据的结构。

SPSS 运行时可同时打开多个数据编辑器窗口。各个窗口分别显示不同的数据集合(简称数据集)，按打开的先后顺序，各数据集所在窗口依次自动命名为数据集 0，数据集 1，数据集 2，等等。其中只有一个数据集为当前数据集，称为活动数据集。用户只能对某一时刻活动数据集中的数据进行分析。SPSS 的所有统计分析功能都是针对数据编辑器窗口中的数据的，这些数据通常以 SPSS 数据文件的形式保存在计算机磁盘上，其文件扩展名为.sav。sav 文件格式是 SPSS 独有的，一般无法通过其他软件如 Word、Excel 等打开。

数据编辑器窗口由窗口主菜单、工具栏、数据编辑区和系统状态显示区组成。

● 窗口主菜单

窗口主菜单列出了 SPSS 常用的数据编辑、加工和分析的功能。用户可以通过点击菜单完成相应的操作。菜单项对应的功能见表 1-1。

初学 SPSS 时不必掌握菜单中的所有功能，只须通过浏览菜单了解 SPSS 的大致功能，随着学习的不断深入和应用水平的不断提高再逐步掌握这些功能。具体内容将在以后的章节讲解。

表 1-1 主窗口菜单及功能

菜单名	功能	解释
文件	文件操作	对 SPSS 相关文件进行基本管理（如文件的新建、打开、保存、打印等）
编辑	数据编辑	对数据编辑器窗口中的数据进行基本编辑（如撤销/恢复、剪切、复制、粘贴），并实现数据查找、软件参数设置等功能
视图	窗口外观状态管理	对 SPSS 窗口外观等进行设置（如状态栏、表格线、变量值标签等是否显示、字体设置等）
数据	数据的操作和管理	对数据编辑器窗口中的数据进行加工整理（如数据的排序、转置、抽样选取、分类汇总、加权等）
转换	数据基本处理	对数据编辑器窗口中的数据进行基本处理（如生成新变量、计数、分组等）
分析	统计分析	对数据编辑器窗口中的数据进行统计分析和建模（如基本统计分析、均值比较、相关分析 、回归分析、非参数检验等）
图形	制作统计图形	对数据编辑器窗口中的数据生成各种统计图形（如条形图、直方图、饼图、线图、散点图等）
实用程序	实用程序	SPSS 其他辅助管理（如显示变量信息、定义变量集、菜单编辑器等）
窗口	窗口管理	对 SPSS 中的多个窗口进行管理（如窗口切换、最小化窗口等）
帮助	帮助	实现 SPSS 的联机帮助（如语句检索、统计教练等）

● 工具栏

同其他常用软件一样，SPSS 也将一些常用的功能以图形按钮的形式组织在工具栏中。图形按钮的功能都能在窗口主菜单中找到。用户可以直接单击工具栏上的某个按钮完成其相应的功能，使操作更加快捷和方便。当鼠标停留在工具栏按钮上时，计算机会自动提示相应按钮的功能说明。

● 数据编辑区

数据编辑区是显示和管理 SPSS 数据结构和数据内容的区域。其中有两个视图，分别是数据视图和变量视图，依次用来以电子表格形式录入和编辑管理 SPSS 的数据，以及定义和修改 SPSS 数据的结构。每条数据都有一个顺序编号显示在编辑区的最左列。数据编辑区中的表格线可以通过【视图】菜单下的【网格线】选项设置成显示或不显示两种状态。

● 系统状态显示区

系统状态显示区用来显示系统的当前运行状态。当系统等待用户操作时，会出现“IBM SPSS Statistics Processor 就绪”的提示信息，该信息可以作为检查 SPSS 是否成功安装和启动的依据。通过【视图】菜单下的【状态栏】选项可以将系统状态区设置成显示或不显示两种状态。

2. SPSS 查看器窗口

SPSS 查看器窗口是 SPSS 的另一个主要窗口，如图 1-2 所示。

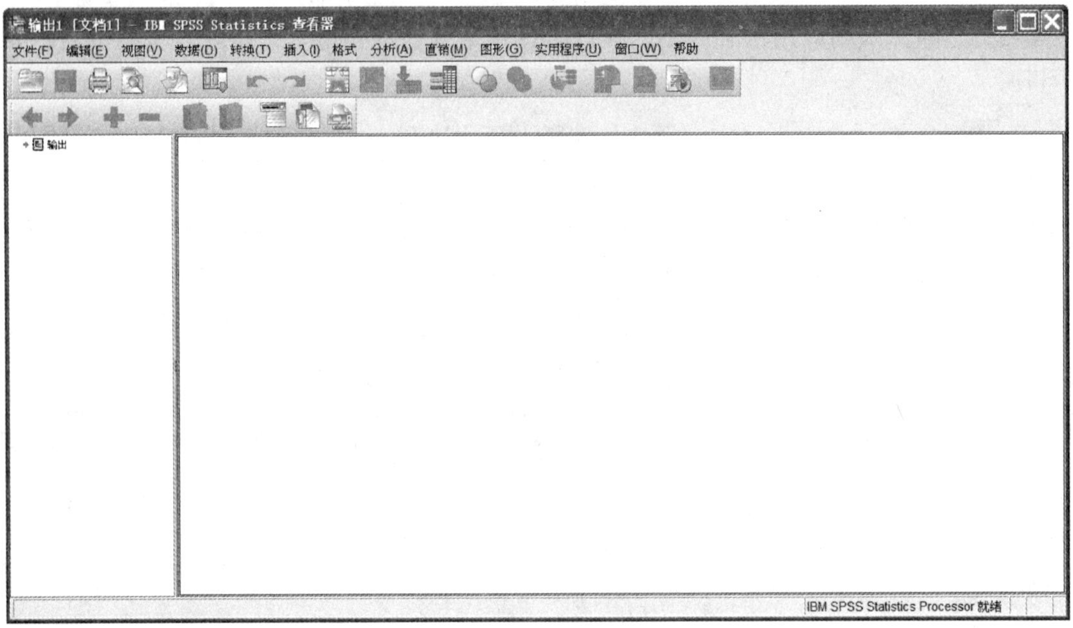

图 1-2　SPSS 查看器窗口

查看器窗口是显示管理 SPSS 统计分析结果、报表及图形的窗口。SPSS 统计分析的所有输出结果都显示在该窗口中。输出结果通常以 SPSS 输出文件的形式保存在计算机磁盘上，其文件扩展名为. spv。spv 文件格式是 SPSS 独有的，一般无法通过其他软件(如 Word、Excel 等)打开。

应注意结果查看器窗口的以下特点：

● 创建或打开窗口的时机

查看器窗口通常在以下两种时机打开：第一，在启动软件时，由 SPSS 自动创建并打开；第二，在 SPSS 运行过程中由用户手工创建或打开，依次选择的菜单为【文件→ 新建/打开→输出】。

● 可以同时创建或打开多个查看器窗口

可以同时创建或打开多个查看器窗口，且可以利用主菜单中的【窗口】菜单实现各个查看器窗口间的相互切换。多个查看器窗口中只有一个是目标查看器窗口或称当前查看器窗口，意味着以后的统计分析结果将输出到该查看器窗口中。设置多个查看器窗口的目的是允许用户将同一批数据的不同分析结果指定输出到不同的查看器窗口中，这样就可以将它们以不同的文件名分别存放到磁盘上。

查看器窗口由窗口主菜单、工具栏、分析结果显示区等组成。

● 窗口主菜单

查看器窗口主菜单中的菜单选项可以大致分成三大类。第一类：菜单(包括子菜单)名称、功能、操作对象与数据编辑器窗口完全相同，它们是【分析】、【图形】、【实用程序】、【窗口】、【帮助】；第二类：一部分菜单(包括子菜单)名称、功能、操作对象与数据编辑器窗口相同，另一部分子菜单是附加的且针对查看器窗口的，如【文件】、【编辑】、【视图】等。其中如【编辑】菜单中的【大纲】子菜单、【视图】菜单中的【显示】、【隐藏】等都是专门针对查看器窗口的；第三类：查看器窗口独有的菜单，它们是【插入】、【格式】。

如此设置查看器窗口主菜单的目的是方便用户操作。初学者应特别注意：虽然 SPSS 中有些窗口的主菜单名是相同的，但它们下面的子菜单却因操作窗口不同而存在较大的差异。因此，在使用时用户应注意区分，避免发生操作上的混乱。

● 工具栏

查看器窗口的工具栏除保留了数据编辑器窗口中的某些功能按钮外，还增添了一些自己特有的功能按钮，它们在查看器窗口主菜单中也有相应的对应项。

● 分析结果显示区

分析结果显示区是专门显示统计分析结果的区域。该区域分成左右两个区域。左边的区域以树形形式显示已有分析结果的目录，称为目录区。右边的区域是各分析结果的详细报告，称为内容区。目录区和内容区都有各自独立的纵向和横向窗口滚动按钮，一个区域中屏幕的滚动不会影响另一个区域。两个区域的大小可以随意调整，只需将鼠标移动到屏幕中间的分隔栏上，然后左右拖动鼠标即可。目录区和内容区中均有一个红色的箭头，它们所指示的内容是一一对应的。用户可以分别对两个区域中的内容进行增、删、改等编辑管理操作。

总之,SPSS 的数据编辑器窗口专门负责输入和管理待分析数据，查看器窗口负责接受和管理统计分析结果。数据的输入和结果的输出是在不同窗口中进行的，这点与Excel等其他有统计分析功能的软件有较大差异。

1.1.2　SPSS 软件的退出

退出 SPSS 的方法与退出一般常用软件的方法基本相同，只须依次选择 SPSS 窗口菜单【文件→ 退出】即可。

应特别注意的是，在退出 SPSS 之前计算机一般会向用户提出以下两个问题：

● 是否将数据编辑器窗口中的数据保存到磁盘上，文件扩展名为. sav；

● 是否将查看器窗口中的分析结果保存到磁盘上，文件扩展名为. spv。

这时，用户应根据实际情况，指定将 SPSS 数据文件或结果文件存放到哪个磁盘上，并输入文件的用户名。

1.2　SPSS 的基本运行方式

SPSS 为用户提供了三种基本运行方式，它们是窗口菜单方式、程序运行方式、混合运行方式。这三种运行方式分别适合于不同的用户和不同的应用分析要求。

1.2.1　窗口菜单方式

窗口菜单方式是指在使用 SPSS 过程中所有的分析操作都可通过菜单、按钮、输入对话框等方式来完成。

窗口菜单方式是一种最普遍的使用方式，其最大优点是简洁和直观。用户不需要任何计算机编程的概念，只要熟悉 Windows 等操作系统的基本操作(如单选框、复选框、下拉框、对话框)并懂得相应的统计知识，就可以非常方便地完成统计分析工作。如图 1-3 所示的就是 SPSS 中符合 Windows 系统使用习惯的几种基本操作方式。

另外，SPSS 还有一种较为常见但又很有特点的操作方式，如图 1-4 所示。

图 1-4 所示的操作方式用在选择分析变量时。通常，数据编辑器窗口中所有待分析的变量显示在窗口左边的列表框中，用户可通过鼠标和窗口中间的箭头按钮，将本次需分析的变量选到右边的列表框中。

变量是统计学中的基本概念，它指代的是现象的某种特征，如商口销售额、受教育程度、产品质量等级等都可以看作变量。变量的具体取值称为变量值，即数据。变量一般以列的形式展现，是数据分析的基本单位。

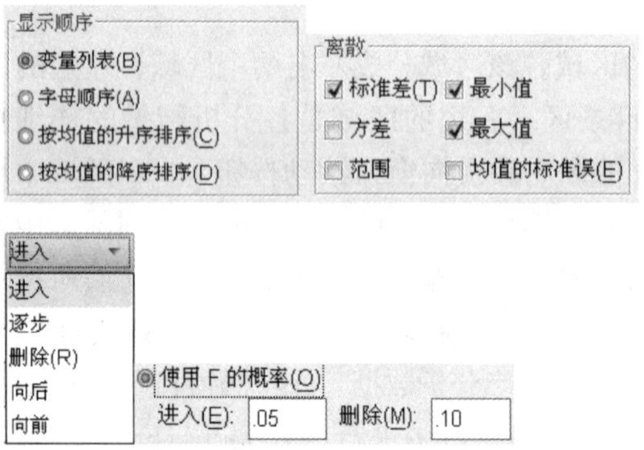

图 1-3　SPSS 常见操作方式

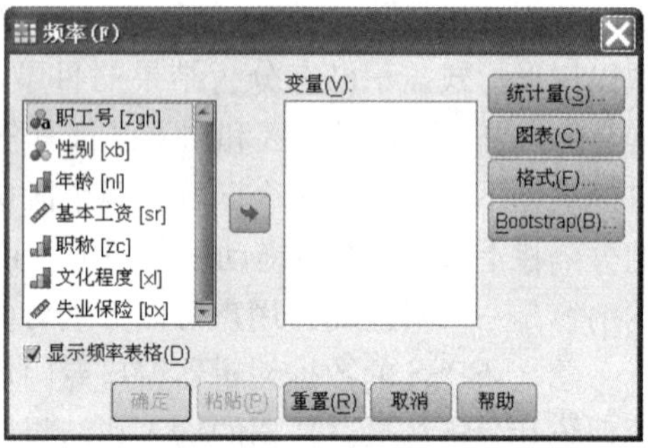

图 1-4　SPSS 变量选择操作方式

窗口菜单方式适用于一般的统计分析人员和 SPSS 的初学者。在以后章节的讲解中主要以该方式为主。

1.2.2　程序运行方式

程序运行方式是指：在使用 SPSS 过程中，统计分析人员首先根据自己的分析需要，将数据分析的步骤手工编写成 SPSS 命令程序，然后将编写好的程序一次性提交给计算机执行。SPSS 会自动按照程序命令语句的前后顺序自动逐句执行相应的命令并最终给出统计分析结果。

程序运行方式适用于大规模的统计分析。它能够依照程序自动进行多步骤的复杂数据分析，即使分析计算的时间较长，分析步骤较多，也都能够自动完成，无须人工干预。

程序运行方式须做两项工作：第一，编写 SPSS 程序；第二，提交并运行 SPSS 程序。编写和提交 SPSS 程序是在 SPSS 语法编辑器窗口中完成的，它是除数据编辑器窗口、查看器窗口以外的另一个主要窗口，如图 1-5 所示。

语法编辑器窗口是专门供 SPSS 程序员编写和运行 SPSS 程序的窗口。语法编辑器窗口也分为左、右两个区域。左边区域显示 SPSS 程序目录，右边区域显示完整的程序代码。一条完整程序语句以英文句号结束。语法编辑器窗口中的程序所要处理和分析的数据应事先存放于数据编辑器窗口中。语法编辑器窗口中的 SPSS 程序以. sps 为文件扩展名存放在磁盘上。sps 文件一般不可以被其他软件如 Word、写字板等打开或编辑。

语法编辑器窗口有与查看器窗口相类似的特点：

● 手工(或自动)创建(或打开)语法编辑器窗口

手工创建(或打开)语法编辑器窗口的菜单顺序是【文件→新建/打开→语法】。

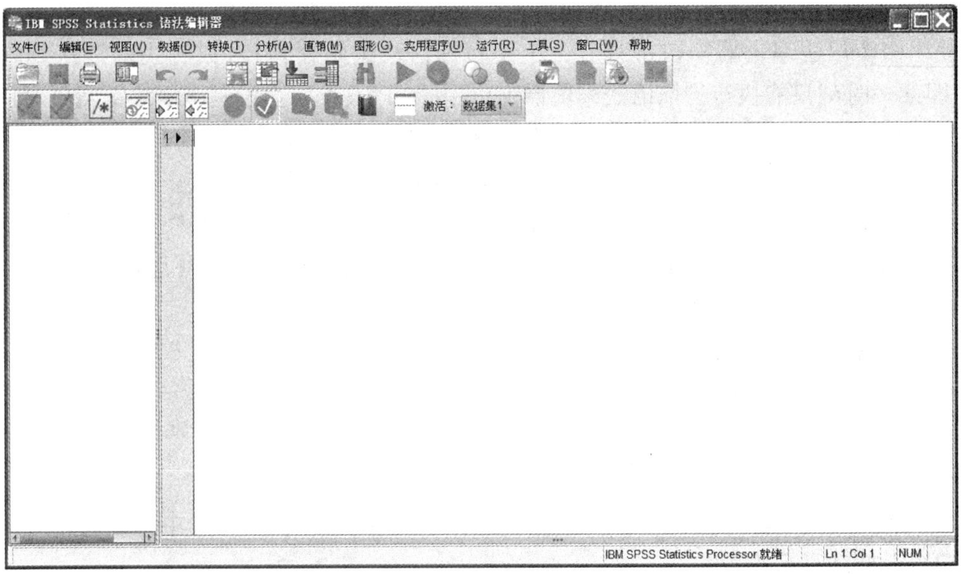

图1-5 SPSS语法编辑器窗口

自动创建语法编辑器窗口是指在SPSS启动时自动创建窗口。通常,SPSS不会在启动时自动完成该项工作,应按照以下菜单在相应的窗口中进行必要的参数设置:【编辑→选项】,于是出现如图1-6所示的参数设置窗口。

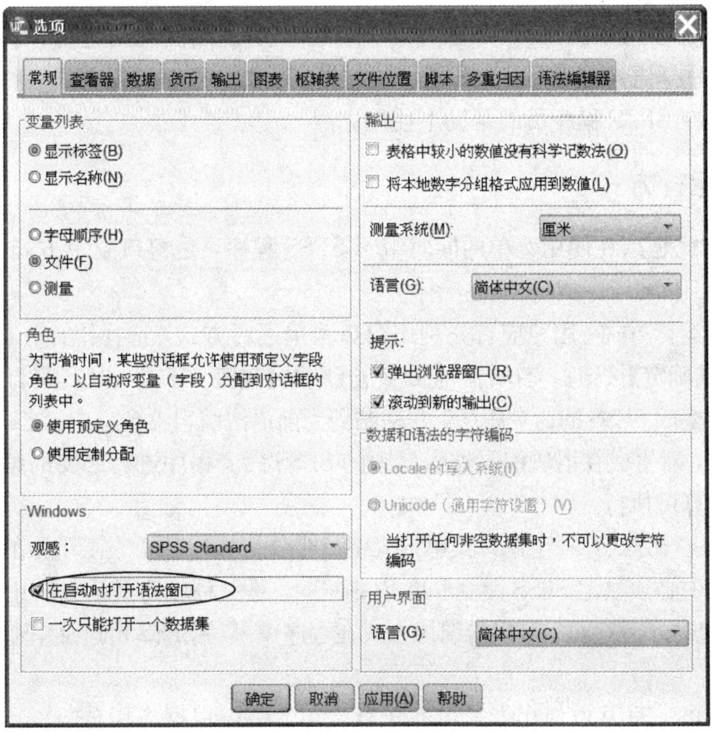

图1-6 SPSS参数设置窗口

将【在启动时打开语法窗口】选项前打上钩即可。

● 允许同时创建或打开多个语法编辑器窗口

可以同时创建或打开多个语法编辑器窗口，且可以利用【窗口】菜单实现多个窗口间的相互切换。多个语法编辑器窗口中只有一个是目标语法编辑器窗口(或称当前语法编辑器窗口)，即某一时刻只能执行当前语法编辑器窗口中的 SPSS 程序。设置多语法编辑器窗口的目的是允许用户同时编辑多个 SPSS 程序，它可实现将对同一批数据的不同分析步骤(程序)分别写在不同的窗口中，进而可将它们以不同的文件名分别存放到磁盘上。

语法编辑器窗口由窗口主菜单、工具栏、SPSS 程序编辑区和状态栏组成。其中的大部分含义和功能与数据编辑器窗口和查看器窗口类似。除此之外，增添了【运行】菜单和相应的图形按钮，用来执行 SPSS 程序。

SPSS 在【运行】菜单中提供了四种程序执行的方式，它们是：

● 全部执行方式(【全部】)

即依次执行当前语法编辑器窗口中的所有 SPSS 命令程序。

● 选中执行方式(【选择】)

即仅执行当前语法编辑器窗口中当前已选中的 SPSS 命令程序。选中可以通过鼠标在相应语句行上拖动来完成。

● 当前行执行方式(【逐步前进】)

即仅执行当前语法编辑器窗口中当前光标所在行或第一行的 SPSS 命令程序。

● 至末尾行执行方式(【至结束】)

即仅执行当前语法编辑器窗口中当前光标所在行至以后的所有 SPSS 命令程序。

以上四种程序执行方式能够帮助程序员方便地调试和运行程序。

在语法编辑器窗口中编写 SPSS 程序必须按照一定的语法规则进行，掌握 SPSS 语法规则、熟悉 SPSS 命令语句是编写 SPSS 程序的前提。因此，程序运行方式一般适合于 SPSS 的高级用户，或需在 SPSS 程序员的帮助下使用。

1.2.3　混合运行方式

混合运行方式是指在使用菜单的同时编辑 SPSS 程序，是窗口菜单方式和程序运行方式的综合。

为实现混合运行方式，用户应首先利用窗口菜单运行方式，选择统计分析的菜单和选项，但并不马上单击【确定】按钮提交执行，而是单击【粘贴】按钮。于是，SPSS 将自动把用户所选择的菜单和选项转换成 SPSS 的命令程序，并粘贴到当前语法编辑器窗口中；之后，用户可以按照程序运行的方式，对生成在语法编辑器窗口中的 SPSS 命令程序进行必要的编辑修改，最后再一次性提交给计算机执行。

可见，混合运行方式弥补了窗口菜单方式中每步分析操作都要人工干预的不足，同时摆脱了程序运行方式中必须熟记 SPSS 命令和参数的制约，是一种较为灵活且实用的操作方式。另外，对于熟练的 SPSS 程序员，可以借助该方式在程序中书写 SPSS 窗口菜单和选项中没有提供的参数。

总之，SPSS 的三种基本使用方式各有千秋，实际中应根据应用分析的需要和掌握 SPSS 的程度进行合理的选择。

1.3　利用 SPSS 进行数据分析的基本步骤

学习和应用 SPSS 软件的过程并不是单纯地学习和应用一种计算机软件的过程。由于 SPSS 是一种专业性较强的统计软件，因此，学习和应用它时必须要了解和掌握必要的统计学专业知识和数据分析的一般步骤和原则，这样才能够避免滥用和误用，不致因引用偏差甚至错误的数据分析结论而做出错误的决策。

1.3.1　数据分析的一般步骤

数据分析一般包括收集数据、加工和整理数据、分析数据三个主要阶段，统计学对此有非常完整和严谨的论述。在数据分析的实践中，用统计学的理论指导应用是必不可少的，也是极为重要的。数据分析的一般步骤是：

● 明确数据分析目标

明确数据分析目标是数据分析的出发点。明确数据分析目标就是要明确本次数据分析要研究的主要问题和预期的分析目标等。例如，分析不同消费群体的消费行为是否存在显著差异以及成因；分析企业的客户群特征；分析全国高等院校人文社会科学的科研能力；分析中西医结合治疗的疗效与单纯西医治疗的疗效是否存在显著差异，等等。只有明确了数据分析的目标，才能够正确地制订数据收集方案，即收集哪些数据，采用怎样的方式收集等，进而为数据分析做好准备。

● 正确收集数据

正确收集数据是指从分析目标出发，排除干扰因素，正确收集服务于既定分析目标的数据。正确的数据对于实现数据分析目的将起到关键性的作用。

例如，为研究某种降压药是否具有显著的降压效果，可通过以下方式获得实验数据。首先，测得一批高血压志愿者服用降压药之前的舒张压和收缩压数据；然后，志愿者根据要求每天定时服用该降压药一段时间后再次测得他们服用降压药后的舒张压和收缩压数据。对于两组数据，分析其均值是否存在显著差异。若第二组数据的均值明显低于第一组数据的均值，可认为降压药有明显的降压效果，反之没有。显然，虽然由此获得的测量数据是准确的，但分析结论却无法令人信服，原因是数据里掺入了影响分析结论的因素。极端的情况是，如果高血压志愿者均为病情不甚严重，身体其他状况良好且工作压力不大，较注意锻炼的人群，他们稍加服药就能有效控制和降低血压。对于这样的人群，极易得到降压药有效的结论。相反，如果高血压志愿者均为病情较为严重，身体其他状况不甚良好且工作压力较大，没有时间锻炼的人群，那么由此很可能得到降压药无明显疗效的结论。这里分析结论不同的主要原因在于，尽管数据测量是准确的，但数据中掺杂的病情、职业、生活习惯等因素，必然会干扰分析结论。因此，选择其他的数据采集方式（如随机双盲式实验等）是有必要的，其主要目的是通过合理的随机分组，尽量对影响分析结论的诸多因素加以控制。

因此，排除数据中那些与目标不关联的干扰因素是数据收集中的重要环节。数据分析并不仅仅是对数据进行数学建模，收集的数据是否真正迎合数据分析的目标，其中是否包含了其他因素的影响，影响程度怎样，应如何剔除这些影响等问题都是数据分析过程中必须注意的重要问题。

● 数据的加工整理

在明确数据分析目标基础上收集到的数据，往往还需进行必要的加工整理后才能真正用于分析建模。数据的加工整理通常包括数据的缺失值处理、数据的分组、基本描述统计量的计算、基本统计图形的绘制、数据的转换等。通过数据的加工整理，能够帮助人们掌握数据的分布特征，是进一步深入分析和建模的基础。

● 明确统计方法的含义和适用范围

数据加工整理完成后一般就可以进行进一步的数据分析了。分析时应切忌滥用和误用统计分析方法。滥用和误用统计分析方法主要是由于对方法能解决哪类问题、方法适用的前提、方法对数据的要求不清等原因造成的。另外，统计软件的不断普及和应用中的不求甚解也会加重这种现象。因此，在数据分析中应避免盲目的"拿来主义"，否则，得到的分析结论可能会偏差较大甚至错误。

另外，选择几种统计分析方法对数据进行探索性的反复分析也是极为重要的。每一种统计分析方法都有自己的特点和局限，因此一般需要选择几种方法反复印证分析，仅依据一种分析方法的结果就断然下结论是不科学的。

● 读懂分析结果，正确解释分析结果

数据分析的直接结果是统计量等。正确理解它们的统计含义是一切分析结论的基础，它不仅能够帮助人们有效避免毫无根据地随意引用统计数字的错误，同时也是证实分析结论正确性和可信性的依据，而这一切都取决于人们能否正确地把握统计分析方法的核心思想。

另外，将统计分析结果与实际问题相结合也是非常重要的。客观地说，统计方法仅仅是一种有用的数量分析工具，它绝不是万能的。统计方法是否能够正确地解决各学科的具体问题，不仅取决于应用统计方法或工具的人能否正确地选择统计方法，还取决于他们是否具有深厚的应用背景。只有将各学科的专业知识与统计分析结果相结合，才能得出令人满意的分析结论。

1.3.2 利用SPSS进行数据分析的一般步骤

利用SPSS进行数据分析也应遵循数据分析的一般步骤，但涉及的方面主要集中在以下几个阶段：

● SPSS数据的准备阶段

在该阶段应按照SPSS的要求，利用SPSS提供的功能准备SPSS数据文件。其中包括在数据编辑器窗口中定义SPSS数据的结构，录入和修改SPSS数据等。

● SPSS数据的加工整理阶段

该阶段主要对数据编辑器窗口中的数据进行必要的预处理。

● SPSS数据的分析阶段

选择正确的统计分析方法对数据编辑器窗口中的数据分析建模是该阶段的核心任务。由于SPSS能够自动完成建模过程中的数学计算并能自动给出计算结果，因而有效屏蔽了许多对一般应用者来说非常晦涩的数学公式，分析人员无须记忆数学公式，这无疑给统计分析方法和SPSS的广泛应用铺平了道路。

● SPSS分析结果的阅读和解释

该阶段的主要任务是读懂SPSS查看器窗口中的分析结果，明确其统计含义，并结合应用背景知识做出切合实际的合理解释。在以后的章节中将重点讲解分析结果的统计含义。

利用 SPSS 进行数据分析的基本步骤可简单概括为图 1-7。

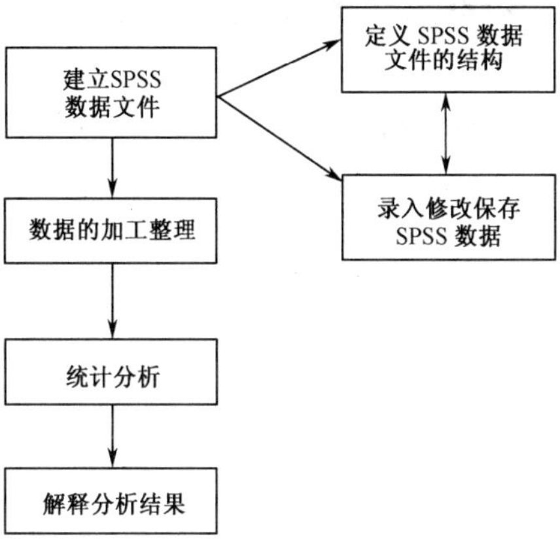

图 1-7　利用 SPSS 进行数据分析的基本步骤

第 2 章　SPSS 数据文件的建立和管理

建立 SPSS 数据文件是利用 SPSS 软件进行数据分析的首要工作。没有完整且高品质的数据，也就没有值得信赖的数据分析结论。

2.1　SPSS 数据文件

建立 SPSS 数据文件，应首先了解 SPSS 数据文件的特点、数据组织的基本方式和相关概念等。只有这样才能够建立一个完整且全面的数据环境，服务于以后的数据分析工作。

2.1.1　SPSS 数据文件的特点

SPSS 数据文件是一种有别于其他文件（如 Word 文档、文本文件）的具有特殊性文件。从应用角度理解，这种特殊性表现在两方面。第一，SPSS 数据文件的扩展名是.sav；第二，SPSS 数据文件是一种有结构的数据文件，它由数据的结构和内容两部分组成。其中，数据的结构记录了变量类型、变量值说明、数据缺失情况等必要信息，数据的内容是那些待分析的具体数据，如图 2-1 所示。

图 2-1　SPSS 数据文件的组成

SPSS 数据文件与一般文本数据的不同在于，一般文本文件仅有纯数据部分，而没有关于结构的描述。正是如此，SPSS 数据文件不能像一般文本文件那样可以直接被大多数编辑软件读取，而只能在 SPSS 软件中打开。

基于上述特点，建立 SPSS 数据文件时应完成两项任务，即

- 描述 SPSS 数据的结构
- 录入编辑 SPSS 数据的内容

2.1.2　SPSS 数据的基本组织方式

SPSS 的数据将直观地显示在数据编辑器窗口中，形成一张平面二维表格。待分析的数据将按照以下两种方式组织在这张表格中。

- 原始数据的组织方式

如果待分析的数据是一些原始的调查问卷数据，或一些基本的统计指标，那么这些数据就应以原始数据的组织方式组织。

在原始数据的组织方式中，数据编辑器窗口中的一行称为一个个案（Case）或观测，所有个案组成 SPSS 数据。数据编辑器窗口中的一列称为一个变量。每个变量都有一个名字，称为变量名，它是访问和分析 SPSS 变量的唯一标识。

例如，一份关于商品房购买意向的调查问卷，如果其中包括被调查者的户籍状况、收入水平、买房需求等 11 个问题。这些问题和相应的调查数据在 SPSS 中将以 11 列，即 11 个变

量的形式组织在数据编辑器窗口的平面表格中，且每个变量有一个唯一的变量名。而每一条个案就是一份问卷数据。如果有 200 份问卷就有 200 行数据。

● 频数数据的组织方式

如果待分析的数据不是原始的调查问卷数据，而是经过分组汇总后的汇总数据，那么这些数据就应以频数数据的组织方式组织。

在频数数据的组织方式中，数据编辑器窗口中的一行为变量的一个分组（或多个变量交叉分组下的一个分组）。所有行囊括了该变量的所有分组情况（或多个变量交叉下的所有分组情况）。数据编辑器窗口中的一列仍为一个变量，代表某个问题（或某个方面）以及相应的频数。

例如，在研究职称和年龄的关系时收集到如表 2-1 所示的数据。

表 2-1　频数数据举例

职　称	年　龄　段		
	35 岁以下(1)	36～49 岁(2)	50 岁以上(3)
教授(1)	0	15	8
副教授(2)	10	20	2
讲师(3)	20	10	1
助教(4)	35	2	0

表 2-1 所示的数据是分组汇总后的频数数据，其中，职称的分组值分别为 1～4，年龄段的分组值为 1～3。在 SPSS 中该数据应按表 2-2 所示的样式组织在数据编辑器窗口中。

表 2-2　频数数据的组织方式

职　称	年 龄 段	人　数
1	1	0
1	2	15
1	3	8
2	1	10
2	2	20
2	3	2
3	1	20
3	2	10
3	3	1
4	1	35
4	2	2
4	3	0

可见，究竟采用以上哪种数据组织方式，主要取决于收集到的数据以及今后所要进行的分析。

2.2　SPSS 数据的结构和定义方法

SPSS 数据的结构是对 SPSS 每列变量及其相关属性的描述，主要包括变量名、类型、宽度、列宽度、变量名标签、变量值标签、缺失值、计量尺度等信息。其中有些内容是必须定义的，有些可为默认值。

2.2.1 变量名

变量名是变量访问和分析的唯一标志。在定义SPSS数据结构时应首先给出每列变量的变量名。变量的命名规则一般如下：

- 首字符应以英文字母或汉字开头，后面可以跟除!、?、*之外的字母或数字。下画线、圆点不能为变量名的最后一个字母。
- 变量名不能与SPSS内部具有特定含义的保留字同名，如ALL、BY、AND、NOT、OR等。
- SPSS有默认的变量名，它以字母“VAR”开头，后面以数字补足5位。如VAR00001、VAR00012等。

总之，在变量命名时，为方便记忆，变量名最好与其代表的数据含义相对应。如果变量名不符合SPSS的命名规则，系统会自动给出错误提示信息。

2.2.2 变量类型、宽度、列宽度

变量类型是指每个变量取值的类型。SPSS中有三种基本变量类型，分别为数值型、字符串型和日期型。每种类型都有默认的宽度、小数位和列宽度。其中，宽度是存储变量值的最大字符位数，也称存储宽度。列宽度是数据编辑器窗口中每列的显示字符位数，也称显示宽度。如果显示宽度(如2)小于变量的宽度(如6)，则相应列中的数据将显示为若干个(这里是2个)*号。通常这两个宽度是一致的。

1. 数值型

数值型是SPSS最常用的数据类型，通常由阿拉伯数字(0～9)和其他特殊符号(如美元符号、逗号、圆点)等组成。例如，工资、年龄、成绩等变量都可定义为数值类型。SPSS中数值型有以下五种不同的表示方法。

(1)数值(Numeric)

数值是SPSS默认的数据类型，默认的最大宽度为8位，包括正负符号位、小数点和小数位在内，小数位默认为2位。需要说明的是，数据的显示宽度并不影响数据的存储宽度，也不影响数据的计算。

(2)科学计数法(Scientific Notation)

科学计数法也是一种常见的数值型数据的表示方式。例如，120用科学计数法表示为1.2E+02,其中的E表示以10为底，+02表示正的2次方。又如，0.005用科学计数法记为5.0E-03，这里-03表示负的3次方。科学计数法的默认最大宽度为8，包括正负符号位、字母E和跟在其后的正负符号及两位幂次数字。科学计数法一般用来表示很大或很小的数据。用户在输入科学计数法数据时，可直接输入数据,SPSS会自动进行转换。

(3)逗号型(Comma)

逗号型数据，整数部分从个位开始每3位以一个逗号分隔，如1,234.56。逗号型默认的最大宽度为8，小数位为2，逗号所占的位数包括在总宽度之内。用户在输入逗号型数据时，可以不输入逗号,SPSS将自动在相应位置上添加逗号。

(4)点型(Dot)

点型数据，整数部分从个位开始每3位以一个圆点分隔，以逗号作为整数和小数部分的

分隔符，如 1.234,56。圆点型默认的最大宽度为 8，小数位为 2。用户在输入圆点型数据时，可以不输入圆点，SPSS 将自动在相应位置上添加圆点。

(5)美元型(Dollar)

美元型主要用来表示货币数据，它在数据前附加美元符号＄。美元型数据的显示格式有很多，如＄＃＃＃、＄＃＃＃,＃＃＃、＄＃,＃＃＃.＃＃等,SPSS 会以菜单方式将其显示出来供用户选择。用户在输入美元符号型数据时，可以不输入美元符号,SPSS 将自动在相应位置上添加美元符号。

2. 字符串型

字符串型数据类型也是 SPSS 较常用的数据类型，由一个字符串组成。如职工号码、姓名、地点等变量都可定义为字符串型数据。

字符串型数据的默认显示宽度为 8 个字符位，它不能进行算术运算，并区分大小写字母。字符串型数据在 SPSS 命令处理过程中应用一对双引号引起来，但在输入数据时不应输入双引号，否则，双引号将会作为字符串型数据内容的一部分。

3. 日期型(Date)

日期型数据用来表示日期或者时间。如生日、成立日期等变量可以定义为日期型数据。日期型数据的显示格式有很多，例如 dd－mmm－yyyy，dd 表示两个字符位的日期，－为数据的分隔符，mmm 表示英文月的缩写，yyyy 表示四个字符位的年份。如 20－AUG－1999 表示 1999 年 8 月 20 日。又如 mm/dd/yyyy，mm 表示两个字符位的月份，/为数据分隔符，dd 表示两个字符位的日期，yyyy 表示四个字符位的年份，如 1999 年 8 月 20 日也可以表示为 08/20/1999。SPSS 以菜单的方式将所有日期显示格式列出来供用户选择。

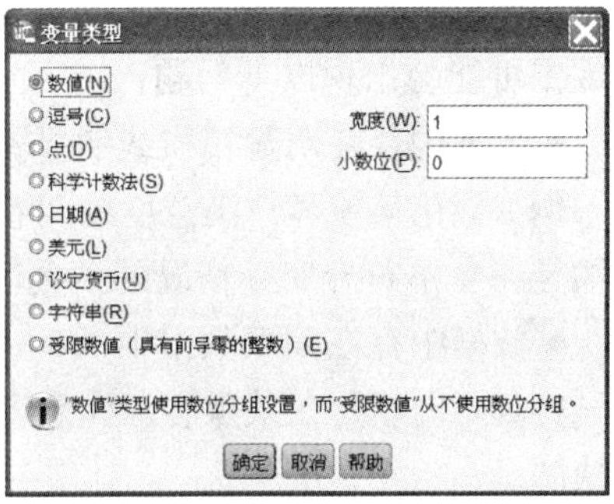

图 2-2　变量类型定义窗口

上述数据类型在 SPSS 中有特定的选择定义窗口，如图 2-2 所示。

2.2.3　变量名标签

变量名标签是对变量名含义的进一步解释说明，它可增强变量名含义和统计分析结果的可读性。变量名标签的长度可达 120 个字符，但在统计分析结果的显示中，一般不能显示如此长的变量名标签信息。变量名标签是可以省略定义的，但建议最好给出变量名的标签。

2.2.4　变量值标签

变量值标签是对变量取值含义的解释说明信息，对于定类型和定序型变量尤为重要。

例如，对于性别变量，假设用数值 1 表示男，用数值 2 表示女。那么，人们看到的数据就仅仅是 1 和 2 这样的符号，通常很难弄清楚 1 代表男还是女。但如果为性别变量附加变量值标签，并给出 1 和 2 的实际指代，则无疑会使数据含义非常清楚。

可见，变量值标签对于定序型(如收入的高、中、低等有一定的大小顺序)和定类型(如民族的汉、回等，性别的男、女，仅指代类别)的变量来说是必不可少的。它不但明确了数据的含义，也增强了最后统计分析结果的可读性。变量值标签是可以省略定义的，但建议最好给出定序或定类型变量的变量值标签。

SPSS 中定义变量值标签的窗口如图 2-3 所示。

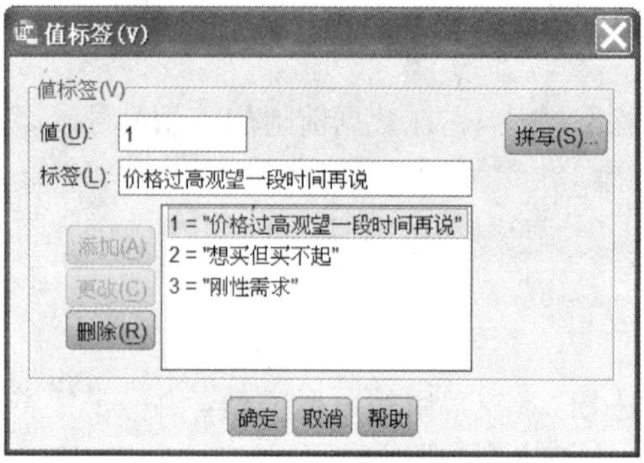

图 2-3　变量值标签定义窗口

2.2.5　缺失值

缺失值的处理是数据分析准备过程中一个非常重要的环节。在统计分析过程中，收集来的数据可能会出现以下问题：

● 数据中存在明显错误或明显不合理的数据

例如，在某项客户满意度的问卷调查数据中，某个被调查者的年龄是 213 岁。这个数据显然是一个不符合实际情况的失真数据。

● 数据中存在漏填数据项

例如，仍然是在某项客户满意度的问卷调查数据中，某个被调查者的年收入没有填，是空缺的。

通常统计学称上述情况的数据为不完全数据或缺失值。在利用 SPSS 进行分析时，如果不进行特别说明，SPSS 将把上述 213 等明显错误的数据或空缺数据当做正常且合理的数据进行分析，但实际上这是不对的。因此，如果数据中存在缺失值，分析时通常不能直接采纳，要进行说明。

SPSS 中说明缺失值的基本方法是指定用户缺失值。首先，在漏填的数据处填入某个特定的标记数据。例如，将遗漏的年收入数据用特定的标记数据(如 99999999)来替代；然后，指明这个特定的标记数据(如 99999999)或那些明显的失真数据(如 213)等为用户缺失值。这样，在分析时，SPSS 就能够将这些用户缺失值与正常的数据区分开来，并依据用户选择的处理策略对其进行处理或分析等。

SPSS 用户缺失值可以是：

● 对字符型或数值型变量，用户缺失值可以是 1 至 3 个特定的离散值(Discrete missing values)。

● 对一个数值型变量，用户缺失值可以在一个连续的闭区间内并同时再附加一个区间以外的离散值(Range plus one optional discrete)。

SPSS 用户缺失值的定义窗口如图 2-4 所示。

除了用户缺失值外，SPSS 还有一类默认的缺失值，称为系统缺失值。系统缺失值用一个圆点表示，它不等于 0 或 .00，通常出现在数值型变量数据中。注意，字符型变量中的空格或空不是系统缺失值。

待分析的数据中存在大量的缺失值，会对分析产生重大影响。例如，大量的缺失数据会使分析结果出现系统性偏差，会因缺少充分可利用的数据而造成统计计算精度的大幅度下降，会由于某些模型无法处理缺失数据而限制了该模型的应用等。因此，在数据分析之前通常需要对缺失值进行必要的处理。统计学对缺失值的处理方法有许多，如常见的利用 EM(Expectation Maximization)法或回归法等对缺失值进行估计。SPSS 中也提供了分析缺失值的专门模块。

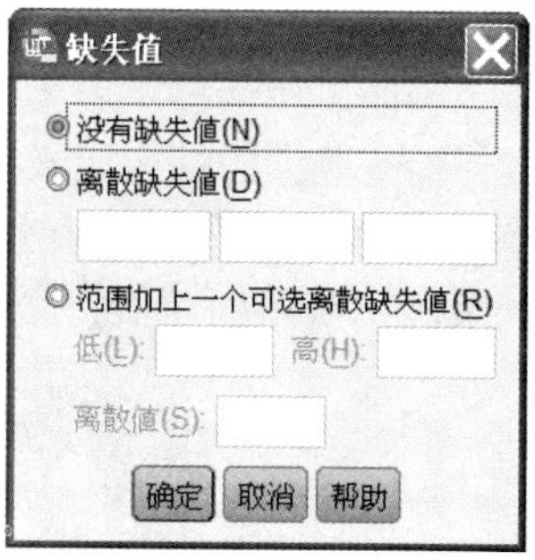

图 2-4　缺失值定义窗口

2.2.6　计量尺度

统计学依据计量尺度将变量划分为三大类，即数值型变量(Scale)、定序型变量(Ordinal)和定类型变量(Nominal)。数值型变量通常是指诸如身高、体重、血压等的连续型变量，也包括诸如人数、商品件数等离散型变量；定序型变量具有内在固有大小或高低顺序，但它又不同于数值型变量，一般以数值或字符表示。如职称变量可以有低级、中级和高级三个取值，分别用 1、2、3 表示，年龄段变量可以有老、中、青三个取值，分别用 A、B、C 表示等。这里，无论是数值型的 1、2、3 还是字符型的 A、B、C，都是有大小或高低顺序的，但数值之间却是不等距的。因为，低级和中级职称之间的差距与中级和高级职称之间的差距是不相等的；定类型变量是指没有内在固有大小或高低顺序，一般以数值或字符表示。如性别变量中的男、女取值，可以分别用 1、2 表示，民族变量中的各个民族，可以分别用“汉”、“回”、“满”字符表示等。这里，无论是数值型的 1、2 还是字符型的“汉”、“回”、“满”，都不存在内部固有的大小或高低顺序，而只是一种类别名义上的指代。可根据变量的具体含义在 SPSS 中指定变量属于上述哪种类型。

通常建立 SPSS 数据文件时应首先定义 SPSS 数据的结构部分，然后再输入 SPSS 数据。但实际应用中，边录入、边分析、边修改数据结构的情况也是很常见的。

2.2.7　结构定义的基本操作

了解了 SPSS 数据的结构之后，就需要掌握描述和定义结构的操作方法。定义 SPSS 数据结构的操作是在数据编辑器窗口的【变量视图】中进行的。

定义结构具体的基本操作方法完全遵从 Windows 等系统下其他常用软件的操作方法，如使用下拉框、单选框等。操作中应当注意以下几点。

● 变量值标签的定义操作

定义变量值标签的操作较特殊。在图 2-3 所示的变量值定义窗口中，应在第一行中输入变量值，在第二行中输入相应的值标签。添加(A)按钮的功能是认可定义的变量值标签，并将其加到窗口下方的文本框中；更改(C)按钮的作用是认可对某个变量值标签的修改；删除(R)按钮用来删除某个错误或不再有用的变量值标签。在以后的操作中，还会遇到这样的按钮，注意其功能是基本类似的。

● 缺失值的定义操作

缺失值的定义操作中应注意连续闭区间的定义方法。在图 2-4 所示的缺失值定义窗口中，应在【低(L)】后输入该区间的下限值，在【高(H)】后输入上限值。

● 结构的浏览

SPSS 数据的结构定义完成之后，一般会希望浏览一下整个数据文件中所有变量的特征属性。可以在变量视图中浏览，也可以通过菜单选项【实用程序→ 变量】来实现，于是，将显示如图 2-6所示的窗口。

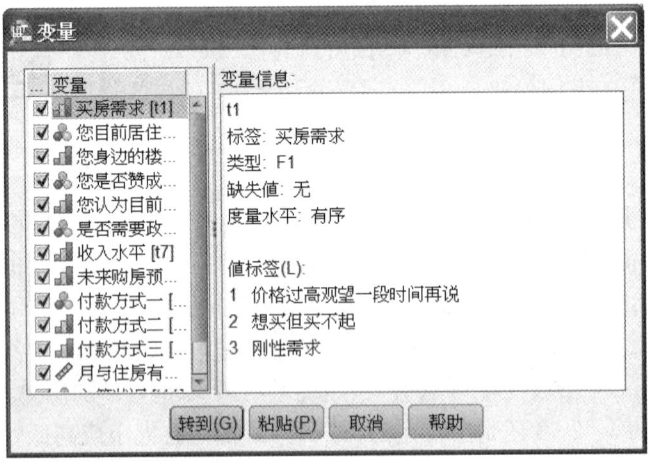

图 2-6　数据结构浏览窗口

2.3　SPSS 结构定义的应用案例

本节将通过一个商品房购买意向调查的应用案例，说明在 SPSS 中应如何组织一般的问卷调查数据，如何设计 SPSS 变量，如何根据问卷问题定义 SPSS 数据的结构等问题。表 2-3 是一张示例的商品房购买意向调查问卷。

表 2-3　商品房购买意向调查问卷示例

题　　目	备 选 答 案
1. 您的买房需求是什么?	1. 价格过高观望一段时间再说 2. 想买但买不起 3. 刚性需求
2. 您目前的居住状况是什么?	1. 居住在出租房内 2. 居住在自有房内
3. 您身边的楼盘价格变化状况?	1. 小幅下滑 2. 没什么变化 3. 逆势上涨
4. 您是否赞成有关部门直接干预房价?	1. 赞成 2. 不好说 3. 反对
5. 您认为目前一系列楼市调控政策效果如何?	1. 效果很明显 2. 不明显 3. 无效果
6. 您是否需要政府提供保障性住房?	1. 不需要 2. 需要 3. 非常需要
7. 您的收入水平如何?	1. 3000 元以下 2. 3000～5000 元 3. 5000～8000 元 4. 8000 元以上
8. 您未来的购房预期是怎样的?	1. 增强 2. 不变 3. 减弱
9. 如果您买房，您选择怎样的付款方式?	1. 公积金贷款 2. 按揭付款 3. 个人组合贷款 4. 分期付款 5. 一次性付款
10. 您每月与住房有关的开销是多少钱?	
11. 您的户籍状况怎样?	1. 本市户籍 2. 非本市户籍

如果已经收集到表 2-3 所示的调查数据，并希望利用 SPSS 软件进行处理和分析，则应首先将问卷中的问题转换成 SPSS 可以处理的形式。由于数据为原始调查数据，因此，应采用原始数据的组织方式将其组织在 SPSS 数据编辑器窗口中，即每行为一个个案(一份调查数据)，一列是一个变量(问卷中的一道问题)。由于该问卷有 11 道问题，于是初步考虑设计成 11 个 SPSS 变量。其中的第 9 题为多选项问题，比较特殊，因此变量设计方法也有所不同。

在后面将专门讲解这类问题的变量设计方法。

对表 2-3 的调查问卷，设计的 SPSS 数据的结构如表 2-4 所示。SPSS 数据文件名为：商品房购买意向调查模拟数据 . sav。

由表 2-4 可见，在一般的问卷数据处理中：

- SPSS 变量的类型大多应定义成数值型，这样利于以后的数据分析。
- 不同的数据应根据其实际含义规定其计量尺度。如"收入水平"、"未来购房预期"等应为定序型变量，"买房需求"、"目前居住状况"等为定类型变量，"住房开销"为数值型变量等。
- 变量值标签的定义在问卷数据的处理中有重要作用。

表 2-4 调查问卷 SPSS 数据的结构

变量名及其属性	变量名及其属性
t1 标签：买房需求 类型：F1 缺失值：无 度量水平：有序 值标签(L)： 1. 价格过高观望一段时间再说； 2. 想买但买不起 3. 刚性需求	t2 标签：您目前居住的是自有房还是出租房 类型：F1 缺失值：无 度量水平：名义 值标签(L)： 1. 出租房 2. 自有房
t3 标签：您身边的楼盘价格是否有变化 类型：F1 缺失值：无 度量水平：有序 值标签(L)： 1. 小幅下滑 2. 没什么变化 3. 逆势上涨	t4 标签：您是否赞成有关部门直接干预房价 类型：F1 缺失值：无 度量水平：名义 值标签(L)： 1. 赞成 2. 不好说 3. 反对
t5 标签：您认为目前一系列楼市调控政策效果是否显著 类型：F1 缺失值：无 度量水平：有序 值标签(L)： 1. 效果很明显 2. 不明显 3. 无效果	t6 标签：是否需要政府提供保障性住房 类型：F1 缺失值：无 度量水平：名义 值标签(L)： 1. 不需要 2. 需要 3. 非常需要
t7 标签：收入水平 类型：F1 缺失值：无 度量水平：有序 值标签(L)： 1. 3000 元以下 2. 3000～5000 元 3. 5000～8000 元 4. 8000 元以上	t8 标签：未来购房预期 类型：F9 缺失值：无 度量水平：有序 值标签(L)： 1. 增强 2. 不变 3. 减弱

续表

变量名及其属性	变量名及其属性
t9 标签：付款方式 类型：F1 缺失值：无 度量水平：名义 值标签(L)：1. 公积金贷款 2. 按揭付款 3. 个人组合贷款 4. 分期付款 5. 一次性付款	t10 标签：月与住房有关的开销 类型：F1 缺失值：无 度量水平：定距 值标签(L)：
t11 标签：户籍状况 类型：F1 缺失值：无 度量水平：名义 值标签(L)： 1. 本市户籍 2. 非本市户籍	

2.4 SPSS数据的录入与编辑

2.4.1 SPSS数据的录入

SPSS数据的结构定义好后就可将具体的数据输入到SPSS中以最终形成SPSS数据文件。

SPSS数据的录入操作在数据编辑器窗口中的【数据视图】中实现，其操作方法与Excel基本类似。操作时应注意以下几点：

- 数据编辑器窗口中的色框框住的单元为当前数据单元，它是当前正在录入或修改数据的单元。录入数据时应首先确定当前数据单元，即将鼠标指到某个数据单元上，然后单击鼠标左键。
- 数据录入可以逐行进行，即录入完一个数据后按【Tab】键，于是当前单元的右邻单元自动成为当前单元；数据录入也可以逐列进行，即录入完一个数据后按【Enter】键，于是当前单元的下方单元自动成为当前单元。
- 录入带有变量值标签的数据可以通过下拉按钮完成。但在此之前应首先打开变量值标签的显示开关，选择的菜单是：【视图 → 值标签】。【值标签】是一个重复开关选项。如果它前面显示一个对钩，则表示变量值标签的显示开关已经打开，变量值标签将显示在数据编辑器窗口中；反之，表示开关尚未打开，不显示变量值标签只显示变量值。应当说明的是：在变量值标签显示开关打开的状态下，虽然窗口显示的是变量值标签，但实际存储的数据仍是变量值。

2.4.2 SPSS数据的编辑

SPSS数据的编辑主要包括对数据的定位、增加、删除、修改、复制等操作。编辑操作在数据编辑器窗口中的【数据视图】中进行。

1. SPSS 数据的定位

数据定位的目的是将当前数据单元定位到某个特定的单元中。SPSS 提供了两种定位方式，即人工定位和自动定位。

人工定位，即通过人工浏览数据，确定当前数据单元，适用于数据量较少的情况。用户只需用鼠标拖动数据编辑器窗口右边的滚动条，或按键盘上的 Page Up 、 Page Down 键就可以完成数据的浏览和定位。

自动定位，即 SPSS 按照用户给出的定位条件自动寻找满足条件的第一个数据单元，并设置它为当前数据单元，适用于数据量较大的情况。定位条件可以是一个个案的号码，也可以是某个变量的值。

（1）按个案号码自动定位

① 将当前单元定位在任何单元中。

② 选择菜单【编辑→ 转至个案】，出现如图 2-7 所示的窗口。

③ 输入欲定位的个案号码并确认。

于是，SPSS 自动搜索该号码所对应的个案并定位。该窗口也可用于定位变量。

图 2-7　按个案号码自动定位窗口

（2）按值自动定位

① 将当前单元定位在某变量列的任何一条个案上(如变量 t1)。

② 选择菜单【编辑→ 查找】，出现如图 2-8 所示的窗口。

③ 输入定位变量值或值标签(如刚性需求)并确认。

于是，SPSS 自动对第①步指定的变量进行搜索，并将当前单元定位到与定位值相等的第一条个案上。该窗口也可用于查找和替换值。

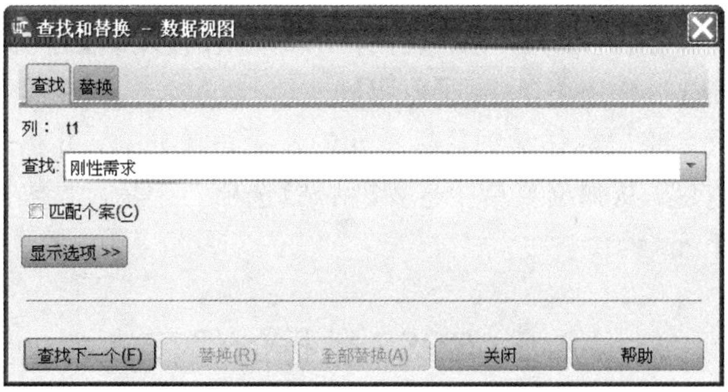

图 2-8　按变量值或值标签自动定位窗口

2. 插入和删除一条个案

（1）插入一条个案，即在数据编辑器窗口的某条个案前插入一条新个案。操作步骤如下。

① 将当前数据单元确定在一条个案上。

② 选择菜单【编辑 → 插入个案】。

于是，SPSS 自动在当前数据单元所在行的前面插入一空行，其中：数值型变量的变量值自动为系统缺失值，用户可以再做修改。

（2）删除一条个案，即删除数据编辑器窗口中的某条个案。操作步骤如下。

① 在欲删除的个案号码上单击鼠标左键，于是待删除的个案数据呈反向显示。

② 单击鼠标右键，从弹出菜单中选择【清除】选项。

于是，欲删除的个案数据被整条删除，以下行的个案自动依次前提一行。

3. 插入和删除一个变量

(1) 插入一个新变量，即在数据编辑器窗口的某个变量前插入一个新变量。操作步骤是：

① 将当前数据单元确定在某变量上。

② 选择菜单【编辑 → 插入变量】。

于是，SPSS 自动在当前数据单元所在列之前插入一个空列。该列的变量名默认为 Var00001，数据类型为数值型，变量值均是系统缺失值，用户可以再做修改。

(2) 删除一个变量，即删除数据编辑器窗口中的某列变量。操作步骤如下。

① 在欲删除列的变量名上单击鼠标左键，于是待删除列的数据呈反向显示。

② 单击鼠标右键，从弹出菜单中选择【清除】选项。

于是，待删除的列被整列删除，其右边的变量列自动依次左移一列。

4. 数据的移动、复制和删除

在对数据编辑器窗口中的数据进行编辑时，有时希望对整块数据进行整体操作。如希望把从某行某列到某行某列围成的整块数据，即源数据块，整体地移动或复制到另一块数据单元，即目标单元中；或者将整块数据清除。实现这些功能的操作有以下三步。

(1)定义源数据块。源数据块是将要被移动或复制或清除的对象。操作方法是：将鼠标移动到源数据块的左上角单元上，并拖动鼠标至源数据块的右下角单元上。于是被拖动过的单元呈反向显示，表明源数据块已经定义好了。

(2)单击鼠标右键。如果要清除整个数据块的内容，则选择弹出菜单中的【清除】选项；如果要复制整个数据块内容，则选择弹出菜单中的【复制】选项；如果要移动整个数据块内容，则选择弹出菜单中的【剪切】选项。

(3)指定目标单元。将鼠标移动到目标单元的左上角单元处，并指定它为当前单元。然后单击鼠标右键，从弹出菜单中选择【粘贴】选项。于是，源数据块数据就被复制或移动到目标单元中了。

2.5 SPSS 数据的保存

SPSS 数据整理好以后，需要将数据编辑器窗口中的数据以文件的形式保存到磁盘中。

2.5.1 SPSS 支持的数据格式

SPSS 能够将数据编辑器窗口中的数据保存成多种格式的数据文件。常见的文件格式有 SPSS 文件格式、Excel 文件格式、文本格式等。

1. SPSS 格式文件

SPSS 文件格式是 SPSS 默认的数据格式，该格式的文件以.sav 为扩展名。SPSS 数据格式的优点是：可以被 SPSS 软件直接读取，能够将 SPSS 数据的结构和数据两部分内容全部完整地保存下来。SPSS 数据格式的缺点是：无法被其他软件直接读取。因此该文件的通用性较差。

2. Excel 格式文件

Excel 格式文件是应用极为广泛的电子表格文件，其扩展名为.xls 或.xlsx。SPSS 将数据编辑器窗口中的数据保存成 Excel 格式文件时，会将各变量的变量名写入 Excel 工作表的第一行上，且一条个案为一行。

3. 文本格式文件

文件扩展名为.dat。其中包含两种形式：第一种，固定格式(fixed)的文本文件。它依据每个变量的显示宽度，将变量值数据以空格左补足对齐，一个个案数据为一行；第二种，以 Tab 键作为各数据之间的分隔符，文件的第一行是 SPSS 变量名，第二行以后是具体数据，一条个案数据为一行。

Excel 格式和文本文件格式的数据文件的优点是：数据可以被相应的软件直接读取。缺点是：仅保存 SPSS 数据编辑器窗口中的变量值，而不保存数据的结构等其他属性内容，那些有利于统计分析的必要信息会丢失。

因此，在实际工作中，如果用户希望将 SPSS 数据与其他软件共享，则可将 SPSS 数据编辑器窗口中的数据保存成两份，一份为 SPSS 文件格式，保证一些重要的分析信息不丢失；另一份为其他软件可以读取的数据文件格式，从而方便数据共享。

2.5.2　保存 SPSS 数据的基本操作

SPSS 数据文件保存的操作步骤如下。

(1)选择菜单【文件 → 保存】或【另存为】。于是出现如图 2-9 所示的窗口。

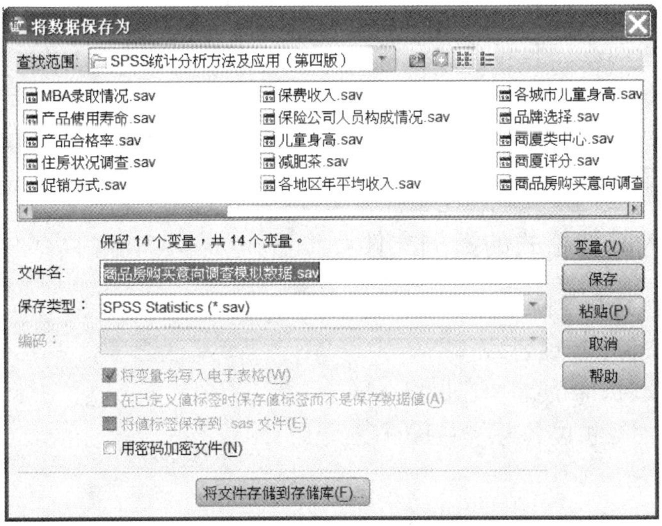

图 2-9　数据保存窗口

(2)给出存放数据文件的目录路径和数据文件的用户名，并根据实际需要选择数据文件的格式。

在图 2-9 所示的窗口中：

- 数据文件的格式通过【保存类型】后的下拉框选择。将数据保存为 SPSS 数据文件格式时，变量(V) 按钮呈可用状态。它的作用是允许用户指定保存哪些变量，不保存哪些变量，窗口如图 2-10 所示。变量名前画钩的变量将被保存起来。

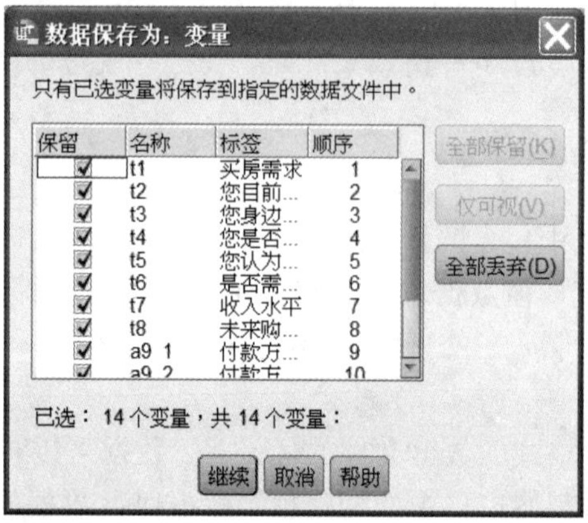

图 2-10　选择保存变量窗口

- 将数据保存为 Excel 文件格式时，【将变量名写入电子表格(W)】选项呈可用状态。它的作用是指定是否将 SPSS 变量名写入 Excel 工作表的第一行上。

2.6　读取其他格式的数据文件

以上讲解了建立 SPSS 数据文件的一般方法，即利用数据编辑器窗口定义 SPSS 数据的结构并输入数据。然而在实际应用中，可能已经将一批待分析的数据保存在其他软件中了。例如，可能已利用数据库管理系统将一批数据存储在数据库文件中了，或已将数据存在 Excel 电子表格中了。如果希望用 SPSS 对这些数据进行统计分析，就需将这些数据转换到 SPSS 中。SPSS 能够直接将它们读入数据编辑器窗口，用户可再次将其保存为 SPSS 格式文件。因此，读取其他格式的文件并将其转换为 SPSS 格式数据，是另外一种建立 SPSS 数据文件的方法。

2.6.1　直接读入其他格式的数据文件

SPSS 能够直接打开各种类型的数据文件，常见的格式有：

- SPSS 格式文件，扩展名为. sav
- Excel 格式文件，扩展名为. xls 或. xlsx
- SAS 格式文件，扩展名为. sas7bdat 等

基本操作步骤是：

(1)选择菜单【文件→ 打开→ 数据】。

(2)选择数据文件的类型，并输入数据文件名。如“商品房购买意向调查模拟数据. xls”。

需要说明的是：

如果读入的是 Excel 格式文件，那么 SPSS 默认将 Excel 工作表中的全部数据读到 SPSS 数据编辑器窗口中，也可以指定仅读取工作表中某个区域内的数据(如 A5:B10，表示仅读取以 A5 单元为左上角，B10 单元为右下角的矩形区域内的数据)。工作表上的一行数据为 SPSS 中的一条个案。如果 Excel 工作表文件第一行或指定读取区域内的第一行上存储了变

量名信息，则应选择【从第一行数据读取变量名】选项，即以工作表第一行或指定读取区域内第一行上的文字信息作为 SPSS 的变量名；否则不选，SPSS 的变量名将自动取名为工作表中的单元名(如 A、B、C 等)。

2.6.2 使用文本向导读入文本文件

文本格式的数据文件是一种最通用格式的数据文件。

例如，“股民调查数据. txt”即为一份关于中国股民股票投资状况的问卷调查数据(数据来源：王庆石等，《统计学案例》，东北财经大学出版社)，为文本格式。通常，调查问卷中各变量以列的形式组织在文本文件中，各列之间的分隔符一般为制表符或其他符号。第一行往往为变量名，调查数据从第二行开始。

SPSS 提供了专门读取文本文件的功能。基本操作步骤如下。

(1)选择菜单【文件→打开文本数据】。指定文本文件名后，出现如图 2-11 所示的窗口。应观察该窗口，确认 SPSS 是否已经正确地识别和分隔了数据项。

(2)单击 下一步>(N) 按钮进入图 2-12 所示的窗口。观察该窗口回答两个问题：第一，数据项间是如何分隔的；第二，数据文件的第一行上是否有变量名。随后单击 下一步>(N) 按钮进入图 2-13 所示的窗口。

(3)在图 2-13 所示的窗口中应回答的问题是：第一，数据部分从文本文件的第几行开始。如果文本文件的第一行是变量名，应回答“2”。第二，个案数据在文本文件中是如何安排的，是一行一条个案还是一行多条个案。通常数据以第一种方式安排。第三，将文本文件中的数据全部读入还是部分读入(读入前几条个案还是随机读入一定比例的个案)。

图 2-11　文本导入向导窗口(1)

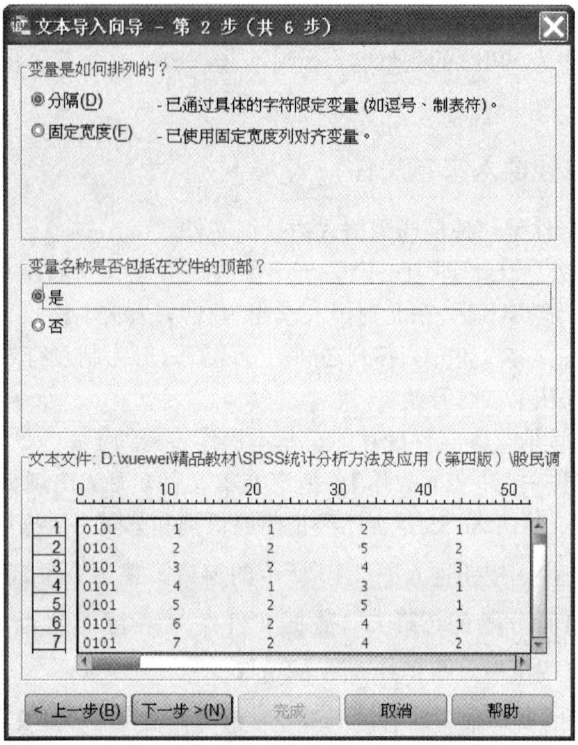

图 2-12　文本导入向导窗口(2)

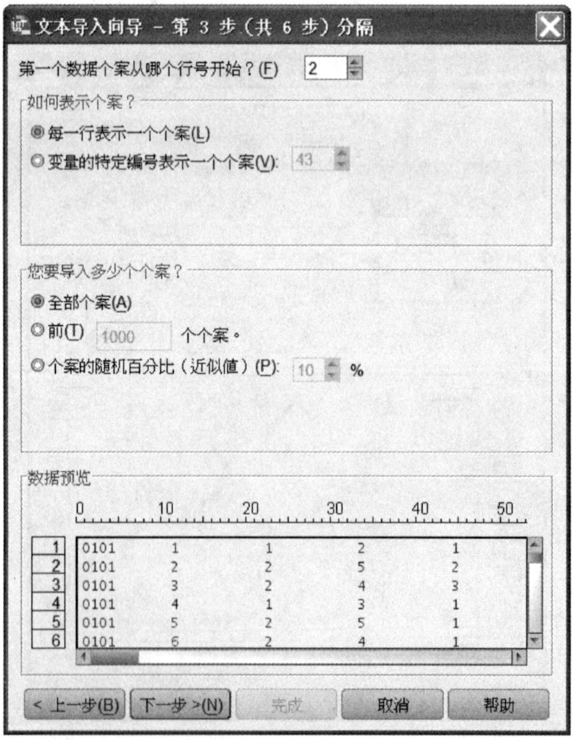

图 2-13　文本导入向导窗口(3)

(4)指定文本文件中数据项之间的分隔符号，窗口如图 2-14 所示。数据项间的分隔符可以是制表符、逗号、空格、分号或其他符号。字符型数据可以不用任何符号括起来，也可以用单引号、双引号或其他符号括起来。

(5)对随后出现的两个窗口中的问题，通常可以不必回答。

到此为止，完成了对文本数据的读入操作。接下来，可以将已经读入的数据进行必要的加工或处理，并将其保存为 SPSS 格式的文件或其他格式的文件。

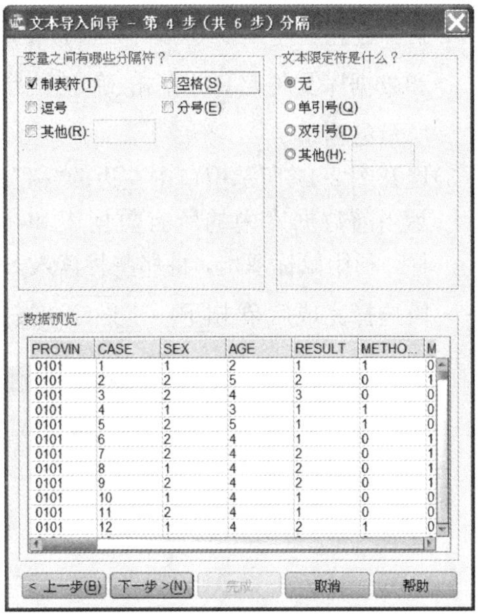

图 2-14　文本导入向导窗口(4)

2.6.3　使用数据库向导读入数据

数据也可事先以数据库的形式组织在一起。例如，“职工数据. mdb”即为一个 access 数据库文件，其中包含一张关于职工基本状况的数据表。

当数据已经存储在数据库(如 Access 等)中，要将这些数据读到 SPSS 中进行分析，可利用 SPSS 提供的数据库向导实现数据的导入处理。基本操作步骤如下。

(1)选择菜单【文件 → 打开数据库 → 新建查询】。指定数据库文件后，出现如图 2-15 所示的数据库向导窗口(1)。可以看到，SPSS 将自动根据计算机目前所安装的软件情况提供多种数据库的读入引擎。如果数据是存放在 Access 数据库中的，此时应选择 MS Access Database，并单击 下一步>(N) 按钮进入图 2-16 所示的窗口。

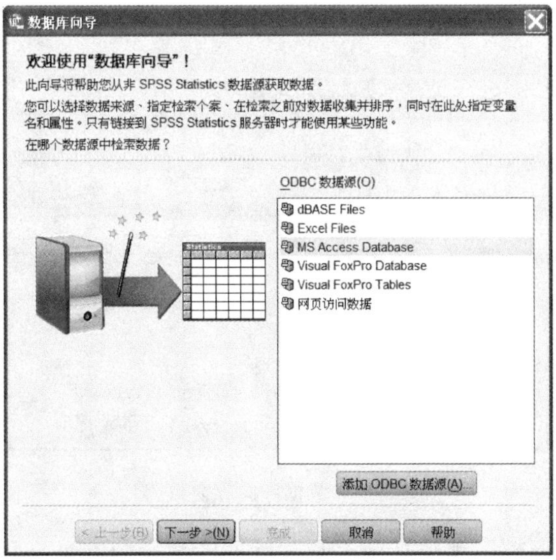

图 2-15　数据库向导窗口(1)

(2)单击[浏览(B)]按钮指定数据库文件所在的路径和数据库文件名，并单击[确定]按钮进入图2-17所示的窗口。

图2-16　数据库向导窗口(2)

(3)展开图2-17所示窗口中左边的“树”，“树”中将显示当前数据库中的所有数据表和相应的字段名称，利用鼠标双击，将那些将读入SPSS中的字段，选择到窗口右边的列表框中，字段选择完成后单击[下一步>(N)]按钮，进入图2-18所示的窗口。

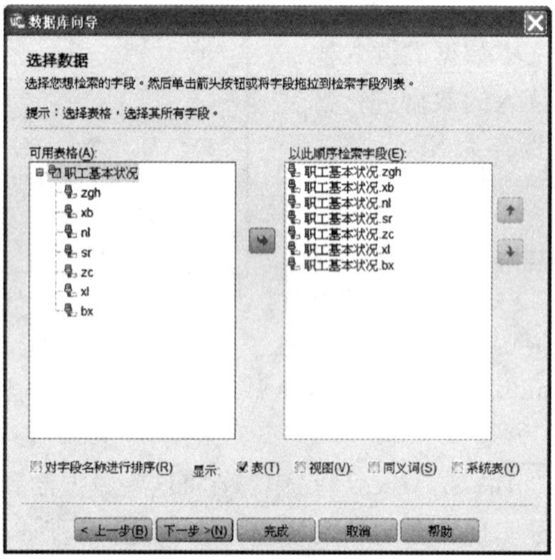

图2-17　数据库向导窗口(3)

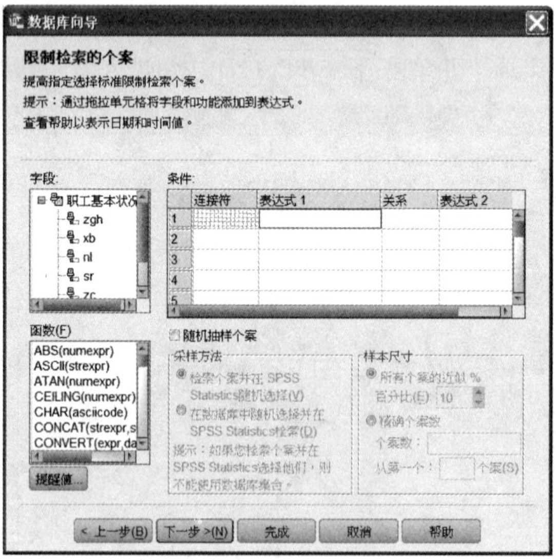

图2-18　数据库向导窗口(4)

(4)在图2-18所示窗口中指定一组条件，只有满足指定条件的记录才被读入SPSS中。如果希望读入所有数据，则直接单击[下一步>(N)]按钮，进入图2-19所示的窗口。

(5)在图 2-19 所示窗口中将自动显示被选中字段的字段名、数据类型名等。鼠标双击变量名、数据类型可以修改名字和数据类型，还可以在【重新编码数值】列下指定是否将原变量值作为值标签。单击 下一步>(N) 按钮，进入图 2-20 所示的窗口。

(6)图 2-20 所示窗口中将自动显示由以上各操作步骤形成的数据库查询 SQL 语句，可以将该查询保存起来，也可以直接单击 完成 按钮。于是，SPSS 将指定数据库文件中指定数据表中的指定字段数据自动读到 SPSS 数据编辑器窗口中。

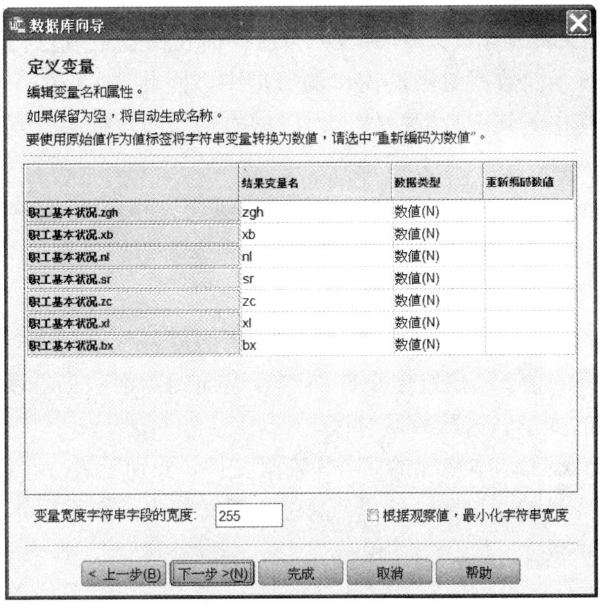

图 2-19　数据库向导窗口(5)

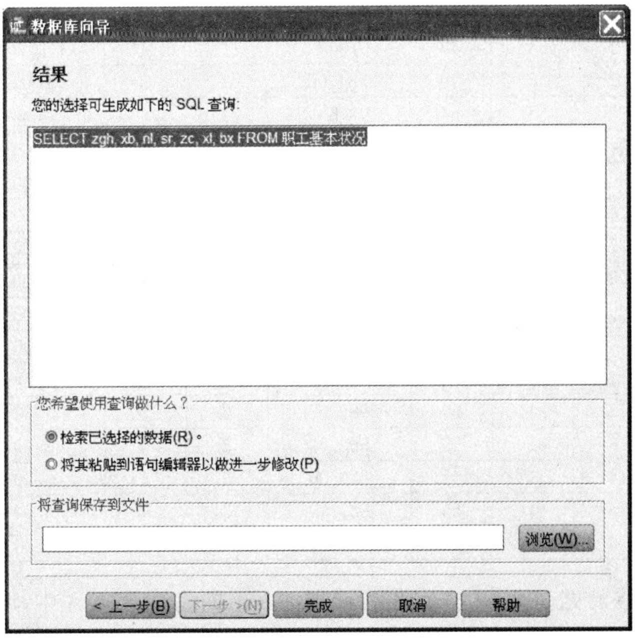

图 2-20　数据库向导窗口(6)

2.7 SPSS 数据文件合并

当数据量较少时，一般可以按照上述方式建立 SPSS 数据文件。在数据量较大时，经常会把一份大的数据分成几个小的部分，由几个录入员分别录入，以期加快数据录入速度，缩短录入时间。但出现的问题是：一份完整的数据被分别存储在了几个 SPSS 数据文件中。因此，如果要分析这份数据就必须首先将若干个小的数据文件合并起来。

SPSS 中合并数据文件是指将一个(或多个)已存储在磁盘上或已打开的 SPSS 数据文件分别依次合并到 SPSS 当前数据编辑器窗口的数据中。因此，实现两个或多个 SPSS 数据文件的合并，应首先将其中的某个数据文件读入(打开)到当前数据编辑器窗口中，然后依次与其他数据文件合并。

SPSS 提供了两种合并数据文件的方式，分别是纵向合并和横向合并。

2.7.1 纵向合并数据文件

纵向合并数据文件就是将当前数据编辑器窗口中的数据与另一个 SPSS 数据文件中的数据进行首尾对接，即将一个 SPSS 数据文件的内容追加到当前数据编辑器窗口数据的后面，依据两个数据文件中的变量名进行数据对接。

例如，有两份关于职工基本情况的 SPSS 数据文件，分别见表 2-5 和表 2-6(1)。其中圆括号中的内容为相应变量的变量名。这里，两份数据文件中的数据项不尽相同，且同一数据项的变量名也不完全一致。

表 2-5　职工基本情况数据

职工号 (zgh)	性别 (xb)	年龄 (nl)	基本工资 (sr)	职称 (zcl)	学历 (xl)	失业保险 (bx)
001	1	48	1014.00	1	1	12.00
002	1	49	984.00	2	2	9.00
003	1	54	1044.00	1	3	13.00
004	1	41	866.00	3	3	8.00
005	1	38	848.00	3	1	8.00
006	2	41	824.00	4	3	7.00
007	2	42	824.00	4	3	7.00
008	2	41	824.00	4	3	7.00
009	2	42	859.00	2	2	8.00
010	1	35	827.00	3	1	7.00
011	1	56	1014.00	1	2	12.00
012	1	59	989.00	2	2	9.00
013	1	59	938.00	3	4	8.00
014	1	41	889.00	2	1	8.00
015	1	55	887.00	3	4	8.00
016	1	45	887.00	3	4	8.00

纵向合并后的结果见表 2-6(2)。可以看到，由于两份数据文件中均有 015 号职工的数据，SPSS 将其合并时没有剔除其中的任何一条，而是一并保留下来。由于第二份数据中没有关于年龄、学历和失业保险的数据项，因此合并之后的数据为系统缺失值。

表 2-6(1)　数据文件纵向合并举例

职工号 (zgh)	性别 (xb)	职称 (zc1)	基本工资 (income)
017	2	1	570.00
018	1	1	400.34
019	2	2	690.00
020	1	2	1003.00
015	1	3	520.00

表 2-6(2)　数据文件纵向合并结果举例

职工号 (zgh)	性别 (xb)	年龄 (nl)	基本工资 (sr)	职称 (zc)	学历 (xl)	失业保险 (bx)
001	1	48	1014.00	1	1	12.00
002	1	49	984.00	2	2	9.00
003	1	54	1044.00	1	3	13.00
004	1	41	866.00	3	3	8.00
005	1	38	848.00	3	1	8.00
006	2	41	824.00	4	3	7.00
007	2	42	824.00	4	3	7.00
008	2	41	824.00	4	3	7.00
009	2	42	859.00	2	2	8.00
010	1	35	827.00	3	1	7.00
011	1	56	1014.00	1	2	12.00
012	1	59	989.00	2	2	9.00
013	1	59	938.00	3	4	8.00
014	1	41	889.00	2	1	8.00
015	1	55	887.00	3	4	8.00
016	1	45	887.00	3	4	8.00
017	2	.	570.00	1		.
018	1	.	400.34	1	.	.
019	2	.	690.00	2	.	.
020	1	.	1003.00	2	.	.
015	1	.	520.00	3	.	.

纵向合并 SPSS 数据文件时，通常要注意以下两个问题：

第一，两个待合并的 SPSS 数据文件的内容合并起来应是有实际意义的。换句话说，两份完全不相干的数据，虽然操作上能够实现它们的纵向合并，但却毫无意义。

第二，为方便 SPSS 数据文件的纵向合并，不同数据文件中数据含义相同的数据项最好起相同的变量名，且数据类型也最好相同，这样将大大简化操作过程中参数的选择，利于 SPSS 对变量的自动匹配。含义不同的数据项其变量名最好不要同名，否则会给数据合并过程带来许多麻烦。

纵向合并数据文件的基本操作步骤如下。

(1)在当前数据编辑器窗口中打开一个需合并的 SPSS 数据文件。

(2)选择菜单【数据→ 合并文件→ 添加个案】。显示如图 2-21 所示的窗口。

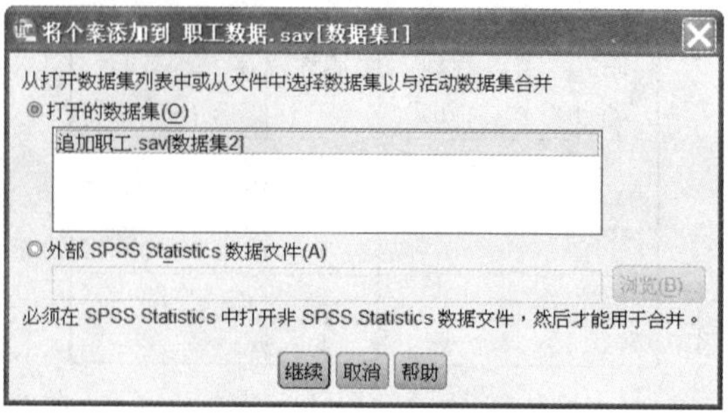

图 2-21　合并文件窗口

图 2-21 中，如果被合并的数据已在数据集中，则在【打开的数据集】列表框中指定数据集名。例如，本例中的表 2-6(1)所示的数据已在数据集 2 中(名为“追加职工. sav”)；如果被合并的数据尚未读入 SPSS，则在【外部 SPSS Statistics 数据文件】框中通过浏览(B)按钮指定需合并的数据文件。单击继续按钮显示如图 2-22 所示的窗口。

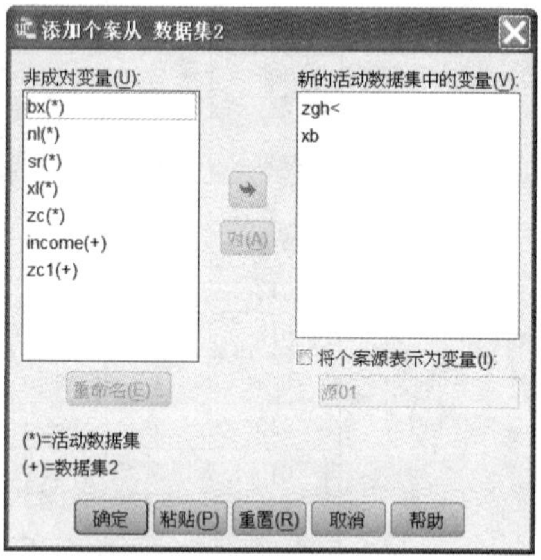

图 2-22　纵向合并数据文件窗口

(3)【新的活动数据集中的变量(V)】框中显示的变量名是两个数据文件中的同名变量，SPSS 默认它们有相同的数据含义，并将它们作为合并后新数据文件中的变量。如果不接受这种默认，可以单击中间的箭头按钮将它们剔出到【非成对变量(U)】框中。否则，本步可略。

(4)【非成对变量(U)】框中显示的变量名是两个文件中不同名的变量。其中，变量名后面的“ * ”表示该变量是当前数据编辑器窗口中活动数据集中的变量，“+”表示该变量是(2)中指定的其他数据集或磁盘文件中的变量。SPSS 默认这些变量的含义不同，且不放入合并后的新文件中。如果不接受这种默认，可选择其中的两个变量名并单击对(A)按钮指定配对，表示虽然它们的名称不同但数据含义是相同的，可进入合并后的数据文件中。例如本例中的 zc 和 zc1，sr 和 income。或者，对某变量单击重命名(E)按钮改名后再指定配对。也可单击中间的箭头按钮指定某变量不经任何匹配，强行进入合并后的数据文件中。否则，本步可略。

(5)如果希望在合并后的数据文件中看出哪些个案来自合并前的哪个 SPSS 数据文件，可以选中【将个案源表示为变量(I)】选项。于是合并后的数据文件中将自动生成一个默认名为“源 01”，取值为 0 或 1 的变量。0 表示个案来自活动数据集，1 表示个案来自第二份数据文件。否则，本步可略。

至此，数据编辑器窗口中会自动显示合并后的数据，用户可根据实际需要将它保存下来。从上述合并步骤可以看出，如果注意了前面提到的合并问题，将会大大简化数据文件合并的操作过程。所以，在大批数据分别录入时应统筹安排，统一各数据文件的结构。

2.7.2　横向合并数据文件

横向合并数据文件就是将当前数据编辑器窗口中的数据与另一个 SPSS 数据文件中的数据进行左右对接，即将一个 SPSS 数据文件的内容拼接到当前数据编辑器窗口数据的右边，依据两个数据文件中的个案进行数据对接。

例如，有两份关于职工基本情况的 SPSS 数据文件，分别见表 2-5 和表 2-7(1)。其中圆括号中的内容为相应变量的变量名。这里，两份数据文件中职工号的变量名是相同的，第二份数据中只有部分职工的奖金数据。

表 2-7(1)　横向合并数据文件举例

职工号 (zgh)	奖金 (bonus)
001	1000.00
003	2000.00
004	1200.00
007	1400.00
010	2000.00
016	1500.00
040	2000.00

经过横向合并后的结果如表 2-7(2)所示。

横向合并数据文件时，通常要注意以下三个问题：

第一，两个数据文件必须至少有一个名称相同的变量，该变量是两个数据文件横向拼接的依据，称为关键变量。例如“职工号”、“商品代码”等。

第二，两个数据文件都必须事先按关键变量值的升序排序。

第三，为方便 SPSS 数据文件的横向合并，不同数据文件中数据含义不相同的数据项，变量名不应相同。

表 2-7(2)　横向合并数据文件结果举例

职工号 (zgh)	性别 (xb)	年龄 (nl)	基本工资 (sr)	职称 (zc)	学历 (xl)	失业保险 (bx)	奖金 (bonus)
001	1	48	1014.00	1	1	12.00	1000.00
002	1	49	984.00	2	2	9.00	.
003	1	54	1044.00	1	3	13.00	2000.00
004	1	41	866.00	3	3	8.00	1200.00
005	1	38	848.00	3	1	8.00	.
006	2	41	824.00	4	3	7.00	.
007	2	42	824.00	4	3	7.00	1400.00
008	2	41	824.00	4	3	7.00	.
009	2	42	859.00	2	2	8.00	.
010	1	35	827.00	3	1	7.00	2000.00
011	1	56	1014.00	1	2	12.00	.
012	1	59	989.00	2	2	9.00	.
013	1	59	938.00	3	4	8.00	.
014	1	41	889.00	2	1	8.00	.
015	1	55	887.00	3	4	8.00	.
016	1	45	887.00	3	4	8.00	1500.00
040	.	.	.	.	.	.	2000.00

横向合并 SPSS 数据文件的基本操作步骤如下。

(1)在当前数据编辑器窗口中打开一个需合并的 SPSS 数据文件。

(2)选择菜单【数据→ 合并文件→ 添加变量】。显示类似图 2-21 所示的窗口。指定合并数据集或数据文件后，显示如图 2-23 所示的窗口。

(3)两个待合并数据文件中的所有变量名均显示在【新的活动数据集(N)】列表框中，

SPSS 默认这些变量均以原有变量名进入合并后的新数据文件中。其中变量名后的“*”表示该变量是活动数据集中的变量,“+”表示该变量是(2)中指定的其他数据集或磁盘文件中的变量。用户如果不接受这种默认,可以单击中间的箭头按钮将它们剔出到【已排除的变量(E)】框中。或者剔出后单击 重命名(A) 按钮将变量改名,然后再单击中间的箭头按钮将它们从【已排除的变量(E)】框中重新以新名选回到【新的活动数据集(N)】列表框中。否则,本步可略。

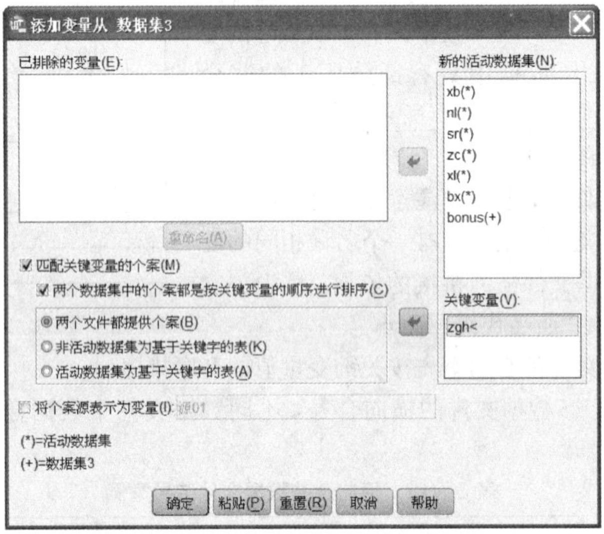

图 2-23　横向合并数据文件窗口

(4)如果两个待合并的数据文件中的个案数据是按顺序一一对应的,则此时可直接单击 确定 按钮完成合并工作。否则,进入第(5)步。

(5)两个待合并数据文件中的同名变量名会自动显示在【已排除的变量(E)】框中。选择【匹配关键变量的个案】选项,并从【已排除的变量(E)】框中选出关键变量到【关键变量(V)】框中。在【两个数据集中的个案都是按关键变量的顺序进行排序(C)】前打钩。

(6)指定提供合并数据的方式。SPSS 有三种数据提供方式:【两个文件都提供个案】是 SPSS 默认的方式,指合并后的数据由原来两个数据文件共同提供,即由原来两个数据文件中的个案共同组成合并后的数据文件;【非活动数据集为基于关键字的表(K)】指在当前数据编辑器窗口中的数据基础之上,将第二个数据文件中的其他变量合并进来,即合并后数据文件中的个案仅是当前数据编辑器窗口中的个案;【活动数据集为基于关键字的表(A)】指在第二个数据文件数据的基础之上,将当前数据编辑器窗口中的其他变量合并进来,即合并后数据文件中的个案仅是第二个数据文件中的个案。

(7)如果希望在合并后的数据文件中看出哪些个案来自哪个数据文件,可以选【将个案源表示为变量(I)】。于是在合并后的数据文件中将自动生成一个默认名为“源 01”、取值为 0 或 1 的变量。0 表示个案来自活动数据集,1 表示来自第二个数据文件。否则,本步可略。

至此,数据编辑器窗口中会自动显示合并后的数据,用户可根据实际需要将它保存下来。从上述合并步骤可以看出,应注意前面提到的合并问题,保证合并后数据的正确性,尤其注意避免张冠李戴现象的发生。

第 3 章　SPSS 数据的预处理

数据文件建立好后，通常还需要对待分析的数据进行必要的预处理，这是数据分析过程中不可缺少的一个关键环节。同时，随着数据分析的不断深入，数据的加工处理还会多次反复。

数据的预处理是服务于数据分析和建模的，需要解决的问题有很多。例如：

● 缺失值和异常数据的处理

在第 2 章曾经讨论过，大量缺失值会给数据分析带来极大的影响。同样，异常数据也会影响最终的分析结果。因此，在数据预处理阶段对缺失值和异常数据进行加工和处理是很有必要的。

● 变量的变换处理

变量的变换处理是指在原有数据的基础上，计算生成更具丰富信息的新变量，或对变量原有分布进行变换的过程。

● 数据抽样

从实际问题、算法或效率等方面考虑，并非收集到的所有数据在某项分析中都有用途，有必要按照一定的规则从大量数据中选取部分样本参与分析。

SPSS 提供了一些专门的功能辅助用户实现数据的预加工处理工作。通过预处理还可以使用户对数据的整体状况有所了解。

3.1　数据的排序

3.1.1　数据排序的目的

通常数据编辑器窗口中个案的前后次序是由数据录入的先后顺序决定的。在数据预处理中，有时需要将数据按照一定的顺序重新排列。例如第 2 章表 2-5 中的职工基本情况数据，可按工资收入从低到高的顺序，或按职称从高到低的顺序重新排列。

数据排序在数据分析过程中有很重要的作用。

- 数据排序便于数据的浏览，有助于了解数据的取值状况、缺失值数量的多少等。
- 通过数据排序能够快捷地找到数据的最大值和最小值，进而可以计算出数据的全距，初步把握和比较数据的离散程度。
- 通过数据排序能够快捷地发现数据中的可能异常值，为进一步明确它们是否对分析产生重要影响提供帮助。

SPSS 的数据排序是将数据编辑器窗口中的数据按照某个或多个指定变量的变量值升序或降序重新排列。这里的变量也称为排序变量。排序变量只有一个的排序称为单值排序。排序变量有多个的排序称为多重排序。多重排序中，第一个指定的排序变量称为主排序变量，其他依次指定的变量分别称为第二排序变量、第三排序变量等。多重排序时，数据首先按主排序变量值的大小次序排序，然后对那些具有相同主排序变量值的数据，再按照第二排序变量值的次序排序，依次排序下去。例如，表 3-1 是第 2 章表 2-5 的职工基本情况数据以“职称”主排序变量降序、“工资收入”第二排序变量升序的多重排序结果。

表 3-1　数据排序举例

职工号 (zgh)	性别 (xb)	年龄 (nl)	基本工资 (sr)	职称 (zc)	学历 (xl)	失业保险 (bx)
006	2	41.00	824.00	4	3.00	7.00
007	2	42.00	824.00	4	3.00	7.00
008	2	41.00	824.00	4	3.00	7.00
010	1	35.00	827.00	3	1.00	7.00
005	1	38.00	848.00	3	1.00	8.00
004	1	41.00	866.00	3	3.00	8.00
015	1	55.00	887.00	3	4.00	8.00
016	1	45.00	887.00	3	4.00	8.00
013	1	59.00	938.00	3	4.00	8.00
009	2	42.00	859.00	2	2.00	8.00
014	1	41.00	889.00	2	1.00	8.00
002	1	49.00	984.00	2	2.00	9.00
012	1	59.00	989.00	2	2.00	9.00
001	1	48.00	1014.00	1	1.00	12.00
011	1	56.00	1014.00	1	2.00	12.00
003	1	54.00	1044.00	1	3.00	13.00

3.1.2　数据排序的基本操作

1. SPSS 数据排序的基本操作步骤

(1)选择菜单【数据→ 排序个案】，显示如图 3-1 所示的窗口。

(2)指定主排序变量到【排序依据】框中，并选择【排列顺序】框中的选项指定按变量值升序排还是降序排。

(3)如果是多重排序，还要依次指定第二、第三等排序变量及相应的排序顺序。否则，本步可略。

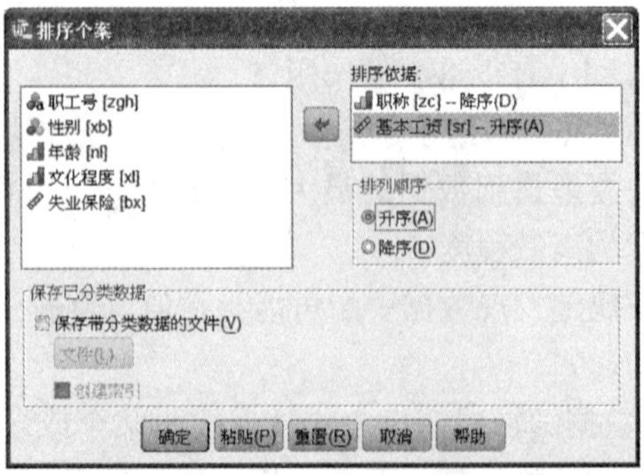

图 3-1　数据排序窗口

至此，数据编辑器窗口中的数据将自动按用户指定的顺序重新排列并显示出来。可以勾选【保存带分类数据的文件】将排序结果保存到用户指定的.sav 文件中。

2. 说明

(1)数据排序是整行数据排序，而不是只对某列变量排序。

(2)多重排序中指定排序变量的次序很关键。排序时先指定的变量优于后指定的变量。多重排序可以在按某个变量值升序(或降序)排序的同时再按其他变量值降序(或升序)来排序。

(3)数据排序以后，原有数据的排列次序将被打乱。因此如有必要，应注意保留数据的原始排列顺序。

3.1.3 数据排序的应用举例

利用第 2 章商品房购买意向的调查数据，通过数据排序功能分别找到出租房和自有房中住房开销的最大值和最小值。操作窗口如图 3-2 所示。排序后能很方便地找到相应的结果。

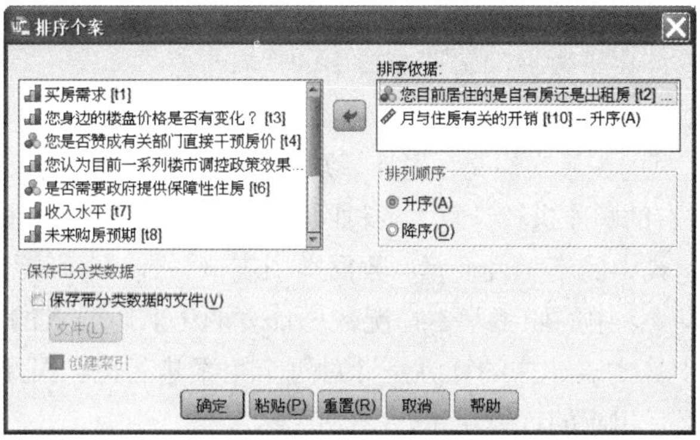

图 3-2　应用案例的数据排序窗口

3.2 变 量 计 算

3.2.1 变量计算的目的

变量计算是数据分析过程中应用最为广泛也最为重要的环节。通过变量计算可以处理许多问题。

● 派生新变量

派生新变量是在原有数据的基础上，计算产生含有更丰富信息的新变量。例如，根据职工的基本工资、失业保险、奖金等数据，计算实际月收入；根据购房者的贷款总额和按揭方案计算比率指标以评价客户风险；根据顾客的消费总金额和消费时间计算平均消费额以预测理想客户等。这些新产生的变量具有更直观和更有效的特点。

● 变换数据的原有分布

由于数据分析和建模中某些模型对变量的分布有一定的要求，因此可以利用变量计算对变量分布进行变换。例如，对非正态变量的对数变换；对时间序列进行平稳化处理；利用区间变换调整数据的取值范围，等等。

SPSS 变量计算是在原有数据的基础之上，根据用户给出的 SPSS 算术表达式以及函数，对所有个案或满足条件的部分个案，计算产生变量。应注意的是：

(1)变量计算是针对所有个案(或指定的部分个案)的，每个个案(或指定的部分个案)都有自己的计算结果。

(2)变量计算的结果应保存到一个指定变量中，该变量的数据类型应与计算结果的数据类型相一致。

在变量计算过程中涉及几个概念：第一，SPSS 算术表达式；第二，SPSS 条件表达式；第三，SPSS 函数。应首先明确这些概念。

3.2.2 SPSS 算术表达式

在变量计算过程中，应根据实际需要指出按照什么方法计算变量。这里的方法一般都以 SPSS 算术表达式的形式给出。SPSS 算术表达式(Numeric Expression)是由常量、变量、算术运算符、圆括号、函数等组成的式子。

- 字符型常量应用引号引起来。
- 变量是指那些已存在于数据编辑器窗口中的现有变量。
- 算术运算符主要包括+(加)、-(减)、*(乘)、/(除)、**(乘方)。操作对象的数据类型为数值型。运算的先后次序是：先计算乘方，再计算乘除，最后计算加减。在同级运算中，按从左往右的顺序进行计算。通过圆括号改变固有的计算顺序。
- 在同一算术表达式中的常量及变量，数据类型应该一致，否则无法计算。

例如，对第 2 章表 2-5 中的职工基本情况数据计算职工实际收入的算术表达式为 $sr-bx$。

再次强调，SPSS 中算术表达式的计算是针对每个个案进行的，因此，得到的计算结果是一个系列，每个个案都有相应的计算结果。

3.2.3 SPSS 条件表达式

在变量计算中通常要求对不同组(类)的个案分别按不同的方法进行计算，于是就须通过一定的方式来指定个案。条件表达式能够帮助实现这一目标。

条件表达式是一个对条件进行判断的式子。其结果有两种取值：如果判断条件成立，则结果为真；如果判断条件不成立，则结果为假。条件表达式包括简单条件表达式和复合条件表达式。

1. 简单条件表达式

简单条件表达式是由关系运算符、常量、变量以及算术表达式等组成的式子。其中，关系运算符包括>(大于)、<(小于)、=(等于)、~=(不等于)、>=(大于等于)、<=(小于等于)。

例如，对第 2 章表 2-5 中的职工基本情况数据可以写出这样的简单条件表达式：$nl>35$，表示年龄大于 35 岁。对于年龄大于 35 岁的个案，该条件判断的结果为真，而对于年龄小于或等于 35 岁的个案，该条件判断的结果为假。

2. 复合条件表达式

复合条件表达式又称逻辑表达式，是由逻辑运算符、圆括号和简单条件表达式等组成的式子。其中，逻辑运算符包括 & 或 AND(并且)、| 或 OR(或者)、~或 NOT(非)。NOT 的运算最优先，其次是 AND，最后是 OR。可以通过圆括号改变这种运算次序。

例如，对第 2 章表 2-5 中的职工基本情况数据可以写这样的复合条件表达式：(*nl*<=35) and not (*zc*<3)，表示年龄小于等于 35 岁并且职称不低于 3。对于年龄小于等于 35 岁并且职称不低于 3 的个案，该条件判断的结果为真，其余个案的条件判断结果为假。

在变量计算时，如果根据实际需要给出了条件表达式，SPSS 将只对数据编辑器窗口中条件判断结果为真的那些个案进行计算。因此构造条件表达式是很关键的。

3.2.4　SPSS 函数

函数是事先编好并存储在 SPSS 软件中，能够实现某些特定计算任务的一段计算机程序。这些程序段都有各自的名字，称为函数名。执行这些程序段得到的计算结果称为函数值。用户在使用这些函数时，只需通过书写相应的函数名，并给出必要的计算参数，SPSS 便会自动计算函数值。函数书写的具体形式：函数名(参数)。

其中，函数名是 SPSS 已经规定好的。圆括号中的参数可以是常量(字符型常量应用引号引起来)，也可以是变量或算术表达式。参数可能是一个，也可能有多个，各参数之间用英文逗号分隔。

根据函数功能和处理的变量类型，SPSS 函数大致可以分成八大类，分别是：算术函数、统计函数、与分布相关的函数、查找函数、字符函数、缺失值函数、日期函数和其他函数。

1. 算术函数

算术函数主要完成一些特定的算术计算功能。函数值和参数通常为数值型。常用的算术函数如表 3-2 所示。

表 3-2　算术函数

函　数　名	功　　能	举　　例
abs(算术表达式)	求绝对值	abs(sr−850)：分别计算每个个案变量 sr 与 850 之差的绝对值
sqrt(正数)	求平方根	sqrt(4)：函数值=2
sin(弧度单位的角度数)	求正弦值	sin(30 * 3.14/180)：函数值=0.50
cos(弧度单位的角度数)	求余弦值	cos(60 * 3.14/180)：函数值=0.50
exp(算术表达式)	求 e 的若干次幂	exp(5)：函数值—148.41
ln(算术表达式)	求以 e 为底的自然对数值	ln(sr)：分别计算每个个案变量 sr 的自然对数值
lg10(算术表达式)	求以 10 为底的对数值	lg10(5)：函数值=0.7
Rnd(算术表达式)	求四舍五入后的整数	Rnd(2.66)：函数值=3.0
Trunc(算术表达式)	求截去小数部分后的整数	Trunc(4.7)：函数值=4
Mod(算术表达式，常数)	求除以常数后的余数	Mod(20,3)：函数值=2

2. 统计函数

统计函数一般用来计算基本描述统计量，函数值和参数通常为数值型。常用的统计函数如表 3-3 所示。

3. 与分布相关的函数

与分布相关的函数包括随机函数、累计分布函数、概率密度函数及其反函数等，函数值为数值型。常用的分布函数如表 3-4 所示。

表3-3 统计函数

函数名	功能	举例
Mean(变量名,变量名,…)	求多个变量值的平均值	Mean(Math,English,Chinese):分别计算每个个案三个成绩变量的平均值
Sd(变量名,变量名,…)	求多个变量值的标准差	Sd(Math,English,Chinese):分别计算每个个案三个成绩变量的标准差
Variance(变量名,变量名,…)	求多个变量值的方差	Variance(Math,English,Chinese):分别计算每个个案三个成绩变量的方差
Sum(变量名,变量名,…)	求多个变量值的总和	Sum(Math,English,Chinese):分别计算每个个案三个成绩变量的总和
Cfvar(变量名,变量名,…)	求多个变量值的变异系数(变异系数=标准差/均值)	Cfvar(Math,English,Chinese):分别计算每个个案三个成绩变量的变异系数
Max(变量名,变量名,…)	求多个变量值中的最大值	Max(Math,English,Chinese):分别计算每个个案三个成绩变量中的最高分
Min(变量名,变量名,…)	求多个变量值中的最小值	Min(Math,English,Chinese):分别计算每个个案三个成绩变量中的最低分

表3-4 分布函数

函数名	功能	举例
Rv. Normal(x,y)	产生服从均值为x,标准差为y的正态分布随机数序列	Rv. Normal(0,1):产生服从标准正态分布的一组随机数
Rv. Uniform(x,y)	产生服从[x~y]间均匀分布的随机数序列	Rv. Uniform(0,1):产生服从[0~1]间均匀分布的一组随机数
Rv. 分布名(参数,…)参数名参考SPSS函数选项	产生服从指定统计分布的随机数序列	Rv. T(10):产生服从自由度为10的t分布的一组随机数
CDF. Normal(x,m,s)	求均值为m,标准差为s的正态分布中小于等于x的累计概率值	CDF. Normal(1.96,0,1):计算标准正态分布中小于等于1.96的累计概率值,函数值为0.975
IDF. Normal(p,m,s)$0\leqslant p\leqslant 1$	求均值为m,标准差为s的正态分布中累计概率为p的分位值	IDF. Normal(0.975,0,1):计算标准正态分布中累计概率为0.975的分位值,函数值为1.96
CDF. 分布名(x,参数,…)	在指定分布中计算小于等于x的累计概率值	CDF. T(1.96,10):计算自由度为10的t分布中小于等于1.96的累计概率值,函数值为0.96
IDF. 分布名(p,参数,…)$0\leqslant p\leqslant 1$	在指定分布中计算累计概率为p的分位值	IDF. T(0.96,10):计算自由度为10的t分布中累计概率等于0.96的分位值,函数值为1.96

4. 查找函数

查找函数用来进行查找判断。函数值有两个取值:如果查找判断结果为真,则函数值为1;如果查找判断结果为假,则函数值为0。常用的查找函数如表3-5所示。

5. 字符函数

字符函数用来对字符型数据进行处理。字符串函数的参数和函数值有时为字符型,有时也可以是数值型。常用的字符串函数如表3-6所示。

表 3-5　查找函数

函数名	功能	举例
Range(变量名,$x1$,$x2$) 其中：$x1$<=$x2$	查找判断某变量值是否在 $x1$ 至 $x2$ 之间	Range(Math,80,90)：分别对每个个案判断其数学成绩是否在 80 至 90 分之间
Any(变量名,$x1$,$x2$,…)	查找判断变量值是否是 $x1$、$x2$ …中的一个	Any(Math,80,90,70)：分别对每个个案判断其数学成绩是否为 80 或 90 或 70 分

表 3-6　字符串函数

函数名	功能	举例
Concat($s1$,$s2$,…)	将 $s1$ 和 $s2$ 等首尾相接	Concat("AB","CD")：将字符串 AB 和 CD 首尾相接，函数值=ABCD
Index($s1$,$s2$) 其中：$s1$ 的长度应大于 $s2$	求 $s2$ 在 $s1$ 中第一次出现的字符位置。如果没出现则结果为 0	Index("ABCDEF","CDE")：找到字符串 CDE 在字符串 ABCDEF 中第一次出现的位置，函数值=3
Lenght(s)	得到 s 的字符个数	Length("ABCD")：函数值=4
Lower(s)	将 s 中的所有字符都转换成小写	Lower("ABCD")：函数值=abcd
Upcase(s)	将 s 中的所有字符都转换成大写	Upcase("abcd")：函数值=ABCD
Char. Lpad(s,x,c) 说明：1<=x<=255	将 s 左补若干个字符 c 后，使其字符长度等于 x	Char. Lpad("AB",5,"c")：函数值=cccAB
Char. Rpad(s,x,c) 说明：1<=x<=255	将 s 右补若干个字符 c 后，使其字符长度等于 x	Char. Rpad("AB",5,“c”)：函数值=ABccc
Ltrim(s)	将 s 前的空格删掉	Ltrim("　　ABC")：函数值=ABC
Rtrim(s)	将 s 尾部的空格删掉	Rtrim("ABC　　")：函数值=ABC
Char. Substr(s,$x1$,$x2$)	从 s 的第 $x1$ 位置开始取 $x2$ 个字符	Char. Substr("ABCDE",2,3)：函数值=BCD

6. 日期函数

日期函数主要对日期进行处理，包括日期生成函数和日期运算函数。日期函数的函数值为日期型或数值型。常用的日期函数如表 3-7 所示。

表 3-7　日期函数

函数名	功能	举例
Date. dmy(d,m,y) d、m、y 分别表示日、月、年	将日期型变量赋值为 y 年、m 月、d 日	Date. dmy(31,12,2003)：函数值=12. 31. 2003 或其他日期格式
Date. qyr(q,y) q、y 分别表示季度年份	将 q 转化成相应月份后，赋值给日期型变量	Date. qyr(4,2003)：函数值=01. 10. 2003 或其他日期格式
Date. yrday(y,x) y、x 分别表示年、天数	将 y 和 x 转化成相应的日期后，赋值给日期型变量	Date. yrday(2003,32)：函数值=01. 02. 2003 或其他日期格式
Xdate. mday(日期型变量)	求出日期型变量值所对应的日期是该月中的第几天	Xdate. mday(Date. dmy(31,12,2003))：函数值=31
Xdate. jday(日期型变量)	求出日期型变量值所对应的日期是该年中的第几天	Xdate. jday(Date. dmy(3,2,2003))：函数值=34
Xdate. week(日期型变量)	求出日期型变量值所对应的日期是该年中的第几周	Xdate. week(Date. dmy(3,2,2003))：函数值=5

7.缺失值函数

缺失值函数用于判断缺失值。常用的缺失值函数如表3-8所示。

表3-8　缺失值函数

函数名	功能	举例
Missing(变量名) 该变量必须是数值型变量	判断指定变量是否取值为系统缺失值或用户缺失值	Missing(Math):分别对每个个案判断Math这个变量是否取值为系统缺失值或用户缺失值。1表示是,0为不是
Sysmis(变量名) 该变量必须是数值型变量	判断指定变量是否取值为系统缺失值	Sysmis(Math):分别对每个个案判断Math这个变量是否取值为系统缺失值。1表示是,0为不是
Nmiss(变量名1,变量名2,…)	计算在指定变量中有几个变量取值为系统缺失值或用户缺失值	Nmiss(Math,English,Chiness):分别对每个个案计算三个成绩变量中有几个取值为系统缺失值或用户缺失值
Value(变量名)	忽略用户缺失值,即将用户缺失值看成普通的数据	Value(Math):忽略Math这个变量中定义的用户缺失值

8.其他函数

除上述函数之外,SPSS还有一些辅助函数,如杂项函数、转换函数等,常用的如表3-9所示。

表3-9　其他函数

函数名	功能	举例
Lag(变量名,n)	产生新变量,该变量的前n个数据为系统缺失值,第$n+1$个以后的数据依次为指定的变量值。即将指定变量后移n期后的结果存入新变量,方便时间序列中数据的差分计算	Lag(cz,1):对历年的产值变量后移1期
Number(s,格式) s应为数字字符串。格式以字符f开头,见例	将s按照格式要求转换为数值。如果字符串不能转换,则结果为系统缺失值	Number("12345",f5.2):将字符串12345转换成总长度为5、2位小数的数值型数据,函数值=123.45
String(x,格式) 格式以字符f开头,见例	将x转换成字符型数据	String(123.45,f5.1):将123.45取1位小数后转换成总长度为5的字符串,函数值=123.5

上面列举出了常用的SPSS函数,这些函数能够与算术表达式混合使用。了解并掌握SPSS函数,能够帮助用户极为方便地完成许多较为复杂的计算工作。

3.2.5　变量计算的基本操作

SPSS变量计算的基本操作步骤如下。

(1)选择菜单【转换→计算变量】,出现如图3-3所示的窗口。

(2)在【数字表达式(E)】框给出SPSS算术表达式和函数。可以手工输入,也可以按窗口的按钮以及函数下拉菜单完成算术表达式和函数的输入工作。

(3)在【目标变量(T)】框中输入存放计算结果的变量名。该变量可以是一个新变量,也可以是已经存在的变量。新变量的变量类型默认为数值型，用户可以根据需要单击 类型与标签(L) 按钮修改，还可对新变量加变量名标签。

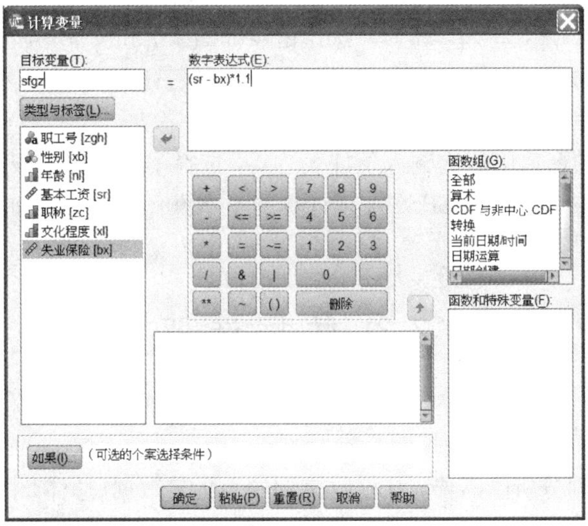

图 3-3　变量计算窗口

(4)如果用户仅希望对符合一定条件的个案计算产生变量，则单击 如果(I) 按钮，出现如图 3-4 所示的窗口。选择【如果个案满足条件则包括(F)】选项，然后输入条件表达式。否则，本步骤略。

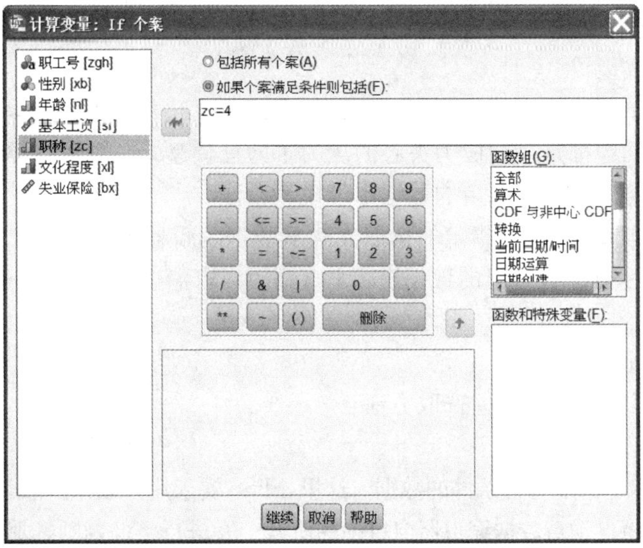

图 3-4　条件表达式输入窗口

- 如果指定存放计算结果的变量为新变量，SPSS 会自动创建它；如果指定产生的变量已经存在，SPSS 会提问用户是否以计算出的新值覆盖原有旧值。
- 对不满足指定条件的个案，SPSS 不进行变量值计算。产生新变量时，取值为系统缺失值；产生已有旧变量时，变量值保持不变。

3.2.6 变量计算的应用举例

利用第2章表2-5的职工基本情况数据，依据职称级别计算实发工资。假设：职称1至4工资分别上浮50%，30%，20%，10%。操作窗口如图3-3和图3-4所示。

● 在图3-3所示的窗口中输入存放实发工资的变量名：sfgz，并输入计算方法：(sr－bx)＊系数，系数因不同职称而不同。

● 在图3-4所示的窗口中依次输入条件表达式，选择不同职称的职工分别计算实发工资。

通过该示例，用户可以掌握SPSS变量计算的基本操作方法以及如何根据应用的不同要求，分别对各类个案进行计算。

3.3 数据选取

3.3.1 数据选取的目的

数据选取就是根据分析的需要，从已收集到的大批量数据(总体)中按照一定的规则抽取部分数据(样本)参与分析。数据选取在数据分析过程中也很普遍，其目的也是服务于以后的数据分析。例如：

● 提高数据分析效率

如果数据量较大，会在一定程度上影响计算和建模的效率，因此，通常可以依据一定的抽样方法从总体中抽取少量样本，后面的分析只针对样本进行，这样会大大提高分析的效率。当然，抽取出的样本应具有总体代表性，否则分析的结论可能会有偏差。对于这个问题统计学做了专门研究，一般可通过恰当的抽样方法来解决。

● 验证模型的需要

在数据分析中，所建的模型是否能够较完整准确地反映数据的特征，是否能够用于以后的数据预测，这些问题都是人们极为关心的。为了验证模型，一般可依据一定的抽样方法只选择部分样本参与数据建模，剩余的数据用于模型验证。

SPSS实现数据选取是根据指定的选取方法从数据编辑器窗口中选出部分样本。这样后面的分析操作就只针对这些选出的数据进行，直到用户取消这种选取为止。

3.3.2 数据选取

SPSS中提供了以下几种数据选取方法：

● 按指定条件选取

按指定条件选取即选取符合条件的数据。这里，SPSS要求用户以条件表达式的形式给出数据选取的条件。SPSS将自动对数据编辑器窗口中的所有个案进行条件判断。那些满足条件的个案，即条件判断为真的个案将被自动选取出来，而那些条件判断为假的个案则不被选中。

● 随机选取

随机是根据SPSS随机数种子发生器设计和实现的。随机数种子设置的菜单是【转换→随机数字生成器】，显示的窗口如图3-5所示。

在图3-5中，首先选中【(E)设置起点】选项；【固定值(F)】选项表示随机数种子为一个具体的正整数(该整数应小于等于2000000)，一般用于随机化结果须重复出现的情况；【随机

(N)】选项表示随机数种子每次自动取一个新的值，是 SPSS 默认的选项，这样随机化结果将不会重复出现。

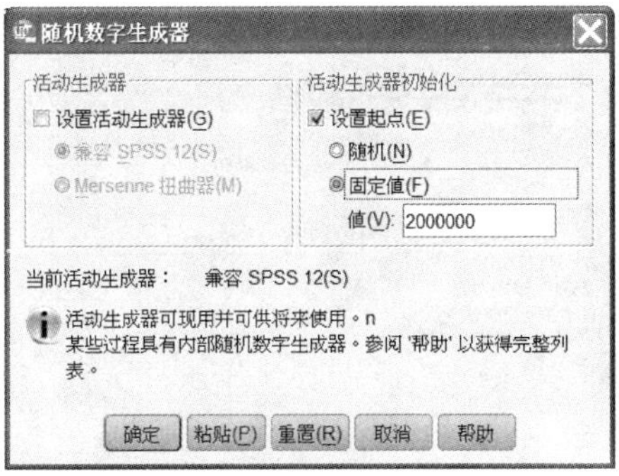

图 3-5 随机数种子设置窗口

随机选取即对数据编辑器窗口中的所有个案进行随机筛选。

有两种随机选取方式。

第一，近似选取。

近似选取要求用户给出一个百分比数值，SPSS 将按照这个比例自动从数据编辑器窗口中随机抽取出相应百分比数目的个案。由于 SPSS 在样本抽样方面的技术特点，抽取出的个案总数不一定恰好精确地等于用户指定的百分比数目，会有小的偏差，因而称为近似选取。这种样本量上的偏差通常不会对数据分析产生重要影响。

第二，精确选取。

精确选取要求用户给出两个参数。第一个参数是希望选取的个案数，第二个参数是指定在前几个个案中随机选取。于是 SPSS 会自动在数据编辑器窗口的前若干个个案中随机精确地抽出相应个数的个案来。

● 选取某一区域内的样本

即选取数据编辑器窗口中指定样本号范围内的所有个案，要求给出这个范围的上、下界个案号码。这种选取方法通常适用于时间序列数据。

● 通过筛选变量选取

即依据筛选变量的取值进行选取。要求指定一个变量为筛选变量，其变量值为非 0 或非系统缺失值的个案将被选中。这种方法通常用于排除包含系统缺失值的个案。

3.3.3 数据选取的基本操作

1. SPSS 数据选取的基本操作步骤

(1)选择菜单【数据→ 选择个案】，出现如图 3-6 所示的窗口。

(2)根据分析需要选择数据选取方法。【全部个案(A)】表示全部选中。

(3)指定对未选中个案的处理方式。其中【过滤掉未选定的个案(F)】表示在未选中的个案号码上打一个“/”标记；也可将选定个案复制到指定的新数据集中，或删除未选定的个案。一般采取第一种处理方式。

2. 说明

(1)按上述操作步骤完成数据选取后，以后的 SPSS 分析操作仅针对那些选中的个案，直到用户再次改变数据的选取为止。

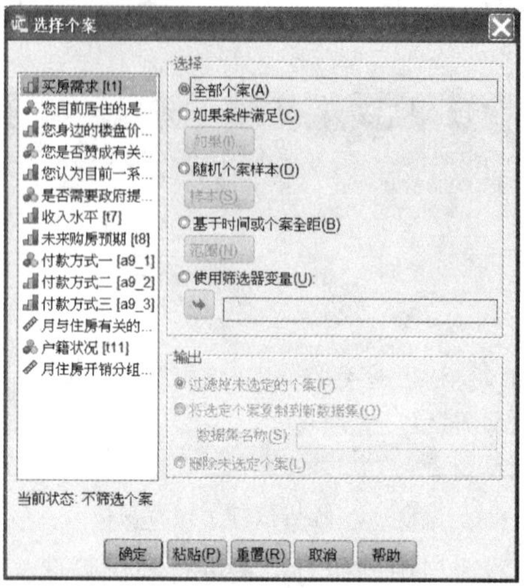

图 3-6　数据选取窗口

(2)采用指定条件选取和随机选取方法进行数据选取后，SPSS将在数据编辑器窗口中自动生成一个名为 filter_$ 的新变量，取值为1或0。1表示本条个案被选中，0表示未被选中。该变量是SPSS产生的中间变量，如果删除它则自动取消样本选取。

3.3.4　数据抽样的应用举例

利用第2章的商品房购买意向调查数据，根据不同的分析要求采用不同方法选取数据：

- 如果只希望分析本市户籍的情况，可以通过【选择个案】菜单，采用指定条件的方法选取数据。
- 如果只希望对其中70%的数据进行分析，可以通过【选择个案】菜单，采用随机选取中的近似选取方法选取数据。

3.4　计　　数

3.4.1　计数目的

计数在实际工作中是非常普遍的应用之一，它虽然简单，但对把握个案各方面的特征很有效。

例如，对大学毕业班同学的学习成绩进行综合评价时，可以依次计算每个学生的若干门专业课中有几门课程得了优，有几门课程得了良，有几门得了中，等等，并可以以门次为基础做进一步的分析。这种计算门次数据的过程就是计数。

SPSS实现的计数是对所有个案或满足某条件的部分个案，计算若干个变量中有几个变量的取值落在指定的区间内，并将计数结果存入一个新变量中。因此，SPSS实现计数的关键步骤是：

- 指定哪些变量参与计数，计数的结果存入哪个新变量中；
- 指定计数区间。

其中，指定计数区间尤为关键。

3.4.2　计数区间

SPSS 中的计数区间是一个广义的概念，它可以有以下几种描述形式：

- 单个变量值
- 系统缺失值
- 系统缺失值或用户缺失值
- 给定最大值和最小值的区间
- 小于等于某指定值的区间
- 大于等于某指定值的区间

后三个计数区间很直观，也很好理解。

前三个计数区间实际上是一些离散的数据点，严格讲并不是区间，但 SPSS 仍将其归在广义区间的范畴内。其目的是方便一些其他的应用。众所周知，大量的缺失值会对分析带来影响，把握样本的缺失值数量对选择分析方法和建模都是有重要意义的。对此可利用 SPSS 计数功能实现，即将计数区间定义为缺失值。这样，SPSS 将会对各个个案依次计算诸多变量中有几个变量取了缺失值。通过浏览计数的结果，便可把握缺失值的总体数量。

3.4.3　计数的基本操作

SPSS 计数的基本操作步骤如下。

(1)选择菜单【转换→对个案内的值计数】，出现如图 3-7 所示的窗口。

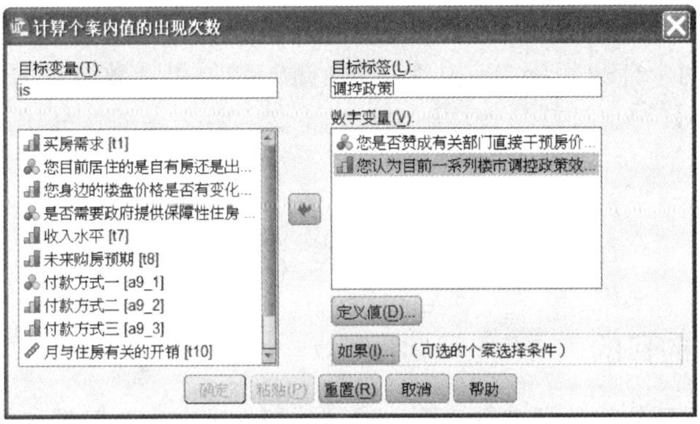

图 3-7　计数窗口

(2)选择参与计数的变量到【数字变量(V)】框中。

(3)在【目标变量(T)】框中输入存放计数结果的变量名，并在【目标标签(L)】框中输入相应的变量名标签。

(4)单击[定义值(D)]按钮定义计数区间，出现如图 3-8 所示的窗口。通过单击[添加(A)]、[更改(C)]、[删除(R)]按钮完成计数区间的增加、修改和删除。

(5)如果仅希望对满足某条件的个案进行计数，则单击图 3-7 所示窗口中的[如果(I)]按钮并输入相应的 SPSS 条件表达式。否则，本步骤略。

至此，SPSS 便可依据用户定义和选择的情况进行计数。

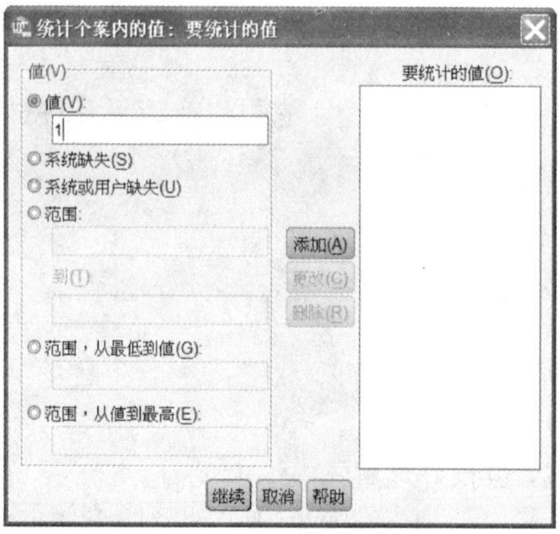

图 3-8　计数区间定义窗口

3.4.4　计数的应用举例

利用第 2 章的商品房购买意向调查数据，分析被访者对商品房价格调控政策的态度。根据调查数据的编码规定，我们可以认为，如果被访者赞成有关部门直接干预房价，且认为目前一系列的楼市调控政策对抑制房价上涨效果明显，则表明被访者对商品房调控政策大致持认可态度。基于这种考虑，可通过计数方法实现。具体窗口如图 3-7 和图 3-8 所示。其中，选择参与计数的变量有“是否赞成有关部门直接干预房价”和“楼市调控效果”两个变量，计数区间选择为【值(V)】，并给定变量值 1(分别表示赞成和效果很明显)。于是，SPSS 将对所有个案计算所指定的两个计数变量中有几个变量值取 1。如果计数结果为 2，意味着被访者持认可态度。进一步，还可以计算计数结果为 2 的个案占总个案的百分比，进而分析被访者的总体态度。

3.5　分类汇总

3.5.1　分类汇总的目的

分类汇总是按照某分类分别进行计算。这种数据处理在实际数据分析中极为常见。

例如，某企业希望了解本企业不同学历职工的基本工资是否存在较大差距。最简单的做法就是分类汇总，即将职工按学历进行分类，然后分别计算不同学历职工的平均工资，并对平均工资进行比较。表 3-10 是第 2 章表 2-5 中职工基本工资按学历分类汇总后的结果。

表 3-10　分类汇总举例

学历(xl)	基本工资(sr_1)
1	894.50
2	961.50
3	876.40
4	904.00

由表 3-10 可见，由于学历有四种分类(四个不同的变量值)，按学历分类汇总后的结果就有四条。

再如，某商厦希望分析假日周内不同职业和不同年龄段的顾客对某商品的打折促销反应是否存在较大差异，用以分析不同消费群体的消费心理。最初步的分析可以是分别计算不同职业中不同年龄段顾客的平均消费金额和平均消费金额差异程度(标准差)，并对它们进行比较。这个过程可通过分类汇总过程完成。

SPSS 实现分类汇总涉及两个主要方面：

- 按照哪个变量(如上例中的学历、职业和年龄段)进行分类。
- 对哪个变量(如上例中的基本工资、消费金额)进行汇总，并指定对汇总变量计算哪些统计量(如上例中的平均工资、平均消费金额和标准差)。

3.5.2　分类汇总的基本操作

SPSS 分类汇总的基本操作步骤如下。

(1)选择菜单【数据→分类汇总】，出现如图 3-9 所示的窗口。

(2)指定分类变量到【分组变量(B)】框中。

(3)指定汇总变量到【变量摘要(S)】框中。

(4)单击 函数(F) 按钮指定对汇总变量计算哪些统计量。SPSS 默认计算均值。

(5)指定将分类汇总结果保存到何处。有三种选择：第一，【将汇总变量添加到活动数据集(D)】；第二，【创建只包含汇总变量的新数据集(E)】，表示将结果显示到指定名称的新数据集中；第三，【写入只包含汇总变量的新数据文件(W)】，表示将结果生成到系统默认的名为 aggr. sav 的 SPSS 数据文件中，可以单击 文件(L) 按钮重新指定文件名。一般选择后两种方式。

(6)单击 变量名与标签(N) 按钮重新指定结果文件中的变量名或加变量名标签。SPSS 默认的变量名为原变量名后加_mcan。

(7)如果希望在结果文件中保存各分类组的个案数，则选择【个案数(C)】选项。于是，SPSS 会在结果文件中自动生成一个默认名为 N_Break 的变量。可以修改该变量名。

至此，SPSS 将自动进行分类汇总工作。需要说明以下两点：

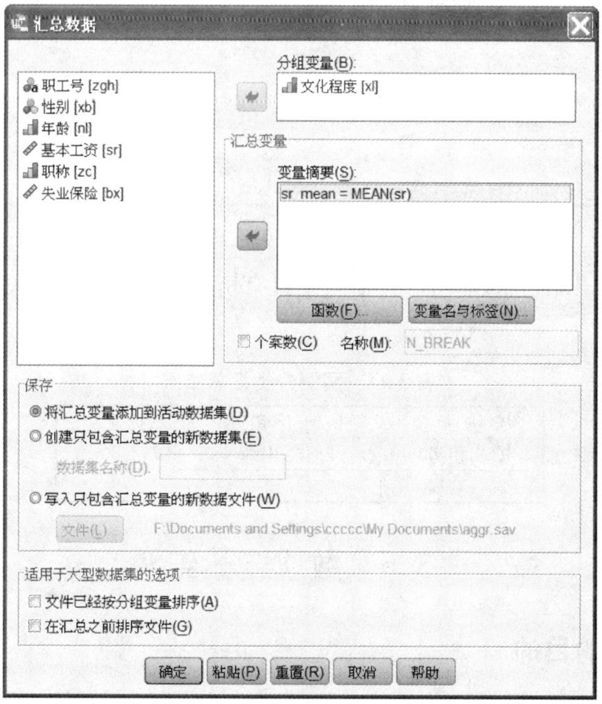

图 3-9　分类汇总窗口

- 分类汇总中的分类变量可以是多个，此时的分类汇总称为多重分类汇总。如上述不同职业和不同年龄段顾客消费的例子，即是个多重分类汇总的应用。
- 类似于数据的排序，在多重分类汇总中，第一个指定的分类变量为主分类变量(如职业)，其他的依次为第二(如年龄段)、第三分类变量等，它们决定了分类汇总结果排列的先后次序。

3.5.3　分类汇总的应用举例

利用第 2 章中商品房购买意向调查数据，分析居住在出租房和自有住房中的被访者，其月住房开销是否有显著的差异。这里进行的最初步分析是按照居住类型对月住房开销进行分类汇总。其中，分类变量是居住类型，汇总变量是月住房开销，且计算其均值和标准差。操作窗口如图 3-10 所示，分类汇总的结果见表 3-11。

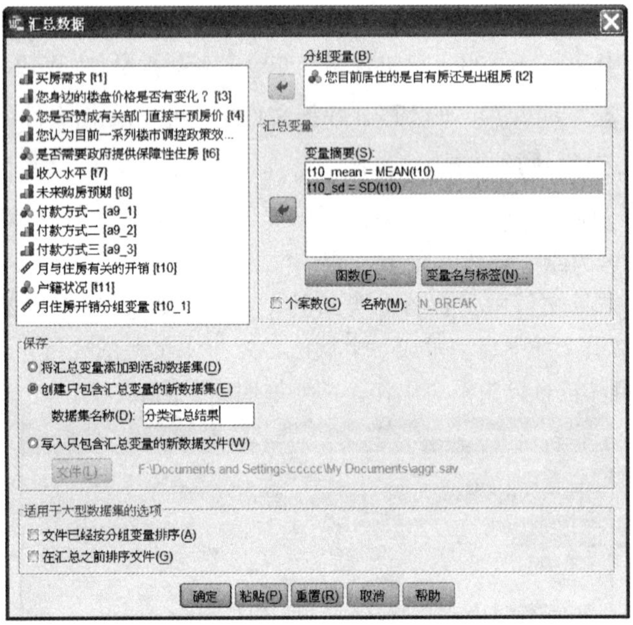

图 3-10　案例分类汇总窗口

由表 3-11 可见，出租房的平均月开销高于自有房，且标准差也较大，两者平均值存在较大差异。

表 3-11　案例分类汇总结果

居 住 类 型	平 均 开 销	开销标准差
1(出租房)	2643.39	2742.80
2(自有房)	1314.15	1224.84

3.6　数 据 分 组

3.6.1　数据分组的目的

数据分组是对数值型数据进行整理和粗略把握其分布特征的重要工具，因而在实际数据分析中经常使用。数据分组就是根据统计研究的需要，将数据按照某种标准重新划分为不同的组别。在数据分组的基础上进行频数分析，能够概括和体现数据的分布特征。另外，分组还能够实现数据的离散化处理等。

例如，第 2 章的职工基本情况数据，其中的基本工资数据为数值型数据，表现为具体的工资金额。如此“细致”的数据有时并不利于展现数据的总体分布特征。因此可以将工资收入进行“粗化”，即分组离散化，将其按照一定的标准重新分成高收入、中收入、低收入三个组，之后再进行频数分析等。表 3-12 是第 2 章表 2-5 职工基本情况按一定标准分组后的频数分析结果。

表 3-12　数据分组举例

按工资分组(元)	频数(人)	频率(%)
850 以下	5	31.3
851～900	5	31.3
901～950	1	6.3
951～1000	2	12.5
1000 以上	3	18.6

为适用于不同的统计分析需要，SPSS 提供了以下三种数据分组方法：

- 单变量值分组
- 组距分组
- 分位数分组

3.6.2　SPSS 的单变量值分组

SPSS 的单变量值分组是把每一个变量值作为一组，这种分组方法通常只适合于离散变量且变量值较少的情况。表 3-13 是第 2 章表 2-5 职工基本情况中对基本工资做单变量值分组后的结果。

由表 3-13 可见，单变量值分组首先按分组变量(sr)值的升序(或降序)排序，分组结果为数据排序后的名次，存放在另一个变量(sr1)中。该变量的变量值标签是分组变量(sr)的变量值。具有相同变量值的数据分在一组中。

表 3-13　单变量值分组举例

职工号(zgh)	基本工资(sr)	分组结果(sr1)	分组变量值标签
001	1014.00	11	1014.00
002	984.00	9	984.00
003	1044.00	12	1044.00
004	866.00	5	866.00
005	848.00	3	848.00
006	824.00	1	824.00
007	824.00	1	824.00
008	824.00	1	824.00
009	859.00	4	859.00
010	827.00	2	827.00
011	1014.00	11	1014.00
012	989.00	10	989.00
013	938.00	8	938.00
014	889.00	7	889.00
015	887.00	6	887.00
016	887.00	6	887.00

SPSS 单变量值分组的基本操作步骤如下。

(1)选择菜单【转换→自动重新编码】，出现如图 3-11 所示的窗口。

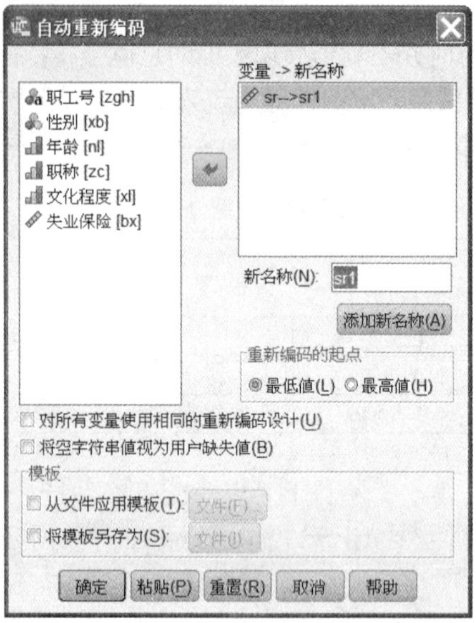

图 3-11　单变量分组窗口

(2)将分组变量选择到【变量→新名称】框中。

(3)在【新名称(N)】框后输入存放分组结果的变量名，并单击 添加新名称(A) 按钮。

(4)在【重新编码的起点】框中选择单变量分组是按升序进行还是按降序进行。若按升序，则变量值最小的分组值为 1，其余依次递增；若按降序则相反。

至此，SPSS 便可自动进行单变量值分组。

3.6.3　SPSS 的组距分组

在变量值较多的情况下，数据分组通常采用组距分组。组距分组是将全部变量值依次划分为若干个区间，并将属于这一区间的变量值作为一组。组距分组中的关键问题有两个。

第一，分组数目的确定。

数据分成多少组比较合适，这通常与数据本身的特点和数据个数有关。由于分组的目的之一是为了观察数据分布的特征，因此组数的确定应以能够清楚地显示数据分布特征和规律为原则。组数太少会使数据的分布过于集中，而组数太多又会使数据的分布过于分散，这样都不便于观察数据分布的特征和规律。在实际分组时，可以按照 Sturges 提出的经验公式来确定组数 K。

$$K = 1 + \frac{\lg n}{\lg 2} \tag{3.1}$$

式(3.1)中，n 为数据个数，对结果四舍五入取整后为理论分组数目。

例如，对第 2 章表 2-5 职工基本情况数据，理论分组数目为 $K=1+\lg 16/\lg 2=5$，可以分成 5 组。实际中式(3.1)可以作为一种参考。

第二，组距的确定。

组距是一个组的上限(组中的最大值)与下限(组中的最小值)之差。组距可根据全部数据

的最大值和最小值及组数来确定，即

组距＝(最大值－最小值)÷组数

例如，对第 2 章表 2-5 职工基本情况数据，基本工资的最大值和最小值分别为 1044 和 824，组距＝(1044－824)÷5＝44，可以近似取为 50。

当上述问题确定以后，便可实施分组操作了。在 SPSS 分组操作时应：

● 指定分组变量

● 定义分组区间

在定义分组区间时应遵循统计学上“不重不漏”的原则。“不重”是指一个变量值只能分在某一个组中，不能在其他组中重复出现；“不漏”是指所有数据都应分配在某个组中，不能遗漏。另外，SPSS 中的分组区间也是一个广义区间，与计数区间类似。

● 指定存放分组结果的变量

SPSS 对分组结果有两种存放策略，一种是用分组变量值覆盖原变量，另一种是将分组结果存到一个新变量中，相应的操作也略有差异。通常采用第二种策略。

1. 覆盖原变量值的分组

(1)选择菜单【转换→ 重新编码为相同变量】，出现如图 3-12 所示的窗口。

(2)选择分组变量到【数字变量(V)】框中。

(3)单击 旧值和新值(O) 按钮进行分组区间定义，出现如图 3-13 所示的窗口。

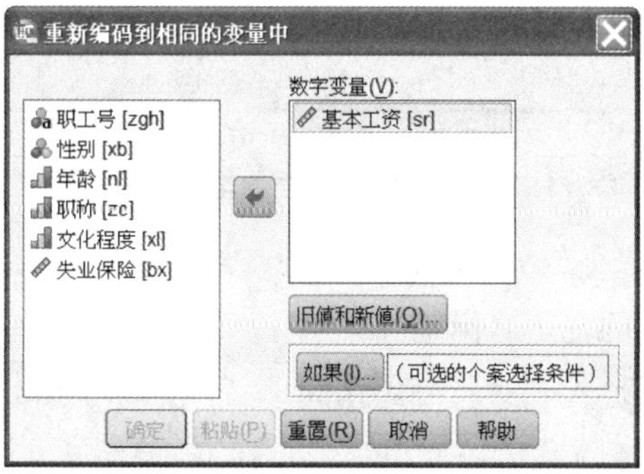

图 3-12　组距分组窗口(一)

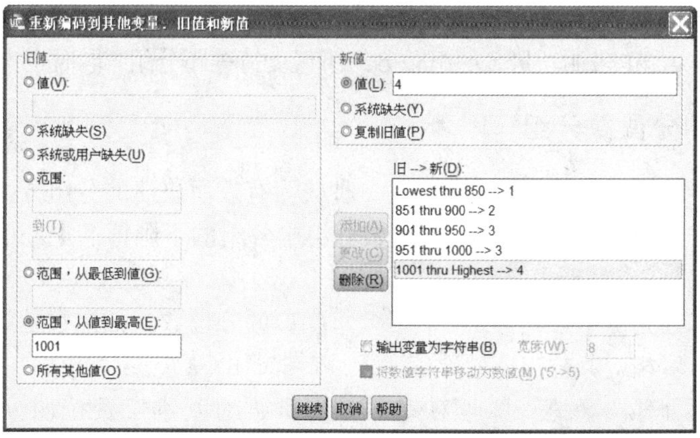

图 3-13　分组区间定义窗口

(4)指定分组区间的下限和上限并在【新值】框中给出该区间对应的分组值(也可以指定该区间数据在分组后为系统缺失值)。单击 添加(A) 按钮确认分组区间并加到【旧→新(D)】框中。单击 更改(C) 和 删除(R) 按钮修改和删除分组区间。

(5)如果仅对符合一定条件的个案分组,单击 如果(I) 按钮并输入SPSS条件表达式。否则,本步骤略。

至此,SPSS将自动进行组距分组,并用分组后的变量值覆盖数据编辑器窗口中的原变量值。

2.生成新变量的分组

(1)选择菜单【转换→重新编码为不同变量】,出现如图3-14所示的窗口。

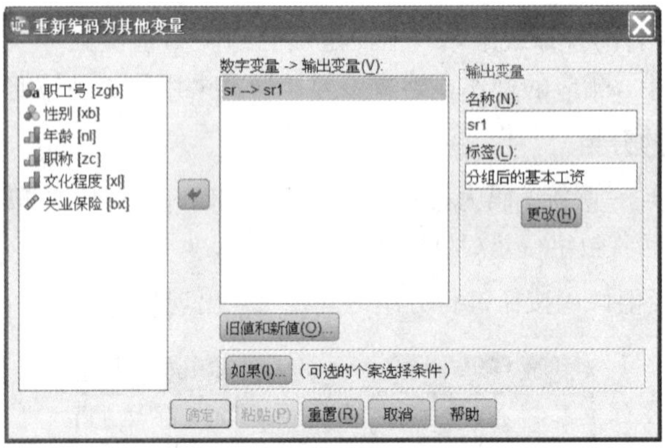

图3-14 组距分组窗口(二)

(2)选择分组变量到【数字变量→输出变量(V)】框中。

(3)在【名称(N)】后输入存放分组结果的变量名,并单击 更改(H) 按钮确认。可以在【标签(L)】后输入相应的变量名标签。

(4)单击 旧值和新值(O) 按钮进行分组区间定义,窗口与图3-13类似。

(5)如果仅对符合一定条件的个案分组,单击 如果(I) 按钮并输入SPSS条件表达式。否则,本步骤略。

至此,SPSS便自动进行组距分组,并在数据编辑器窗口中创建一个存放分组结果的新变量。注意:上面的操作也表明,SPSS的组距分组不仅支持等距分组,同时也支持非等距分组。

3.6.4 SPSS的分位数分组

在变量值较多的情况下,分位数分组是一种较为有效而快捷的分组方法。分位数分组与上述组距分组非常类似,所不同的是,分位数分组中各组的下限值和上限值是由分位数决定的,且各分组中的个案数大致相当。

分位数分组需首先确定分组数目,然后计算相应的分位数。分位数是将全部数据按升序排序并等分成n份后相应分位点上的数值。

例如,表3-14是第2章表2-5职工基本情况数据对基本工资按四分位数进行分组的结果。

表 3-14　分位数分组举例

职工号(zgh)	基本工资(sr)	分位数分组(nsr)
001	1014.00	4
002	984.00	3
003	1044.00	4
004	866.00	2
005	848.00	2
006	824.00	1
007	824.00	1
008	824.00	1
009	859.00	2
010	827.00	1
011	1014.00	4
012	989.00	4
013	938.00	3
014	889.00	3
015	887.00	2
016	887.00	2

计算方法参照表 3-15。

理论上，各分位值如下：

下四分位数 $Q_L=827+0.25\times(848-827)=832.25$

中位数 $Q_M=887+0.5\times(887-887)=887$

上四分位数 $Q_U=984+0.75\times(989-984)=987.75$

于是小于 Q_L 的数据为第一组，Q_L 和 Q_M 之间的为第二组，Q_M 和 Q_U 之间的为第三组，大于 Q_U 的为第四组。但 SPSS 计算时采用了近似方法，上述计算中的 0.25 和 0.75 均近似为 0.5。同时，依照统计学中“上组限不在内”的原则，计算结果如表 3-14 所示。

表 3-15　四分位数计算举例

<table>
<tr><td>序号</td><td>1</td><td>2</td><td>3</td><td>4</td><td>5</td><td>6</td><td>7</td><td>8</td></tr>
<tr><td rowspan="2">基本工资</td><td>824.00</td><td>824.00</td><td>824.00</td><td>827.00</td><td>848.00</td><td>859.00</td><td>866.00</td><td>887.00</td></tr>
<tr><td colspan="3">下四分位点=(16+1)/4=4.25</td><td colspan="5">中位点=2(16+1)/4=8.5</td></tr>
<tr><td>序号</td><td>9</td><td>10</td><td>11</td><td>12</td><td>13</td><td>14</td><td>15</td><td>16</td></tr>
<tr><td rowspan="2">基本工资</td><td>887.00</td><td>889.00</td><td>938.00</td><td>984.00</td><td>989.00</td><td>1014.00</td><td>1014.00</td><td>1044.00</td></tr>
<tr><td colspan="4">上四分位点=3(16+1)/4=12.75</td><td colspan="4"></td></tr>
</table>

SPSS 分位数分组的基本操作步骤如下。

(1)选择菜单【转换→ 可视离散化】，出现如图 3-15 所示的窗口。

(2)选择分组变量到【要离散的变量(B)】框中，单击继续按钮显示如图 3-16 所示的窗口。

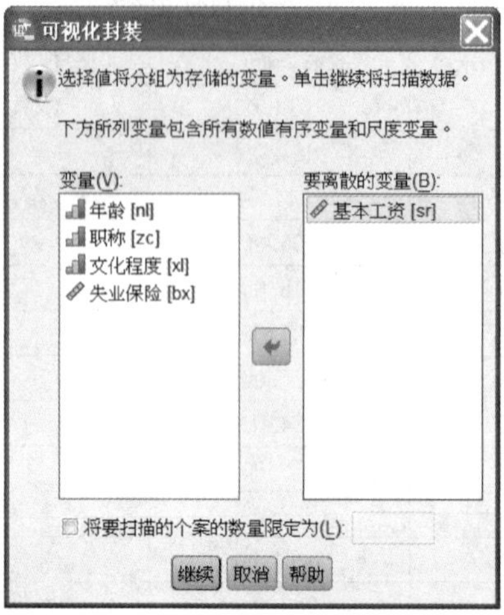

图 3-15　可视化封装窗口(一)

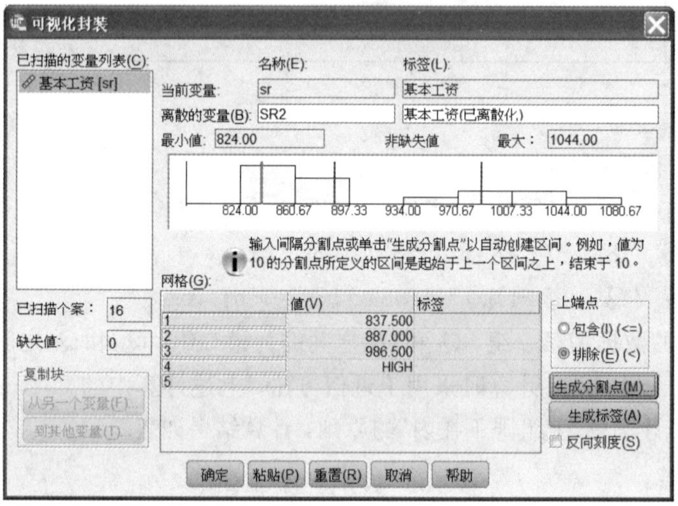

图 3-16　可视化封装窗口(二)

SPSS 将自动确定分组变量的最小值和最大值等。

(3)在【离散的变量(B)】框中给出分组后的变量名。

(4)由于统计上采用“上组限不在内”的原则处理组限上的数据点，因此，在【上端点】框中一般选择【排除(E)(<)】选项。单击 生成分割点(M) 按钮，显示如图 3-17 所示的窗口。

(5)对于分位值分组，应选择【基于已扫描个案的等百分位(U)】选项，并在【分割点数量(N)】后输入分位点个数(本例为 3 个分位点)。单击 应用 按钮返回图 3-16 所示的窗口。SPSS 将自动计算和显示分位值。单击 生成标签(A) 按钮会得到相应分组方式对应的变量值标签。

至此，SPSS 完成了分位数分组。

需要说明的是：

SPSS 也称上述分组实现过程为封装。

SPSS 的封装功能不仅可以实现分位数分组，还可实现等距分组、基于均值-标准差的自动分组等。

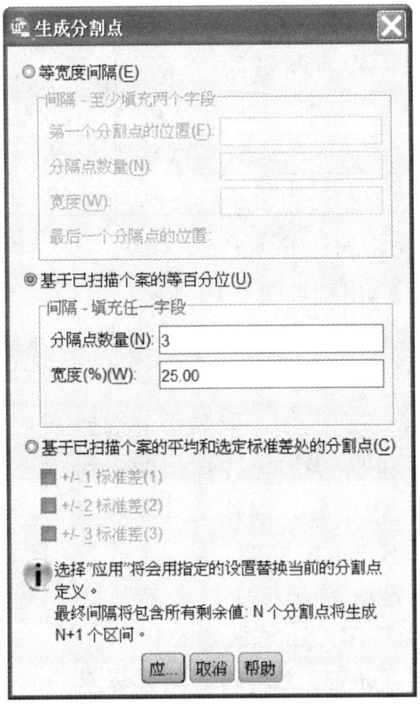

图 3-17　生成分割点窗口

3.7　数据预处理的其他功能

除上述的数据预处理功能外，SPSS 还提供了一些其他辅助处理功能，包括数据转置、加权处理、数据拆分等。

3.7.1　数据转置

SPSS 的数据转置就是将数据编辑器窗口中数据的行列互换。表 3-16 是第 2 章表 2-5 职工基本情况数据转置后的结果。

表 3-16　数据转置举例

CASE_LBL	K_001	K_002	K_003	K_004	K_005	K_006	K_007
XB	1.00	1.00	1.00	1.00	1.00	2.00	2.00
NL	48.00	49.00	54.00	41.00	38.00	41.00	42.00
SR	1014.00	984.00	1044.00	866.00	848.00	824.00	824.00
ZC	1.00	2.00	1.00	3.00	3.00	4.00	4.00
XL	1.00	2.00	3.00	3.00	1.00	3.00	3.00
BX	12.00	9.00	13.00	8.00	8.00	7.00	7.00

续表

CASE_LBL	K_008	K_009	K_010	K_011	K_012	K_013	K_014	K_015	K_016
XB	2.00	2.00	1.00	1.00	1.00	1.00	1.00	1.00	1.00
NL	41.00	42.00	35.00	56.00	59.00	59.00	41.00	55.00	45.00
SR	824.00	859.00	827.00	1014.00	989.00	938.00	889.00	887.00	887.00
ZC	4.00	2.00	3.00	1.00	2.00	3.00	2.00	3.00	3.00
XL	3.00	2.00	1.00	2.00	2.00	4.00	1.00	4.00	4.00
BX	7.00	8.00	7.00	12.00	9.00	8.00	8.00	8.00	8.00

SPSS 数据转置的基本操作步骤如下。

(1)选择菜单【数据→转置】，出现如图 3-18 所示的窗口。

(2)指定数据转置后应保留哪些变量，将它们选入【变量(V)】框中。

(3)指定转置后数据文件中各变量如何取名。应选择一个取值唯一的变量(如职工号)作为标记变量到【名称变量(N)】框中。转置后数据各变量取名为 K+标记变量值(如 K_001、K_002、K_003 等)。如果略去本步，则转置后数据各变量名默认为 VAR00001、VAR00002、VAR00003 等。

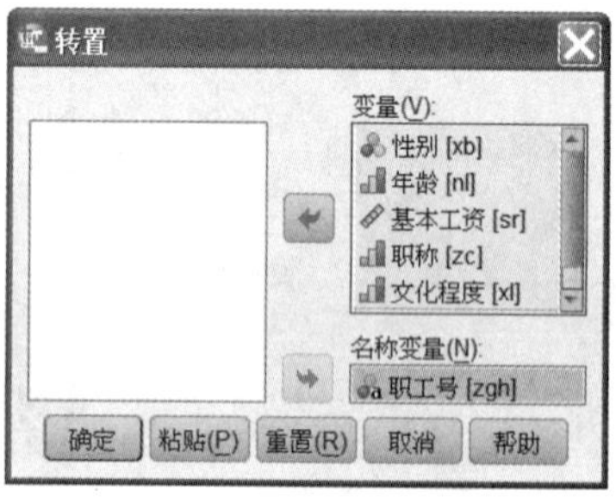

图 3-18 数据转置窗口

至此，SPSS 将自动完成数据转置，并将转置结果显示在一个新的数据编辑器窗口中。同时，SPSS 还会自动产生一个名为 CASE_LBL 的新变量，用来存放原数据文件中的各变量名。

3.7.2 加权处理

统计分析中的加权处理极为常见，如计算加权平均数等。

例如，希望掌握菜市场某天蔬菜销售的平均价格。仅用各种蔬菜销售单价的平均数作为平均价格明显不合理，还应考虑到销售量对平均价格的影响。因此，以蔬菜的销售量为权数计算各种蔬菜销售单价的加权平均数，才能够较准确地反映平均价格的水平。

再如，网站为调查球迷对国家足球队在亚洲杯上的表现是否满意，采用了在线打分的调查形式。假如，有 10%的球迷打了 5 分，25%的球迷打了 4 分，40%的球迷打了 3 分，25%的球迷打了 2 分，那么该如何利用这些分数进行分析评价呢？显然也可以利用加权平均分来分析，其中各百分比作为权数。

SPSS 中可以非常方便地指定权数变量。指定加权变量的操作步骤如下。

(1)选择菜单【数据→ 加权个案】，出现如图 3-19 所示的窗口。

(2)选择【加权个案(W)】选项，并指定某变量作为加权变量到【频率变量(F)】框中。至此便完成了加权变量的指定。

应注意的是，一旦指定了加权变量，以后的分析处理中加权是一直有效的，直到取消加权为止。取消加权应在图 3-19 所示的窗口中选择【请勿对个案加权(D)】选项。

从加权的含义不难理解，SPSS 中指定加权变量的本质是数据复制。例如，表 3-17 是菜市场蔬菜销售的示例数据。如果指定销售量为加权变量，那么 SPSS 将萝卜这条数据复制 1025 行，将西红柿这条数据复制 850 行等。

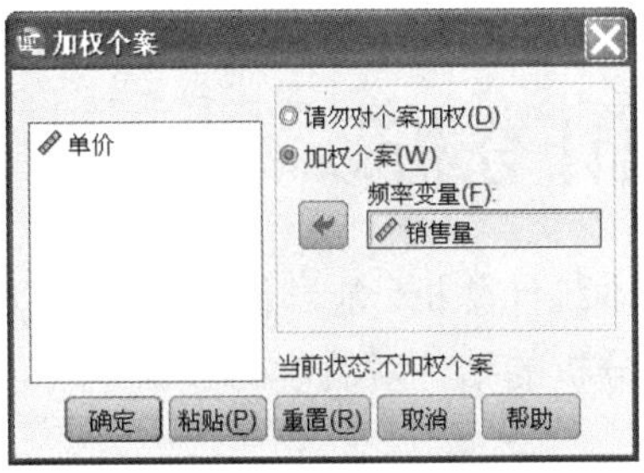

图 3-19　指定加权变量窗口

表 3-17　数据加权举例

蔬菜名称	单价	销售量
萝卜	.80	1025.00
西红柿	1.50	850.00
蘑菇	2.80	130.00
荷兰豆	4.50	34.00
油菜	1.20	880.00
韭菜	1.40	725.00
蒜苗	3.50	150.00
西兰花	5.50	15.00
大白菜	.50	2300.00

通过这样的处理，可以达到将数据编辑器窗口中的计数数据还原为原始数据的目的。

3.7.3　数据拆分

SPSS 的数据拆分与数据排序很相似，但有一个重要的不同点，即数据拆分不仅是按指定变量进行简单排序，更重要的是根据变量对数据进行分组，为以后所进行的分组统计分析提供便利。

SPSS 数据拆分的基本操作步骤如下。

(1)选择菜单【数据 ▸ 拆分文件】，于是出现如图 3-20 所示的窗口。

(2)选择拆分变量到【分组方式(G)】框中。

(3)拆分会使后面的分组统计产生两种不同格式的结果。其中，【比较组(C)】表示将分组统计结果输出在同一张表格中，它便于不同组之间的比较；【按组组织输出(O)】表示将分组统计结果分别输出在不同的表格中。通常选择第一种输出方式。

(4)如果数据编辑器窗口中的数据已经事先按所指定的拆分变量进行了排序，则可以选择【文件已排序(F)】选项，它可以提高拆分执行的速度；否则，选择【按分组变量排序文件(S)】选项。

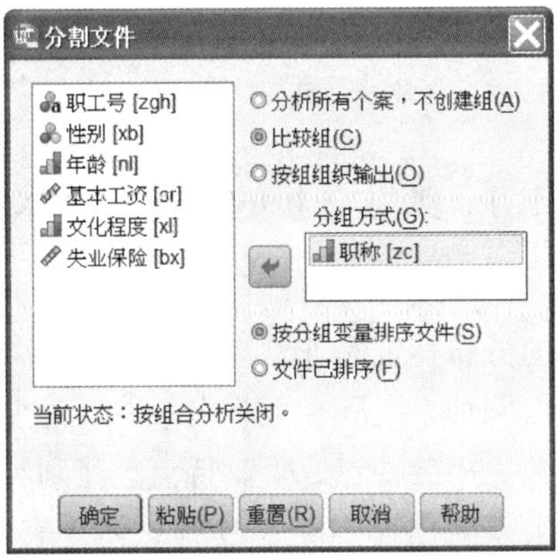

图 3-20　数据拆分窗口

应注意的是：

- 数据拆分将对后面的分析一直起作用，即无论进行哪种统计分析，都将是按拆分变量的不同组分别进行分析计算。同时，在数据编辑器窗口右下角的状态栏上将显示提示信息，如本例为“拆分条件 ZC”。如果希望对所有数据进行整体分析，则需要重新执行数据拆分，并在图 3-20 所示的窗口中选择【分析所有个案，不创建组(A)】选项。
- 对数据可以进行多重拆分，在图 3-20 所示窗口中，选入多个变量到【分组方式(G)】框中。

本章重点讲述了 SPSS 数据基本加工处理的作用和具体操作方法，学习中可以根据本书提供的数据进行操作练习。

第 4 章　SPSS 基本统计分析

对数据的分析通常是从基本统计分析入手的。通过基本统计分析，能够使分析者掌握数据的基本统计特征，把握数据的整体分布形态。基本统计分析的结论对后续的数据建模，将起到重要的指导和参考作用。

对数据的基本统计分析通常包括以下的分析：

- 编制单个变量的频数分布表
- 计算单个变量的描述统计量以及不同分组下的描述统计量
- 编制多变量的交叉频数分布表，并以此分析变量之间的关系
- 其他探索性分析
- 多选项分析

为实现上述分析，往往采用两种方式实现：第一，数值计算，即计算常用基本统计量的值，通过数值准确反映数据的基本统计特征，反映变量统计特征上的差异；第二，图形绘制，即绘制常用基本统计图形，通过图形直观展现数据的分布特点，比较数据分布的异同。通常，数值计算和图形绘制是配合使用的，它们将起到相辅相成的互补作用。

4.1　频数分析

4.1.1　频数分析的目的和基本任务

基本统计分析往往从频数分析开始。通过频数分析能够了解变量取值的状况，对把握数据的分布特征是非常有用的。

例如，在问卷数据分析中，通常应首先对本次调查的被调查者的状况，如被访者的总人数、年龄特点、职业特点、性别特征等进行分析和总结。通过这些分析，能够在一定程度上反映出样本是否具有总体代表性，抽样是否存在系统偏差等。这些分析可以通过频数分析来实现。

1. SPSS 频数分布表

频数分析的第一个基本任务是编制频数分布表。SPSS 中的频数分布表包括

- 频数(Frequency)

频数即变量值落在某个区间(或某个类别)中的次数。

- 百分比(Percent)

百分比即频数占总样本量的百分比。

- 有效百分比(Valid Percent)

有效百分比即频数占总有效样本量的百分比。这里，有效样本量＝总样本量－缺失样本量。如果所分析的数据在频数分析变量上有缺失值，那么有效百分比能更加准确地反映变量的取值分布情况。

● 累计百分比(Cumulative Percent)

累计百分比即各百分比逐级累加起来的结果。最终取值为 100%。

2. 频数分析中常用的统计图

频数分析的第二个基本任务是绘制统计图。统计图是一种最为直接的数据刻画方式，能够非常清晰直观地展示变量的取值状况。

● 条形图(Bar Chart)

条形图即用宽度相同的条形的高度或长短表示频数分布变化的图形，适用于定序和定类变量的分析。条形图的纵坐标可以是频数，也可以是百分比。条形图包括单式条形图和复式条形图等形式。

● 饼图(Pie Chart)

饼图即用圆形及圆内扇形的面积表示频数百分比变化的图形，利于研究事物内在结构组成等问题。饼图中圆内的扇形面积可以表示频数，也可以表示百分比。

● 直方图(Histograms)

直方图即用矩形的面积表示频数分布变化的图形，适用于数值型变量的分析。可以在直方图上附加正态分布曲线，便于与正态分布比较。

4.1.2　频数分析的基本操作

(1)选择菜单【分析→ 描述统计→ 频率】，出现如图 4-1 所示的窗口。

(2)选择若干个频数分析的变量到【变量(V)】框中。

(3)单击 图表(C) 按钮选择绘制统计图形，出现如图 4-2 所示的窗口。在【图表值】框中选择条形图中纵坐标(或饼图中扇形面积)的含义(频率或百分比)。

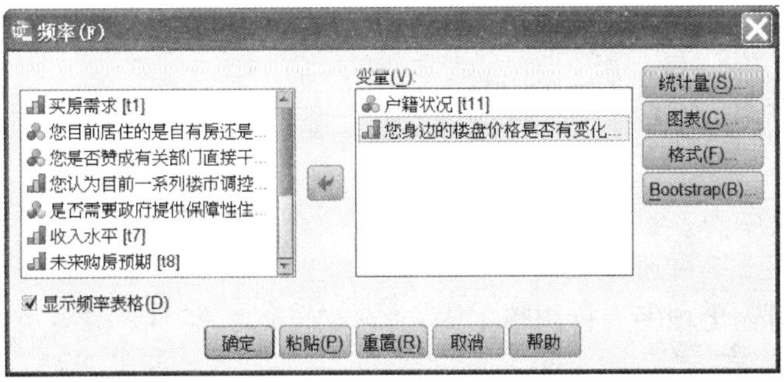

图 4-1　频数分析窗口

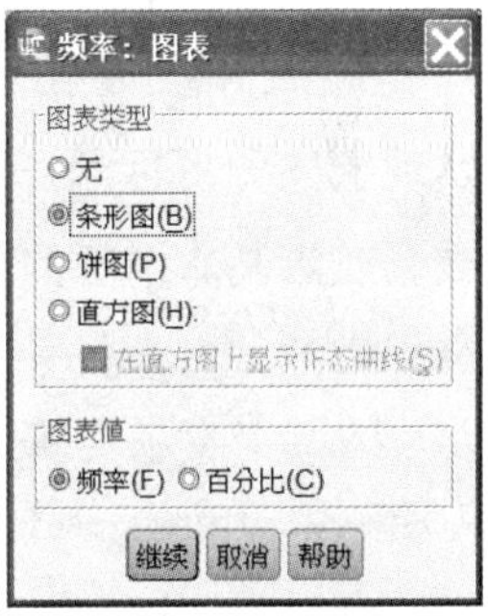

图 4-2　频数分析中的图表窗口

至此，SPSS 将自动编制频数分布表并显示到查看器窗口中。

4.1.3　SPSS 频数分析的扩展功能

编制频数分布表和绘制统计图是频数分析的基本任务，除此之外，SPSS 的频数分析还能够做其他进一步的分析。

1. 计算分位数

分位数是变量在不同分位点上的取值。分位点在 0～100 之间。一般使用较多的是四分位点(Quartiles)，即将所有数据按升序排序后平均等分成四份，各分位点依次是 25%、50%、

75%。于是，四分位数便分别是 25%、50%、75%分位点对应的变量值。此外，还有八分位数、十六分位数等。

SPSS 提供了计算任意分位数的功能，用户可以指定将数据等分为 n 份。例如，如果 n 为 5，则表示等分为 5 份，意味着要计算 20%、40%、60%、80%分位点的分位值。另外，用户还可以直接指定分位点(Percentile)。

分位数从一个侧面清楚刻画了变量的取值分布状态。分位数差是一种描述数据离散程度的方式。分位数差越大，表示数据在相应分位上的离散程度越大。

2. 计算其他基本描述统计量

SPSS 频数分析还能够计算其他基本描述统计量，其中包括描述集中趋势的基本统计量、描述离散程度的基本统计量、描述分布形态的基本统计量等。这些统计量的具体含义在以后的章节中讲解。

3. 频数分布表格式的定义

SPSS 允许用户对频数分布表的格式进行调整。

- 调整频数分布表中数据的输出顺序

频数表中内容的输出顺序有四种：按变量值的升序输出；按变量值的降序输出；按频数值的升序输出；按频数值的降序输出。

- 压缩频数分布表(Suppress tables with more than n categories)

如果变量取值的个数或取值区间的个数太多，频数分布表将很庞大。此时可进行适当压缩。

4.1.4 频数分析的应用举例

利用第 2 章中的商品房购买意向的调查数据进行频数分析，有以下两个分析目标。

- 目标一：分析被调查者的户籍状况以及他们认为房价的变化状况。
- 目标二：分析月住房开销的分布，并对不同居住类型进行比较。

为实现上述分析目标，利用频数分析分别做如下分析。

1. 被调查者基本情况的分析

该分析中的特点是：

- 涉及的两个变量均属分类型变量，可通过频数分析实现。
- 为使频数分布表一目了然，对输出顺序进行调整。

操作窗口如图 4-1 所示。单击[格式(F)]按钮，调整频数分布表中数据的输出顺序，选择【按计数的降序排序】；单击[图表(C)]按钮指定输出条形图和饼图。

分析结果如表 4-1 和图 4-3 所示。

由表 4-1 得到的分析结论是：

- 本次调查的总人数为 282 人，其中本市户籍的有 172 人，占总人数的 61%；非本市户籍的有 110 人，占总人数的 39%。由于样本在户籍状况这个变量上没有取缺失值，因此百分比和有效百分比相同。
- 本次调查中，有 72%的人认为商品房的价格在政策调控下不但没有下降，反而有所上涨。等等。

上述结论，在图形中更为直观。

表 4-1(1)　频数分布表(一)

户籍状况

		频率	百分比	有效百分比	累积百分比
有效	本市户籍	172	61.0	61.0	61.0
	非本市户籍	110	39.0	39.0	100.0
	合计	282	100.0	100.0	

表 4-1(2)　频数分布表(二)

您身边的楼盘价格是否有变化?

		频率	百分比	有效百分比	累积百分比
有效	逆势上涨	203	72.0	72.0	72.0
	没什么变化	44	15.6	15.6	87.6
	小幅下滑	35	12.4	12.4	100.0
	合计	282	100.0	100.0	

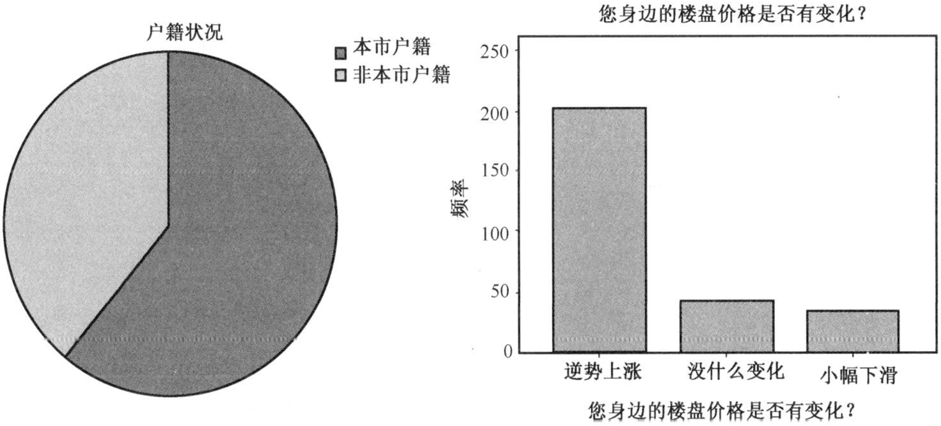

图 4-3　频数分析统计图

应该指出的是，在这个分析中，虽然 SPSS 给出的频数分布表是完整的，但户籍状况累计百分比是不应采纳的，因为它是定类变量，其累计百分比没有意义。可见，在使用 SPSS 进行分析时，应根据具体情况对分析结果做必要的取舍。

2. 月住房开销分布分析

月住房开销分布分析的特点是：

- 变量是数值型变量。
- 需要对不同居住类型分别进行计算，以便比较。

利用 SPSS 频数分析的扩展功能进行分析。

(1) 分析思路

- 由于月住房开销为数值型变量，直接采用频数分析不利于对其分布形态的把握，因此考虑，依据第 3 章中的数据分组功能对数据分组后再编制频数分布表。
- 进行数据拆分，并分别计算不同居住类型的月住房开销的四分位数，并通过四分位数比较两者分布上的差异。

(2) 分析过程

● 数据分组。将月住房开销分成十组。除最小组和最大组外，各组组距均为 500。频数分布表如表 4-2 所示，直方图如图 4-4 所示。

表 4-2 频数分布表(三)

月住房开销分组变量

		频率	百分比	有效百分比	累积百分比
有效	1000 以下	78	27.7	27.7	27.7
	1000～1500	42	14.9	14.9	42.6
	1500～2000	33	11.7	11.7	54.3
	2000～2500	34	12.1	12.1	66.3
	2500～3000	18	6.4	6.4	72.7
	3000～3500	25	8.9	8.9	81.6
	3500～4000	11	3.9	3.9	85.5
	4000～4500	3	1.1	1.1	86.5
	4500～5000	8	2.8	2.8	89.4
	5000 以上	30	10.6	10.6	100.0
	合计	282	100.0	100.0	

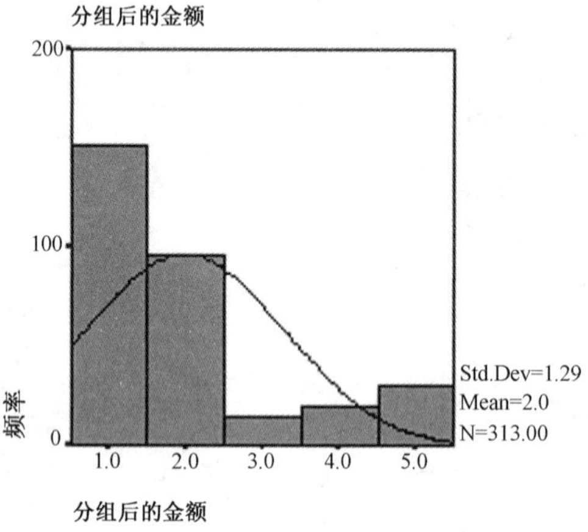

图 4-4 月住房开销直方图

表 4-2 说明：被调查者中，有近一半的人月住房开销高于 2000 元，且有 10.6%的人月住房开销在 5000 元以上。图 4-4 为相应的直方图(带正态分布曲线)。

● 利用 SPSS 的频数分析计算出样本全体的月住房开销的四分位数；然后，按照居住类型对数据进行拆分(Split file)并重新计算分位数，分别得到两组四分位数。各四分位数的计算结果如表 4-3 所示。

表 4-3(1)表明：被调查者中，有 25%的人月住房开销在 800 元以下，50%的人在 1500 元以下，75%的人在 3000 元以下。这些数据是对表 4-2 的进一步细化。

表 4-3(2)表明：居住出租房的有 200 人，月住房开销的四分位差是 2000(3000－1000)元。居住自有房的有 82 人，月住房开销的四分位差为 1350(1850－500)元。可见，后者的离散程度低于前者，尤其在低值区域更是如此。

需要说明的是：图 4-1 中的 Bootstrap 按钮能够实现重抽样自举法，其具体含义在 4.2 节讲解。

表 4-3(1)　四分位数(一)

统计量

月与住房有关的开销

N	有效	282
	缺失	0
百分位数	25	800.00
	50	1500.00
	75	3000.00

表 4-3(2)　四分位数(二)

统计量

月与住房有关的开销

出租房	N	有效	200
		缺失	0
	百分位数	25	1000.00
		50	2000.00
		75	3000.00
自有房	N	有效	82
		缺失	0
	百分位数	25	500.00
		50	950.00
		75	1850.00

4.2　计算基本描述统计量

通过频数分析把握了数据的总体分布状况后，通常还需要对于数值型数据的分布特征有更为精确的认识，这就需要通过计算基本描述统计量等途径实现。

例如，对商品房购买意向的调查数据，通常需要对月住房开销计算均值、标准差、偏度、峰度等基本描述统计量，进而进一步准确把握数据的集中趋势、离散趋势和分布形状等。

4.2.1　基本描述统计量

常见的基本描述统计量大致可以分为三大类：第一，刻画集中趋势的描述统计量；第二，刻画离散程度的描述统计量；第三，刻画分布形态的描述统计量。通常，综合这三类统计量就能够极为准确和清晰地把握数据的分布特点。

1. 刻画集中趋势的描述统计量

集中趋势是指一组数据向某一中心值靠拢的倾向。计算刻画集中趋势的描述统计量正是要寻找到能够反映数据一般水平的“代表值”或“中心值”。

均值(Mean)是一种最常用的“代表值”或“中心值”，又称算术平均数，在统计学中有重要的地位。

例如某班学生某门课的平均成绩，某企业职工的平均月收入，周末某商厦各种商品的平均营业额等，都是均值的具体体现。

均值的数学定义为

$$\overline{X}=\frac{1}{n}\sum_{i=1}^{n}X_i \tag{4.1}$$

式(4.1)中，n 为样本量，X_i为各观测值。它表明了均值的以下特点：均值利用了全体数据，代表了数据的一般水平；均值的大小易受到数据中极端值的影响。

另外，还有其他一些刻画数据集中趋势的描述统计量，如中位数(即一组数据按升序排序后，处于中间位置上的变量值)、众数(即一组数据中出现次数最多的变量值)等。它们也有各自的特点。在实际应用中，应根据这些统计量的不同特点和实际问题选择合理的统计。

例如，生产鞋的厂商在制订各种型号鞋的生产计划时应运用众数；在评价社会的老龄化程度时，可以用中位数等。

另外,SPSS 还能够计算均值标准误。众所周知，样本数据是来自总体的随机抽样，样本的描述统计量可以反映总体数据的特征。但由于抽样误差的存在，使得样本值不一定等于总体值，它与总体真实值之间总存在一定的差异。样本均值 $\overline{X}$ 作为抽样样本的平均数，也与总体均值 μ 之间存在差异。若干次相同样本容量的抽样后会得到若干个不同的样本均值，当样本容量足够大时，样本均值服从正态分布，即 $\overline{X}\sim N(\mu,\frac{\sigma^2}{n})$，通常称为样本均值的抽样分布。其中，$\mu$ 为总体均值，σ 为总体标准差，n 为样本量。可见，样本均值与总体均值的平均差异(离散)程度(方差)即为 σ^2/n，也称为均值估计量的抽样方差。当总体方差 σ^2 未知时，用样本方差 s^2 代替，于是有均值标准误：

$$\text{S. E. of. Mean} = \frac{S}{\sqrt{n}} \tag{4.2}$$

其中，S 为样本标准差，见后。因此，均值标准误是样本均值与总体均值之间平均差异程度的估计。

2. **刻画离散程度的描述统计量**

离散程度是指一组数据远离其“中心值”的程度。单纯以均值等“中心值”刻画数据并非尽善尽美，还应该考察数据分布的疏密程度，即考察所有数据相对于“中心值”分布的疏密程度。如果数据都紧密地集中在“中心值”的周围，即数据的离散程度较小，则说明这个“中心值”是刻画全部数据的“代表”，“中心值”对数据的代表性好；相反，如果数据仅是比较松散地分布在“中心值”的周围，即数据的离散程度较大，则表明“中心值”的代表性不强。因此，“中心值”和关于“中心值”的稀疏程度的共同作用才能对数据特征给出比较全面完整的描述。

常见的刻画离散程度的描述统计量有：

● 样本标准差

样本标准差是对变量取值距均值的平均离散程度的估计。样本标准差的数学定义为

$$S = \sqrt{\frac{1}{n-1}\sum_{i=1}^{n}(X_i - \overline{X})^2} \tag{4.3}$$

式(4.3)表明：样本标准差刻画了数据关于均值的平均离散程度；样本标准差值越大，说明变量值之间的差异越大，距均值这个“中心值”的离散趋势越大。样本标准差是有计量单位的。应该看到，样本标准差并不是平均离散程度的准确度量，其重要意义在于它是总体方差的无偏估计。

● 样本方差(Variance)

样本方差也是刻画变量取值离散程度的统计量。样本方差的数学定义为

$$S^2 = \frac{1}{n-1}\sum_{i=1}^{n}(X_i - \overline{X})^2 \tag{4.4}$$

式(4.4)表明：样本方差是样本标准差的平方；样本方差值越大，说明变量值之间的差异越大。样本方差没有计量单位。

● 全距(Range)

全距也称为极差，是数据的最大值(Maximum)与最小值(Minimum)之间的绝对差。全距是刻画变量所有取值离散程度的另一个统计量。在相同样本容量的情况下的两组数据，全距大的数据比全距小的数据分散。全距非常小，意味着数据基本都集中在一起。

3. 刻画分布形态的描述统计量

集中趋势和离散程度是数据分布的两个重要特征。为更全面地了解数据分布的特点，还应把握数据的分布形态。数据的分布形态主要指数据分布是否对称，偏斜程度如何，以及分布陡缓程度等。

刻画分布形态的描述统计量主要有：

● 偏度(Skewness)

偏度是描述变量取值分布形态对称性的统计量。偏度的数学定义为

$$\text{Skewness} = \frac{1}{n-1}\sum_{i=1}^{n}(X_i - \overline{X})^3/S^3 \tag{4.5}$$

式(4.5)表明，当分布是对称分布时，正负总偏差相等，偏度值等于 0；当分布是不对称分布时，正负总偏差不相等，偏度值大于 0 或小于 0。偏度值大于 0 表示正偏差值大，称为正偏或右偏，直方图中有一条长尾拖在右边；偏度小于 0 表示负偏差数值较大，称为负偏或左偏，直方图中有一条长尾拖在左边。偏度绝对值越大表示数据分布形态的偏斜程度越大。另外，SPSS 还计算偏度标准误(S.E. of Skewness)。

● 峰度(Kurtosis)

峰度是描述变量取值分布形态陡缓程度的统计量。峰度的数学定义为

$$\text{Kurtosis} = \frac{1}{n-1}\sum_{i=1}^{n}(X_i - \overline{X})^4/S^4 - 3 \tag{4.6}$$

式(4.6)表明，当数据分布与标准正态分布的陡缓程度相同时，峰度值等于 0；峰度值大于 0 表示数据的分布比标准正态分布更陡峭，为尖峰分布；峰度值小于 0 表示数据的分布比标准正态分布平缓，为平峰分布。另外，SPSS 还能够计算峰度标准误(S. E. of Kurtosis)。

4. 重抽样自举法

很多情况下，样本统计量抽样分布中的标准误并非估计量抽样方差的很好估计。就样本均值而言，很难得到均值估计量的抽样方差，于是就无法得到基于理论分布的总体均值的置信区间估计。所以，估计量的抽样方差是关键。重抽样自举法正是为此提出的。

重抽样自举法的基本出发点是将已有的 n 个观测数据看成能够从中抽样的总体。若从中有放回地随机抽取 n 个观测形成一个样本，称为自举样本，便可计算得到一个样本统计量(如样本均值)。该过程称为一次重抽样自举过程。如果重抽样自举过程反复进行 m 次，便可得到 m 个样本统计量，这些样本统计量的方差称为自举方差。自举方差是对估计量抽样方差的较好近似。

SPSS 提供的 Bootstrap 按钮能够自动完成重抽样自举过程。

4.2.2　计算基本描述统计量的基本操作

SPSS 计算基本描述统计量的基本操作步骤如下。

(1)选择菜单：【分析→ 描述统计→ 描述】，出现如图 4-5 所示的窗口。

(2)选择需计算的数值型变量到【变量(V)】框中。

(3)单击 选项(O) 按钮指定计算哪些基本描述统计量，选择相应的选项，出现如图 4-6 所示的窗口。

在图 4-6 中，用户还可以指定分析多变量时分析结果输出的次序。其中，【变量列表(B)】

表示按变量在数据编辑器窗口中从左到右的次序输出；还可以指定按字母顺序或均值升序或均值降序的次序输出。

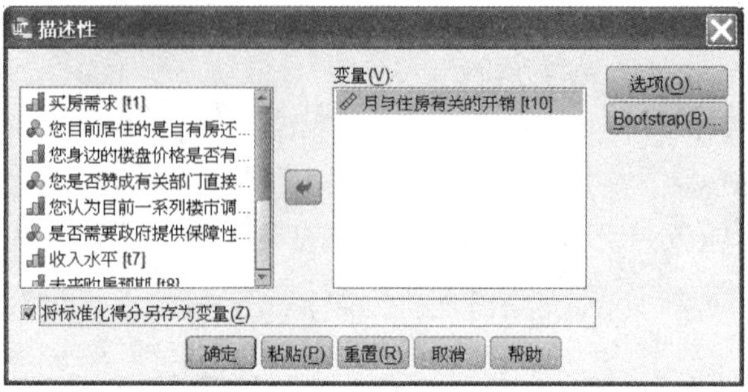

图 4-5 计算基本描述统计量窗口

(4)如需得到估计量的抽样方差，则单击 Bootstrap(B) 按钮，出现如图 4-7 所示的窗口。否则略去本步。

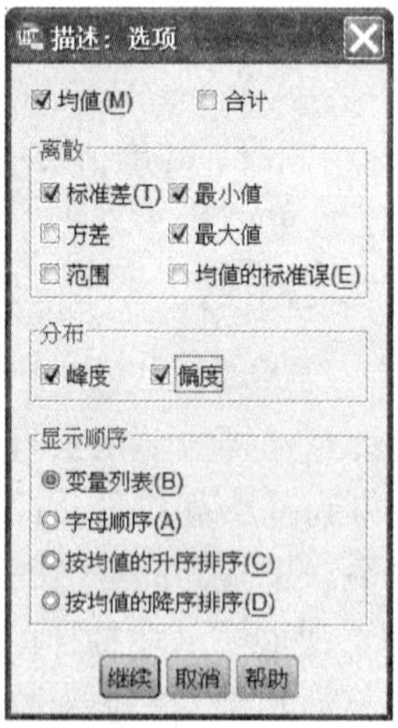

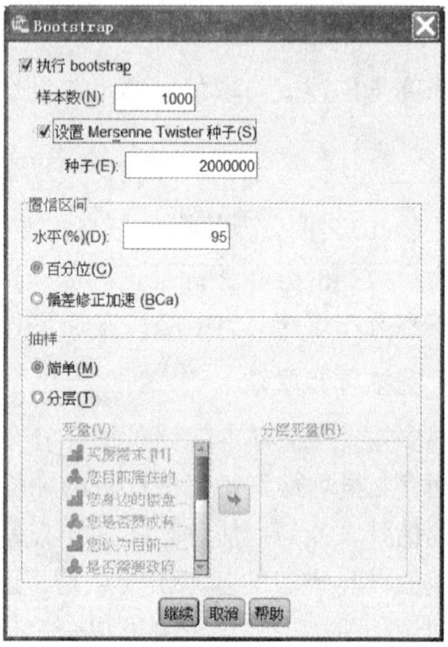

图 4-6 计算基本描述统计量的选项窗口

图 4-7 重抽样自举法设置窗口

图 4-7 中，选中【执行 bootstrap】选项，在【样本数(N)】框中指定进行多少次重抽样过程，默认为 1000 次。通常重抽样自举过程默认采用有放回的简单随机抽样，如果不指定随机数种子为某个固定值，则随机抽样结果不会再现。通常可选择【设置 Mersenne Twister 种子(S)】选项并给定一个常数，以使随机抽样能够重现。此外，如果希望采用有放回的分层抽样，则选择【抽样】框中的【分层(T)】选项，并指定分层变量到分层变量框中。另外，SPSS 会默认输出采用重抽样自举法估计的标准误，以及基于标准误的被估参数的 95%的置信区间。

至此，SPSS 便自动计算所选变量的基本描述统计量并显示到查看器窗口中。

4.2.3 计算基本描述统计量的应用举例

利用第 2 章中商品房购买意向的调查数据，对月住房开销计算基本描述统计量。有以下两个分析目标：

● 目标一：对不同居住类型计算月住房开销的基本描述统计量，并进行比较。
● 目标二：分析月住房开销的数量是否存在不均衡现象。

为实现上述分析目标，利用基本描述统计分别做如下分析。

1.不同居住类型月住房开销的分析比较

利用第 2 章中的商品房购买意向调查数据计算月住房开销的基本描述统计量，并对不同居住类型进行比较。

首先按照居住类型对数据进行拆分(Split File)，然后计算月住房开销的基本描述统计量，操作窗口如图 4-5 和图 4-6 所示。分析结果如表 4-4 所示。

表 4-4(1)　不同居住类型月住房开销的基本描述统计量

描述统计量

		您目前居住的是自有房还是出租房			
		出租房		自有房	
		月与住房有关的开销	有效的 N(列表状态)	月与住房有关的开销	有效的 N(列表状态)
N	统计量	200	200	82	82
极小值	统计量	300		100	
极大值	统计量	30000		5000	
均值	统计量	2643.39		1314.15	
标准差	统计量	2742.795		1224.836	
偏度	统计量	5.523		1.466	
	标准误	.172		.266	
峰度	统计量	49.495		1.433	
	标准误	.342		.526	

表 4-4(1)表明，居住出租房的月住房开销的平均值高于自有住房，且标准差也较大。同时，月住房开销均呈右偏分布，且居住出租房的月住房开销的右偏程度高于自有住房，两者的均值都存在高估现象。另外，从分布的平缓程度看，两种均为尖峰分布，但前者的尖峰程度远远大于后者。

为获得更为稳健的估计，采用重抽样自举法，如图 4-7 所示，得到的计算结果如表 4-4(2)所示。

表 4-4(2)　不同居住类型月住房开销的重抽样自举结果

描述统计量

您目前居住的是自有房还是出租房			统计量	Bootstrap[a]			
				偏差	标准误	95%置信区间	
						下限	上限
出租房	月与住房有关的开销	N	200	0	0	200	200
		均值	2643.39	9.14	193.94	2298.45	3049.13
	有效的 N(列表状态)	N	200	0	0	200	200
自有房	月与住房有关的开销	N	82	0	0	82	82
		均值	1314.15	2.21	133.44	1062.33	1590.03
	有效的 N(列表状态)	N	82	0	0	82	82

a. Unless otherwise noted, bootstrap results are based on 1000 bootstrap samples

表 4-4(2)表明，重抽样自举计算的平均样本均值均高于由原始样本数据直接计算的样本

均值，出租房的高出 9.14(偏差)，自有房的高出 2.21。两种住房类型的均值标准误的重抽样自举估计值分别为 193.94(标准误)和 133.44，由此得到的总体均值 95%的置信区间分别为 2298.45至 3049.13，1062.33 至 1590.03。

2. 月住房开销的均衡性分析

分析月住房开销是否存在不均衡现象，可以从分析金额是否有大量异常值入手。这里，如果假设月住房开销的分布为正态分布，那么根据 3σ 准则，异常值通常为 3 个标准差之外的变量值。可通过对数据做标准化处理以直观判断。

数据标准化的数学定义为

$$Z_i = (X_i - \overline{X})/S \tag{4.7}$$

通过标准化可得到一系列新变量值，通常称为标准化值或 Z 分数，其均值为 0，标准差为 1。由式(4.7)可见，标准化值反映的是变量值与均值差是几个标准差单位。如果标准化值等于 0(即分子为 0)，则表示变量值等于均值；如果标准化值大于 0(即分子为正)，则表示变量值大于均值；如果标准化值小于 0(即分子为负)，则表示变量值小于均值。

基于上述对案例中月住房开销分布的假设和分析要求，计算月住房开销的标准化值，在图 4-5所示的窗口中选中【将标准化得分另存为变量(Z)】选项。SPSS 将自动计算月住房开销的标准化值，并将结果保存在一个新变量中。该变量的命名规则是：字母 Z+原变量名的前七个字符。本例中为 $Zt10$。

接下来可对 $Zt10$ 进行排序并浏览其标准化值的取值情况。可以发现 Z 分数值的绝对值大于 3 的观测是存在的。对 $Zt10$ 分成三组($Zt10<=-3$ 低金额组、$-3<Zt10<3$ 中金额组、$Zt10>=3$ 高金额组)后进行频数分析可得：低金额组的比例为 0%，高金额组的比例为 0.7%，异常组的总比例大于理论值 0.3%。可以认为月住房开销存在一定的不均衡现象。

4.3　交叉分组下的频数分析

4.3.1　交叉分组下频数分析的目的和基本任务

通过频数分析能够掌握单个变量的数据分布情况。实际分析中，不仅要了解单个变量的分布特征，还要分析多变量不同取值下的分布，掌握多变量的联合分布特征，进而分析变量之间的相互影响和关系。

例如，对商品房购买意向的分析，通过频数分析能够了解被访者的基本情况以及他们对调查问题的看法。若进一步希望分析不同特征的被访者对调查问题的态度，并研究被访者的类型特征与所持态度之间是否存在关联性，频数分析就显得力不从心，因为该分析需涉及两个或两个以上的变量。对此，通常采用交叉分组下的频数分析。

交叉分组下的频数分析又称列联表分析，它包括两大基本任务：第一，根据收集到的样本数据，产生如表 4-5 和表 4-6 所示的二维或多维交叉列联表；第二，在交叉列联表的基础之上，对两两变量间是否存在一定的相关性进行分析。

4.3.2　交叉列联表的主要内容

编制交叉列联表是交叉分组下的频数分析的第一个任务。交叉列联表是两个或两个以上变量交叉分组后形成的频数分布表。

例如，表 4-5 是利用第 2 章表 2-5 职工基本情况数据编制的一张涉及两变量的二维交叉列联表，反映了不同职称和不同文化程度交叉分组下的职工频数分布情况。

表 4-5　二维交叉列联表举例

职称 * 文化程度　交叉制表

			文化程度				合计
			本科	专科	高中	初中	
职称	高级工程师	计数	1	1	1	0	3
		职称中的%	33.3%	33.3%	33.3%	.0%	100.0%
		文化程度中的%	25.0%	25.0%	20.0%	.0%	18.8%
		总数的%	6.3%	6.3%	6.3%	.0%	18.8%
	工程师	计数	1	3	0	0	4
		职称中的%	25.0%	75.0%	.0%	.0%	100.0%
		文化程度中的%	25.0%	75.0%	.0%	.0%	25.0%
		总数的%	6.3%	18.8%	.0%	.0%	25.0%
	助理工程师	计数	2	0	1	3	6
		职称中的%	33.3%	.0%	16.7%	50.0%	100.0%
		文化程度中的%	50.0%	.0%	20.0%	100.0%	37.5%
		总数的%	12.5%	.0%	6.3%	18.8%	37.5%
	无技术职称	计数	0	0	3	0	3
		职称中的%	.0%	.0%	100.0%	.0%	100.0%
		文化程度中的%	.0%	.0%	60.0%	.0%	18.8%
		总数的%	.0%	.0%	18.8%	.0%	18.8%
合计		计数	4	4	5	3	16
		职称中的%	25.0%	25.0%	31.3%	18.8%	100.0%
		文化程度中的%	100.0%	100.0%	100.0%	100.0%	100.0%
		总数的%	25.0%	25.0%	31.3%	18.8%	100.0%

在 SPSS 中，表 4-5 中的职称变量称为行变量，文化程度称为列变量。行标题和列标题分别是两个变量的变量值(或分组值)。表格中间是观测频数和各种百分比。例如，16 名职工中本科、专科、高中、初中的人数分别为 4、4、5、3，构成的分布称为交叉列联表的列边缘分布；高级工程师、工程师、助理工程师、无技术职称的人数分别为 3、4、6、3，构成的分布称为交叉列联表的行边缘分布；4 个本科学历职工中各职称的人数情况分别是 1、1、2、0，等等，这些频数数据构成的分布称为交叉列联表的条件分布，即在行变量(列变量)取值条件下的列变量(行变量)的分布。由于频数并不利于各交叉分组下分布的比较，因此还应引进百分比。例如，表第一行中的 33.3%、33.3%、33.3%、0%分别是高级工程师总人数(3 人)中各学历人数的比例，称为行百分比，一行的行百分比总和为 100%；表第一列中的 25.0%、25.0%、50.0%、0%分别是本科学历总人数(4 人)中各职称人数的比例，称为列百分比，一列的列百分比总和为 100%；表中的 6.3%、6.3%、12.5%等分别是各交叉组中人数占总人数(16 人)的百分比，称为总百分比，所有格子中的总百分比之和也为 100%。

表 4-6 是利用第 2 章表 2-5 职工基本情况数据编制的一张涉及三变量的三维交叉列联表，反映了不同性别、不同职称以及不同文化程度交叉分组下的职工频数分布情况。

表 4-6 中的性别变量在 SPSS 中称为控制变量或层变量。表中也仍然包括观测频数、行百分比、列百分比、总百分比等。

表 4-6 三维交叉列联表举例

职称 * 文化程度 * 性别交叉制表

性别				文化程度				合地
				本科	专科	高中	初中	
男职工	职称	高级工程师	计数	1	1	1	0	3
			职称中的%	33.3%	33.3%	33.3%	.0%	100.0%
			文化程度中的%	25.0%	33.3%	50.0%	.0%	25.0%
			总数的%	8.3%	8.3%	8.3%	.0%	25.0%
		工程师	计数	1	2	0	0	3
			职称中的%	33.3%	66.7%	.0%	.0%	100.0%
			文化程度中的%	25.0%	66.7%	.0%	.0%	25.0%
			总数的%	8.3%	16.7%	.0%	.0%	25.0%
		助理工程师	计数	2	0	1	3	6
			职称中的%	33.3%	.0%	16.7%	50.0%	100.0%
			文化程度中的%	50.0%	.0%	50.0%	100.0%	50.0%
			总数的%	16.7%	.0%	8.3%	25.0%	50.0%
	合计		计数	4	3	2	3	12
			职称中的%	33.3%	25.0%	16.7%	25.0%	100.0%
			文化程度中的%	100.0%	100.0%	100.0%	100.0%	100.0%
			总数的%	33.3%	25.0%	16.7%	25.0%	100.0%
女职工	职称	工程师	计数		1	0		1
			职称中的%		100.0%	.0%		100.0%
			文化程度中的%		100.0%	.0%		25.0%
			总数的%		25.0%	.0%		25.0%
		无技术职能	计数		0	3		3
			职称中的%		.0%	100.0%		100.0%
			文化程度中的%		.0%	100.0%		75.0%
			总数的%		.0%	75.0%		75.0%
	合计		计数		1	3		4
			职称中的%		25.0%	75.0%		100.0%
			文化程度中的%		100.0%	100.0%		100.0%
			总数的%		25.0%	75.0%		100.0%

4.3.3 交叉列联表行列变量间关系的分析

对交叉列联表中的行变量和列变量之间的关系进行分析是交叉分组下频数分析的第二个任务。在列联表的基础上做进一步的分析，可以得到行变量和列变量之间是否有联系、联系的紧密程度如何等更深层次的信息。

例如，编制了表 4-5 所示的列联表后，可以对职称和文化程度之间的关系做进一步的分析，分析是否存在学历越高职称也越高的倾向等。

为理解行列变量间关系的含义以及应如何分析行列变量之间的关系，可以从观察表 4-7(a)和表 4-7(b)所示的交叉列联表入手。

表 4-7 是两种极端情况下的年龄和工资收入的交叉列联表。直接观察可以发现：表 4-7(a)中，所有观测频数都出现在主对角线上，意味着年龄越小工资收入越低，年龄越大工资收入越高，年龄和收入呈正向关联关系。表 4-7(b)中，所有观测频数都出现在负对角线上，意味着年龄越小工资收入越高，年龄越大工资收入越低，年龄和收入呈负向关联关系。可见，在这样特例的列联表中，行列变量之间的关系是较易发现的。

在绝大多数情况下，观测频数是分散在列联表的各个单元格中的，此时就不太容易直接发现行列变量之间的关系和它们关系的强弱程度。为此，就需要借助非参数检验方法和度量变量间相关程度的统计量等手段进行分析。通常采用的方法是卡方(χ^2)检验和相关性检验等。

表 4-7 (a)　年龄与工资收入的交叉列联表(一)

		工资收入		
		低	中	高
年龄段	青	400	0	0
	中	0	500	0
	老	0	0	600

表 4-7(b)　年龄与工资收入的交叉列联表(二)

		工资收入		
		低	中	高
年龄段	青	0	0	500
	中	0	600	0
	老	400	0	0

1. 交叉列联表的卡方检验

卡方检验属统计学中假设检验的范畴，主要涉及以下四大步骤：

第一步，提出原假设(H_0)。

列联表分析中卡方检验的原假设 H_0 是：行变量与列变量独立。

第二步，选择和计算检验统计量。

列联表分析中，卡方检验的检验统计量是 Pearson 卡方统计量，其数学定义为

$$\chi^2 = \sum_{i=1}^{r}\sum_{j=1}^{c}\frac{(f_{ij}^{\mathrm{o}} - f_{ij}^{\mathrm{e}})^2}{f_{ij}^{\mathrm{e}}} \tag{4.8}$$

式(4.8)中，r 为列联表的行数，c 为列联表的列数；f_{ij}^{o} 为第 i 行第 j 列单元格中的观察频数，f_{ij}^{e} 为相应的期望频数。样本数据代入式 (4.8)的计算结果称为卡方统计量的观测值。为明确卡方统计量的含义，首先应明确期望频数的含义。

表 4-8 中，各单元格中的第二个数据就是期望频数四舍五入的结果。例如，具有本科学历的高级工程师的期望频数为 0.8。期望频数的计算方法是

$$f_e = \frac{\mathrm{RT}}{n}\times\frac{\mathrm{CT}}{n}\times n = \frac{\mathrm{RT}\times\mathrm{CT}}{n} \tag{4.9}$$

式(4.9)中，RT 是指定单元格所在行的观测频数合计，CT 是指定单元格所在列的观测频数合计，n 是观测频数的总计。例如，具有本科学历的高级工程师的期望频数 0.8 的计算公式是 3×4÷16＝0.75。这里，期望频数可以理解为：总共 16 个职工的学历分布是 25%：25%：31.3%：18.8%，如果遵从这种学历的总体比例关系，高级职称 3 人的学历分布也应为 25%：25%：31.3%：18.8%，于是期望频数分别为 3×25%、3×25%、3×31.3%、3×18.8%。同理还可以理解为：总共 16 个职工的职称分布是 18.8%、25.0%、37.5%、18.8%，如果遵从这种职称的总体比例关系，本科学历 4 人的职称分布也应为 18.8%、25.0%、37.5%、18.8%，于是期望频数分别为 4×18.8%、4×25.0%、4×37.5%、4×18.8%。

可见，期望频数的分布与总体分布一致。也就是说，期望频数的分布反映的是行列变量互不相干下的分布，说明了行列变量间的关系是相互独立的。

分析式(4.8)不难看出，卡方统计量观测值的大小取决于两个因素：第一，列联表的单元格子数；第二，观测频数与期望频数的总差值。在列联表确定的情况下，卡方统计量观测值的大小仅取决于观测频数与期望频数的总差值。当总差值越大时，卡方值也就越大，实际分布与期望分布的差距越大，表明行列变量之间越可能相关；反之，当总差值越小时，卡方值也就越小，实际分布与期望分布越接近，表明行列变量之间越可能独立。那么，在统计上，卡方统计量观测值究竟大到什么程度才足够大，才能断定行列变量不独立呢？这就需要依据一个理论分布。由于该检验中的 Pearson 卡方统计量近似服从(行数－1)×(列数－1)个自由度的卡方分布，因此可依据卡方理论分布找到给定自由度和显著性水平下的卡方值，即卡方临界值。

表 4-8　期望频数举例

职称 * 文化程度交叉制表

			文化程度				合计
			本科	专科	高中	初中	
职称	高级工程师	计数	1	1	1	0	3
		期望的计数	.8	.8	.9	.6	3.0
		职称中的%	33.3%	33.3%	33.3%	.0%	100.0%
		文化程度中的%	25.0%	25.0%	20.0%	.0%	18.8%
	工程师	计数	1	3	0	0	4
		期望的计数	1.0	1.0	1.3	.8	4.0
		职称中的%	25.0%	75.0%	.0%	.0%	100.0%
		文化程度中的%	25.0%	75.0%	.0%	.0%	25.0%
	助理工程师	计数	2	0	1	3	6
		期望的计数	1.5	1.5	1.9	1.1	6.0
		职称中的%	33.3%	.0%	16.7%	50.0%	100.0%
		文化程度中的%	50.0%	.0%	20.0%	100.0%	37.5%
	无技术职称	计数	0	0	3	0	3
		期望的计数	.8	.8	.9	.6	3.0
		职称中的%	.0%	.0%	100.0%	.0%	100.0%
		文化程度中的%	.0%	.0%	60.0%	.0%	18.8%
合计		计数	4	4	5	3	16
		期望的计数	4.0	4.0	5.0	3.0	16.0
		职称中的%	25.0%	25.0%	31.3%	18.8%	100.0%
		文化程度中的%	100.0%	100.0%	100.0%	100.0%	100.0%

第三步，确定显著性水平(Significant level)和临界值。

显著性水平 α 是指原假设为真却将其拒绝的风险，即弃真的概率。通常设为 0.05 或 0.01。在卡方检验中，由于卡方统计量服从一个(行数－1)×(列数－1)个自由度的卡方分布，因此，在行列数目和显著性水平 α 确定时，卡方临界值是可唯一确定的。

第四步，结论和决策。

对统计推断做决策通常有以下两种方式：

第一，根据检验统计量观测值和临界值比较的结果进行决策。在卡方检验中，如果卡方的观测值大于卡方临界值，则认为卡方观测值已经足够大，实际分布与期望分布之间的差距显著，可以拒绝原假设，断定列联表的行列变量间不独立，存在相关关系；反之，如果卡方的观测值不大于卡方临界值，则认为卡方观测值不足够大，实际分布与期望分布之间的差异不显著，不能拒绝原假设，不能拒绝列联表的行列变量相互独立。

第二，根据检验统计量观测值的概率 p 值和显著性水平 α 比较的结果进行决策。在卡方检验中，即计算在(行数－1)×(列数－1)的卡方分布中，大于等于卡方统计量观测值的概率。如果概率 p 值小于等于 α，则认为在原假设成立的前提下，大于等于卡方统计量观测值的概率是很小的，是一个本不应发生的小概率事件，但却发生了，因此不得不拒绝原假设，断定列联表的行列变量间不独立，存在相关关系；反之，如果概率 p 值大于 α，则在原假设成立的前提下，大于等于卡方统计量观测值的概率并非小概率，是可能出现的，因此没有理由拒绝原假设，不能拒绝列联表的行列变量相互独立。

这两种决策方式本质上是完全一致的。

在 SPSS 中，上述列联表卡方检验的过程，除用户要自行确定显著性水平和进行决策外，其余的各步都是 SPSS 自动完成的。SPSS 将自动计算卡方统计量的观测值以及大于等于该值的概率 p 值。因此，在应用中，用户只要明确原假设，便可按照第二种决策方式进行决策。

2. 交叉列联表卡方检验的说明

利用统计方法分析数据时，应注意方法自身的特点和前提要求，避免对方法的滥用甚至误用。应用交叉列联表的卡方检验时，应注意以下主要问题：

● 列联表各单元格中期望频数大小的问题

列联表中不应有期望频数小于 1 的单元格，或不应有大量的期望频数小于 5 的单元格。如果交叉列联表中有 20% 以上单元格中的期望频数小于 5，则一般不宜使用卡方检验。从 Pearson 卡方统计量的数学定义中可见，如果期望频数偏小的单元格大量存在，Pearson 卡方统计量会存在偏大的趋势，会易于拒绝原假设。对此 SPSS 将会给出相应的提示。在这种情况下，可以适当合并相邻单元格，或采用似然比卡方检验等方法进行修正。

● 样本量大小的问题

从 Pearson 卡方统计量的数学定义中可见，卡方值的大小会受到样本量的影响。例如，在某列联表中，若各个单元格中的样本量均等比例扩大 10 倍，于是卡方值也会随之扩大 10 倍。但由于自由度和显著性水平并没有改变，卡方的临界值不变，进而使拒绝原假设的可能性增大。为此，也有必要对 Pearson 卡方值进行必要的修正，以剔除样本量的影响。

4.3.4　交叉分组下的频数分析基本操作

SPSS 交叉分组下频数分析的基本操作步骤如下。

(1)选择菜单选项【分析→ 描述统计→ 交叉表】，出现如图 4-8 所示的窗口。

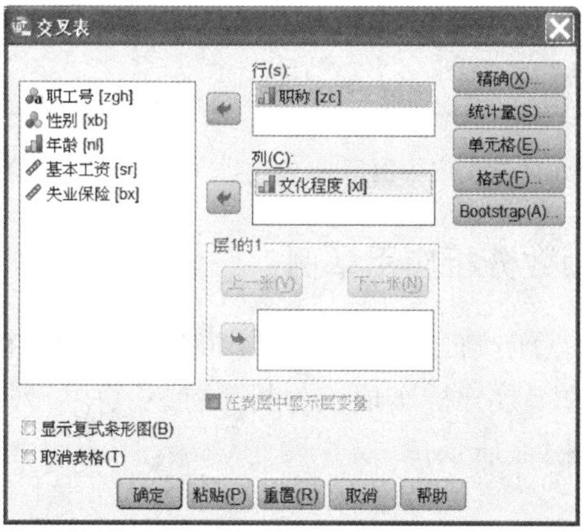

图 4-8　交叉分组下的频数分析窗口

(2)如果进行二维列联表分析，则选择行变量到【行(S)】框中，选择列变量到【列(C)】框中。如果【行(S)】和【列(C)】框中有多个变量名，SPSS 会将行列变量一一配对后产生多张二维列联表。如果进行三维或多维列联表分析，则将其他变量作为层变量选到【层】框中。其中，变量间可以是同层次的，也可以是逐层叠加的，可通过 上一张(V) 或 下一张(N) 按钮确定层变量间的层次关系。

(3)选择【显示复式条形图(B)】选项，指定绘制各变量交叉分组下的频数分布条形图。【取消表格(T)】表示不输出列联表，在仅分析行列变量间关系时可选择该选项。

(4) 单元格(E) 按钮指定列联表单元格中的输出内容，窗口如图 4-9 所示。SPSS 默认列联表单元格中只输出观测频数即【观察值(O)】。为便于分析，通常还应指定输出【百分比(C)】框中的行百分比、列百分比、总百分比。【计数】框中的【期望值(E)】表示输出期望频数；【残差】框中的各个选项是在各个单元格中输出期望频数与观测频数的差。其中，未标准化残差定义为：观测频数-期望频数；标准化残差又称 Pearson 残差，定义为

$$\text{Std. Residuals} = \frac{f_o - f_e}{\sqrt{f_e}} \tag{4.10}$$

(5) 格式(F) 按钮指定列联表各单元格的输出顺序。【升序】表示以行变量取值的升序输出，是 SPSS 的默认项；【降序】表示以行变量取值的降序输出。

(6) 统计量(S) 按钮指定用哪种方法分析行变量和列变量间的关系，窗口如图 4-10 所示。其中，【卡方(H)】为卡方检验。

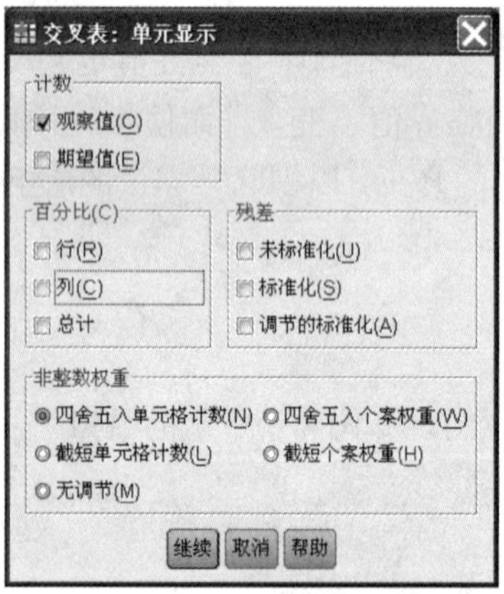

图 4-9 指定列联表单元格输出内容窗口

图 4-10 行列变量关系检验窗口

4.3.5 交叉分组下的频数分析应用举例

利用第 2 章商品房购买意向调查数据，分析不同居住类型的被访者未来的购房预期是否独立。可利用交叉分组下的频数分析实现该分析目标。其中，列联表的行变量是居住类型，列变量是购房，列联表如表 4-9 所示。

表 4-9 表明：

- 在所调查的 282 名被访者中，居住在出租房的有 200 人，82 人居住在自有房中，分别

占样本总数的 70.9%和 29.1%；未来购房预期增加、不变和减弱的人数依次为 61，175，46，各占样本总数的 21.6%，62.1%，16.3%。

表 4-9　案例分析列联表

您目前居住的是自有房还是出租房 * 未来购房预期　交叉制表

			未来购房预期			合计
			增加	不变	减弱	
您目前居住的是自有房还是出租房	出租房	计数	43	134	23	200
		您目前居住的是自有房还是出租房中的%	21.5%	67.0%	11.5%	100.0%
		未来购房预期中的%	70.5%	76.6%	50.0%	70.9%
	自有房	计数	18	41	23	82
		您目前居住的是自有房还是出租房中的%	22.0%	50.0%	28.0%	100.0%
		未来购房预期中的%	29.5%	23.4%	50.0%	29.1%
合计		计数	61	175	46	282
		您目前居住的是自有房还是出租房中的%	21.6%	62.1%	16.3%	100.0%
		未来购房预期中的%	100.0%	100.0%	100.0%	100.0%

- 对不同居住类型的人群分别分析：居住出租房的 200 名被访者中，未来购房预期增加、不变和减弱的人数依次为 43，134，23，各占本行总数的 21.5%，67.0%，11.5%，其中购房预期不变的比例高于总比例(62.1%)，减弱的比例低于总比例(16.3%)；居住自有房的 82 名被访者中，未来购房预期增加、不变和减弱的人数依次为 18，41，23，各占本行总数的 22.0%，50.0%，28.5%，其中购房预期不变的比例低于总比例(62.1%)，减弱的比例高于总比例(16.3%)。
- 对持有不同未来购房预期的人群分别分析：未来购房预期增加的 61 名被访者中，居住出租房和自有房的人数分别为 43,18，占比依次为 70.5%和 29.5%，与总比例(70.9%和 29.1%)基本持平；未来购房预期不变的 175 名被访者中，居住出租房和自有房的人数分别为 134,41，占比依次为 76.6%和 23.4%，第一组的比例高于总比例(70.9%)，第二组低于总比例(29.1%)；未来购房预期减弱的 46 名被访者中，居住出租房和自有房的人数均 23 人，各占 50%，第一组的比例低于总比例(70.9%)，第二组的比例高于总比例(29.1%)。应当注意的是，对比不同购房预期人群中居住类型的百分比数据(如对比 70.5%和 29.5%，76.6%和 23.4%)是不妥当的，因为总体的居住类型百分比相差较为悬殊。

可见，不同居住类型的被访者未来的购房预期存在一定的不一致性特点，图 4-11 给出了直观印证。

以上的分析仅是基于样本数据得到的。总体上，不同居住类型与购房预期的关系是否显著，即列联表的行列变量是否独立，还需参考卡方检验的结果，如表 4-10 所示。

在表 4-10 中，第一列为检验统计量名称，第二列是检验统计量的观测值，第三列是自由度，第四列是在原假设成立条件下大于等于检验统计量观测值的概率 p 值。其中：第一行即为 pearson 卡方检验结果。根据上述卡方检验的基本步骤和决策方式可知，本检验的原假设是居住类型与购房预期独立。如果显著性水平 α 设为 0.05，由于卡方的概率 p 值小于 α，因此应拒绝原假设，认为不同居住类型与购房预期不独立，存在相关性。脚注 a 表明，该分析中期望频数小于 5 的单元格数为 0，最小期望频数为 13.38，适合作卡方检验。

另外，表 4-10 中还输出了似然比卡方和线性相关卡方。似然比卡方的数学定义为

$$T = 2\sum_{ij} f_o \ln \frac{f_o}{f_e} \tag{4.11}$$

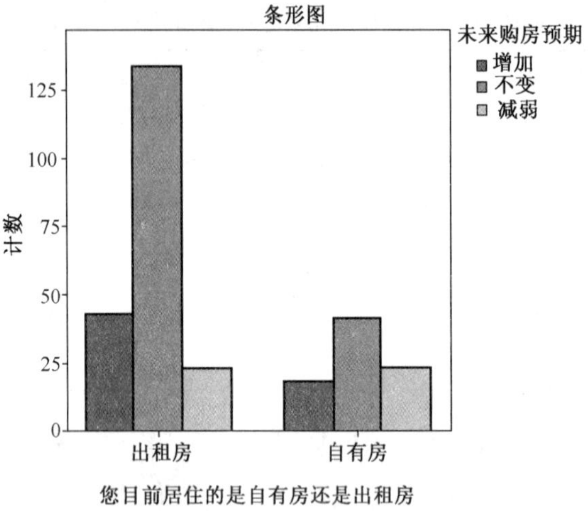

图 4-11 案例分析的条形图

样本数较大时，似然比卡方与 Pearson 卡方非常接近，检验结论通常也是一致的。

表 4-10 案例分析的卡方检验结果

卡方检验

	值	df	渐进 Sig.(双侧)
Pearson 卡方	12.478[a]	2	.002
似然比	11.686	2	.003
线性和线性组合	3.987	1	.046
有效案例中的 N	282		

a. 0 单元格(.0%)的期望计数少于 5。最小期望计数为 13.38。

线性相关卡方又称 Mantel-Haenszel 卡方，检验列联表中行列变量的线性相关性，原假设是行列变量零相关，只适用于定序型变量。本例中，线性相关卡方的概率 p 值小于显著性水平 α，应拒绝原假设，认为行列变量具有线性相关性，但由于本例的行变量为定类变量，因而不宜采用该检验。

应该注意到，卡方分布是一个连续分布。列联分析中，由于数据是分类非连续的，因此 Pearson 卡方统计量只是近似服从卡方分布。在单元格(分类)较多样本量较大时，分类数据的不连续分布与卡方分布之间的差异并不显著，反之，这种差异就不可忽视。对如表 4-11 所示的 2×2 的列联表，SPSS 会自动对 Pearson 卡方统计量进行 Yates 连续性校正，Pearson 卡方统计量的 Yates 连续性校正定义为：

表 4-11 2×2 列联表

	类 1	类 2	总计
类 1	A_{11}	A_{12}	R_1
类 2	A_{21}	A_{22}	R_2
总计	C_1	C_2	n

$$\chi^2_{yates} = \sum_{i=1}^{r}\sum_{j=1}^{c} \frac{(|f_{ij}^{o} - f_{ij}^{e}| - 0.5)^2}{f_{ij}^{e}} \tag{4.12}$$

对 2×2 的列联表，SPSS 除自动进行连续性校正外，还会采用 Fisher 精确检验方法计算概率 p 值。Fisher 精确检验的基本思想是：2×2 的列联表，在行列变量独立的原假设下，当边缘分布确定

时，列联表中任一单元格的频数(如 A_{11})将决定其他三个单元格频数的取值。四个单元格的频数分布服从超几何分布。例如，对于 A_{11} 有：$P(A_{11})=\binom{R_1}{A_{11}}\binom{R_2}{C_1-A_{11}}\Big/\binom{n}{C_1}$。

Fisher 精确检验的 p 值是原假设成立条件下，任一单元格频数(如 A_{11})取大于等于观测频数的所有可能值时的超几何分布概率之和。如果该概率值较大且大于显著性水平 α，则不能拒绝原假设。

总之，对于 2×2 列联表中行列变量关系的检验，SPSS 除用 Pearson 统计量进行检验之外，还采用了连续性校正和 Fisher 精确计算方法。此外，在小样本时可主要参考连续性校正和 Fisher 的结果。

4.3.6　SPSS 中列联表分析的其他方法

对列联表中行列变量的分析，除上述检验方法之外，SPSS 还提供了其他测度变量间相关关系的检验方法，帮助人们了解变量间相互依赖的强弱程度，量化分类变量间的关系。方法选择窗口如图 4-10 所示。依据方法适用的计量标准的类型，将其大致分为四类：

- 适用于两定类型变量的方法

图 4-10 中，【名义】框中列出的方法属该类方法。

- 适用于两定序型变量的方法

图 4-10 中，【有序】框中列出的方法属该类方法。

- 适用于一定类型变量、一数值型变量的方法

图 4-10 中，【按区间标定】框中的 Eta 方法属该类方法。

- 其他方法

1. 适用于两定类型变量的方法

SPSS 中，当行列变量均为定类型变量时，其相关性检验的方法有：列联系数、Phi 系数、Crammer's V 系数、Lambda、不确定系数等。这些方法大都是从 Pearson 卡方统计量派生出来的，试图排除样本量、行列数对卡方值的影响。这里重点讨论前三种。

- Phi 系数

Phi 系数适用于 2×2 的列联表，是对 Pearson 卡方统计量的修正，数学定义为

$$\varphi=\sqrt{\frac{\chi^2}{n}}=\frac{A_{11}A_{22}-A_{12}A_{21}}{\sqrt{R_1R_2C_1C_2}} \tag{4.14}$$

在式(4.14)中，n 为样本量。在前面卡方检验中曾经提到，卡方值会受到样本量的影响。Phi 系数正是一种排除样本量影响的卡方检验修正方法。

在表 4-12 所示的 2×2 列联表中，在原假设成立时，由于

$$\frac{A_{11}}{C_1}=\frac{A_{12}}{C_2}$$

因此可知：$A_{11}A_{22}=A_{12}A_{21}$，代入式(4.14)，则有 $\varphi=0$；如果 $A_{12}=A_{21}=0$，则有 $\varphi=1$；如果 $A_{11}=A_{22}=0$，则有 $\varphi=-1$，均是完全相关的情况。由于变量的分类取值编码可以互换，因此 φ 前的正负符号是没有意义的。绝对值越接近 1，表明行列变量的相关关系越强；反之，绝对值越接近 0，表明行列变量的相关关系越弱。

对于 2×2 以上的列联表，可采用列联系数和 Cramer's V 系数对行列变量的相关性进行测度。

● 列联系数(相依系数)

列联系数的数学定义为

$$C=\sqrt{\frac{\chi^2}{\chi^2+n}} \tag{4.15}$$

由式(4.15)可见，列联系数也是对 Pearson 卡方统计量的修正，其取值范围在[0～1)之间。越接近于1，表明卡方值足够大而使样本量在分母中的作用极小，因此应拒绝原假设，认为行列变量有较强的相关关系；相反，越接近 0，表明卡方值非常小，而使样本量在分母中的作用极大，因此不应拒绝原假设。同时还应当注意：由于列联系数可能的最大值依赖于列联表的行数和列数，且随着行列数的增大而增大。因此，在利用列联表分析比较两两不同变量间的相关性时，注意不同列联表中行列数应相同，这样才能保证列联系数的可比性。

● Cramer's V 系数

Cramer's V 系数的数学定义为

$$V=\sqrt{\frac{\chi^2}{n\min[(R-1)(C-1)]}} \tag{4.16}$$

式(4.16)中，$\min[(R-1)(C-1)]$表示取$(R-1)$和$(C-1)$中的最小值(R、C 分别表示列联表的行数和列数)。V 系数也是对 Pearson 卡方统计量的修正，V 系数在考虑排除样本量影响的同时，还考虑排除列联表单元格数对卡方值的影响。在 2×2 的列联表中，V 系数与 Phi 系数是相等的。

表 4-12 是案例分析中的 Phi 系数、列联系数和 Cramer's V 系数的计算结果。

表 4-12　案例分析中的相关性检验(一)

对称度量

		值	近似值 Sig.
按标量标定	φ	.210	.002
	Cramer 的 V	.210	.002
	相依系数	.206	.002
有效案例中的 N		282	

表 4-13 中，三个系数非常接近，主要是由于卡方值相对于样本量较小。系数均约为 0.2，表明变量间有一定的相关关系。同时各概率 p 值均小于显著性水平 α(若 $\alpha=0.05$)，应拒绝原假设，推翻行列变量独立的假设，可认为不同居住类型的未来购房预期总体上存在显著差异。

2. 适用于两定序型变量的方法

在 SPSS 中，当行列变量均为定序型变量时，其相关性检验的方法有：Kendall's Tau-b 系数、Kendall's Tau-c 系数、Gamma 系数等。这些方法均围绕同序对数和异序对数展开，它们是变量相关性检验的非参数方法中的两个重要指标。为说明同序对数和异序对数的含义，观察表 4-13 所示的数据。其中学历、收入均为定序型变量，取值越大，学历和收入水平越高。

对于表 4-14，如果学历和收入之间有正相关关系，即学历越高收入越高，则理想的情况是对学历数据按升序排序后，对应的收入取值也应完全呈升序排列。但通常不可能完全如此。为此引入了同序对数(P)和异序对数(Q)。对两变量 x 和 y，当 x 按自然升序排序后，如果 y 序列中后面有一个变量值大于前面的一个变量值，则产生了一个同序对，反之为异序对。表 4-14 中的同序对有：(2，3)、(2，4)、(2，5)、(3，4)、(3，5)、(1，2)、(1，

4)、(1，5)、(2，4)、(2，5)、(4，5)，同序对数 $P=11$；异序对有：(2，1)、(3，1)、(3，2)，异序对数 $Q=3$。其余(2，2)是在收入上取值相同的，称为同分对。可见，如果同序对占多数，则认为两变量为正相关；如果异序对较多，则认为两变量为负相关；如果同序对数和异序对数大致相同，则认为两变量无线性关系。列联表中的同序对和异序对数目取决于列联表行列编号及单元格中的频数。

表 4-13　同序对数和异序对数举例

样本号	学　历	收　入
4	1	2
2	2	3
3	3	1
6	3	2
1	4	4
5	5	5

● Kendall's Tau-b 系数

Kendall's Tau-b 系数的数学定义是

$$\tau_b = \frac{P-Q}{\sqrt{(P+Q+T_x)(P+Q+T_y)}} \tag{4.17}$$

式(4.17)中，T_x 是在变量 x 上同分但在变量 y 上不同分的对数；T_y 是在变量 y 上同分但在变量 x 上不同分的对数。在行列数相等的正方列联表中，Kendall's Tau-b 系数的取值范围在 $-1\sim+1$ 之间，正负符号代表相关方向。绝对值越接近 1，变量的相关性越强。Tau-b 系数通常用于方形列联表。

● Kendall's Tau c 系数

Kendall's Tau-c 系数的数学定义是

$$\tau_c = \frac{\min[R,\ C](P-Q)}{n^2(\min[R,C]-1)} \tag{4.18}$$

Kendall's Tau-c 系数的取值范围在 $-1\sim+1$ 之间，正负符号代表相关方向。绝对值越接近 1，变量的相关性越强。Tau-c 系数通常用于任意列联表。

● Gamma 系数

Gamma 系数的数学定义是

$$\gamma = \frac{P-Q}{P+Q} \tag{4.19}$$

Gamma 系数的取值范围在 $-1\sim+1$ 之间。绝对值越接近 1，变量的相关性越强。

表 4-14 是收入水平和对未来购房预期的 Kendall's Tau-c 系数。

表 4-14　案例分析中的相关性检验(二)

对称度量

		值	渐进标准误[a]	近似值 T[b]	近似值 Sig.
按顺序	Kendall's tau-c	−.182	.051	−3.552	.000
有效案例中的 N		282			

a. 不假定原假设。

b. 使用渐进标准误假定原假设。

在表 4-15 中，第二列为系数值，第三列为估计标准误，第四列是对系数进行适当转换的结果，目的是使转换后的系数近似服从 t 分布，进而得到最后一列的概率 p 值。可以看到，概率 p 值很小，应拒绝原假设，认为收入水平与未来购房预期存在相关性，但由于 Kendall's Tau-c 较小，因此这种相关性还是较弱的。

3. 适用于一定类型变量、一数值型变量的方法

在 SPSS 中，当行列变量一个为定类型变量，另一个为数值型变量时，其相关性检验的方法是 Eta 系数。该方法的核心思想类似于单因素方差分析。它将定类型变量当作控制变量(Independent 解释变量)，将数值型变量当作观测变量(Dependent 被解释变量)。然后分析观测变量的变差中，有多少比例是可由控制变量解释的，是因控制变量取值变化而引起的。Eta 系数的平方正是这样一个比例数，取值在 0～1 之间。具体内容将在方差分析的有关章节讲解。Eta 系数的取值范围也在 0～1 之间，越接近 1，表示两变量的相关性越强。

表 4-15 是居住类型与购房预期的 Eta 系数结果。

表 4-15　案例分析中的相关性检验(三)

方向度量

			值
按间隔标定	η	您目前居住的是自有房还是出租房　被解释变量	.210
		未来购房预期　被解释变量	.119

在表 4-16 中，第一行是以居住类型为观测变量、以购房预期为控制变量的分析结果，表示购房预期对居住类型的解释能力；第二行相反，表示居住类型对购房预期的解释能力。这里，第二行的结果比较合理，可以认为两者之间存在一定的相关关系。但被解释变量类型不适合采用该方法，这里仅是一个示例。

4. 其他方法

如果行列变量均是数值型变量，它们之间的相关性可以通过简单相关系数测度。在图 4-10 所示的窗口中选【相关性】选项即可。SPSS 将计算输出 Pearson 简单相关系数。它们的取值在 −1～+1 之间，绝对值越接近 1，其相关性越强。由于列联表分析中，数值型变量通常不作为行列变量，因此在列联表分析中该选项基本不用。有关相关性检验分析将在以后的章节中讲解。

图 4-10 中的 Kappa 称为内部一致性系数，风险表示计算优势比，是医学统计中的常用指标，这里不予讨论。

4.4　多选项分析

4.4.1　多选项分析的目的

SPSS 中的多选项分析是针对问卷调查中的多选项问题的。多选项问题在问卷调查中普遍存在。它根据实际调查需要，要求被调查者从问卷给出的若干备选答案中选择一个以上的答案。

例如，对某地区居民购物渠道进行调查，设计了这样一道问题：

按照你的喜好，请顺序依次选择你经常采用的两种购物方式：

(1)实体店购物 (2)网络购物 (3)网络团购

很显然，该问题可选的答案数在一个以上。

再例如，在商品房购买意向的调查中，其中一道问题是“付款方式”，并列出了 5 种方式供被调查者选择。对该问题同样会有一个以上的答案。

上述问题都属于多选项问题。通常对多选项问题分析的一般步骤是以下两大步。

- 第一，将多选项问题分解
- 第二，利用前面讲到的频数分析或交叉分组下的频数分析等方法进行分析

下面对这两步分别进行讨论。

1. 多选项问题的分解

为什么要对多选项问题进行分解呢？众所周知，利用 SPSS 进行问卷处理时，对于单选问题(即一道问题只能选择一个答案)的处理是：将一道问题设为一个 SPSS 变量，变量值为对该问题的回答。对于多选项问题由于答案个数不只一个，如果仍按单选问题的方式设置 SPSS 变量，那么该变量虽然能够存储多个答案，但却无法直接支持对问题的分析。也就是说，对一个多选项问题仅设置一个 SPSS 变量在数据处理和分析中是行不通的。

解决多选项问题的通常思路是将问卷中的一道多选项问题分解成若干个问题，对应设置若干个 SPSS 变量，分别存放描述这些问题的几个可能被选答案。这样，对一个多选项问题的分析就可以转化成对多个问题的分析，也就是对多个 SPSS 变量的分析。可见，多选项问题的分解是其中非常关键的环节。

多选项问题的分解通常有两种方法：第一，多选项二分法；第二，多选项分类法。

- 多选项二分法

多选项二分法是将多选项问题中的每个答案设为一个 SPSS 变量，每个变量只有 0 或 1 两个取值，分别表示选择该答案或未选择该答案。

例如，居民购物渠道调查中，可将方式选择这个多选项问题按多选项二分法分解成 3 个问题，分别为

(1)采用实体店吗？(2)采用网络购物吗？(3)采用网络团购吗？

同时，对应设置 3 个 SPSS 变量，其取值为 1 或 0。其中，1 表示采用，0 表示不采用。具体如表 4-16 所示。

表 4-16　多选项二分法举例

SPSS 变量名	变量名标签	变量值
*V*1	采用实体店吗？	0/1
*V*2	采用网络购物吗？	0/1
*V*3	采用网络团购吗？	0/1

这样，如果某个被访者选择了实体店和网络购物，则变量 *V*1、*V*2 取值为 1，变量 V3 取值为 0。

同理，按照多选项二分法可以将商品房购买意向调查中的付款方式这个多选项问题分解成 5 个问题，并设置 5 个 SPSS 变量。

- 多选项分类法

多选项分类法，首先应估计多选项问题的最多可能出现的答案个数；然后，为每个答案设置一个 SPSS 变量，变量取值为多选项问题中的备选答案。

例如，购物渠道的调查中，由于问卷要求被调查者选择两个答案，所以可设置两个 SPSS 变量，分别表示渠道一、渠道二，变量取值是 1～3，依次对应实体店、网购和团购。具体如表 4-17 所示。

表 4-17　多选项分类法举例

SPSS 变量名	变量名标签	变量取值
*V*1	渠道一	1/2/3
*V*2	渠道二	1/2/3

这样，如果某个被访者选择了实体店和网购，则变量 *V*1、*V*2 依次取值为 1、2。

对于上述两种多选项问题的分解方法，在应用中选择哪种更合适呢？通常应从是否便于分析和是否丢失信息两个方面考虑。

例如，购物渠道的调查中，采用多选项二分法分解问题，对变量 *V*1 至 *V*3 作频数分析，能够方便分析出哪种购物渠道最受大众欢迎，但却无法分析大众选择渠道的喜好顺序。事实上，该问题采用多选项二分法分解会产生信息丢失，因为它忽略了渠道的选择偏好顺序。相反，如果这个问题采用多选项分类法分解，对变量*V*1 和 *V*2做频数分析，能够方便地分析出大众在选择偏好顺序上的差异，却不利于渠道本身的研究。但从信息丢失方面考虑，第二种分解方式没有造成信息丢失，是更可取的。

可见，在选择多选项问题的分解方法时，应考虑到具体问题和具体分析目标，在避免信息丢失的前提下，减少稀疏数据。

2. 对多选项问题做普通频数分析的困难

将多选项问题分解以后，一般可直接利用前面提到的频数分析或交叉分组下的频数分析等方法对分解后的问题(变量)进行分析。但是，不难发现这些分析方法在处理多选项问题时存在明显不足。

例如，购物渠道调查中，采用多选项分类法分解问题是较为合理的。但如果对 *V*1 和 *V*2 作普通频数分析，则只能得到渠道一、渠道二中各方式的选择情况，如表 4-18 所示的示例结果。而如果希望掌握某个购物渠道的选择情况(不分先后)，SPSS 无法直接给出分析结果，还需手工计算，才能得到表 4-19 的示例结果，这无疑是极为烦琐的。

表 4-18(a)　*V*1 频数分析结果

变量值标签	变量值	频数	百分比(%)
实体店	1	30	60.0
网络购物	2	20	40.0
合计		50	100.0

表 4-18(b)　*V*2 频数分析结果

变量值标签	变量值	频数	百分比(%)
实体店	1	10	20.0
网络购物	2	25	50.0
网络团购	3	15	30.0
合计		50	100.0

表 4-19　V1,V2 频数汇总结果

变量值标签	变量值	频数	百分比(%)
实体店	1	40	40.0
网络购物	2	45	45.0
网络团购	3	15	15.0
合计		100	100.0

显然，表 4-18 中的任何一张表都无法全面说明各种购物渠道的选择情况，因为 $V1$ 和 $V2$ 只是分别代表第一选择渠道和第二选择渠道，只有两个变量同时考虑才能够对购物渠道的选择情况进行全面统计。表 4-19 是由表 4-18 中的两张表汇总得到的，它对 $V1$ 和 $V2$ 变量中取值相同的频数做累加，得到的是人次。可以看到，在 100 个选择中，分别有 40%、45%、15% 的人次选择了实体店购物、网购和团购，这个结果是全面和准确的。

如何从 SPSS 中直接获得表 4-20 所示的数据呢？SPSS 的多选项分析正是为解决这类分析问题而设置的。

4.4.2　多选项分析的基本操作

多选项分析是处理多选项问题的。多选项分析的基本实现思路如下。

- 第一，按多选项二分法或多选项分类法将多选项问题分解成若干的问题，并设置若干个 SPSS 变量。
- 第二，采用多选项频数分析或多选项交叉分组下的频数分析来分析数据。

其中，第一步前面已经做了讨论。这里讨论如何实现第二步。

为实现第二步，应首先定义多项选择变量集，即将多选项问题分解并设置成多个变量后，指定这些变量为一个集合。定义多选项变量集的主要目的是为后续多选项频数分析和多选项交叉分组下的频数分析做准备。只有通过定义多选项变量集，SPSS 才能确定对哪些变量取相同变量值的频数进行累加。

定义多项选择变量集的基本操作步骤如下。

(1)选择菜单【分析→ 多重响应→ 定义变量集】，出现如图 4-12 所示的窗口。

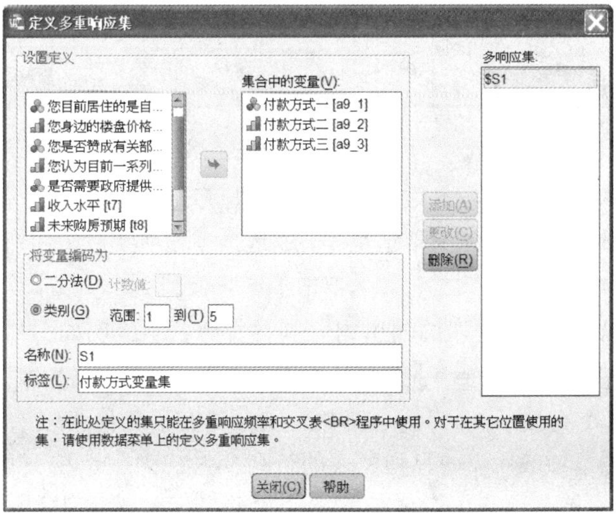

图 4-12　多选项变量集定义窗口

(2)选择进入多选项变量集的变量到【集合中的变量(V)】框中。

(3)在【将变量编码为】框中指定多选项变量集中的变量是按照哪种方法分解的。若指定多选项二分法分解，需在【计数值】框中输入将对哪组值进行分析。SPSS 规定等于该值的样本为一组，其余样本为另一组；【类别】选项表示以多选项分类法分解，需在【范围】框中输入变量取值的最小值和最大值。

(4)在【名称(N)】框中给多选项变量集命名。系统会自动在该名字前加字符 $ 。

(5)单击 添加(A) 按钮将定义好的多选项变量集添加到【多响应集】框中。SPSS 可以定义多个多选项变量集。

多选项变量集定义完成后，便可进行多选项频数分析了。多选项频数分析的基本操作步骤如下。

(1)选择菜单【分析→ 多重响应→ 频率】，出现如图 4-13 所示的窗口。

(2)从【多响应集】框中选择待分析的多选项变量集到【表格(T)】框中。

(3)指定是否处理缺失数据。SPSS 规定，只要样本在多选项变量集中的某一个变量上取缺失值，分析时就将该样本剔除。【在二分集内按照列表顺序排除个案(E)】选项适用于多选项二分法；【在类别内按照列表顺序排除个案(X)】适用于多选项分类。

至此,SPSS 将自动产生类似表 4-19 的综合频数分析结果。

除多选项频数分析外,SPSS 还可对多选项问题进行多选项交叉分组下的频数分析。多选项交叉分组下的频数分析的基本操作步骤如下。

(1)选择菜单【分析→ 多重响应→ 交叉表】，出现如图 4-14 所示的窗口。

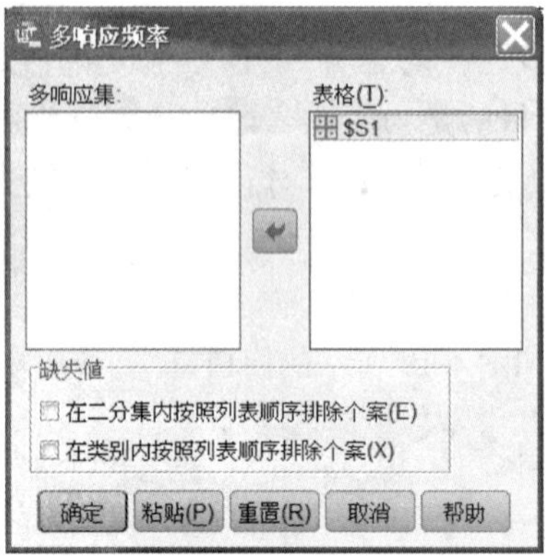

图 4-13 多选项频数分析窗口

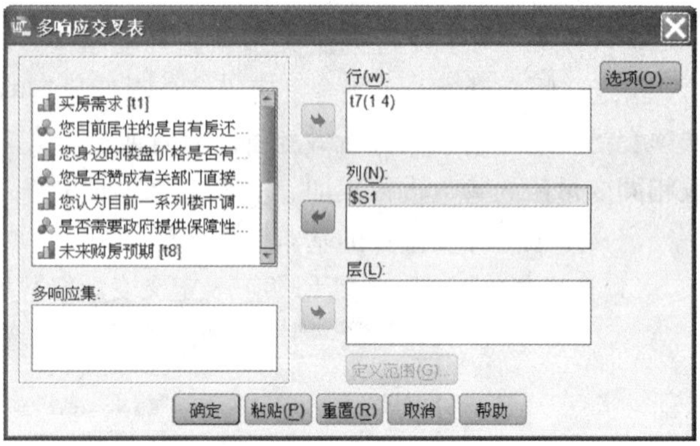

图 4-14 多选项交叉分组下的频数分析窗口

(2)选择列联表的行变量并定义取值范围，或选择多选项变量集为行变量。

(3)选择列联表的列变量并定义取值范围，或选择多选项变量集为列变量。

(4)选择列联表的控制(层)变量并定义取值范围，或选择多选项变量集为控制(层)变量。

(5) 选项(O) 按钮指定列联表的输出内容和计算方法，出现如图 4-15 所示的窗口。其中，在【单元格百分比】框中选择输出哪些百分比；在【百分比基于】框中指定如何计算百分比，【个案】表示分母为个案数，【响应】表示分母为多选项应答数；【跨响应集匹配变量】选项表示，如果列联表的行列变量均为多选项变量集，则第一个变量集的第一个变量与第二个变量集的第一个变量作交叉分组，第一个变量集的第二个变量与第二个变量集的第二个变量作交叉分组。依次类推。

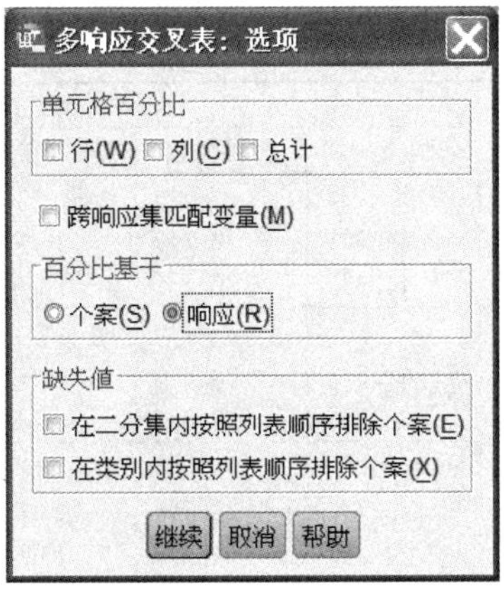

图 4-15　多选项交叉分组下的频数分析选项窗口

至此，SPSS 将自动产生相应的交叉列联表。

4.4.3　多选项分析的应用举例

利用第 2 章商品房购买意向的调查数据，实现以下两个分析目标。

- 目标一：分析被访者选择的付款方式
- 目标二：分析不同收入段被访者选择的付款方式

由于问卷调查中的付款方式是一个多选项问题，为便于分析，将该问题按多选项分类法分解成 3 个问题，并分别设置了 3 个 SPSS 变量，分别命名为 a9_1，a9_2，a9_3。为进行多选项分析，首先定义名为 S1 的多选项变量集，其中包括 3 个变量(a9_1，a9_2，a9_3)，操作窗口如图 4 12 所示；然后，对多选项变量集 S1 做多选项频数分析，操作窗口如图 4-13 所示。

表 4-20　案例分析中的多选项频数表

$ S1 频率

		响应		个案百分比
		N	百分比	
付款方式[a]	公积金贷款	350	41.4%	124.1%
	按揭付款	238	28.1%	84.4%
	个人组合贷款	88	10.4%	31.2%
	分期付款	120	14.2%	42.6%
	一次性付款	50	5.9%	17.7%
总计		846	100.0%	300.0%

a. 组

在表 4-20 中，N 列表示应答数，282 个被访者的总应答次数为 846(282×3)次。百分比列表示应答百分比(如 350÷846×100%=41.4%)。个案百分比的分母是个案数，一般仅作参考。可见，公积金贷款是被访者最多选择的付款方式，其次是按揭付款，一次性付款的比例是最低的。

为对不同收入段人群的付款方式进行分析，采用多选项交叉分组下的频数分析，操作窗口如图 4-14 所示，分析结果如表 4-21 所示。

由表 4-21 可知，无论哪个收入段人群，公积金贷款均是选择比例最高的付款方式，一次性付款的选择比例均是最低的。

表 4-21 案例分析中的多选项交叉列联表

t7 * $s1 交叉制表

			付款方式[a]					总计
			公积金贷款	按揭付款	个人组合贷款	分期付款	一次性付款	
收入水平	3000 元以下	计数	52	49	25	17	7	150
		t7 内的%	34.7%	32.7%	16.7%	11.3%	4.7%	
		$s1 内的%	14.9%	20.6%	28.4%	14.2%	14.0%	
	3000~5000 元	计数	204	140	46	74	28	492
		t7 内的%	41.5%	28.5%	9.3%	15.0%	5.7%	
		$s1 内的%	58.3%	58.8%	52.3%	61.7%	56.0%	
	5000~8000 元	计数	70	35	12	20	13	150
		t7 内的%	46.7%	23.3%	8.0%	13.3%	8.7%	
		$s1 内的%	20.0%	14.7%	13.6%	16.7%	26.0%	
	8000 元以上	计数	24	14	5	9	2	54
		t7 内的%	44.4%	25.9%	9.3%	16.7%	3.7%	
		$s1 内的%	6.9%	5.9%	5.7%	7.5%	4.0%	
总计		计数	350	238	88	120	50	846

百分比和总计以响应为基础。

a. 组

4.5 比率分析

4.5.1 比率分析的目的和主要指标

比率分析用于对两变量间变量值比率变化的描述分析，适用于数值型变量。

例如，根据 2006 年各地区保险业务情况的数据(数据来源:《中国保险年鉴》· 全国版，SPSS 文件名:保费收入.sav)，分析各地区财产保险业务的保费收入占全部保费收入的比率情况。

对此，通常的分析可以生成各个地区财产保险业务的保费收入占全部保费收入的比率变量，然后对该比率变量计算基本描述统计量(如均值、中位数、标准差、全距等)，进而刻画比率变量的集中趋势和离散程度。

SPSS 的比率分析除能够完成上述分析外，还提供了其他相对比描述指标，大致也属于集中趋势描述指标和离散程度描述指标的范畴。

● 加权比率均值

加权比率均值属于集中趋势描述指标，是两变量均值的比。

● AAD(Average Absolute Deviation)平均绝对离差

AAD 用于对比率变量离散程度的描述，数学定义为

$$\mathrm{AAD}=\frac{\sum |R_i-M|}{n} \tag{4.20}$$

式(4.20)中，R_i是比率值，M 是比率变量的中位值，n 为样本量。

● COD(Coefficient of Dispersion)离散系数

COD 也用于对比率变量离散程度的描述，数学定义为

$$\mathrm{COD}=\frac{\left(\dfrac{\sum |R_i-\overline{R}|}{n}\right)}{M} \tag{4.21}$$

式(4.21)中，$\bar{R}$ 为平均比率。

● COV 变异系数

COV 用于对比率变量离散程度的描述，分为基于均值的变异系数(Mean centered COV)和中位数的变异系数(Median centered COV)。其中，前者是通常意义下的变异系数，是标准差除以均值；后者定义为

$$\mathrm{COV}=\frac{\sqrt{\frac{\sum(R_i-M)^2}{n}}}{M} \tag{4.22}$$

上述指标均从不同角度测度了比率变量的集中趋势和离散程度。

4.5.2　比率分析的基本步骤

比率分析的基本操作步骤如下。

(1)选择菜单【分析→ 描述统计→ 比率】，出现如图 4-16 所示的窗口。

(2)将比率变量的分子选择到【分子(N)】框，将比率变量的分母选到【分母(E)】框。

(3)如果做不同组间的比率比较，则将分组变量选择到【组变量(G)】框中。

(4)统计量(S)按钮指定输出哪些关于比率的描述统计量，出现如图 4-17 所示的窗口。

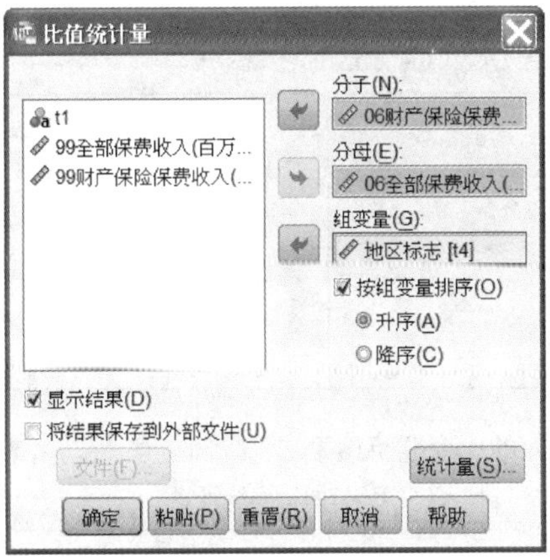

图 4-16　比率分析窗口

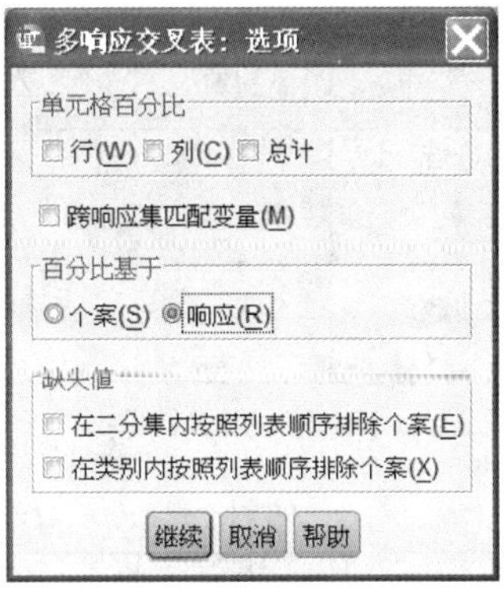

4-17　比率分析的统计量窗口

至此，SPSS 将自动计算比率变量，并将相关指标输出到查看器窗口中。

4.5.3　比率分析的应用举例

根据 2006 年各地区保险业务情况的数据，分析各地区财产保险业务的保费收入占全部保费收入的比例情况。可以采用 SPSS 的比率分析来实现。

具体操作窗口如图 4-16 和图 4-17 所示，分析结果如表 4-23 所示。

表 4-22(a)表明，36 个地区中，有 4 个直辖市，22 个省份，5 个自治区和 5 个城市，比例分别是 11.1%、61.1%、13.9%、13.9%。表 4-22(b)表明如下三点：

● 总体来说，36 个地区的财产保险业务的保费收入占全部保费收入比率的均值为 0.304，也就是说，全国各地保费收入中平均 30.4%为财产保险业务收入，但直辖市的平均比例(为 24.3%)较低，自治区的平均比例(44.1%)高于全国平均水平。与 1999 年相比，保费

收入中，财产保险业务的保费收入比例有明显下降。1999 年的计算结果如表 4-23 所示。

- AAD 平均绝对离差和 COD 离散系数全国总的情况为 0.079 和 0.288，基于均值和中位数的变异系数分别为 48.1%和 55.1%。相比较，自治区的 AAD 和 COD 都远高于全国水平，即离散程度高，从变异系数上也同样可以证明这点。直辖市的离散程度最小。与 1999 年相比，财产保险业务的保费收入比例的离散程度增大。
- 总之，各自治区的财产保险收入所占的比例较高(高于全国平均水平)，但其发展水平差异较大(离散程度高于全国平均水平)。

表 4-22(a) 保险业务的分组描述结果

案例处理摘要

		计数	百分比
地区标志	直辖市	4	11.1%
	省份	22	61.1%
	自治区	5	13.9%
	城市	5	13.9%
总数		36	100.0%
排除的		0	
总计		36	

表 4-22(b) 2006 年保费收入的比率分析结果

06 财产保险保费收入(百万元)/06 全部保费收入(百万元)的比率统计量

组	均值	平均数绝对值偏差	离散系数	方差系数	
				均值居中	中值居中
直辖市	.243	.017	.065	11.4%	12.1%
省份	.267	.059	.228	33.7%	34.8%
自治区	.441	.149	.492	71.0%	114.9%
城市	.380	.054	.148	18.1%	19.6%
总数	.304	.079	.288	48.1%	55.1%

表 4-23 1999 年保费收入的比率分析结果

99 财产保险保费收入(百万元)/99 全部保费收入(百万元)的比率统计量

组	均值	平均数绝对值偏差	离散系数	方差系数	
				均值居中	中值居中
直辖市	.349	.045	.127	14.9%	14.8%
省份	.406	.040	.098	12.7%	12.6%
自治区	.527	.129	.314	50.3%	71.5%
城市	.445	.028	.066	8.6%	10.3%
总数	.422	.054	.131	26.5%	27.1%

第 5 章　SPSS 的参数检验

5.1　参数检验概述

5.1.1　推断统计与参数检验

参数检验是推断统计的重要组成部分。推断统计方法是根据样本数据推断总体特征的方法，它在对样本数据描述的基础上，以概率的形式对统计总体的未知数量特征(如均值、方差等)进行表述。

通过对样本数据的研究推断总体特征主要出于以下两大原因：第一，总体数据无法全部收集到，如产品质量的检测问题，评估某种灯泡的使用寿命，或检验某种食品成分的含量等。对这类问题的研究，人们无法对所有产品做实验或进行成分提取，只能采用抽样技术，从总体中随机抽取一部分样品(样本)进行检测，进而推断总体特征；第二，在某些情况下虽然总体数据能够收集到，但实施时会耗费大量的人力、物力和财力。例如，研究某市小学一年级学生的平均课外作业时间，或者研究“十一”黄金周居民的度假旅游费用等。对这类问题的研究，虽然理论上可以获得总体数据，但如此大规模的调查和数据采集工作，必然需要大量的投入。实际研究中为节约开销往往也采用抽样技术，对小部分人群进行调查获取数据，并以此推断总体的情况。

利用样本数据对总体特征的推断通常在以下两种情况进行：

第一，当总体分布已知(如总体为正态分布)的情况下，根据样本数据对总体分布的统计参数(如均值、方差等)进行推断。此时，总体的分布形式是给定的或是假定的，只是其中的一些参数的取值或范围未知，分析的主要目的是估计参数的取值，或对其进行某种统计检验。如正态总体的均值是否与某个值存在显著差异，两个总体的均值是否有显著差异等。这类统计推断问题通常采用参数检验的方法来实现。它不仅能够对总体特征参数进行推断，而且能够实现对两个或多个总体的参数比较。

第二，当总体分布未知的情况下，根据样本数据对总体的分布形式或特征进行推断。事实上，大多数的情况下，人们事前很难对总体的分布做出较为准确的假设，或者由于数据类型所限使其不符合假定分布的要求。尽管如此，人们仍然希望探索出数据中隐含的规律，此时通常采用的统计推断方法是非参数检验的方法。

本章重点讨论参数检验方法。

5.1.2　假设检验的基本思想

对总体特征的推断一般采用参数估计(点估计和区间估计)和假设检验两类方式实现。SPSS 兼顾了这两类方式，由于其核心原理基本类似，这里仅对假设检验的基本思路做重点讨论。

假设检验的基本思路是首先对总体参数值提出假设，然后利用样本告之的信息验证先前提出的假设是否成立。如果样本数据不能充分证明和支持假设，则在一定的概率条件下，应拒绝该假设；相反，如果样本数据不能够充分证明和支持假设是不成立的，则不能推翻假设。上述假设检验推断过程所依据的基本信念是小概率原理，即发生概率很小的随机事件，在某一次特定的实验中是几乎不可能发生的。

例如，对被访者月住房开销的总体平均值进行假设检验。首先提出一个假设，如平均金额是2000元。为验证该假设是否成立，应充分利用样本数据。如果样本数据中，平均金额为2500元。显然与2000元存在一定的差距，此时能否立即拒绝先前的假设呢？答案是不能。主要原因是有可能存在抽样误差，即样本(2500元)与假设(2000元)之间的差距有可能是由系统误差引起的，也有可能是由抽样误差造成的。抽样误差的存在会使某批样本的平均金额为2500元，也会使另外一批样本的平均金额为1900元或2200元或其他值。因此，此时需要确认样本数据告之的信息与假设之间的差距究竟是由哪种原因造成的。依据的原理便是小概率原理。它首先计算在假设成立的条件下，样本值或更极端值发生的概率。如果平均金额确实为2000元，那么2500元(或更极端值)发生的概率有多大。如果2500元(或更极端值)发生的概率极大，则没有理由认为2000元的假设是不成立的；反之，如果2500元(或更极端值)发生的概率极小，依据小概率事件在一次实验中是几乎不会发生的原理，它应是件不该发生的事件。但事实却是：这件本不应发生的事件(2500元或更极端值)却恰恰在这一次实验中发生了。由于样本展现给我们的是真实的，对此只能认为2000元的假设是不成立的。

可见，上述假设检验过程中有两大重要问题：第一，如何计算在假设成立的条件下样本值或更极端的值发生的概率？第二，如何定义小概率事件？推断统计已经科学地解决了这两个问题。

5.1.3 假设检验的基本步骤

依据假设检验的基本思想，假设检验可以总结成以下四大基本步骤。

第一，提出原假设(记为H_0)和备择假设(记为H_1)。

即根据推断检验的目标，对待推断的总体参数或分布提出一个基本假设，即原假设。与原假设完全对立的假设为备择假设。通常将希望证实和支持的假设放在备择假设上，将希望推翻的假设放在原假设上。

第二，选择检验统计量。

在假设检验中，原假设成立下，样本值(或更极端值)发生的概率是通过计算检验统计量观测值发生的概率而间接得到的。这些检验统计量服从或近似服从某种已知的理论分布。对于不同的假设检验问题以及不同的总体条件，会有不同的选择检验统计量的理论、方法和策略，这是统计学家研究的课题。应用中只需要依据实际，明确问题，遵循理论套用即可。

第三，计算检验统计量观测值发生的概率。

选定检验统计量之后，在认为原假设成立的条件下，利用样本数据便可计算出检验统计量观测值发生的概率，即概率p值或称相伴概率(即该检验统计量在某个特定的极端区域取值在H_0成立时的概率)，该概率值间接地给出了样本值(或更极端值)在原假设成立条件下发生的概率。对此可以依据一定的标准来判定其发生的概率是否为小概率，是否是一个小概率事件。

第四，给定显著性水平α，并做出统计决策。

显著性水平α是指原假设正确但却被错误地拒绝了的概率或风险，一般人为确定为0.05

或 0.01 等，意味着拒绝原假设不犯错误的把握程度(概率)为 95%或 99%。事实上，虽然小概率原理告诉我们，小概率事件在一次实验中是几乎不会发生的，但这并不意味着小概率事件就一定不发生。由于抽样的随机性，在一次实验中观察到小概率事件的可能性是存在的，如果遵循小概率原理而拒绝了原本正确的原假设，该错误发生的概率便是 α。

得到检验统计量的概率 p 值后的决策就是要判定应拒绝原假设还是不应拒绝原假设。如果检验统计量的概率 p 值小于显著性水平 α，则认为此时拒绝原假设犯错误的可能性小于显著性水平 α，其概率低于预先控制的水平，不太可能犯错误，可以拒绝原假设；反之，如果检验统计量的概率 p 值大于显著性水平 α，则认为此时拒绝原假设犯错误的可能性大于显著性水平 α，其概率比预先控制的水平高，很有可能犯错误，不应拒绝原假设。

从另一个角度讲，得到检验统计量的概率 p 值后的决策就是要判定：这个事件是一个小概率事件还是一个非小概率事件。由于显著性水平 α 是在原假设成立时统计量的值落在某个极端区域的概率值，因此如果 α 等于 0.05(或 0.01)，则认为如果原假设是成立的，那么检验统计量的值落到某个极端区域的概率是 0.05(或 0.01)，它是我们预期中的小概率。当检验统计量的概率 p 值小于显著性水平 α 时，则认为如果原假设是成立的，样本所告知的检验统计量的观测值(或更极端值)发生的概率是一个较预期的小概率事件更小概率的事件，由小概率原理，它本是不可能发生的，它的发生是原假设错误导致的，应拒绝原假设；反之，当检验统计量的概率 p 值大于 α 时，则认为如果原假设是成立的，检验统计量的观测值(或更极端值)发生的概率较预期的小概率事件来说是一个非小概率的事件，它发生是有可能的，没有充足的理由说明原假设不成立，因此不应拒绝原假设。

总之，通过上述四步便可完成假设检验。在利用 SPSS 进行假设检验时，应明确第一步中假设检验的原假设，第二步和第三步是 SPSS 自动完成的，第四步的决策需要人工判定，即人为确定显著性水平 α，并与检验统计量的概率 p 值相比较进而做出决策。

参数检验作为假设检验的重要组成，需要经过上述四大基本步骤。

5.2　单样本 t 检验

5.2.1　单样本 t 检验的目的

单样本 t 检验的目的是利用来自某总体的样本数据，推断该总体的均值与指定检验值间的差异在统计上是否是显著的。它是对总体均值的假设检验。

例如，利用商品房购买意向的抽样调查数据，推断月住房开销的总体平均值是否为 2000 元。

再例如，根据随机调查的主要保险公司人员构成情况的数据，推断保险公司中具有高等教育水平的员工平均比例是否不低于 0.8，年轻人的平均比例是否为 0.5。

这里涉及的是单个总体，并采用 t 检验的方法，因此称为单样本 t 检验。

5.2.2　单样本 t 检验的基本步骤

单样本 t 检验作为假设检验的一种方法，其基本步骤与假设检验完全相同。

● 提出原假设

单样本 t 检验的原假设 H_0：总体均值与检验值之间不存在显著差异，表述为 $H_0: \mu=\mu_0$。μ 为总体均值，μ_0 为检验值。

例如：假设月住房开销的总体平均金额与2000元无显著差异，即 $H_0: \mu=\mu_0=2000$。

再例如，假设保险公司具有高等教育水平的员工比例的平均值不低于0.8，即 $H_0: \mu=\mu_0 \geqslant 0.8$；年轻人比例的平均值与0.5无显著差异，即 $H_0: \mu=\mu_0=0.5$。

● 选择检验统计量

对单个总体均值的推断是建立在样本均值的基础之上的，也就是希望利用样本均值去估计总体均值。由于抽样误差的存在，虽然样本均值呈现出差异性，但样本均值的抽样分布却是可以确定的。众所周知，当总体分布为正态分布 $N(\mu, \sigma^2)$时，样本均值的抽样分布仍为正态分布，该正态分布的均值为 μ，方差为 σ^2/n，即

$$\overline{X} \sim N(\mu, \frac{\sigma^2}{n}) \tag{5.1}$$

式(5.1)中，μ 为总体均值，当原假设成立时 $\mu=\mu_0$，σ^2 为总体方差，n 为样本量。总体分布不服从正态分布时，当样本量 n 较大时，由中心极限定理得知样本均值也近似服从式(5.1)的正态分布。于是可构造 Z 检验统计量，Z 统计量定义为

$$Z = \frac{\overline{X}-\mu}{\sqrt{\frac{\sigma^2}{n}}} \tag{5.2}$$

由式(5.2)可知，Z 统计量服从标准正态分布。

通常总体方差是未知的，此时可以用样本方差 S^2 代替 σ^2 得到抽样分布标准差的估计 $S/\sqrt{n}$，即均值标准误。所得到的检验统计量为 t 统计量，定义为

$$t = \frac{\overline{X}-\mu}{\sqrt{\frac{S^2}{n}}} \tag{5.3}$$

式(5.3)中，t 统计量服从 $n-1$ 个自由度的 t 分布。单样本 t 检验的检验统计量即为 t 统计量。

● 计算检验统计量观测值和概率 p 值

该步目的是计算检验统计量的观测值和相应的概率 p 值。SPSS自动将样本均值、μ_0、样本方差、样本量代入式(5.3)，计算出 t 统计量的观测值和相应的概率 p 值。

● 给出显著性水平 α，并做出决策

给出显著性水平 α，与检验统计量的概率 p 值做比较。如果概率 p 值小于显著性水平 α，则应拒绝原假设，认为总体均值与检验值之间存在显著差异；反之，如果概率 p 值大于显著性水平 α，则不应拒绝原假设，认为总体均值与检验值之间无显著差异。

5.2.3 单样本 *t* 检验的基本操作

SPSS单样本 t 检验的基本操作步骤如下。

(1)选择选项【分析 → 比较均值 → 单样本T检验】，出现如图5-1所示的窗口。

(2)选择检验变量到【检验变量(T)】框中。在【检验值(V)】框中输入检验值。

(3)单击 选项(O) 按钮定义其他选项，出现如图5-2所示的窗口。【缺失值】选项用来指定缺失值的处理方法。其中，【按分析顺序排除个案(A)】表示当计算涉及的变量上有缺失值时，剔除在该变量上为缺失值的个案；【按列表排除个案(L)】表示剔除所有在任意变量上含有缺失值的个案后再进行分析。可见，较第二种方式，第一种处理

方式较充分地利用了样本数据。在后面的分析方法中，SPSS 对缺失值的处理办法与此相同，不再赘述。另外，还可以输出默认 95%的置信区间。

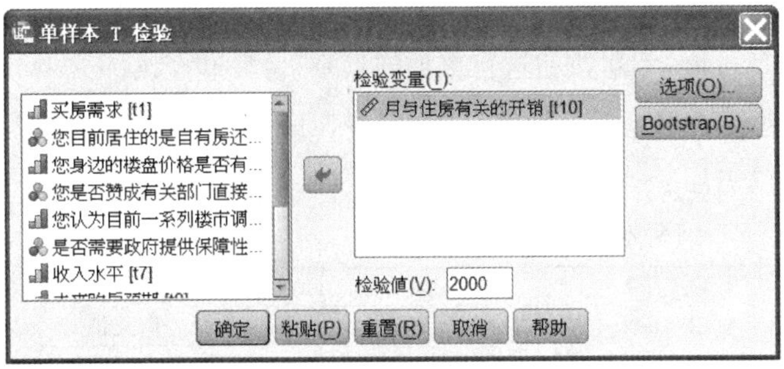

图 5-1　单样本 t 检验窗口

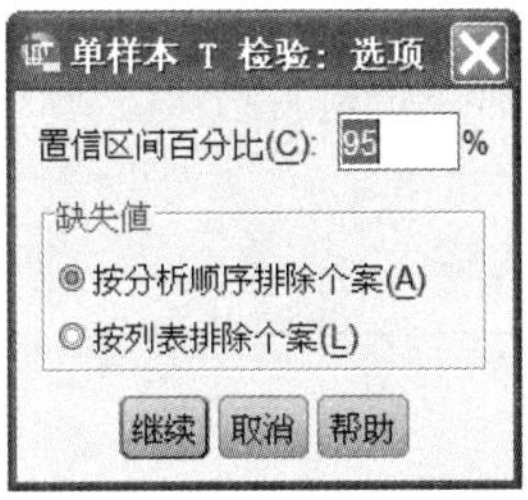

图 5-2　单样本 t 检验的选项窗口

至此，SPSS 将自动计算 t 统计量的观测值和概率 p 值。

5.2.4　单样本 t 检验的应用举例

1. 被访者月住房开销总体平均值的推断

利用第 2 章中商品房购买意向的调查数据，推断被访者月住房开销总体平均值是否为 2000 元。由于该问题涉及的是单个总体，且要进行总体均值检验，同时月开销总体近似服从正态分布，因此，可采用单样本 t 检验来进行分析。原假设为 $H_0: \mu=\mu_0=2000$。

操作的窗口如图 5-1 和图 5-2 所示，分析结果如表 5-1 所示。

由表 5-1(a)可知：282 个观测的样本平均值为 2256.87 元，标准差为 2475.024 元，均值标准误($\frac{S}{\sqrt{n}}$)为 147.386。表 5-1(b)中，第二列是 t 统计量的观测值 1.743；第三列是自由度 $n-1=282-1=281$；第四列是 t 统计量观测值的双侧概率 p 值；第五列是样本均值与检验值的差(256.869)，即 t 统计量的分子部分，它除以表 5-1(a)中的均值标准误(147.386)后得到 t 统计量的观测值(1.743)；第六列和第七列是总体均值与检验值差的 95%的置信区间，为(−33.25，546.99)，由此加上检验值(2000)计算出的总体均值的 95%的置信区间为(1966.75，2546.99)。

表 5-1(a)　月住房开销的基本描述统计结果

单个样本统计量

	N	均值	标准差	均值的标准误
月与住房有关的开销	282	2256.87	2475.024	147.386

表 5-1(b)　月住房开销总体平均值的单样本 t 检验结果

单个样本检验

	检验值=2000					
	t	df	Sig.(双侧)	均值差值	差分的 95%置信区间	
					下限	上限
月与住房有关的开销	1.743	281	.082	256.869	−33.25	546.99

该问题应采用双侧检验，因此比较 $\alpha/2$ 和 $p/2$，也就是比较 α 和 p。由于 p 大于 α

(0.05),因此不能拒绝原假设,认为月住房开销的总体平均值与 2000 元没有显著差异。95%的置信区间告之:有 95%的把握认为总体均值在 1966.75～2546.99 元之间。2000 元包含在置信区间内,也证实了上述推断。

如果在图 5-1 所示的窗口中选择 Bootstrap(B) 按钮进行重抽样自举(自举过程执行 1000 次,随机数种子指定为默认值 2000000),则 SPSS 还会显示如表 5-1(c)和表 5-1(d)所示的计算结果。

表 5-1(c)　月住房开销的重抽样自举结果

单个样本统计量

		Statistic	Bootstrap[a]			
			偏差	标准 误差	95%置信区间	
					下限	上限
月与住房有关的开销	N	282				
	均值	2256.87	2.47	149.05	1986.09	2582.41
	标准差	2475.024	−51.038	540.580	1659.361	3512.081
	均值的标准误	147.386				

a. Unless otherwise noted, bootstrap results are based on 1000 bootstrap samples

表 5-1(c)的第二列是样本的基本描述统计量,同表 5-1(a)。后面四列是重抽样自举结果。例如,1000 个重抽样自举样本均值的均值与实际样本均值的差为 2.47,1000 个均值的标准差(作为均值抽样分布中的标准误)为 149.05,由此根据分位数得到的均值 95%置信区间为(1986.09,2582.41)。

表 5-1(d)　月住房开销总体平均值的重抽样自举结果

单个样本检验　Bootstrap

	均值差值	Bootstrap[a]				
		偏差	标准误	显著性水平(双侧)	95%置信区间	
					下限	上限
月与住房有关的开销	256.869	2.471	149.049	.096	−13.912	582.409

a. Unless otherwise noted, bootstrap results are based on 1000 bootstrap samples

表 5-1(d)的内容与表 5-1(c)基本相同。此外,第二列是样本均值与检验值的差(同表 5-1(b))。这里没有给出基于重抽样自举计算的 t 统计量观测值,只给出了相应的概率 p 值(0.096)。由于概率 p 值大于显著性水平 α(0.05),因此无法拒绝原假设。表格的最后两列基于重抽样自举结果的总体均值与检验值差的 95%的置信区间,其上下限值加上检验值(2000)即为表 5-1(c)的第二行最后两列的结果。

2. 保险公司人员构成的推断

该分析希望通过随机调查收集到的 26 家保险公司人员构成的数据(SPSS 数据文件名:保险公司人员构成情况.sav),对保险公司从业人员受高等教育的程度和年轻化的程度进行推断。该分析的两个原假设分别为:

- 保险公司具有高等教育水平的员工比例的平均值不低于 0.8,即 $H_0: \mu \geqslant \mu_0 = 0.8$
- 年轻人(35 岁以下)比例的平均值与 0.5 无显著差异,即 $H_0: \mu = \mu_0 = 0.5$

实际调查了 26 家公司,由于其中有 7 家公司在"文化程度"变量上含有缺失值,对此采用了按分析顺序排除个案的方法处理缺失样本。

分析之前,首先利用计算变量菜单得到具有高等教育水平的员工数、35 岁以下员工数各占总员工数的比例。然后再利用单样本 t 检验进行分析，具体操作窗口同上，分析结果如表 5-2 所示。

表 5-2(a)　保险公司具有高等教育水平员工比例的基本描述统计量

单个样本统计量

	N	均值	标准差	均值的标准误
受高等教育比例	19	.7448	.16734	.03839

表 5-2(b)　保险公司具有高等教育水平员工比例的单样本 t 检验结果

单个样本检验

	检验值=0.8					
	t	df	Sig.（双侧）	均值差值	差分的 95%置信区间	
					下限	上限
受高等教育比例	−1.437	18	.168	−.05515	−.1358	.0255

表 5-2(c)　保险公司年轻人比例的基本描述统计量

单个样本统计量

	N	均值	标准差	均值的标准误
年轻人比例	26	.7139	.15068	.02955

表 5-2(d)　保险公司年轻人比例的单样本 t 检验结果

单个样本检验

	检验值=0.5					
	t	df	Sig.（双侧）	均值差值	差分的 95%置信区间	
					下限	上限
年轻人比例	7.237	25	.000	.21388	.1530	.2747

由表 5-2(a)和表 5-2(b)可知，被调查的 19 家保险公司（剔除缺失值后）中，具有高等教育水平员工比例的平均值为 0.745，标准差为 0.167；单样本 t 检验中 t 统计量的双尾概率 p 值为 0.168，比例总体均值 95%置信区间为(0.6642，0.8255)。如果显著性水平 α 为 0.05，对于单侧检验，由于0.168/2大于显著性水平 α，因此不应拒绝原假设，没有充足理由推翻保险公司具有高等教育水平员工的比例平均值不低于 0.8 的假设。需要说明的是：如果本例的原假设修改为 $H_0:\mu \leqslant \mu_0 = 0.8$，仍然会得到无法推翻该假设的结论。两个分析结论表面上是冲突的，事实上，分析结论是比例平均值与 0.8 没有显著差异。

由表 5-2(c)和表 5-2(d)可知，被调查的 26 家保险公司中，年轻人比例的平均值为 0.713，标准差为 0.151；单样本 t 检验中 t 统计量的双尾概率 p 值接近于 0，比例总体平均值的 95%置信区间为(0.6530，0.7247)。如果显著性水平 α 为 0.05，由于概率 p 值小于显著性水平 α，因此应拒绝原假设，认为保险公司年轻人的比例与 0.5 存在显著差异，同时 0.5 未落入置信区间，也证实了上述结论。

5.3　两独立样本 t 检验

5.3.1　两独立样本 t 检验的目的

两独立样本 t 检验的目的是：利用来自两个总体的独立样本，推断两个总体的均值是否存在显著差异。

例如，利用商品房购买意向的抽样调查数据，推断居住出租房和自有房的月住房开销的总体平均值是否有显著差异。

再例如，利用随机调查的保险公司人员构成的数据，分析对比全国性保险公司与外资和合资保险公司的人员构成，如具有高等教育水平的员工比例、年轻人的比例等是否存在显著差异。

这里，方法涉及的是两个总体，并采用 t 检验的方法。同时要求两个样本相互独立，即从一总体中抽取一个样本对从另一总体中抽取一个样本没有任何影响，两个样本的容量可以不等。因此称为独立样本 t 检验。

两独立样本 t 检验的前提是：两样本相互独立。在上述例子中，不同居住类型的抽样是相互独立互不影响的，可认为是两独立样本。同理，全国性保险公司数据的抽样与外资和合资保险公司数据的抽样也是独立的。因此这些问题都满足两独立样本 t 检验的前提要求。

5.3.2　两独立样本 t 检验的基本步骤

两独立样本 t 检验作为假设检验的一种方法，其基本步骤与假设检验完全相同。

● 提出原假设

两独立样本 t 检验的原假设为 H_0：两总体均值无显著差异，表述为 $H_0: \mu_1-\mu_2=0$。μ_1、μ_2 分别为第一个总体和第二个总体的均值。

例如，不同居住类型的月住房开销的总体平均值无显著差异，即 $H_0: \mu_1-\mu_2=0$。

再例如，全国性保险公司与外资和合资保险公司具有高等教育水平员工比例的平均值无显著差异；全国性保险公司与外资和合资保险公司年轻人比例的平均值无显著差异，即 $H_0: \mu_1-\mu_2=0$。

● 选择检验统计量

对两总体均值差的推断是建立两个样本均值差的基础之上的，也就是希望利用两个样本均值的差去估计两总体均值的差。因此应关注两样本均值差的抽样分布。众所周知，当两总体分布分别为 $N(\mu_1, \sigma_1^2)$ 和 $N(\mu_2, \sigma_2^2)$ 时，两样本均值差的抽样分布仍为正态分布，该正态分布的均值为 $\mu_1-\mu_2$，方差为 σ_{12}^2。在不同的情况下 σ_{12}^2 有不同的计算方式。

第一种情况：当两总体方差未知且相等，即 $\sigma_1^2=\sigma_2^2$ 时，采用合并的方差作为两个总体方差的估计，定义为

$$S_p^2=\frac{(n_1-1)S_1^2+(n_2-1)S_2^2}{n_1+n_2-2} \tag{5.4}$$

式(5.4)中，S_2^1、S_2^2 分别为第一和第二个样本的样本方差，n_1、n_2 分别为第一和第二个样本的样本量。此时两样本均值差的抽样分布的方差 σ_{12}^2 估计为

$$\sigma_{12}^2=\frac{S_p^2}{n_1}+\frac{S_p^2}{n_2} \tag{5.5}$$

第二种情况：当两总体方差未知且不相等，即 $\sigma_1^2\neq\sigma_2^2$ 时，分别用各自的样本方差作为各自总体方差的估计，此时两样本均值差的抽样分布的方差 σ_{12}^2 估计为

$$\sigma_{12}^2=\frac{S_1^2}{n_1}+\frac{S_2^2}{n_2} \tag{5.6}$$

于是，两总体均值差检验的检验统计量为 t 统计量，定义为

$$t=\frac{\overline{X}_1-\overline{X}_2-(\mu_1-\mu_2)}{\sqrt{\sigma_{12}^2}} \tag{5.7}$$

式(5.7)中，由于$\mu_1-\mu_2=0$(原假设)，所以可略去。在上述第一种情况下，t 统计量服从 n_1+n_2-2 个自由度的 t 分布；在第二种情况下，服从修正自由度的 t 分布，修正自由度定义为

$$f=\frac{\left(\frac{S_1^2}{n_1}+\frac{S_2^2}{n_2}\right)^2}{\frac{\left(\frac{S_1^2}{n_1}\right)^2}{n_1}+\frac{\left(\frac{S_2^2}{n_2}\right)^2}{n_2}} \tag{5.8}$$

由此可见，两总体方差是否相等是决定抽样分布方差估计的关键。因此，有必要通过有效的方式对其进行统计检验。两总体方差是否相等检验的原假设 H_0 是两总体方差无显著差异，或称方差齐性，表述为 $H_0: \sigma_1^2=\sigma_2^2$。SPSS 中通过 Levene F 方法采用 F 统计量进行检验。Levene F 方法主要借助单因素方差分析方法来实现，其主要思路是：

(1)对来自两个不同总体的两个样本分别计算样本均值。

(2)计算各个观测值与本组样本均值差的绝对值，得到两组绝对差值数据。

(3)利用单因素方差分析方法判断这两组绝对差值的均值是否存在显著差异，即判断两组的平均绝对离差是否存在显著差异。

可见，Levene F 方法通过判断两个样本绝对离差的平均值是否有显著差异，间接推断两总体方差是否有显著差异。

● 计算检验统计量观测值和概率 p 值

该步目的是计算 F 统计量和 t 统计量的观测值以及相应的概率 p 值。SPSS 将自动依据单因素方差分析的方法计算 F 统计量的观测值和概率 p 值，并自动将两个样本的均值、样本量、抽样分布方差估计等代入式(5.7)，计算出 t 统计量的观测值和概率 p 值。

● 给出显著性水平 α，并做出决策

当给定了显著性水平 α 后，SPSS 中的统计决策应通过以下两步完成：

第一步，利用 F 检验判断两总体的方差是否相等，并据此决定抽样分布方差和自由度的计算方法和计算结果。如果 F 检验统计量的概率 p 值小于显著性水平 α，则应拒绝原假设，认为两总体方差有显著差异，应选择由式(5.6)和式(5.8)计算出的结果；反之，如果概率 p 值大于显著性水平 α，则不应拒绝原假设，认为两总体方差无显著差异，应选择由式(5.4)和式(5.5)计算出的结果。

第二步，利用 t 检验判断两总体均值是否存在显著差异。根据第一步的计算结果计算 t 统计量的观测值和概率 p 值。如果 t 检验统计量的概率 p 值小于显著性水平 α，则应拒绝原假设，认为两总体均值有显著差异；反之，如果概率 p 值大于显著性水平 α，则不应拒绝原假设，认为两总体均值无显著差异。

5.3.3　两独立样本 *t* 检验的基本操作

在进行两独立样本 t 检验之前，正确组织数据是一个非常关键的任务。SPSS 要求将两个样本数据存放在一个 SPSS 变量中，即存放在一个 SPSS 变量列上。同时，为区分哪些观测值来自哪个总体，还应定义一个存放总体标识的标识变量。

SPSS 两独立样本 t 检验的基本操作步骤如下。

(1)选择菜单【分析 → 比较均值 → 独立样本 T 检验】，于是出现如图 5-3 所示的窗口。

(2)选择检验变量到【检验变量(T)】框。

(3)选择总体标识变量到【分组变量(G)】框中。

(4)单击 定义组(D) 按钮定义两总体的标识值，显示如图5-4所示的窗口。其中，【使用指定值(U)】表示分别输入两个标识值分别对应两个不同总体；【割点(C)】框中应输入一个数字，小于该值的观测属于一个总体，大于等于该值的观测属于另一个总体。

(5)两独立样本 t 检验的Option选项钮含义与单样本 t 检验相同。

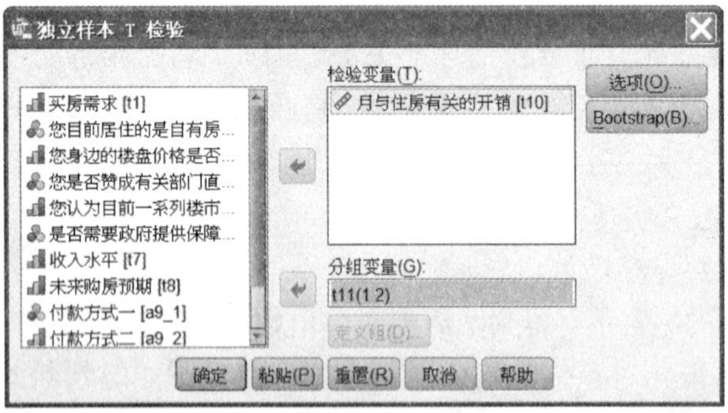

图5-3　两独立样本 t 检验窗口

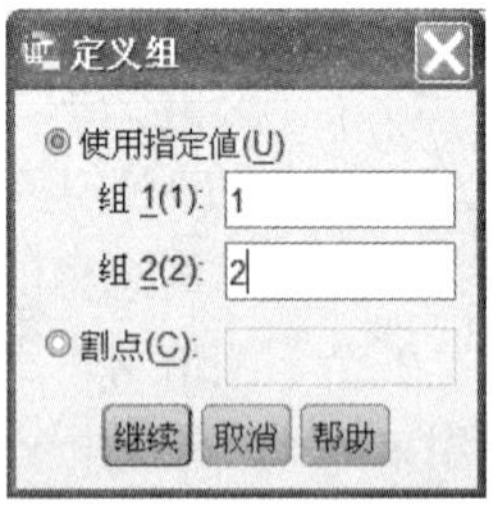

图5-4　两独立样本 t 检验定义组窗口

至此，SPSS会首先自动计算 F 统计量，并计算在两总体方差相等和不相等下的 σ_{12}^2 和 t 统计量的观测值以及各自的双尾概率 p 值。

5.3.4　两独立样本 t 检验的应用举例

1. 不同居住类型的月住房开销总体均值比较

利用第2章商品房购买意向调查数据，分析不同居住类型的月住房开销总体均值是否存在显著差异。原假设 H_0 是两总体平均值无显著差异，即 $H_0: \mu_1 - \mu_2 = 0$。

具体操作窗口如图5-3和图5-4所示。分析结果如表5-3所示。

表5-3(a)　不同居住类型月住房开销的基本描述统计

组统计量

您目前居住的是自有房还是出租房		N	均值	标准差	均值的标准误
月与住房有关的开销	出租房	200	2643.39	2742.795	193.945
	自有房	82	1314.15	1224.836	135.260

表5-3(a)中，出租房的月住房开销的样本均值为2643.39，自有房为1314.15，两者存在一定差距，需检验样本的均值差在总体中是否显著。

表5-3(b)　月住房开销的两独立样本 t 检验结果

独立样本检验

		方差方程的Levene检验		均值方程的 t 检验						
		F	Sig.	t	df	Sig.(双侧)	均值差值	标准误值	差分的95%置信区间 下限	差分的95%置信区间 上限
月与住房有关的开销	假设方差相等	7.011	.009	4.216	280	.000	1329.239	315.276	708.627	1949.851
	假设方差不相等			5.622	278.053	.000	1329.239	236.453	863.773	1794.704

根据表 5-3(b)分两步进行检验。第一步，两总体方差差异是否显著的 F 检验。该检验的 F 统计量的观测值为 7.011，概率 p 值为 0.009。如果显著性水平 α 为 0.05，由于概率 p 值小于 0.05，则认为两总体方差存在显著差异；第二步，两总体均值差的检验。在第一步中，由于两总体方差存在显著差异，应看第二行的 t 检验结果。其中 t 统计量的观测值为 5.622，概率 p 值近似为 0。如果显著性水平 α 为 0.05，由于概率 p 值小于 0.05，应拒绝原假设，认为两总体均值存在显著差异，即居住出租房和自有房的月住房开销的总体均值有显著不同。直观上，前者远远大于后者。表中第 7 列和第 8 列分别为 t 统计量的分子和分母。第 9 列和第 10 列为两总体均值差的 95%置信区间的下限和上限。该置信区间不跨 0，从另一个角度证实了上述分析结论。

2. 全国性保险公司与外资和合资保险公司具有高等教育水平员工比例的均值比较

利用各随机调查的保险公司的人员构成数据，分析全国性保险公司与外资和合资保险公司中具有高等教育水平员工比例的均值有无显著差异。原假设 H_0 为两类公司中具有高等教育水平员工比例的平均值无显著差异均值，即 $H_0: \mu_1-\mu_2=0$。

具体操作窗口同上。分析结果如表 5-4 所示。

表 5-4(a)　两类保险公司人员构成比例的基本描述统计

组统计量

		N	均值	标准差	均值的标准误
受高等教育比例	全国性公司	8	.6657	.16957	.05995
	外资和中外合资	10	.8257	.13178	.04167

由表 5-4(a)可知，具有高等教育水平的员工比例，外资公司要高于全国性公司。通过检验应推断这种差距是由于抽样误差造成的还是确实存在系统误差。

表 5-4(b)　两类保险公司人员构成比例的两独立样本 t 检验结果

独立样本检验

			受高等教育员工比例	
			假设方差相等	假设方差不相等
方差方程的 Levene 检验	F		.912	
	Sig.		.354	
均值方程的 t 检验	t		−2.256	−2.191
	df		16	13.032
	Sig.（双侧）		.038	.047
	均值方差		−.1600	−.1600
	标准误值		.07091	.07301
	差分的 95%置信区间	下限	−.31033	−.31770
		上限	−.00968	−.00231

根据表 5-4(b)分析结论应通过两步完成。第一步，两总体方差是否相等的 F 检验。这里，该检验的 F 统计量的观测值为 0.912，概率 p 值为 0.354。如果显著性水平 α 为0.05，由

于概率 p 值大于 0.05，认为两总体方差无显著差异；第二步，两总体均值的检验。在第一步中，由于两总体方差无显著差异，因此应看第一列的 t 检验结果。其中，t 统计量的观测值为 −2.256，概率 p 值为 0.038。如果显著性水平 α 为 0.05，由于概率 p 值小于 0.05，应拒绝原假设，即全国性公司与外资和合资公司中受高等教育员工比例的均值存在显著差异。表 5-4(b)中两总体均值差的 95%置信区间没有跨 0，从另一个角度证实了上述推断。

5.4　两配对样本 t 检验

5.4.1　两配对样本 t 检验的目的

两配对样本 t 检验的目的是：利用来自两个总体的配对样本，推断两个总体的均值是否存在显著差异。

配对样本 t 检验与独立样本 t 检验的差别之一是要求样本是配对的。所谓配对样本可以是个案在“前”、“后”两种状态下某属性的两个不同状态，也可以是对某事物两个不同侧面或方面的描述。其差别在于抽样不是相互独立，而是互相关联的。

例如，为研究某种减肥茶是否有显著的减肥效果，需要对肥胖人群喝茶前与喝茶后的体重进行分析。数据收集时可以采用独立抽样方式，但这种抽样由于没有将肥胖者自身或其环境等其他因素排除出去，分析结果很有可能是不准确的。因此通常要采用配对的抽样方式，即首先从肥胖人群中随机抽取部分肥胖志愿者并记录下他们喝茶前的体重。喝茶一段时间以后，重新测量这些肥胖志愿者喝茶后的体重。这样获得的两个样本就是配对样本。

再例如，为分析两种不同促销形式对商品销售额是否产生显著影响，需要分别收集任意几种商品在不同促销形式下销售额的数据。为保证研究结果的准确性，也应采用配对的抽样方式，即随机选取几种商品，并分别记录它们在两种不同促销方式下的销售额。这样的两个样本是配对的。

因此，配对样本通常具有两个特征：第一，两个样本的样本容量相同；第二，两个样本观察值的先后顺序是一一对应，不能随意更改的。例如，在减肥茶问题中，喝茶前与喝茶后的样本是配对抽取的，体现在收集到的两组数据都是针对同一批肥胖志愿者的，喝茶前后两样本的样本容量相同。每对观察值数据都唯一对应一个肥胖志愿者，不能随意改变其中一个样本观察值的先后次序。

两配对样本 t 检验正是利用两组配对样本数据，对其总体均值有无显著差异做出推断。

5.4.2　两配对样本 t 检验的基本步骤

两配对样本 t 检验作为假设检验的一种方法，其基本步骤与假设检验完全相同。

● 提出原假设

两配对样本 t 检验的原假设为 H_0：两总体均值无显著差异，表述为 $H_0: \mu_1-\mu_2=0$。μ_1、μ_2分别为第一个总体和第二个总体的均值。

例如，肥胖人群喝茶前与喝茶后的总体平均体重无显著差异，即 $H_0: \mu_1-\mu_2=0$。

再例如，两种不同促销方式下商品销售额的总体平均值无显著差异，即 $H_0: \mu_1-\mu_2=0$。

● 选择检验统计量

两配对样本 t 检验所采用的检验统计量与单样本 t 检验完全相同，也采用 t 统计量。配

对样本 t 检验是间接通过单样本 t 检验实现的。其思路是：首先，对两个样本分别计算出每对观测值的差值，得到差值样本；然后，利用差值样本，通过对其总体均值是否与 0 有显著差异的检验，推断两总体均值的差是否显著为 0。显而易见，如果差值样本的总体均值与 0 有显著差异，则可以认为两总体均值有显著差异；反之，如果差值样本的总体均值与 0 无显著差异，则可以认为两总体均值不存在显著差异。

从配对样本 t 检验的实现思路不难看出，配对样本 t 检验是通过转化成单样本 t 检验来实现的，即最终转化成对差值样本总体均值是否与 0 有显著差异做检验。正是如此，它必须要求样本配对，样本量相同且观测次序不可随意更改。

● 计算检验统计量观测值和概率 p 值

该步的目的是计算 t 统计量的观测值以及概率 p 值。SPSS 将计算两个样本的差值，差值样本的均值、标准差，并将相应数据代入式(5.3)，计算出 t 统计量的观测值和概率 p 值。

● 给出显著性水平 α，并做出决策

给出显著性水平 α，与检验统计量的概率 p 值做比较。如果概率 p 值小于显著性水平 α，则应拒绝原假设，认为差值样本的总体均值与 0 有显著不同，两总体均值有显著差异；反之，如果概率 p 值大于显著性水平 α，则不应拒绝原假设，认为差值样本的总体均值与 0 无显著不同，两总体的均值不存在显著差异。

通过分析单样本 t 检验、两独立样本 t 检验和两配对样本 t 检验可以发现，三种分析方法的主要思路有许多共同之处。构造 t 统计量时，它们的分子都是均值差，分母都是抽样分布的标准差估计。只是独立样本 t 检验的抽样分布标准差的估计与配对样本 t 检验的标准差的估计不同。配对样本 t 检验能够对观测值自身及其他影响因素加以控制，比独立样本 t 检验更进了一步。

5.4.3　两配对样本 t 检验的基本操作

两配对样本 t 检验的数据准备工作比较简单直接，只需将两个配对样本数据分别存放在两个 SPSS 变量中即可。

SPSS 两配对样本 t 检验的基本操作步骤如下。

(1)选择菜单【分析→ 比较均值→ 配对样本 T 检验】，于是出现如图 5-5所示的窗口。

(2)选择一对或若干对检测变量到【成对变量(V)】框。

(3)两配对样本 t 检验的 选项(O) 按钮含义与单样本 t 检验相同。

至此，SPSS 将自动计算 t 统计量的观测值和概率 p 值。

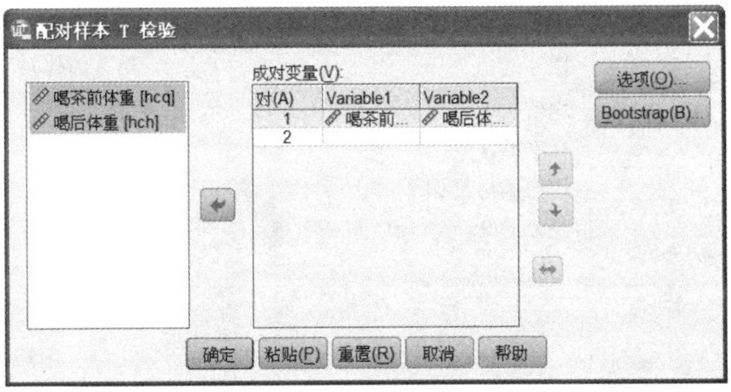

图 5-5　两配对样本 t 检验窗口

5.4.4 两配对样本 t 检验的应用举例

为研究某种减肥茶是否具有明显的减肥效果，某减肥茶生产厂商对 35 名肥胖志愿者进行了减肥跟踪调研(SPSS 数据文件名：减肥茶.sav)。首先将其喝减肥茶以前的体重记录下来，三个月后再依次将这 35 名志愿者喝茶后的体重记录下来。通过这两个样本数据的对比分析，推断减肥茶是否具有明显的减肥作用。

这里，体重可以近似认为服从正态分布。从实验设计和样本数据的获取过程可以看出，这两个样本是配对的。因此，可以借助两配对样本 t 检验的方法，通过检验喝茶前与喝茶后体重的均值是否发生显著变化来确定减肥茶的减肥效果。

具体操作窗口如图 5-5 所示，分析结果如表 5-6 所示。

表 5-6(a) 喝茶前与喝茶后体重的基本描述统计量

成对样本统计量

		均值	N	标准差	均值的标准误
对 1	喝茶前体重	89.2571	35	5.33767	.90223
	喝茶后体重	70.0286	35	5.66457	.95749

表 5-6(a)表明，喝茶前与喝茶后样本的平均值有较大差异。喝茶后的平均体重低于喝茶前的平均体重。

表 5-6(b) 喝茶前与喝茶后体重的简单相关系数及检验

成对样本相关函数

		N	相关系数	Sig.
对 1	喝茶前体重 & 喝茶后体重	35	−.052	.768

表 5-6(b)中，第三列是喝茶前与喝茶后两个样本的简单相关系数，第四列是相关系数检验的概率 p 值。它表明，在显著性水平 α 为 0.05 时，肥胖志愿者服用减肥茶前后的体重并没有明显的线性变化，喝茶前与喝茶后体重的线性相关程度较弱。

表 5-6(c) 喝茶前与喝茶后体重的两配对样本 t 检验结果

成对样本测试

			对 1 喝茶前体重－喝茶后体重
成对差分	均值		19.2286
	标准差		7.98191
	均值的标准误		1.34919
	差分的 95%置信区间	下限	16.4867
		上限	21.9705
t			14.252
df			34
Sig.(双侧)			.000

表 5-6(c)中，第一行是喝茶前与喝茶后体重的平均差异，相差了 19.2kg；第二行是差值样本的标准差；第三行是差值样本均值抽样分布的标准差估计(标准误)；第四行、第五行是两总体均值差 95%的置信区间的下限和上限；第六行是 t 检验统计量的观测值；第八行为 t 检验统计量观测值的双侧概率 p 值，接近于 0。如果显著性水平 α 为 0.05，由于概率 p 值小于显著性水平 α，应拒绝原假设，即认为体重差的总体平均值与 0 有显著不同，意味着喝茶前与喝茶后的体重平均值存在显著差异，可以认为该减肥茶具有显著的减肥效果，有 95%的置信度认为可减重 16.5～22kg。

第 6 章　SPSS 的方差分析

6.1　方差分析概述

在农业、商业、医学、社会学、经济学等诸多领域的数量分析研究中，方差分析已经发挥了极为重要的作用。这种从数据差异入手的分析方法，有助于人们从另一个角度发现事物间相互影响的规律性。

例如，农作物种植过程中，低投入多产出是人们所预期的。为了实现预定目标，研究人员需要对影响农作物产量的各种因素进行定量的对比研究，并在此基础上制定最佳的种植组合方案。为此，应首先找到影响农作物产量的各种因素，如品种、施肥量、地域特征等。不同影响因素对不同农作物的影响效果显然是不相同的。对某种特定的农作物来说，有些影响因素的作用是明显的，而另一些则不显著。因此，找到众多影响因素中起重要的和关键性的影响因素是非常重要的；进一步，在掌握了关键因素，如品种、施肥量等以后，还需要对不同品种、不同施肥量等进行对比分析，研究究竟哪个品种的产量高，施肥量究竟多少最合适，哪种品种与哪种施肥水平搭配最优等。在这些分析研究的基础上，人们就可以计算出各个组合种植方案的成本和收益，并选择最合理的种植方案，主动在农作物种植过程中对各种影响因素加以准确控制，进而最终获得最理想的效果。

再例如，在制定某商品广告宣传策略时，不同组合方案所获得的广告效果是不一样的。广告效果可能会受到广告形式、地区规模、选择的栏目、播放的时间段、播放的频率等因素的影响。人们需要研究在影响广告效果的众多因素中，哪些因素是主要的，它们是如何产生影响的，哪些因素的搭配是最合理的，等等。

上述问题的研究都可以通过方差分析来实现。

为了解方差分析的基本思路，应首先了解所涉及的相关概念。在方差分析中，将上述问题中的农作物产量、广告效果等称为观测因素，或称为观测变量；将上述问题中的品种、施肥量、广告形式、地区规模、选择的栏目等影响因素称为控制因素，或称为控制变量；将控制变量的不同类别(如甲品种、乙品种；10kg 化肥、20kg 化肥、30kg 化肥；电视广告、广播广告；小规模地区、中规模地区、大规模地区等)称为控制变量的不同水平。方差分析正是从观测变量的方差入手，研究诸多控制变量中哪些变量是对观测变量有显著影响的变量。对观测变量有显著影响的各个控制变量其不同水平以及各水平的交互搭配是如何影响观测变量的。

方差分析认为，观测变量取值的变化受两类因素的影响：第一类是控制因素(控制变量)不同水平所产生的影响；第二类是随机因素(随机变量)所产生的影响。这里随机因素是指那些人为很难控制的因素，主要指试验过程中的抽样误差。方差分析认为，如果控制变量的不同水平对观测变量产生了显著影响，那么，它和随机变量共同作用必然使观测变量值有显著变动；反之，如果控制变量的不同水平没有对观测变量产生显著影响，那么，观测变量值的变动就不会明显地表现出来，其变动可以归结为随机变量影响所致。换句话说，如果观测变量的取值在某控制变量的各个水平中出现了明显波动，则认为该控制变量是影响观测变量的主要因素。反之，如果观测变量的取值在某控制变量的各个水平中没有出现明显波动，则认为该控制变量没有对观测变量产生重要影响，其数据的波动是抽样误差造成的。

那么如何判断控制变量的不同水平上观测变量值是否产生了明显波动呢？判断的原则是，如果控制变量各水平下的观测变量总体的分布出现了显著差异，则认为观测变量值发生了明显的波动，意味着控制变量对观测变量产生了显著影响；反之，如果控制变量各水平下的各观测变量总体的分布没有显著差异，则认为观测变量值没有发生明显波动，意味着控制变量对观测变量没有产生显著影响。方差分析正是通过推断控制变量各水平下观测变量的总体分布是否有显著差异来实现其分析目标的。

与此同时，方差分析对观测变量各总体的分布还有以下两个基本假设前提：

- 观测变量各总体应服从正态分布
- 观测变量各总体的方差应相同

基于上述两个基本假设，方差分析对各总体分布是否有显著差异的推断就转化成对各总体均值是否存在显著差异的推断了。

总之，方差分析从对观测变量的方差分解入手，通过推断控制变量各水平下各观测变量的总体均值是否存在显著差异，分析控制变量是否给观测变量带来了显著影响，进而再对控制变量各个水平对观测变量影响的程度进行剖析。

根据控制变量个数，方差分析又分为单因素方差分析、多因素方差分析，以及协方差分析。观测变量为多个的方差分析为多元方差分析。

6.2　单因素方差分析

6.2.1　单因素方差分析的基本思想

单因素方差分析用来研究一个控制变量的不同水平是否对观测变量产生了显著影响。这里，由于仅研究单个因素对观测变量的影响，因此称为单因素方差分析。

例如，分析不同施肥量是否给农作物产量带来显著影响；考察地区差异是否会影响妇女的生育率；研究学历对工资收入的影响等。这些问题都可以通过单因素方差分析得到答案。

- 明确观测变量和控制变量

单因素方差分析的第一步是明确观测变量和控制变量。例如，上述问题中的观测变量分别是农作物产量、妇女生育率、工资收入；控制变量分别为施肥量、地区、学历。

- 剖析观测变量的方差

单因素方差分析的第二步是剖析观测变量的方差。方差分析认为，观测变量值的变动会受到控制变量和随机变量两方面的影响。据此，单因素方差分析将观测变量总的离差平方和分解为组间(Between Groups)离差平方和与组内(Within Groups)离差平方和两部分，数学表述为

$$SST = SSA + SSE \tag{6.1}$$

式(6.1)中，SST 为观测变量总离差平方和；SSA 为组间离差平方和，主要是由控制变量的不同水平造成的变差；SSE 为组内离差平方和，是由抽样误差引起的变差。其中，SST 的数学定义为

$$SST = \sum_{i=1}^{k}\sum_{j=1}^{n_i}(x_{ij} - \bar{x})^2 \tag{6.2}$$

式(6.2)中，k 为控制变量的水平数；x_{ij} 为控制变量第 i 水平下第 j 个观测值；n_i 为控制变量第 i 个水平下的样本量；$\bar{x}$ 为观测变量均值。SSA 的数学定义为

$$\text{SSA} = \sum_{i=1}^{k} n_i(\bar{x}_i - \bar{x})^2 \tag{6.3}$$

式(6.3)中，$\bar{x}_i$ 为控制变量第 i 水平下观测变量的样本均值。可见，组间离差平方和是各水平组均值与总均值离差的平方和，反映了控制变量不同水平对观测变量的影响。SSE 的数学定义为

$$\text{SSE} = \sum_{i=1}^{k}\sum_{j=1}^{n_j}(x_{ij} - \bar{x}_i)^2 \tag{6.4}$$

式(6.4)中，组内离差平方和是每个观测数据与本水平组均值离差的平方和，反映了抽样误差的大小。数学上可以证明式(6.1)是成立的。

● 比较观测变量总离差平方和各部分的比例

单因素方差分析的第三步是通过比较观测变量总离差平方和中各部分所占的比例，推断控制变量是否给观测变量带来了显著影响。

显而易见，在观测变量总离差平方和中，如果组间离差平方所占比例较大，则说明观测变量的变动主要是由控制变量引起的，可以主要由控制变量来解释，控制变量给观测变量带来了显著影响；反之，如果组间离差平方所占比例较小，则说明观测变量的变动不是主要由控制变量引起的，不可以主要由控制变量来解释，控制变量没有给观测变量带来显著影响，观测变量值的变动是由随机变量引起的。

6.2.2 单因素方差分析的数学模型

假设控制变量 A 有 k 个水平，每个水平均有 r 个观测数据(r 次试验)。那么，在水平 A_i 下的第 j 次试验的观测值 x_{ij} 可以定义为

$$x_{ij} = \mu_i + \varepsilon_{ij} \qquad (i = 1,2,\cdots,K; j = 1,2,\cdots, r) \tag{6.5}$$

式(6.5)中，μ_i 为观测变量在水平 A_i 下的期望值；ε_{ij} 为抽样误差，是服从正态分布 $N(0,\sigma^2)$的独立随机变量。如果令

$$\mu = \frac{1}{k}\sum_{i=1}^{k}\mu_i \tag{6.6}$$

式(6.6)中，μ 为观测变量总的期望值，且有

$$a_i = \mu_i - \mu \qquad (i = 1,2,\cdots,K) \tag{6.7}$$

式(6.7)中，a_i 是控制变量水平 A_i 对试验结果产生的附加影响，称为水平 A_i 对观测变量产生的效应，且$\sum_{i=1}^{k}a_i=0$。将式(6.6)和式(6.7)代入式(6.5)中，则有

$$x_{ij} = \mu + a_i + \varepsilon_{ij} \qquad (i = 1,2, \cdots,K; \ j = 1,2,\cdots, r) \tag{6.8}$$

式(6.8)是单因素方差分析的数学模型。可以看到它是一个线性模型。其中，μ 的无偏估计$\hat{\mu}=\bar{x}$，a_i 的无偏估计$\hat{a}_i=\bar{x}_i-\bar{x}$。如果控制变量 A 对观测变量没有影响，则各水平的效应 a_i 应全部为 0，否则应不全为 0。单因素方差分析正是要对控制变量 A 的所有效应是否同时为 0 进行推断。

6.2.3 单因素方差分析的基本步骤

方差分析问题属于推断统计中的假设检验问题，其基本步骤与假设检验完全一致。

● 提出原假设

单因素方差分析的原假设 H_0：控制变量不同水平下观测变量各总体的均值无显著差异，控制变量不同水平下的效应同时为 0，记为 $H_0: a_1=a_2=\cdots=a_k=0$，意味着控制变量不同水平的变化没有对观测变量产生显著影响。

● 选择检验统计量

方差分析采用的检验统计量是 F 统计量，数学定义为

$$F=\frac{SSA/(k-1)}{SSE/(n-k)}=\frac{MSA}{MSE} \tag{6.9}$$

式(6.9)中，n 为总样本量，$k-1$ 和 $n-k$ 分别为 SSA 和 SSE 的自由度；MSA 是平均组间平方和，也称为组间方差。MSE 是平均组内平方和，也称组内方差。除以自由度为目的是消除水平数和样本量对分析带来的影响。可见，这里 F 统计量的构造方式体现了前面提及的单因素方差分析的基本思想。F 统计量服从$(k-1,n-k)$个自由度的 F 分布。

● 计算检验统计量的观测值和概率 p 值

该步目的是计算检验统计量的观测值和概率 p 值。SPSS 自动将相关数据代入式(6.9)，计算出 F 统计量的观测值和概率 p 值。不难理解，如果控制变量对观测变量造成了显著影响，观测变量总变差中控制变量影响所占的比例相对于随机变量必然较大，F 值显著大于 1；反之，如果控制变量没有对观测变量造成显著影响，观测变量的变差应归结为随机变量造成的，F 值接近 1。

● 给出显著性水平 α，并做出决策

给出显著性水平 α，与检验统计量的概率 p 值做比较。如果概率 p 值小于显著性水平 α，则应拒绝原假设，认为控制变量不同水平下观测变量的总体均值存在显著差异，控制变量各水平的效应不同时为 0，控制变量的不同水平对观测变量产生了显著影响；反之，如果概率 p 值大于显著性水平 α，则不应拒绝原假设，认为控制变量不同水平下观测变量的总体均值无显著差异，控制变量各水平的效应同时为 0，控制变量的不同水平对观测变量没有产生显著影响。

6.2.4 单因素方差分析的基本操作

在利用 SPSS 进行单因素方差分析时，应注意数据的组织形式。SPSS 要求定义两个变量分别存放观测变量值和控制变量的水平值。SPSS 单因素方差分析的基本操作步骤如下。

(1)选择菜单【分析→ 比较均值→ 单因素 ANOVA】，出现如图 6-1 所示的窗口。

(2)选择观测变量到【被解释变量列表(E)】框。

(3)选择控制变量到【因子(F)】框。控制变量有几个不同的取值就表示控制变量有几个水平。

至此，SPSS 便自动分解观测变量的变差，计算组间方差、组内方差、F 统计量以及概率 p 值，完成单因素方差分析的相关计算，并将计算输出到 SPSS 查看器窗口中。

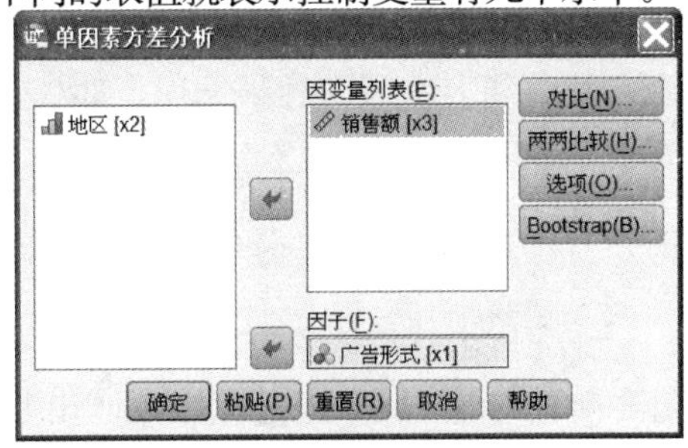

图 6-1 单因素方差分析窗口

6.2.5 单因素方差的应用举例

某企业在制定某商品的广告策略时，对不同广告形式在不同地区的广告效果(销售额)进行了评估(SPSS 数据文件名：广告城市与销售额：sav)。这

里，以商品销售额为观测变量，广告形式和地区为控制变量，利用单因素方差分析分别对广告形式、地区对销售额的影响进行分析。

这里，两个单因素方差分析的原假设 H_0 分别为：不同广告形式没有对销售额产生显著影响(即不同广告形式对销售额的效应同时为0)；不同地区的销售额没有显著差异(即不同地区对销售额的效应同时为0)。

具体操作如图6-1所示，分析结果如表6-1所示。

表6-1(a) 广告形式对销售额的单因素方差分析结果

ANOVA

销售额

	平方和	df	均方	F	显著性
组间	5866.083	3	1955.361	13.483	.000
组内	20303.222	140	145.023		
总数	26169.306	143			

表6-1(b) 地区对销售额的单因素方差分析结果

ANOVA

销售额

	平方和	df	均方	F	显著性
组间	9265.306	17	545.018	4.062	.000
组内	16904.000	126	134.159		
总数	26169.306	143			

表6-1(a)是广告形式对销售额的单因素方差分析结果。可以看到，观测变量销售额的总离差平方和为26169.306；如果仅考虑广告形式单个因素的影响，则销售额总变差中，广告形式可解释的变差为5866.083，抽样误差引起的变差为20303.222，组间方差和组内方差分别为1955.361和145.023，两者相除所得的 F 统计量的观测值为13.486，概率 p 值近似为0。如果显著性水平 α 为0.05，由于概率 p 值小于显著性水平 α，则应拒绝原假设，认为不同广告形式对销售产生了显著影响，它对销售额的影响效应不全为0。

同理，表6-1(b)是地区对销售额的单因素方差分析结果。可以看到，如果仅考虑地区单个因素的影响，则销售额总变差(26169.306)中地区可解释的变差为9265.306，抽样误差引起的变差为16904，它们的方差分别为545.018和134.159，相除所得的 F 统计量为4.062，概率 p 值近似为0。如果显著性水平 α 为0.05，由于概率 p 值小于显著性水平 α，则应拒绝原假设，认为不同地区对销售额产生了显著影响，地区对销售额的影响效应不全为0。对比表6-1(a)和表6-1(b)容易发现，如果从单因素的角度考虑，广告形式对销售额的影响较地区有更明显的作用。

6.2.6 单因素方差分析的进一步分析

在完成上述单因素方差分析的基本分析后，可得到关于控制变量是否对观测变量造成显著影响的结论，接下来还应做其他几个重要分析，主要包括方差齐性检验、多重比较检验等。

1. 方差齐性检验

方差齐性检验是对控制变量不同水平下各观测变量总体的方差是否相等进行分析。前面提到，控制变量不同水平下观测变量总体方差无显著差异是方差分析的前提要求。如果没有满足这个前提要求，即使各总体的均值没有显著差异，也不能认为各总体分布相同。因此，有必要对方差是否齐性进行检验。

SPSS 单因素方差分析中，方差齐性检验称为方差同质性（Homogeneity of Variance）检验，其原假设 H_0 是各水平下观测变量总体的方差无显著差异，实现方法同 SPSS 两独立样本 t 检验中的方差检验，这里不再赘述。

2. 多重比较检验

单因素方差分析的基本分析只能判断控制变量是否对观测变量产生了显著影响。如果控制变量确实对观测变量产生了显著影响，还应进一步确定控制变量的不同水平对观测变量的影响程度如何，其中哪个水平的作用明显区别于其他水平，哪个水平的作用是不显著的，等等。

例如，如果确定了不同施肥量对农作物的产量有显著影响，那么还需要了解 10 千克、20 千克、30 千克肥料对农作物产量的影响幅度是否有差异，其中哪种施肥量水平对提高农作物产量的作用不明显，哪种施肥量水平最利于提高产量，等等。掌握了这些重要的信息就能够帮助人们制定合理的施肥方案，实现低投入高产出。

显然，该问题可以通过第 5 章的两独立样本 t 检验解决。通过对各个水平下观测变量总体均值的两两逐对检验，判断两均值是否存在显著差异，进而判定控制变量不同水平对观测变量的影响程度。这样的比较无疑需进行多次。例如，10 千克与 20 千克水平的比较、10 千克与 30 千克水平的比较、20 千克与 30 千克水平的比较。然而应注意，虽然这种检验方法能够最终得到分析结论，但由于进行多次比较（k 个水平两两比较需进行 $N=\frac{k!}{2!\ (k-2)!}$ 次），必然会使犯一类错误（弃真错）的概率明显增大。如果两独立样本 t 检验的显著性水平为 α，作 N 次比较后实际的显著性水平会变为 $1-(1-\alpha)^N$，比 α 大得多。多重比较检验正是解决该问题的一类方法。

多重比较检验利用了全部观测变量值，实现对各个水平下观测变量总体均值的逐对比较。由于多重比较检验问题也是假设检验问题，因此也遵循假设检验的基本步骤。

多重比较检验的原假设 H_0 是，第 i 和第 j 个水平下观测变量的总体均值 μ_i 和 μ_j 不存在显著差异。下一步的核心任务便是构造检验统计量。SPSS 提供了诸多多重比较检验方法，其差异主要体现在检验统计量的构造上。它们有的适用在各总体方差相等的条件下，有些则适用于方差不等的条件下，这里对常用的几个检验统计量的构造方法作简单介绍。

● LSD 方法

LSD 方法称为最小显著性差异（Least Significant Difference）法。最小显著性差异法的字面就体现了其检验敏感性高的特点，即水平间的均值只要存在一定程度的微小差异就可能被检验出来。LSD 方法的检验统计量为 t 统计量，其定义为

$$t=\frac{(\bar{x}_i-\bar{x}_j)-(\mu_i-\mu_j)}{\sqrt{\mathrm{MSE}(\frac{1}{n_i}+\frac{1}{n_j})}} \tag{6.10}$$

式（6.10）中，MSE 为观测变量的组内方差，$\bar{x}_i$，$\bar{x}_j$ 以及 n_i 和 n_j 分别是第 i 和第 j 水平下观测变量的样本均值和样本量。正是如此，它利用全部观测变量值，而非仅使用某两水平组的数据，这与第 5 章的两独立样本 t 检验是不同的。这里，t 统计量服从 $n-k$ 个自由度的 t 分布。式（6.10）表明，LSD 方法适用于各总体方差相等的情况，但它并没有对犯一类错误的概率问题加以有效控制。

● Bonferroni 方法

Bonferroni 方法与 LSD 方法基本相同。不同的是,Bonferroni 对犯一类错误的概率进行了控制。在每次两两组的检验中，它将显著性水平 α 除以两两检验的总次数 N(即 α/N)，使得显著性水平缩小到原有的 N 分之一，从而总体上控制了犯一类错误的概率。于是，两总体均值差的置信区间为

$$(\bar{x}_i - \bar{x}_j) \pm t_{\frac{\alpha}{2N}} \sqrt{\text{MSE}(\frac{1}{n_i} + \frac{1}{n_j})} \tag{6.11}$$

● Tukey 方法

与 LSD 方法有所不同，Tukey 方法中采用的检验统计量是 q 统计量，它定义为

$$q = \frac{(\bar{x}_i - \bar{x}_j) - (\mu_i - \mu_j)}{\sqrt{\frac{\text{MSE}}{r}}} \tag{6.12}$$

式(6.12)中，MSE 仍为观测变量的组内方差，r 为各水平下观测值的个数。可见，Tukey 方法仅适用于各水平下观测值个数相等的情况，这点比 LSD 方法要求苛刻。q 统计量服从$(k,n-k)$个自由度的 q 分布。

与 LSD 方法相比，Tukey 方法对犯一类错误概率的问题给予了较为有效的处理。在相同的显著性水平下，由于 q 分布的临界值远远大于 t 分布的临界值，这使得检验变量的某观测值可能会大于 t 分布的临界值但却小于 q 分布的临界值。于是，q 检验拒绝原假设的可能性较 t 检验降低了，进而从另一个角度保证犯一类错误的概率总体上不增大。Tukey 方法适用于各总体方差相等的情况。

● Scheffe 方法

Scheffe 方法将 S 统计量作为检验统计量，其定义为

$$S = \frac{(\bar{x}_i - \bar{x}_j)^2}{2(k-1)\frac{\text{MSE}}{r}} \tag{6.13}$$

式(6.13)中，k 为水平数,S 统计量服从$(k-1,\ n-k)$个自由度的 F 分布。与 Tukey 法相比,Scheffe 法不太灵敏。

● S-N-K 方法

S-N-K(Student Newman-Keuls)方法是一种有效划分相似性子集的方法。该方法适合于各水平观测值个数相等的情况，其基本思路如下。

第一，确定显著性水平 α，并依据 LSD 方法计算临界值 d_t，作为衡量两组均值是否存在显著差异的标准，计算方法如下

$$d_t = t_{\frac{\alpha}{2}} \sqrt{\frac{2\text{MSE}}{r}} \tag{6.14}$$

第二，将各水平均值按升序排序，并计算相邻两水平均值之差，然后与 d_t 比较。如果小于 d_t 将为一个相似子集，否则分别为两个不同的子集。

第三，在第二步中，如果每组都不超过两个水平，则相似性子集划分结束；如果有的子集超过了两个水平，则需对它们进行下面第四步的分析。

第四，分析超过两个水平的子集。令 l 表示该子集包含的水平个数，$\bar{x}_l$ 表示该 l 个水平均值的均值，d_l 为该子集中各水平均值 $\bar{x}_i$ 与总均值 $\bar{x}_l$ 绝对差中的最大者，即

$$d_l = \max_{1 \leqslant i \leqslant l}\{|\bar{x}_i - \bar{x}_l|\} \tag{6.15}$$

于是，S-N-K 法判断 d_l 所对应的水平是否可保留在该子集中。如果可以保留则结束，否则将相应的水平从子集中剔出，并对剩余子集中的均值再次按上述标准进行考察，直至没有一个水平能剔出为止。其中，剔出的标准为

当 $l=3$ 时

$$\mu = \frac{\dfrac{d_l}{\sqrt{\text{MSE}}}\sqrt{r} - \dfrac{1}{2}}{3\left(\dfrac{1}{4} + \dfrac{1}{n-k}\right)} \tag{6.16}$$

当 $l>3$ 时

$$\mu = \frac{\dfrac{d_l}{\sqrt{\text{MSE}}}\sqrt{r} - \dfrac{6}{5}\log l}{3\left(\dfrac{1}{4} + \dfrac{1}{n-k}\right)} \tag{6.17}$$

式(6.16)和式(6.17)中的 μ 统计量近似服从正态分布。如果 μ 统计量的观测值大于 $\mu_{\frac{\alpha}{2}}$ 则应将相应的水平从子集中剔除。该方法适合当各水平样本量均为 r 的情况。

3. 其他检验

方差分析中，除进行上述基本检验之外，还可以做以下检验。

● 先验对比检验

在多重比较检验中，如果发现某些水平与另一些水平的均值差距显著，如有 5 个水平，其中 $\bar{x}_1$，$\bar{x}_2$，$\bar{x}_3$ 与 $\bar{x}_4$，$\bar{x}_5$ 有显著差异，就可进一步比较这两组总的均值是否存在显著差异，即$\frac{1}{3}(\bar{x}_1+\bar{x}_2+\bar{x}_3)$与$\frac{1}{2}(\bar{x}_4+\bar{x}_5)$是否有显著差异。这种比较分析实际上是对各均值线性组合结果的分析，即如果令 $c_1=\frac{1}{3}$，$c_2=\frac{1}{3}$，$c_3=\frac{1}{3}$，$c_4=-\frac{1}{2}$，$c_5=-\frac{1}{2}$，且$\sum_{i=1}^{5}c_i=0$，则应推断$\sum_{i=1}^{5}c_i\bar{x}_i$是否显著为 0。这种事先指定各均值的系数 c_i，再对其线性组合进行检验的分析方法称为先验对比检验。通过先验对比检验能够更精确地掌握各水平间或各相似性子集间均值的差异程度。

● 趋势检验

当控制变量为定序型变量时，趋势检验能够分析随着控制变量水平的变化，观测变量值变化的总体趋势是怎样的，是呈线性变化趋势，还是呈二次、三次等多项式变化。趋势检验能够帮助人们从另一个角度把握控制变量不同水平对观测变量总体影响的趋势。

4. 单因素方差分析进一步分析的操作

因素方差分析的进一步分析分别安排在图 6-1 所示窗口的 选项(O) 、 两两比较(H) 和 对比(N) 按钮选项中。

● 选项(O) 按钮

选项(O) 按钮用来对方差分析的前提条件进行检验，并可输出其他相关统计量和对缺失数据进行处理，窗口如图 6-2 所示。

图 6-2 所示的窗口中，【描述性(D)】选项表示输出观测变量的基本描述统计量；【均值图(M)】选项表示输出各水平下观测变量样本均值的折线图；【缺失值】框中提供了两种缺失数据的处理方式。

● 两两比较(H)按钮

两两比较(H)按钮用来实现多重比较检验，窗口如图 6-3 所示。

图 6-2　方差分析的选项窗口

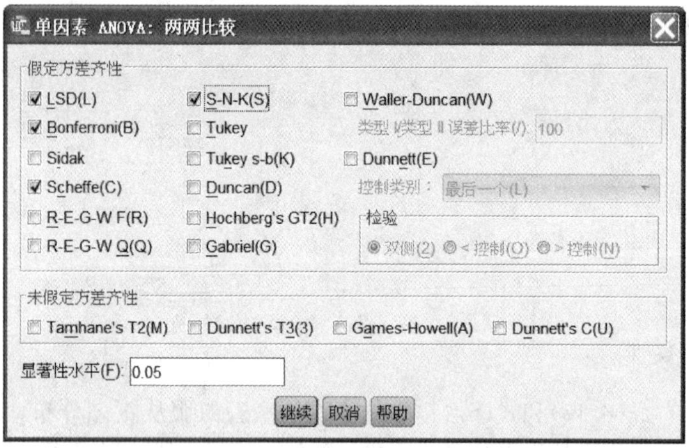

图 6-3　方差分析的多重比较检验窗口

图 6-3 所示的窗口中提供了 18 种多重比较检验的方法。其中，【假定方差齐性】框中的方法适用于各水平方差相等的情况；【未假定方差齐性】中的方法适用于各水平方差不齐的情况。在方差分析中，由于其前提所限，应用中多采用假定方差齐性框中的方法。多重比较检验中，SPSS 默认的显著性水平为 0.05，可以根据实际情况修改【显著性水平(F)】后面的数值。

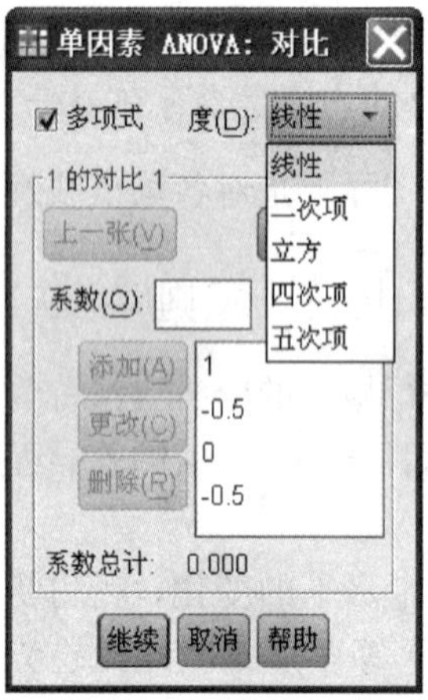

图 6-4　方差分析的先验对比和趋势检验窗口

● 对比(N)按钮

对比(N)按钮用来实现先验对比检验和趋势检验，窗口如图 6-4 所示。

在图 6-4 中，如果进行趋势检验，则应选择【多项式】选项，然后在后面的【度(D)】下拉框中选择趋势类型。其中，包括线性趋势、二次多项式等。

在图 6-4 中，如果进行先验对比检验，则应在【系数(O)】框后依次输入系数 c_i，并确保 $\sum_{i=1}^{k} c_i = 0$。应注意系数输入的顺序，它将分别与控制变量的水平值相对应。

6.2.7　单因素方差应用举例的进一步分析

在前面的应用举例中，已经利用单因素方差分析分别对广告形式、地区对销售额的影响进行了分析。分析的结论是不同的广告形式、不同的地区对某产品的销售额有显著影响，下面可做进一步的分析。

● 方差齐性检验

不同广告形式、不同地区下销售额总体的方差是否相同，是否满足单因素方差分析的前提要求，是应首先检验的问题。

具体操作如图 6-2 所示。分析结果如表 6-2 和图 6-5 所示，

表 6-2(a) 不同广告形式下销售额的基本描述统计量及 95%置信区间

描述

销售额

	N	均值	标准差	标准误	均值的 95%置信区间		极小值	极大值
					下限	上限		
报纸	36	73.2222	9.73392	1.62232	69.9287	76.5157	54.00	94.00
广播	36	70.8889	12.96760	2.16127	66.5013	75.2765	33.00	100.00
宣传品	36	56.5556	11.61881	1.93647	52.6243	60.4868	33.00	86.00
体验	36	66.6111	13.49768	2.24961	62.0442	71.1781	37.00	87.00
总数	144	66.8194	13.52783	1.12732	64.5911	69.0478	33.00	100.00

表 6-2(a)表明，在 4 种不同广告形式下各有 36 个观测。报纸广告的销售额最高，广播广告的效果与报纸相近，宣传品广告的效果最不理想。这点可在图 6-5(a)中直观印证。

表 6-2(b) 不同广告形式下方差齐性检验结果

方差齐性检验

销售额

Levene 统计量	df1	df2	显著性
0.765	3	140	0.515

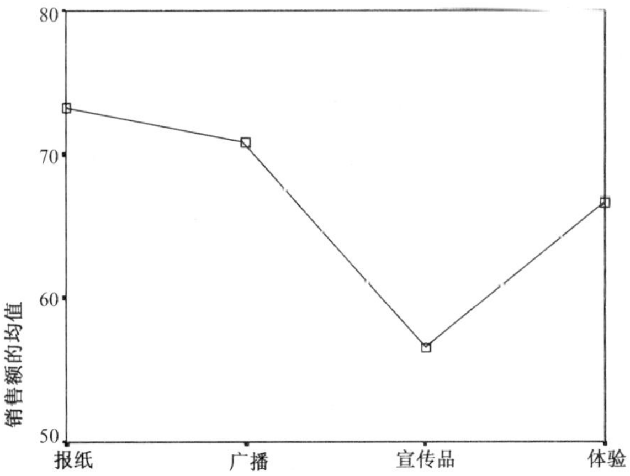

图 6-5(a) 不同广告形式下销售额均值折线图

表 6-2(b)表明，不同广告形式下销售额的方差齐性检验的检验统计量的观测值为0.765，概率 p 值为 0.515。如果显著性水平 α 为 0.05，由于概率 p 值大于显著性水平，不应拒绝原假设，认为不同广告形式下销售额的总体方差无显著差异，满足方差分析的前提要求。

表 6-2(c) 不同地区销售额的基本描述统计量及 95%置信区间

描述

销售额

	N	均值	标准差	标准误	均值的 95%置信区间		极小值	极大值
					下限	上限		
1.00	8	60.0000	10.98050	3.88219	50.8201	69.1799	41.00	75.00

续表

	N	均值	标准差	标准误	均值的 95%置信区间		极小值	极大值
					下限	上限		
2.00	8	64.3750	13.50066	4.77320	53.0882	75.6618	44.00	82.00
3.00	8	81.0000	10.98050	3.88219	71.8201	90,1799	61.00	100.00
4.00	8	79.2500	7.55456	2.67094	72.9342	85.5658	66.00	90.00
5.00	8	72.6250	8.73315	3.08763	65.3239	79.9261	57.00	87.00
6.00	8	66.3750	8.63444	3.05274	59.1564	73.5936	52.00	77.00
7.00	8	58.7500	17.29368	6.11424	44.2921	73.2079	33.00	76.00
8.00	8	73.3750	9.10161	3.21790	65.7659	80.9841	61.00	86.00
9.00	8	57.6250	11.18593	3.95482	48.2733	66.9767	40.00	73.00
10.00	8	77.7500	14.50862	5.12957	65.6205	89.8795	61.00	100.00
11.00	8	52.2500	10.49830	3.71171	43.4732	61.0268	40.00	70.00
12.00	8	69.7500	10.02497	3.54436	61.3689	78.1311	51.00	86.00
13.00	8	67.0000	15.89250	5.61885	53.7135	80.2865	42.00	87.00
14.00	8	64.1250	7.67998	2.71528	57.7044	70.5456	52.00	77.00
15.00	8	67.0000	11.25040	3.97762	57.5944	76.4056	50.00	83.00
16.00	8	69.2500	14.31034	5.05947	57.2863	81.2137	44.00	81.00
17.00	8	53.8750	11.74050	4.15089	44.0597	63.6903	37.00	73.00
18.00	8	68.3750	8.63444	3.05274	61.1564	75.5936	58.00	83.00
总数	144	66.8194	13.52783	1.12732	64.5911	69.0478	33.00	100.00

表 6-2(c)表明，在 18 个地区下各有 8 个观测。第 3 地区的销售额最高，第 4、10 地区与第 3 地区接近，第 11、17 地区最不理想。这点同样可在图 6-5(b)中印证。

表 6-2(d)　不同地区的方差齐性检验结果

方差齐性检验

销售额

Levene 统计量	df1	df2	显著性
1.459	17	126	0.121

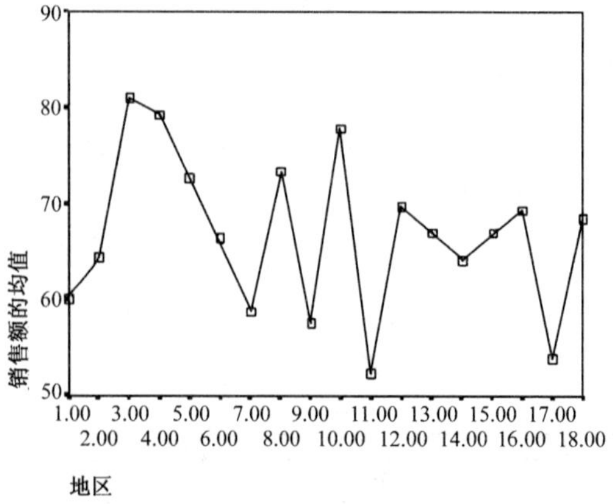

图 6-5(b)　不同地区销售额均值折线图

表 6-2(d)表明，如果显著性水平 α 为 0.05，由于概率 p 值大于显著性水平，不应拒绝原假设，认为不同地区中销售额的总体方差无显著差异，满足方差分析的前提要求。

● 多重比较检验

总体上讲，不同广告形式对产品的销售额有显著影响，那么究竟哪种广告形式的作用较明显，哪种不明显，这个问题可通过多重比较检验实现。同理，可对商品在不同地区的销售情况进行分析。

具体操作如图 6-3 所示，采用了 LSD、Bonferroni、Tukey、Scheffe、S-N-K 五种方法。由于篇幅所限，这里只给出广告形式的多重比较检验结果，如表 6-3 所示。

表 6-3(a)　广告形式的多重比较检验

多重比较

被解释变量:销售额

	(I)广告形式	(J)广告形式	均值差(I－J)	标准误	显著性	95%置信区间	
						下限	上限
Tukey HSD	报纸	广播	2.3333	2.83846	.844	−5.0471	9.7138
		宣传品	16.6667*	2.83846	.000	9.2862	24.0471
		体验	6.6111	2.83846	.096	−.7693	13.9915
	广播	报纸	−2.3333	2.83846	.844	−9.7138	5.0471
		宣传品	14.3333*	2.83846	.000	6.9529	21.7138
		体验	4.2778	2.83846	.436	−3.1027	11.6582
	宣传品	报纸	−16.6667*	2.83846	.000	−24.0471	−9.2862
		广播	−14.3333*	2.83846	.000	−21.7138	−6.9529
		体验	−10.0556*	2.83846	.003	−17.4360	−2.6751
	体验	报纸	−6.6111	2.83846	.096	−13.9915	.7693
		广播	−4.2778	2.83846	.436	−11.6582	3.1027
		宣传品	10.0556*	2.83846	.003	2.6751	17.4360
Scheffe	报纸	广播	2.3333	2.83846	.879	−5.6989	10.3656
		宣传品	16.6667*	2.83846	.000	8.6344	24.6989
		体验	6.6111	2.83846	.148	−1.4212	14.6434
	广播	报纸	−2.3333	2.83846	.879	−10.3656	5.6989
		宣传品	14.333*	2.83846	.000	6.3011	22.3656
		体验	4.2778	2,83846	.520	−3.7545	12.3100
	宣传品	报纸	−16.6667*	2.83846	.000	−24.6989	−8.6344
		广播	−14.3333*	2.83846	.000	−22.3656	−6.3011
		体验	−10.0556*	2.83846	.007	−18.0878	−2.0233
	体验	报纸	−6.6111	2.83846	.148	−14.6434	1.4212
		广播	−4.2778	2.83846	.520	−12.3100	3.7545
		宣传品	10.0556*	2.83846	.007	2.0233	18.0878

续表

(I)广告形式(J)广告形式			均值差(I—J)	标准误	显著性	95%置信区间	
						下限	上限
LSD	报纸	广播	2.3333	2.83846	.412	−3.2784	7.9451
		宣传品	16.6667 *	2.83846	.000	11.0549	22.2784
		体验	6.6111 *	2.83846	.021	.9993	12.2229
	广播	报纸	−2.3333	2.83846	.412	−6.9451	3.2784
		宣传品	14.3333 *	2.83846	.000	8.7216	19.9451
		体验	4.2778	2.83846	.134	−1.3340	9.8896
	宣传品	报纸	16.6667 *	2.83846	.000	22.2784	−11.0549
		广播	−14.3333 *	2.83846	.000	−19.9451	−8.7216
		体验	−10.0556 *	2.83846	.001	−15.6673	−4.4438
	体验	报纸	−6.6111 *	2.83846	.021	−12.2229	−9993
		广播	−4.2778	2.83846	.134	−9.8896	1.3340
		宣传品	10.0556 *	2.83846	.001	4.4438	15.6673
Bonferroni	报纸	广播	2.3333	2.83846	1.000	−5.2631	9.9298
		宣传品	16.6667 *	2.83846	.000	9.0702	24.2631
		体验	6.6111	2.83846	.128	−.9854	14.2076
	广播	报纸	−2.3333	2.83846	.000	−9.9298	5.2631
		宣传品	14.333 *	2.83846	.000	6.7369	21.9298
		体验	4.2778	2.83846	.804	−3.3187	11.8742
	宣传品	报纸	−16.6667 *	2.83846	.000	−24.2631	−9.0702
		广播	−14.3333 *	2.83846	.000	−21.9298	−6.7369
		体验	−10.0556 *	2.83846	.003	−17.6520	−2.4591
	体验	报纸	−6.6111	2.83846	.128	−14.2076	.9854
		广播	−4.2778	2.83846	.804	−11.8742	3.3187
		宣传品	10.0556 *	2.83846	.003	2.4591	17.6520

*. The mean difference is significant at the. 05 level.

在表 6-3(a)中，分别显示了两两广告形式下销售额均值检验的结果。可以看出，尽管在理论上各种检验方法对抽样分布标准误的定义不同(检验统计量的分母部分)，但在 SPSS 中却全部采用了 LSD 方法中的标准误，因此各种方法的前两列数据完全相同。表中虽然没有给出检验统计量的观测值，但它们也是相同的(都是第一列数据除以第二列数据)；表中的第三列是检验统计量观测值在不同分布中的概率 p 值，仔细观察便可发现各种方法在检验敏感度上的差异。以报纸广告与其他三种广告形式的两两检验结果为例，如果显著性水平 α 为 0.05，在 LSD 方法中，报纸广告和广播广告的效果没有显著差异(概率 p 值为 0.412)，与宣传品和体验均有显著差异(概率 p 值分别为 0.00，接近 0 和 0.021)；但在其他三种方法中，报纸广告只与宣传品广告有显著差异，而与体验无显著差异。由此可见，LSD 方法的检验敏感度是其中最高的。高的检验敏感度会使拒绝原假设的可能性增大，较低敏感度的方法，其犯一类错误的可能性会略高。表第一列中星号的含义是，在显著性水平 α 为 0.05(默认)的情况下，相应两总体的均值存在显著差异，与第三列的结果相对应。

表 6-3(b)是由各种方法划分的相似性子集。可以看到，表中三种方法划分的子集结果是一致的。在显著性水平 α 为 0.05(默认)的情况下，首先观察 S-N-K 方法的结果，均值为 56.5556的组(宣传品组)与其他三组的均值有显著不同(其相似的可能性小于 0.05)，被划分出来，形成两个相似性子集。在第一个子集中，组内相似(自身相似)的概率为 1，第二组组内相似的可能性大于 0.05，为 0.055。在 Tukey 和 Scheffe 方法中，第二组的组内相似的可能

性也均大于 0.05，分别为 0.096 和 0.148，Tukey 方法的敏感程度高于 Scheffe 方法。通常在相似性子集划分时多采用 S-N-K 方法的结论。

表 6-3(b) 广告形式多重比较检验的相似性子集

销售额

广告形式		N	Alpha=.05 的子集	
			1	2
Student-Newman-Keuls[a]	宣传品	36	56.5556	
	体验	36		66.6111
	广播	36		70.8889
	报纸	36		73.2222
	Sig.		1.000	.055
Tukey HSD[a]	宣传品	36	56.5556	
	体验	36		66.6111
	广播	36		70.8889
	报纸	36		73.2222
	Sig.		1.000	.096
Scheffe[a]	宣传品	36	56.5556	
	体验	36		66.6111
	广播	36		70.8889
	报纸	36		73.2222
	Sig.		1.000	.148

Means for groups in homogeneous subsets are displayed.

a. Uses Harmonic Mean Sample Size=36.000.

总之，如果从获得高销售额的角度选择广告形式，不应采用宣传品的形式，可考虑在报纸、广播和体验中选择 种低成本或操作性强的广告形式。

● 趋势检验

仿照上面的分析，还可以清楚地掌握不同地区的销售情况。这里，如果假定不同地区的差异主要表现在人口密度方面(地区编号小的人口密度高，地区编号大的人口密度低)，那么进一步可分析销售额总体上是否会随着地区人口密度的减少而呈现出某种趋势性的变化规律，进而为市场细分提供依据。表 6-4 是通过图 6-4 所示窗口对地区做线性趋势检验的结果。

表 6-4 地区的趋势检验结果

ANOVA

销售额

			平方和	df	均方	F	显著性
组间	(组合)		9265.306	17	545.018	4.062	.000
	线性项	对比	543.938	1	543.938	4.054	.046
		偏差	8721.367	16	545.085	4.063	.000
组内			16904.000	126	134.159		
总数			26169.306	143			

表 6-4 与表 6-1(b)对比可以看出，趋势检验时将观测变量的组间差做进一步的细分，分解为可被地区线性解释的变差(第二行 543.938)以及不可被地区线性解释的变差(第三行 8721.367

=9265.306−543.938)。其中，可被地区线性解释的变差实质是，观测变量(销售额)为被解释变量、控制变量(地区)为解释变量的一元线性回归分析中的回归平方和部分，体现了解释变量对被解释变量的线性贡献程度。对应行第五列的 F 值(4.054)是回归平方和的均方(543.938)除以组内离差平方和的均方(134.159)的结果，对应的概率 p 值为 0.046。如果显著性水平 α 为 0.05，则拒绝原假设，认为地区和销售额之间不是零线性相关。观察图 6-5(b)可知，它们之间是一种负相关关系，且第三行的 F 检验证实了它们之间的线性相关性较弱。

● 先验对比检验

通过对不同广告形式的多重比较分析可知，四种广告形式中，宣传品广告的效果是最差的，而其余三种略有差异。这里，可采用先验对比检验方法，进一步对报纸广告的效果与广播和体验的整体效果进行对比分析。操作窗口如图 6-4 所示，分析结果如表 6-5 所示。

表 6-5(a) 各种广告先验对比检验的系数说明

对比函数

对比	广告形式			
	报纸	广播	宣传品	体验
1	1	−.5	0	−.5

表 6-5(b) 报纸广告效果与广播、体验整体效果的对比检验结果

对比检验

对比		对比值	标准误	t	df	显著性(双侧)
销售额	假设方差相等 1	4.4722	2.45818	1.819	140	.071
	不假设等方差 1	4.4722	2.25053	1.987	90.771	.050

表 6-5(b)分别显示了两组方差相等和不相等情况下的两个 t 检验结果，这里应看第一行的 LSD 检验结果。报纸广告下的平均销售额比广播和体验下的平均销售额多 4.47(对比值)；标准误为 LSD 检验的标准误，即 $\sqrt{\text{MSE}\left(\frac{1}{36}+\frac{1}{72}\right)}$，其中 MSE=145.0(见表 6-1(a))。如果显著性水平 α 为 0.05，由于 t 统计量的概率 p 值大于显著性水平，不应拒绝原假设，即认为报纸广告的效果与广播、体验的整体效果并没有显著差异。

至此，已对广告形式和地区对销售额的影响进行了较为详尽的分析。其中，地区差异总体上虽然是存在的，但除个别地区外，大部分地区间的差异较小。因此，在广告投放时地区的因素可不作为主要因素；在广告形式方面，可综合其他因素在报纸、广播和体验三种形式中选择。

6.3 多因素方差分析

6.3.1 多因素方差分析的基本思想

多因素方差分析用来研究两个及两个以上控制变量是否对观测变量产生显著影响。这里，由于研究多个因素对观测变量的影响，因此称为多因素方差分析。多因素方差分析不仅能够分析多个因素对观测变量的独立影响，更能够分析多个控制因素的交互作用能否对观测变量的分布产生显著影响，进而找到利于观测变量的最优组合。

例如，分析不同品种、不同施肥量对农作物产量的影响时，可将农作物产量作为观测变量，品种和施肥量作为控制变量。利用多因素方差分析方法，研究不同品种、不同施肥量是如何影响农作物产量的，并进一步研究哪种品种与哪种水平的施肥量是提高农作物产量的最优组合。

再例如，在 6.2 节应用案例中，分析发现不同广告形式对产品销售额有显著影响，不同地区的产品销售额也存在显著差异，进一步还可以通过多因素方差分析，研究不同广告形式和不同地区的搭配是否对销售额产生影响，以及哪种搭配方式可获得最理想的销售业绩等。

● 确定观测变量和若干个控制变量

多因素方差分析的第一步是确定观测变量和若干个控制变量。例如，上述问题中的观测变量分别是农作物产量、销售额；控制变量分别为品种、施肥量、广告形式、地区。

● 剖析观测变量的方差

多因素方差分析的第二步是剖析观测变量的方差。在多因素方差分析中，观测变量取值的变动会受到以下三个方面的影响。

第一，控制变量独立作用的影响。

控制变量独立作用的影响是指单个控制变量独立作用对观测变量的影响。例如，品种对农作物产量的影响、施肥量对农作物产量的影响；广告形式对销售额的影响、地区对销售额的影响等。

第二，控制变量交互作用的影响。

控制变量交互作用的影响是指多个控制变量不同水平相互搭配后对观测变量产生的影响。例如，在农作物产量的例子中，如果品种有甲、乙两个水平，施肥量有 10 千克、20 千克、30 千克三个水平，它们的交互作用包括(甲品种，10 千克)、(甲品种，20 千克)、(甲品种，30 千克)、(乙品种，10 千克)、(乙品种，20 千克)、(乙品种，30 千克)。这些因素的共同作用是否会对观测变量带来影响是多因素方差分析的重要内容。

第三，随机因素的影响。

随机因素的影响主要指抽样误差带来的影响。

基于上述原则，多因素方差分析将观测变量的总变差分解为(以两个控制变量为例)

$$\mathrm{SST}=\mathrm{SSA}+\mathrm{SSB}+\mathrm{SSAB}+\mathrm{SSE} \tag{6.18}$$

式(6.18)中，SST 为观测变量的总变差；SSA、SSB 分别为控制变量 A、B 独立作用引起的变差；SSAB 为控制变量 A、B 交互作用引起的变差；SSE 为随机因素引起的变差。通常，称 SSA+SSB+SSAB 为主效应(Main Effects)，SSAB 为 N 向(N－WAY)交互效应，SSE 为剩余(Residual)。

在两因素方差分析中，SST 的定义同式(6.2)。设控制变量 A 有 k 个水平，变量 B 有 r 个水平。SSA 的定义为

$$\mathrm{SSA}=\sum_{i=1}^{k}\sum_{j=1}^{r}n_{ij}(\bar{x}_i^A-\bar{x})^2 \tag{6.19}$$

式(6.19)中，n_{ij} 为因素 A 第 i 个水平和因素 B 第 j 个水平下的样本量；$\bar{x}_i^A$ 为因素 A 第 i 个水平下观测变量的均值。SSB 的定义为

$$SSB = \sum_{i=1}^{k}\sum_{j=1}^{r} n_{ij}(\bar{x}_j^B - \bar{x})^2 \tag{6.20}$$

式(6.20)中，n_{ij}为因素A第i个水平和因素B第j个水平下的样本量，$\bar{x}_j^B$为因素B第j个水平下观测变量的均值。SSE的定义为

$$SSE = \sum_{i=1}^{k}\sum_{j=1}^{r}\sum_{l=1}^{n_{ij}}(x_{ijl} - \bar{x}_{ij}^{AB})^2 \tag{6.21}$$

式(6.21)中，$\bar{x}_{ij}^{AB}$是因素A、B在水平i、j下的观测变量均值。于是，交互作用可解释的变差为

$$SSAB = SST - SSA - SSB - SSE \tag{6.22}$$

对交互作用SSAB可以从表6-6直观理解：

在表6-6(a)中，当控制变量A从水平A_1变化到水平A_2时，观测变量值在控制变量B的B_1、B_2两个水平上都增加了，与控制变量B取B_1或取B_2无关；同理，当控制变量B从水平B_1变化到水平B_2时，观测变量值在控制变量A的A_1、A_2两个水平上都增加了，与控制变量A取A_1或取A_2无关。这时可认为两控制变量无交互作用。

表6-6(a)　控制变量A和控制变量B无交互作用

	A_1	A_2
B_1	2	5
B_2	7	10

表6-6(b)　控制变量A和控制变量B有交互作用

	A_1	A_2
B_1	2	5
B_2	7	3

在表6-6(b)中，当控制变量A从水平A_1变化到水平A_2时，观测变量值在控制变量B的B_1水平上增加了，而在B_2水平上却减少了，与控制变量B取B_1或取B_2有关；同理，当控制变量B从水平B_1变化到水平B_2时，观测变量值在控制变量A的A_1水平上增加了，而在A_2水平上却减少了，与控制变量A取A_1或取A_2有关。这时应认为两控制变量有交互作用。

与A、B两个控制变量的情况相似，当控制变量为A、B、C三个时，观测变量的总变差可分解为

$$SST = SSA + SSB + SSC + SSAB + SSAC + SSBC + SSABC + SSE \tag{6.23}$$

- 比较观测变量总离差平方和各部分所占的比例

多因素方差分析的第三步是分别比较观测变量总离差平方和各部分所占的比例，推断控制变量以及控制变量的交互作用是否给观测变量带来了显著影响。

显而易见，在观测变量总离差平方和中，如果SSA所占比例较大，则说明控制变量A是引起观测变量变动的主要因素之一，观测变量的变动可以部分地由控制变量A来解释；反之，如果SSA所占比例较小，则说明控制变量A不是引起观测变量的主要因素，观测变量的变动无法通过控制变量A来解释。对SSB和SSAB同理。

6.3.2　多因素方差分析的数学模型

设控制变量A有k个水平，B有r个水平，每个交叉水平下均有l个观测(l次试验)。那么，在控制变量A的水平A_i和控制变量B的水平B_j下的第m个观测值x_{ijm}可以定义为

$$x_{ijm} = \mu + a_i + b_j + (ab)_{ij} + \varepsilon_{ijm}$$
$$(i = 1,2,\cdots,k; j = 1,2,\cdots,r; m = 1,2,\cdots,l) \tag{6.24}$$

式(6.24)中，ε_{ijm}为抽样误差，是服从正态分布 $N(0,\sigma^2)$的独立随机变量。式(6.24)是多因素方差分析的饱和模型(Full Factorial)，可以看到它是一个线性模型。其中，μ 的无偏估计 $\hat{\mu}=\bar{x}$，a_i 的无偏估计 $\hat{a}_i=\bar{x}_i^A-\bar{x}$，$b_i$ 的无偏估计 $\hat{b}_i=\bar{x}_i^B-\bar{x}$。$(ab)_{ij}$ 的无偏估计 $=\bar{x}_{ij}-\bar{x}_i^A-\bar{x}_j^B+\bar{x}$。如果控制变量 A(或 B)对观测变量没有影响，则各水平的效应 a_i(或 b_i)应全部为 0，否则应不全为 0。同理，如果控制变量 A 和 B 对观测变量有交互影响，则各水平的效应 $(ab)_{ij}$ 应全部为 0，否则应不全为 0。多因素方差分析正是要分别对控制变量 A、B 及交互作用的所有效应是否同时为 0 进行推断。

6.3.3　多因素方差分析的基本步骤

方差分析问题属于推断统计中的假设检验问题，其基本步骤与假设检验完全一致。

● 提出原假设

多因素方差分析的原假设 H_0是各控制变量不同水平下观测变量各总体的均值无显著差异，控制变量各效应和交互作用效应同时为 0，记为 $H_0: a_1=a_2=\cdots=a_k=0;\ b_1=b_2=\cdots=b_r=0;\ (ab)_{11}=(ab)_{12}=\cdots=(ab)_{kr}=0$，意味着控制变量和它们的交互作用没有对观测变量产生显著影响。

● 选择检验统计量

在多因素方差分析中，控制变量可以进一步划分为固定效应和随机效应两种类型。其中，固定效应通常指控制变量的各个水平是可以严格控制的，如温度、品种等，且获得了控制变量所有水下的观测变量值；随机效应是指控制变量的各个水平无法做严格控制，如城市规模、受教育水平等，且仅获得了控制变量部分水平下的观测变量值。一般区分固定效应和随机效应是比较困难的。如果方差分析的目的仅局限于对比已有控制变量不同水平对观测变量的影响，不涉及对未观测到水平的影响对比外推，则可视其为固定效应。由于这两种效应的存在，多因素方差分析模型也有固定效应模型和随机效应模型之分。这两种模型分解观测变量变差的方式是完全相同的，主要差别体现在检验统计量的构造方面。多因素方差分析采用的检验统计量仍为 F 统计量。如果假设有 A、B 两个控制变量，通常对应三个 F 检验统计量。

在固定效应模型中，各 F 检验统计量为

$$F_A=\frac{\mathrm{SSA}/(k-1)}{\mathrm{SSE}/kr(l-1)}=\frac{\mathrm{MSA}}{\mathrm{MSE}} \tag{6.25}$$

$$F_B=\frac{\mathrm{SSB}/(r-1)}{\mathrm{SSE}/kr(l-1)}=\frac{\mathrm{MSB}}{\mathrm{MSE}} \tag{6.26}$$

$$F_{AB}=\frac{\mathrm{SSAB}/(k-1)(r-1)}{\mathrm{SSE}/kr(l-1)}=\frac{\mathrm{MSAB}}{\mathrm{MSE}} \tag{6.27}$$

在随机效应模型中，F_{AB}统计量同式(6.27)，其他两个 F 检验统计量为

$$F_A=\frac{\mathrm{SSA}/(k-1)}{\mathrm{SSAB}/(k-1)(r-1)}=\frac{\mathrm{MSA}}{\mathrm{MSAB}} \tag{6.28}$$

$$F_B=\frac{\mathrm{SSB}/(r-1)}{\mathrm{SSAB}/(k-1)(r-1)}=\frac{\mathrm{MSB}}{\mathrm{MSAB}} \tag{6.29}$$

从上述各式可以看出，各种 F 统计量的构造方式体现了前面提及的多因素方差分析的基本思想。

● 计算检验统计量观测值和概率 p 值

该步目的是计算检验统计量的观测值和概率 p 值。SPSS 自动将相关数据代入各式，计算出各个 F 统计量的观测值和概率 p 值。

● 给出显著性水平 α，并做出决策

给出显著性水平 α，依次与各个检验统计量的概率 p 值做比较。在固定效应模型中，如果 F_A的概率 p 值小于显著性水平 α，则应拒绝原假设，认为控制变量 A 不同水平下观测变量各总体的均值存在显著差异，控制变量 A 的各个效应不同时为 0，控制变量 A 的不同水平对观测变量产生了显著影响；反之，如果 F_A的概率 p 值大于显著性水平 α，则不应拒绝原假设，认为控制变量 A 不同水平下观测变量各总体均值无显著差异，控制变量 A 的各个效应同时为 0，控制变量 A 的不同水平对观测变量没有产生显著影响。对控制变量 B 和 A、B 交互作用的推断同理；在随机效应模型中，应首先对 A、B 的交互作用是否显著进行推断，然后再分别依次对 A、B 的效应进行检验。

6.3.4　多因素方差分析的基本操作

在利用 SPSS 进行多因素方差分析时，应首先将各个控制变量以及观测变量分别定义成多个 SPSS 变量，并组织好数据后再进行分析。SPSS 多因素方差分析的基本操作步骤如下。

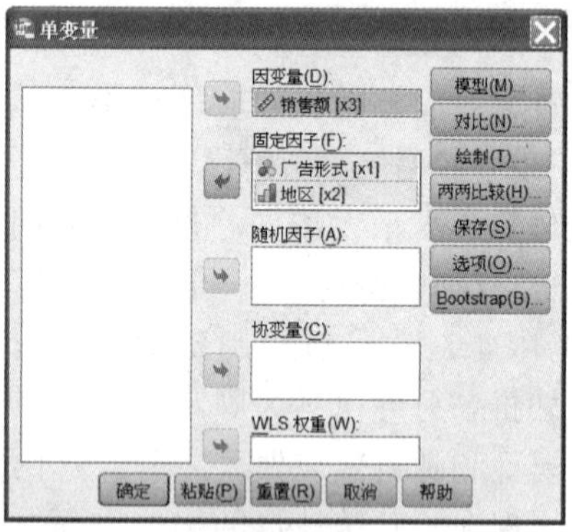

图 6-6　多因素方差分析窗口

(1)选择菜单【分析→一般线性模型→单变量】，出现如图 6-6 所示的窗口。

(2)指定观测变量到【因变量(D)】框中。

(3)指定固定效应的控制变量到【固定因子(F)】框中，指定随机效应的控制变量到【随机因子(A)】框中。

至此，SPSS 将自动建立多因素方差分析的饱和模型，并计算各检验统计量的观测值和概率 p 值，并将结果显示在 SPSS 查看器窗口中。

6.3.5　多因素方差分析的应用举例

仍然用某企业对不同广告形式在不同地区的广告效果(销售额)进行评估的数据，通过多因素方差分析方法对广告形式、地区、广告形式和地区的交互作用给销售额带来的影响进行分析，进而为制定广告和地区的最优组合方案提供依据。

这里，以广告形式和地区为控制变量，销售额为观测变量，建立固定效应的饱和模型。其中原假设为不同广告形式没有对销售额产生显著影响(即不同广告形式对销售额的效应同时为 0)；不同地区的平均销售额没有显著差异(即不同地区对销售额的效应同时为 0)；广告形式和地区对平均销售额没有产生显著的交互影响(即交互效应对销售额的效用同时为 0)。

具体操作如图 6-6 所示。分析结果如表 6-7 所示。

表 6-7 中，第一列是对观测变量总变差分解的说明；第二列是观测变量变差分解的结果；第三列是自由度；第四列是方差；第五列是 F 检验统计量的观测值；第六列是检验统计量的概率 p 值。可以看到，观测变量(销售额)的总变差 SST 为 26169.306，它被分解为四个部

分，分别是由广告形式（$X1$）不同引起的变差（5866.083），由地区（$X2$）差异引起的变差（9265.306），由广告形式和地区交互作用（$X1*X2$）引起的变差（4962.917），由随机因素引起的变差（6075.000）。这些变差除以各自的自由度后，得到各自的方差，并可计算出各 F 检验统计量的观测值和概率 p 值。F_{X1}，F_{X2}，F_{X1*X2} 的概率 p 值分别为 0.00、0.00 和 0.286。如果显著性水平 α 为 0.05，由于 F_{X1}，F_{X2} 的概率 p 值小于显著性水平 α，则应拒绝原假设，可以认为不同广告形式、地区下的销售额总体均值存在显著差异，对销售额的效应不同时为 0，各自不同的水平给销售额带来了显著影响。该结论与单因素方差分析是一致的。同时，由于 F_{X1*X2} 的概率 p 值大于显著性水平 α，因此不应拒绝原假设，可以认为不同广告形式和地区没有对销售额产生显著的交互作用，不同地区采用哪种形式的广告都不会对销售额产生显著影响。

表 6-7　销售额多因素方差分析的饱和模型

主体间效应的检验

被解释变量：销售额

源	Ⅲ型平方和	df	均方	F	Sig.
校正模型	20094.306[a]	71	283.018	3.354	.000
截距	642936.694	1	642936.694	7619.990	.000
X1	5866.083	3	1955.361	23.175	.000
X2	9265.306	17	545.018	6.459	.000
X1 * X2	4962.917	51	97.312	1.153	.286
误差	6075.000	72	84.375		
总计	669106.000	144			
校正的总计	26169.306	143			

a. R 方=.768(调整 R 方=.539)

另外，在表 6-7 中，校正模型对应的变差（20094.360）是 $X1$、$X2$、$X1*X2$ 对应变差相加的结果（20094.360=5866.083+9265.306+4962.917），是线性模型整体对观测变量变差解释的部分，其对应的 F 检验统计量和概率 p 值说明，观测变量变动主要是由控制变量整体的不同水平引起的，控制变量能够较好地反映观测变量的变动，模型对观测变量有一定的解释能力；截距（642936.694）是观测变量与 0 的总离差平方和与 SST 的差，即

$$\text{Intercept} = \sum_{i=1}^{k}\sum_{j=1}^{r}\sum_{m=1}^{l} x_{ijm}^2 - \text{SST} \tag{6.30}$$

它与 SST 的和是总计（6429363.694+26169.306=669106.00）。在实际分析中一般可不必引用。表 6-7 中的 R^2（R 方：0.768）和调整的 R^2（0.539）反映的是多因素方差模型对观测变量数据的总体拟合程度，它们越接近 1，说明对数据的拟合程度越高。在该问题中有两个控制变量，所以应参考调整的 R^2，可以看到该模型对数据的拟合程度并不很理想，从另一个角度说明了销售额还受到除广告形式和地区以外的其他因素影响。

6.3.6　多因素方差分析的进一步分析

1. 多因素方差分析的非饱和模型

非饱和模型是针对饱和模型而言的。式（6.18）和式（6.23）是对饱和模型的最好诠释。在饱和模型中，观测变量总的变差被分解为控制变量独立作用、控制变量交互作用（包括二阶、三阶或更高阶的交互）以及抽样误差三大部分。如果研究发现，控制变量的某阶交

互作用没有对观测变量产生显著影响，那么就可以尝试建立非饱和模型。非饱和模型与饱和模型的差别主要表现在，没有将观测变量总变差分解成式(6.18)和式(6.23)所示的各个部分，而是将其中对观测变量变差解释作用不显著的部分并归到 SSE 中。如两因素的非饱和模型是

$$SST = SSA + SSB + SSE \tag{6.31}$$

式(6.18)中原来的 SSAB 被合并到 SSE 中。三因素的二阶非饱和模型是

$$SST = SSA + SSB + SSC + SSAB + SSAC + SSBC + SSE \tag{6.32}$$

式(6.23)中原来的 SSABC 被合并到 SSE 中。另外的二阶非饱和模型还包括

$$SST = SSA + SSB + SSC + SSAB + SSE \tag{6.33}$$

$$SST = SSA + SSB + SSC + SSAC + SSE \tag{6.34}$$

$$SST = SSA + SSB + SSC + SSBC + SSE \tag{6.35}$$

$$SST = SSA + SSB + SSC + SSAB + SSAC + SSE \tag{6.36}$$

$$SST = SSA + SSB + SSC + SSAB + SSBC + SSE \tag{6.37}$$

$$SST = SSA + SSB + SSC + SSAC + SSBC + SSE \tag{6.38}$$

其中没有列出的变差部分全部被合并到 SSE 中。三因素的一阶非饱和模型是

$$SST = SSA + SSB + SSC + SSE \tag{6.39}$$

式(6.23)中原有的部分被合并到 SSE 中。对于非饱和模型，其参数估计的方法、采用的检验统计量与饱和模型类似，这里不再赘述。

2. 多因素方差分析的其他功能

(1)均值检验

在 SPSS 中，利用多因素方差分析功能还能够对各个控制变量不同水平下的均值是否存在显著差异进行比较，实现方式有两种，即多重比较检验、对比检验。多重比较检验的方法与单因素方差分析类似，这里不再重复。对比检验是均值对比的 t 检验。其中，检验值可以指定为以下几种：

- 观测变量的均值(窗口选项是【偏差】)
- 第一水平或最后一个水平上观测变量的均值(窗口选项是【简单】)
- 前一水平上观测变量的均值(窗口选项是【差值】)
- 后一水平上观测变量的均值(窗口选项是【Helmert】)

选择后三个选项，即仅做指定两两水平下的 LSD 检验。

(2) 控制变量交互作用的图形分析

控制变量的交互作用可以通过图形直观分析。如图 6-7 所示就是 A、B 两个控制变量交互作用的图形分析结果，直观反映了表 6-6 中观测变量值在控制变量不同水平上变化的情况。

如果控制变量之间无交互作用，则各水平对应的直线是近似平行的；如果控制变量之间存在交互作用，则各水平对应的直线会有交叉。

3. 多因素方差分析进一步分析的操作

(1) 建立非饱和模型的操作

SPSS 多因素方差分析中默认建立的模型是饱和模型。如果希望建立非饱和模型，则应在图 6-6 所示的窗口中单击[模型(M)]按钮，出现图 6-8 所示的窗口。

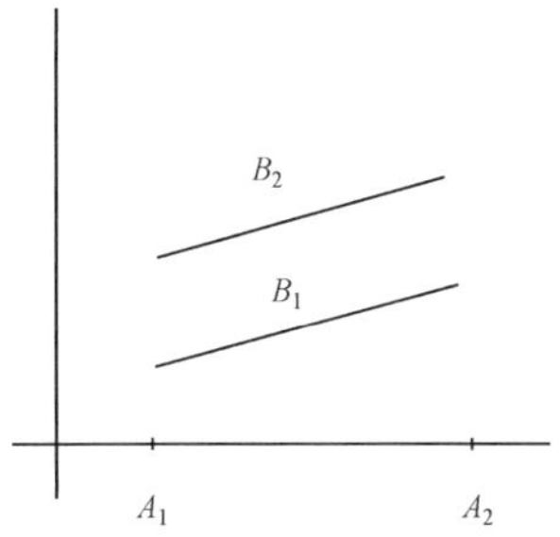

图 6-7(a)　A、B 无交互作用

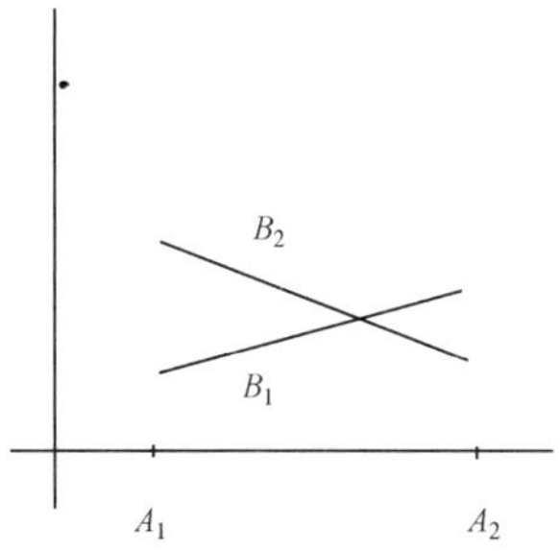

图 6-7(b)　A、B 有交互作用

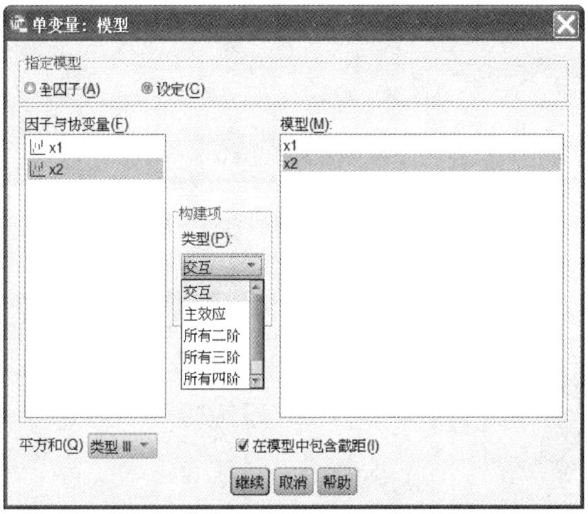

图 6-8　多因素方差分析的模型窗口

在图 6-8 中，默认的选择项是【全因子(A)】，表示建立饱和模型。此时【因子与协变量(F)】框、【模型(M)】框以及【构建项】下拉框均呈不可用状态；如果选择【设定(C)】项，则表示建立非饱和模型，且【因子与协变量(F)】框、【模型】框以及【构建项】下拉框均变为可用状态。此时便可自定义非饱和模型中的各项。其中可包含交互作用项和主效应项，交互作用项可为二阶、三阶或更高阶交互项等。

(2) 均值比较的操作

如果通过多因素方差分析得知某控制变量的不同水平对观测变量产生显著影响，进一步可对各水平间的均值进行比较。如果采用多重比较检验方法，则应在图 6-6 所示的窗口中单击 两两比较(H) 按钮，出现图 6-9 所示的窗口。

在图 6-9 所示的窗口中，选择合适的多重比较检验方法。同单因素方差分析。如果采用对比检验方法，则应在图 6-6 所示的窗口中单击 对比(N) 按钮，出现图 6-10 所示的窗口。

在图 6-10 中，默认不进行对比检验(显示如 x2(None))；如果进行对比检验，可拉下【对比(N)】框，指定对比检验的检验值，并单击 更改(C) 按钮完成指定。下拉框中的选项含义见前。

(3) 控制变量交互作用图形分析的操作

如果希望通过图形直观判断控制变量间是否存在交互作用，则应在图 6-6 所示的窗口中单击 绘制(T) 按钮，出现图 6-11 所示的窗口。

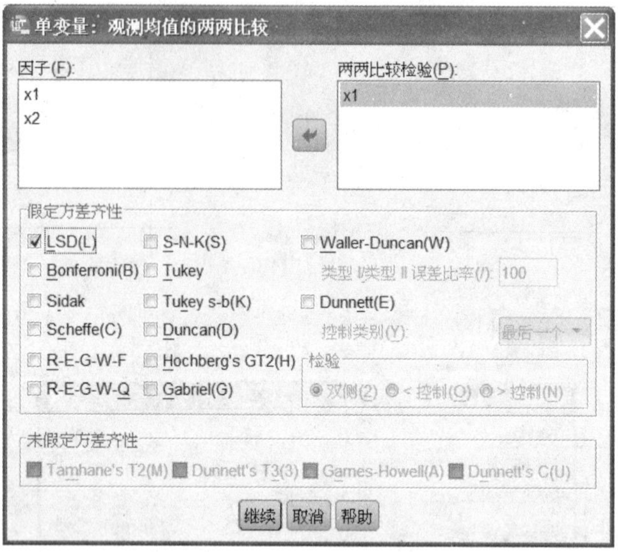

图 6-9　多因素方差分析的多重比较检验窗口

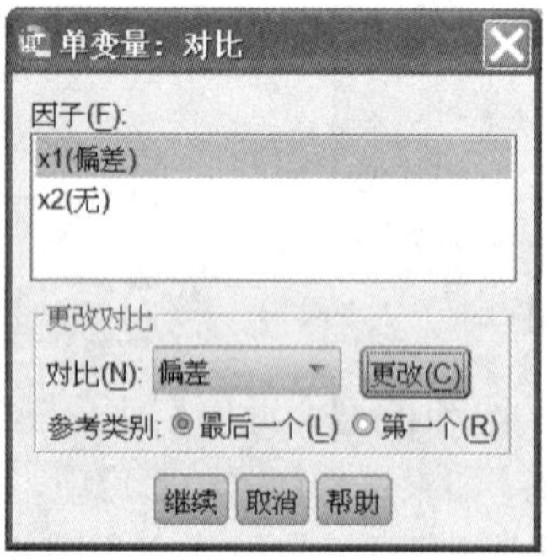

图 6-10　多因素方差分析的均值对比检验窗口

图 6-11　多因素方差分析控制变量交互作用图形分析窗口

在图 6-11 中，首先应选择一个控制变量作为交互图形中的横轴，并将其选择到【水平轴(H)】框中；其次，指定在交互图中各直线代表的是哪个控制变量的不同水平，并将其选择到【单图(S)】框中；最后，如果控制变量有三个，由于交互作用图只能反映两控制变量的交互情况，此时第三个变量只能选入【多图(P)】框中，第三个变量有几个水平便绘制出几张交互图。

6.3.7　多因素方差分析应用举例的进一步分析

在前面的应用举例中已对广告形式、地区对销售额的影响进行了多因素方差分析，建立了饱和模型。分析可知，广告形式与地区的交互作用不显著，可以进一步尝试建立非饱和模型，并进行均值比较分析、交互作用图形分析和模型分析等。具体操作如图 6-8～图 6-12所示，分析结果如表 6-8、图 6-13 所示。

与表 6-7 相比较，表 6-8(a)中的广告形式($X1$)与地区($X2$)交互作用引起的变差没有被分离出来，它被并入随机因素引起的变差中，线性模型整体对观测变量变差解释的部分变小。各控制变量所能够解释的变差比例相对于随机因素来说减少，导致各个 F 检验统计量的值变小，概率 p 值变大，不易得到控制变量不同水平对观测变量有显著影响的结论，同时模型对数据的拟合程度也有所降低。尽管如此(必然如此)，这里建立非饱含模型也是合理的，因为控制变量的交互作用不显著，不应成为方差分析数学模型的一部分。

表 6-8(a)　销售额多因素方差分析的非饱和模型

主体间效应的检验

被解释变量：销售额

源	Ⅲ型平方和	df	均方	F	Sig.
校正模型	15131.389[a]	20	756.569	8.431	.000
截距	642936.694	1	642936.694	7164.505	.000
X1	5866.083	3	1955.361	21.789	.000
X2	9265.306	17	545.018	6.073	.000
误差	11037.917	123	89.739		
总计	669106.000	144			
校正的总计	26169.306	143			

a. R 方=.578(调整 R 方=.510)

表 6-8(b)　不同广告形式下销售额的均值比较结果

对比结果(K 矩阵)

广告形式偏差对比[a]			被解释变量 销售额
级别 1 和均值	对比估算值		6.403
	假设值		0
	差分(估计-假设)		6.403
	标准误		1.367
	Sig.		.000
	差分的 95%置信区间	下限	3.696
		上限	9.109
级别 2 和均值	对比估算值		4.069
	假设值		0
	差分(估计-假设)		4.069
	标准误		1.367
	Sig.		.004
	差分的 95%置信区间	下限	1.363
		上限	6.776
级别 3 和均值	对比估算值		−10.264
	假设值		0
	差分(估计-假设)		−10.264
	标准误		1.367
	Sig.		.000
	差分的 95%置信区间	下限	−12.970
		上限	−7.557

a. 省略的类别=4

表 6-8(b)分别显示了广告形式前三个水平下销售额总体的均值检验结果，省略了第四水平的检验结果，检验值是各水平下的整体均值。可以看出，第一种广告形式下销售额的均值与检验值的差为 6.403，标准误为 1.367($\sqrt{MSE/(n/3)}$，MSE 为表 6-8(a)中的组内方差(89.739)，$n=144$，为样本量)，t 检验统计量的概率 p 值为 0.00(近似 0)，差值的 95%置信

区间的下限和上限分别为 3.696、9.109。分析结论是，第一种广告形式下的销售均值与检验值(整体均值)间存在显著差异，且明显高于整体水平。同理，第二种广告形式下的销售额也明显高于整体水平，而第三种广告形式下的销售额明显低于整体水平。三种广告形式产生的效果有显著差异。

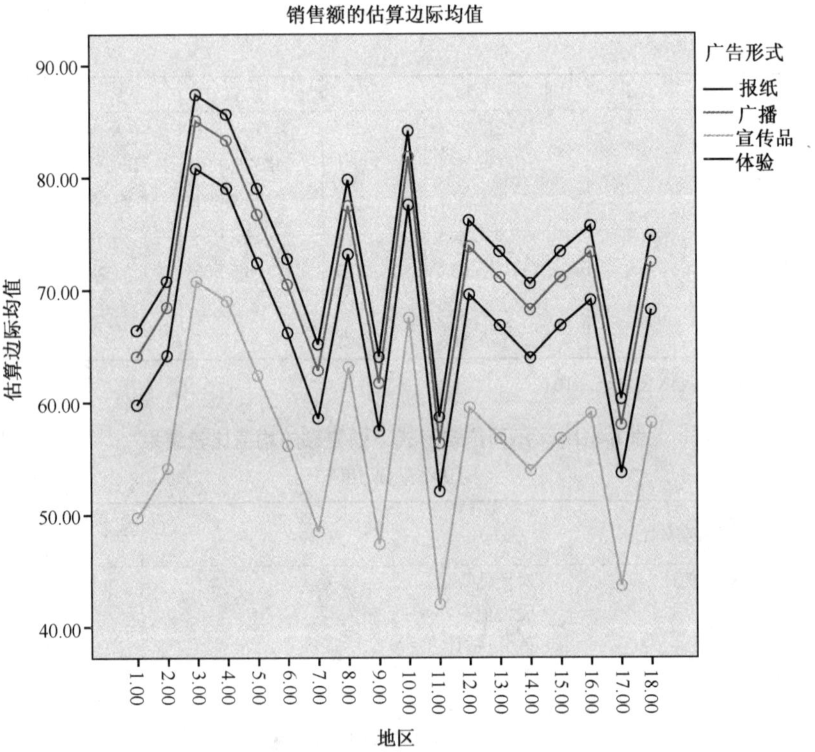

图 6-12　广告形式和地区的交互作用图

在图 6-12 中，在地区从第 1 水平变至第 18 水平的过程中，各个广告形式下的销售额基本按照相同的规律变动，各直线在各水平基本平行。直观结论是，广告和地区间不存在明显交互作用，这与前面分析的结论一致。

6.4　协方差分析

6.4.1　协方差分析的基本思路

通过上面的讨论可以看到，无论是单因素方差分析还是多因素方差分析，控制因素(控制变量)都是水平可控制的，即各个水平可以通过人为努力得到控制和确定。但在许多实际问题中，有些控制因素很难控制，但它们的状态(或取值)确实对观测变量产生了较为显著的影响。在方差分析中，如果忽略这些因素的存在而单纯去分析其他因素对观测变量的影响，往往会夸大或缩小其他因素的影响作用，使分析结论不准确。

例如，在研究农作物产量问题时，如果仅考察不同施肥量、品种对农作物产量的影响，不考虑不同地块差异(如地质评分)等因素而进行方差分析，显然是不全面的。因为事实上，有些地块可能有利于农作物的生长，而另一些却不利于。不考虑这些因素进行分析可能会导致，即使不同的施肥量、不同品种对农作物产量没有产生显著影响，分析结论也可能相反。

再例如，分析不同的饲料对生猪增重是否产生显著差异。如果单纯分析饲料的作用，而不考虑生猪各自不同的身体条件（如初始体重不同），那么得出的结论很可能是不准确的。因为体重增加的幅度在一定程度上是包含诸如初始体重等其他因素的影响的。

因此，为更加准确地研究控制变量不同水平对观测变量的影响，应尽量排除其他人为不可控水平因素对分析结论的影响。例如，尽量排除地块对农作物产量的影响，尽量排除生猪初始体重对饲养后体重变化幅度的影响等。

协方差分析正是这样一类方法。它将那些人为很难做水平控制的控制因素作为协变量，并在排除协变量对观测变量影响的条件下，分析控制变量（可控）对观测变量的作用，从而更加准确地对水平可控因素进行评价。

协方差分析仍然沿承方差分析的基本思想，并在分析观测变量变差时，考虑了协变量的影响，认为观测变量的变动受四个方面的影响，即控制变量的独立作用、控制变量的交互作用、协变量的作用和随机因素的作用，并在扣除协变量的影响后，再分析控制变量对观测变量的影响。

方差分析中的原假设 H_0 是，协变量对观测变量的线性影响不显著；在排除协变量影响的条件下，控制变量各水平下观测变量的总体均值无显著差异，控制变量各水平对观测变量的效应同时为零。检验统计量仍然采用 F 统计量，它们是各方差与随机因素引起的方差之比。显而易见，如果相对于随机因素引起的变差，协变量带来的变差比例较大，即 F 值较大，则说明协变量是引起观测变量变动的主要因素之一，观测变量的变动可以部分地由协变量来线性解释；反之，如果相对于随机因素引起的变差，协变量带来的变差比例较小，即 F 值较小，则说明协变量没有给观测变量带来显著的线性影响。在排除了协变量线性影响后，控制变量对观测变量的影响分析同方差分析。

那么，如何排除协变量对观测变量的影响呢？在协方差分析中，作为协变量的变量一般是数值型变量，如地质评分、每头生猪的初始体重等。因此，协方差分析便涉及两种类型的控制变量（分类型和数值型）和数值型观测变量，其中，如果将控制变量看做解释变量，观测变量看做被解释变量，那么协方差分析便是一种介于方差分析和线性回归分析之间的分析方法。于是，可参照回归分析中对解释变量的处理方式来处理协变量。另外，协方差分析中通常要求多个协变量之间无交互作用，且控制变量各水平下的观测变量与协变量间有相似的线性关系。协方差分析的具体分析过程将在下面的应用举例中详细讨论。

6.4.2　协方差分析的数学模型

单因素协方差分析的数学模型是

$$x_{ij} = \mu + a_i + \beta z_{ij} + \varepsilon_{ij} \tag{6.40}$$

式(6.40)中，x_{ij} 是在水平 A_i 下第 j 次试验的观测值；μ 为观测变量总的期望值；a_i 是控制变量水平 A_i 对试验结果产生的附加影响，是水平 A_i 对观测变量产生的效应；β 是回归系数；z_{ij} 是水平 A_i 下的第 j 次试验的观测值对应的协变量值；ε_{ij} 为抽样误差，是服从正态分布 $N(0,\sigma^2)$ 的独立随机变量。

6.4.3　协方差分析的基本操作

在利用 SPSS 进行协方差分析时，应首先将作为协变量的变量定义成一个 SPSS 变量。

SPSS 协方差分析的基本操作步骤如下。

(1)选择菜单【分析 →一般线性模型 →单变量】,于是出现如图 6-13 所示的窗口。

(2)指定观测变量到【被解释变量(D)】框中。

(3)指定固定效应的控制变量到【固定因子(F)】框中，指定随机效应的控制变量到【随机因子(A)】框中。

(4)指定作为协变量的变量到【协变量(C)】框中。

图 6-13　协方差分析窗口

SPSS 多因素方差分析和协方差分析的操作窗口是同一个，窗口中的其他功能按钮都可应用于协方差分析。由于协方差分析是介于方差分析和回归分析中的一种分析方法，因此在异方差情况下会产生与回归分析相同的问题。这里，如果残差随协变量取值的变化呈规律性变化，则可认为存在异方差情况，可采用加权最小二乘法进行模型的参数估计。权重变量应选到【WLS 权重】框中。至此，SPSS 将自动完成对各变差的分解，并计算各 F 检验统计量的观测值和概率 p 值及其他计算结果，并将结果输出到查看器窗口中。

6.4.4　协方差分析的应用举例

为研究三种不同饲料对生猪体重增加(wyh)的影响，将生猪随机分成三组，各喂养不同的饲料(sl)，得到喂养后的体重变化数据(SPSS 数据文件：生猪与饲料.sav)。由于生猪体重的增加理论上会受到猪自身身体条件的影响，于是收集生猪喂养前体重(wyq)的数据，作为自身身体条件的测量指标。为准确评价饲料的优劣，采用单因素协方差分析的方法进行分析。这里，猪的体重增量为观测变量，饲料为控制变量，猪喂养前的体重为协变量。

为分析猪喂养前的体重是否能够作为协变量，可以首先绘制它与增重的散点图，如图 6-14 所示。

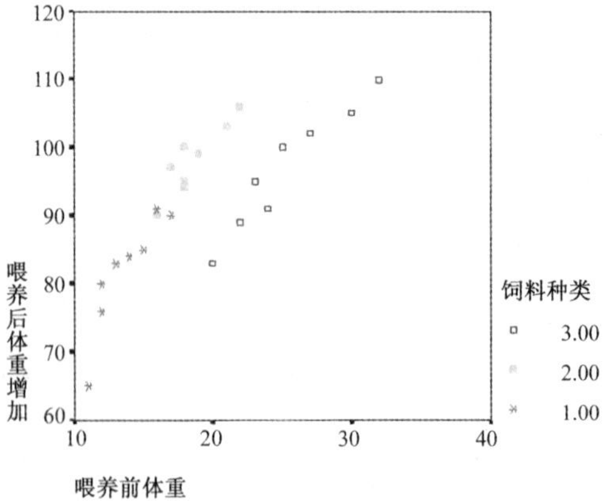

图 6-14　生猪喂养前体重与体重增量的散点图

由图 6-14 可见，在不同饲料组中，生猪喂养前的体重和体重增量均呈较为明显的线性关系，且各斜率基本相同。因此，喂养前体重可以作为协变量参与协方差分析。

具体操作见图 6-13。分析结果如表 6-9 所示。

表 6-9 生猪体重的协方差分析结果

主体间效应的检验

被解释变量:喂养后增重

源	III 型平方和	df	均方	F	Sig.
校正模型	2328.344[a]	3	776.115	68.196	.000
截距	980.448	1	980.448	86.150	.000
wyq	1010.760	1	1010.760	88.813	.000
sl	707.219	2	353.609	31.071	.000
误差	227.615	20	11.381		
总计	206613.000	24			
校正的总计	2555.958	23			

a. R 方=.911(调整 R 方=.898)

表 6-9 中分别列出了各变差分解的情况、自由度、方差、F 统计量的观测值以及概率 p 值。为说明各数据，将单因素方差分析结果显示在表 6-10 中，进行比较。

表 6-10 生猪体重的单因素方差分析结果

主体间效应的检验

被解释变量:喂养后增重

源	III 型平方和	df	均方	F	Sig.
校正模型	1317.583[a]	2	658.792	11.172	.000
截距	204057.042	1	204057.042	3460.339	.000
sl	1317.583	2	658.792	11.172	.000
误差	1238.375	21	58.970		
总计	206613.000	24			
校正的总计	2555.958	23			

a. R 方=.515(调整 R 方=.469)

在表 6-9 中：

- 观测变量的总变差为 2555.958，同单因素方差分析中的 SST；
- 随机因素可解释的变差由原来的 1238.375 减少为 227.615，这是因为排除了喂养前体重的影响。其计算的基本思路是：由方差分析中随机因素可解释变差的定义可知，它们是各观测值与各水平均值差的平方和。为排除协变量对分析的影响，应首先在各水平内部将协变量的作用排除后，再计算随机因素可解释的变差。计算步骤如下。

(1)对三种饲料下的数据，分别以喂养前体重作为自变量(wyq)建立因变量为体重增量(wyh)的回归方程 wyh$=\hat{\beta}_0+\hat{\beta}_1$wyq。

第一组数据的回归方程是：wyh=33.516+3.508wyq，相关平方和结果见表 6-11。

表 6-11 第一种饲料下的回归平方和及残差平方和

ANOVA

模型		平方和
1	回归	387.627
	残差	99.873
	总计	487.500

为与单因素协方差数学模型相一致，这里将回归分析中的解释变量记为 z，被解释变量记为 x。由回归分析可知，由于

$$\hat{\beta}_1 = \frac{S_{zx}}{S_{zz}} = \frac{\sum_{x=1}^{n}(z_i - \bar{z})(x_i - \bar{x})}{\sum_{x=1}^{n}(z_i - \bar{z})^2}$$

$$\text{SSR} = \hat{\beta}_1 \times S_{zx}$$

$$S_{zz} = \frac{S_{zx}}{\hat{\beta}_1}$$

其中，$\hat{\beta}_1$ 为回归系数，SSR 为回归平方和。

于是，第一种饲料下：

$$S_{zx}^1 = 387.627 \div 3.508 = 110.5$$

$$S_{zz}^1 = 110.5 \div 3.508 = 31.5$$

同理，第二组数据的回归方程是：wyh=54.570+2.332wyq，相关平方和结果见表 6-12。

表 6-12　第二种饲料下的回归平方和及残差平方和

ANOVA

模型		平方和
1	回归	151.570
	残差	32.430
	总计	184.000

于是，第二种饲料下：

$$S_{zx}^2 = 151.507 \div 2.332 = 65$$

$$S_{zz}^2 = 65 \div 2.332 = 27.87$$

同理，第三组数据的回归方程是：wyh=43.141+2.118wyq，相关平方和结果见表 6-13。

表 6-13　第三种饲料下的回归平方和及残差平方和

ANOVA

模型		平方和
1	回归	519.602
	残差	47.273
	总计	566.875

于是，第三种饲料下：

$$S_{zx}^3 = 519.602 \div 2.118 = 245.3$$

$$S_{zz}^3 = 245.3 \div 2.118 = 115.8$$

(2)为更准确地进行估计，将三条回归线的信息集中起来，即

$$S_{zx}^* = S_{zx}^1 + S_{zx}^2 + S_{zx}^3 = 110.5 + 65 + 245.3 = 420.8$$

$$S_{zz}^* = S_{zz}^1 + S_{zz}^2 + S_{zz}^3 = 31.5 + 27.87 + 115.8 = 175.17$$

于是，建立具有共同斜率的三条平行回归线，斜率为

$$\hat{\beta}_1^* = 420.8 \div 175.17 = 2.4$$

各方程为

$$\text{wyh} = 48.75 + 2.4\text{wyq}$$

$$wyh = 53.30 + 2.4wyq$$
$$wyh = 35.975 + 2.4wyq$$

各方程中：$\hat{\beta}_0 = \bar{x} - \hat{\beta}_1^* \bar{z}$，$\bar{x}$、$\bar{z}$ 分别取各组体重增加的平均值、喂养前体重的平均值。

(3)分别计算各组数据的残差，并计算残差的离差平方和为 227.615，即为剔除协变量线性影响后的组内差。

- 喂养前体重可解释的总变差为 1010.76，即

$$\hat{\beta}_1^* \times S_{zx}^* = 2.4 \times 420.8 = 1010.8$$

- 饲料可解释的变差由原来的 1317.583 减小为 707.219，这也是因为排除了喂养前体重的影响。其计算的基本思路是：由方差分析中控制变量可解释变差的定义可知，它们是各水平观测均值与总均值差的平方和。为排除协变量对分析的影响，应首先在整体上将协变量的作用扣除，再计算饲料可解释的变差。计算步骤如下。

① 将三组数据合并在一起，以协变量为解释变量、增重为被解释变量建立回归方程(共同的回归直线)，即

$$wyh = 63.333 + 1.5wyq$$

相关平方和结果如表 6-14 所示。

表 6-14　完整数据下的回归平方和与残差平方和

Anova[a]

模型		平方和	df	均方	F	Sig.
1	回归	1621.125	1	均方	38.151	.000[b]
	残差	934.833	22	42.492		
	总计	2555.958	23			

a. 因变量：喂养后体重增加

b. 预测变量：(常量)，喂养前体重

② 从体重增量的总变差中排除回归平方和后的残差平方和即为喂养前体重不能解释的变差，是 934.834。该值即剔除协变量影响后的观测变量的总变差。

③ 饲料可解释的变差为：剔除喂养前体重影响后的体重增量总变差，减去剔除喂养前体重影响后的体重增量组内差，即：

$$934.834 - 227.615 = 707.219$$

至此完成了各变差的分解。表 6-9 中的其他内容同方差分析，包括自由度、方差和 F 检验统计量。在单因素协方差分析中，各个 F 检验统计量均是各自的方差与随机因素引起的方差之比。可以看到，喂养前体重对生猪体重的增加有显著的贡献；同时，在排除了喂养前体重的影响下，不同饲料对生猪体重的增加也存在显著的影响。从模型对观测数据的拟合优度看，考虑协变量的模型其 R^2 为 0.911，而不考虑协变量的模型其 R^2 仅为 0.515。

进一步，可以分析比较三种饲料在促进生猪体重增加上的具体差异。首先，对比三种饲料下体重增量的平均值(如表 6-15 所示)，分析可知：第一种饲料下增重最少，其次是第三种饲料，增重最多的是第二种，即第二种饲料最好，第一种饲料最不好，第二种和第三种饲料差距较小。

应注意到该结论是在没有排除协变量影响下的均值分析，合理的方式是对排除影响后的修正均值进行对比。这里，修正方法是

$$\bar{x}_i^* = \bar{x}_i - \hat{\beta}_1^* (\bar{z}_i - \bar{z}) \qquad (6.41)$$

式(6.41)中，$\bar{x}_i^*$ 为第 i 个水平下观测变量的修正均值；$\bar{x}_i$ 为修正前的均值；$\hat{\beta}_1^*$ 为前述

三条回归线的共同斜率；$\bar{z}_i$ 为第 i 个水平下协变量的均值；$\bar{z}$ 为协变量总的均值(喂养前体重的总均值为 19.25)。计算后三种饲料下体重的修正均值分别约为 94.95、99.5、82.175。表 6-16是在图 6-14 所示的窗口中单击[对比(N)]按钮进行均值对比检验后输出的内容，是排除协变量影响后各水平下增重的修正均值对比检验结果。

表 6-15　三种饲料下体重增量的基本描述量

被解释变量:喂养后体重增加

饲料种类	模型	标准差	N
1.00	81.7500	8.34523	8
2.00	98.0000	5.12696	8
3.00	96.8750	8.99901	8
Total	92.2083	10.54176	24

表 6-16(a)　生猪体重协方差分析的均值对比结果(第三种组为标准)

对比结果(K 矩阵)

饲料种类简单对比[a]			被解释变量 喂养后体重
级别 1 和级别 3	对比估算值		12.793
	假设值		0
	差分(估计-假设)		12.793
	标准误		3.409
	Sig.		.001
	差分的 95%置信区间	下限	5.682
		上限	19.904
级别 2 和级别 3	对比估算值		17.336
	假设值		0
	差分(估计-假设)		17.336
	标准误		2.409
	Sig.		.000
	差分的 95%置信区间	下限	12.310
		上限	22.361

a. 参考类别=3

表 6-16(b)　生猪体重协方差分析的均值对比结果(第一组为标准)

对比结果(K 矩阵)

饲料种类简单对比[a]			被解释变量 喂养后体重
级别 2 和级别 1	对比估算值		4.542
	假设值		0
	差分(估计-假设)		4.542
	标准误		2.095
	Sig.		.042
	差分的 95%置信区间	下限	.173
		上限	8.912
级别 3 和级别 1	对比估算值		−12.793
	假设值		0
	差分(估计-假设)		−12.793
	标准误		3.409
	Sig.		.001

续表

饲料种类简单对比[a]		被解释变量 喂养后体重
差分的 95%置信区间	下限	−19.904
	上限	−5.682

a. 参考类别＝1

表 6-16(a)和表 6-16(b)综合表明，第一种饲料比第三种饲料平均多重 12.793，第二种比第三种平均多重 17.336，第二种比第一种平均多重 4.52。第二种饲料最好，其次是第一种，第三种最不好。可见，该结论与上述分析结果不完全一致，第三种饲料最不好，且远不如第二种和第一种饲料。究其原因发现，第三组生猪喂养前的体重明显高于第一组。如果仅就增重分析，第三组的绝对量并不低于第一组，但如果相对于它们各自的身体情况(喂养前体重)来说，由于饲料的差异，第三组的增重速度并没有第一组高。

第 7 章　SPSS 的非参数检验

非参数检验是统计分析方法的重要组成部分，它与参数检验共同构成统计推断的基本内容。参数检验是在总体分布形式已知的情况下，对总体分布的参数如均值、方差等进行推断的方法。但是，在数据分析过程中，由于种种原因，人们往往无法对总体分布做简单假定，但又希望能从样本数据中获得尽可能多的信息，此时参数检验的方法就不再适用了。非参数检验正是一类基于这种考虑，在总体分布未知或知道甚少的情况下，利用样本数据对总体分布形态等进行推断的一类方法。由于非参数检验方法不涉及有关总体分布的参数，因而得名非参数检验。

SPSS 中的非参数检验方法主要涉及以下方面：

- 单样本非参数检验
- 两独立样本非参数检验
- 两配对样本非参数检验
- 多独立样本非参数检验
- 多配对样本非参数检验

其中，每个方面都包括若干种具体检验方法。这里，独立和配对的含义与参数检验中的完全一致，不再对其含义进行解释。

7.1　单样本的非参数检验

得到一批样本数据以后，往往希望了解样本来自的总体的分布是否与某个已知的理论分布相吻合。可以通过绘制样本数据的直方图、P-P 图、Q-Q 图等方法做粗略判断，还可以利用非参数检验的方法来实现。SPSS 单样本非参数检验正是对单个总体的分布类型等进行推断的方法，其中包括卡方检验、二项分布检验、K-S 检验以及变量值随机性检验等方法。

7.1.1　总体分布的卡方检验

总体分布的卡方检验是一种极为典型的对总体分布进行检验的非参数检验方法，可以解决以下类似的问题。

例如，医学家研究心脏病人猝死人数与日期的关系时发现，一周之中，星期一心脏病人猝死者较多，其他日子则基本相当，各天的比例近似为 2.8:1:1:1:1:1:1。现收集到心脏病人死亡日期的样本数据，需要推断其总体分布是否与上述理论分布相吻合。

在这类问题中，变量是分类型，对该类变量的总体分布检验往往采用卡方检验方法。

1. 卡方检验的基本思想

卡方检验方法可以根据样本数据，推断总体分布与期望分布或某一理论分布是否存在显著差异，是一种吻合性检验，通常适于对有多个分类值的分类型变量总体分布的分析。它的原假设 H_0 是样本来自的总体分布与期望分布或某一理论分布无显著差异。

卡方检验基本思想的理论依据是，如果从一个随机变量 X 中随机抽取若干个观测值，这

些观测值落在 X 的 k 个互不相交的子集中的观测频数服从一个多项分布，当 k 趋于无穷时这个多项分布近似服从卡方分布。基于这一思想，对变量 X 总体分布的检验可从对各个观测频数的分析入手。

在原假设成立的条件下，如果变量值落在第 i 子集中的理论概率值为 p_i，则相应的期望频数为 np_i(n 为样本容量)。由此计算出的期望频数分布代表了原假设成立时的理论分布。为检验实际分布与理论分布(期望分布)之间是否存在显著差异，可采用卡方检验统计量。典型的卡方统计量是 Pearson 卡方，其数学定义为

$$\chi^2 = \sum_{i=1}^{k} \frac{(f_i^{o} - f_i^{e})^2}{f_i^{o}} \tag{7.1}$$

式(7.1)中，k 为子集个数，f_i^{o} 为第 i 个子集的观测频数，f_i^{e} 为期望频数，χ^2 服从 $k-1$ 个自由度的卡方分布。可见，如果 χ^2 值较大，则说明观测频数分布与期望频数分布差距较大；反之，如果 χ^2 值较小，则说明观测频数分布与期望频数分布较接近。SPSS 将自动计算 χ^2 统计量的观测值，并依据卡方分布表计算观测值对应的概率 p 值。

如果概率 p 值小于显著性水平 α，则应拒绝原假设，认为样本来自的总体分布与期望分布或某一理论分布存在显著差异；反之，如果概率 p 值大于显著性水平 α，则不能拒绝原假设，可以认为样本来自的总体分布与期望分布或某一理论分布无显著差异。

2. 总体分布卡方检验的基本操作

SPSS 总体分布的卡方检验对数据组织格式没有特殊要求，只需定义一个存储各个变量值的 SPSS 变量即可。或者，定义一个存放变量值的 SPSS 变量和一个存放各变量值观测频数的变量，并指定该变量为加权变量。SPSS 总体分布的卡方检验的基本操作步骤如下。

(1)选择菜单【分析 →非参数检验 →旧对话框→卡方】，出现如图 7-1 所示的窗口。

(2)选定待检验的变量到【检验变量列表(T)】框中。

(3)在【期望全距】框选项中确定参与分析的观测值的范围，其中【从数据中获取(G)】表示所有观测数据都参与分析；【使用指定的范围(S)】表示只有在取值范围内的观测数据才参与分析。应指定范围的下限和上限。

(4)在【期望值】框中给出各理论概率 p_i 值。其中【所有类别相等(I)】表示所有子集的 p_i 都相同，即期望分布为均匀分布；【值(V)】框后可依次输入 p_i 值，并可单击 添加(A) 、更改(C) 、删除(R) 按钮对这些值进行增加、修改和删除。

图 7-1　总体分布的卡方检验窗口

至此，SPSS 将自动计算卡方统计量的观测值、概率 p 值和其他相关结果，并显示在查看器窗口中。

3. 总体分布卡方检验的应用举例

为研究上述心脏病人猝死人数与日期的关系，收集到了 168 个观测数据(SPSS 数据文件名：心脏病猝死. sav)，其中星期一至星期日的死亡人数依次为 55、23、18、11、26、20、15，并用数字1～7表示星期。现在利用这批样本数据，推断心脏病人猝死人数与日期的关系是否为 2.8∶1∶1∶1∶1∶1∶1。采用总体分布的卡方检验方法，操作窗如图 7-1 所示，分析结果如表 7-1所示。

表 7-1(a) 心脏病猝死卡方检验结果(一)

死亡日期

	观察数	期望数	残差
1.00	55	53.5	1.5
2.00	23	19.1	3.9
3.00	18	19.1	−1.1
4.00	11	19.1	−8.1
5.00	26	19.1	6.9
6.00	20	19.1	.9
7.00	15	19.1	−4.1
总数	168		

表 7-1(b) 心脏病猝死卡方检验结果(二)

检验统计量

	死亡日期
卡方	7.757
df	6
渐近显著性	.256

表 7-1(a)表明，168 个观测数据中，星期一至星期日实际死亡人数分别为 55 人、23 人、18 人、11 人、26 人、20 人、15 人；按照理论分布，168 人在一周各天死亡的期望频数应为 53.5、19.1、19.1、19.1、19.1、19.1、19.1；实际观测频数与期望频数的差分别为 1.5、3.9、−1.1、−8.1、6.9、0.9、−4.1。

表 7-1(b)是卡方统计量的观测值以及概率 p 值。如果显著性水平 α 是 0.05，由于概率 p 值大于显著性水平 α，因此不能拒绝原假设，认为样本来自的总体分布与指定的理论分布无显著差异，即心脏病人猝死人数与日期的关系基本是 2.8:1:1:1:1:1:1。

7.1.2 二项分布检验

1. 二项分布检验的基本思想

在现实生活中有很多数据的取值是二值的。例如，人群可以分成男性和女性；产品可以分成合格和不合格；学生可以分成三好学生和非三好学生；投掷硬币实验的结果可以分成正面朝上和反面朝上等。通常将这样的二值分别用 1 和 0 表示。如果进行 n 次相同的实验，则两类(1 或 0)出现的次数可以用离散型随机变量来描述。如果随机变量值取 1 代表“成功”，其概率设为 p，则随机变量值为 0 的概率 q 等于 $1-p$。多次独立实验成功次数变量 X 的分布为二项分布。

SPSS 的二项分布检验正是要通过样本数据检验样本来自的总体是否服从指定概率值为 p 的二项分布，其原假设 H_0 是样本来自的总体与指定的二项分布无显著差异。

SPSS 二项分布检验，在小样本中采用精确检验方法，对于大样本则采用近似检验方法。精确检验方法计算 n 次试验中“成功”出现的次数小于等于 x 次的概率，即

$$P\{X \leqslant x\} = \sum_{i=0}^{x} C_n^i p^i q^{n-i} \tag{7.2}$$

在大样本下，采用近似检验。因 X 服从均值为 np，方差为 $np(1-p)$ 的正态分布，采用 Z 检验统计量。在原假设成立下 Z 统计量近似服从正态分布，其数学定义为

$$Z = \frac{x \pm 0.5 - np}{\sqrt{np(1-p)}} \tag{7.3}$$

式(7.3)中进行了连续性校正，当 x 小于 np 时加 0.5，当 x 大于 np 时减 0.5。

SPSS 自动计算上述精确概率和近似概率值。如果概率值小于显著性水平 α，则拒绝原假设，认为样本来自的总体与指定的二项分布有显著差异；如果概率值大于显著性水平 α，则不能拒绝原假设，可以认为样本来自的总体与指定的二项分布无显著差异。

2. 二项分布检验的基本操作

SPSS 二项分布检验的基本操作步骤如下。

(1)选择菜单【分析→非参数检验→旧对话框→二项式】，出现如图 7-2 所示的窗口。

(2)选定待检验的变量到【检验变量列表(T)】框中。

(3)在【定义二分法】框中指定如何分类。如果检验变量为二值变量，则选【从数据中获取(G)】选项，且数据编辑器窗口中的第一条数据所在的类默认为“成功”；如果检验变量不是二值变量，可在【割点(C)】框后输入具体数值，小于等于该值的观测值为“成功”。

(4)在【检验比例(E)】框中输入二项分布的检验概率值 p。

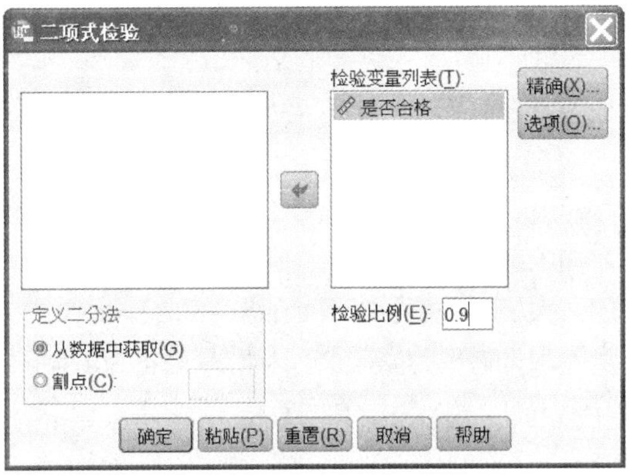

图 7-2　二项分布检验窗口

至此，SPSS 将自动检验“成功”的次数是否服从指定概率值的二项分布。

3. 二项分布检验的应用举例

为验证某批产品的合格品率是否低于 90%，现从该批产品中随机抽取 23 个样品进行检测并得到检测结果数据(SPSS 数据文件名：产品合格率. sav)。其中，1 表示合格品，0 表示不合格品。这里采用二项分布检验方法检验，具体操作如图 7-2 所示，分析结果见表 7-2。

表 7-2　产品合格率的二项分布检验

二项式检验

		类别	N	观察比例	检验比例	精确显著性(单侧)
是否合格	组 1	合格	19	.8	.9	.193[a]
	组 2	不合格	4	.2		
	总数		23	1.0		

a. 备择假设规定第一组中的安全比例小于 0.9.

表 7-2 表明，23 个样品中合格品为 19 个，不合格品为 4 个，合格品的实际比例为 0.8。检验值为 0.9。由于是小样本 SPSS 自动计算精确概率。如果合格率为 0.9，那么 23 个样品中合格品个数小于等于 19 个的概率值为 0.193。如果显著性水平 α 为 0.05，由于概率 p 值大于显著性水平 α，不应拒绝原假设，即没有充足理由认为合格品率低于 0.9。

7.1.3　单样本 K-S 检验

1. 单样本 K-S 检验的基本思想

K-S 检验是以俄罗斯数学家柯尔莫哥和斯米诺夫(Kolmogorov-Smirnov)名字命名的一种非参数检验方法。该方法能够利用样本数据推断样本来自的总体是否服从某一理论分布，是一种拟合优度的检验方法，适用于探索连续型随机变量的分布。

例如，收集一批周岁儿童身高的样本数据，推断周岁儿童总体的身高是否服从正态分布。

单样本 K-S 检验的原假设 H_0 是样本来自的总体与指定的理论分布无显著差异。在 SPSS 的理论分布主要包括正态分布、均匀分布、指数分布和泊松分布等。

单样本 K-S 检验的基本思路是：

- 首先，在原假设成立的前提下，计算各样本观测值 x_i 在理论分布中的累计概率值$F(x_i)$；
- 其次，计算各样本观测值的实际累计概率值即经验累计分布 $S(x_i)$；计算实际累计概率值与理论累计概率值的差 $D(x_i)$；
- 最后，计算差值中的最大绝对差值，即 $D=\max(|S(x_i)-F(x_i)|)$。D 统计量也称为 K-S 统计量。通常，由于实际累计概率为离散值，因此 D 修正为 $D=\max(|S(x_{i-1})-F(x_i)|)$。

大样本下，当原假设成立时，$\sqrt{n}D$ 近似服从 Kolmogorov-Smirnov 分布，分布函数记为 $K(x)$。当 D 小于 0 时，$K(x)$为 0；当 D 大于 0 时，$K(x)=\sum_{j=-\infty}^{\infty}(-1)^j\exp(-2j^2x^2)$。显而易见，如果样本总体的分布与理论分布差异不明显，那么 D 不应较大。如果 D 统计量的概率 p 值小于显著性水平 α，也即$\sqrt{n}D$ 大于原假设下显著性水平为 α 时的临界值 K_α，则应拒绝原假设，认为样本来自的总体与指定的分布有显著差异；如果 D 统计量的概率 p 值大于显著性水平 α，则不能拒绝原假设，认为样本所来自的总体与指定的分布无显著差异。SPSS 会给出 $\sqrt{n}D$ 和大样本下的概率 p 值。

2. 单样本 K-S 检验的基本操作

SPSS 单样本 K-S 检验的基本操作步骤如下。

(1)选择菜单【分析→非参数检验→旧对话框→1-样本 K-S】，出现如图 7-3 所示的窗口。

(2)选择待检验的变量到【检验变量列表(T)】框中。

(3)在【检验分布】框中选择理论分布，其中【常规】为正态分布，【相等】为均匀分布，还包括泊松分布和指数分布。

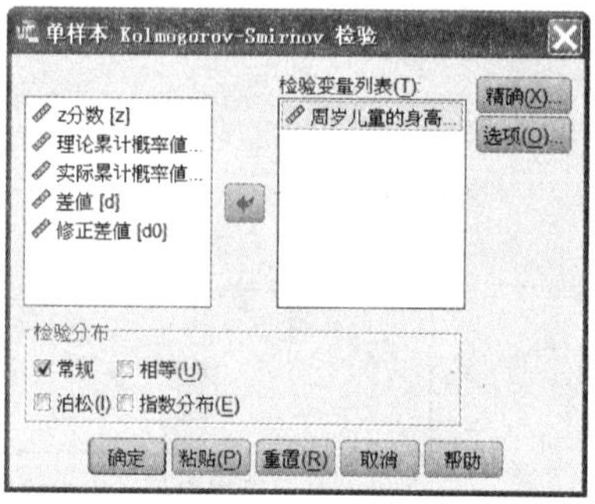

图 7-3　单样本 K-S 检验窗口

至此，SPSS 将自动计算 K-S 检验统计量的观测值和概率 p 值，并将结果输出到查看器窗口中。

3. 单样本 K-S 检验的应用举例

利用收集到的 21 名周岁儿童身高的样本数据(SPSS 数据文件名：儿童身高. sav)，利用

K-S 方法检验周岁儿童身高的总体是否服从正态分布。根据上述 K-S 方法的基本思路，计算过程如表 7-3 所示。

表 7-3　周岁儿童身高总体 K-S 检验计算过程

变量值 x	Z 分数	理论累计概率 $F(x)$	实际累计概率 $S(x)$	差值 $D(x)$	修正差值
64	−1.9749	0.0241	0.0476	0.0235	
68	−0.9695	0.1661	0.1905	0.0243	−0.1185
68	−0.9695	0.1661	0.1905	0.0243	0.0244
68	−0.9695	0.1661	0.1905	0.0243	0.0244
69	−0.7181	0.2363	0.2381	0.0018	−0.0458
70	−0.4668	0.3203	0.381	0.0606	−0.0822
70	−0.4668	0.3203	0.381	0.0606	0.0607
70	−0.4668	0.3203	0.381	0.0606	0.0607
71	−0.2154	0.4147	0.619	0.2043	−0.0337
71	−0.2154	0.4147	0.619	0.2043	0.2043
71	−0.2154	0.4147	0.619	0.2043	0.2043
71	−0.2154	0.4147	0.619	0.2043	0.2043
71	−0.2154	0.4147	0.619	0.2043	0.2043
72	0.0359	0.5143	0.6667	0.1523	0.1047
73	0.2873	0.613	0.7143	0.1012	0.0537
74	0.5386	0.7049	0.7619	0.057	0.0094
75	0.79	0.7852	0.8095	0.0243	−0.0233
76	1.0413	0.8511	0.8571	0.006	−0.0416
78	1.544	0.9387	0.9048	−0.0339	−0.0816
79	1.7954	0.9637	0.9524	−0.0113	−0.0589
80	2.0467	0.9797	1	0.0203	−0.0273

具体操作过程如图 7-3 所示。分析结果如表 7-4 所示。

表 7-4　周岁儿童身高总体的 K-S 检验结果

单样本 Kolmogorov-Smirnov 检验

		周岁儿童的身高
N		21
正态参数[a,b]	均值	71.8571
	标准差	3.97851
最极端差别	绝对值	.204
	正	.204
	负	−.119
Kolmogorov-Smirnov Z		.936
渐近显著性(双侧)		.344

a. 检验分布为正态分布。

b. 根据数据计算得到。

表 7-4 表明，样本均值为 71.8574，标准差为 3.9785。最大绝对差值为 0.204，正差极值为 0.204，负差极值为−0.119。SPSS 自动计算输出了$\sqrt{n}D$(0.936)和概率 p 值(0.344)。如

果显著性水平 α 为 0.05，由于概率 p 值大于显著性水平，因此不能拒绝原假设，没有充分理由推翻周岁儿童身高的总体分布为正态分布的假设。

7.1.4 变量值随机性检验

1. 变量值随机性检验的基本思想

变量值随机性检验通过对样本观测值的分析，实现对总体变量值的出现是否为随机的检验。

例如，在投硬币时，如果以 1 表示正面朝上，以 0 表示反面朝上。在进行了若干次投币后，将会得到一个以 1、0 组成的值序列。这时可能会有"硬币正反面朝上是否是随机"这样的问题。

变量值随机性检验正是解决这类问题的一个有效方法。它的原假设 H_0 是总体中变量值的出现是随机的。

变量值随机性检验的重要依据是游程。所谓游程(Run)是观测值序列中连续出现相同值的次数。例如，如果 28 次投掷硬币出现正反两面的观测值序列为 1011011010011000101010000111，那么它的游程数为 17。可以直观理解，如果硬币的正反面出现是随机的，那么在该序列中，许多个 1 或许多个 0 连续出现的可能性不会太大，同时，1 和 0 频繁交叉出现的可能性也会较小。因此，游程数太大或太小都表明变量取值存在不随机的可能。

SPSS 单样本变量值随机性检验中，利用游程数构造检验统计量。如果设 n_1 为出现 1 的个数，n_2 为出现 0 的个数，当 n_1、n_2 较大时，游程近似服从正态分布。检验统计量：$Z=\frac{r-\mu_r}{\sigma_r}$。其中，$r$ 为游程数，$\mu_r=\frac{2n_1n_2}{n_1+n_2}+1$，方差为 $\sigma_r^2=\frac{2n_1n_2(2n_1n_2-n_1-n_2)}{(n_1+n_2)^2(n_1+n_2-1)}$。近似服从正态分布。

SPSS 将自动计算 Z 统计量的观测值和概率 p 值。如果概率 p 值小于给定的显著性水平 α，则应拒绝原假设，认为变量值的出现不是随机的；如果概率 p 值大于给定的显著性水平 α，则不能拒绝原假设，可以认为变量值的出现是随机的。

通常，样本量小于 50 时，SPSS 将给出连续性校正的 Z 统计量。当 $r-\mu_r$ 大于 0 时，$Z=\frac{r-\mu_r-0.5}{\sigma_r}$；当 $r-\mu_r$ 小于等于 0 时，$Z=\frac{r-\mu_r+0.5}{\sigma_r}$。

2. 变量值随机性检验的基本操作

SPSS 变量值随机性检验的基本操作步骤如下。

(1)选择菜单【分析→非参数检验→旧对话框→游程】，出现如图 7-4 所示的窗口。

(2)选择待检验的变量到【检验变量列表(T)】框中。

(3)在【割点】框中确定计算游程数的分界值。包括以样本的中位数、众数、均值为分界值；【设定】表示以用户输入的值为分界值。SPSS 将小于分界值的所有变量值作为一组，将大于或等于分界值的所有变量值作为另一组，并由此计算游程数。

至此，SPSS 将自动计算游程数、检验统计量的观测值和概率 p 值，并将结果输出到查看器窗口中。

3. 变量值随机性检验的应用举例

为检验某耐压设备在某段时间内工作是否持续正常，测试并记录下该时间段内各个时间点上设备耐压的数据(SPSS 数据文件名：电缆耐压. sav)。现采用游程检验方法对这批数据进行分析。如果耐压数据的变动是随机的，可认为该设备工作一直正常，否则认为该设备有不正常工作的现象。

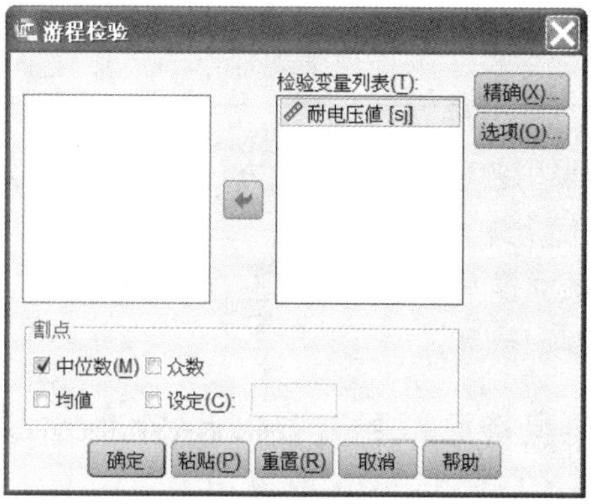

图 7-4　变量值随机性检验窗口

具体操作如图 7-4 所示，指定以中位数作为分界值，分析结果如表 7-5 所示。

表 7-5　设备工作是否正常的游程检验结果

游程检验

	耐电压值
检验值[a]	204.55
案例<检验值	10
案例>=检验值	10
案例总数	20
Runs 数	13
Z	.689
渐近显著性(双侧)	.491

a. 中值

在表 7-5 中，分界值(这里是中位数)为 204.55，共有 20 个观测值。小于和大于分界值的样本数各 10 个。游程数为 13，连续性校正的检验统计量的观测值为 0.689，对应的概率 p 值为 0.491。如果显著性水平 α 为 0.05，由于概率 p 值大于显著性水平 α，因此不应拒绝原假设，可以认为该设备在这段时间内工作是基本正常的。

7.2　两独立样本的非参数检验

对两个总体分布未知的总体，比较它们的位置差异也是非参数检验的主要任务之一。两独立样本的非参数检验正是在对总体分布不甚了解的情况下，通过对两组独立样本的分析，推断样本来自的两个总体的分布等是否存在显著差异的方法。独立样本是指在一个总体中随机抽样对在另一个总体中随机抽样没有影响的情况下所获得的样本。

例如，某工厂用甲乙两种不同的工艺生产同一种产品。如果希望检验两种工艺下产品的使用寿命是否存在显著差异，可从两种工艺生产出的产品中随机抽样，得到各自的使用寿命数据。具体数据如表 7-6 所示。

表7-6　两种不同工艺下产品的使用寿命数据

工艺	使用寿命样本值
甲工艺(1)	675, 682, 692, 679, 669, 661, 693
乙工艺(2)	662, 649, 672, 663, 650, 651, 646, 652

对表7-6中的数据，可采用各种非参数检验方法进行检验，判断它们的分布是否存在显著差异，进而对两种工艺的优劣进行评价。

SPSS中提供了多种两独立样本的非参数检验方法，其中包括曼-惠特尼U检验、K-S检验、W-W游程检验、极端反应检验等。

7.2.1　两独立样本的曼-惠特尼U检验(Mann-Whitney U)

1. 两独立样本曼-惠特尼U检验的基本思想

两独立样本的曼-惠特尼U检验可用于对两总体分布的比较判断。其原假设H_0是两组独立样本来自的两总体分布无显著差异。曼-惠特尼U检验通过对两个样本平均秩的研究实现推断。秩简单说就是变量值排序的位次。可将数据按值升序排列，每个变量值都会有一个在整个变量值序列中的位置或位次，这个位置或位次就是变量值的秩。变量值有几个，对应的秩便有几个。

曼-惠特尼U检验的基本步骤是：

- 首先，将两个样本数据$(X_1,X_2,\cdots,X_m)$和$(Y_1,Y_2,\cdots,Y_n)$混合并按升序排序，得到每个观测数据各自的秩R_i。
- 分别对样本$(X_1,X_2,\cdots,X_m)$和$(Y_1,Y_2,\cdots,Y_n)$的秩求平均，得到两个平均秩W_X/m和W_Y/n，其中W_X、W_Y称为秩和统计量。比较两个平均秩的差。显而易见，如果两个平均秩W_X/m和W_Y/n相差甚远，应是一个样本的秩普遍偏小，另一个样本的秩普遍偏大，也就是一个样本的值普遍偏小，另一个样本的值普遍偏大。此时原假设很可能是不成立的。
- 计算样本$(X_1,X_2,\cdots,X_m)$每个秩先于样本$(Y_1,Y_2,\cdots,Y_n)$每个秩的个数U_1，以及样本$(Y_1,Y_2,\cdots,Y_n)$每个秩先于样本$(X_1,X_2,\cdots,X_m)$每个秩的个数U_2。即$U_1=W_X-1/2m(m+1)$，$U_2=W_Y-1/2n(n+1)$，且$U_1+U_2=m\times n$。对U_1和U_2进行比较。显而易见，如果U_1和U_2相差较大，则可以怀疑原假设的真实性。
- 计算Wilcoxon W统计量。Wilcoxon W为上述U_1和U_2中较小者所对应的秩和。
- 计算曼-惠特尼U统计量。曼-惠特尼U是在Wilcoxon W之后提出的与Wilcoxon W有直接关系的统计量。曼-惠特尼U统计量为

$$U=W-\frac{1}{2}k(k+1) \tag{7.4}$$

式(7.4)中，W值即为Wilcoxon W，k为W对应秩和所在组的样本量。在小样本下，U统计量服从Mann-Whitney分布。SPSS自动计算出U统计量的观测值和概率p值。在大样本下，U统计量近似服从正态分布，计算方法是

$$Z=\frac{U-\frac{1}{2}mn}{\sqrt{\frac{1}{12}mn(m+n+1)}} \tag{7.5}$$

SPSS 将自动计算 Z 统计量的观测值和概率 p 值。

在小样本下，依据 U 统计量的概率 p 值进行决策；在大样本下，则依据 Z 统计量的概率 p 值进行决策。如果概率 p 值小于给定的显著性水平 α，则拒绝原假设，认为样本来自的两总体的分布存在显著差异；相反，如果概率 p 值大于给定的显著性水平 α，则不能拒绝原假设，可以认为样本来自的两总体的分布无显著差异。

2. 两独立样本的曼-惠特尼 U 检验的计算示例

对上面提到的产品寿命比较的问题(表 7-6 数据)，用两独立样本的曼-惠特尼 U 检验方法进行分析，具体计算过程如表 7-7 所示。

表 7-7　两种工艺下产品寿命的曼-惠特尼 U 检验过程

混合排序后的样本数据	组标记	秩
646.00	2.00	1
649.00	2.00	2
650.00	2.00	3
651.00	2.00	4
652.00	2.00	5
661.00	1.00	6
662.00	2.00	7
663.00	2.00	8
669.00	1.00	9
672.00	2.00	10
675.00	1.00	11
679.00	1.00	12
682.00	1.00	13
692.00	1.00	14
693.00	1.00	15

由表 7-7 可得，第一个样本的样本容量 m 为 7，秩和 W_X 为 80，平均秩 W_X/m 为 11.43；第二个样本的样本容量 n 为 8，W_Y 秩和为 40，平均秩 W_Y/n 为 5。W 统计量应为 W_Y，依照式(7.4)和式(7.5)计算得到的 U、Z 统计量分别为 4、-2.777。

7.2.2　两独立样本的 K-S 检验

1. 两独立样本 K-S 检验的基本思想

K-S 检验不仅能够检验单个总体的分布是否服从某一理论分布，还能够检验两总体的分布是否存在显著差异。其原假设 H_0 是两独立样本来自的两总体的分布无显著差异。

两独立样本 K-S 检验的基本思想与前面讨论的单样本 K-S 检验的基本思想大体一致。主要差别在于：这里是以变量值的秩作为分析对象，而非变量值本身。

- 首先，将两样本混合并按升序排序。
- 然后，分别计算两样本秩的累计频数和累计频率。

- 最后，计算两累计频率差的绝对值，得到累计频率绝对差序列并得到 D 统计量(同单样本的 K-S 检验，但无须修正)。

SPSS 中将自动计算在大样本下的$\frac{1}{2}\sqrt{n}D$ 的观测值和概率 p 值。如果概率 p 值小于给定的显著性水平 α，则应拒绝原假设，认为两总体的分布有显著差异；反之，如果概率 p 值大于给定的显著性水平 α，则不能拒绝原假设，可以认为两总体的分布无显著差异。

2. 两独立样本 K-S 检验的计算示例

对上面提到的产品寿命比较的问题(表 7-6 数据)，用两独立样本的 K-S 检验方法进行分析，具体计算过程如表 7-8 所示。

表 7-8　两种工艺下产品寿命的 K-S 检验过程

混合排序后的样本数据	组标记	甲工艺累计频数	乙工艺累计频数	甲工艺累计频率	乙工艺累计频率	累计频率差
646	2.00	0	1	0	0.125	0.125
649	2.00	0	2	0	0.25	0.25
650	2.00	0	3	0	0.375	0.375
651	2.00	0	4	0	0.5	0.5
652	2.00	0	5	0	0.625	0.625
661	1.00	1	5	0.143	0.625	0.482
662	2.00	1	6	0.143	0.75	0.607
663	2.00	1	7	0.143	0.875	0.732
669	1.00	2	7	0.286	0.875	0.589
672	2.00	2	8	0.286	1	0.714
675	1.00	3	8	0.429	1	0.571
679	1.00	4	8	0.571	1	0.429
682	1.00	5	8	0.714	1	0.286
692	1.00	6	8	0.857	1	0.143
693	1.00	7	8	1	1	0

由表 7-7 可得，最大绝对值差为 0.732。

7.2.3　两独立样本的游程检验(Wald-Wolfwitz Runs)

1. 两独立样本游程检验的基本思想

单样本游程检验用来检验变量值的出现是否随机，而两独立变量的游程检验则用来检验两独立样本来自的两总体的分布是否存在显著差异。其原假设 H_0 是两独立样本来自的两总体的分布无显著差异。

两独立样本的游程检验与单样本游程检验的思想基本相同，不同的是计算游程数的方法。两独立样本的游程检验中，游程数依赖于变量的秩。

- 首先，将两样本混合并按升序排序。在变量值排序的同时，对应的组标记值也会随之重新排列。
- 然后，对组标记值序列按前面讨论的计算游程的方法计算游程数。容易理解，如果两总体的分布存在较大差距，那么基于组标记的游程数会相对较少；如果基于组标记的游程数比较大，则应是两样本值充分混合的结果，两总体的分布不存在显著差异。

● 根据游程数据计算 Z 统计量，该统计量近似服从正态分布。

$$Z=\frac{r-\frac{2n_1n_2}{n_1+n_2}-1}{\sqrt{\frac{2n_1n_2(2n_1n_2-(n_1+n_2))}{(n_1+n_2)^2(n_1+n_2-1)}}} \tag{7.6}$$

其中，r 为游程数，n_1，n_2 分别为两个样本量。SPSS 将自动计算 Z 统计量(小样本下为连续性校正的 Z 统计量)的观测值和概率 p 值。如果概率 p 值小于给定的显著性水平 α，则应拒绝原假设，认为两总体的分布存在显著差异；反之，如果概率 p 值大于给定的显著性水平 α，则不能拒绝原假设，可以认为两总体的分布无显著差异。这是个单侧检验问题。

2. 两独立样本游程检验的计算示例

对上面提到的产品寿命比较的问题(表 7 6 数据)，用两独立样本的游程检验方法进行分析，具体计算过程如表 7-9 所示。

表 7-9　两种工艺下产品寿命的游程检验过程

混合排序后的样本数据	组标记	混合排序后的样本数据	组标记
646	2	669	1
649	2	672	2
650	2	675	1
651	2	679	1
652	2	682	1
661	1	692	1
662	2	693	1
663	2		

由表 7-9 可得，基于组标记的游程数为 6。

需说明的是，如果两样本中有相同的变量值，则样本排序的前后次序将会反映在游程数中。此时，SPSS 会给出相应的提示信息。

7.2.4　极端反应检验(Moses Extreme Reactions)

1. 极端反应检验的基本思想

极端反应检验从另一个角度检验两独立样本所来自的两总体分布是否存在显著差异。其原假设 H_0 是两独立样本来自的两个总体的分布无显著差异。

极端反映检验的基本思想是，将一个样本作为控制样本，另一个样本作为实验样本。以控制样本作为对照，检验实验样本相对于控制样本是否出现了极端反应。这里所谓的极端反应是指控制样本和实验样本的极值存在显著差异。如果没有出现极端反应，则不能拒绝原假设，可以认为两总体分布无显著差异；相反，如果存在极端反应，则认为两总体分布存在显著差异。具体分析过程是：

● 首先，将两样本混合按升序排序。

● 然后，求出控制样本的最小秩 Q_{min} 和最大秩 Q_{max}，并计算出跨度(Span)$S=Q_{max}-Q_{min}+1$。

● 为消除样本数据中极端值对分析结果的影响，在计算跨度之前可按比例(通常为 5%)去除控制样本中 $2h$ 个靠近两端的观测值，然后再求跨度，得到截头跨度。

极端反应检验注重对跨度和截头跨度的分析。显而易见，如果跨度或截头跨度较小,则是两样本数据无法充分混合，一个样本值显著大于另一个样本值的结果，可以认为相对控制样本，实验样本出现了极端反应，样本来自的两总体分布存在显著差异；相反，如果跨度或截头跨度较大,则应是两个样本数据充分混合，一个样本值没有显著大于另一个样本值的结果，可以认为相对控制样本，实验样本没有出现极端反应，样本来自的两总体分布没有显著差异。

针对跨度或截头跨计算以下精确概率：

$$p(s \leqslant S) = \frac{\sum_{i=0}^{g}\left[C_{i+n_1-2h-2}^{i} \cdot C_{n_2+2h+1-i}^{n_2-i}\right]}{C_{n_1+n_2}^{n_1}} \tag{7.7}$$

式(7.7)中，n_1，n_2 依次为控制样本和实验样本的样本量，$g=S-n_1+2h$；$2h$ 为计算截头跨度时剔除样本的样本量。计算跨度时 $h=0$。这是个单侧检验问题。如果概率 p 值小于给定的显著性水平 α，则应拒绝原假设，认为两独立样本来自的两总体的分布存在显著差异；如果概率 p 值大于给定的显著性水平 α，则不能拒绝原假设，可以认为两独立样本来自的两总体的分布不存在显著差异。

2. 极端反应检验的计算示例

对上面提到的产品寿命比较的问题(表 7-6 数据)，用极端反应检验方法进行分析，组标记为 1 的设为控制样本组，2 为实验样本组。具体计算过程如表 7-10 所示。

表 7-10 两种工艺下产品寿命的极端反应检验过程

样本值	646	649	650	651	652	661	662	663	669	672	675	679	682	692	693
组标记	2	2	2	2	2	1	2	2	1	2	1	1	1	1	1
秩	1	2	3	4	5	6	7	8	9	10	11	12	13	14	15
去除极端值后的秩	1	2	3	4	5		6	7	8	9	10	11	12	13	

由表 7-10 可知，跨度为 10=15－6+1，截头跨度为 6=13－8+1。

7.2.5 两独立样本非参数检验的基本操作

在利用 SPSS 进行两独立样本的非参数检验之前，应首先按规定的格式组织好数据。这里应设置两个变量：一个变量存放样本值，另一个存放组标记值。SPSS 两独立样本非参数检验的基本操作步骤如下。

(1)选择菜单【分析→非参数检验→旧对话框→2 个独立样本】，出现如图 7-5 所示的窗口。

(2)选择待检验的变量到【检验变量列表(T)】框中。

(3)指定存放组标志的变量到【分组变量(G)】框，并单击 定义组(D) 按钮给出两个组标志值。

(4)在【检验类型】框中选择采用哪种检验方法。

至此,SPSS 将根据用户的选择进行检验，并将分析结果输出到查看器窗口中。

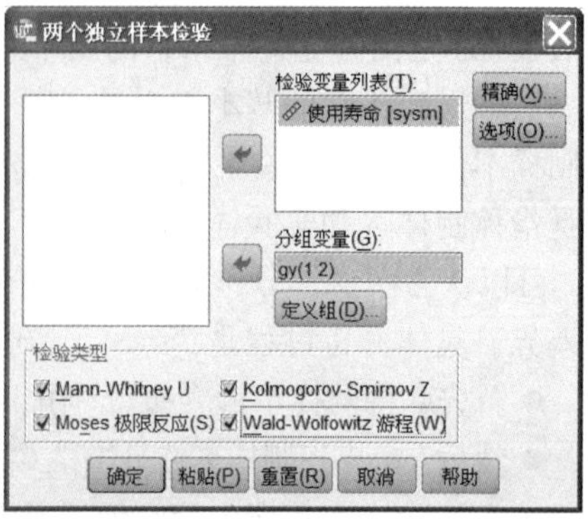

图 7-5 两独立样本非参数检验窗口

7.2.6　两独立样本非参数检验的应用举例

从甲乙两种不同工艺生产出来的产品中随机选取若干个观测数据(SPSS 数据文件名：产品使用寿命.sav)，分析两种工艺产品的使用寿命是否存在显著差异。由于对产品使用寿命的分布没有明确的把握，因此可采用非参数检验的方法进行分析。这里涉及了两个独立样本，采用两独立样本的非参数检验方法，并分别选择上述四种方法进行分析，具体操作如图 7-5所示，分析结果如表 7-11 所示。

● 曼-惠特尼 U 检验结果

由表 7-11(a)和 7-11(b)可知，从甲、乙两种工艺中分别抽取了 7 个和 8 个观测数据，两个秩和分别为 80 和 40；W 统计量应取乙种工艺的秩和 W_Y，U、Z 统计量分别为 4、−2.777。由于是小样本，因此计算 U 统计量的精确概率。如果显著性水平 α 为 0.05，由于概率 p 值小于显著性水平 α，因此应拒绝原假设，认为甲乙两种工艺下产品使用寿命的分布存在显著差异。

表 7-11(a)　两种工艺下产品使用寿命的曼-惠特尼 U 检验结果(一)

秩

	使用工艺	N	秩均值	秩和
使用寿命	甲种工艺	7	11.43	80.00
	乙种工艺	8	5.00	40.00
	总数	15		

表 7-11(b)　两种工艺下产品使用寿命的曼-惠特尼 U 检验结果(二)

检验统计量

	使用寿命
Mann-Whitney U	4.000
Wilcoxon W	40.000
Z	−2.777
渐近显著性(双侧)	.005
精确显著性[2 * (单侧显著性]	.004[a]

● 两独立样本的 K-S 检验结果

由表 7-11(c)可知，甲乙两种工艺下产品使用寿命的累计概率的最大绝对差为 0.732。$\frac{1}{2}\sqrt{n}D$ 的观测值为 1.415，概率 p 值为 0.037。如果显著性水平 α 为 0.05，由于概率 p 值小于显著性水平 α，因此应拒绝原假设，认为甲乙两种工艺下产品寿命的分布存在显著差异。

表 7-11(c)　两种工艺下产品使用寿命的 K-S 检验结果

检验统计量

		使用寿命
最极端差别	绝对值	.732
	正	.732
	负	.000
Kolmogorov-Smirnov Z		1.415
渐近显著性(双侧)		0.037

a. Grouping Variable:使用工艺

● 两独立样本的游程检验结果

由表 7-11(d)可知，甲乙两种工艺下产品使用寿命秩的游程数为 6，根据游程计算的 Z 统计量观测值为－1.059，对应的单侧概率 p 值为 0.149。如果显著性水平 α 为 0.05，由于概率 p 值大于显著性水平 α，不应拒绝原假设，认为甲乙两种工艺下产品寿命的分布无显著差异。

表 7-11(d)　两种工艺下产品使用寿命的游程检验结果

检验统计量

	Runs 数	Z	精确显著性(单侧)
使用寿命　精确的 Runs 数	6	－1.059	.149

● 极端反应检验结果

由表 7-11(e)可知，跨度和截头跨度(表中称修正的控制组跨度，其剔除了 2 个观测)分别为 10 和 6。两种情况下的概率分别为 0.084 和 0.1。如果显著性水平 α 为 0.05，无论是否剔除极端值，都可得出不能拒绝原假设的结论，即甲乙两种工艺下产品使用寿命的分布无显著差异。

表 7-11(e)　两种工艺下产品使用寿命的极端反应检验结果

检验统计量

		使用寿命
控制组观察跨度		10
	显著性(单侧)	.084
修正的控制组跨度		6
	显著性(单侧)	.100
从每个末端修整的离群者		1

从上面的分析可以看出，不同分析方法对同一批数据的分析，其结论可能不尽相同。一方面说明分析过程中对数据进行反复的探索性分析是极为必要的，另一方面也应注意不同方法侧重点上的差异性。

7.3　多独立样本的非参数检验

多独立样本的非参数检验是通过分析多个独立样本数据，推断样本来自的多个总体的中位数或分布是否存在显著差异。多个独立样本是指按独立抽样方式获得的多个样本。

例如，希望对北京、上海、成都、广州四个城市的周岁儿童的身高进行比较分析。采用独立抽样方式获得四个独立样本。具体数据如表 7-12 所示。

表 7-12　四城市周岁儿童身高样本数据

城市	身高样本数据
北京(1)	79.00，75.00，78.00，76.00，72.00
上海(2)	72.00，71.00，74.00，74.00，73.00
成都(3)	76.00，78.00，78.00，77.00，75.00
广州(4)	70.00，72.00，71.00，71.00，69.00

SPSS 提供的多独立样本非参数检验的方法主要包括中位数检验、Kruskal-Wallis 检验、Jonkheer-Terpstra 检验。

7.3.1　中位数检验

1. 中位数检验的基本思想

中位数检验通过对多个独立样本的分析，检验它们来自的总体的中位数是否存在显著差异。其原假设 H_0 是多个独立样本来自的多个总体的中位数无显著差异。

中位数检验的基本思想是，如果多个总体的中位数无显著差异，或者说多个总体有共同的中位数，那么这个共同的中位数在各样本中均应处在中间位置。于是，每个样本中大于该中位数或小于该中位数的样本量应大致相同。分析的基本步骤是：

- 首先，将多个样本混合按升序排序，并求出混合样本的中位数。
- 分别计算各样本中大于和小于上述中位数的样本量，形成如表 7-13 所示的列联表。
- 利用卡方检验方法分析各样本来自的总体对于上述中位数的分布是否一致。显而易见，如果各组中大于(或小于)上述中位数的样本比例大致相同，可认为多个样本有共同的中位数，它们来自的总体的中位数无显著差异；反之，如果各组中大于(或小于)上述中位数的样本比例相差较大，则可以认为各组样本的中位数不全相同，它们来自的总体的中位数存在显著差异。

表 7-13　多个独立样本的中位数检验的列联表

	第一个样本	第二个样本	…	第 k 个样本	合计
大于共同中位数					
小于等于共同中位数					
合计					

在表 7-13 基础上依据式(7.8)构造卡方检验统计量

$$\chi^2=\sum_{i}^{2}\sum_{j=1}^{k}\frac{(f_{ij}^{\mathrm{o}}-f_{ij}^{\mathrm{e}})^2}{f_{ij}^{\mathrm{e}}} \tag{7.8}$$

式中，f^{o},f^{e} 分别为观测频数和期望频数。卡方统计服从(2－1)×(k－1)个自由度的卡方分布。SPSS 将自动计算卡方统计量的观测值和概率 p 值。如果概率 p 值小于给定的显著性水平 α，则应拒绝原假设，认为多个独立样本来自的多个总体的中位数存在显著差异；反之，如果概率 p 值大于给定的显著性水平 α，则不能拒绝原假设，可以认为样本来自的多个总体的中位数不存在显著差异。

2. 中位数检验的计算示例

对上面四城市周岁儿童身高的比较问题(表 7-12 数据)，利用多个独立样本的中位数检验进行分析。具体计算过程如表 7-14 所示。

对样本数据混合排序后，得到共同的中位数 74。

在表 7-14 中，每个单元格中的数据分别为实际观测频数和期望频数，根据式(7.8)计算出的卡方统计量为 16.768。

表 7-14　四城市周岁儿童身高的中位数检验过程

	北京	上海	成都	广州	合计
大于 74	4 2.25	0 2.25	5 2.25	0 2.259	9
小于等于 74	1 2.75	5 2.75	0 2.75	5 2.75	11
合计	5	5	5	5	20

7.3.2　多独立样本的 Kruskal-Wallis 检验

1. 多独立样本的 Kruskal-Wallis 检验的基本思想

多独立样本的 Kruskal-Wallis 检验实质是两独立样本的曼-惠特尼检验在多个独立样本下的推广，用于检验多个总体的分布是否存在显著差异。其原假设 H_0 是多个独立样本来自的多个总体的分布无显著差异。

多独立样本 Kruskal-Wallis 的基本思想是：

- 首先，将多个样本数据混合并按升序排序，求出各变量值的秩。
- 考察各组秩的均值是否存在显著差异。显而易见，如果各组秩的均值不存在显著差异，则是多组数据充分混合，数值相差不大的结果，可以认为多个总体的分布无显著差异；反之，如果各组秩的均值存在显著差异，则是多组数据无法充分混合，某些组的数值普遍偏大，另一些组的数值普遍偏小结果，可以认为多个总体的分布有显著差异。

为研究各组秩的差异，可借鉴方差分析方法。方差分析认为，各样本组秩的总变差一方面源于不同样本组之间的差异(组间差)，另一方面源于各样本组内的抽样误差(组内差)。如果各样本组秩的总变差的大部分可由组间差解释，则表明各样本组的总体分布存在显著差异；反之，如果各样本组秩的总变差的大部分不能由组间差解释，则表明各样本组的总体分布没有显著差异。基于这种基本思路可以构造 $K\text{-}W$ 检验统计量，即$K\text{-}W=\frac{\text{秩的组间平方和}}{\text{秩总离差平方和的平均}}$。其中，组间平方为$\sum_{i=1}^{k} n_i(\frac{R_i}{n_i}-\frac{n+1}{2})^2$($k$ 为样本组数，R_i为第 i 组的秩合，n_i为第 i 组的样本量，n 为总样本量)，秩总离差平方和的平均为$\frac{1}{n}\sum_{i=1}^{k}\sum_{j=1}^{n_i}(R_{ij}-\frac{n+1}{2})^2=\frac{n(n+1)}{12}$，于是得到式(7.9)

$$K\text{-}W=\frac{12}{n(n+1)}\sum_{i}^{k}n_i(\bar{R}_i-\bar{R})^2 \tag{7.9}$$

式中，k 表示样本组数；n 为总样本量；n_i 为各样本组的样本量；$\bar{R}_i$ 为第 i 组的平均秩，等于$\frac{R_i}{n_i}$，$\bar{R}$ 为总平均秩，等于$\frac{n+1}{2}$。$K\text{-}W$ 统计量服从 Kruskal-Wallis 分布。当样本组个数 k 较大时(通常大于 3)，$K\text{-}W$ 近似服从($k-1$)个自由度的卡方分布。

SPSS 将自动计算 $K\text{-}W$ 统计量的观测值和概率 p 值。如果概率 p 值小于给定的显著性水平 α，则应拒绝原假设，认为多个独立样本来自的多个总体的分布存在显著差异；相反，如果概率 p 值大于给定的显著性水平 α，则不能拒绝原假设，可以认为多个独立样本来自的多个总体的分布不存在显著差异。

2. 多独立样本 Kruskal-Wallis 检验的计算示例

对上面四城市周岁儿童身高的比较问题(表 7-12 数据)，利用多独立样本的 Kruskal-Wallis 检验进行分析。具体计算过程如表 7-15 所示。

表 7-15　四城市周岁儿童身高的 Kruskal-Wallis 检验过程

混合排序后的样本数据	组标记	秩
69.00	4.00	1
70.00	4.00	2
71.00	2.00	4
71.00	4.00	4
71.00	4.00	4
72.00	1.00	7
72.00	2.00	7
72.00	4.00	7
73.00	2.00	9
74.00	2.00	10.5
74.00	2.00	10.5
75.00	1.00	12.5
75.00	3.00	12.5
76.00	1.00	14.5
76.00	3.00	14.5
77.00	3.00	16
78.00	1.00	18
78.00	3.00	18
78.00	3.00	18
79.00	1.00	20

在表 7-15 中，有一些秩相同，称之为“打结”。对此 SPSS 中通常以平均秩来处理。例如，取值为 71 的观察值有三个，按照正常的排序顺序其秩应分别为 3、4、5，于是它们的均值为 4。北京、上海、成都、广州的平均秩分别为 14.4、8.2、15.8 和 3.6。

7.3.3　多独立样本的 Jonckheere-Terpstra 检验

1. 多独立样本的 Jonckheere-Terpstra 检验的基本思想

Jonckheere-Terpstra 检验也是用于检验多个独立样本来自的多个总体的分布是否存在显著差异的非参数检验方法，其原假设 H_0 是多个独立样本来自的多个总体的分布无显著差异。

Jonckheere-Terpstra 检验的基本思想与两独立样本的曼-惠特尼 U 检验类似，也是计算一个样本的观测值小于其他样本的观测值的个数。如果用 U_{ij} 表示第 i 个样本观测值小于等于第 j 个样本观测值的个数，则 $J\text{-}T$ 统计量定义为

$$J\text{-}T = \sum_{i<j} U_{ij} \tag{7.10}$$

式(7.10)表明，$J\text{-}T$ 统计量是所有 U_{ij} 在 $i<j$ 组范围内的总和，称为观测的 $J\text{-}T$ 统计量，在大样本下近似服从正态分布。计算 $J\text{-}T$ 统计量时会涉及样本组标记值的大小顺序。例如，如果有三个样本，样本标志值分别为 1、2、3，观测的 $J\text{-}T$ 统计量为：第 1 个样本观测值小于

第 2 个样本观测值的个数+第 1 个样本观测值小于第 3 个样本观测值的个数+第 2 个样本观测值小于第 3 个样本观测值的个数。

除计算观测的 J-T 统计量外，通常还计算所有情况下的 J-T 统计量。例如，如果仍有 1、2、3 三个样本，除了按照(1,2,3)的顺序计算 J-T 值，还要按照(1,3,2)、(2,1,3)、(2,3,1)、(3,1,2)、(3,2,1)的顺序计算所有的 J-T 值，并计算这些 J-T 值的均值和标准差等。显而易见，如果观测的 J-T 统计量远大于或远小于 J-T 均值，那么可以认为，按照样本标记值的升序，样本数据有明显的上升或下降趋势，从而能够判定样本来自的多个总体的分布存在显著差异。

在大样本下，J-T 统计量近似服从正态分布，检验统计量为

$$Z=\frac{J-(n^2-\sum_{i=1}^{k}n_i^2)/4}{\sqrt{(n^2(2n+3)-\sum_{i=1}^{k}n_i^2(2n_i+3))/72}} \tag{7.11}$$

式中，J 为观测的 J-T 统计量；k 为样本组数；n_i 为第 i 组样本的样本量；n 为总样本量。

SPSS 将自动计算 J-T 统计量、Z 统计量和相应的概率 p 值。如果概率 p 值小于给定的显著性水平 α，则应拒绝原假设，认为多个独立样本来自的多个总体的分布存在显著差异；反之，如果概率 p 值大于给定的显著性水平 α，则不能拒绝原假设，认为多个独立样本来自的多个总体的分布不存在显著差异。

2. 多独立样本 Jonckheere-Terpstra 检验的计算示例

对上面四城市周岁儿童身高的比较问题(表 7-12 数据)，利用多独立样本的 Jonckheere-Terpstra 检验进行分析。具体计算过程如表 7-16 所示。

表 7-16　四城市周岁儿童身高的 Jonckheere-Terpstra 检验过程

城　市	排序后身高样本数据
北京(1)	72.00，75.00，76.00，78.00，79.00
上海(2)	71.00，72.00，73.00，74.00，74.00
成都(3)	75.00，76.00，77.00，78.00，78.00
广州(4)	69.00，70.00，71.00，71.00，72.00
观测的 J-T 值	$U_{12}=3.5$；$U_{13}=14$；$U_{14}=0.5$； $U_{23}=25$；$U_{24}=2.5$； $U_{34}=0$； J-T 值=45.5
J-T 平均值	J-T 值=75

在表 7-16 中，相等的情况计为 0.5，观测的 J-T 值为 45.5，所有排列下的 J-T 值的平均值为 75。

7.3.4　多独立样本非参数检验的基本操作

在利用 SPSS 进行多独立样本的非参数检验之前，应首先按规定的格式组织好数据。这里应设置两个变量：一个变量存放样本值，另一个存放样本组标记值。SPSS 多独立样本非参数检验的基本操作步骤如下。

(1)选择菜单【分析→非参数检验→旧对话框→K 个独立样本】，出现如图 7-6 所示的窗口。

(2)选择待检验的变量到【检验变量列表(T)】框中。

(3)指定存放组标志的变量到【分组变量(G)】框，并单击 定义范围(D) 按钮给出标志值的取值范围。

(4)在【检验类型】框中选择采用哪种检验方法。

至此，SPSS 将根据用户的选择进行检验，并将分析结果输出到查看器窗口中。

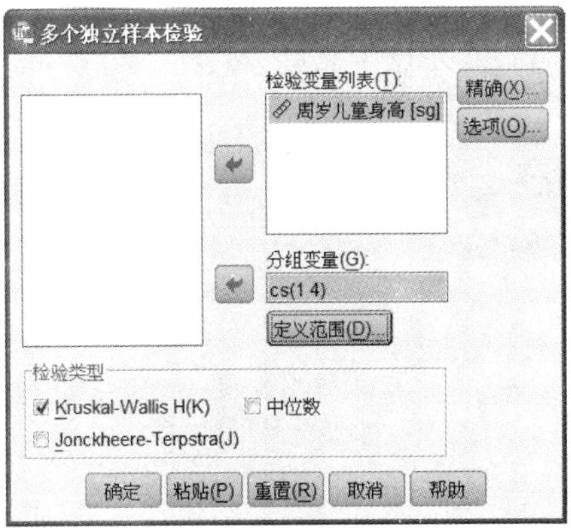

图 7-6 多独立样本的非参数检验窗口

7.3.5 多独立样本非参数检验的应用举例

从北京、上海、成都、广州四城市中随机选取若干个周岁儿童身高数据(SPSS 数据文件名：各城市儿童身高. sav)，分析四城市周岁儿童身高分布是否存在显著差异。由于对身高的分布没有明确的把握，可采用非参数检验的方法进行分析。这里涉及了多个独立样本，因此采用多独立样本的非参数检验方法，并分别选择上述三种方法进行分析，具体操作如图 7-6 所示，分析结果如表 7-17 所示。

● 中位数检验结果

表 7-17(a) 四城市周岁儿童身高的中位数检验结果(一)

频率

		城市标志			
		北京	上海	成都	广州
周岁儿童身高	>中值	4	0	5	0
	≤中值	1	5	0	5

表 7-17(b) 四城市周岁儿童身高的中位数检验结果(二)

检验统计量

	周岁儿童身高
N	20
中值	74.0000
卡方	16.768
df	3
渐近显著性	.001

在表 7-17(a)和表 7-17(b)中，四组共同的中位数为 74，计算出的卡方统计量为 16.768，概率 p 值为 0.001。如果显著性水平 α 为 0.05，由于概率 p 值小于显著性水平 α，应拒绝原假设，认为四个城市周岁儿童身高的分布存在显著差异。

● 多独立样本 Kruskal-Wallis 检验结果

由表 7-17(c)和表 7-17(d)可知，四个城市周岁儿童身高的平均秩分别为 14.4、8.2、15.8、3.6，*K-W* 统计量为 13.9，概率 p 值为 0.003。如果显著性水平 α 为 0.05，由于概率 p

值小于显著性水平 α，应拒绝原假设，认为四个城市周岁儿童身高的平均秩差异是显著的，总体分布存在显著差异。

表 7-17(c) 四城市周岁儿童身高的 Kruskal-Wallis 检验结果(一)

秩

城市标志		N	Mean Rank
周岁儿童身高	北京	5	14.50
	上海	5	8.20
	成都	5	15.80
	广州	5	3.60
	总数	20	

表 7-17(d) 四城市周岁儿童身高的 Kruskal-Wallis 检验结果(二)

检验统计量

	周岁儿童身高
卡方	13.900
df	3
渐近显著性	.003

● 多独立样本 Jonckheere-Terpstra 检验结果

由表 7-17(e)可知，观测的 J-T 值为 45.5，所有 J-T 值的平均值为 75.0，标准差为 14.764，观测的 J-T 值的标准化值为−1.998((45.5−75)/14.764)，小于平均值且相距较大。J-T 统计量的概率 p 值为 0.046。如果显著性水平 α 为 0.05，由于概率 p 值小于显著性水平 α，应拒绝原假设，认为四个城市周岁儿童身高的分布存在显著差异。

表 7-17(e) 四城市周岁儿童身高的 Jonckheere-Terpstra 检验结果

Jonckheere-Terpstra 检验

	周岁儿童身高
城市标志中的水平数	4
N	20
J-T 观察统计量	45.500
J-T 统计量均值	75.000
J-T 统计量的标准差	14.764
标准 *J-T* 统计量	−1.998
渐近显著性(双侧)	.046

应注意各个分析方法的侧重点。中位数检验强调位置，Kruskal-Wallis 检验重点分析平均秩，Jonckheere-Terpstra 检验则通过比较秩的大小方向来分析，各种方法各有所长。在应用时应尝试采用多种方法进行分析，并注意结合实际问题对分析结果进行解释。

7.4 两配对样本的非参数检验

两配对样本的非参数检验是在对总体分布不甚了解的情况下，通过对两配对样本的分析，推断样本来自的两个总体的分布是否存在显著差异。两配对样本的特点在 SPSS 参数检验的有关章节曾经讨论过。例如，要检验一种新的训练方法是否对提高跳远运动员的成绩有显著效果，可以收集一批跳远运动员在使用新训练方法前后的跳远最好成绩，这样的两个样本便是配对的。再例如，分析不同广告形式是否对商品的销售产生显著影响，可以比较几种不同商品在不同广告形式下的销售额数据(其他条件保持基本稳定)。这里不同广告形式下的若干商品的销售额样本便是配对样本。可见，配对样本的样本数是相同的，且各观测值的先后次序不能随意更改。

SPSS 两配对样本的非参数检验方法主要包括 McNemar 检验、符号检验、Wilcoxon 符号秩检验等。

7.4.1　两配对样本的 McNemar 检验

1. 两配对样本 McNemar 检验的基本思想

McNemar 检验是一种变化显著性检验，它将研究对象自身作为对照者检验其“前后”的变化是否显著。其原假设 H_0 是两配对样本来自的两总体的分布无显著差异。

例如，分析学生在学习《统计学》课程前后对统计学重要性的认知程度是否发生了显著改变，可以随机收集一批学生在学习《统计学》之前以及学完以后认为统计学是否重要的样本数据(0 表示不重要，1 表示重要)。这里，学习前和学习后的样本是两个配对样本。

在学习《统计学》课程前后对统计学重要性的认识会有下列四种情况：一是，学习前认为不重要，学习后认为重要；二是，学习前认为不重要，学习后仍认为不重要；三是，学习前认为重要，学习后仍认为重要；四是，学习前认为重要，学习后却认为不重要。于是可将反映上述情况的数据归纳整理成如表 7-18 所示的交叉列联表。

表 7-18　McNemar 检验中的列联表

		学习后	
		不重要 (0)	重要 (1)
学习前	不重要(0)	A	B
	重要(1)	C	D

在表 7-18 中，A、B、C、D 分别代表两种态度转换的频数，它们的总和为样本量。McNemar 检验正是基于该列联表进行分析。它注重态度发生变化的两个单元格中的频数 B 和 C。显而易见，如果频数 B 和 C 大致相当，即态度从不重要到重要的人数与态度从重要到不重要的人数大致相当，那么可认为学习前后学生对统计学重要性的认知总体上并没有发生显著的变化；反之，如果频数 B 和 C 相差较大，即态度从不重要到重要的人数与态度从重要到不重要的人数相差较大，那么可认为学习前后学生对统计学重要性的认知总体上发生了显著的变化。

为了研究这个问题，McNemar 检验采用二项分布检验的方法，计算表 7-18 中态度变化的分布是否服从比例 p 为 0.5 的二项分布。在小样本下计算二项分布的累计精确概率(式(7.2))，大样本下采用连续性校正的 Z 统计量(式(7.3))，它近似服从正态分布。SPSS 将自动计算 Z 统计量的观测值和概率 p 值。如果概率 p 值小于给定的显著性水平 α，则应拒绝原假设，认为态度变化的分布与 p 为 0.5 的二项分布存在显著差异，即两配对样本所来自的两总体的分布存在显著差异；如果概率 p 值大于给定的显著性水平 α，则不能拒绝原假设，认为态度变化的分布与 p 为 0.5 的二项分布不存在显著差异，即两配对样本所来自的两总体的分布没有显著差异。

应该看到，两配对样本的 McNemar 检验分析的变量是二值变量。因此在实际应用中，如果不是二值变量，应首先进行数据转换后方可采用该方法，因而在应用方面有一定的局限性。

2. 两配对样本 McNemar 检验的计算示例

对上述统计学重要性的认识问题，采用配对方式获得 12 名学生在学习《统计学》课程之前和之后的看法的数据(0 表示不重要，1 表示重要)，计算结果如表 7-19 所示。

在表 7-19 中，态度从不重要到重要的人数为 4，而从重要到不重要的人数为 2。于是概率为 0.5的二项分布累计概率值等于 $P\{X\leqslant x\}=\sum_{i=0}^{x}C_n^i p^i q^{n-i}=\sum_{i=0}^{2}C_6^i 0.5^i\ 0.5^{6-i}=0.3438$。

表 7-19 统计学重要性的 McNemar 检验计算过程

	学习后	
学习前	0	1
0	3	4
1	2	3

7.4.2 两配对样本的符号检验

1. 两配对样本符号检验的基本思想

两配对样本的符号检验也是用来检验两配对样本所来自的总体分布是否存在显著差异的非参数方法。其原假设 H_0 是两配对样本来自的两总体分布无显著差异。

两配对样本的符号检验与两配对样本 McNemar 检验有类似的解决思路，且利用正负符号的个数实现检验。首先，分别用第二个样本的各个观测值减去第一个样本的对应观测值。差值为正记为正号，差值为负记为负号；然后，将正号的个数与负号的个数进行比较。显而易见，如果正号个数和负号个数大致相当，则可以认为第二个样本大于第一个样本变量值的个数，与第二个样本小于第一个样本变量值的个数是大致相当的，从总体上讲，这两个配对样本的数据分布差距较小；相反，如果正号个数和负号个数相差较多，则可以认为两个配对样本的数据分布差距较大。

为了研究这个问题，两配对样本的符号检验采用二项分布检验的方法，检验正号个数和负号个数的分布是否服从 p 为 0.5 的二项分布，即对正负符号变量进行单样本二项分布检验。在小样本下计算二项分布的精确概率(式(7.2))，大样本下采用连续性校正的 Z 统计量(式(7.3))，它近似服从正态分布。SPSS 将自动计算 Z 统计量的观测值和概率 p 值。如果概率 p 值小于给定的显著性水平 α，则应拒绝原假设，认为两配对样本所来自的两总体分布存在显著差异；如果概率 p 值大于给定的显著性水平 α，则不能拒绝原假设，认为两配对样本所来自的两总体分布没有显著差异。

应该看到，两配对样本的符号检验注重对变化方向的分析，只考虑数据变化的性质，即变大了还是变小了，但没有考虑变化幅度，即大了多少，小了多少。因而对数据的利用是不充分的。

2. 两配对样本符号检验的计算示例

为检验某种新的训练方法是否有助于提高跳远运动员的成绩，收集到 10 名跳远运动员在使用新训练方法前后的跳远最好成绩。这样得到的两个样本为配对样本。使用新训练方法前后的成绩分别形成两个总体。在对总体分布不作任何假设的条件下，可用符号检验对样本数据进行分析，进而推断两总体的分布是否存在显著差异。计算过程如表 7-20所示。

表 7-20　前后成绩的两配对样本的符号检验计算过程

运动员编号	使用新方法前	使用新方法后	差的符号
1	5.74	5.79	+
2	6.28	6.12	−
3	5.46	5.44	−
4	6.03	6.03	
5	5.39	5.57	+
6	5.77	5.81	+
7	6.41	6.48	+
8	6.19	6.32	+
9	5.55	5.64	+
10	5.87	5.93	+

由表 7-20 可知，10 个运动员中，成绩提高的有 7 人，取正号。成绩下降的有 2 人，取负号；成绩没有变化的有 1 人，该观测不参与研究。于是，符号变量 p 为 0.5 的二项分布累计概率值等于 $P\{X\leqslant x\}=\sum_{i=0}^{x}C_n^i p^i q^{n-i}=\sum_{i=0}^{2}C_9^i 0.5^i 0.5^{9-i}=0.0898$。

7.4.3　两配对样本 Wilcoxon 符号秩检验

1. 两配对样本 Wilcoxon 符号秩检验的基本思想

两配对样本的 Wilcoxon 符号秩检验也是通过分析两配对样本，对样本来自的两总体分布是否存在差异进行推断。其原假设 H_0 是两配对样本来自的两总体分布无显著差异。

两配对样本的 Wilcoxon 符号秩检验的基本思想是，首先，按照符号检验的方法，分别用第二个样本的各个观测值减去第一个样本的对应观测值。差值为正记为正号，为负记为负号，并同时保存绝对差值数据；然后，将绝对差值按升序排序，并求出差值的秩；最后，分别计算正号的秩和统计量 W^+、负号的秩和统计量 W^-。如果总样本数为 n，若考虑正负号，则 $W^+ + W^-$ 的最小可能值为 0，最大可能值为$\frac{n(n+1)}{2}$，n 为总样本量。显而易见，如果正秩和与负秩和大致相当，则说明一组样本值大于另一组样本值和该组样本值小于另一组样本值的幅度大致相当，两样本数据差的正负变化程度基本相当，两配对总体的分布无显著差异。

在原假设成立的前提下，小样本下的检验统计量 $W=\min(W^+, W^-)$ 服从 Wilcoxon 符号秩分布。在大样本下利用 W 可构造 Z 统计量，它近似服从正态分布

$$Z=\frac{W-n(n+1)/4}{\sqrt{n(n+1)(2n+1)/24}} \tag{7.12}$$

SPSS 自动计算 Z 统计量和对应的概率 p 值。如果概率 p 值小于给定的显著性水平 α，则应拒绝原假设，认为两配对样本来自的两总体分布有显著差异；反之，如果概率 p 值大于给定的显著性水平 α，则不能拒绝原假设，可认为两配对样本来自的两总体分布无显著差异。

2. 两配对样本 Wilcoxon 符号秩检验的计算示例

对上述跳远运动员采用新训练方法前后的最好成绩数据，利用两配对样本 Wilcoxon 符号秩检验，分析采用新训练方法前后运动员成绩的分布是否存在显著差异，进而判断该种新训练方法是否有效。计算过程如表 7-21 所示。

表 7-21　前后成绩的两配对样本 Wilcoxon 符号秩检验计算过程

运动员编号	使用新方法前	使用新方法后	绝对差值	秩	差的符号
1	5.74	5.79	0.05	3	+
2	6.28	6.12	0.16	8	−
3	5.46	5.44	0.02	1	−
4	6.03	6.03	0		
5	5.39	5.57	0.18	9	+
6	5.77	5.81	0.04	2	+
7	6.41	6.48	0.07	5	+
8	6.19	6.32	0.13	7	+
9	5.55	5.64	0.09	6	+
10	5.87	5.93	0.06	4	+

由表 7-21 可知，正号的秩和统计量 W^+ 为 36，负号的秩和统计量 W^- 为 9，W 检验统计量为 9。

7.4.4　两配对样本非参数检验的基本操作

在利用 SPSS 进行两配对样本的非参数检验之前，应首先按规定的格式组织好数据。这里应设置两个变量，分别存放两个样本的观测值。SPSS 两配对样本非参数检验的基本操作步骤如下。

(1)选择菜单【分析→非参数检验→旧对话框→2 个相关样本】，出现如图 7-7所示的窗口。

(2)选择待检验的两个配对变量到【检验对】框中。

(3)在【检验类型】框中选择采用哪种检验方法。

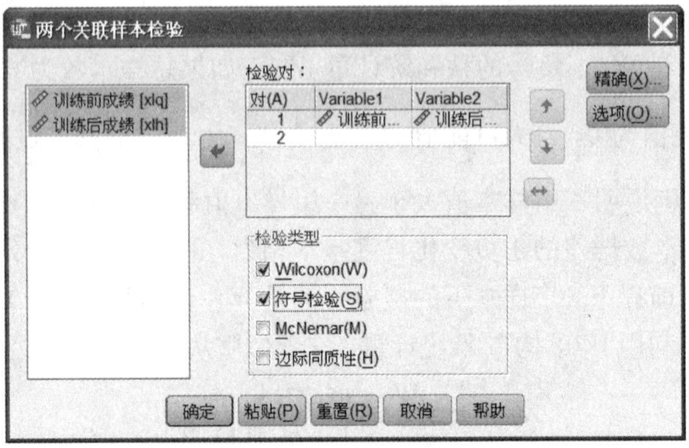

图 7-7　两配对样本的非参数检验窗口

至此，SPSS 将按照用户的选择进行分析，并将分析结果输出到查看器窗口中。

7.4.5　两配对样本非参数检验的应用举例

1. 两配对样本 McNemar 检验应用举例

对上述统计学是否重要的问题(SPSS 数据文件名：统计学看法.sav)，采用两配对样本 McNemar 检验进行分析，结果如表 7-22所示。

表 7-22(a)　统计学重要性问题的认识 McNemar 检验结果(一)

学习前的认识 & 学习后的认识

学习前的认识	学习后的认识	
	不重要	重要
不重要	3	4
重要	2	3

表 7-22(b)　统计学重要性问题的认识 McNemar 检验结果(二)

检验统计量

	学习前的认识 & 学习后的认识
N	12
精确显著性(双侧)	.687[a]

由表 7-22(a)和表 7-22(b)可知，认为统计学不重要变成重要的人数为 4 人，而认为统计学重要变成不重要的人数为 2 人，双侧的二项分布累计概率为 0.687(单侧为 0.343)。如果显著性水平 α 为 0.05，由于单侧概率值大于显著性水平 α，因此不能拒绝原假设，认为学习前后学生对统计学重要性的认识没有发生显著变化。

2. 两配对样本符号检验和 Wilcoxon 符号秩检验举例

对上述新的训练方法是否能够有效提高跳高成绩的问题(SPSS 数据文件名：训练成绩.sav)，采用两配对样本的符号检验和两配对样本的 Wilcoxon 符号秩检验进行分析，检验的结果如表 7-23 所示。

表 7-23(a)　训练前后成绩两配对样本符号检验结果(一)

频率

		N
训练后成绩－训练前成绩	负差分[a]	2
	正差分[b]	7
	结[c]	1
	总数	10

a. 训练后成绩<训练前成绩

b. 训练后成绩>训练前成绩

c. 训练后成绩＝训练前成绩

表 7-23(b)　训练前后成绩两配对样本符号检验结果(二)

检验统计量

	训练后成绩-训练前成绩
精确显著性(双侧)	.180[a]

由表 7-23(a)和表 7-23(b)可知，训练后成绩低于训练前成绩的有 2 人，高于训练前成绩的有 7 人，1 人保持不变。双侧的二项分布累计概率为 0.180。如果显著性水平 α 为 0.05，由于单侧概率值大于显著性水平 α，因此不能拒绝原假设，认为训练前后的成绩分布没有显著差异，新训练方法没有显著效果。

表 7-23(c) 训练前后成绩两配对样本 Wilcoxon 符号秩检验结果(一)

秩

		N	Mean Rank	Sum of Ranks
训练后成绩－	负秩	2[a]	4.50	9.00
训练前成绩	正秩	7[b]	5.14	36.00
	结	1[c]		
	总数	10		

a. 训练后成绩＜训练前成绩

b. 训练后成绩＞训练前成绩

c. 训练后成绩＝训练前成绩

表 7-23(d) 训练前后成绩两配对样本 Wilcoxon 符号秩检验结果(二)

检验统计量

	训练后成绩-训练前成绩
Z	−1.599[a]
渐近显著性(双侧)	.110

由表 7-23(c)和表 7-23(d)可知，负号的秩和统计量为 9，正号的秩和统计量为 36。Z 检验统计量的观测值为－1.599(其中 $n=9$，$W=9$)，对应的概率 p 值为 0.110。如果显著性水平 α 为0.05，由于概率 p 值大于显著性水平 α，因此不能拒绝原假设，认为训练前后的成绩分布没有显著差异，新训练方法没有显著效果。

7.5 多配对样本的非参数检验

多配对样本的非参数检验通过分析多个配对样本数据，推断样本来自的多个总体的中位数或分布是否存在显著差异。

例如，收集乘客对多家航空公司是否满意的数据，分析航空公司的服务水平是否存在显著差异；再例如，收集不同促销形式下若干种商品的销售额数据，分析比较不同促销形式的效果；再例如，收集多个评委对同一批歌手比赛打分的数据，分析评委的打分标准是否一致等。

这些问题都可以通过多配对样本的非参数检验方法进行分析。SPSS 中多配对样本的非参数检验方法主要包括 Friedman 检验、Cochran Q 检验、Kendall 协同系数检验等。

7.5.1 多配对样本的 Friedman 检验

1. 多配对样本 Friedman 检验的基本思想

多配对样本的 Friedman 检验是利用秩实现对多个总体分布是否存在显著差异的非参数检验方法，其原假设 H_0 是多个配对样本来自的多个总体的分布无显著差异。

例如，为比较三种促销形式对商品销售的影响，收集若干种商品在不同促销形式下的月销售额数据，如表 7-24 所示，显然这三个样本是配对样本，且各商品销售数据之间相互独立。为分析不同促销形式效果的差异，可通过分析各种促销形式下商品销售额的总体分布是否存在显著差异来实现。如果三个总体的分布不存在显著差异，便可认为这三种促销形式对商品的销售没有产生显著影响。可采用多配对样本的 Friedman 检验方法完成。

表 7-24　三种促销形式下的商品销售额数据

商品编号	促销形式 1	促销形式 2	促销形式 3
1	12866	17223	9865
2	4673	5894	5220
3	10480	14461	10072
4	769	1962	737
5	6482	13203	9423
6	796	742	771
7	843	965	639
8	1936	1260	1793
9	4694	5222	4061
10	635	558	542

多配对样本的 Friedman 检验的基本思想是，无论观察哪个区组（哪种商品），每一种处理（促销形式）下数据在本区组（商品）内的秩的所有可能取值为 1～k（k 种处理）中的任何一个值。如果 k 种处理（三种促销形式）不存在显著差异，那么对于每一种处理（促销形式）下的各区组（商品）的秩总和 R_i（$i=1,2,\cdots,k$）（或平均秩 $\bar{R}_i$）应等于其他任何一种处理（促销形式）下各区组（商品）的秩总和 R_j（或平均秩 $\bar{R}_j$），即 $R_i=R_j$（$i\neq j$），或 $\bar{R}_i=\bar{R}_j$（$i\neq j$）。由于 $R_1+R_2+\cdots+R_k=n(1+2+\cdots+k)=\frac{n}{2}(k+1)$（$n$ 为样本量），于是每一种控制（促销形式）下的 R_i 应与 $\frac{n}{2}(k+1)$ 相当，或者 $\bar{R}_i$ 应与 $\frac{k+1}{2}$ 相当；反之，如果 k 种处理（三种促销形式）存在显著差异，如第 i 种处理下的数据普遍偏大，第 j 种控制下的数据普遍偏小，那么，R_i 必然较大，R_j 必然较小，它们的差异必然较大。

为研究上述秩的差异问题，Friedman 检验用类似方差分析的方法进行分析和构造检验统计量。即如果不同处理（控制水平）下的秩（观测值）不存在显著差异，则由不同处理（控制水平）引起的秩的变差（组间差）$\sum_{i=1}^{k}n(\bar{R}_i-\frac{k+1}{2})^2$ 应在秩的总平均变差中占相对较小的比例，于是 Friedman 检验统计量为

$$\text{Friedman}=\frac{12n}{k(k+1)}\sum_{i=1}^{k}(\bar{R}_i-\frac{k+1}{2})^2 \tag{7.13}$$

由式(7.13)可见，从表示形式上看，Friedman 检验统计量与多独立样本的 Kruskal-Wallis 检验中的 K-W 检验统计量（式(7.9)）很相似，但 K-W 统计量中的秩是全体数据排序后得到的，而这里的秩却是在各个区组内分别独立排序得出的。大样本下 Friedman 检验统计量近似服从 $k-1$ 个自由度的卡方分布。

SPSS 将自动计算 Friedman 统计量的观测值和概率 p 值。如果概率 p 值小于给定的显著性水平 α，则拒绝原假设，认为各样本的秩存在显著差异，多个配对样本来自的多个总体的分布有显著差异；反之，如果概率 p 值大于给定的显著性水平 α，则不能拒绝原假设，可以认为各组样本的秩无显著差异，多个配对样本来自的多个总体的分布没有显著差异。

基于上述基本思路，进行多配对样本的 Friedman 检验时，首先以行为单位将数据按升序排序，并求得各变量值在各自行中的秩；然后，分别计算各样本下的秩和与平均秩。多配对样本的 Friedman 检验适于对数值型数据的分析。

2. 多配对样本 Friedman 检验的计算示例

对表 7-28 中不同促销形式下商品销售额的数据，采用多配对样本 Friedman 检验进行分析，具体计算过程如表 7-25 所示。

表 7-25　不同促销形式下商品销售额的多配对样本 Friedman 检验计算过程

商品编号	促销形式 1	促销形式 2	促销形式 3	形式 1 的秩	形式 2 的秩	形式 3 的秩
1	12866	17223	9865	2	3	1
2	4673	5894	5220	1	3	2
3	10480	14461	10072	2	3	1
4	769	1962	737	2	3	1
5	6482	13203	9423	1	3	2
6	796	742	771	3	1	2
7	843	965	639	2	3	1
8	1936	1260	1793	3	1	2
9	4694	5222	4061	2	3	1
10	635	558	542	3	2	1
秩和 R_i				21	25	14
平均秩 $\bar{R}_i$				2.1	2.5	1.4

7.5.2　多配对样本的 Cochran *Q* 检验

1. 多配对样本 Cochran *Q* 检验的基本思想

多配对样本的 Cochran *Q* 检验通过对多个配对样本的分析，推断样本来自的多个总体的分布是否存在显著差异。其原假设 H_0 是多个配对样本来自的多个总体的分布无显著差异。

例如，收集到 15 名乘客对三家航空公司的服务是否满意的数据(1 表示满意，0 表示不满意)，如表 7-26 所示。现在需要根据这些数据推断这三家航空公司服务水平是否有差异。

表 7-26　乘客对三家航空公司服务水平的评价数据

乘客号	甲航空公司	乙航空公司	丙航空公司
1	1	1	0
2	1	0	0
3	1	0	0
4	1	0	1
5	1	1	0
6	1	1	0
7	1	0	0
8	1	1	0
9	0	0	0
10	1	0	0
11	1	0	0
12	1	1	1
13	1	1	0
14	1	1	0
15	0	1	0

对该问题的分析实质仍然是一个多配对样本的非参数检验问题。如果这三组配对样本数据的总体分布不存在显著差异，则可认为这三家航空公司的服务水平不相上下。该问题中由于变量是二值变量，如果采用多配对样本的 Friedman 检验，那么在每个区组内都必然存在"打结"现象。为解决这个问题，可不进行秩转化，并采用 Cochran Q 检验方法。

多配对样本的 Cochran Q 检验的基本思想是，认为每行中取 1 的个数是可确定的。对上述问题就是每个乘客对满意的衡量标准是确定的。于是，在原假设成立的条件之下，每列中出现 1 的概率是相等的，且这个概率值与各行中出现 1 的个数有关。对上述问题就是，如果三家航空公司的服务水平没有显著差异，那么它们得到乘客认可(取 1)的可能性都应是相等的，且这个可能性将依赖于每个乘客对满意的衡量标准。依照这种思想构造 Cochran Q 检验统计量

$$Q=\frac{(k-1)\left[k\sum_{j=1}^{k}G_j^2-\left(\sum_{i=1}^{k}G_i\right)^2\right]}{k\sum_{j=1}^{k}G_j-\sum_{i=1}^{n}L_i^2} \tag{7.14}$$

式(7.14)中，k 为样本组数，n 为样本量。G_j 为第 j 列中取 1 的个数，L_i 为第 i 行取 1 的个数。

在大样本时，Q 统计量近似服从($k-1$)个自由度的卡方分布。SPSS 将自动计算 Cochran Q 统计量和对应的概率 p 值。如果概率 p 值小于给定的显著性水平 α，则拒绝原假设，认为各样本组中 1 出现的概率不相等，样本来自的多个总体的分布有显著差异；如果概率 p 值大于给定的显著性水平 α，则不能拒绝原假设，可以认为各样本组中 1 出现的概率相等，样本来自的多个总体的分布无显著差异。

多配对样本 Cochran Q 适合于对二值分类型数据的分析。

2. 多配对样本 Cochran Q 检验的计算示例

对表 7-26 中乘客对三家航空公司是否满意的数据，采用多配对样本 Cochran Q 检验进行分析，具体计算过程如表 7-27 所示。

表 7-27　三家航空公司服务水平的多样本 Cochran Q 检验计算过程

乘客号	甲航空公司	乙航空公司	丙航空公司	L_i
1	1	1	0	2
2	1	0	0	1
3	1	0	0	1
4	1	0	1	2
5	1	1	0	2
6	1	1	0	2
7	1	0	0	1
8	1	1	0	2
9	0	0	0	0
10	1	0	0	1
11	1	0	0	1
12	1	1	1	3
13	1	1	0	2
14	1	1	0	2
15	0	1	0	1
G_i	13	8	2	

7.5.3　多配对样本的 Kendall 协同系数检验

1. 多配对样本的 Kendall 协同系数检验的基本思想

多配对样本的 Kendall 协同系数检验也是一种多配对样本的非参数检验方法，与 Friedman 检验方法相结合，可方便地实现对评判者的评判标准是否一致的分析。其原假设 H_0 是评判者的评判标准不一致。

例如，有 6 名歌手参加比赛，4 名评委进行评判打分，分数如表 7-28 所示。现在需要根据表中的数据推断这 4 个评委的评判标准是否一致。

表 7-28　评委给歌手的打分数据

评委/歌手	1 号歌手	2 号歌手	3 号歌手	4 号歌手	5 号歌手	6 号歌手
评委 1	8.75	9.60	9.20	9.65	9.30	9.80
评委 2	8.90	9.55	9.25	9.75	9.45	9.75
评委 3	8.75	9.70	9.25	9.60	9.30	9.70
评委 4	8.80	9.60	9.25	9.75	9.40	9.85

如果将每个被评判对象的分数看做来自多个总体的配对样本，那么该问题就能够转化为多配对样本的非参数检验问题，仍可采用 Friedman 检验，于是相应的原假设便转化为多个配对样本来自的多个总体的分布无显著差异。对该问题的分析需要继续延伸，并非站在对 6 名歌手的演唱水平是否存在显著差异的角度进行分析，而是在认定他们存在差异的前提下判断 4 个评委的打分标准是否一致。

如果利用 Friedman 方法检验出各总体的分布不存在显著差异，即各个歌手的得分秩不存在显著差异，则意味着评委的打分存在随意性，评分标准不一致。原因在于如果各个评委的评判标准是一致的，那么对于某个歌手来说将获得一致的打分，也就是说，评委给出的若干个评分的秩应完全相同，这就必然会导致各歌手得分的秩有较大的差异。

SPSS 将自动给出 Friedman 检验的结果。如果概率 p 值小于给定的显著性水平，则应拒绝 Friedman 检验的原假设，认为各被评判者的得分总体存在显著差异，也即拒绝协同检验的原假设，认为评判者的评判标准一致。反之，不能拒绝原假设，认为评判标准不一致。

此外，多配对样本的 Kendall 协同系数检验中还通过协同系数 W 对评分的一致性做进一步的分析。协同系数定义为

$$W = \frac{\sum_{i=1}^{n}\left(R_i - \frac{m(n+1)}{2}\right)^2}{m^2 n(n^2-1)/12} \tag{7.15}$$

在式(7.15)中，m 是评判者人数；n 是被评判者人数；R_i 为第 i 个被评判者的秩和。式中的分子部分是各个样本(歌手)的秩和距平均秩和的离差平方和(组间平方和)，分母中的 $n(n^2-1)/12$ 恰恰是秩和的总离差平方和(总平方和)。W 协同系数是秩的组间平方和与总平方和比的 m^2 分之一倍，构造方式体现了方差分析的基本思想，其取值范围在 0～1 之间。W 协同系数越接近 1，表明秩的组间差异越大，意味着被评判者所得分数间有显著差异，进而说明评判者的评判标准具有一致性，反之，W 协同系数越接近 0，表明秩的组间差异越小，意味

着各个被评判者所得分数间的差异不明显，说明评判者对于各被评判者的意见不一致，没有理由认为评判者的评判标准具有一致性。

2. 多配对样本的 Kendall 协同系数检验的计算示例

对表 7-30 中的评委对歌手的打分数据，采用多配对样本 Kendall 协同系数检验进行分析，判断各个评委的评分标准是否一致，具体计算过程如表 7-29 所示。

表 7-29　评委打分的多配对样本的 Kendall 协同系数检验计算过程

评委/歌手	1 号歌手秩	2 号歌手秩	3 号歌手秩	4 号歌手秩	5 号歌手秩	6 号歌手秩
评委 1	1	4	2	5	3	6
评委 2	1	4	2	5.5	3	5.5
评委 3	1	5.5	2	4	3	5.5
评委 4	1	4	2	5	3	6
秩总和	4	17.5	8	19.5	12	23
平均秩	1	4.38	2	4.88	3	5.75

7.5.4　多配对样本非参数检验的基本操作

在利用 SPSS 进行多配对样本的非参数检验之前，应首先按规定的格式组织好数据。有多少个样本，就应设置多少个变量，分别存放各样本的观测值。SPSS 多配对样本非参数检验的基本操作步骤如下。

(1)选择菜单【分析→非参数检验→旧对话框→K 个相关样本】，出现如图 7-8所示的窗口。

(2)选择待检验的若干个配对变量到【检验变量(T)】框中。

(3)在【检验类型】框中选择采用哪种检验方法。

至此，SPSS 将按照用户的选择进行分析，并将分析结果输出到查看器窗口中。

7.5.5　多配对样本非参数检验的应用举例

1. 多配对样本的 Friedman 检验的应用举例

利用表 7-24 中不同促销形式的销售额的数据(SPSS 数据文件名：促销方式. sav)，采用多配对样本的 Friedman 检验，分析不同的促销形式是否对销售额产生了显著影响。具体操作如图 7-8所示，分析结果如表 7-30 所示。

表 7-30　不同促销形式下销售额的 Friedman 检验结果

秩

	秩均值
促销形式 1	2.10
促销形式 2	2.50
促销形式 3	1.40

检验统计量

N	10
卡方	6.200
df	2
渐近显著性	.045

由表 7-30 可知，三种促销形式下销售额的平均秩分别为 2.1、2.5、1.4，Friedman 检验统计量的观测值为 6.2，相应的概率 p 值为 0.045。如果显著性水平 α 为 0.05，由于概率 p 值小于显著性水平 α，因此应拒绝原假设，认为不同种促销形式下销售额数据的分布存在显著差异，直观上，第二种促销形式效果最好。

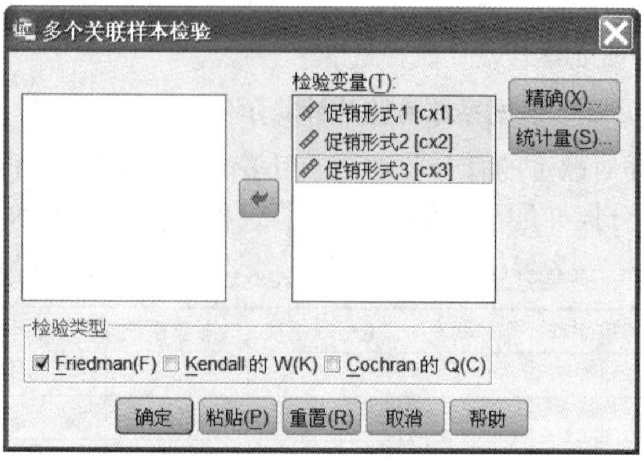

图 7-8　多配对样本非参数检验窗口

2. 多配对样本的 Cochran *Q* 检验的应用举例

利用表 7-26 中乘客对三家航空公司的服务是否满意的数据(SPSS 数据文件名：航空公司评价.sav)，采用多配对样本的 Cochran *Q* 检验，分析三家航空公司的服务水平是否存在显著差异，分析结果如表 7-31 所示。

表 7-31　三家航空公司的 Cochran *Q* 检验结果

Frequencies

	值	
	0	1
甲航空公司	2	13
乙航空公司	7	8
丙航空公司	13	2

检验统计量

N	15
Cochran's Q	14.000[a]
df	2
渐近显著性	.001

a. 1 将视为成功

由表 7-31 可知，三家航空公司得到乘客满意评价的人数分别为 13、8、2，不满意人数分别为 2、7、13，*Q* 统计量的观测值为 14，相应的概率 p 值为 0.001。如果显著性水平 α 为 0.05，由于概率 p 值小于显著性水平 α，因此应拒绝原假设，认为三家航空公司的服务水平存在显著差异，直观上，甲公司的服务水平最高。

3. 多配对样本的 Kendall 协同系数检验的应用举例

利用表 7-28 中评委给歌手打分的数据(SPSS 数据文件名：歌手评委打分.sav)，采用多配对样本的 Kendall 协同系数检验，分析评委的评分标准是否一致，分析结果如表 7-32 所示。

由表 7-32 可知，1 至 6 号歌手得分的平均秩分别为 1、4.38、2、4.88、3、5.75。Friedman 检验统计量的观测值为 19.094，对应的概率 p 值为 0.002。如果显著性水平 α 为 0.05，由于概率 p 值小于显著性水平 α，因此应拒绝 Friedman 检验的原假设，认为各歌手得分的平均秩存在显著差异。同时，*W* 协同系数为 0.955，接近于 1，说明评委的评分标准是一致的。

表 7-32　评委打分的 Kendall 协同系数检验结果

秩

	秩均值
1 号歌手得分	1.00
2 号歌手得分	4.38
3 号歌手得分	2.00
4 号歌手得分	4.88
5 号歌手得分	3.00
6 号歌手得分	5.75

检验统计量

N	4
Kendall' s W[a]	.955
卡方	19.094
df	5
渐近显著性	.002

a. Kendall 协同系数

第 8 章　SPSS 的相关分析和线性回归分析

8.1　相关分析和回归分析概述

相关分析和回归分析都是分析客观事物之间相关性的数量分析方法。明确客观事物之间有怎样的关系对理解相关分析和回归分析是极为重要的。客观事物之间的关系大致可归纳为两大类，即函数关系和统计关系。

所谓函数关系指的是两事物之间的一种一一对应的关系，即当一个变量 x 取一定值时，另一变量 y 可以依确定的函数取唯一确定的值。例如，商品的销售额与销售量之间的关系，在单价确定时，依据销售量可以唯一地确定销售额，销售额与销售量之间是一种一一对应的关系，且这个关系可被 $y=px$(y 表示销售额，p 表示单价，x 表示销售量)这个数学函数准确地描述出来。客观世界中这样的函数关系有很多，再如，圆面积和圆半径、出租车费和行程公里数之间的关系等。

另一类普遍存在的关系是统计关系。统计关系指的是两事物之间的一种非一一对应关系，即当一个变量 x 取一定值时，另一变量 y 无法依确定的函数取唯一确定的值。例如，家庭收入和支出、子女身高和父母身高之间的关系等。这些事物之间存在一定的关系，但这些关系却不能像函数关系那样用一个确定的数学函数描述，且当一个变量 x 取一定值时，另一变量 y 的值可能有若干个。统计关系可进一步划分为线性相关和非线性相关。线性相关又可分为正线性相关和负线性相关。正线性相关是指两个变量线性的相随变动方向相同，而负线性相关是指两个变量线性的相随变动方向相反。

事物之间的函数关系比较容易分析和测度，而事物之间的统计关系却不象函数关系那样直接，但确实普遍存在，并且有的关系强，有的关系弱，程度各有差异。如何测度事物间统计关系的强弱是人们关注的问题。相关分析和回归分析正是以不同的方式测度事物间统计关系的非常有效的工具。

8.2　相关分析

相关分析通过图形和数值两种方式，能够有效地揭示事物之间统计关系的强弱程度。

8.2.1　散点图

1. 散点图的含义

绘制散点图是相关分析过程中极为常用且非常直观的分析方式。它将数据以点的形式画在直角平面上。通过观察散点图能够直观发现数据点的大致走向，进而探索变量间的统计关系以及它们的强弱程度。在实际分析中，散点图经常表现出某些特定的形状。如绝大多数的数据点组成类似于橄榄球的形状，或集中形成棒状，而剩余的少数数据点零散地分布在四周。通常橄榄球和棒状代表了变量关系的主要特征，可以利用曲线将数据点的轮廓描述出来，使变量关系的主要特征更突显。图 8-1 是常见的几种散点图以及反映出的统计关系的强弱程度。

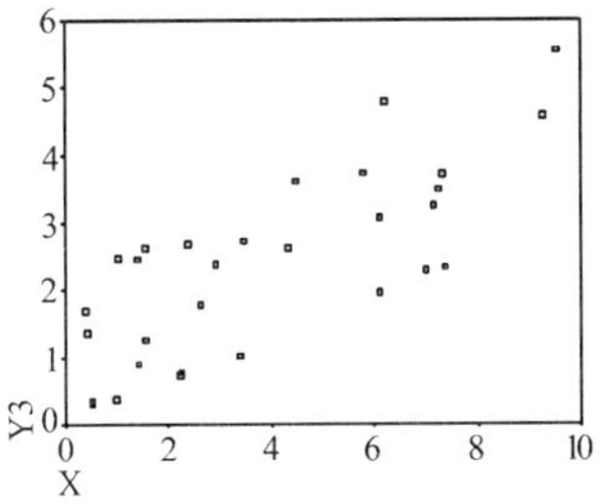

图 8.1(a)　弱相关

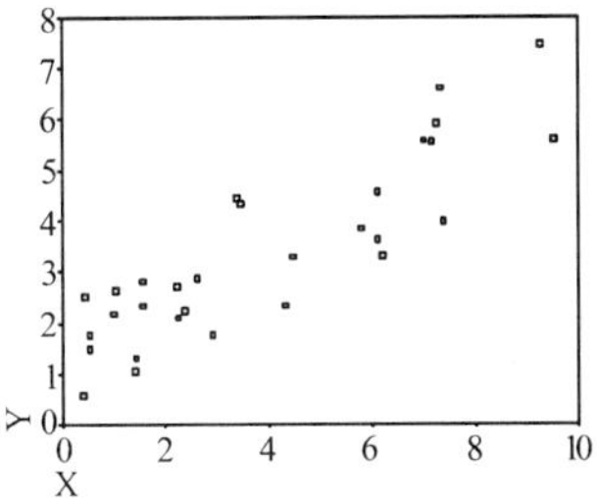

图 8.1(b)　较强线性相关

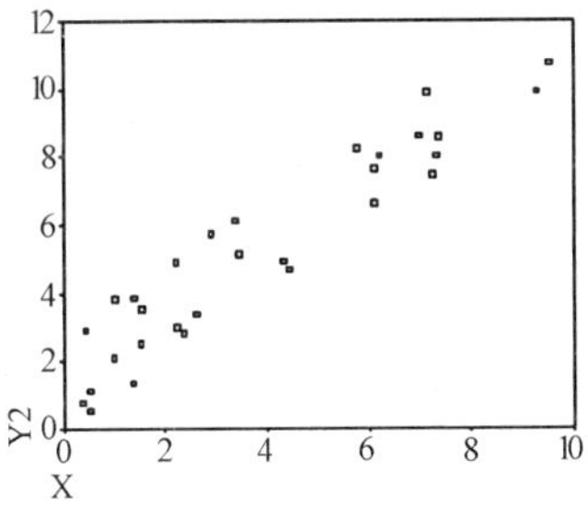

图 8.1(c)　强正线性相关

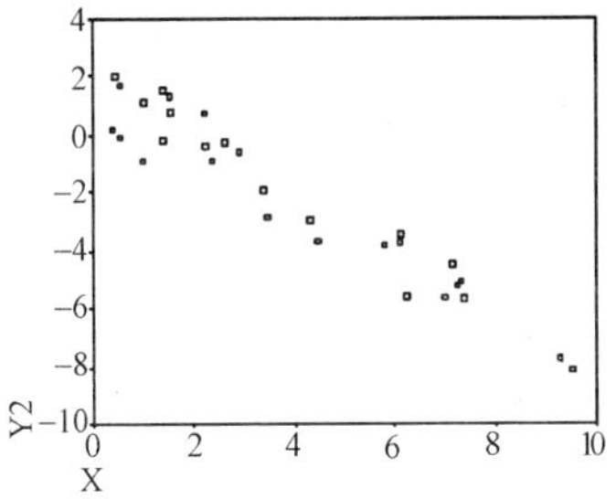

图 8.1(d)　强负线性相关

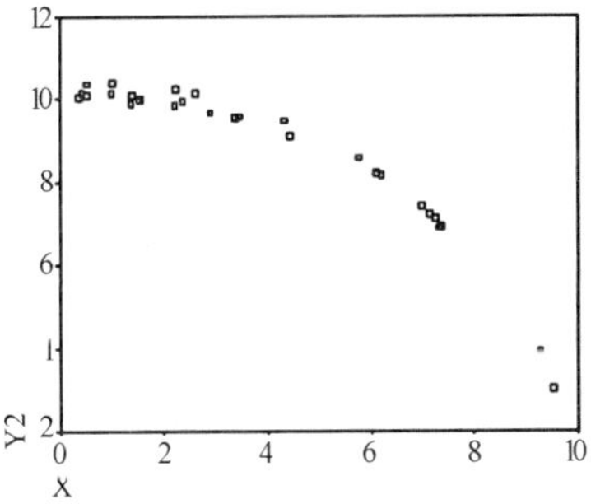

图 8.1(e)　非线性相关

2. 绘制散点图的基本操作

在利用 SPSS 绘制散点图之前，应先将数据按一定方式组织起来。对每个变量应设置相应的 SPSS 变量。绘制散点图的基本操作步骤如下。

(1)选择菜单【图形→旧对话框→散点/点状】，出现如图 8-2 所示的窗口。

(2)选择散点图的类型。SPSS 提供了四种类型的散点图。

(3)根据所选择的散点图类型，单击定义按钮对散点图作具体定义。

不同类型的散点图具体的定义选项略有差别。

● 简单散点图【简单分布】

简单散点图是表示一对变量间统计关系的散点图。应定义的选项主要有：

■ 指定某个变量为散点图的纵轴变量，选入【Y 轴】框中。

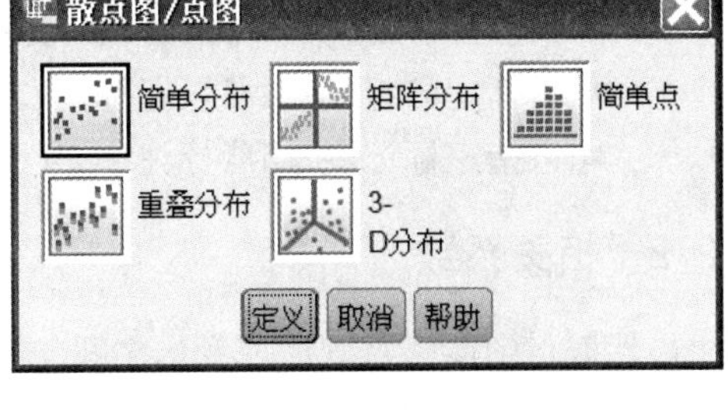

图 8-2　选择散点图窗口

■ 指定某个变量为散点图的横轴变量，选入【X 轴】框中。

■ 可指定作为分组变量到【设置标记(S)】框中，表示按该变量的不同取值将样本数据分成若干组，并在一张图上分别以不同颜色绘制各组数据的散点图。该项可以省略。

■ 可指定标记变量到【标注个案(C)】框中，表示将标记变量的各变量值标记在散点图相应点的旁边。该项可以省略。

● 重叠散点图【重叠分布】

重叠散点图是在一张图上用不同颜色点反映多对变量两两间统计关系的散点图。应定义的选项主要有：

■ 两个变量为一对，指定绘制哪些变量间的散点图。其中，前一个变量作为图的纵轴变量，后一个变量作为图的横轴变量，并可通过单击↔按钮进行横纵轴变量的调换。

■ 可指定标记变量到【标注个案(C)】框中。含义同简单散点图。

● 矩阵散点图【矩阵分布】

矩阵散点图以图形矩阵的形式分别显示多对变量两两间的统计关系。矩阵散点图的关键是弄清各图形矩阵单元中的横纵变量。以 3×3 的矩阵散点图为例，变量分别为 $x1$、$x2$ 和 $x3$，矩阵散点图的横纵变量如表 8-1 所示(括号中的前一个变量作为纵轴变量，后一个变量作为横轴变量)。

表 8-1　矩阵散点图坐标变量示意

$x1$	($x1$，$x2$)	($x1$，$x3$)
($x2$，$x1$)	$x2$	($x2$，$x3$)
($x3$，$x1$)	($x3$，$x2$)	$x3$

对角线格子中显示参与绘图的若干个变量的名称，应特别注意这些变量所在的行和列，它们决定了矩阵散点图中各单元的横纵坐标。例如，$x3$ 在第三行第三列的格子上，则第三行上的所有图形都以 $x3$ 为纵轴，第三列上的所有图形都以 $x3$ 为横轴。应定义的选项主要有：

■ 指定参与绘图的若干个变量到【矩阵变量(M)】框中。选择变量的先后顺序决定了矩阵对角线上变量的排列顺序。

■ 可指定分组变量到【设置标记(S)】框中。同简单散点图。

■ 可指定标记变量到【标注个案(C)】框中。同简单散点图。

● 三维散点图【3-D 分布】

三维散点图以立体图的形式展现三对变量间的统计关系。应定义的选项主要有：

■ 指定三个变量为散点图各轴的变量，分别选入【X 轴(X)】、【Y 轴(Y)】、【Z 轴(Z)】框中。

■ 可指定分组变量到【设置标记(S)】框中。同简单散点图。

■ 可指定标记变量到【标注个案(C)】框中。同简单散点图。

8.2.2　相关系数

虽然散点图能够直观展现变量之间的统计关系，但并不精确。相关系数则以数值的方式精确地反映了两个变量间线性相关的强弱程度。利用相关系数进行变量间线性关系的分析通常需要完成以下两大步骤：

第一，计算样本相关系数 r。

利用样本数据计算样本相关系数。样本相关系数反映了两变量间线性相关程度的强弱。对不同类型的变量应采用不同的相关系数指标，但它们的取值范围和含义都是相同的，即

- 相关系数 r 的取值在 -1 至 $+1$ 之间。
- $r>0$ 表示两变量存在正的线性相关关系；$r<0$ 表示两变量存在负的线性相关关系。
- $r=1$ 表示两变量存在完全正相关关系；$r=-1$ 表示两变量存在完全负相关关系；$r=0$ 表示两变量不存在线性相关关系。
- $|r|>0.8$ 表示两变量之间具有较强的线性关系；$|r|<0.3$ 表示两变量之间的线性相关关系较弱。

第二，对样本来自的两总体是否存在显著的线性关系进行推断。

由于抽样的随机性和样本量较小等原因，通常样本相关系数不能直接用来说明样本来自的两总体是否具有显著的线性相关关系，需要通过假设检验的方式对样本来自的总体是否存在显著的线性相关关系进行统计推断。基本步骤是：

- 提出原假设 H_0，即两总体无显著线性相关，存在零相关。
- 选择检验统计量。对不同类型的变量应采用不同的相关系数，对应也应采用不同的检验统计量。具体内容见后面讨论。
- 计算检验统计量的观测值和概率 p 值。
- 决策。如果检验统计量的概率 p 值小于给定的显著性水平 α，应拒绝原假设，认为两总体间存在显著的线性相关关系；反之，如果检验统计量的概率 p 值大于给定的显著性水平 α，则不能拒绝原假设，可以认为两总体不存在显著的线性相关关系。

对不同类型的变量应采用不同的相关系数来度量，常用相关系数有 Pearson 简单相关系数、Spearman 等级相关系数和 Kendall τ 相关等。

1. Pearson 简单相关系数

Pearson 简单相关系数用来度量两数值型变量间的线性相关性。如测度收入和储蓄、身高和体重、工龄和收入等变量间的线性相关关系时可用 Pearson 简单相关系数，它的数学定义为

$$r=\frac{\sum_{i=1}^{n}(x_i-\bar{x})(y_i-\bar{y})}{\sqrt{\sum_{i=1}^{n}(x_i-\bar{x})^2\sum_{i=1}^{n}(y_i-\bar{y})^2}} \tag{8.1}$$

式(8.1)中，n 为样本量，x_i 和 y_i 分别为两变量的变量值。由式(8.1)可进一步得知简单相关系数

$$r=\frac{1}{n}\sum_{i=1}^{n}\left(\frac{x_i-\bar{x}}{S_x}\right)\left(\frac{y_i-\bar{y}}{S_y}\right) \tag{8.2}$$

式(8.2)说明，简单相关系数是 n 个 x_i 和 y_i 分别标准化后的积的平均数。于是可知简单相关系数有以下几个特点：

- x 和 y 在式(8.1)或式(8.2)中是对称的，x 与 y 的相关系数等同于 y 与 x 的相关系数。
- 由于相关系数是 x 和 y 标准化后的结果，因此简单相关系数是无量纲的。
- 相关系数能够用于度量两变量之间的线性关系，但它并不是度量非线性关系的有效工具。

Pearson 简单相关系数的检验统计量为 t 统计量，其数学定义为

$$t=\frac{r\sqrt{n-2}}{\sqrt{1-r^2}} \tag{8.3}$$

式(8.3)中，t 统计量服从 $n-2$ 个自由度的 t 分布。

SPSS 将自动计算 Pearson 简单相关系数、t 检验统计量的观测值和概率 p 值。

2. Spearman 等级相关系数

Spearman 等级相关系数用来度量定序型变量间的线性相关关系。该系数的设计思想与 Pearson 简单相关系数完全相同，仍然可依照式(8.1)计算，相应的指标特征也相似。然而在计算 Spearman 等级相关系数时，由于数据为非数值的，因此计算时并不直接采用原始数据 (x_i, y_i)，而是利用数据的秩，即将两变量的秩 (U_i, V_i) 代替 (x_i, y_i) 代入式(8.1)中，其中的 x_i 和 y_i 的取值是秩，取值范围被限制在 1 至 n 之间，式(8.1)可简化为

$$r=1-\frac{6\sum_{i=1}^{n}D_i^2}{n(n^2-1)} \tag{8.4}$$

式(8.4)中，$\sum_{i=1}^{n}D_i^2=\sum_{i=1}^{n}(U_i-V_i)^2$。可见，Spearman 等级相关系数体现了这样的思想：

- 如果两变量的正相关性较强，它们秩的变化具有同步性，于是 $\sum_{i=1}^{n}D_i^2=\sum_{i=1}^{n}(U_i-V_i)^2$ 的值较小，r 趋于 1；
- 当两变量为完全正线性相关时，$U_i=V_i$，$\sum_{i=1}^{n}D_i^2$ 达到最小为 0，$r=1$；当两变量为完全负相关时，$U_i+V_i=n+1$ 且 $U_i\geqslant 1$，$V_i\leqslant n$，$\sum_{i=1}^{n}D_i^2$ 达到最大为 $\sum_{i=1}^{n}D_i^2\leqslant\frac{1}{3}n(n^2-1)$，$r=-1$。
- 如果两变量的相关性较弱，它们秩的变化不具有同步性，$\sum_{i=1}^{n}D_i^2=\sum_{i=1}^{n}(U_i-V_i)^2$ 的值较大，r 趋向于 0。

在小样本下，在原假设成立时 Spearman 等级相关系数服从 Spearman 分布；在大样本下，Spearman 等级相关系数的检验统计量为 Z 统计量，其数学定义为

$$Z=r\sqrt{n-1} \tag{8.5}$$

式(8.5)中，Z 统计量近似服从标准正态分布。

SPSS 将自动计算 Spearman 等级相关系数、Z 检验统计量的观测值和概率 p 值。

3. Kendall τ 相关系数

Kendall τ 相关采用非参数检验方法度量定序型变量间的线性相关关系。它利用变量的秩计算一致对(也称同序对)数目(U)和非一致对(也称异序对)数目(V)。例如，两变量 (x_i, y_i) 的秩对分别为(2, 3)、(4, 4)、(3, 1)、(5, 5)、(1, 2)，对变量 x 的秩按升序排序后形成的秩对为(1, 2)、(2, 3)、(3, 1)、(4, 4)、(5, 5)。于是，变量 y 的秩随变量 x 的秩同步增大的 y 的秩对(一致对)有：(2, 3)、(2, 4)、(2, 5)、(3, 4)、(3, 5)、(1, 4)、(1, 5)、(4, 5)，一致对数目 U 等于 8；变量 y 的秩未随变量 x 的秩同步增大的 y 的秩对(非一致对)有(2, 1)、(3, 1)，非一致对数目 V 等于 2。于是，一致对数目定义为 $U=\sum_{i=1}^{n}\sum_{j>i}(d_j>d_i)$，非一致对数目定义为 $V=\sum_{i=1}^{n}\sum_{j>i}(d_j<d_i)$，$d$ 为秩。

显然，如果两变量具有较强的正相关性，则一致对数目 U 应较大，非一致对数目 V 应较小；如果两变量具有较强的负相关性，则一致对数目 U 应较小，非一致对数目 V 应较大；如果两变量的相关性较弱，则一致对数目 U 和非一致对数目 V 应大致相当，大约各占样本量的 $\frac{1}{2}$。Kendall τ 相关正是要对此进行检验。Kendall τ 统计量的数学定义为

$$\tau=(U-V)\frac{2}{n(n-1)} \tag{8.6}$$

在小样本下，Kendall τ 服从 Kendall 分布。在大样本下采用的检验统计量为

$$Z=\tau\sqrt{\frac{9n(n-1)}{2(2n+5)}} \tag{8.7}$$

式(8.7)中，Z 统计量近似服从标准正态分布。

SPSS 将自动计算 Kendall τ 相关、Z 检验统计量的观测值和概率 p 值。

4. 计算相关系数的基本操作

在利用 SPSS 计算两变量间的相关系数之前应按一定格式组织好数据，应定义两个 SPSS 变量分别存放相应两变量的变量值。计算相关系数的基本操作步骤如下。

(1)选择菜单【分析→相关→双变量】，出现如图 8-3 所示的窗口。

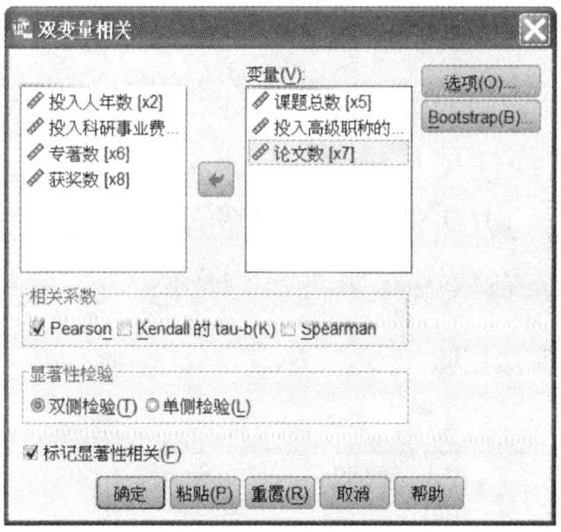

图 8-3　相关分析窗口

(2)选择参加计算相关系数的变量到【变量(V)】框。

(3)在【相关系数】框中选择计算哪种相关系数。

(4)在【显著性检验】框中选择输出相关系数检验的双侧概率 p 值还是单侧概率 p 值。

(5)选中【标记显著性相关(F)】选项表示分析结果中除显示检验统计量的概率 p 值以外，还输出星号标记，以标明变量间的相关性是否显著；不选中则不输出星号标记。

(6)在 选项(O) 按钮中的【统计量】框中，选中【叉积偏差和协方差(C)】表示输出各变量的离差平方和、样本方差、两变量的叉积离差和协方差。

至此，SPSS 将自动计算相关系数和进行统计检验，并将结果输出到查看器窗口。

8.2.3　相关分析应用举例

为研究高等院校人文社会科学研究中立项课题数受哪些因素的影响，收集到某年 31 个省市自治区部分高校有关社科研究方面的数据(SPSS 数据文件名：高校科研研究.sav)，研究立项课题数(当年)与上年投入的具有高级职称的人年数、发表的论文数之间是否具有较强的线性关系。

对该研究问题可采用相关分析的方法进行研究。首先绘制矩阵散点图；其次，由于收集到的数据全部为数值型，可通过计算 Pearson 简单相关系数分析变量间线性相关性的强弱。绘制矩阵散点图的操作窗口如图 8-4 所示。

按照图 8-4 所示的定义绘制出的矩阵散点图如图 8-5 所示。

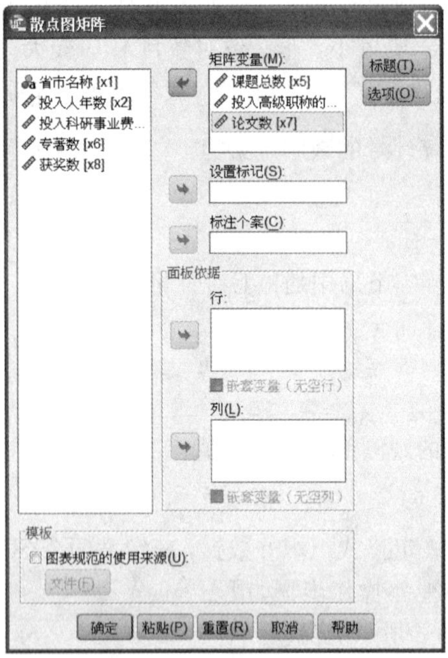

图 8-4　绘制矩阵散点图窗口

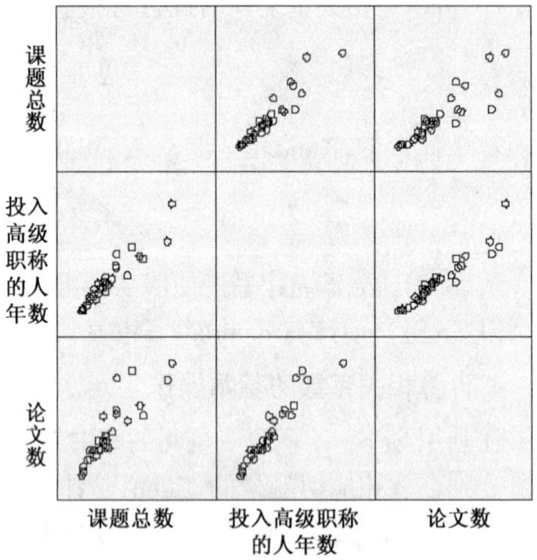

图 8-5　课题相关因素的矩阵散点图

图 8-5 表明，立项课题总数、投入具有高级职称的人年数以及论文数之间都有较强的线性关系，且投入具有高级职称的人年数以及论文数之间的线性关系最强。因此粗略地看，立项课题数会受到这些因素的影响。下面利用计算相关系数的方法对它们之间的线性相关性做进一步的分析，具体操作窗口如图 8-3 所示，计算出的相关系数矩阵如表 8-2 所示。

表 8-2　课题相关因素的简单相关系数矩阵

相关性

		课题总数	投入高级职称的人年数	论文数
课题总数	Pearson 相关	1	.944 **	.887 **
	显著性(双侧)	.	.000	.000
	N	31	31	31
投入高级职称的人年数	Pearson 相关性	.944 *	1	.953 **
	显著性(双侧)	.000	.	.000
	N	31	31	31
论文数	Pearson 相关性	.887 **	.953 **	1
	显著性(双侧)	.000	.000	.
	N	31	31	31

**. 在.01 水平(双侧)上显著相关。

由表 8-2 可知，立项课题总数与投入高级职称的人年数间的简单相关系数为 0.944，与论文数间的简单相关系数为 0.887。它们的相关系数检验的概率 p 值都近似为 0。因此，当显著性水平 α 为 0.05 或 0.01 时，都应拒绝相关系数检验的原假设，认为两总体存在显著的线性关系。表中相关系数旁边的两个星号(**)即表示显著性水平 α 为 0.01 时可拒绝原假设。一个星号(*)表示显著性水平 α 为 0.05 时可拒绝原假设。因此，两个星号比一个星号拒绝原假设犯错误的可能性更小。总之，立项课题总数与投入高级职称的人年数和论文数间存在正向影响关系。

8.3 偏相关分析

8.3.1 偏相关分析和偏相关系数

相关分析中研究两事物之间的线性相关性是通过计算相关系数等方式实现，并通过相关系数值的大小判定事物之间的线性相关强弱。然而，就相关系数本身，它未必是两事物间线性相关强弱的真实体现，往往有夸大或缩小的趋势。

例如，在研究商品的需求量和价格、消费者收入之间的线性关系时，需求量和价格之间的相关关系实际还包含了消费者收入对商品需求量的影响。同时收入对价格也会产生影响，并通过价格变动传递到对商品需求量的影响中。再如，研究粮食产量与平均气温、月降雨量、平均日照时数、月平均湿度之间的关系时，产量和平均气温之间的线性关系中实际还包含了月平均日照时数对产量的影响以及对平均气温的影响等。

因此，在这种情况下，单纯利用相关系数来评价变量间的相关性显然是不准确的，而需要在剔除其他相关因素影响的条件下计算变量间的相关性。偏相关分析的意义就在于此。偏相关分析也称净相关分析，它在控制其他变量的线性影响的条件下分析两变量间的线性相关性，所采用的工具是偏相关系数(净相关系数)。当控制变量个数为一时，偏相关系数称为一阶偏相关系数；当控制变量个数为两个时，偏相关系数称为二阶偏相关系数；当控制变量个数为零个时，偏相关系数称为零阶偏相关系数，也就是相关系数。

利用偏相关系数进行变量间净关系分析通常需要完成以下两大步骤：

第一，计算样本的偏相关系数。

利用样本数据计算样本的偏相关系数，它反映了两变量间净相关的程度强弱。在分析变量 x_1 和 y 之间的净相关时，当控制了 x_2 的线性作用后，x_1 和 y 之间的一阶偏相关系数定义为

$$r_{y1,2}=\frac{r_{y1}-r_{y2}r_{12}}{\sqrt{(1-r_{y2}^2)(1-r_{12}^2)}} \tag{8.8}$$

式(8.8)中，r_{y1}、r_{y2}、r_{12} 分别表示 y 和 x_1 的相关系数、y 和 x_2 的相关系数、x_1 和 x_2 的简单相关系数。偏相关系数的取值范围及大小、含义与相关系数相同。

第二，对样本来自的两总体是否存在显著的净相关进行推断。

净相关分析检验的基本步骤是：

- 提出原假设 H_0，两总体的偏相关系数与零无显著差异。
- 选择检验统计量。偏相关分析的检验统计量为 t 统计量，它的数学定义为

$$t=r\sqrt{\frac{n-q-2}{1-r^2}} \tag{8.9}$$

式(8.9)中，r 为偏相关系数，n 为样本量，q 为阶数。t 统计量服从 $n-q-2$ 个自由度的 t 分布。

- 计算检验统计量的观测值和概率 p 值。
- 决策。如果检验统计量的概率 p 值小于给定的显著性水平 α，应拒绝原假设，认为两总体的偏相关系数与零有显著差异；反之，如果检验统计量的概率 p 值大于给定的显著性水平 α，则不能拒绝原假设，可以认为两总体的偏相关系数与零无显著差异。

8.3.2　偏相关分析的基本操作

在利用 SPSS 进行偏相关分析前应按一定格式组织好数据，应定义若干个 SPSS 变量分别存放相应变量的变量值。偏相关分析的基本操作步骤如下。

(1)选择菜单【分析→相关→偏相关】，出现如图 8-6 所示的窗口。

(2)选择参与分析的变量到【变量(V)】框中。

(3)选择一个或多个控制变量到【控制(C)】框中。

(4)在【显著性检验】框中选择输出偏相关检验的双侧概率 p 值还是单侧概率 p 值。

至此，SPSS 将自动进行偏相关分析和统计检验，并将结果输出到查看器窗口。

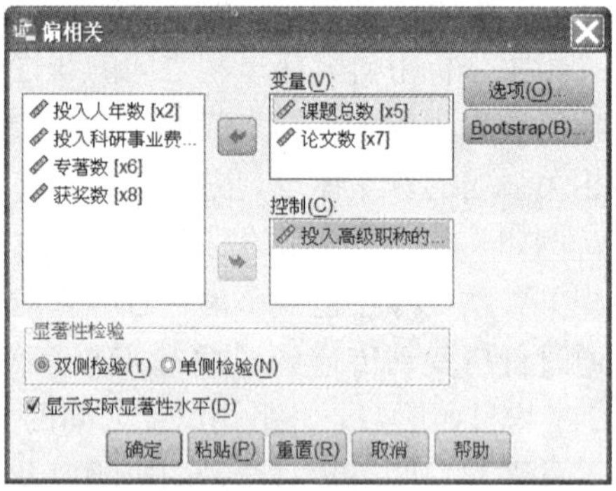

图 8-6　偏相关分析窗口

8.3.3　偏相关分析的应用举例

在上述高校社科研究立项课题总数影响因素的相关分析中发现，发表立项课题数与论文数之间有较强正线性相关关系。但应看到这种关系中可能掺入了投入具有高级职称的人年数的影响(投入具有高级职称的人年数与论文数、立项课题数间的简单相关系数分别为 0.953、0.944)。因此，为研究立项课题总数和发表论文数之间的净相关关系，可以将投入具有高级职称的人年数作为控制变量，分析上述两者之间的净相关。具体操作窗口如图 8-6 所示，分析结果如表 8-3 所示。

表 8-3　课题相关因素的偏相关分析结果

相关性

控制变量			课题总数	论文数
投入高级职称的人年数	课题总数	相关性	1.000	−.140
		显著性(双侧)	.	.461
		df	0	28
	论文数	相关性	−.140	1.000
		显著性(双侧)	.461	.
		df	28	0

表 8-3 中，投入高级职称的人年数作为控制变量的条件下，课题总数和论文数间的偏相关为−0.14，呈极弱的负相关关系，且偏相关系数检验统计量的概率 p 值(0.461)大于显著性水平 α(0.05)，说明上年发表的论文数对当年立项课题数的线性影响非常弱。该结论与相关分析的结论(简单相关系数为 0.887)差距甚远。分析原因发现，上年投入的具有高级职称的人年数对立项课题数有很大的影响，该因素也充分地作用在发表论文数上，并对发表论文数起了决定性作用。因此，当控制了投入具有高级职称的人年数后，发表论文数就不再对立项课题数有显著的线性作用了。

通过该分析可以看到，偏相关分析对辨别变量间的虚假相关有极为重要的作用。

8.4　回 归 分 析

8.4.1　回归分析概述

回归分析是一种应用极为广泛的数量分析方法。它用于分析事物之间的统计关系，侧重考察变量之间的数量变化规律，并通过回归方程的形式描述和反映这种关系，帮助人们准确把握变量受其他一个或多个变量影响的程度，进而为预测提供科学依据。

"回归"一词是英国统计学家 F. Galton 在研究父亲身高和他们成年儿子身高关系时提出的。从大量的父亲身高和其成年儿子身高数据的散点图中，F. Galton 天才地发现了一条贯穿其中的直线，它能够描述父亲身高和其成年儿子身高之间的关系，并可用于预测某身高父亲其成年儿子的平均身高。他的研究发现，如果父亲的身高很高，那么成年儿子也会较高，但不会像父亲那么高；如果父亲的身高很矮，那么成年儿子也会较矮，但不会像父亲那么矮。他们会趋向于子辈身高的平均值。F. Galton 将这种现象称为"回归"，将那条贯穿于数据点中的线称为"回归线"。后来，人们借用"回归"这个名词，将研究事物之间统计关系的数量分析方法称为回归分析。

正如上述 F. Galton 研究父亲身高与儿子身高关系的问题那样，回归分析的核心目的是找到回归线，涉及如何得到回归线、如何描述回归线、回归线是否可用于预测等问题。

1. 回归线

利用样本数据获得回归线通常可采用两类方法：第一，局部平均；第二，函数拟合。

● 局部平均

局部平均的含义可借用父亲和儿子身高关系的例子来理解。假设收集到了 n(样本量)对父亲和儿子身高的数据(x_i，y_i)($i=1$，2，…，n)，可以对它们做绘制散点图、计算基本描述统计量等基础分析。根据父亲身高的数据(x_0)，预测儿子身高的平均值有以下几种情况：第一，子辈身高的平均值 $\bar{y}$。显然这个预测是不准确的，原因是没有考虑父亲身高(x_0)的作用；第二，父亲身高为 x_0 的所有儿子身高的平均值 $\bar{y}_0$。该预测较第一种方法显然要准确得多。第三，如果在获得的数据中没有父亲身高为 x_0 的样本数据，可考虑计算父亲身高为 x_0 左右的一个较小区间内的儿子身高的平均值。按照这种思路在散点图上不难得到一系列(x_j，$\bar{y}_j$)(j 表示散点图由左往右的第 j 个小区间)对应的数据点。如果这些点足够多，则可以描绘出一条光滑曲线，它们将是上述提到的回归线的近似线。可见，回归线是局部平均的结果。利用回归线做预测是对当 $x=x_0$ 时 y 的平均值的预测。

● 函数拟合

利用局部平均得到回归线在样本量足够大时才可实现。然而通常样本量可能无法达到预期的数量，此时多采用函数拟合的方式得到回归线。函数拟合的基本思路是：首先通过散点图观察变量之间的统计关系，得到回归线形状(线性关系或非线性关系)的直观认知，并确定一个能够反映和拟合这种认知且最简洁的(参数最少的)数学形式(线性函数或非线性函数)，即回归模型；然后，利用样本数据在一定的统计拟合准则下，估计出回归模型中的各个参数，得到一个确定的回归方程；最后，由于抽样随机性的存在，在样本数据的基础上得到回归方程未必是事物总体间数量关系的真实体现，因此需要对回归方程进行各种检验，判断该方程是否真实地反映了事物总体间的统计关系，能否用于预测，并最终得到回归线的近似线。可见，函数拟合方式较局部平均具有更强的可操作性，因而得到广泛采纳。

2. 回归分析的一般步骤

回归分析的一般步骤如下。

● 确定回归分析中的解释变量和被解释变量

由于回归分析用于分析一个事物如何随其他事物的变化而变化，因此回归分析的第一步应确定哪个事物是需要被解释的，即哪个变量是被解释变量(记为 y)，哪些事物是用于解释其他事物的，即哪些变量是解释变量(记为 x)。回归分析正是要建立 y 关于 x 的回归方程，并在给定 x 的条件下，通过回归方程预测 y 的平均值。这点是有别于相关分析的，因此，父亲身高关于成年儿子身高的回归分析与成年儿子身高关于父亲身高的回归分析是完全不同的。

● 确定回归模型

根据函数拟合方式，通过观察散点图确定应通过哪种数学模型来概括回归线。如果被解释变量和解释变量之间存在线性关系，则应进行线性回归分析，建立线性回归模型；反之，如果被解释变量和解释变量之间存在非线性关系，则应进行非线性回归分析，建立非线性回归模型。

● 建立回归方程

根据收集到的样本数据以及前步所确定的回归模型，在一定的统计拟合准则下估计出模型中的各个参数，得到一个确定的回归方程。

● 对回归方程进行各种检验

前面已经提到，由于回归方程是在样本数据基础上得到的，回归方程是否真实地反映了事物总体间的统计关系以及回归方程能否用于预测等都需要进行检验。

● 利用回归方程进行预测

建立回归方程的目的之一是根据回归方程对新数据的未知被解释变量取值进行预测。

利用 SPSS 进行回归分析时，应重点关注上述过程的第一步和最后一步，至于中间各步，SPSS 会自动计算，并给出最合理的模型。

8.4.2 线性回归模型

观察被解释变量和一个或多个解释变量的散点图，若发现被解释变量与解释变量之间呈现出显著的线性关系，则应采用线性回归分析的方法，建立线性回归模型。在线性回归分析中，根据模型中解释变量的个数，可将线性回归模型分成一元线性回归模型和多元线性回归模型，相应的分析称为一元线性回归分析和多元线性回归分析。

● 一元线性回归模型

一元线性回归模型是指只有一个解释变量的线性回归模型，用于揭示被解释变量与另一个解释变量之间的线性关系。在现实社会经济现象中，某一事物(被解释变量)总会受到多方面因素(多个解释变量)的影响。一元线性回归分析是在不考虑其他影响因素或在认为其他影响因素确定的条件下，分析一个解释变量是如何线性影响被解释变量的，因而是比较理想化的分析。一元线性回归的数学模型是

$$y = \beta_0 + \beta_1 x + \varepsilon \tag{8.10}$$

式(8.10)表明，被解释变量 y 的变化可由两个部分解释。第一，由于解释变量 x 的变化引起的 y 的线性变化部分，即 $y=\beta_0+\beta_1 x$；第二，由其他随机因素引起的 y 的变化部分，即 ε。由此可以看出一元线性回归模型是被解释变量和解释变量间非一一对应的统计关系的良好诠释，即当 x 给定后 y 的值并非唯一，但它们之间又通过 β_0 和 β_1 保持着密切的线性相关关系。β_0 和 β_1 都是模型中的未知参数，β_0 和 β_1 分别称为回归常数和回归系数，ε 称为随机误差，是一个随机变量，应当满足两个前提条件，即

$$\begin{cases} E(\varepsilon)=0 \\ \mathrm{var}(\varepsilon)=\sigma^2 \end{cases} \tag{8.11}$$

式(8.11)表明，随机误差的期望应为 0，随机误差的方差应为一个特定的值。如果对式(8.10)两边求条件期望，则有

$$E(y)=\beta_0+\beta_1 x \tag{8.12}$$

式(8.12)称为一元线性回归方程，它表明，x 和 y 之间的统计关系是在平均意义下表述的，即当 x 的值给定后利用回归方程计算得到的 y 值是一个平均值，这与前面讨论的局部平均是一致的。也就是说，如果父亲的身高 x 给定了，得到的成年儿子的身高 y 是特定"儿子群"身高的平均值。

对式(8.12)所示一元线性回归方程中的未知参数 β_0 和 β_1 进行估计是一元线性回归分析的核心任务之一。由于参数估计的工作是基于样本数据的，由此得到的参数只是参数真值 β_0 和 β_1 的估计值，记为 $\hat{\beta}_0$ 和 $\hat{\beta}_1$，于是有

$$\hat{y}=\hat{\beta}_0+\hat{\beta}_1 x \tag{8.13}$$

式(8.13)称为一元线性经验回归方程。从几何意义上讲，一元线性经验回归方程是二维平面上的一条直线，即回归直线。其中，$\hat{\beta}_0$ 是回归直线在纵轴上的截距，$\hat{\beta}_1$ 为回归直线的斜率，它表示解释变量 x 每变动一个单位所引起的被解释变量 y 的平均变动数量。

● 多元线性回归模型

多元线性回归模型是指有多个解释变量的线性回归模型，用于揭示被解释变量与其他多个解释变量之间的线性关系。多元线性回归的数学模型是

$$y=\beta_0+\beta_1 x_1+\beta_2 x_2+\cdots+\beta_p x_p+\varepsilon \tag{8.14}$$

式(8.14)是一个 p 元线性回归模型，其中有 p 个解释变量。它表明：被解释变量 y 的变化可由两个部分解释。第一，由 p 个解释变量的变化引起的 y 的线性变化部分，即 $y=\beta_0+\beta_1 x_1+\beta_2 x_2+\cdots+\beta_p x_p$；第二，由其他随机因素引起的 y 的变化部分，即 ε。β_0，β_1，…，β_p 都是模型中的未知参数，分别称为回归常数和偏回归系数。ε 称为随机误差，也是一个随机变量，同样满足式(8.11)的要求。如果对式(8.14)两边求条件期望，则有

$$E(y)=\beta_0+\beta_1 x_1+\beta_2 x_2+\cdots+\beta_p x_p \tag{8.15}$$

式(8.15)称为多元线性回归方程。估计多元线性回归方程中的未知参数 β_0，β_1，…、β_p 是多元线性回归分析的核心任务之一。由于参数估计的工作是基于样本数据的，由此得到的参数只是参数真值 β_0，β_1，…，β_p 的估计值，记为 $\hat{\beta}_0$，$\hat{\beta}_1$，…，$\hat{\beta}_p$，于是有

$$\hat{y}=\hat{\beta}_0+\hat{\beta}_1 x_1+\hat{\beta}_2 x_2+\cdots+\hat{\beta}_p x_p \tag{8.16}$$

式(8.16)称为多元线性经验回归方程。从几何意义上讲，多元线性经验回归方程是 $p+1$ 维空间上的一个超平面，即回归平面。$\hat{\beta}_i$ 表示当其他解释变量保持不变时，x_i 每变动一个单位所引起的被解释变量 y 的平均变动数量。

8.4.3　回归参数的普通最小二乘估计

线性回归方程确定后的任务是利用已经收集到的样本数据，根据一定的统计拟合准则，对方程中的各个参数进行估计。普通最小二乘就是一种最为常见的统计拟合准则，在该准则下得到的回归参数的估计称为回归参数的普通最小二乘估计。

普通最小二乘估计(OLSE，Ordinary Least Square Estimation)的基本出发点是：应使每个观测点($\boldsymbol{x}_i$，y_i)($i=1$，2，…，n)与回归线(或面)上的对应点($\boldsymbol{x}_i$，$E(y_i)$)在垂直方向上的偏差距离的总和最小。那么应如何定义这个偏差距离呢？普通最小二乘法将这个偏差距离定义为离差的二次方，即$(y_i-E(y_i))^2$。于是垂直方向上偏差距离的总和就为离差平方和。

● 对于一元线性回归方程

$$Q(\beta_0,\beta_1)=\sum_{i=1}^{n}(y_i-E(y_i))^2=\sum_{i=1}^{n}(y_i-\beta_0-\beta_1x_i)^2 \tag{8.17}$$

最小二乘估计是寻找参数 β_0、β_1 的估计值 $\hat{\beta}_0$、$\hat{\beta}_1$，使式(8.17)达到极小，即

$$Q(\hat{\beta}_0,\hat{\beta}_1)=\sum_{i=1}^{n}(y_i-\hat{\beta}_0-\hat{\beta}_1x_i)^2=\min_{\beta_0,\beta_1}\sum_{i=1}^{n}(y_i-\beta_0-\beta_1x_i)^2 \tag{8.18}$$

● 对于多元线性回归方程

$$Q(\beta_0,\beta_1,\beta_2,\cdots,\beta_p)=\sum_{i=1}^{n}(y_i-\beta_0-\beta_1x_{i1}-\beta_2x_{i2}-\cdots-\beta_px_{ip})^2 \tag{8.19}$$

最小二乘估计是寻找参数 β_0，β_1，…，β_p 的估计值 $\hat{\beta}_0$，$\hat{\beta}_1$，…，$\hat{\beta}_p$，使式(8.19)达到极小，即

$$\begin{aligned}Q(\hat{\beta}_0,\hat{\beta}_1,\hat{\beta}_2,\cdots,\hat{\beta}_p)&=\sum_{i=1}^{n}(y_i-\hat{\beta}_0-\hat{\beta}_1x_{i1}-\hat{\beta}_2x_{i2}-\cdots-\hat{\beta}_px_{ip})^2\\&=\min_{\beta_0,\beta_1,\beta_2,\cdots,\beta_p}\sum_{i=1}^{n}(y_i-\beta_0-\beta_1x_{i1}-\beta_2x_{i2}-\cdots-\beta_px_{ip})^2\end{aligned} \tag{8.20}$$

根据上述原则通过求极值的原理和解方程组，可以得到回归方程参数的估计值。具体求解过程这里不加讨论。在使用 SPSS 分析时，SPSS 会自动完成参数估计，给出最终的估计值。

8.4.4　回归方程的统计检验

通过样本数据建立回归方程后一般不能立即用于对实际问题的分析和预测，通常要进行各种统计检验，主要包括回归方程的拟合优度检验、回归方程的显著性检验、回归系数的显著性检验、残差分析等。

1. 回归方程的拟合优度检验

回归方程的拟合优度检验是检验样本数据点聚集在回归线(或面)周围的密集程度，从而评价回归方程对样本数据的代表程度。

拟合优度检验从对被解释变量 y 取值变化的成因分析入手。正如式(8.10)和式(8.14)表明的那样，y 各观测值之间的差异(与其均值的差异)主要由两方面原因造成：一是解释变量取值的不同；二是其他随机因素。

例如，在研究父亲身高和成年儿子身高的关系时发现，成年儿子身高的差异会受到两个因素的影响：第一，父亲身高的影响；第二，即使父亲身高相同，他们成年儿子的身高也不尽相同，还会受到其他随机因素的影响。

由于回归方程反映的是解释变量不同取值变化对被解释变量的线性影响规律，因此本质上揭示的是上述第一个原因，由此引起的被解释变量的变差平方和也就称为回归平方和(regression sum of squares，SSR)，即$\sum_{i=1}^{n}(\hat{y}_i-\bar{y})^2$；而由随机因素引起的被解释变量的变差平方和通常被为剩余平方和(errors sum of squares，SSE)，即$\sum_{i=1}^{n}(y_i-\hat{y}_i)^2$，且有式(8.21)成立

$$\sum_{i=1}^{n}(y_i-\bar{y})^2=\sum_{i=1}^{n}(\hat{y}_i-\bar{y})^2+\sum_{i=1}^{n}(y_i-\hat{y}_i)^2 \tag{8.21}$$

式(8.21)中，$\sum_{i=1}^{n}(y_i-\bar{y})^2$ 为被解释变量的总离差平方和(SST)。

再回到拟合优度检验的问题中来。显而易见，当所有观测点都落在回归线上时，回归方程的拟合优度一定是最高的。此时被解释变量的 SST 中其实只包含 SSR 部分，没有 SSE。由此可知，在被解释变量的 SST 中，如果 SSR 所占的比例远大于 SSE 所占的比例，也就是说，回归方程能够解释的变差所占比例较大，那么回归方程的拟合优度会较高。拟合优度的统计量正是基于这种基本思想构造出来的。

● 对于一元线性回归方程

一元线性回归方程的拟合优度检验采用 R^2 统计量。该统计量称为判定系数或决定系数，数学定义为

$$R^2=\frac{\sum_{i=1}^{n}(\hat{y}_i-\bar{y})^2}{\sum_{i=1}^{n}(y_i-\bar{y})^2}=1-\frac{\sum_{i=1}^{n}(y_i-\hat{y}_i)^2}{\sum_{i=1}^{n}(y_i-\bar{y})^2} \tag{8.22}$$

式(8.22)正是上述基本思想的良好体现，它是 SSR/SST，也是 1－SSE/SST，反映了回归方程能解释的变差的比例。1－R^2 则体现了被解释变量总变差中回归方程所无法解释的比例。由式(8.22)可知，R^2 取值在 0 至 1 之间。R^2 越接近于 1，说明回归方程对样本数据点的拟合优度越高；反之，R^2 越接近于 0，说明回归方程对样本数据点的拟合优度越低。

在一元线性回归分析中，R^2 也是被解释变量 y 和解释变量 x 的简单相关系数 r 的平方。由此可见，如果 y 和 x 的线性关系较强，那么用一个线性方程拟合样本数据点，必然能够得到一个较高的拟合优度；反之，如果 y 和 x 的线性关系较弱，那么用一个线性方程拟合样本数据点，则无法得到一个较高的拟合优度。

● 对于多元线性回归方程

多元线性回归方程的拟合优度检验采用调整的 R^2 统计量。该统计量称为调整的判定系数或调整的决定系数，数学定义为

$$\bar{R}^2=1-\frac{\frac{\text{SSE}}{n-p-1}}{\frac{\text{SST}}{n-1}} \tag{8.23}$$

式(8.23)中，$n-p-1$、$n-1$ 分别是 SSE 和 SST 的自由度。$\frac{\text{SSE}}{n-p-1}$称为均方误差(MSE)。由此可知调整的 R^2 是 1－平均的 SSE/平均的 SST，本质上也是拟合优度检验基本思路的体现。调整 R^2 的取值范围和数值大小的意义与 R^2 是完全相同的。

在多元线性回归分析中，仍然可以计算 R^2。此时，它是被解释变量 y 与诸多解释变量的复相关系数的平方，实质测度了 y 与 x 全体之间的线性相关程度，也测度了样本数据与拟合数据(预测数据)间的相关程度。

在多元线性回归分析中采用调整的 R^2 而非 R^2 作为拟合优度测度的主要原因是：在多元线性回归分析中，有两方面的原因可以导致 R^2 值的增加：第一，R^2 的数学特性决定当多元回归方程中的解释变量个数增多时，SSE 必然会随之减少进而导致 R^2 值的增加；第二，回归方程中引入了对被解释变量有重要"贡献"的解释变量而使 R^2 值增加。线性回归分析中追求高 R^2 的根本目的是希望找到那些对 y 有"贡献"的 x，进而分析它们间线性变化的数量关系。背离这个根本点去追求高 R^2 值是没有意义的。因此，当 R^2 值增加时应能对其原由加以区分。R^2 本身显然是无能为力的，应采用调整的 R^2。由式(8.23)可知，在某个 x_i 引入回归方程后，如果它对 y 的线性解释有重要贡献，那么必然会使 SSE 显著减少，并使均方误差 MSE 也减少，使调整的 R^2 提高；反之，如果某个 x_i 对 y 的线性解释作用不明显，将其引入后虽然能使 SSE 减少，但不会使均方误差 MSE 减少，调整的 R^2 值也不会提高。可见，在多元线性回归分析中，调整的 R^2 比 R^2 更能够准确地反映回归方程对样本数据的拟合程度。

2. 回归方程的显著性检验

线性回归方程能够较好地反映被解释变量和解释变量之间统计关系的前提应是：被解释变量和解释变量之间确实存在显著的线性关系。回归方程的显著性检验正是要检验被解释变量与所有解释变量之间的线性关系是否显著，用线性模型描述它们之间的关系是否恰当。

回归方程显著性检验的基本出发点与拟合优度检验非常相似。通过前面的讨论已经知道 SST＝SSR＋SSE。在回归方程的显著性检验采用方差分析的方法，研究在 y 的 SST 中 SSR 相对于 SSE 来说是否占较大的比例。如果占有较大比例，则表示 y 与 x 全体的线性关系明显，利用线性模型反映 y 与所有 x 的关系是恰当的；反之，如果占有较小比例，则表示 y 与 x 全体的线性关系不明显，利用线性模型反映 y 与所有 x 的关系是不恰当的。回归方程显著性检验采用的检验统计量正是基于这种思想构造的。

● 对于一元线性回归方程

一元线性回归方程显著性检验的原假设 H_0 是：$\beta_1=0$，即回归系数与零无显著差异。它意味着，当回归系数为 0 时，无论 x 取值如何变化都不会引起 y 的线性变化，x 无法解释 y 的线性变化，它们之间不存在线性关系。检验采用 F 统计量，其数学定义为

$$F=\frac{\sum_{i=1}^{n}(\hat{y}_i-\bar{y})^2}{\sum_{i=1}^{n}(y_i-\hat{y}_i)^2/(n-2)} \tag{8.24}$$

式(8.24)中的统计量很好地体现了上述基本思想，它是平均的 SSR/平均的 SSE，反映了回归方程所能解释的变差与不能解释的变差的比例。F 统计量服从$(1, n-2)$个自由度的 F 分布。SPSS 将自动计算检验统计量的观测值和概率 p 值。如果概率 p 值小于给定的显著性水平 α，则应拒绝原假设，认为回归系数与零存在显著差异，被解释变量 y 与解释变量 x 的线性关系显著，可以用线性模型描述和反映它们之间的关系；反之，如果概率 p 值大于给定的显著性水平 α，则不应拒绝原假设，认为回归系数与零不存在显著差异，被解释变量 y 与解释变量 x 的线性关系不显著，用线性模型描述和反映它们之间的关系是不恰当的。

● 对于多元线性回归方程

多元线性回归方程显著性检验的原假设 H_0 是各个偏回归系数同时与零无显著差异。它意味着当偏回归系数同时为 0 时，无论各个 x_i 取值如何变化都不会引起 y 的线性变化，所有 x 无法解释 y 的线性变化，y 与 x 的全体不存在线性关系。检验采用 F 统计量，其数学定义为

$$F = \frac{\sum_{i=1}^{n}(\hat{y}_i - \bar{y})^2 / p}{\sum_{i=1}^{n}(y_i - \hat{y}_i)^2 / (n-p-1)} \tag{8.25}$$

式(8.25)中，p 为多元线性回归方程中解释变量的个数。F 统计量服从(p，$n-p-1$)个自由度的 F 分布。SPSS 将自动计算检验统计量的观测值和概率 p 值。如果概率 p 值小于给定的显著性水平α，则应拒绝原假设，认为偏回归系数不同时为零，被解释变量 y 与解释变量 x 全体的线性关系显著，可以用线性模型描述和反映它们之间的关系；反之，如果概率 p 值大于给定的显著性水平α，则不应拒绝原假设，认为偏回归系数同时为零，被解释变量 y 与解释变量 x 全体的线性关系不显著，用线性模型描述和反映它们之间的关系是不恰当的。

通过前面的讨论不难发现，回归方程的显著性检验和回归方程的拟合优度检验有异曲同工之处。F 统计量与 R^2 有如下对应关系

$$F = \frac{R^2 / p}{(1-R^2)/(n-p-1)} \tag{8.26}$$

由式(8.26)可见，回归方程的拟合优度越高，回归方程的显著性检验也会越显著；回归方程的显著性检验越显著，回归方程的拟合优度也会越高。但应注意的是，回归方程的拟合优度检验实质上并非统计学的假设检验问题，它并不涉及假设检验中提出原假设、选择检验统计量、计算检验统计量的观测值以及根据抽样分布计算其概率 p 值、决定拒绝或不可拒绝原假设等一系列步骤。因此，回归方程的拟合优度检验本质上仅仅就一种描述性的刻画，不涉及对解释变量和被解释变量总体线性关系的推断，而这恰恰是回归方程显著性检验所要实现的目标。

3. 回归系数的显著性检验

回归系数的显著性检验主要目的是研究回归方程中的每个解释变量与被解释变量之间是否存在显著的线性关系，也就是研究解释变量能否有效地解释被解释变量的线性变化，它们能否保留在线性回归方程中。

回归系数显著性检验是围绕回归系数(或偏回归系数)估计量的抽样分布展开的，由此构造服从某种理论分布的检验统计量，并进行检验。

● 对于一元线性回归方程

一元线性回归方程的回归系数显著性检验的原假设 H_0 是 $\beta_1=0$，即回归系数与零无显著差异。它意味着，当回归系数为 0 时，无论 x 取值如何变化，都不会引起 y 的线性变化，x 无法解释 y 的线性变化，它们之间不存在线性关系。

在一元线性回归模型中，回归系数估计量的抽样分布服从 $\hat{\beta}_1 \sim N\left(\beta_1, \frac{\sigma^2}{\sum_{i=1}^{n}(x_i-\bar{x})^2}\right)$。当 σ^2 未知时，用 $\hat{\sigma}^2$ 替代，$\hat{\sigma}^2 = \frac{1}{n-2}\sum_{i=1}^{n}(y_i-\hat{y}_i)^2$。于是在原假设成立时，可构造 t 检验统计量

$$t = \frac{\hat{\beta}_1}{\frac{\hat{\sigma}}{\sqrt{\sum_{i=1}^{n}(x_i-\bar{x})^2}}} \tag{8.27}$$

式(8.27)中，$\hat{\sigma}$ 为回归方程的标准误，它是 $\sqrt{\mathrm{MSE}}$，反映了回归方程无法解释 y 的变动

的程度。t 统计量服从 $n-2$ 个自由度的 t 分布。SPSS 将自动计算 t 统计量的观测值和概率 p 值。如果概率 p 值小于给定的显著性水平 α，则应拒绝原假设，认为回归系数与零有显著差异，被解释变量 y 与解释变量 x 的线性关系显著，x 应该保留在回归方程中；反之，如果概率 p 值大于给定的显著性水平 α，则不应拒绝原假设，认为回归系数与零无显著差异，被解释变量 y 与解释变量 x 的线性关系不显著，x 不应该保留在回归方程中。

在一元线性回归分析中，回归方程显著性检验和回归系数显著性检验的作用是相同的，两者可以相互替代。同时，回归方程显著性检验中 F 统计量恰好等于回归系数显著性检验中 t 统计量的平方，即 $F=t^2$。

● 对于多元线性回归方程

多元线性回归方程的回归系数显著性检验的原假设 H_0 是 $\beta_i=0$，即第 i 个偏回归系数与零无显著差异。它意味着，当偏回归系数 β_i 为 0 时，无论 x_i 取值如何变化都不会引起 y 的线性变化，x_i 无法解释 y 的线性变化，它们之间不存在线性关系。

在多元线性回归模型中偏回归系数估计值的抽样分布服从 $\hat{\beta}_i \sim N\left(\beta_i, \dfrac{\sigma^2}{\sum\limits_{j=1}^{n}(x_{ji}-\bar{x}_i)^2 \cdot (1-R_i^2)}\right)$。当 σ^2 未知时，用 $\hat{\sigma}^2$ 替代，$\hat{\sigma}^2=\dfrac{1}{n-p-1}\sum\limits_{i=1}^{n}(y_i-\hat{y}_i)^2$。$R_i^2$ 是 x_i 对其他 x 回归的拟合优度。于是在原假设成立时，可构造 t 检验统计量

$$t_i = \frac{\hat{\beta}_i}{\dfrac{\hat{\sigma}}{\sqrt{\sum\limits_{j=1}^{n}(x_{ji}-\bar{x}_i)^2 \cdot (1-R_i^2)}}} \qquad (i=1,2,\cdots,p) \tag{8.28}$$

式(8.28)中，t_i 统计量服从 $n-p-1$ 个自由度的 t 分布。SPSS 将自动计算 t_i 统计量的观测值和概率 p 值。如果概率 p 值小于给定的显著性水平 α，则应拒绝原假设，认为回归系数与零有显著差异，被解释变量 y 与解释变量 x_i 的线性关系显著，x_i 应该保留在回归方程中；反之，如果概率 p 值大于给定的显著性水平 α，则不应拒绝原假设，认为回归系数与零无显著差异，被解释变量 y 与解释变量 x_i 的线性关系不显著，x_i 不应该保留在回归方程中。

多元线性模型中，回归方程显著性检验与回归系数显著性检验的作用不尽相同。回归方程显著性检验只能检验所有偏回归系数是否同时为零。如果偏回归系数不同时为零，并不能保证方程中仍存在某些偏回归系数为零的解释变量。也就是说，通过回归方程显著性检验后仍不能保证回归方程中不存在不能较好解释说明 y 的 x_i。回归系数显著性正是为此对每个偏回归系数是否为零进行逐一考察。因此，多元线性回归中的这两种检验通常不能互相替代。

上述的 F 检验并非与 t 检验无任何关系。如果某个解释变量 x_i 引入回归方程且通过回归系数显著性检验，它会使均方误差 MSE 减小，使 R^2 提高，并使 F 统计量的观测值得到改善，即

$$F_{ch} = \frac{R_{ch}^2(n-p-1)}{1-R^2} \tag{8.29}$$

式(8.29)中，F_{ch}称为偏 F 统计量，R_{ch}^2为 R^2 的改进量，$R_{ch}^2=R^2-R_i^2$(R_i^2 是解释变量 x_i 进入方程前的判定系数)。不难发现：当某个解释变量 x_i 引入回归方程后，对应的偏 F 统计量的观测值与该解释变量的 t_i 之间存在数量关系：$F_{ch}=t_i^2$。同时，从偏 F 统计量角度讲，如果某个解释变量 x_i 的引入使得 R_{ch}^2 发生显著变化，偏 F 检验显著，就可认为该 x_i 对 y 的线性

贡献是显著的，它应保留在回归方程中。对偏 F 统计量的检验与回归系数显著性检验实质是相同的。

4. 残差分析

所谓残差是指由回归方程计算所得的被解释变量预测值与实际值之间的差距，定义为

$$e_i = y_i - \hat{y}_i = y_i - (\hat{\beta}_0 + \hat{\beta}_1 x_{i1} + \hat{\beta}_2 x_{i2} + \cdots + \hat{\beta}_p x_{ip}) \tag{8.30}$$

它是回归模型中 ε_i 的估计值，由多个 e_i 形成的序列称为残差序列。残差分析是回归方程检验中的重要组成部分，其出发点是，如果回归方程能够较好地反映被解释变量的特征和变化规律，那么残差序列中应不包含明显的规律性和趋势性。残差分析正是基于这种考虑并围绕对式(8.11)的检验展开，主要任务可大致归纳为：分析残差是否服从均值为 0 的正态分布，分析残差是否为等方差的正态分布，分析残差序列是否独立，借助残差探测样本中的异常值等。图形分析和数值分析是残差分析的有效工具。

● 残差均值为 0 的正态性分析

在前面的讨论中知道，当解释变量取某特定值时，对应的残差必然有正有负，但总体上应服从以 0 为均值的正态分布。可以通过绘制残差图对该问题进行分析。残差图也是一种散点图。图中一般横坐标是解释变量(也可以是被解释变量的预测值)，纵坐标为残差。如果残差的均值为 0，残差图中的点应在纵坐标为 0 的横线的上下随机散落，如图 8-7(a)所示。对于残差的正态性分析可以通过绘制标准化(或学生化)残差的累计概率图实现。

● 残差的独立性分析

残差序列的独立性也是回归模型所要求的。残差序列应满足：$\text{cov}(\varepsilon_i, \varepsilon_j)=0$，$i \neq j$，表示残差序列的前期和后期数值之间不存在相关关系，即不存在自相关性。残差序列存在自相关性会带来许多问题，如参数的普通最小二乘估计不再是最小方差无偏估计；容易导致回归系数显著性检验的 t 值偏高，进而容易拒绝其原假设，使那些本不应保留在方程中的变量被保留下来，并最终使模型的预测偏差较大。残差独立性分析可以通过以下三种方式实现：

第一，绘制残差序列的序列图。

残差序列图以样本期(或时间)为横坐标，以残差为纵坐标。对图形直观观察可以发现是否存在自相关性。图 8-7(b)所示的图中，残差序列存在较强的自相关性。

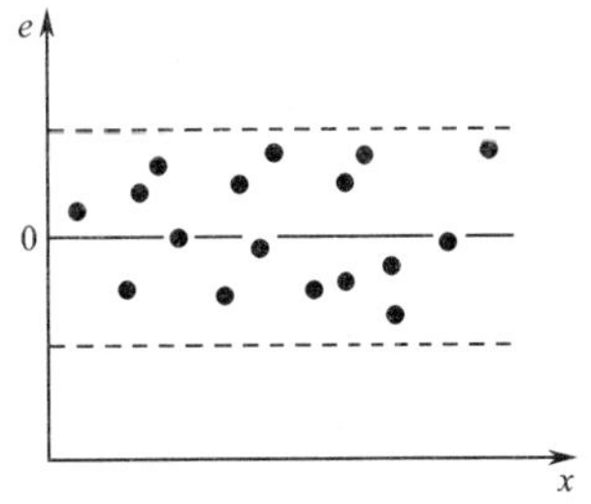

图 8-7(a)　残差均值为 0 的正态性分析

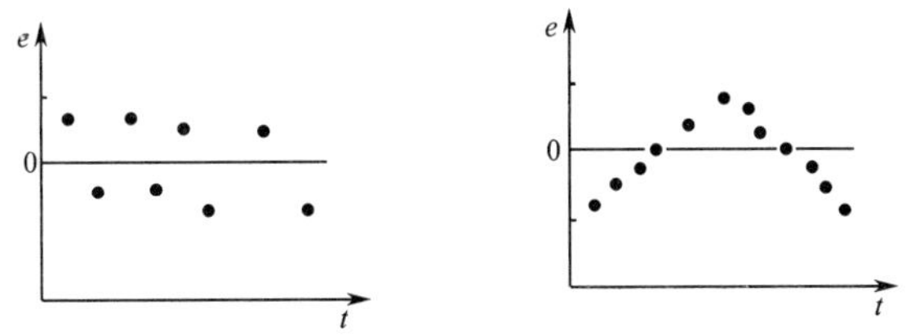

图 8-7(b)　残差的独立性分析

图 8-7(b)中，残差随着时间的推移呈有规律的变化，表明残差序列存在一定的正或负自相关。

第二，计算残差的自相关系数。

自相关系数是一种测度序列自相关强弱的工具，其数学定义为

$$\hat{\rho}=\frac{\sum_{t=2}^{n}e_te_{t-1}}{\sqrt{\sum_{t=2}^{n}e_t^2\sqrt{\sum_{t=2}^{n}e_{t-1}^2}}} \tag{8.31}$$

自相关系数的取值范围在－1 至＋1 之间。接近于 1 表明序列存在正自相关；接近－1表明序列存在负自相关。

第三，DW(Durbin－Watson)检验。

DW 检验是推断小样本序列是否存在自相关的统计检验方法。其原假设 H_0 是总体的自相关系数 ρ 与零无显著差异。采用的检验统计量为

$$\mathrm{DW}=\frac{\sum_{t=2}^{n}(e_t-e_{t-1})^2}{\sum_{t=2}^{n}e_t^2} \tag{8.32}$$

DW≈2(1－$\hat{\rho}$)，DW 取值在 0 至 4 之间，所以对 DW 观测值的直观判断标准是：当 DW＝4($\hat{\rho}$＝－1)时，残差序列存在完全负自相关；当 DW＝(2，4)($\hat{\rho}$＝(－1，0))时，残差序列存在负自相关；当 DW＝2($\hat{\rho}$＝0 时，残差序列无自相关；当 DW＝(0，2) ($\hat{\rho}$＝(0，＋1))时，残差序列存在正自相关；当 DW＝0($\hat{\rho}$＝1)时，残差序列存在完全正自相关。

如果残差序列存在自相关，说明回归方程没能充分说明被解释变量的变化规律，还留有一些规律性没有被解释，也就是认为方程中遗漏了一些较为重要的解释变量；或者，变量存在取值滞后性；或者，回归模型选择不合适，不应选用线性模型等。

● 异方差分析

在前面的讨论中知道，无论解释变量取怎样的值，对应残差的方差都应相等，它不应随解释变量或被解释变量预测值的变化而变化，否则认为出现了异方差现象。当存在异方差时，参数的最小二乘估计不再是最小方差无偏估计。异方差分析可以通过以下两种方式实现：

第一，绘制残差图。

可以通过绘制残差图分析是否存在异方差。图 8-7(c)所示的残差图中，残差的方差随着解释变量值的增加呈增加(或减少)的趋势，出现了异方差现象。

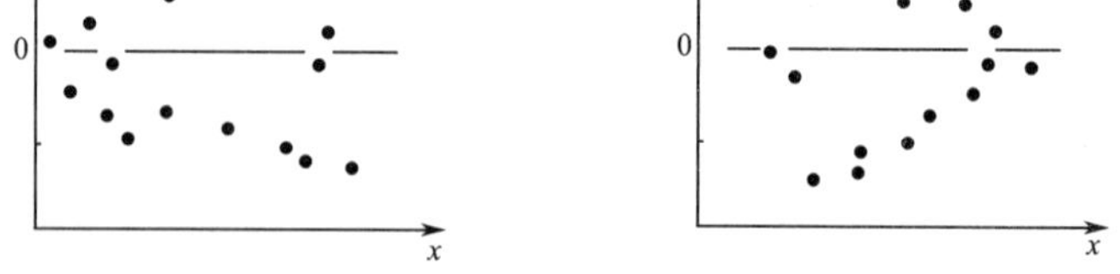

图 8-7(c)　残差等方差的分析

第二，等级相关分析。

得到残差序列后首先对其取绝对值，然后分别计算出残差和解释变量的秩，最后计算 Spearman 等级相关系数，并进行等级相关分析。具体过程见相关分析相关章节。如果等级相关分析中检验统计量的概率 p 值小于给定的显著性水平 α，应拒绝等级相关分析的原假设，认为解释变量与残差间存在显著的相关关系，出现了异方差现象。

如果存在异方差现象，可先对解释变量实施方差稳定变换后再进行回归方程参数的估计。通常，如果残差与预测值的平方根成比例变化，可对被解释变量作开方处理；如果残差与预测值成比例变化，可对解释变量取对数；如果残差与预测值的平方成比例变化，可对解释变量求倒数。

另外，还可以利用加权最小二乘估计法实施回归方程的参数估计。以一元线性回归分析为例，在普通最小二乘中，离差平方和 $Q(\hat{\beta}_0,\hat{\beta}_1)=\sum_{i=1}^{n}(y_i-\hat{\beta}_0-\hat{\beta}_1x_i)^2$ 中，解释变量取不同值时各成分对平方和的贡献是同等的。但在异方差情况下，由于解释变量不同时残差的方差不同，造成它们对平方和的贡献不同，方差偏大的贡献偏大，方差偏小的贡献偏小，进而最终使回归线偏向于方差大的项。加权最小二乘估计法就是在平方中加入一个恰当的权数 w_i，以调整各项在平方中的作用。方差较小的项给予较大的权数，方差较大的项给予较小的权数，即 $Q_w(\hat{\beta}_0,\hat{\beta}_1)=\sum_{i=1}^{n}w_i(y_i-\hat{\beta}_0-\hat{\beta}_1x_i)^2$，并在其最小原则下进行参数估计。加权最小二乘法中权重的确定是非常重要的。

● 探测样本中的异常值

可以利用残差分析探测样本中的异常值。通常异常值是指那些远离均值的数据，它们对回归方程的参数估计有较大影响，应尽量找出它们并加以排除。被解释变量和解释变量中都有可能出现异常值。

对被解释变量中异常值的探测方法一般有以下几种：

■ 标准化残差

由于残差服从均值为 0 的正态分布，因此可以根据 3σ 准则进行判断，即首先对残差进行标准化（$\text{ZRE}=\frac{e_i}{\hat{\sigma}}$），然后观察 ZRE_i。绝对值大于 3 对应的观测值为异常值。

■ 学生化残差

在异方差时可使用学生化残差对异常值进行判断，即首先计算学生化残差（$\text{SRE}_i=\frac{e_i}{\hat{\sigma}\sqrt{1-h_{ii}}}$，$h_{ii}$ 为第 i 个观测的杠杆值，具体内容见后），然后观察 SRE_i。绝对值大于 3 对应的观察值为异常值。

■ 剔除残差

剔除残差的构造思想是，在计算第 i 个观测残差时，用剔除该观测后剩余的 $n-1$ 个观测拟合回归方程，并计算第 i 个观测的预测值和相应的残差。这个残差与第 i 个观测无关，不受第 i 个观测被解释变量值是否是异常值的影响，称为剔除残差。剔除残差较上述残差更能如实反映第 i 个观测被解释变量的异常性。剔除学生化残差的绝对值大于 3 对应的观察值为异常值。

对解释变量中异常值的探测方法一般有以下几种：

■ 杠杆值

以一元回归为例，第 i 个观测的杠杆值 h_{ii} 的数学定义为

$$h_{ii}=\frac{1}{n}+\frac{(x_i-\bar{x})^2}{\sum_{j=1}^{n}(x_j-\bar{x})^2} \tag{8.33}$$

由式 8.33 可知：杠杆值实质反映了解释变量 x 的第 i 个观测值与 x 平均值之间的

差异。当 x_i 接近 $\bar{x}$ 时，h_{ii} 的第2项接近0；当 x_i 远离 $\bar{x}$ 时，h_{ii} 的第2项接近1；所以，某个杠杆值 h_{ii} 较高意味着对应的 x_i 远离平均值，它会强烈地影响回归方程的拟合，是一个异常值。由于杠杆值的平均值为 $\bar{h}=\frac{1}{n}\sum_{i=1}^{n}h_{ii}=\frac{p+1}{n}$，通常如果 h_{ii} 大于2或3倍的 $\bar{h}$，就可认为该杠杆值较高，对应的观察值为异常值。SPSS中计算的是中心化(回归线过原点，常数项为0)的杠杆值 ch_{ii}。中心化杠杆值 $ch_{ii}=h_{ii}-1/n$，其均值为 $\frac{1}{n}\sum_{i=1}^{n}ch_{ii}=\frac{p}{n}$。

■ 库克距离

库克距离是一种探测异常点的有效方法，数学定义为

$$D_i=\frac{e_i^2}{(p+1)\hat{\sigma}^2}\times\frac{h_{ii}}{(1-h_{ii})^2} \tag{8.34}$$

式(8.34)中，p 为解释变量的个数。库克距离是杠杆值 h_{ii} 与残差 e_i 大小的综合效应。一般库克距离大于1，就可认为对应的观测点在被解释变量和解释变量上均为异常值，称其为强影响点。

■ 标准化回归系数的变化和标准化预测值的变化

观察剔除第 i 个观测前后方程的标准化回归系数的变化。通常如果标准化回归系数变化的绝对值大于 $2/\sqrt{n}$，则可认为第 i 个观测可能是强影响点；另外，还可以观察预测值的前后变化。通常如果标准化预测值变化的绝对值大于 $2/\sqrt{p/n}$，则可认为第 i 个观测可能是强影响点。

8.4.5 多元回归分析中的其他问题

在多元回归分析中，由于被解释变量会受众多因素的共同影响，需要由多个解释变量解释，于是会出现诸如此类的问题：多个变量是否都能够进入线性回归模型，解释变量应以怎样的策略和顺序进入方程，方程中多个解释变量之间是否存在多重共线性等。

1. 变量的筛选问题

在多元线性回归分析中，模型中应引入多少解释变量是需要重点研究的。如果引入的变量较少，回归方程可能无法很好地解释说明被解释变量的变化。但是也并非引入的变量越多越好，因为这些变量之间可能存在多重共线性(具体内容见后)。因此有必要采取一些策略对变量引入回归方程加以控制和筛选。多元回归分析中，变量的筛选一般有向前筛选、向后筛选、逐步筛选三种基本策略。

● 向前筛选策略

向前筛选策略是解释变量不断进入回归方程的过程。首先，选择与被解释变量具有最高线性相关系数的解释变量进入方程，并进行回归方程的各种检验；其次，在剩余的变量中寻找与被解释变量偏相关系数(以已进入回归方程的解释变量作为控制变量计算偏相关系数)最高并通过检验的解释变量进入回归方程，并对新建立的回归方程进行各种检验；这个过程一直重复，直到再也没有可进入方程的变量为止。

● 向后筛选策略

向后筛选策略是解释变量不断剔除出回归方程的过程。首先，所有变量全部引入回归方程，并对回归方程进行各种检验；然后，在回归系数显著性检验不显著的一个或多个解释变

量中，剔除 t 检验值最小的，也即对被解释变量线性影响最不显著的变量，并重新建立回归方程和进行各种检验；如果新建回归方程中所有解释变量的回归系数检验都显著，则回归方程建立结束。否则按照上述方法再依次剔除最不显著的变量，直到再也没有可剔除的变量为止。

● 逐步筛选策略

逐步筛选策略是向前筛选和向后筛选策略的综合。向前筛选策略是变量不断进入回归方程的过程，变量一旦进入回归方程就不会被剔除出去。随着解释变量的不断引入，由于解释变量之间存在一定程度的多重共线性，使得某些已经进入回归方程的解释变量的回归系数不再显著，这样造成最终的回归方程可能包含一些不显著的解释变量。逐步筛选法在向前筛选策略的基础之上，结合向后筛选策略，在每个变量进入方程后再次判断是否存在可以剔除出方程的变量。因此，逐步筛选策略在引入变量的每一个阶段都提供了剔除不显著解释变量的机会。

2. 变量的多重共线性问题

所谓多重共线性是指解释变量之间存在线性相关关系的现象。解释变量间高度的多重共线性会给回归方程带来许多影响。如偏回归系数的估计方差随解释变量相关性的增大而增大，偏回归系数的置信区间增大，偏回归系数估计值的不稳定性增强，偏回归系数假设检验的结果不显著等。测度解释变量间多重共线性一般有以下方式：

● 容忍度

容忍度是测度解释变量间多重共线性的重要统计量。解释变量 x_i 的容忍度定义为

$$\mathrm{Tol}_i = 1 - R_i^2 \tag{8.35}$$

式(8.35)中，R_i^2 是解释变量 x_i 与方程中其他解释变量间的复相关系数的平方，表明了解释变量之间的线性相关程度。如果 R_i^2 较小，即方程中其他解释变量对该解释变量的可解释程度较低，那么容忍度会较大；反之，如果 R_i^2 较大，即方程中其他解释变量对该解释变量的可解释程度较高，那么容忍度会较小。容忍度的取值范围在 0 至 1 之间，越接近于 0 表示多重共线性越强；越接近于 1 表示多重共线性越弱。SPSS 对变量多重共线性的要求不太严格，只是在容忍度值太小时给出相应警告信息。

● 方差膨胀因子(VIF)

方差膨胀因子是容忍度的倒数，即

$$\mathrm{VIF}_i = \frac{1}{1 - R_i^2} \tag{8.36}$$

由式(8.36)可知，方差膨胀因子的取值大于等于 1。解释变量间的多重共线性越弱，R_i^2 越接近 0，$\mathrm{VIF_i}$ 越接近 1；解释变量间的多重共线性越强，R_i^2 越接近 1，$\mathrm{VIF_i}$ 越大。通常，如果 $\mathrm{VIF_i}$ 大于等于 10，说明解释变量 x_i 与方程中其余解释变量之间有严重的多重共线性，且可能会过度地影响方程的最小二乘估计。

● 特征值和方差比

特征值是诊断解释变量间是否存在严重的多重共线性的另一种有效方法。基本思想是，如果解释变量间确实存在较强的相关性，那么它们之间必然存在信息重叠，于是应能够将这些重叠信息提取出来，成为既能够反映解释变量的信息(方差)且又相互独立的因素(成分)。根据这一基本思路可从解释变量的相关系数矩阵出发，计算相关系数矩阵的特征值。于是，

有最大特征值的因素刻画解释变量方差的能力是最高的(通常可达到70%左右)，其他特征值随其数值的减小解释能力依次减弱。如果这些特征值中，最大特征值远远大于其他特征值，则说明解释变量间具有相当多的重叠信息，仅通过这一个因素就基本刻画出了所有解释变量的绝大部分信息(方差)。

解释变量标准化后的方差为1。如果每个因素都能够刻画该变量方差的一部分，那么所有因素将刻画该变量方差的全部。如果某个因素既能够刻画某解释变量方差的较大部分比例(如0.7以上)，同时又可以刻画另一个解释变量方差的较大部分比例，则表明这两个解释变量间存在较强的线性相关关系。

● 条件指数

条件指数是在特征值基础上定义的反应解释变量间多重共线性的指标。它的数学定义为

$$k_i = \sqrt{\frac{\lambda_m}{\lambda_i}} \tag{8.37}$$

式(8.37)中，k_i 为第 i 个条件指标，它是最大的特征值 λ_m 与第 i 个特征值比的平方根。显而易见，如果最大的特征值与第 i 个特征值相差较大，即第 i 个条件指数较大，则说明解释变量间的信息重叠较多，多重共线性较严重；反之，如果最大的特征值与第 i 个特征值相差较小，即第 i 个条件指数较小，则说明解释变量间的信息重叠较少，多重共线性不明显。通常，当 $0 \leqslant k_i < 10$ 时，认为多重共线性较弱；当 $10 \leqslant k_i < 30$ 时，认为多重共线性较强；当 $k_i \geqslant 30$ 时，认为多重共线性很严重。

8.4.6 线性回归分析的基本操作

在利用SPSS进行线性回归分析之前，应首先将数据组织好。被解释变量和各解释变量各对应一个SPSS变量。SPSS中一元线性回归分析和多元线性回归分析的功能菜单是集成在一起的，具体操作步骤如下。

(1)选择菜单【分析→回归→线性】，出现如图8-8所示的窗口。

(2)选择被解释变量进入【因变量(D)】框。

(3)选择一个或多个解释变量变量进入【自变量(I)】框。

(4)在【方法(M)】框中选择回归分析中解释变量的筛选策略。其中，【进入】表示所选变量强行进入回归方程，是SPSS默认的策略方法，通常用在一元线回归分析中；【删除】表示从回归方程中剔除所选变量；【逐步】表示逐步筛选策略；【向后】表示向后筛选策略；【向前】表示向前筛选策略。

(5)第三步和第四步中确定的解释变量及变量筛选策略可放置在不同的块中。通常在回归分析中有不只一组的待进入方程的解释变量和相应的筛选策略，可以单击 下一张(N) 和 上一张(V) 按钮设置多组解释变量和变量筛选策略并放置在不同的块中。SPSS将首先在当前块(默认为1)中按照指定的策略筛选解释变量和建立回归方程，然后自动按照下一个块中指定的策略筛选解释变量，并在上个回归方程的基础之上做进一步的拟合工作，直到结束。可见，第四步中的删除方法只可能放在第二个以后的块中。块设置便于进行各种探索性的回归分析。

(6)选择一个变量作为条件变量到【选择变量(E)】框中，并单击 规则 按钮给定一个判断条件。只有变量值满足给定条件的样本数据才参与线性回归分析。

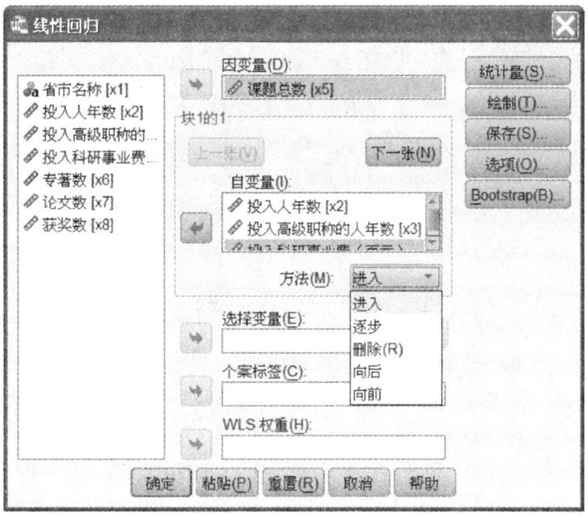

图 8-8　线性回归分析窗口

(7)在【个案标签(C)】框中指定哪个变量作为数据点的标志变量，该变量的值将标在回归分析的输出图形中。

(8)当存在差异方差时，采用加权最小二乘法替代普通最小二乘法估计回归参数，并指定一个变量作为权重变量到【WLS 权重(H)】框中。

至此便完成了线性回归分析的基本操作，SPSS 将自动进行回归分析，并将结果输出到查看器窗口中。

8.4.7　线性回归分析的其他操作

除了上述基本操作之外，SPSS 线性回归分析还有很多其他选项。掌握这些选项对进一步的深入分析和掌握更多有用的信息是非常有益的。

1. 统计量(S)按钮

在图 8-8 中单击 统计量(S) 按钮，出现如图 8-9 所示的窗口。该窗口可供用户选择更多的输出统计量。

图 8-9　线性回归分析的统计量窗口

图 8-9 中各选项的含义如下。

■【估计(E)】：SPSS 默认输出项，输出与回归系数相关的统计量。包括回归系数(偏回归系数)、回归系数标准误、标准化回归系数、回归系数显著性检验的 t 统计量观测值和概率 p 值、各解释变量容忍度。多元回归分析中在各解释变量单位不一致时，如果希望比较各解释变量对被解释变量的影响程度大小，可以采用标准化回归系数。

- 【置信区间】：输出每个非标准化回归系数的默认95%置信区间。
- 【描述性】：输出各解释变量和被解释变量的均值、标准差、相关系数矩阵及单侧检验概率值。
- 【模型拟合度(M)】：SPSS默认输出项，输出判定系数、调整的判定系数、回归方程的标准误、回归方程显著性检验的方差分析表。
- 【R方变化(S)】：输出每个解释变量进入方程后引起的判定系数的变化量(R^2_{ch})和 F 值的变化量(偏 F 统计量)。
- 【部分相关和偏相关性(P)】：输出方程中各解释变量与被解释变量之间的简单相关、偏相关系数($\sqrt{\frac{R^2_{ch}}{1-R^2_i}}$)和部分相关($\sqrt{R^2_{ch}}$)。
- 【协方差矩阵(V)】：输出方程中各解释变量间的相关系数、协方差以及各回归系数的方差协方差。
- 【共线性诊断(L)】：多重共线性分析，输出各个解释变量的容忍度、方差膨胀因子、特征值、条件指标、方差比例等。
- 在【残差】框中：【Durbin-Watson(U)】表示输出DW检验值；【个案诊断(C)】表示输出标准化残差绝对值大于等于3(SPSS默认值)的样本数据的相关信息，包括预测值、标准化预测值、残差、标准化残差、学生化残差、杠杆值、库克距离等的最大值、最小值、均值和标准差等。

2. 选项(O)按钮

在图8-8中单击[选项(O)]按钮，出现如图8-10所示的窗口。该窗口可供用户设置多元线性回归分析中解释变量筛选的标准以及缺失值的处理方式。

图8-10中关于缺失值的处理方法在以前章节中已经讨论过，这里不再赘述。其余各选项的含义如下。

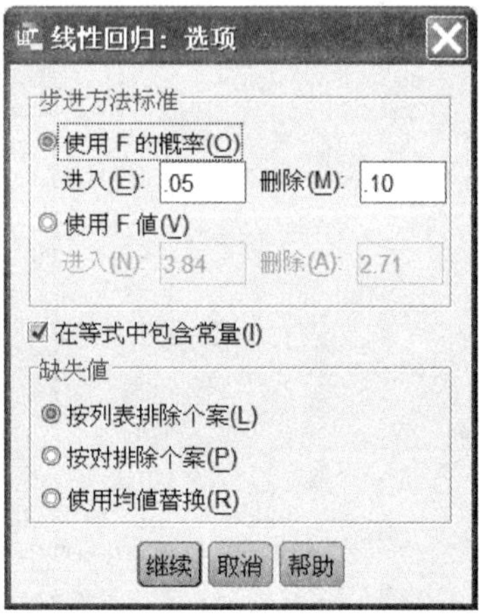

图8-10 线性回归分析的选项窗口

- 【步进方法标准】框：设置多元线性回归分析中解释变量进入或剔除出回归方程的标准。【使用 F 的概率(O)】选项为SPSS默认项，表示以偏 F 统计量的概率值为标准判断解释变量能否【进入】或剔除出回归方程。其中【进入(E)】表示如果某个解释变量的偏 F 统计量的概率 p 值小于显著性水平0.05(SPSS默认)，则应拒绝其检验的原假设，认为该变量对被解释变量的线性影响是显著的，应进入回归方程；【删除(M)】表示如果方程中某个解释变量的偏 F 统计量的概率 p 值大于显著性水平0.10(SPSS默认)，则不能拒绝其检验的原假设，可以认为该变量对被解释变量的线性影响是不显著的，应剔除出回归方程；【使用 F 值(V)】选项表示以偏 F 统计量的临界值为标准判断解释变量能否进入或剔除出回归方程。其中【进入(N)】表示如果某个解释变量的偏 F 统计量的观测大于 3.84(SPSS 默认)，则应拒绝其检验的原假设，认为该变量对被解释变量的线性影响是显著的，应进入回归方程；【删除(A)】表示如果方程中某个解释变量的偏 F 统计量的观测值小于 2.71(SPSS 默认)，则不能拒绝其检验的原假设，可以认为该变量对被解释变量的线性影响是不显著的，应剔除出回归方程。在实际分析中用户可根据具体情况修改上述参数，但应注意，【进入】的显著性水平 α 值应小于【删除】的显著性水平 α 值，【进入】的临界值应大于【删除】的临界值。否则如果运用解释变量的逐步筛选策略，解释变量一进入方程就会被立即剔除出去。

■【在等式中包含常量(I)】框：表示是否进行中心化处理(方程中是否包括常数项)。默认不进行中心化处理(包括常数项)。

3. 绘制(T)按钮

在图 8-8 中单击 绘制(T) 按钮，出现如图 8-11 所示的窗口。该窗口用于对残差序列的分析。

这里主要通过图形进行残差分析，包括绘制残差图和其他散点图、残差的直方图和正态分布累计概率图等。

■ 窗口左边框中各变量名的含义是：DEPENDNT 表示被解释变量，* ZPRED 表示标准化预测值，* ZRESID 表示标准化残差，* DRESID 表示剔除残差，* ADJPRED 表示调整的预测值(剔除第 i 个观测点重新建立方程后得到的新预测值)，* SRESID 表示学生化残差，* SDRESID 表示剔除学生化残差。

■ 绘制多对变量的散点图，可根据需要在【散点 1 的 1】框中定义散点图的纵坐标和横坐标变量。

■ 在【标准化残差图】框中选择【直方图(H)】选项绘制标准化残差序列的直方图；选择【正态概率图(R)】选项绘制标准化残差序列的关于标准正态分布的 P-P 图。选择【产生所有部分图(P)】选项表示依次绘制被解释变量和各个解释变量的散点图。

4. 保存(S)按钮

在图 8-8 中单击 保存(S) 按钮，出现如图 8-12 所示的窗口。该窗口将回归分析的某些结果以 SPSS 变量的形式保存到数据编辑器窗口中，并可同时生成 XML 格式的文件，便于分析结果的网络发布。

图 8-12 中各参数的含义如下。

■【预测值】框中：保存非标准化预测值、标准化预测值、调整的预测值等。

■【预测区间】框中：保存均值或个体预测值 95%(默认)置信区间或预测区间的下限值和上限值。

■【残差】框中：保存非标准化残差、标准化残差、学生化残差、剔除残差、剔除学生化残差。

■【影响统计量】框中：保存剔除第 i 个观测前后两个回归方程相关各统计量的变化量，包括回归系数的变化量(DfBeta(B)])、标准化回归系数的变化量(DfBeta(Z))、预测值的变化量(DfFit(T))、标准化预测值的变化量、协方差比率等。

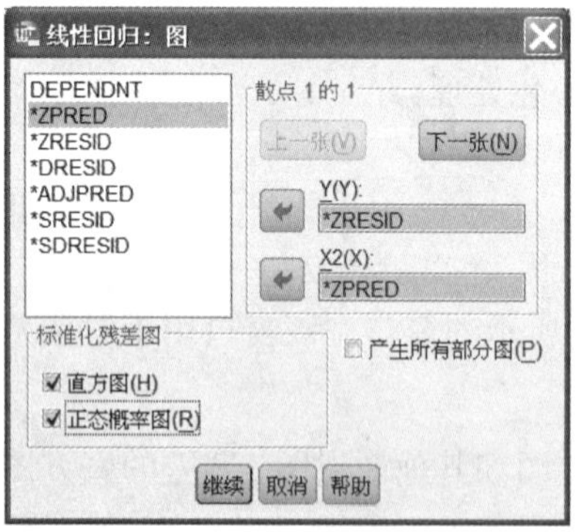

图 8-11　线性回归分析的绘制窗口

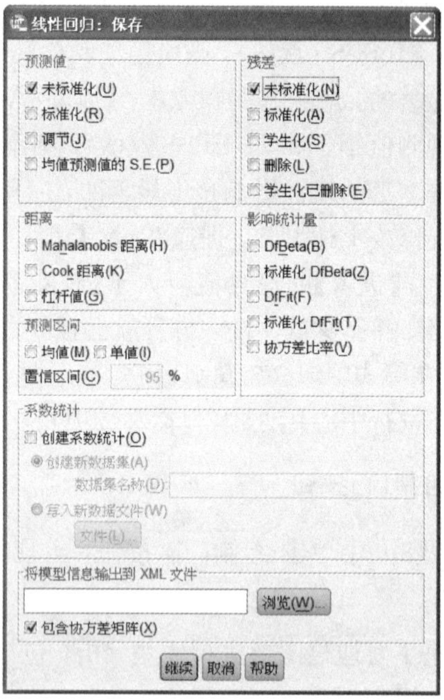

图 8-12　线性回归分析的保存窗口

8.4.8　线性回归分析的应用举例

为研究高等院校人文社会科学研究中立项课题数受哪些因素的影响，收集某年 31 个省市自治区部分高校有关社科研究方面的数据，并利用线性回归分析方法进行分析。这里，被解释变量为立项课题数(X_5)，解释变量为投入人年数(X_2)、投入高级职称的人年数(X_3)、投入科研事业费(X_4)、专著数(X_6)、论文数(X_7)、获奖数(X_8)。具体操作如图 8-8 所示，解释变量筛选策略先采用强制进入策略(Enter)，并做多重共线性检测，分析结果如表 8-4所示。

表 8-4(a)中各列数据项的含义依次为：被解释变量和解释变量的复相关系数、判定系数 R^2、调整的判定系数 $\bar{R}^2$、回归方程的标准估计误。依据该表可进行拟合优度检验。由于该方程中有多个解释变量，因此应参考调整的判定系数。由于调整的判定系数(0.924)较接近于 1，因此认为拟合优度较高，被解释变量可以被模型解释的部分较多，未能被解释的部分较少。

表 8-4(a)　立项课题数多元线性回归分析结果(强制进入策略)(一)

模型汇总[b]

模型	R	R 方	调整 R 方	标准估计的误差
1	.969[a]	.939	.924	231.5255

a. 预测变量：(常量)，获奖数，投入科研事业费(百元)，论文数，专著数，投入人年数，投入高级职称的人年数。

b 被解释变量器窗口.课题总数。

表 8-4(b)中各列数据项的含义依次为：被解释变量的变差来源、离差平方和、自由度、方差、回归方程显著性检验中 F 统计量的观测值和概率 p 值。可以看到，被解释变量的总离差平方和为 2.1×10^7，回归平方和及方差分别为 1.98×10^7 和 3298385.48，剩余平方和及方差分别为 1286497 和 53604.047，F 检验统计量的观测值为 61.532，概率 p 值近似为 0。依据该表可进行回归方程的显著性检验。如果显著性水平 α 为 0.05，由于概率 p 值小于显著性水平 α，应拒绝回归方程显著性检验的原假设，认为各回归系数不同时为 0，被解释变量与解释变量全体的线性关系是显著的，可建立线性模型。

表 8-4(b)　立项课题数多元线性回归分析结果(强制进入策略)(二)

ANOVA[b]

模型		平方和	df	均方	F	Sig.
1	回归	1.979E7	6	3298385.480	61.532	.000[a]
	残差	1286497.121	24	53604.047		
	总数	2.108E7	30			

a. 预测变量：(常量)，获奖数，投入科研事业费(百元)，论文数，专著数，投入人年数，投入高级职称的人年数。

b. 被解释变量器窗口：课题总数。

表 8-4(c)中各列数据项的含义依次为：偏回归系数、偏回归系数的标准误、标准化偏回归系数、回归系数显著性检验中 t 统计量的观测值、概率 p 值、解释变量的容忍度和方差膨胀因子。依据该表可以进行回归系数显著性检验，写出回归方程和检测多重共线性。可以看到，如果显著性水平 α 为 0.05，除投入人年数以外，其他变量的回归系数显著性 t 检验的概率 p 值都大于显著性水平 α，因此不应拒绝原假设，认为这些偏回归系数与 0 无显著差异，它们与被解释变量的线性关系是不显著的，不应该保留在方程中。由于该模型中保留了一些不应保留的变量，因此该模型目前是不可用的，应重新建模。同时，从容忍度和方差膨胀因子看，投入高级职称的人年数与其他解释变量的多重共线性很严重，在重新建模时可考虑剔除该变量。

表 8-4(c)　立项课题数多元线性回归分析结果(强制进入策略)(三)

系数[a]

模型		非标准化系数		标准系数	t	sig.	共线性统计量	
		B	标准误	试用版			容差	VIF
1	(常量)	−35.313	76.580		−.461	.649		
	投入人年数	.698	.208	1.361	3.352	.003	.015	64.811
	投入高级职称的人年数	−467	.626	−.464	−.747	.463	.007	151.824
	投入科研事业费(百元)	.003	.002	.237	1.601	.122	.117	8.576
	专著数	.022	.377	.014	.059	.953	.046	21.875
	论文数	−.064	.053	−.252	−1.198	.243	.058	17.384
	获奖数	.712	.503	.119	1.416	.170	.358	2.796

a. 被解释变量器窗口：课题总数。

表 8-4(d)中各列数据项的含义依次为：特征值、条件指数、各特征值解释各解释变量的方差比(各列比例之和等于 1)。依据该表可进行多重共线性检测。从方差比来看，第 7 个因素既能解释投入人年数方差的 84%，也可解释投入高级职称的人年数方差的 98%，同时还可解释专著数方差的 44%，因此有理由认为这些变量间存在多重共线性；再从条件指数来看，第 5、6、7 个条件指数都大于 10，说明变量间确实存在多重共线性。

表 8-4(d) 立项课题数多元线性回归分析结果(强制进入策略)(四)

共线性诊断[a]

模型	维数	特征值	条件索引	方差比例						
				(常量)	投入人年数	投入高级职称的人年数	投入科研事业费(百元)	专著数	论文数	获奖数
1	1	6.137	1.000	.01	.00	.00	.00	.00	.00	.00
	2	.452	3.684	.33	.00	.00	.03	.01	.00	.04
	3	.294	4.572	.32	.00	.00	.01	.00	.00	.39
	4	.073	9.142	.26	.01	.00	.39	.00	.06	.29
	5	.028	14.719	.09	.03	.00	.37	.55	.02	.15
	6	.014	21.020	.00	.12	.01	.17	.00	.82	.06
	7	.002	58.796	.00	.84	.98	.03	.44	.10	.05

a. 被解释变量器窗口:课题总数。

总之，由上述分析可知，上面的回归方程存在一些不容忽视的问题，应重新建立回归方程。这里，采用向后筛选策略让 SPSS 自动完成解释变量的筛选，观察每一步的变化情况，并进行残差分析和强影响点探测。分析结果如表 8-5 和图 8-13 所示。

表 8-5(a) 立项课题数多元线性回归分析结果(向后筛选策略)(一)

模型汇总[g]

模型	R	R 方	调整 R 方	标准估计的误差	更改统计量					
					R 方更改	F 更改	df1	df2	Sig. F 更改	Durbin-Watson
1	.969[a]	.939	.924	231.5255	.939	61.532	6	24	.000	
2	.969[b]	.939	.927	226.8644	.000	.004	1	24	.953	
3	.968[c]	.937	.927	226.5820	−.002	.935	1	25	.343	
4	.965[d]	.931	.923	232.0833	−.006	2.327	1	26	.139	
5	.963[e]	.927	.921	234.8694	−.004	1.676	1	27	.206	
6	.959[f]	.919	.917	241.9582	−.007	2.777	1	28	.107	1.747

a. 预测变量:(常量),获奖数，投入科研事业费(百元)，论文数，专著数，投入人年数，投入高级职称的人年数。

b. 预测变量:(常量),获奖数，投入科研事业费(百元)，论文数，投入人年数，投入高级职称的人年数。

c. 预测变量:(常量),获奖数，投入科研事业费(百元)，论文数，投入人年数。

d. 预测变量:(常量),获奖数，论文数，投入人年数。

e. 预测变量:(常量),论文数，投入人年数。

f. 预测变量:(常量),投入人年数。

g. 被解释变量器窗口:课题总数。

由表 8-5(a)可知，利用向后筛选策略共经过六步完成回归方程的建立，最终方程为第 6 个模型。从方程建立的过程看，随着解释变量的不断减少，方程的拟合优度下降了。这一方面说明了判定系数的自身特性，同时也说明建立回归方程并不是以一味追求高拟合优度为唯一目标，还要重点考察解释变量是否对被解释变量有贡献。依次剔除出方程的变量是专著数、投入高级职称的人年数、投入科研事业费、获奖数、论文数。如果显著性水平 α 为 0.05，可以看到这些被剔除变量的偏 F 检验的概率 p 值均大于显著性水平，因此均不能拒绝检验的原假设，这些变量的偏回归系数与零无显著差异，它们对被解释变量的线性解释没有显著贡献，不应保留在方程中。最终保留在方程中的变量是投入人年数。方程的 DW 检验值为 1.747，残差存在一定程度的正自相关。

表 8-5(b)　立项课题数多元线性回归分析结果(向后筛选策略)(二)

ANOVA[g]

模型		平方和	df	均方	F	Sig.
1	回归	1.979E7	6	3298385.480	61.532	.000[a]
	残差	1286497.121	24	53604.047		
	总计	2.108E7	30			
2	回归	1.979E7	5	3958024.753	76.903	.000[b]
	残差	1286686.234	25	51467.449		
	总计	2.108E7	30			
3	回归	1.974E7	4	4935496.328	96.135	.000[c]
	残差	1334824.689	26	51339.411		
	总计	2.108E7	30			
4	回归	1.962E7	3	6540839.536	121.436	.000[d]
	残差	1454291.392	27	53862.644		
	总计	2.108E7	30			
5	回归	1.953E7	2	9766114.116	177.039	.000[e]
	残差	1544581.768	28	55163.635		
	总计	2.108E7	30			
6	回归	1.938E7	1	1.938E7	331.018	.000[f]
	残差	1697769.953	29	58543.791		
	总计	2.108E7	30			

a. 预测变量:(常量),获奖数，投入科研事业费(百元)，论文数，专著数，投入人年数，投入高级职称的人年数。

b. 预测变量:(常量),获奖数，投入科研事业费(百元)，论文数，投入人年数，投入高级职称的人年数。

c. 预测变量:(常量),获奖数，投入科研事业费(百元)，论文数，投入人年数。

d. 预测变量:(常量),获奖数，论文数，投入人年数。

e. 预测变量:(常量),论文数，投入人年数。

f. 预测变量:(常量),投入人年数。

g. 被解释变量器窗口:课题总数。

表 8-5(b)中的第 6 个模型是最终的方程。如果显著性水平 α 为 0.05，由于回归方程显著性检验的概率 p 值小于显著性水平 α，因此被解释变量与解释变量间的线性关系显著，建立线性模型是恰当的。

表 8-5(c)　立项课题数多元线性回归分析结果(向后筛选策略)(三)

系数[a]

模型		非标准化系数		标准系数	t	Sig.	共线性统计量	
		B	标准误	试用版			容差	VIF
1	(常量)	−35.313	76.580		−.461	.649		
	投入人年数	.698	.208	1.361	3.352	.003	.015	64.811
	投入高级职称的人年数	−.467	.626	−.464	−.747	.463	.007	151.824
	投入科研事业费(百元)	.003	.002	.237	1.601	.122	.117	8.576
	专著数	.022	.377	.014	.059	.953	.046	21.875
	论文数	−.064	.053	−.252	−1.198	.243	.058	17.384
	获奖数	.712	.503	.119	1.416	.170	.358	2.796

续表

模型		非标准化系数		标准系数	t	Sig.	共线性统计量	
		B	标准误	试用版			容差	VIF
2	(常量)	−36.246	73.442		−.494	.626		
	投入人年数	.692	.176	1.349	3.932	.001	.021	48.202
	投入高级职称的人年数	−.443	.458	−.439	−.967	.343	.012	84.526
	投入科研事业费(百元)	.003	.002	.240	1.778	.088	.134	7.446
	论文数	−.064	.052	−.253	−1.230	.230	.058	17.299
	获奖数	.701	.453	.117	1.548	.134	.424	2.358
3	(常量)	−29.791	73.047		−.408	.687		
	投入人年数	.553	.102	1.079	5.411	.000	.061	16.325
	投入科研事业费(百元)	.002	.001	.152	1.525	.139	.246	4.069
	论文数	−.088	.045	−.348	−1.934	.064	.075	13.309
	获奖数	.716	.452	.120	1.586	.125	.425	2.355
4	(常量)	−63.385	71.340		−.889	.382		
	投入人年数	.644	.085	1.255	7.527	.000	.092	10.876
	论文数	−.096	.046	−.381	−2.081	.047	.076	13.119
	获奖数	.589	.455	.099	1.295	.206	.440	2.274
5	(常量)	−67.925	72.109		−.942	.354		
	投入人年数	.628	.086	1.224	7.330	.000	.094	10.650
	论文数	−.070	.042	−.278	−1.666	.107	.094	10.650
6	(常量)	−94.524	72.442		−1.305	.202		
	投入人年数	.492	.027	.959	18.194	.000	1.000	1.000

a. 被解释变量器窗口:课题总数。

表8-5(c)展示了每个模型中各解释变量的偏回归系数、偏回归系数显著性检验的情况。如果显著性水平α为0.05，则前5个模型中由于都存在回归系数不显著的解释变量，因此这些方程都不可用。第6个模型是最终的方程，其回归系数显著性检验的概率p值小于显著性水平α，因此投入人年数与被解释变量间的线性关系显著，它保留在模型中是合理的。最终的回归方程是，立项课题数=−94.524+0.492投入人年数，意味着投入人年数每增加一个单位，会使立项课题数平均增加0.429个单位。

表8-5(d)　立项课题数多元线性回归分析结果(向后筛选策略)(四)

已排除的变量[f]

模型		Beta ln	t	Sig.	偏相关	共线性统计量		
						容差	VIF	最小容差
2	专著数	.014[a]	.059	.953	.012	.046	21.875	.007
3	专著数	−.103[b]	−.592	.559	−.118	.082	12.179	.059
	投入高级职称的人年数	−.439[b]	−.967	.343	−.190	.012	84.526	.012
4	专著数	.080[c]	.632	.533	.123	.164	6.091	.064
	投入高级职称的人年数	.104[c]	.299	.767	.059	.022	46.195	.022
	投入科研事业费(百元)	.152[c]	1.525	.139	.287	.246	4.069	.061
5	专著数	.016[d]	.131	.897	.025	.188	5.314	.065
	投入高级职称的人年数	.035[d]	.100	.921	.019	.022	45.121	.022
	投入科研事业费(百元)	.123[d]	1.220	.233	.229	.254	3.930	.061
	获奖数	.099[d]	1.295	.206	.242	.440	2.274	.076

续表

模型		Beta ln	t	Sig.	偏相关	共线性统计量		
						容差	VIF	最小容差
6	专著数	.023[e]	.182	.857	.034	.188	5.308	.188
	投入高级职称的人年数	−.119[e]	−.343	.734	−.065	.024	41.733	.024
	投入科研事业费(百元)	.152[e]	1.528	.138	.278	.267	3.748	.267
	获奖数	.030[e]	.411	.684	.077	.542	1.846	.542
	论文数	−.278[e]	−1.666	.107	−.300	.094	10.650	.094

a. 模型中的预测变量:(常量),获奖数,投入科研事业费(百元),论文数,投入人年数,投入高级职称的人年数。

b. 模型中的预测变量:(常量),获奖数,投入科研事业费(百元),论文数,投入人年数。

c. 模型中的预测变量:(常量),获奖数,论文数,投入人年数。

d. 模型中的预测变量:(常量),论文数,投入人年数。

e. 模型中的预测变量:(常量),投入人年数。

f. 被解释变量器窗口:课题总数。

表 8-5(d)展示了变量剔除方程的过程。各数据项的含义依次是：在剔除其他变量的情况下，如果该变量保留在模型中，其标准化回归系数、t 检验观测值和概率 p 值将是什么。例如，在模型 3 中，剔除专著数的情况下，如果保留投入高级职称的人年数，那么它的标准化回归系数将为－0.439，但回归系数的检验不显著(概率 p 值为 0.343)。剔除投入高级职称的人年数的情况下，如果保留专著数，那么它的标准化回归系数将为－0.103，但回归系数的检验不显著(概率 p 值为 0.559)。

图 8-13(a)显示了标准化残差关于标准正态分布的 P-P 图。数据点围绕基准线还存在一定的规律性，但若利用第 7 章的非参数检验方法对标准化残差进行检验，会发现标准化残差与标准正态分布不存在显著差异，可以认为残差满足了模型的前提要求。

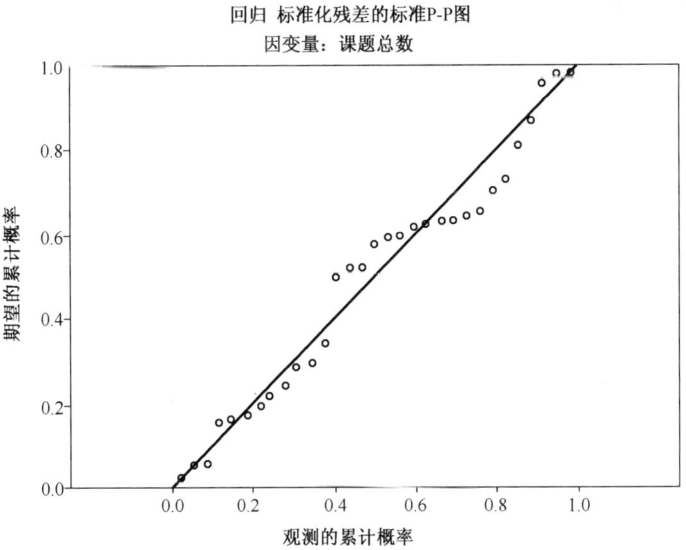

图 8-13(a) 立项课题数多元线性回归分析的残差 P-P 图

在图 8-13(b)中，随着标准化预测值的变化，残差点在 0 线周围随机分布，但残差的等方差性并不完全满足，方差似乎有增大的趋势。计算残差与预测值的 Spearman 等级相关系数为－0.176，且检验并不显著，因此认为异方差现象并不明显。

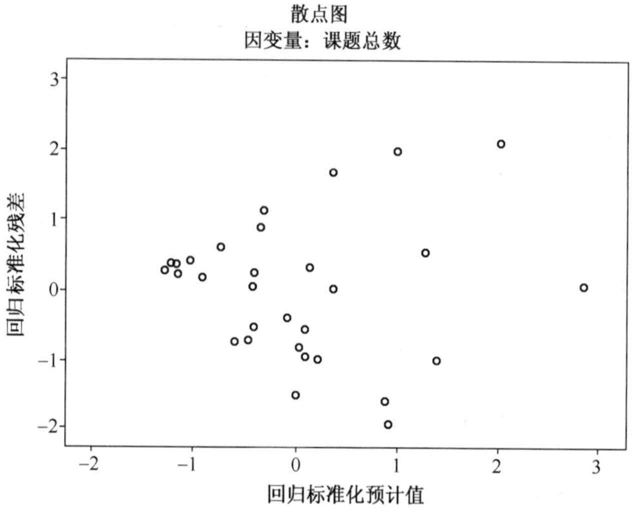

图 8-13(b)　立项课题数多元线性回归分析的残差图

另外，通过观察数据编辑器窗口中的库克距离和杠杆值变量的值，没有发现明显的强影响点。

8.5　曲线估计

8.5.1　曲线估计概述

在变量间相关关系的分析中，变量之间的关系并不总表现出线性关系，非线性关系也是极为常见的，可通过绘制散点图的方式粗略考察这种非线性关系。对于非线性关系通常无法直接通过线性回归来分析，无法直接建立线性模型。变量之间的非线性可以划分为本质线性关系和本质非线性关系。所谓本质线性关系是指变量关系形式上虽然呈非线性关系(如二次曲线)，但可通过变量变换化为线性关系，并可最终进行线性回归分析建立线性模型。本质非线性关系是指变量关系不仅形式上呈非线性关系，而且也无法通过变量变换化为线性关系，最终无法进行线性回归分析建立线性模型。本节的曲线估计是解决本质线性关系问题的。SPSS 中的本质线性模型见表 8-6。

表 8-6　SPSS 中的本质线性模型

模　型　名	回归方程	变量变换后的线性方程
二次曲线(Quadratic)	$y=\beta_0+\beta_1 x+\beta_2 x^2$	$y=\beta_0+\beta_1 x+\beta_2 x_1$(其中，$x_1=x^2$)
复合曲线(Compound)	$y=\beta_0\beta_1^x$	$\ln(y)=\ln(\beta_0)+\ln(\beta_1)x$
增长曲线(Growth)	$y=e^{\beta_0+\beta_1 x}$	$\ln(y)=\beta_0+\beta_1 x$
对数曲线(Logarithmic)	$y=\beta_0+\beta_1\ln(x)$	$y=\beta_0+\beta_1 x_1$(其中，$x_1=\ln(x)$)

续表

模　型　名	回归方程	变量变换后的线性方程
三次曲线 (Cubic)	$y=\beta_0+\beta_1 x+\beta_2 x^2+\beta_3 x^3$	$y=\beta_0+\beta_1 x+\beta_2 x_1+\beta_3 x_2$ (其中，$x_1=x^2$，$x_2=x^3$)
S 曲线 (S)	$y=e^{\beta_0+\beta_1/x}$	$\ln(y)=\beta_0+\beta_1 x_1$(其中，$x_1=\frac{1}{x}$)
指数曲线 (Exponential)	$y=\beta_0 e^{\beta_1 x}$	$\ln(y)=\ln(\beta_0)+\beta_1 x$
逆函数 (Inverse)	$y=\beta_0+\beta_1/x$	$y=\beta_0+\beta_1 x_1$(其中，$x_1=\frac{1}{x}$)
幂函数 (Power)	$y=\beta_0(x^{\beta_1})$	$\ln(y)=\ln(\beta_0)+\beta_1 x_1$(其中，$x_1=\ln(x)$)

在 SPSS 曲线估计中，首先，在不能明确究竟哪种模型更接近样本数据时可在上述多种可选择的模型中选择几种模型；然后，SPSS 自动完成模型的参数估计，并输出回归方程显著性检验的 F 观测值和概率 p 值、判定系数 R^2 等统计量；最后，以判定系数为主要依据选择其中的最优模型，并进行预测分析等。另外，SPSS 曲线估计还可以以时间为解释变量实现时间序列的简单回归分析和趋势外推分析。

8.5.2　曲线估计的基本操作

可通过绘制和观察样本数据的散点图粗略确定被解释变量和解释变量之间的相关关系，为曲线拟合中的模型选择提供依据。SPSS 曲线估计的基本操作步骤如下。

(1)选择菜单【分析→回归→曲线估计】，出现如图 8-14 所示的窗口。

(2)选择被解释变量到【因变量(D)】框中。

(3)曲线估计中的解释变量可以是相关因素变量也可以是时间变量。如果解释变量为相关因素变量，则选择【变量(V)】选项，并指定一个解释变量到【变量(V)】框；如果选择【时间】选项表示解释变量为时间。

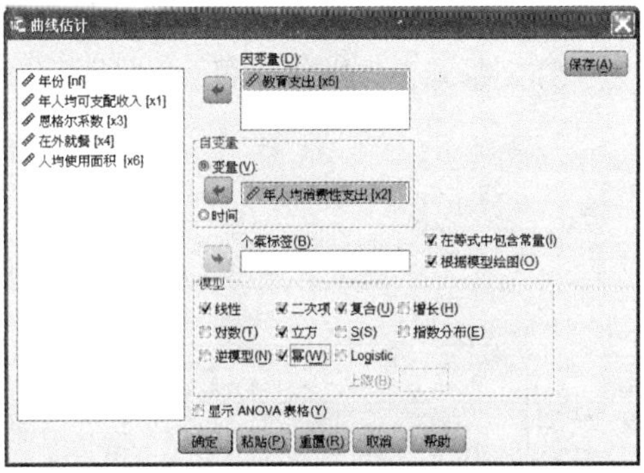

图 8-14　曲线估计窗口

(4)在【模型】框中选择几种模型。

(5)选择【根据模型绘图(O)】选项绘制回归线；选择【显示 ANOVA 表格(Y)】表示输出各个模型的方差分析表和各回归系数显著性检验结果。

至此完成了曲线估计的基本操作，SPSS 将根据选择的模型自动进行曲线估计，并将结果输出到查看器窗口中。

8.5.3 曲线估计的应用举例

1. 教育支出的相关因素分析

为研究居民家庭教育支出和消费性支出之间的关系，收集到 1990 年至 2002 年全国人均消费性支出和教育支出的数据(SPSS 数据文件名：年人均消费支出和教育. sav)。首先绘制教育支出和消费性支出的散点图，如图 8-15所示。

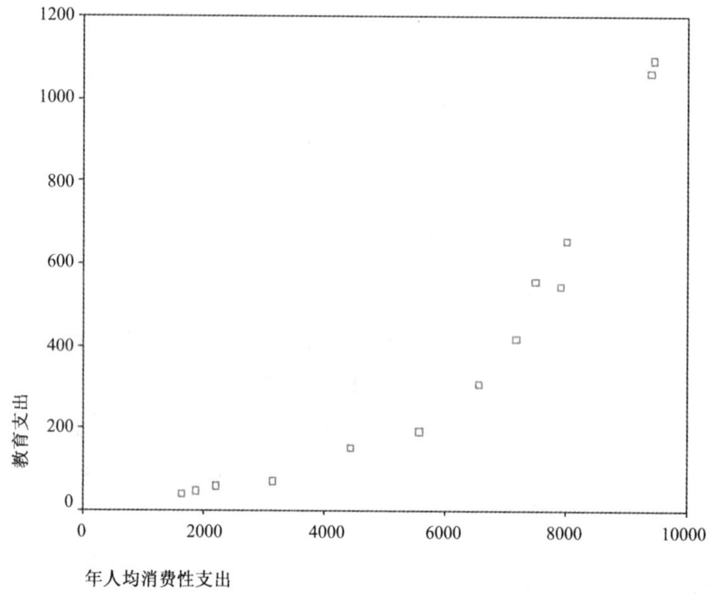

图 8-15 教育支出和年人均消费性支出的散点图

观察散点图发现两变量之间呈非线性关系，可尝试选择二次、三次曲线、复合函数和幂函数模型，利用曲线估计进行本质线性模型分析。其中，教育支出为被解释变量，消费性支出为解释变量，具体操作如图 8-14 所示，分析结果如表 8-7 和图 8-15 所示。

表 8-7 教育支出的曲线估计结果

模型汇总和参数估计值

被解释变量器窗口:教育支出

方程	模型汇总					参数估计值			
	R 方	F	df1	df2	Sig.	常数	b1	b2	b3
二次	.987	382.641	2	10	.000	252.698	−.148	2.460E−5	
三次	.994	516.461	3	9	.000	−41.314	.075	−1.988E−5	2.596E−9
复合	.995	2086.351	1	11	.000	20.955	1.000		
幂	.954	229.580	1	11	.000	3.578E−5	1.846		

解释变量：年人均消费性支出。

由表 8-9 可知，四个模型的拟合优度都比较高，可参见图 8-16，但从输出的方差分析表和回归系数显著性检验结果(略)看，三次曲线中包含回归系数不显著的解释变量，因此不可采纳。另外，由于二次曲线中消费性支出的回归系数为负值，与实际情况不相吻合，因此也不可采纳。

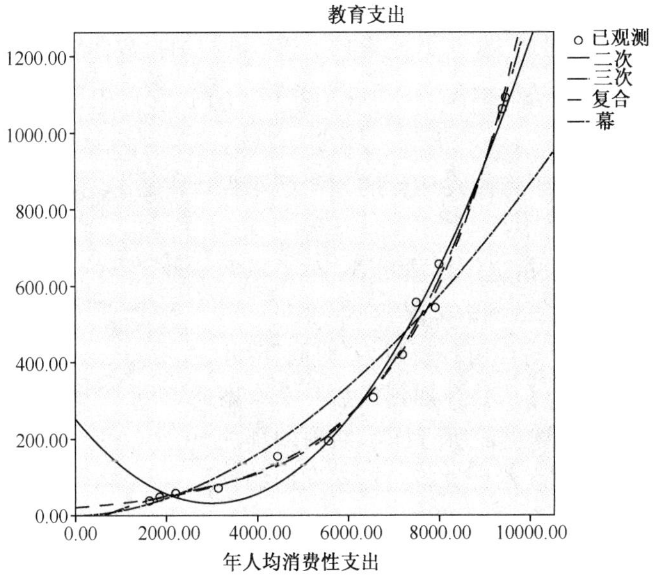

图 8-16　教育支出分析的各模型拟合回归线

接下来可在复合曲线和幂函数中选择。复合函数的拟合优度高于幂函数，同时它们的回归系数显著性检验也都通过，因此可考虑采用这两个模型，但应注意这两个模型在直观意义上的差异性。

2. 分析和预测居民在外就餐的费用

利用收集到的 1981 年至 2002 年居民在外就餐消费的数据(SPSS 数据文件名：年人均消费支出和教育.sav)，对居民未来在外就餐费用的趋势进行分析和预测。首先绘制就餐费用的序列图。选择菜单【图形→旧对话框→线图】，选择【简单】线图，指定图表中的数据为【个案值(I)】，得到如图 8-17所示的序列图。

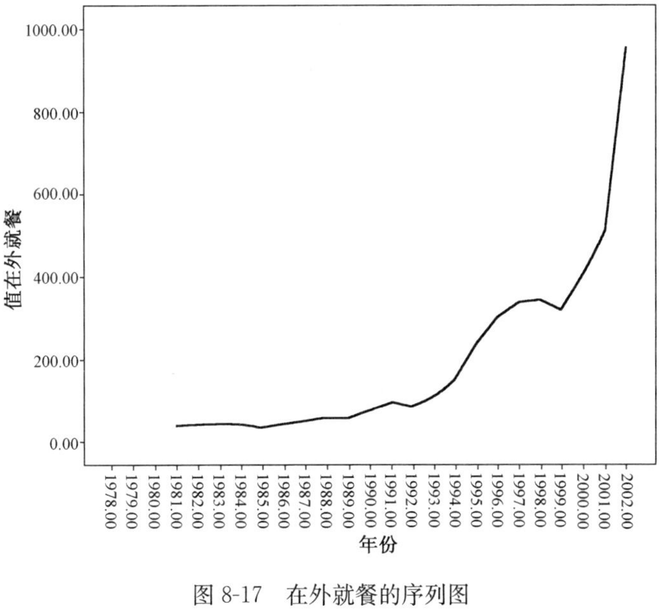

图 8-17　在外就餐的序列图

观察图 8-17 可知：自 20 世纪 80 年代以来居民在外就餐费用呈非线性增加，20 世纪 90 年代中期以来增长速度明显加快，大致呈指数形式，可利用指数曲线模型进行分析，其中解释变量为时间 t。为进行趋势外推预测，可在图 8-14 所示的窗口中单击保存(A)按钮，出现如图 8-18 所示的窗口。

图 8-18 所示的窗口用于将曲线估计的预测结果保存到数据编辑器窗口中。其中：

- 可在【保存变量】框中指定保存预测值、残差以及预测值默认 95%置信区间的上限和下限值。
- 在【预测个案】框：只有当解释变量为“时间”时才可选该框中的选项。【从估计期到最后一个个案的预测(L)】表示计算当前所有样本期内的预测值；【预测范围(T)】表示计算指定样本期内的预测值，指定样本期在【观测值】框后输入。本例如果希望预测 2003 和 2004 年的值，应在【观测值】框后输入 27(数据编辑器窗口中，在外就餐变量在 1978 至 1980 取缺失值)。具体分析结果如表 8-8 和图 8-19 所示。

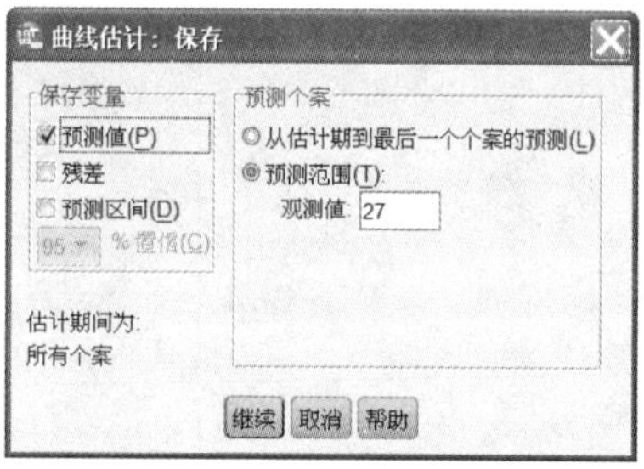

图 8-18 曲线估计中的保存窗口

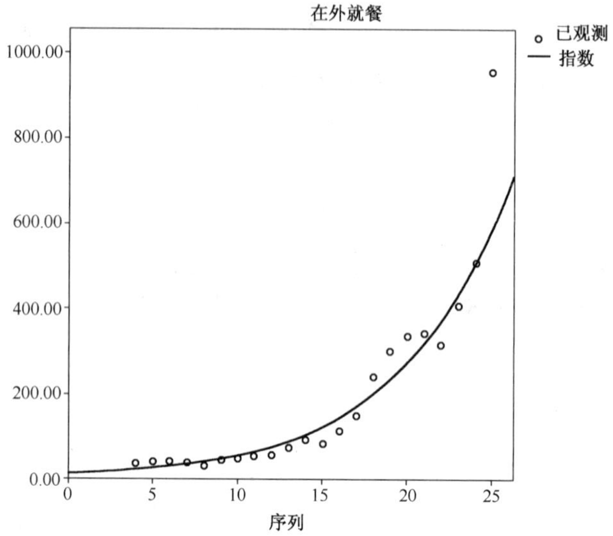

图 8-19 在外就餐的拟合回归线

表 8-8 中，模型的拟合优度为 0.938，比较理想，图 8-19 也可粗略证实这点。同时，回归方程的显著性检验和回归系数显著性检验均通过，模型 $y=12.522e^{0.154t}$ 可用。通过模型预测出的 2003 年和 2004 年的预测值分别为 683.5 和 797.2。

表 8-8 在外就餐的曲线估计结果

模型汇总和参数估计值

被解释变量器窗口：在外就餐

方程	模型汇总					参数估计值	
	R 方	F	df1	df2	Sig.	常数	b1
指数	.938	303.108	1	20	.000	12.522	.154

第 9 章 SPSS 的 Logistic 回归分析

9.1 Logistic 回归分析概述

回归分析作为标准的统计分析方法，在诸多行业和领域的数据分析应用中发挥着极为重要的作用，并已被人们广泛接受与熟悉。尽管如此，在运用回归分析方法时仍不应忽略方法应用的前提条件。违背某些关键前提而机械地建立模型，得到的分析结论很可能是不合理和不可信的。

回归分析探索被解释变量与解释变量之间的相关性，回归模型揭示被解释变量与解释变量之间的数量变化规律的一个基本要求是：被解释变量应是数值型变量。例如，在利用回归分析方法研究收入水平对支出的影响时，支出作为被解释变量应是数值型变量。

遗憾的是，实际应用中并非所有的被解释变量都是数值型，还有相当多的问题是分析一个或多个变量怎样对一个非数值型的分类变量产生影响。例如，在利用回归分析方法研究消费者的不同特征如何影响是否购买小轿车时，消费者的职业、年收入、年龄等因素将作为解释变量，而是否购买(如 1 表示购买，0 表示不购买)则作为被解释变量，但它是一个典型的二分类型变量；再如，研究吸烟、性别、年龄等对患肺癌的影响时，是否患肺癌(如 1 表示患，0 表示未患)作为被解释变量也是二分类型变量；又如，在研究消费者对某种商品的品牌选择取向时，品牌作为被解释变量，是一个多分类型变量。

当二分类或多分类型变量以被解释变量的角色出现在回归分析中时，一方面，不满足一般线性回归模型对被解释变量的取值要求。由于线性回归分析中解释变量的取值是没有限制的，这必然使得由解释变量的线性组合计算得到的被解释变量，理论上可以取到从$-\infty$至$+\infty$的所有可能值；另一方面，将违背回归模型的前提假设。如果被解释变量为二分类型变量，那么建立一般的线性回归模型将出现系一列问题。例如：

模型的残差不再满足等方差，即 $\mathrm{Var}(\varepsilon)=\sigma^2$ 的假设条件。

因 $\mathrm{Var}(\varepsilon|x)=\mathrm{Var}(y|x)$，当 y 为二分类变量时，$\mathrm{Var}(y|x)=p(x)(1-p(x))$，其中 $p(x)=\beta_0+\beta_1x_1+\cdots+\beta_px_p$。因 $p(x)$ 与 x 相关，所以 $\mathrm{Var}(\varepsilon)$ 与 x 相关，等方差不再满足，ε 的方差会随解释变量取值的变化而变化。等方差性如果不能满足，将使回归方程的 F 检验、回归系数 t 检验以及回归系数的置信区间估计等失效。

总之，当二分类或多分类型变量以回归分析中的被解释变量角色出现时，由于不满足一般线性回归模型对被解释变量取值的要求，且违背回归模型的前提假设，因此，无法直接借助回归模型进行研究。通常采用的方法是 Logistic 回归分析。当被解释变量是二分类变量时，采用二项 Logistic 回归模型；当被解释变量是多分类变量时，采用多项 Logistic 回归模型。Logistic回归分析是多元线性回归分析方法不断发展的成果。

9.2 二项 Logistic 回归分析

当回归分析中的被解释变量是二分类型变量时，通常采用二项 Logistic 回归分析。

9.2.1 二项 Logistic 回归方程

当被解释变量(记作 y)为 0/1 的二分类变量时，虽然无法直接采用一般线性回归模型建模，但可充分借鉴其理论模型和分析思路，得到以下启示：

第一，对于一元线性回归模型 $y_i=\beta_0+\beta_1 x_i+\varepsilon_i$，其回归方程 $E(y_i)=\beta_0+\beta_1 x_i$ 是对当解释变量为 x_i 时被解释变量均值的预测。当被解释变量为 0/1 二分类变量时，一元线性回归方程是对当解释变量为 x_i 时被解释变量 $y_i=1$ 的概率的预测。

由此给出的启示是：可利用一般线性回归模型(可以是一元，也可以是多元)对被解释变量取值为 1 的概率 p 进行建模，此时回归方程被解释变量的实际取值范围在 0～1 之间。回归方程的一般形式为

$$P_{y=1}=\beta_0+\beta_1 x \tag{9.1}$$

第二，由于概率 P 的取值范围在 0～1 之间，而一般线性回归方程被解释变量取值在 $-\infty$～$+\infty$之间，得出的启示是：如果对概率 P 作合理转换处理，使其取值范围与一般线性回归模型吻合，则可利用一般线性回归模型进行相关研究。

第三，采用一般线性回归模型建立的回归方程，方程中概率 P 与解释变量之间的关系是线性的，但实际应用中，它们之间往往是一种非线性关系。例如，购买小轿车的概率通常不会随年收入(或年龄等)的增长而呈线性增长。一般表现出：在年收入增长的初期，购买小轿车的可能性增长较为缓慢；当年收入增长到某个水平时，购买小轿车的可能性会快速增加；当年收入再增长到另一阶段，购买小轿车的可能性增长到某个极限后，其增长速度会基本保持平稳。因此，这种变化关系是非线性的，通常与增长函数相吻合。由此给出的启示是：对概率 p 的变换处理应采用非线性变换。

基于上述分析，可进行以下两步处理：

第一，将 P 转换成 Ω

$$\Omega=\frac{P}{1-P} \tag{9.2}$$

其中，Ω 称为优势(Odds)，是事件发生概率与不发生概率之比。这种转化是非线性的，同时 Ω 是 P 的单调函数，保证了 Ω 与 P 增长(或下降)的一致性，使模型易于解释。如图 9-1 左上图所示。优势的取值范围在 0～$+\infty$之间。

第二，Ω 转换成 $\ln\Omega$

$$\ln(\Omega)=\ln\left(\frac{P}{1-P}\right) \tag{9.3}$$

其中，$\ln\Omega$ 称为 Logit P。

经过这一转换后，Logit P 与 Ω 之间呈增长(或下降)的一致性关系，且 Logit P 取值在 $-\infty$～$+\infty$之间，与一般线性回归方程被解释变量的取值范围相吻合。如图 9-1 右上图所示。

上述两步转换过程称为 Logit 变换。经过 Logit 变换后，就可利用一般线性回归模型建立被解释变量与解释变量之间的多元分析模型，即

$$\text{Logit } P=\beta_0+\sum_{i=1}^{p}\beta_i x_i \tag{9.4}$$

称式(9.4)为 Logistic 回归方程，包含 p 个解释变量。

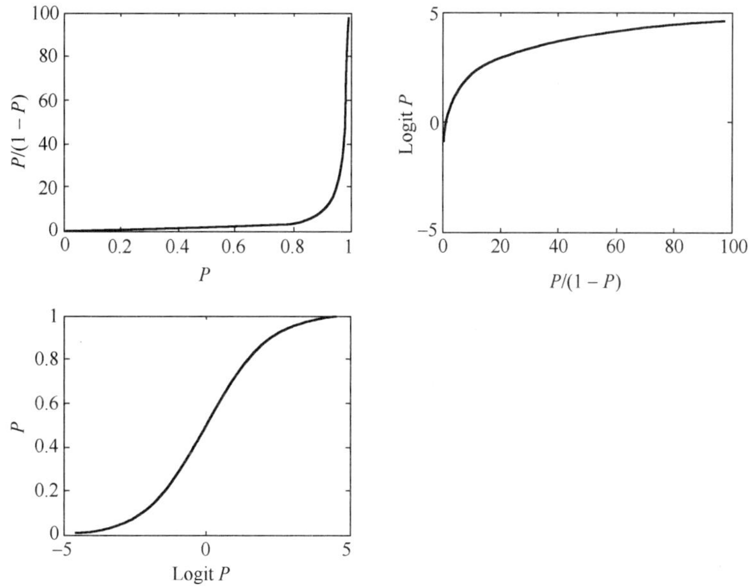

图 9-1　Logit 变换中变量的函数关系

显然 Logit P 与解释变量之间是线性关系。那么 P 与解释变量之间是否呈上述分析的非线性关系呢？将 Ω 代入，有

$$\ln\left(\frac{P}{1-P}\right)=\beta_0+\sum_{i=1}^{p}\beta_i x_i \tag{9.5}$$

于是有

$$\frac{P}{1-P}=\exp\left(\beta_0+\sum_{i=1}^{p}\beta_i x_i\right) \tag{9.6}$$

$$P=\frac{\exp\left(\beta_0+\sum_{i=1}^{p}\beta_i x_i\right)}{1+\exp\left(\beta_0+\sum_{i=1}^{p}\beta_i x_i\right)} \tag{9.7}$$

$$P=\frac{1}{1+\exp\left[-\left(\beta_0+\sum_{i=1}^{p}\beta_i x_i\right)\right]} \tag{9.8}$$

式(9.8)是(0,1)型 Sigmoid 函数，很好地体现了概率 P 值和解释变量之间的非线性关系，可用于计算被解释变量取 1 的概率。一般概率值大于 0.5，被解释变量预测为 1 类，否则预测为 0 类。

9.2.2　二项 Logistic 回归方程系数的含义

从形式上看，Logistic 回归方程与一般线性回归方程的形式相同，可以以类似的方法理解和解释 Logistic 回归方程系数的含义。即当其他解释变量保持不变时，解释变量 x_i 每增加一个单位，将引起 Logit P 平均增加(或减少)β_i 个单位。由于Logit P无法直观观察且测量单位也无法确定，因此通常以Logistic分布的标准差(1.8138)作为 Logit P 的测度单位。

但重要的是，在模型的实际应用中人们关心的是解释变量变化引起事件发生概率 P 变化

的程度。由于Logit P对 P 具有单调性，如图 9-1 左下图所示，因此，当解释变量 x_i取值变化导到 Logit P 增加(或减少)时，也会带来概率 P 的增加(或减少)，但这种增加(或减少)是非线性的，取决于解释变量的取值以及解释变量间的共同作用等。因此，应用中人们通常更关心解释变量给优势 Ω 带来的变化。为此应首先说明优势 Ω 的意义。

优势 $\Omega=P/(1-P)$，即某事件发生概率与不发生概率之比。利用优势比(Odds Ratio)可进行不同组之间相对风险的近似对比分析。

例如，如果吸烟组 A 患肺癌的概率是 0.25，不吸烟组 B 患肺癌的概率是 0.10，则两组的优势比为：$\mathrm{OR}_{\mathrm{A\ vs.\ B}}=\dfrac{P_r(D_A)}{1-P_r(D_A)}\Big/\dfrac{P_r(D_B)}{1-P_r(D_B)}=\dfrac{1}{3}\Big/\dfrac{1}{9}=3$，它表示吸烟组 A 的相对风险近似是不吸烟组 B 的三倍，吸烟患肺癌的风险高于不吸烟。

进一步，建立 Logistic 回归方程。如果被解释变量 Y 表示是否患肺癌(1=患/0=未患)，当只考虑一个解释变量 X_1，表示是否吸烟(1=吸烟/0=不吸烟)时，则建立的 Logistic 回归方程为 $\mathrm{Logit}\ P(Y=1)=\beta_0+\beta_1 X_1$ 。

于是，解释变量为吸烟的方程为

$$\mathrm{Logit}\ P(Y=1)=\ln(\mathrm{odds}(\mathrm{smokers}))=\beta_0+\beta_1\times 1=\beta_0+\beta_1$$

解释变量为不吸烟的方程为

$$\mathrm{Logit}\ P(Y=1)=\ln(\mathrm{odds}(\mathrm{nonsmokers}))=\beta_0+\beta_1\times 0=\beta_0$$

于是，吸烟与不吸烟组的优势比为

$$\mathrm{OR}_{\mathrm{S\ vs.\ NS}}=\frac{\mathrm{odds}(\mathrm{smokers})}{\mathrm{odds}(\mathrm{nosmokers})}=\frac{\mathrm{e}^{(\beta_0+\beta_1)}}{\mathrm{e}^{\beta_0}}=\mathrm{e}^{\beta_1}$$

可见，两组的优势比与 Logistic 回归方程的解释变量的回归系数有关。吸烟患肺癌的相对风险近似是不吸烟组的 e^{β_1} 倍。也就是说，e^{β_1} 的含义比 β_1 更直观，反映的是解释变量取不同值所导致的优势的变化率。

进一步，当多元 Logistic 回归方程确定后，有

$$\Omega=\exp\left(\beta_0+\sum_{i=1}^{p}\beta_i x_i\right) \tag{9.9}$$

其他解释变量保持不变，研究 x_1变化一个单位对 Ω 的影响。如果将 x_1 变化一个单位后的优势设为 Ω^*，则有

$$\Omega^*=\exp\left(\beta_1+\beta_0+\sum_{i=1}^{p}\beta_i x_i\right)=\Omega\exp(\beta_1) \tag{9.10}$$

于是有

$$\frac{\Omega^*}{\Omega}=\exp(\beta_1) \tag{9.11}$$

由此可知，x_1 增加一个单位所导致的优势是原来的 $\exp(\beta_1)$倍，即相对风险近似为 $\exp(\beta_1)$ 。

一般化些有

$$\frac{\Omega^*}{\Omega}=\exp(\beta_i) \tag{9.12}$$

此式表明，当其他解释变量保持不变时，x_i每增加一个单位所导致的优势是原来的 $\exp(\beta_i)$倍，即优势比为 $\exp(\beta_i)$，相对风险近似为 $\exp(\beta_i)$。

利用相对风险比，能够很好地说明解释变量变动对被解释变量产生的影响。

反复强调其他解释变量保持不变的原因是，分析某因素变化所产生的影响必须在对其他因素加以控制的前提下才有意义。

例如，如果被解释变量 Y 表示是否患肺癌(1＝患/0＝未患)，解释变量有三个，X_1 表示是否吸烟(1＝吸烟/0＝不吸烟)，X_2 表示年龄，X_3 表示性别(1＝男/0＝女)，则建立的 Logistic 回归方程为 $\text{Logit}P(Y=1)=\beta_0+\beta_1X_1+\beta_2X_2+\beta_3X_3$ 。

为研究吸烟对患肺癌的影响，只有对同年龄和同性别组比较，即控制住年龄和性别才有意义。假设 A 组为吸烟、年龄 45 岁，性别为男；B 组为不吸烟、年龄 45 岁，性别为男，则 A、B 两组的方程分别为

$$\text{Logit}P(Y=1)=\ln(\text{odds}(X_A))=\beta_0+\beta_1\times1+\beta_2\times45+\beta_3\times1$$

$$\text{Logit}P(Y=1)=\ln(\text{odds}(X_B))=\beta_0+\beta_1\times0+\beta_2\times45+\beta_3\times1$$

两组的优势比为

$$\text{OR}_{\text{A vs. B}}=\frac{\text{odds}(X_A)}{\text{odds}(X_B)}=e^{(1-0)\beta_1+(45-45)\beta_2+(1-1)\beta_3}=e^{\beta_1}$$

这里的优势比是在控制了年龄和性别的前提下进行的，能够更准确地反映吸烟对肺癌的影响程度。虽然形式上同前，但参数估计值是不同的。

9.2.3　二项 Logistic 回归方程的检验

为进行 Logistic 回归方程的检验，应首先了解回归方程参数估计的基本思想。Logistic 回归方程的参数求解采用极大似然估计法。

极大似然估计是一种在总体概率密度函数和样本信息的基础上，求解模型中未知参数估计值的方法。它基于总体的概率密度函数，构造一个包含未知参数的似然函数，并求解在似然函数值最大时未知参数的估计值。在该原则下得到的模型将保证样本出现的可能性是最大的。因此，似然函数的函数值实际也是一种概率值，反映了在所估计参数的总体中，观测到特定样本的可能性，当然越接近 1 越好。似然函数值在 0 至 1 之间。

为方便数学上的处理，通常将似然函数取自然对数，得到对数似然函数。当似然函数值取到最大值 1 时，对数似然函数值取到最大值 0，如图 9-2 所示。

因此，追求似然函数最大的过程也就是追求对数似然函数最大的过程。对数似然函数值越大，意味着模型较好地拟合样本数据的可能性越大，所得模型的拟合优度越高；相反，对数似然函数值越小，意味着模型较好地拟合样本数据的可能性越小，所得模型的拟合优度越低。

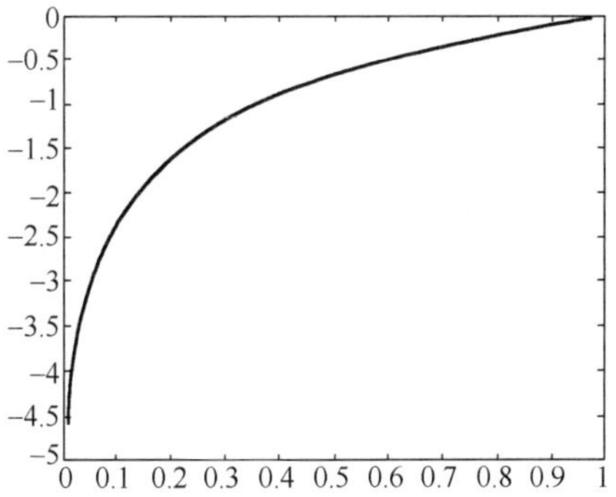

图 9-2　似然函数值 L 和对数似然函数值 LL

1. 回归方程的显著性检验

Logistic 回归方程显著性检验的目的是检验解释变量全体与 Logit P 的线性关系是否显著，是否可以用线性模型拟和。其原假设 H_0：各回归系数同时为 0，解释变量全体与 Logit P 的线性关系不显著。

回归方程显著性检验的基本思路：如果方程中的诸多解释变量对 Logit P 的线性解释有

显著意义，必然会使回归方程对样本的拟合得到显著提高。可采用对数似然比测度拟合程度是否有所提高。

如果设解释变量未引入回归方程前的对数似然函数值为 LL_0，解释变量引入回归方程后的对数似然函数值为 LL_x，则对数似然比为 $\frac{LL_0}{LL_x}$。容易理解：如果对数似然比与1无显著差异，则说明引入解释变量后，解释变量全体对 Logit P 的线性解释无显著改善；如果对数似然比远远大于1，则说明解释变量全体与 Logit P 之间的线性关系显著。

依照统计推断的思想，此时应关注对数似然比的分布，但由于对数似然比的分布是未知的，通常采用 $-\log\left(\frac{L_0}{L_x}\right)^2$。其中，$L_0$ 和 L_x 分别为解释变量引入回归方程前后的似然函数值。$-\log\left(\frac{L_0}{L_x}\right)^2$ 在原假设成立的条件下近似服从卡方分布，也称为似然比卡方。于是有

$$-\log\left(\frac{L_0}{L_x}\right)^2=-2\log\left(\frac{L_0}{L_x}\right)=-2\log(L_0)-(-2\log(L_x))=-2LL_0-(-2LL_x) \tag{9.13}$$

它反映了解释变量引入回归方程前后对数似然值的变化幅度，该值越大表明解释变量对 Logit$P$ 越有线性解释意义。

进一步，如果似然比卡方观测值的概率 p 值小于给定的显著性水平 α，则应拒绝原假设，认为目前方程中的所有回归系数不同时为零，解释变量全体与 Logit P 之间的线性关系显著；反之，如果概率 p 值大于给定的显著性水平 α，则不应拒绝原假设，认为目前方程中的所有回归系数同时为零，解释变量全体与 Logit P 之间的线性关系不显著。

2. 回归系数的显著性检验

Logistic 回归系数显著性检验的目的是逐个检验方程中各解释变量是否与 Logit P 有显著的线性关系，对解释 Logit P 是否有重要贡献。其原假设 H_0：$\beta_i=0$，即某回归系数与零无显著差异，相应的解释变量与 Logit P 之间的线性关系不显著。

回归系数显著性检验采用的检验统计量是 Wald 统计量，数学定义为：

$$\text{Wald}_i=\left(\frac{\beta_i}{S_{\beta_i}}\right)^2 \tag{9.14}$$

其中，β_i 是回归系数，S_{β_i} 是回归系数的标准误。Wald 检验统计量近似服从卡方分布。

如果某解释变量 Wald_i 观测值的概率 p 值小于给定的显著性水平 α，则应拒绝原假设，认为某解释变量的回归系数与零有显著差异，该解释变量与 Logit P 之间的线性关系显著，应保留在方程中；反之，如果概率 p 值大于给定的显著性水平 α，则不应拒绝原假设，认为某解释变量的回归系数与零无显著差异，该解释变量与 Logit P 之间的线性关系不显著，不应保留在方程中。

应当注意的是：如果解释变量存在多重共线性，会对 Wald 检验统计量产生影响。Wald 检验统计量的标准误有扩大的趋势，会造成 Wald 检验统计量的观测值减小，不易拒绝原假设，进而使那些本来对 Logit P 有解释意义的变量没能保留在方程中。因此，在确定解释变量自动筛选策略时应考虑到这个问题。另外，此时可借助上述回归方程显著性检验的卡方检验，对相应回归系数进行检验。

3. 回归方程的拟合优度检验

在 Logistic 回归分析中，拟合优度可以从以下两方面考察。

第一个：回归方程能够解释被解释变量变差的程度。如果方程可以解释被解释变量的较大部分变差，则说明拟合优度高，反之说明拟合优度低。这点与一般线性回归分析是相同的；第二个：由回归方程计算出的预测值与实际值之间吻合的程度，即方程的总体错判率是低还是高。如果错判率低，则说明拟合优度高；反之说明拟合优度低。

常用的指标有：

第一，Cox & Snell R^2 统计量

Cox & Snell R^2 与一般线性回归分析中的 R^2 有相似之处，也是方程对被解释变量变差解释程度的反映。Cox & Snell R^2 的数学定义为

$$\text{Cox \& Snell } R^2 = 1 - \left[\frac{\text{LL}_0}{\text{LL}_p}\right]^{\frac{2}{n}} \tag{9.15}$$

其中，LL_0 为方程中只包含常数项(该模型也称为零模型)时的对数似然值，LL_p 为当前方程的对数似然值，n 为样本量。由于 Cox & Snell R^2 取值范围不易确定，因此使用时不方便。

第二，Nagelkerke R^2 统计量

Nagelkerke R^2 是修正的 Cox & Snell R^2 ，也反映了方程对被解释变量变差解释的程度。Nagelkerke R^2 的数学定义为

$$\text{Nagelkerke } R^2 = \frac{\text{Cox \& Snell } R^2}{1-(\text{LL}_0)^{\frac{2}{n}}} \tag{9.16}$$

Nagelkerke R^2 的取值范围在 0 至 1 之间。越接近于 1，说明方程的拟合优度越高；越接近于 0，说明方程的拟合优度越低。

第三，混淆矩阵

混淆矩阵是一种极为直观的评价模型优劣的方法，它通过矩阵表格形式展示模型预测值与实际观测值的吻合程度。二分类问题混淆矩阵的一般形式如表 9-1 所示。

表 9-1　混淆矩阵

		预测值		
		0	1	正确率
实际值	0	f_{11}	f_{12}	$\frac{f_{11}}{f_{11}+f_{12}}$
	1	f_{21}	f_{22}	$\frac{f_{22}}{f_{21}+f_{22}}$
	总体正确率	$\frac{f_{11}+f_{22}}{f_{11}+f_{12}+f_{21}+f_{22}}$		

其中，f_{11}是实际值为 0 预测值也为 0 的个数；f_{21}是实际值为 1 预测值为 0 的个数。其他同理。通过各栏中的正确率就可以评价模型的好坏，当然正确率越高意味着模型越好。

第四，Hosmer-Lemeshow 检验

Hosmer-Lemeshow 统计量的设计思想是：Logistic 回归方程给出的是解释变量取值条件下，被解释变量取 1 的概率预测值。如果模型拟合效果较好，则应给实际值为 1 的样本以高的概率预测值，给实际值为 0 的样本以低的概率预测值。于是，对概率预测值进行分位数分组。通常计算概率预测值的 10 分位数，将样本分为 10 组，生成如表 9-2 所示的交叉列联表。

表 9-2 Hosmer-Lemeshow 统计量中的列联表

		被解释变量的实际值		
		0	1	合计
组	1			
	2			
	3			
	…			
	k			
	合计			

表9-2中，每个单元格都有两个频数，分别为观测频数和期望频数。这里的观测频数是指落入相应组里的样本，被解释变量实际值取0(或1)的样本量，期望频数是这些样本被解释变量的预测值取0(或1)的样本量。在此基础之上计算卡方统计量(详见4.3.3)，即Hosmer-Lemeshow统计量，它服从$k-2$个自由度的卡方分布，k为组数，一般等于10。

可见，Hosmer-Lemeshow统计量越小，表明样本实际值和预测值的整体差异越小，拟合效果越好，反之则拟合效果不好。Hosmer-Lemeshow检验的原假设H_0：观测频数的分布与期望频数的分布无显著差异。SPSS将给出Hosmer-Lemeshow统计量的概率p值。如果概率p值小于给定的显著性水平α，则应拒绝原假设，即观测频数的分布与期望频数的分布有显著差异，模型拟合效果不好；反之，如果概率p值大于给定的显著性水平α，则不应拒绝原假设，即两个分布的差异不显著，模型拟合效果较好。

9.2.4 二项Logistic回归分析中的虚拟解释变量

通常在回归分析中，作为解释变量的变量是数值型变量，它们对被解释变量有线性解释作用。实际应用中，被解释变量的变化不仅受到数值型变量的影响，也会受分类型变量的影响。例如，客户是否购买小汽车不仅会受到诸如年收入、年龄等数值型变量的影响，还可能受到诸如性别、职业等分类型变量的影响。

分类型变量通常不能像数值型变量那样直接作为解释变量进入回归方程，因为其各个类别之间是非等距的。一般需将其转化成虚拟变量(也称哑变量Dummy Variable)后再参与分析。

分类型变量参与回归分析的主要目的是研究各类对被解释变量影响的差异性。设置虚拟变量就是将分类型变量的各个类别分别以0/1二值变量的形式重新编码，用1表示属于该类，用0表示不属于该类。

例如，分类型变量性别有两个类别(男或女)，可将这两个类别分别以两个0/1二值变量的形式重新编码。如设置变量x_1表示是否为男性，取1表示是男性，取0表示不是男性。设置变量x_2表示是否为女性，取1表示是女性，取0表示不是女性。容易发现：对于一个二分类变量，设置一个虚拟变量就完全可以识别样本的取值。如只设置变量x_1表示是否为男性，取1表示是男性，取0表示不是男性，则必然是女性，此时，“女”是参照类别；同样也可以只设置变量x_2表示是否为女性，取1表示是女性，取0表示不是女性，则必然是男性，此时，“男”作为参照类别。

所以，对于具有 k 个类别的分类型变量，当确定参照类别后，只需设置 $k-1$ 个虚拟变量即可。于是在回归分析时，原始的分类型解释变量自身并不参与回归分析，取而代之的是 $k-1$ 个虚拟解释变量。得到的回归方程中各虚拟解释变量回归系数的含义是：相对于参照类别，各个类对被解释变量平均贡献的差。进而可进一步研究各类别间对被解释变量的平均贡献差异。

SPSS 的 Logistic 回归分析中能够灵活指定如何生成虚拟变量，且虚拟变量可以为非 0/1 取值的其他二值型变量。

9.3　二项 Logistic 回归分析的应用

为研究和预测某商品消费的特点和趋势，收集到以往的消费数据(SPSS 数据文件名：是否购买.sav)。数据中包括 431 个样本数据，变量有是否购买(Purchase)、年龄(Age)、性别(Gender，1 为男，2 为女)和收入水平(Income，1 为高收入，2 为中收入，3 为低收入)。年龄为数值型变量，其他为分类型变量。分析目标是：建立客户购买的预测模型，分析影响因素。其中，是否购买为被解释变量，其余变量为解释变量。

9.3.1　二项 Logistic 回归分析的基本操作

在利用 SPSS 进行 Logistic 回归分析前，应将待分析的数据逐一组织成 SPSS 变量的形式，一列数据对应一个 SPSS 变量。应注意：这里被解释变量应是取值 1 或 0 的二值变量。如果实际问题不满足该要求，应对数据重新编码。

Logistic 回归分析的基本操作步骤如下。

(1) 选择菜单【分析→回归→二元 Logistic】，出现如图 9-3 所示的窗口。

(2) 选择一个被解释变量到【因变量(D)】框，选择一个或多个解释变量到【协变量(C)】框。也可以将不同解释变量组放在不同的块中，进而分析不同解释变量组对被解释变量的贡献。

(3) 在【方法(M)】框后选择解释变量的筛选策略，其中，

- 【进入】表示所选解释变量全部强行进入方程。
- 【向前:条件】表示逐步筛选策略，且变量进入方程的依据是比分检验(Score Test)统计量(该统计量服从卡方分布，其检验结果与似然比卡方一致)，剔除出方程的依据是条件参数估计原则下的似然比卡方(条件参数估计原则是计算分别剔除各解释变量后模型对数似然比卡方的变化量，首先选择使变化量变化最小的解释变量剔除出方程)。
- 【向前:LR】表示逐步筛选策略，且变量进入方程的依据是比分检验统计量，剔除出方程的依据是极大似然估计原则下的似然比卡方。
- 【向前:Wald】表示向前逐步筛选策略，且变量进入或剔除出方程的依据是 Wald 统计量。
- 【向后:条件】表示向后筛选策略，且变量剔除出方程的依据是条件参数估计原则下的似然比卡方。
- 【向后:LR】表示向后筛选策略，且变量剔除出方程的依据是极大似然估计原则下的似然比卡方。
- 【向后:Wald】表示向后筛选策略，且变量剔除出方程的依据是 Wald 统计量。

(4) 如果希望分析解释变量的交互影响是否对被解释变量产生显著的线性影响，可选择相应的变量，并单击 >a * b> 按钮到【协变量(C)】框中。

(5) 可选择一个变量作为条件变量到【选择变量(B)】框中，并单击 规则 按钮给定一个判断条件。只有变量值满足给定条件的样本数据才参与回归分析。

(6) 如果解释变量为分类型变量，可单击 分类(G) 按钮指定如何生成虚拟变量，窗口如图 9-4 所示。选择【协变量】框中的分类变量到【分类协变量(T)】框中，在【更改对比】框中的【对比(N)】选项中选择参照类，并单击 更改(H) 按钮。其中，

● 【指示符】：默认(虚拟变量取值为 0 或 1)，且应在【参考类别】选项中指定参照水平。

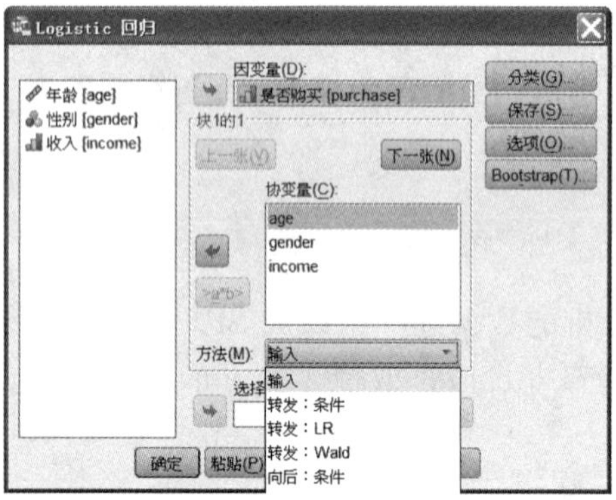

图 9-3　二项 Logistic 回归分析窗口

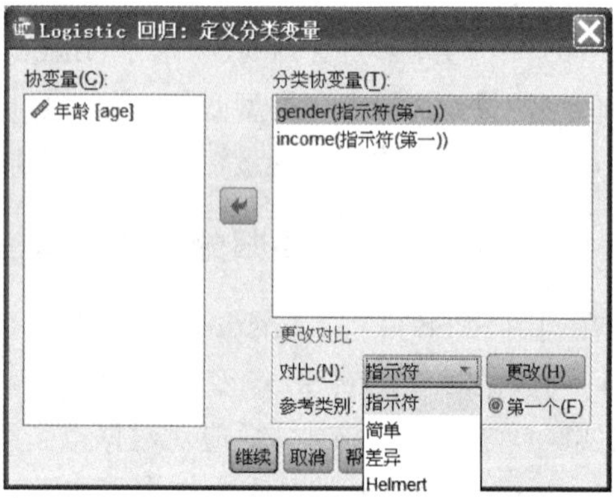

图 9-4　二项 Logistic 回归分析的虚拟解释变量设置窗口

【第一个】表示类别值按字母顺序排在第一的为参照水平，【最后一个】表示类别值按字母顺序排在最后的为参照水平。以类别数为 3 的分类变量值 A、B、C 为例说明。如果参照类别为【第一个】，则 2 个虚拟变量对应 A 取值为(0,0)，对应 B 为(1,0)，对应 C 为(0,1)。于是，第 1、2 个虚拟变量的回归系数 β_1 和 β_2 表示 B、C 类别对 Logit P 的影响分别比 A 类别多 β_1 和 β_2 个单位；如果参照类别为【最后一个】，则两个虚拟变量对应 A 取值为(1,0)，对应 B 为(0,1)，对应 C 为(0,0)。于是，第 1、2 个虚拟变量的回归系数 β_1 和 β_2 表示 A、B 类别对 Logit P 的平均影响分别比 C 类别多 β_1 和 β_2 个单位。

● 【简单】：同【指示符】选项，主要区别在 β_0。如果不考虑其他解释变量，这里 β_0 反映的是该变量所有类别对 Logit P 的平均影响(其余的【差异】、【Helmert】、【重复】同此)，而【指示符】中反映的是参照水平(类别)对 Logit P 的影响。

● 【差异】：除第一个类别外，均以前几个类别对 Logit P 影响的平均水平作为参照水平。此时【参考类别】选项无效。

● 【Helmert】：除最后一个类别外，均以后几个类别对 Logit P 影响的平均水平作为参照水平。此时【参考类别】选项无效。

● 【重复】：以前个类别对 Logit P 影响的平均水平作为参照水平。此时【参考类别】选项无效。

至此完成了 Logistic 回归分析的基本操作，SPSS 自动根据用户的操作建立模型，并将分析结果输出到查看器窗口中。

9.3.2　二项 Logistic 回归分析的其他操作

1. 选项(O)按钮

在图 9-3 所示的窗口中单击选项(O)按钮，可指定输出内容和设置建模中的某些参数，窗口如图 9-5所示。

图 9-5 中各选项的含义如下。

- 【统计量和图】框中：【分类图(C)】选项表示绘制被解释变量的预测类别图；【Hosmer-Lemeshow 拟合度(H)】表示输出 Hosmer-Lemeshow 拟合优度指标；【个案的残差列表(W)】表示输出各观测的非标准化残差、标准化残差等指标；【exp(B)的 CI(X)】表示输出优势比默认 95%的置信区间。
- 【输出】框中：【在每个步骤中(E)】表示输出模型建立过程中的每一步结果；【在最后一个步骤中(L)】表示只输出最终的结果。
- 【步进概率】框中：指定解释变量进入方程或剔除方程的显著性水平 α。【进入(N)】表示回归系数比分检验的概率 p 值小于 0.05(默认)时相应变量可进入回归方程；【删除(V)】表示回归系数比分检验的概率 p 值大于 0.10(默认)时相应变量应剔除出回归方程。
- 【分类标准值(U)】：设置概率分界值。预测概率值大于 0.5(默认)时判定被解释变量的分类预测值为 1，小于 0.5 时判定分类预测值为 0。可以根据实际问题对预测精度的要求修改该参数。
- 【最大迭代次数(M)】：极大似然估计的最大迭代次数，大于 20(默认值)时迭代结束。

2. 保存(S)按钮

在图 9-3 所示的窗口中单击保存(S)按钮，可以以 SPSS 变量的形式将预测结果、残差以及强影响点的探测值等保存到数据编辑器窗口中，窗口如图 9-6 所示。

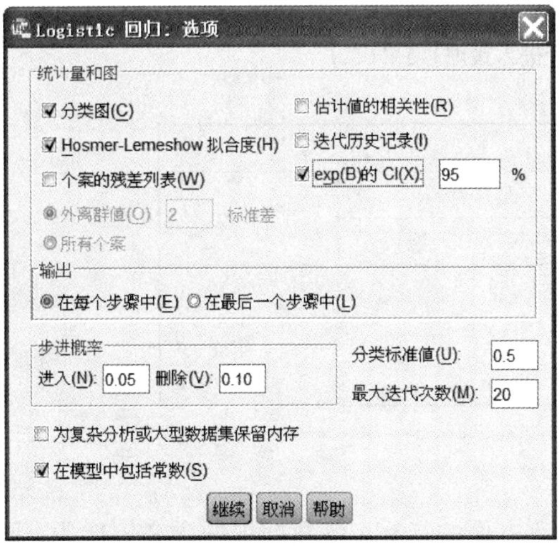

图 9-5　二项 Logistic 回归分析的选项窗口

图 9-6　二项 Logistic 回归分析的保存窗口

图 9-6 中各选项的含义如下。

- 【预测值】框中:【概率(P)】表示保存被解释变量取 1 的概率预测值;【组成员(G)】表示保存类别预测值。
- 【残差】框和【影响】框表示保存残差、库克距离、杠杆值等。具体含义同第 8 章。

9.3.3 二项 Logistic 回归应用示例

对于案例，首先，采用强行进入策略，令所有变量进入回归方程，并指定性别以“男性”为参照类，收入以“低收入”为参照类，具体操作如图 9-3 和图-4 所示。分析结果如表 9-3 所示。

表 9-3(a)给出了虚拟解释变量的取值编码及分布情况。对由分类型变量派生出的虚拟解释变量，SPSS 自动命名为原变量名(编码)。例如，收入(Income)派生出的两个虚拟变量分别命名为 Income(1)和 Income(2)，依次表示“是否中收入”和“是否高收入”，两变量均为 0 表示“低收入”;性别派生出的一个虚拟变量名为 Gender(1)，表示“是否女性”，取值为 0 表示男性。

表 9-3(a) 案例分析(强行进入策略)结果(一)

分类变量编码

		频率	参数编码	
			(1)	(2)
收入	低收入	132	.000	.000
	中收入	144	1.000	.000
	高收入	155	.000	1.000
性别	男	191	.000	
	女	240	1.000	

表 9-3(b)显示了二项 Logistic 分析初始步，也即零模型(第 0 步，方程中只有常数项，其他回归系数约束为 0)的混淆矩阵。可以看到，269 人实际没购买且模型预测正确，正确率为 100%;162 人实际购买了但模型均预测错误，正确率为 0%。模型总的预测正确率为 62.4%。

表 9-3(b) 案例分析(强行进入策略)结果(二)

块 0:起始块

分类表[a,b]

已观测			已预测		
			是否购买		百分比校正
			不购买	购买	
步骤 0	是否购买	不购买	269	0	100.0
		购买	162	0	.0
	总计百分比				62.4

a. 模型中包括常量。

b. 切割值为.500。

表 9-3(c)显示了方程中只有常数项时回归系数方面的指标，各数据项的含义依次为：回归系数、回归系数标准误、Wald 检验统计量的观测值、自由度、Wald 检验统计量的概率 p 值、优势比。由于此时模型中未包含任何解释变量，故该表并没有实际意义。

表 9-3(c)　案例分析(强行进入策略)结果(三)

方程中的变量

		B	S. E,	Wals	df	Sig.	Exp(B)
步骤 0	常量	−.507	.099	26.002	1	.000	.602

表 9-3(d)显示了待进入方程的各解释变量的情况，各数据项的含义依次为：比分检验统计量的观测值、自由度和概率 p 值。可以看到，如果下一步年龄(Age)进入方程，则比分检验统计量的观测值为 1.268，概率 p 值为 0.26。如果显著性水平 α 为 0.05，由于 Age 的概率 p 值大于显著性水平 α，所以不能进入方程。这里选择了进入策略，所有解释变量将强行进入方程。

表 9-3(d)　案例分析(强行进入策略)结果(四)

块 1:方法＝输入　　　　　不在方程中的变量

			得分	df	Sig.
步骤 0	变量	age	1.268	1	.260
		gender(1)	4.667	1	.031
		income	10.640	2	.005
		income(1)	2.935	1	.087
		income(2)	10.640	1	.001
	总统计量		18.273	4	.001

表 9-3(e)显示了采用进入策略时回归方程显著性检验的总体情况，各数据项的含义依次为：似然比卡方的观测值、自由度和概率 p 值。可以看到，本步所选变量均进入方程，与前一步(第 0 步)相比，似然比卡方的观测值为 18.441，概率 p 值为 0.001。如果显著性水平 α 为 0.05。由于概率 p 值小于显著性水平 α，应拒绝原假设，认为所有回归系数不同时为 0，解释变量的全体与 Logit P 之间的线性关系显著，采用该模型是合理的。

表 9-3(e)　案例分析(强行进入策略)结果(五)

模型系数的综合检验

		卡方	df	Sig.
步骤 1	步骤	18.441	4	.001
	块	18.441	4	.001
	模型	18.441	4	.001

表 9-13(e)分别输出了三行似然比卡方值。其中，“步骤”行是本步与前一步相比的似然比卡方；“块”行是本块与前一块相比的似然比卡方；“模型”行是本模型与前一模型相比的似然比卡方。在本例中，由于没有设置解释变量块，且解释变量一次性强制进入模型，所以三行结果相同。

表 9-3(f)显示了当前模型拟合优度方面的指标，各数据项的含义依次为：−2 倍的对数似然函数值、Cox & Snell R^2 以及 Nagelkerke R^2 。−2 倍的对数似然函数值越小则模型的拟合优度越高。这里，该值较大模型的拟合优度并不理想，且 Nagelkerke R^2 接近零，也说明拟合程度较低。

表 9-3(f) 案例分析(强行进入策略)结果(六)

模型汇总

步骤	−2 对数似然值	Cox & Snell R^2	Nagelkerke R^2
1	552.208[a]	.042	.057

a. 因为参数估计的更改范围小于.001，所以估计在迭代次数 4 处终止。

表 9-3(g)显示了当前模型的混淆矩阵。脚注中的切割值为.500 表示，如果概率预测值大于 0.5，则判定被解释变量的类别预测值为 1；如果小于 0.5，则判定被解释变量的类别预测值为 0。在实际没购买的 269 人中，模型正确识别了 236 人，错误识别了 33 人，正确率为 87.7%；在实际购买的 162 人中，模型正确识别了 31 人，错误识别了 131 人，正确率为 19.1%。模型总的预测正确率为 61.9%。与前一步相比，未购买的预测准确度下降，购买的预测准确度上升了，但模型的总体预测精度下降。

表 9-3(g) 案例分析(强行进入策略)结果(七)

分类表[a]

已观测			已预测		
			是否购买		百分比校正
			不购买	购买	
步骤 1	是否购买	不购买	236	33	87.7
		购买	131	31	19.1
	总计百分比				61.9

a. 切割值为.500。

表 9-3(h)显示了当前模型中各回归系数方面的指标。可以看出，如果显著性水平 α 为 0.05，Age 的 Wald 检验概率 p 值大于显著性水平 α，不应拒绝原假设，认为该回归系数与 0 无显著差异，它与 Logit P 的线性关系是不显著的，不应保留在方程中。由于方程中包含了不显著的解释变量，因此该模型是不可用的，应重新建模。

表 9-3(h) 案例分析(强行进入策略)结果(八)

		B	S. E,	Wals	df	Sig.	Exp(B)
步骤 1[a]	age	.025	.018	1.974	1	.160	1.026
	gender(1)	.511	.209	5.954	1	.015	1.667
	income			12.305	2	.002	
	income(1)	.101	.263	.146	1	.703	1.106
	income(2)	.787	.253	9.676	1	.002	2.196
	常量	−2.112	.754	7.843	1	.005	.121

本次分析中，解释变量的筛选采用基于极大似然估计的逐步筛选策略(向前：LR)，同时单击 选项(O) 按钮对模型做进一步的分析，并保存预测概率值和类别预测值等。具体操作如图 9-5和图 9-6所示，分析结果如表 9-4 所示。

表 9-4(a)　案例分析(Forward: LR 策略)结果(一)

块 1：方法 = 向前步进（似然比）　　模型系数的综合检验

		卡方	df	Sig.
步骤 1	步骤	10.543	2	.005
	块	10.543	2	.005
	模型	10.543	2	.005
步骤 2	步骤	5.917	1	.015
	块	16.459	3	.001
	模型	16.459	3	.001

表 9-4(b)　案例分析(Forward: LR 策略)结果(二)

如果移去项则建模

变量		模型对数似然性	在−2 对数似然中的更改	df	更改的显著性
步骤 1	income	−285.325	10.543	2	.005
步骤 2	gender	−280.053	5.917	1	.015
	income	−282.976	11.761	2	.003

这里，略去了第 0 步分析的结果(同表 9-3(b)、表 9-3(c)、表 9-3(d))。表 9-4(a) 显示了变量逐步筛选过程中似然比卡方检验的结果，用于回归方程的显著性检验。可结合表 9-4(b)共同分析。在步骤 1 中，模型中包含常数项和 income。如果此时剔除 income，则−2 倍的对数似然将增大 10.543(似然比卡方值)，所以 10.543 是 income 进入模型而减少的，−285.325 即为第 0 步模型的对数似然。在步骤 2 中，模型包含常数项、income、gender。如果此时剔除 gender，则−2 倍的对数似然将增大 5.917，所以 5.917 是在步骤 1 基础上 gender 进入模型而减少的，−280.053 即为步骤 1 模型的对数似然，此时 $-2\times285.325+2\times280.053=10.543$，即 income 进入第 0 步模型引起的。其他同理。SPSS 给出的最终模型是步骤 2 的结果。可以看到，如果显著性水平 α 为 0.05，由于各概率 p 值均小于显著性水平 α，因此，此时模型中的解释变量全体与 Logit P 的线性关系显著，模型合理。

表 9-4(c)　案例分析(Forward: LR 策略)结果(三)

方程中的变量

		B	S. E	Wals	df	Sig.	Exp (B)	EXP(B)的 95% C. I.	
								下限	上限
步骤 1[a]	income			10.512	2	.005			
	income(1)	.006	.259	.001	1	.982	1.006	.606	1.670
	income(2)	.672	.247	7.424	1	.006	1.958	1.208	3.174
	常量	−.762	.187	16.634	1	.000	.467		
步骤 2[b]	gender(1)	.504	.209	5.824	1	.016	1.656	1.099	2.493
	income			11.669	2	.003			
	income(1)	.096	.263	.134	1	.714	1.101	.658	1.843
	income(2)	.761	.251	9.147	1	.002	2.139	1.307	3.502
	常量	−1.113	.240	21.432	1	.000	.329		

a. 在步骤 1 中输入的变量：income.

b. 在步骤 2 中输入的变量：gender.

表 9-4(d)　案例分析(Forward: LR 策略)结果(四)

不在方程中的变量

			得分	df	Sig.
步骤 1	变量	age	1.848	1	.174
.015		gender(1)		5.865	1
.020		总统计量		7.824	2
步骤 2	变量	age	1.984	1	.159
		总统计量	1.984	1	.159

表 9-4(c)显示了解释变量筛选的过程和各解释变量的回归系数检验结果。可以看到：最终的模型(步骤 2)中包含了性别和收入变量，各自回归系数显著性检验的 Wald 观测值的概率 p 值都小于显著性水平 α，均拒绝原假设，意味着它们与 Logit P 的线性关系显著，应保留在方程中。表 9-4(c)中，Exp(B)是相应解释变量变化一个单位导致的优势比，第 7 列和第 8 列是优势比的 95%的置信区间。

最终，年龄变量没有引入方程，因为如果引入，则相应的比分检验的概率 p 值大于显著性水平 α(见表 9-4(d))，无法拒绝原假设，它与 Logit P 的线性关系不显著，不应进入方程。

表 9-4(e)显示了模型拟合优度方面的测度指标。最终模型的－2 倍的对数似然函数值为 554.190，Nagelkerke R^2 较小，说明模型的拟合优度不高。

表 9-4(e)　案例分析(Forward: LR 策略)结果(五)

模型汇总

步骤	－2 对数似然值	Cox & Snell R^2	Nagelkerke R^2
1	560.107[a]	.024	.033
2	554.190[b]	.037	.051

a. 因为参数估计的更改范围小于 .001，所以估计在迭代次数 3 处终止。

b. 因为参数估计的更改范围小于 .001，所以估计在迭代次数 4 处终止。

表 9-4(f)和表 9-14(g)是 Hosmer-Lemeshow 检验的结果。在最终模型中，Hosmer-Lemeshow 统计量的观测值为 8.943，概率 p 值为 0.063，大于显著性水平 α(0.05)，因此不应拒绝原假设，认为被解释变量实际类别值的分布与预测类别值的分布无显著差异，模型拟和优度较好。虽然与 Nagelkerke R^2 的结果看似不一致，但该结果是从统计检验的角度得到的，而 Nagelkerke R^2 仅是一般的描述性指标。

表 9-4(f)　案例分析(Forward: LR 策略)结果(六)

Hosmer 和 Lemeshow 检验

步骤	卡方	df	Sig.
1	.000	1	1.000
2	8.943	4	.063

表 9-4(g)　案例分析(Forward: LR 策略)结果(七)

Hosmer 和 Lemeshow 检验的随机性表

		是否购买 = 不购买		是否购买 = 购买		总计
		已观测	期望值	已观测	期望值	
步骤 1	1	90	90.000	42	42.000	132
	2	98	98.000	46	46.000	144
	3	81	81.000	74	74.000	155
步骤 2	1	35	32.363	8	10.637	43
	2	58	53.602	15	19.398	73
	3	55	57.637	34	31.363	89
	4	40	44.398	31	26.602	71
	5	37	44.035	38	30.965	75
	6	44	36.965	36	43.035	80

表 9-4(h)显示了各模型的混淆矩阵。第一个模型的总体正确率为 62.4%，对不购买人群预测的准确率极高，但对购买人群预测的准确率极低；第二个模型的总体正确率为 60.6%，对不购买人群预测的准确率下降了，但对购买人群预测的准确率提高了。从应用角度看第二个模型较第一个模型的应用性略强些。因为尽管总的预测正确率下降了一些，但却大大提高了对购买人群预测的正确率。

表 9-4(h)　案例分析(Forward: LR 策略)结果(八)

分类表[a]

已观测			已预测		
			是否购买		百分比校正
			不购买	购买	
步骤 1	是否购买	不购买	269	0	100.0
		购买	162	0	.0
	总计百分比				62.4
步骤 2	是否购买	不购买	225	44	83.6
		购买	126	36	22.2
	总计百分比				60.6

a. 切割值为 .500

图 9-7 中，符号 0 表示实际未购买，1 表示实际购买，每个符号代表 10 个观测。概率预测值大于 0.5 的样本属于购买类，小于 0.5 的属于未购买类。可以看出，在模型预测出的购买样本中，仍有部分样本的实际值是未购买；同样，在模型预测出的未购买样本中，仍有实际购买的。模型的预测效果并不理想。

总之，该模型的预测效果没有令人十分满意，究其原因，可能是仅通过性别和收入预测是否购买该商品是不全面的，除此之外还应考虑其他因素。尽管如此，该模型仍可以用于分析是否购买与性别和收入之间的关系。依据表 9-4(c)可写出以下 Logistic 回归方程。

$$\text{Logit } P = -1.11 + 0.504 \text{ gender}(1) \tag{9.17}$$

式(9.17)是低收入顾客群的回归方程。0.504 反映了相同收入群体的不同性别在购买上的差异。这里，由于参照水平为 1(男)，因此表示女性较男性使 Logit P 平均增长 0.504 个单位。结合优势可知，女性的优势是男性的 1.656 倍，女性更倾向于购买该商品。

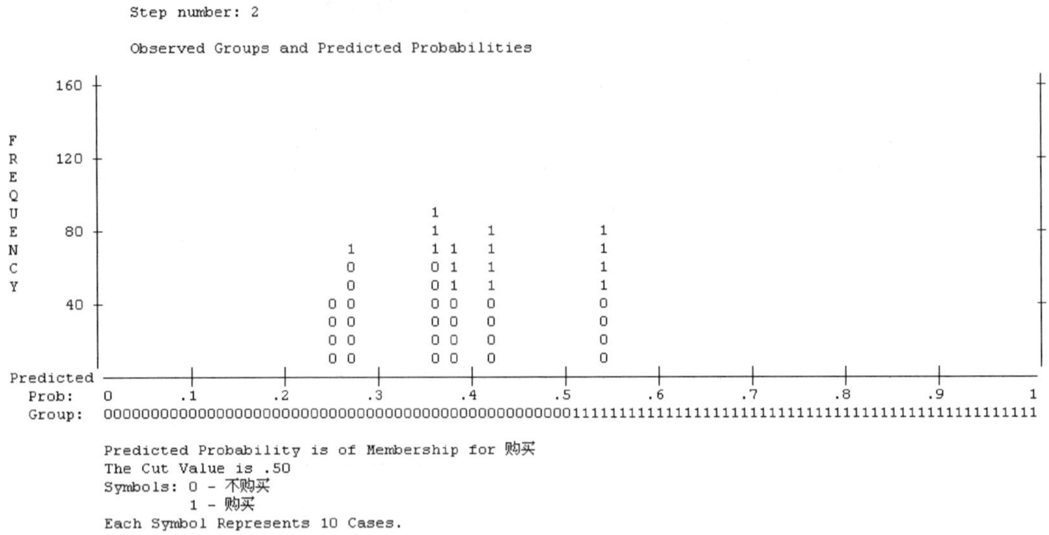

图 9-7 Logistic 回归分析的预测类别图

$$\text{Logit } P = -1.11 + 0.504 \text{ gender}(1) + 0.096\text{income}(1) \tag{9.18}$$

式(9.18)是中收入顾客群的回归方程。0.096 反映了相同性别的顾客群中，中收入较低收入在购买上的差异。相同性别的顾客，中收入较低收入使 Logit P 平均增长 0.096 个单位。结合优势可知，中收入的优势是低收入的 1.101 倍，且有 95%的把握总体优势比在 0.658 至 1.843 之间，但统计上并不显著。

$$\text{Logit } P = -1.11 + 0.504 \text{ gender}(1) + 0.761 \text{ income}(2) \tag{9.19}$$

由式(9.19)可知，相同性别的顾客，高收入较低收入使 Logit P 平均增长 0.761 个单位。结合优势可知，高收入的优势是低收入的 2.139 倍，显然高出较多，且有 95%的把握在 1.307 至 3.502 之间，具有统计显著性。

总之，年龄对是否购买该商品并无显著影响，相对男性来说，女性成为现实客户的可能性大，且高收入阶层较其他收入阶层有更高的购买可能。

9.4 多项 Logistic 回归分析

9.4.1 多项 Logistic 回归分析概述

当被解释变量为多分类变量时，应采用多项 Logistic 回归分析方法。多项 Logistic 回归模型的基本思路类似于二项 Logistic 回归模型，其研究目的是分析被解释变量各类别与参照类别的对比情况，即

$$\ln\left(\frac{P_j}{P_J}\right) = \beta_0 + \sum_{i=1}^{p} \beta_i x_i \tag{9.20}$$

其中，P_j 为被解释变量为第 j 类的概率，P_J 为被解释变量为第 $J(j \neq J)$类的概率，且第 J 类为参照类。$\ln\left(\frac{P_j}{P_J}\right)$称为广义 Logit P，是两概率比的自然对数。该模型称为广义 Logit 模型。如果被解释变量有 k 个类别，则需建立 $k-1$ 个模型。

例如，如果被解释变量有 A、B、C 三个类别，且以 C 类别作为参照类别，则应建立以下

两个广义 Logit 模型：

$$\text{Logit } P_A = \ln\left(\frac{P(y=A \mid X)}{P(y=C \mid X)}\right) = \beta_0^A + \sum_{i=1}^{p} \beta_i^A x_i \tag{9.21}$$

$$\text{Logit } P_B = \ln\left(\frac{P(y=B \mid X)}{P(y=C \mid X)}\right) = \beta_0^B + \sum_{i=1}^{p} \beta_i^B x_i \tag{9.22}$$

广义 Logit 模型的参数和检验与 Logit 模型有很多类似之处，以下仅以一个简单示例说明 SPSS 的多项 Logistic 回归的操作和结果含义。

9.4.2　多项 Logistic 回归分析的基本操作和应用

为研究和预测顾客的品牌选择取向，收集到以往的消费数据(SPSS 数据文件名：品牌选择.sav)。其中的变量包括职业(Profession，有三种职业)，性别(Gender，1 为男，0 为女)、顾客选购的品牌(Brand，有 A、B、C 三种)。分析目标是：建立客户品牌选择取向的预测模型，分析影响因素。其中，品牌为被解释变量，其余变量为解释变量。

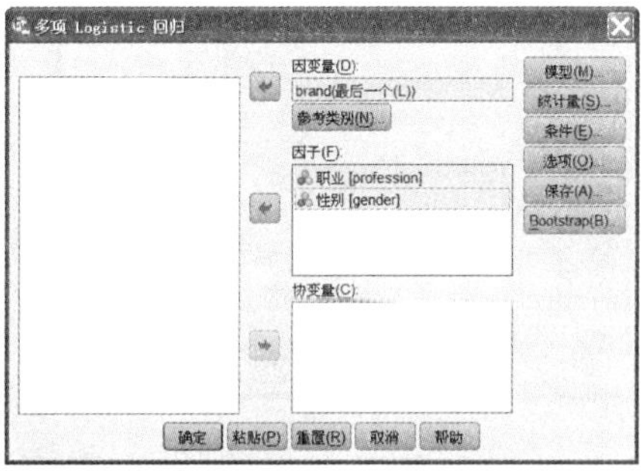

图 9-8　多项 Logistic 回归分析窗口

多项 Logistic 回归分析的基本操作步骤如下。

(1)选择菜单【分析→回归→多项 Logistic】，出现如图 9-8 所示的窗口。

(2)选择被解释变量到【因变量(D)】框中，这里选择品牌。单击 参考类别(N) 按钮指定被解释变量的参照类别，这里选择默认的最后一个类别(C 品牌)为参照类别。

(3)选择分类型解释变量到【因子(F)】框中，选择数值型解释变量到【协变量(C)】框中。本例的解释变量“职业”和“性别”均为分类型变量，全部选择到【因子】框中。

9.4.3　多项 Logistic 回归分析的其他操作和应用

1. 模型按钮

在图 9-8 中单击 模型(M) 按钮指定模型类型，窗口如图 9-9 所示。

默认建立的模型为主效应模型，【主效应】选项，表示模型中只包含解释变量自身，即只分析解释变量对被解释变量的独立效应；【全因子(A)】选项，表示建立饱和模型，即对解释变量对被解释变量的独立效应以及交互效应进行分析。例如，如果希望分析顾客性别和职业的交互作用对品牌选择的影响，则模型除包括由性别和职业派生的虚拟解释变量外，还将自动引入虚拟解释变量的交互项。如果有 A、B、C 三个解释变量，则饱和模型将包含二阶交互项A * B、A * C、B * C，三阶交互项 A * B * C；【设定/步进式(C)】选项，表示用户需自行指定参与建立模型的解释变量和它们的交互效应以及解释变量的筛选策略。强行进入模型的解释变量应指定到【强制输入项(O)】框中，对非强行进入模型的解释变量，应指定到【步进项(S)】框中，并说明模型的解释变量筛选策略。

2.统计量(S)按钮

在图9-8中单击统计量(S)按钮指定输出哪些统计量，窗口如图9-10所示。

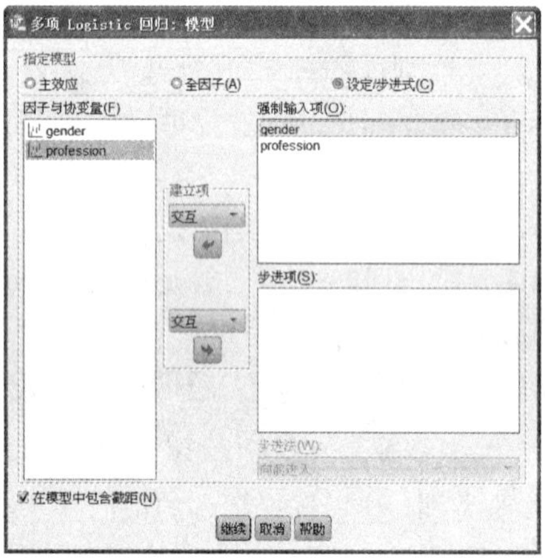

图9-9　多项Logistic回归分析的模型窗口

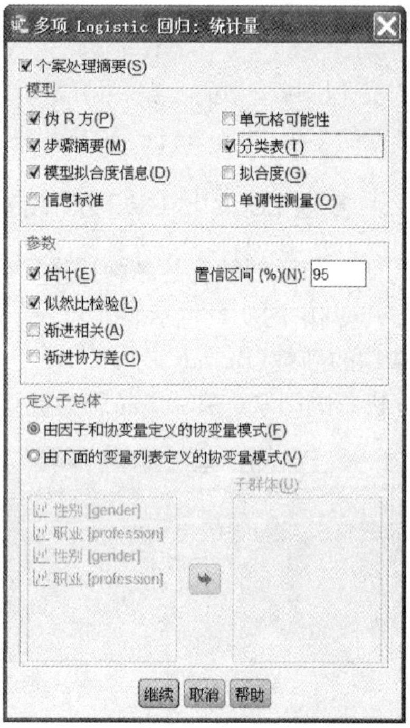

图9-10　多项Logistic回归分析的统计量窗口

其中，

●【个案处理摘要(S)】: 表示输出各分类型变量的边缘分布表，如表9-5(a)所示。

表9-5(a)　多项Logistic回归分析案例分析结果(一)

案例处理摘要

		N	边际百分比
购买品牌	A	79	23.4%
	B	85	25.1%
	C	174	51.5%
职业	职业一	120	35.5%
	职业二	128	37.9%
	职业三	90	26.6%
性别	男	163	48.2%
	女	175	51.8%
有效		338	100.0%
缺失		0	
总计		338	
子总体		6	

表9-5(a)给出了样本在品牌、职业、性别上的分布情况。其中，选择C品牌的观测较多，职业和性别分布大致均匀。

●【伪R方(P)】: 表示输出模型拟合优度指标，如表9-5(b)所示。

表 9-5(b)给出了当前模型的拟合优度指标，前两个统计量的含义同二项 Logistic 回归分析。可见，模型的拟合优度是比较低的。第三个统计量 McFadden 是 McFadden 于 1974 年提出的拟合优度测度指标，称为伪 R 方，其数学定义为

表 9-5(b)　多项 Logistic 回归分析案例分析结果(二)

伪 R 方

Cox and Snell	.081
Nagelkerke	.093
McFadden	.041

$$\rho^2 = 1 - \frac{LL_p}{LL_0} \tag{9.23}$$

其中，LL_0 为零模型(模型只包含常数项，其他项的系数均约束为 0)的对数似然值，LL_p 为当前模型的对数似然值。ρ^2 可直观解释为相对零模型而言，当前模型解释信息的比率。理论上，如果当前模型没有提供任何有价值的信息，则 $\frac{LL_p}{LL_0} \approx 1$，$\rho^2 \approx 0$。实际中，通常 ρ^2 在 0.3 至 0.5 之间就比较理想。本例的拟合效果不佳。

- 【模型拟合度信息(D)】和【似然比检验(L)】：表示输出回归方程显著性检验结果，如表 9-5(c)和表 9-5(d)所示。

表 9-5(c)　多项 Logistic 回归分析案例分析结果(三)

模型拟合信息

模型	模型拟合标准	似然比检验		
	−2 倍对数似然值	卡方	df	显著水平
仅截距	78.915			
最终	50.445	28.470	6	.000

表 9-5(c)给出了零模型和当前模型的回归方程显著性检验结果。可以看到，零模型的 −2 倍的对数似然为 78.915，当前模型为 50.445，似然比卡方值为 28.470(78.915−50.445)，概率 p 值为 0.00。如果显著性水平 α 为 0.05，则应拒绝回归方程显著性检验的原假设，说明解释变量全体与广义 Logit P 之间的线性关系显著，模型选择正确。

表 9-5(d)　多项 Logistic 回归分析案例分析结果(四)

似然比检验

效应	模型拟合标准	似然比检验		
	简化后的模型的 −2 倍对数似然值	卡方	df	显著水平
截距	50.445[a]	.000	0	.
profession	66.830	16.385	4	.003
gender	61.539	11.094	2	.004

卡方统计量是最终模型与简化后模型之间在 −2 倍对数似然值中的差值。通过从最终模型中省略效应而形成简化后的模型。原假设就是该效应的所有参数均为 0。

a. 因为省略效应不会增加自由度，所以此简化后的模型等同于最终模型。

表 9-5(d)给出了模型引入(或剔除)各解释变量后似然比卡方值。表中"简化后的模型"是指将当前模型中的某个解释变量剔除后的模型。可以看到，当前模型的 −2 倍的对数似然值为 50.445。剔除职业后的模型的 −2 倍的对数似然值为 66.83，与当前模型(最终模型)相比，似然比卡方值为 16.385(66.83−50.445)，所以 16.385 是职业进入模型带来的；同理，

剔除性别后的模型的－2 倍的对数似然值为 61.539，与当前模型(最终模型)相比，似然比卡方值为 11.094(61.539－50.445)，所以 11.094 是性别进入模型带来的。职业和性别的卡方检验的概率 p 值分别为 0.003 和 0.004，如果显著性水平 α 为 0.05，则应拒绝回归系数为 0 的假设，即它们对广义 Logit P 的线性贡献均是显著的。

● 【估计(E)】选项：表示输出回归系数的估计值和默认 95%的置信区间，如表 9-5(e)所示。

表 9-5(e)　多项 Logistic 回归分析案例分析结果(五)

参数估计

购买品牌[a]		B	标准误	Wald	df	显著水平	Exp(B)	Exp(B)的置信区间 95%	
								下限	上限
A	截距	−.656	.296	4.924	1	.026			
	[profession=1.00]	−1.315	.384	11.727	1	.001	.269	.127	.570
	[profession=2.00]	−.232	.333	.486	1	.486	.793	.413	1.522
	[profession=3.00]	0[b]	.	.	0	.	.	.	.
	[gender=1.00]	.747	.282	7.027	1	.008	2.112	1.215	3.670
	[gender=2.00]	0[b]	.	.	0	.	.	.	.
B	截距	−.653	.293	4.986	1	.026			
	[profession=1.00]	−.656	.339	3.730	1	.053	.519	.267	1.010
	[profession=2.00]	−.475	.344	1.915	1	.166	.622	.317	1.219
	[profession=3.00]	0[b]	.	.	0	.	.	.	.
	[gender=1.00]	.743	.271	7.533	1	.006	2.101	1.237	3.571
	[gender=2.00]	0[b]	.	.	0	.	.	.	.

a. 参考类别是：C。

b. 因为此参数冗余，所以将其设为零。

表 9-5(e)给出了模型参数估计的结果，依次为各回归系数估计值、标准误、Wald 统计量的观测值、自由度、Wald 统计量观测值的概率 p 值、$\dfrac{P(y=i \mid X)}{P(y=C \mid X)}(i=A, B)$ 值，以及两类别(分母为参照类)概率比 95%置信区间的下上限。其中，第三个品牌(C)、第三个职业(职业 3)和第二个性别(女)为参照类。

于是，可以得到以下两个广义 Logit 方程：

$$\text{Logit } P_A = \ln\left(\frac{P(y=A \mid X)}{P(y=C \mid X)}\right) = -0.656 - 1.315X_1(1) - 0.231X_1(2) + 0.747X_2(1) \tag{9.24}$$

式(9.24)是选择 A 品牌与选择 C 品牌的概率比的自然对数模型。可见：

性别相同时，职业 1 的比自然对数较职业 3(参照类)平均减少 1.315 个单位，职业 1 的概率比是职业 3 的 0.269 倍。职业 1 的 A 品牌取向低于职业 3，且统计上显著，即职业 1 选择 A 品牌的倾向与职业 3 有显著差异。

职业相同时，男性的比自然对数较女性(参照类)平均多 0.747 个单位，男性的概率比是女性的 2.112 倍。男性较女性更倾向于选择 A 品牌，且统计上显著，即男性选择 A 品牌的倾向与女性有显著差异。

$$\text{Logit } P_B = \ln\left(\frac{P(y=B \mid X)}{P(y=C \mid X)}\right) = -0.653 - 0.656X_1(1) - 0.476X_1(2) + 0.743X_2(1) \tag{9.25}$$

式(9.25)是选择 B 品牌与选择 C 品牌的概率比的自然对数模型。可见：

性别相同时，职业 1 的比自然对数较职业 3(参照类)平均减少 0.656 个单位，职业 1 的概率比是职业 3 的 0.519 倍。职业 1 的 B 品牌取向低于职业 3，但统计上不显著，即职业 1 选择 B 品牌的倾向与职业 3 并无显著差异。

职业相同时，男性的比自然对数较女性(参照类)平均多 0.743 个单位，男性的概率比是女性的 2.101 倍。男性较女性更倾向于选择 B 品牌，且统计上显著，即男性选择 B 品牌的倾向与女性有显著差异。

● 【分类表(T)】选项：表示输出广义 Logit 模型样本预测的混淆矩阵，如表 9-5(f)所示。

表 9-5(f)　多项 Logistic 回归分析案例分析结果(六)

分类

观察值	预测值			
	A	B	C	百分比校正
A	15	0	64	19.0%
B	15	0	70	.0%
C	16	0	158	90.8%
总百分比	13.6%	.0%	86.4%	51.2%

在表 9-5(f)中，实际选择 A 品牌且正确预测的样本量为 15，正确率为 19.0%。实际选择 B 品牌且正确预测的样本量为 0，正确率为 0%。实际选择 C 品牌且正确预测的样本量为 158，正确率为 90.8%。模型的总体预测正确率为 51.2%。可见，模型对 C 品牌的预测准确率较高，这与样本在品牌上的分布有一定关系，样本中 C 品牌的占比远高于其他两个品牌。

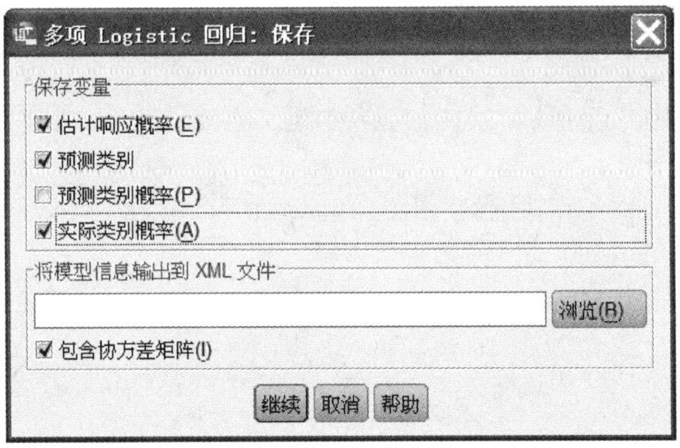

图 9-11　多项 Logistic 回归分析的保存窗口

3. 保存(A)按钮

在图 9-8 中单击 保存(A) 按钮指定将预测结果以变量的形式存储到数据编辑器窗口中，窗口如图 9-11 所示。

■【估计响应概率(E)】选项：表示保存取各个类别的概率预测值，变量名为 ESTm_n，其中，n 表示操作分析执行的次数，m 表示被解释变量的类别编号。各个概率之和等于 1。

■【预测类别】选项：表示保存预测类别，变量名以 PRE 开头。

■【预测类别概率(P)】选项：表示保存预测类别的概率值，变量名以 PCP 开头。

■【实际类别概率(A)】选项：表示保存样本实际类别的概率值，变量名以 ACP 开头。本例中，将给出各职业、性别交叉分组下，各品牌的实际占比。

总之，多项 Logistic 回归分析能够对多分类的被解释变量建立线性概率模型。模型不仅可用于预测，更可有效揭示解释变量与被解释变量的内在联系。

9.5　多项有序回归分析

9.5.1　多项有序回归分析概述

9.4 的案例中的被解释变量品牌，其 A、B、C 三个品牌之间并没有内在顺序，仅是名义水准的分类型变量，也就是说，三个品牌不存在哪个品牌好于(或次于)哪个品牌的关系。但在医学和众多商业应用问题中，多分类型变量的不同类别间往往存在高低、大小、轻重等内在联系。

例如，在流行病学的调查中，病情可分为一级、二级、三级、四级等；症状感觉可包括不痛、微痛、较痛和剧痛等；对药物剂量反应可有无效、微效、中效和高效等。例如，在社会学研究中，人的幸福感可分为很不幸福、不幸福、一般、幸福、很幸福等；对某种商品感觉很不满意、不满意、一般、满意、很满意等。同时，不同类别之间的差异通常是不等距的。例如，不痛与微痛的差值不一定等于较痛与剧痛的差值。这种分类型变量称为有序的多分类型变量。

若研究不同影响因素(解释变量)对有序多分类型变量(被解释变量)的影响效应，可采用多项有序回归分析方法。

设被解释变量有 k 个分类，如果各分类的概率表示为 π_1，π_2，…，π_k，则可从以下角度分析 p 个解释变量(记作 x)对被解释变量各类别概率的影响。

第一种角度，与多项 Logistic 回归有较为类似的解决思路，建立 $k-1$ 个广义优势模型：

$$\text{Logit}_1 P = \ln\left(\frac{\pi_1}{1-\pi_1}\right) = \beta_0^1 + \sum_{i=1}^{p} \beta_i x_i \tag{9.26}$$

$$\text{Logit}_2 P = \ln\left(\frac{\pi_1+\pi_2}{1-\pi_1-\pi_2}\right) = \beta_0^2 + \sum_{i=1}^{p} \beta_i x_i \tag{9.27}$$

…

$$\text{Logit}_{k-1} P = \ln\left(\frac{\pi_1+\pi_2+\ldots+\pi_{k-1}}{1-\pi_1-\pi_2-\ldots-\pi_{k-1}}\right) = \beta_0^{k-1} + \sum_{i=1}^{p} \beta_i x_i \tag{9.28}$$

正是由于被解释变量的 k 个类别是有序的，所以分子分母中的累计概率才有意义。

与前文讨论的二项 Logistic 回归模型相比，此模型的特点是将被解释变量的不同类别依次分成两个等级，一旦确定，该模型即为二项 Logistic 回归模型。此外，所估计的 $k-1$ 个模型，解释变量的回归系数默认相同。$k-1$ 个模型对应的回归线(或面)平行，只是截距不同，体现在 β_0 上。

第二种角度，建立 $k-1$ 个补充对数-对数模型(Complementary log-log model)：

$$\ln(-\ln(1-\pi_1)) = \beta_0^1 + \sum_{i=1}^{p} \beta_i x_i \tag{9.29}$$

$$\ln(-\ln(1-\pi_1-\pi_2)) = \beta_0^2 + \sum_{i=1}^{p} \beta_i x_i \tag{9.30}$$

…

$$\ln(-\ln(1-\pi_1-\pi_2-\cdots-\pi_{k-1}))=\beta_0^{k-1}+\sum_{i=1}^{p}\beta_i x_i \tag{9.31}$$

对上述两种模型，可以给出一个更一般的写法。设 γ_j 为被解释变量前 j 个类别的累计概率，有：

$$\text{link}(\gamma_j)=\beta_0^j+\sum_{i=1}^{p}\beta_i x_i \tag{9.32}$$

其中，link 称为连接函数，可以是式(9.28)的 Logit 形式，也可以是式(9.32)的补充对数-对数形式，还可以是其他形式。常用的连接函数和应用如表 9-6 所示。

表 9-6　常用的连接函数

连接函数	函数形式	一般应用场合
Logit	$\ln\frac{\gamma_j}{1-\gamma_j}$	各类别的概率分布大致均匀
补充 Log-Log	$\ln(-\ln(1-\gamma_j))$	高类别的概率较高
负 Log-Log	$-\ln(-\ln(\gamma_j))$	低类别的概率较高
Probit	$\Phi^{-1}\gamma_j$(Φ 为标准正态分布的累计分布函数)	潜变量服从正态分布

式(9.32)也称为位置(Location)模型。其中，β_i 称为位置参数，β_0^j 称为阈值，γ_j 为前 j 类的累计概率。

通常，当解释变量的取值变化比较大时，可采用尺度(Scale)模型进行校正，即

$$\text{link}(\gamma_j)=(\beta_0^j+\sum_{i=1}^{p}\beta_i x_i)/\exp(\sum_{i=1}^{m}\tau_i z_i) \tag{9.33}$$

式中，z_i 为尺度模型所包含的解释变量，有 m 个，τ_i 为分权。尺度模型是广义线性模型的典型形式。

9.5.2　多项有序回归分析的基本操作和应用

根据对某地区住户住房状况的调查数据(SPSS 数据文件名：住房状况调查.sav)，分析住户特征是如何影响其打算购买的房屋类型的。为简化分析，选择参与建立模型的解释变量，包括从业状况、户口状况、年龄、家庭收入，被解释变量为购买类型(1 为二手房，2 为多层商品房，3 为高层商品房，4 为别墅)。

本例中，首先筛选出“未来三年”为“购买(编码为 2)”的样本，然后针对所筛选的样本进行如下分析。

多项有序回归分析的基本操作步骤如下。

(1)选择菜单【分析→回归→有序】，出现如图 9-12 所示的窗口。

(2)选择被解释变量到【因变量(D)】框中，这里选择“购买类型”。

(3)选择分类型解释变量到【因子(F)】框中，这里为“户口状况”和“文化程度”；选择数值型解释变量到【协变量(C)】框中，这里为“年龄”和“家庭收入”。

1. 选项按钮

在图 9-12 中，单击 选项(O) 按钮指定参数估计的迭代收敛标准、置信度、连接函数等，窗口如图 9-13所示。

其中,

- 【置信区间(C)】:指定回归系数的置信区间的置信度,默认为 95%。
- 【Delta(D)】:为使分析结果更加稳健,当被解释变量和解释变量交叉列联表中的观测频数为 0 时,为避免对 0 取对数,可用 Delta 值修正,该值在 0 至 1 之间。
- 【链接(K)】:选择连接函数,默认为 Logit 函数。具体含义见表 9-6。

其余选项是关于参数估计过程中的收敛标准等问题的,通常不需要修改。

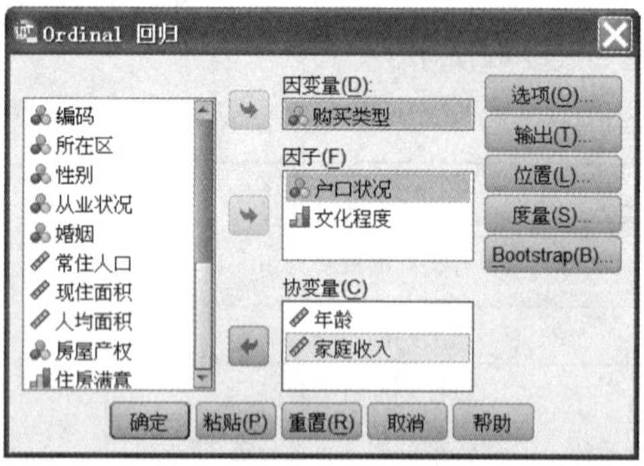

图 9-12 多项有序回归分析窗口

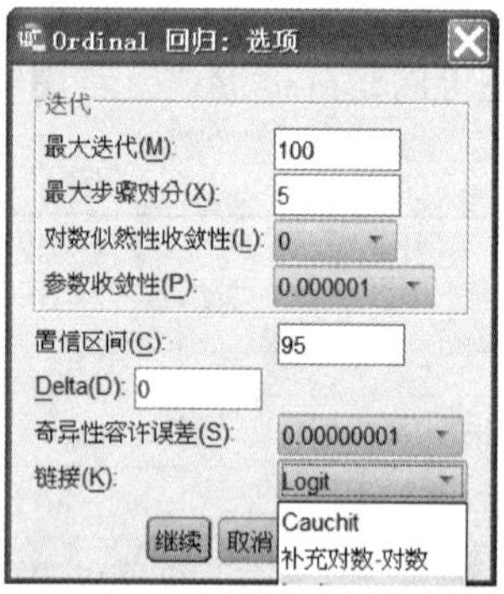

图 9-13 多项有序回归分析的选项窗口

2. 位置(L)按钮

在图 9-12 中,单击位置(L)按钮指定位置模型的类型,窗口如图 9-14 所示。

默认建立的模型为主效应模型,【主效应】选项,表示位置模型中只包含解释变量自身,即只对解释变量对被解释变量的独立效应进行分析;【设定(C)】选项,表示用户需自行指定参与建模型的解释变量和它们的交互项到【位置模型(L)】框中。交互项视具体情况可以选二阶、三阶或更高,含义同图 9-9 所示的多项 Logistic 回归。这里只建立主效应模型。

3. 度量(S)按钮

如果要建立尺度模型,则在图 9-12 中,单击度量(S)按钮指定尺度模型中包含的解释变量和它们的交互项,窗口如图 9-15 所示。

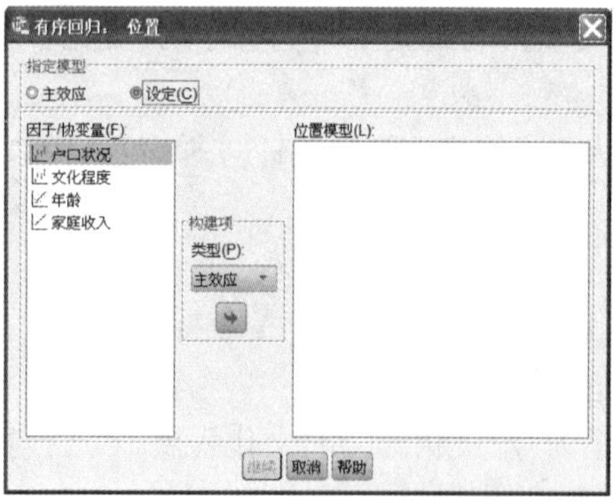

图 9-14 多项有序回归分析的位置窗口

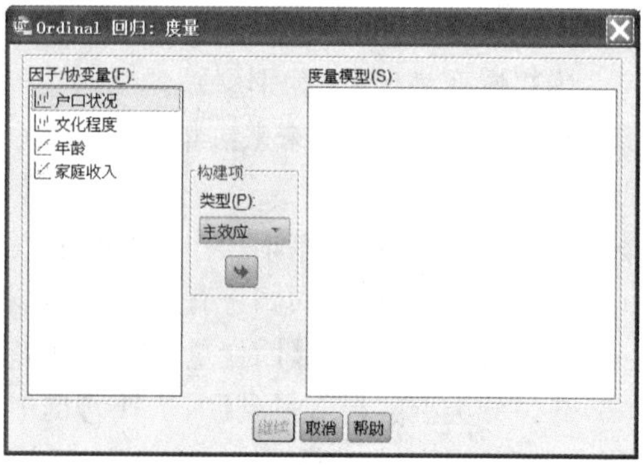

图 9-15 多项有序回归分析的度量窗口

选择尺度模型中的解释变量到【度量模型(S)】框中。其中可以包括解释变量自身,也可以包括解释变量的各阶交互项。通常,尺度模型中的解释变量应是位置模型中解释变量的子集。这里,不建立尺度模型。

4. 输出(T)按钮

在图 9-12 中，单击 输出(T) 按钮指定输出哪些分析结果，以及将哪些结果以变量的形式保存到数据编辑器窗口中，窗口如图 9-16 所示。

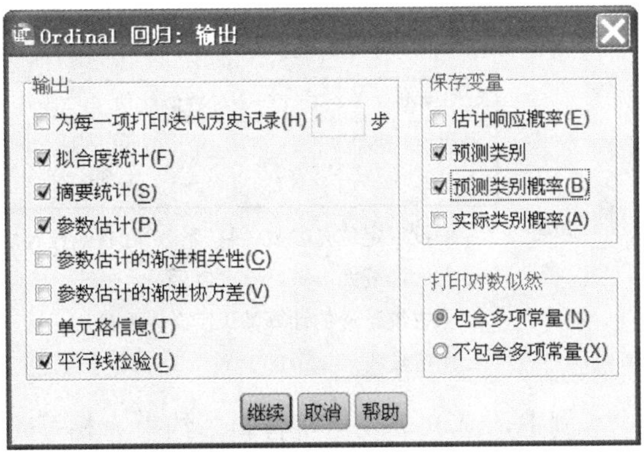

图 9-16 多项有序回归分析的查看器窗口

其中，

- 【摘要统计(S)】选项：表示输出各分类变量的边缘分布表、模型拟合优度的描述统计量、模型检验等信息，如表 9-7(a)、表 9-7(b) 和表 9-7(c)所示。

表 9-7(a) 多项有序回归分析案例分析结果(一)

案例处理摘要

		N	边际百分比
购买类型	二手房	100	13.9%
	多层商品房	497	69.1%
	高层商品房	113	15.7%
	别墅	9	1.3%
户口状况	本市户口	660	91.8%
	外地户口	59	8.2%
文化程度	初中及以下	141	19.6%
	高中(中专)	309	43.0%
	大学(专、本科)	255	35.5%
	研究生及以上	14	1.9%
有效		719	100.0%
缺失		0	
合计		719	

表 9-7(b) 多项有序回归分析案例分析结果(二)

伪 R 方

Cox and Snell	.095
Nagelkerke	.115
McFadden	.057

连接函数：Logit。

表 9-7(c) 多项有序回归分析案例分析结果(三)

模型拟合信息

模型	−2 对数似然值	卡方	df	显著性
仅截距	1131.732			
最终	1059.715	72.017	6	.000

连接函数：Logit。

由表 9-7(a)可知，被调查者打算购买的房屋类型三分之二以上为多层商品房，打算购买别墅的人很少，只占了 1.3%；被调查者中 91.8%拥有本市户口(编码为 1)，外地户口(编码为 2)的比例较低；文化程度上，高中(编码为 2)和大学(编码为 3)的比例较高，研究生以上(编码为 4)的比例很低，只有 1.9%。

表 9-7(b)给出了模型描述拟合优度的统计量，其他具体含义同多项 Logistic 回归。该模型的整体拟合精度不理想。

表 9-7 给出了零模型和当前模型的回归方程显著性检验结果。可以看到，零模型的−2 倍的对数似然为 1131.732，当前模型为 1059.715，似然比卡方值(−2 倍的对数似然值减少)为72.017，概率 p 值为 0.00。如果显著性水平 α 为 0.05，则应拒绝回归方程显著性检验的原假设，说明解释变量全体与连接函数(这里的连接函数为 Logit)之间的线性关系显著，模型选择正确。

【平行线检验】选项：表示输出回归线(面)平行线检验结果，如表 9-7(d)所示。

回归线(面)平行是位置模型的基本假设。如果违背该假设，则说明连接函数选择不恰当。平行线检验适用于位置模型，以及模型中包括数值型解释变量的情况。其原假设是：模型的位置参数即斜率，在被解释变量的不同类别上无显著差异。

表 9-7(d)　多项有序回归分析案例分析结果(五)

平行线检验[c]

模型	−2 对数似然值	卡方	df	显著性
原假设	1059.715			
广义	1038.215[a]	21.499[b]	12	.044

原假设规定位置参数(斜率系数)在各响应类别中都是相同的。

a. 在达到最大步骤对分次数后，无法进一步增加对数似然值。

b. 卡方统计量的计算基于广义模型最后一次迭代得到的对数似然值。检验的有效性是不确定的。

c. 连接函数：Logit。

本例中，1059.715 是将各斜率约束为相等时模型的−2 倍的对数似然函数值，1038.215 是当前模型的对数似然函数值，两者的差 21.499 为似然比卡方值，其对应的概率 p 值为 0.044。如果显著性水平 α 为 0.05，由于概率 p 值小于显著性水平 α，所以应拒绝原假设，表明各模型的斜率存在显著差异，意味着选择 Logit 连接函数是不恰当的。

因本例被解释变量低类别的概率较高，所以考虑选择负 Log-Log 模型，其平行线检验结果如表 9-7(e)所示。

表 9-7(e)　负 Log-Log 模型的平行检验结果

平行线检验[a]

模型	−2 对数似然值	卡方	df	显著性
原假设	1058.922			
广义	1040.424	18.498	12	.101

原假设规定位置参数(斜率系数)在各响应类别中都是相同的。

a. 连接函数：负对数-对数。

由表 9-7(e)可知，当连接函数为负 Log-Log 时，各回归线(面)平行，符合位置模型的要求，故采用负 Log-Log 函数作为连接函数。

●【参数估计(P)】选项：表示输出模型参数估计的结果，如表 9-7(f)所示。

表 9-7(f)　多项有序回归分析案例分析结果(六)

参数估计值

		估计	标准误	Wald	df	显著性	95%置信区间	
							下限	上限
阈值	[购买类型 ＝ 1.00]	−1.400	.438	10.206	1	.001	−2.258	−.541
	[购买类型 ＝ 2.00]	1.121	.437	6.573	1	.010	.264	1.978
	[购买类型 ＝ 3.00]	3.853	.543	50.290	1	.000	2.788	4.918
位置	年龄	−.012	.005	4.860	1	.027	−.022	−.001
	家庭收入	1.273E-5	2.603E-6	23.939	1	.000	7.634E-6	1.784E-5
	[户口状况＝1.00]	.244	.175	1.952	1	.162	−.098	.586
	[户口状况＝2.00]	0[a]	.	.	0	.	.	.
	[文化程度＝1.00]	−1.045	.398	6.885	1	.009	−1.825	−.264
	[文化程度＝2.00]	−.788	.390	4.091	1	.043	−1.552	−.024
	[文化程度＝3.00]	−.433	.390	1.234	1	.267	−1.197	.331
	[文化程度＝4.00]	0[a]	.	.	0	.	.	.

连接函数：负对数-对数。

a. 因为该参数为冗余的，所以将其置为零。

表 9-7(f)给出了采用负 Log-Log 连接函数的位置模型的参数估计结果。其中，户口状况 2(外地户口)，文化程度 4(研究生及以上)为参照类。各项依次为各回归系数估计值、标准

误、Wald 统计量的观测值、自由度、Wald 统计量观测值的概率 p 值、回归系数 95%置信区间的下上限。

于是，可以得到以下三个方程：

$$-\ln(-\ln(\gamma_1)) = -1.4 + 0.244\text{户口}(1) - 1.045\text{文化程度}(1) - 0.788\text{文化程度}(2) - 0.433\text{文化程度}(3) - 0.012\text{年龄} + 0.00001\text{家庭收入} \quad (9.35)$$

$$-\ln(-\ln(\gamma_2)) = 1.121 + 0.244\text{户口}(1) - 1.045\text{文化程度}(1) - 0.788\text{文化程度}(2) - 0.433\text{文化程度}(3) - 0.012\text{年龄} + 0.00001\text{家庭收入} \quad (9.36)$$

$$-\ln(-\ln(\gamma_3)) = 3.853 + 0.244\text{户口}(1) - 1.045\text{文化程度}(1) - 0.788\text{文化程度}(2) - 0.433\text{文化程度}(3) - 0.012\text{年龄} + 0.00001\text{家庭收入} \quad (9.37)$$

上述三个方程参数只在阈值上有差别。在控制了年龄和家庭收入的条件下外地户口硕士以上文化程度人群：

购买二手房可能性的负 Log-Log 值为−1.4，由 $-\ln(-\ln(\gamma_j))$ 计算出 $\pi_1=0.017$；

购买二手房可能性与购买多层商品房可能性之和的负 Log-Log 值为 1.121，同理计算出 $\pi_1+\pi_2=0.722$，$\pi_2=0.722-0.017=0.705$；

购买二手房可能性与购买多层商品房可能性及购买高层商品房可能性之和的负 Log-Log 值为 3.853，同理计算出 $\pi_1+\pi_2+\pi_3=0.979$，$\pi_3=0.979-0.722=0.257$；

购买别墅可能性 $\pi_4=1-(\pi_1+\pi_2+\pi_3)=1-0.979=0.021$；

可见，该人群选择购买多层商品房的可能性最高(70.5%)，其次是高层商品房(25.7%)，然后是别墅(2.1%)，最后是二手房(1.7%)。

负 Log-Log 值与年龄呈反比，与家庭收入呈正比。在文化程度、家庭年收入、年龄相同的条件下，本地户口的购房可能性的负 Log-Log 值比外地户口平均高出 0.244，即购房可能性平均高出 45.7%。其他分析同理。

第 10 章　SPSS 的聚类分析

10.1　聚类分析的一般问题

10.1.1　聚类分析的意义

聚类分析是统计学中研究"物以类聚"问题的多元统计分析方法。聚类分析在统计分析的应用领域已经得到了极为广泛的应用。

"物以类聚"问题在经济社会研究中十分常见。例如，市场营销中的市场细分和客户细分问题。大型商厦收集到客户人口特征、消费行为和喜好方面的数据，并希望对这些客户进行特征分析。可从客户分类入手，根据客户的年龄、职业、收入、消费金额、消费频率、喜好等方面进行单变量或多变量的客户分组。这种分组是极为常见的客户细分方式，但存在的不足是客户群划分带有明显的主观色彩，需要有丰富的行业经验才能得到比较合理和理想的客户细分，否则得到的分组可能无法充分反映和展现客户的特点，主要表现在，同一客户细分段中的客户在某些特征方面并不相似，而不同客户细分段中的客户在某些特征方面却又很相似。因此，这种客户细分并没有真正起到划分客户群的作用。为解决该问题，希望从数据自身出发，充分利用数据进行客户的客观分组，使诸多特征有相似性的客户被分在同一组，而不相似的客户被区分到另一些组中。这时便可采用聚类分析方法。

再如，学校里有些同学经常在一起，关系比较密切，而他们与另一些学生却很少来往，关系比较疏远。究其原因可能会发现，经常在一起的同学的家庭情况、性格、学习成绩、课余爱好等方面有许多共同之处，而关系较疏远的同学在这些方面有较大的差异性。为了研究家庭情况、性格、学习成绩、课余爱好等是否会成为划分学生小群体的主要决定因素，可以从有关方面的数据入手，对数据(同学)进行客观分组，然后比较所得的分组是否与实际分组吻合。对同学的客观分组可采用聚类分析方法。

聚类分析正是一种建立分类的多元统计分析方法，它能够将一批观测(或变量)数据根据其诸多特征，按照在性质上的亲疏程度在没有先验知识的情况下进行自动分类，产生多个分类结果。类内部的个体在特征上具有相似性，不同类间个体特征的差异性较大。

理解聚类分析的关键是理解何谓"没有先验知识"以及"亲疏程度"。为此，可以先看一个小例子。表 10-1 是同一批客户对经常光顾的五座商厦在购物环境和服务质量两方面的平均评分。现希望根据这批数据将五座商厦分类。

表 10-1　商厦的客户评分数据

编号	购物环境	服务质量
A 商厦	73	68
B 商厦	66	64
C 商厦	84	82
D 商厦	91	88
E 商厦	94	90

很明显，根据表 10-1 中的数据，若将它们分成两类，则 A 商厦和 B 商厦是一类，C 商厦、D 商厦、E 商厦是另一类；若将它们分成三类，则 A 商厦和 B 商厦是一类，D 商厦和 E 商厦为一类，C 商厦自成一类。得到如此分类结果的原因是：在两方面的评分中，A 商厦和 B 商厦分数较为接近，D 商厦和

E 商厦较为接近。A 商厦和 E 商厦之所以没被分在一起，是由于它们的分数相差较远。可见，这种分类结果是在没有指定任何分类标准下完全由样本数据出发而形成的分类。

聚类分析的分类思想与上述分类是一致的。所谓“没有先验知识”是指没有事先指定分类标准；所谓“亲疏程度”是指在各变量(特征)取值上的总体差异程度。聚类分析正是基于此实现数据的自动分类的。

10.1.2　聚类分析中“亲疏程度”的度量方法

在聚类分析中，个体之间的“亲疏程度”是极为重要的，它将直接影响最终的聚类结果。对“亲疏程度”的测度一般有两个角度：第一，个体间的相似程度；第二，个体间的差异程度。衡量个体间的相似程度通常可采用简单相关系数或等级相关系数等。个体间差异程度通常通过某种距离来测度，这里对此做重点讨论。

为定义个体间的距离，应先将每个观测数据看成 p 维(p 个聚类变量)空间上的一个点。例如，可将表 10-1中五个商厦样本看成 p 等于 2 的二维空间上的五个点，并以此定义某种距离，计算出五个点彼此间的“亲疏程度”。通常，点与点之间的距离越小，意味着它们越“亲密”，越有可能聚成一类。点与点之间的距离越大，意味着它们越“疏远”，越有可能分别属于不同的类。

个体间距离的定义会受 p 个变量类型的影响。由于变量类型一般有数值型和非数值型之分，使得个体间距离的定义也因此不同。

1. 数值型变量个体间距离的计算方式

如果所涉及的 p 个变量都是数值型变量，那么个体间距离的定义通常有以下几种方式：

- 欧氏(Euclidean)距离

两个体(x, y)间的欧氏距离是两个体 p 个变量值之差的平方和的平方根，数学定义为

$$\text{EUCLID}(x,y)=\sqrt{\sum_{i=1}^{p}(x_i-y_i)^2} \tag{10.1}$$

式中，x_i 是个体 x 的第 i 个变量的变量值，y_i 是个体 y 的第 i 个变量的变量值。例如，表 10-1 中，A 商厦和 B 商厦间的欧氏距离是 $\sqrt{(73-66)^2+(68-64)^2}$。

- 平方欧氏(Squared Euclidean)距离

两个体(x, y)间的平方欧氏距离是两个体 p 个变量值之差的平方和，数学定义为

$$\text{SEUCLID}(x,y)=\sum_{i=1}^{p}(x_i-y_i)^2 \tag{10.2}$$

式中，x_i 是个体 x 的第 i 个变量的变量值，y_i 是个体 y 的第 i 个变量的变量值。例如，表 10-1 中，A 商厦和 B 商厦间的平方欧氏距离是 $(73-66)^2+(68-64)^2$。

- 切比雪夫(Chebychev)距离

两个体(x, y)间的切比雪夫距离是两个体 p 个变量值绝对差的最大值，数学定义为

$$\text{CHEBYCHEV}(x,y)=\text{Max}\,|x_i-y_i| \tag{10.3}$$

式中，x_i 是个体 x 的第 i 个变量的变量值，y_i 是个体 y 的第 i 个变量的变量值。例如，表 10-1中，A 商厦和 B 商厦间的切比雪夫距离是 $\text{Max}(|73-66|,|68-64|)$。

- Block 距离

两个体(x, y)间的 Block 距离是两个体 p 个变量值绝对差的总和，数学定义为

$$\mathrm{BLOCK}(x,y)=\sum_{i=1}^{p}|x_i-y_i| \tag{10.4}$$

式中，x_i 是个体 x 的第 i 个变量的变量值，y_i 是个体 y 的第 i 个变量的变量值。例如，表 10-1中，A 商厦和 B 商厦间的 Block 距离是$|73-66|+|68-64|$。

● 明考斯基(Minkowski)距离

两个体(x, y)间的明考斯基距离是两个体 p 个变量值绝对差 q 次方总和的 q 次方根(q可以任意指定)，数学定义为

$$\mathrm{MINKOWSKI}(x,y)=\sqrt[q]{\sum_{i=1}^{p}|x_i-y_i|^q} \tag{10.5}$$

式中，x_i 是个体 x 的第 i 个变量的变量值，y_i 是个体 y 的第 i 个变量的变量值。例如，表 10-1中，A 商厦和 B 商厦间的明考斯基距离是$\sqrt[q]{|73-66|^q+|68-64|^q}$。

● 夹角余弦(Cosine)

两个体(x, y)间夹角余弦的数学定义为

$$\mathrm{COSINE}(x,y)\frac{\sum_{i=1}^{p}(x_iy_i)^2}{\sqrt{(\sum_{i=1}^{p}x_i^2)(\sum_{i=1}^{p}y_i^2)}} \tag{10.6}$$

式中，x_i 是个体 x 的第 i 个变量的变量值，y_i 是个体 y 的第 i 个变量的变量值。例如，表 10-1中，A 商厦和 B 商厦间的夹角余弦是$\frac{(73\times66)^2+(68\times64)^2}{\sqrt{(73^2+68^2)(66^2+64^2)}}$夹角余弦值越大，距离越近。

● 用户自定义(Customized)距离

两个体(x、y)间的用户自定义距离是两个体 p 个变量值绝对差 q 次方总和的 r 次方根(q、r 任意指定)，数学定义为

$$\mathrm{CUSTOMIZED}(x,y)=\sqrt[r]{\sum_{i=1}^{p}|x_i-y_i|^q} \tag{10.7}$$

式中，x_i 是个体 x 的第 i 个变量的变量值，y_i 是个体 y 的第 i 个变量的变量值。例如，表 10-1中，A 商厦和 B 商厦间的用户自定义距离是$\sqrt[r]{|73-66|^q+|68-64|^q}$。

2. 计数变量个体间距离的计算方式

如果所涉及的 p 个变量都是计数(Count)的非连续变量，那么个体间距离的定义通常有以下几种方式：

● 卡方(Chi-Square)距离

两个体(x, y)间的卡方距离是一种加权的欧氏距离，数学定义为：

$$\mathrm{CHISQ}(x,y)=\sqrt{\sum_{i=1}^{p}\frac{1}{c_i}(Px_i-Py_i)^2} \tag{10.8}$$

式中，Px_i 是个体 x 在第 i 个变量上的频数占所有变量频数之和的百分比。Py_i 是个体 y 在第 i 个变量上的频数占所有变量频数之和的百分比。c_i 为权重，定义为第 i 个变量频数百分比的平均值。

例如，表 10-2 是两名学生的课程学习基本情况和其他相关数据。

表 10-2 两名学生的课程学习情况数据

姓名	选修课门数 （期望频数） （行百分比）	专业课门数 （期望频数） （行百分比）	得优门数 （期望频数） （行百分比）	行合计
张三	9 (8.5) (9/19=0.47)	6 (6) (6/19=0.32)	4 (4.5) (4/19=0.21)	19
李四	8 (8.5) (8/19=0.42)	6 (6) (6/19=0.32)	5 (4.5) (5/19=0.26)	19
列合计	17	12	9	38
平均行百分比	0.445	0.32	0.235	1

根据表 10-2 中的数据，计算张三和李四的卡方距离：

$$\sqrt{\frac{(0.47-0.42)^2}{0.445}+\frac{(0.32-0.32)^2}{0.32}+\frac{(0.21-0.26)^2}{0.235}}$$

可见，卡方距离较大，说明个体间变量取值差异性较大。

● Phi 方(Phi-Square)距离

两个体(x、y)间 Phi 方距离的数学定义为

$$\text{PHISQ}(x, y)=\sqrt{\frac{\sum_{i=1}^{p}\frac{(x_i \quad E(x_i))^2}{E(x_i)}+\sum_{i=1}^{p}\frac{(y_i-E(y_i))^2}{E(y_i)}}{n}} \tag{10.9}$$

式中，x_i 是个体 x 的第 i 个变量的变量值(频数)，y_i 是个体 y 的第 i 个变量的变量值(频数)，$E(x_i)$和 $E(y_i)$分别为期望频数，n 为总频数。

例如，用表 10-2 的数据，计算张三和李四的 Phi 方距离：

$$\sqrt{\frac{\left(\frac{(9-8.5)^2}{8.5}+\frac{(6-6)^2}{6}+\frac{(4-4.5)^2}{4.5}\right)+\left(\frac{(8-8.5)^2}{8.5}+\frac{(6-6)^2}{6}+\frac{(5-4.5)^2}{4.5}\right)}{38}}=0.067$$

3. 二值变量个体间距离的计算方式

如果所涉及的 p 个变量都是二值(Binary)变量，那么个体间距离的定义通常有以下几种方式。

● 简单匹配(Simple Matching)系数

简单匹配系数是建立在两个体 p 个变量值同时为 0(或 1)和不同时为 0(或 1)的频数表基础之上的。该频数表如表 10-3 所示。

在表 10-3 中，a 为两个体同时为 1 的频数，d 为两个体同时为 0 的频数，$a+d$ 反映了两个体的相似程度；b 为个体 x 为 1 且个体 y 为 0 的频数，c 为个体 x 为 0 且个体 y 为 1 的频数，$c+b$ 反映了两个体的差异程度。在表 10-3 基础上，简单匹配系数重点考察两个体的差异性，其数学定义为

表 10-3 简单匹配系数的频数表

		个体 y	
		1	0
个体 x	1	a	b
	0	c	d

$$S(x,y)=\frac{b+c}{a+b+c+d} \tag{10.10}$$

由式(10.10)可知，简单匹配系数排除了同时拥有或同时不拥有某特征的频数，反映了两个体间的差异程度。

例如，表10-4是三名病人的临床表现数据，其中，1表示呈阳性，0表示呈阴性。

表10-4 三名病人的临床表现数据

姓名	发烧	咳嗽	检查1	检查2	检查3	检查4
张三	1	0	1	0	0	0
李四	1	0	1	0	1	0
王五	1	1	0	0	0	0

根据表10-4数据分析哪两位病人有可能得了相同的病。可以分别计算两位病人的简单匹配系数。张三和李四的简单匹配系数为$\frac{0+1}{2+0+1+3}=\frac{1}{6}$，张三和王五的简单匹配系数为$\frac{1+1}{1+1+1+3}=\frac{2}{6}$，李四和王五的简单匹配系数为$\frac{2+1}{1+2+1+2}=\frac{3}{6}$。可见，由于张三与李四的简单匹配系数最小，因此他们两者的差异性最小，有可能生的是同一种病。

另外，简单匹配系数不会因编码方案的变化而变化，也就是0和1的地位是对等的。SPSS中计算的是$1-S(x,y)$，即x和y的相似性。

● Jaccard系数

Jaccard系数与简单匹配系数有相似之处，也是在表10-3基础上定义的，其数学定义为

$$J(x,y)=\frac{b+c}{a+b+c} \tag{10.11}$$

由式(10.11)可知，Jaccard系数也排除了同时拥有或同时不拥有某特征的频数，反映了两个体间的差异程度，但它忽略了两个体同时为0的频数。这种处理在医学研究上较为常见，因为通常阴性对研究的意义不显著。

例如，用表10-4的数据，计算张三和李四的Jaccard系数：$\frac{0+1}{2+0+1}=\frac{1}{3}$，张三和王五的Jaccard系数：$\frac{1+1}{1+1+1}=\frac{2}{3}$，李四和王五的Jaccard系数：$\frac{2+1}{1+2+1}=\frac{3}{4}$。可见，由于张三与李四的Jaccard系数最小，有可能生的是同一种病。

另外，Jaccard系数会因编码方案的变化而变化，也就是0和1的地位是不对等的。SPSS中计算的是$1-J(x,y)$，即x和y的相似性。

10.1.3 聚类分析几点说明

应用聚类分析方法进行分析时应注意以下几点：

(1) 所选择的变量应迎合聚类的分析目标

聚类分析是在所选变量的基础上对样本数据进行分类，因此分类结果是各个变量综合计量的结果。在选择参与聚类分析的变量时，应注意所选变量是否迎合聚类的分析目标。

例如，如果希望依照学校的科研情况对高校进行分类，那么可以选择参加科研的人数、年投入经费、立项课题数、支出经费、科研成果数、获奖数等变量，而不应选择诸如在校学生人数、校园面积、年用水量等变量。因为它们不能迎合聚类的分析目标，分类的结果也就无法真实地反映科研分类的情况。

(2) 各变量的变量值不应有数量级上的差异

聚类分析是以各种距离来度量个体间"亲疏"程度的。从上述各种距离的定义来看，数量级将对距离产生较大的影响，并影响最终的聚类结果。

例如，表 10-5 是高校科研方面的三个观测数据。

表 10-5 高校科研的三样本数据

学校	参加科研人数(人)	投入经费(元)	立项课题数(项)
1	410	4380000	19
2	336	1730000	21
3	490	220000	8

如果投入经费分别以元和十万元为计量单位计算两两个体间的欧氏距离，结果如表 10-6 所示。

表 10-6 三所高校科研的两两距离矩阵

	样本的欧氏距离	
	元	十万元
(1，2)	265000	74.07
(1，3)	416000	80.86
(2，3)	151000	154.56

由表 10-6 可知，以元为计量单位时，学校 2 和 3 的距离最小，关系最"亲近"，其次是学校 1 和学校 2，学校 1 和学校 3 的距离最远，关系最"疏远"。这里，投入经费起了决定作用；当以十万元为计量单位时，学校 1 和 2 的距离最近，关系最"密切"，其次是学校 1 和学校 3，学校 2 和学校 3 的距离最远，关系最"疏远"。这里，参加科研人数起了决定作用。由此可见，变量的数量级对距离有较大影响，进而影响最终的聚类结果。为解决上述问题，聚类分析之前应首先消除数量级对聚类的影响。消除数量级方法较多，其中标准化处理是最常用的方法之一。

(3) 各变量间不应有较强的线性相关关系

聚类分析是以各种距离来度量个体间的"亲疏"程度的。从各种距离的定义来看，所选择的每个变量都会在距离中做出"贡献"。如果所选变量之间存在较高的线性关系，能够相互替代，那么计算距离时同类变量将重复"贡献"，将在距离中有较高的权重，因而使最终的聚类结果偏向该类变量。

常见的聚类分析方法有层次聚类和 K-Means 聚类。下面将分别讨论这两种方法。

10.2 层次聚类

10.2.1 层次聚类的两种类型和两种方式

层次聚类又称系统聚类，简单地讲是指聚类过程按照一定层次进行。层次聚类有两种类型，分别是 Q 型聚类和 R 型聚类；层次聚类的聚类方式又分两种，分别是凝聚方式聚类和分解方式聚类。

(1) Q 型聚类

Q 型聚类是对观测进行聚类，它使具有相似特征的观测聚集在一起，使差异性大的观测分离开来。

(2) R 型聚类

R 型聚类是对变量进行聚类，它使具有相似性的变量聚集在一起，差异性大的变量分离开来，可在相似变量中选择少数具有代表性的变量参与其他分析，以减少变量个数，达到变量降维的目的。

(3) 凝聚方式聚类

凝聚方式聚类的过程是，首先,每个观测个体自成一类；然后，按照某种方法度量所有个体间的亲疏程度，并将其中最“亲密”的个体聚成一小类，形成 $n-1$ 个类；接下来，再次度量剩余观测个体和小类间的亲疏程度，并将当前最亲密的个体或小类再聚成一类；重复上述过程，不断将所有个体和小类聚集成越来越大的类，直到所有个体聚到一起，形成一个大类为止。可见，在凝聚方式聚类过程中，随着聚类的进行，类内的“亲密”程度在逐渐降低。对 n 个观测个体通过 $n-1$ 步可凝聚成一大类。

(4) 分解方式聚类

分解方式聚类的过程是，首先，所有观测个体都属一大类；然后，按照某种方法度量所有个体间的亲疏程度，将大类中彼此间最“疏远”的个体分离出去，形成两类(其中一类只有一个个体)；接下来，再次度量类中剩余个体间的亲疏程度，并将类中最“疏远”的个体再次分离出去；重复上述过程，不断进行类分解，直到所有个体自成一类为止。可见，在分解方式聚类过程中，随着聚类的进行，类内的“亲密”程度在逐渐增强。对包含 n 个观测个体的大类通过 $n-1$ 步可分解成 n 个个体。

SPSS 中的层次聚类采用的是凝聚方式。

由此可见，层次聚类法中，度量数据之间的“亲疏程度”是极为关键的。那么，如何衡量数据间的“亲疏程度”呢？这涉及两个方面的问题，一是如何度量个体间的“亲疏程度”；二是如何度量个体与小类之间、小类与小类之间的“亲疏程度”。测度个体间“亲疏程度”的方法在前面已经讨论过，这里将重点讨论如何测度个体与小类、小类与小类间的“亲疏程度”。

10.2.2 个体与小类、小类与小类间“亲疏程度”的度量方法

SPSS 中提供了多种度量个体与小类、小类与小类间“亲疏程度”的方法。与个体间“亲疏程度”的测度方法类似，应首先定义个体与小类、小类与小类的距离。距离小的关系“亲密”，距离大的关系“疏远”。这里的距离是在个体间距离的基础上定义的，常见的距离有：

(1) 最近邻居(Nearest Neighbor)距离

个体与小类间的最近邻居距离是该个体与小类中每个观测个体距离的最小值。

例如，表 10-7 是五座商厦两两个体间欧氏距离的矩阵。

由表 10-7 可知，D 商厦和 E 商厦的距离最小(为 3.606)，在层次聚类中将首先聚到一起形成一个小类。于是，A、B、C 商厦与该小类(D，E)的最近邻居距离依次为26.907，34.655，9.22。

● 最远邻居(Furthest Neighbor)距离

个体与小类间的最远邻居距离是该个体与小类中每个观测个体距离的最大值。

例如，由表 10-7 可知，A、B、C 商厦分别与分别(D，E)小类的最远邻居距离依次为 30.414，38.210，12.806。

表 10-7　五座商厦两两个体间欧氏距离的矩阵

Proximity Matrix

Case	欧氏距离				
	1:A 商厦	2:B 商厦	3:C 商厦	4:D 商厦	5:E 商厦
1:A 商厦	.000	8.062	17.804	26.907	30.414
2:B 商厦	8.062	.000	25.456	34.655	38.210
3:C 商厦	17.804	25.456	.000	9.220	12.806
4:D 商厦	26.907	34.655	9.220	.000	3.606
5:E 商厦	30.414	38.210	12.806	3.606	.000

This is a dissimilarity matrix.

● 组间平均链锁(Between-groups Linkage)距离

个体与小类间的组间平均链锁距离是该个体与小类中每个观测个体距离的平均值。

例如，由表 10-7 可知，A、B、C 商厦分别与(D，E)小类的组间平均链锁距离依次为(26.907+30.414)÷2，(34.655+38.210)÷2，(9.22+12.806)÷2。

可见，组间平均链锁法利用了个体与小类的所有距离的信息，克服了最近邻居距离或最远邻居距离中距离易受极端值影响的弱点。

● 组内平均链锁(Within-groups Linkagc)距离

个体与小类间的组内平均链锁距离是该个体与小类中每个观测个体距离以及小类内各个体间距离的平均值。

例如，由表 10-7 可知，A、B、C 商厦分别与(D，E)小类的组内平均链锁距离依次为(26.907+30.414+3.606)÷3，(34.655+38.210+3.606)÷3，(9.22+12.806+3.606)÷3。

可见，组内平均链锁法中的距离是所有距离的平均值。与组间平均链锁法相比，它在聚类的每一步都考虑了小类内部差异性的变化。

● 重心(Centroid Clustering)距离

个体与小类间的重心距离是该个体与小类的重心点的距离。小类的重心点通常是由小类中所有观测在各个变量上的均值所确定的数据点。个体 k 与重心点的距离定义为

$$D(k,r)=\frac{n_p}{n_r}D(k,p)+\frac{n_q}{n_r}D(k,q)-\frac{n_p}{n_r}\frac{n_q}{n_r}D(p,q) \qquad (10.12)$$

式中，r 是由 p、q 两个体或已有小类合并成的一个类，n 为样本量。

例如，由表 10-1 可知，(D，E)小类的重心点是(92.5，89)。A 商厦与(D，E)小类的重心距离为

$$\begin{aligned}D(A,(D,E))&=\frac{1}{2}D(A,D)+\frac{1}{2}D(A,E)-\frac{1}{2}\times\frac{1}{2}D(D,E)\\&=\frac{1}{2}\times 26.907+\frac{1}{2}\times 30.414-\frac{1}{4}\times 3.606\end{aligned}$$

可见，重心距离也较充分地利用了所涉及的距离信息，同时将小类内的样本量也考虑了进来。

● 离差平方和(Ward's Method)法

离差平方和法是由 Ward 提出的，因此也称 Ward 方法。离差平方和聚类的原则是，聚

类过程中使小类内离差平方和增加最小的两小类应首先合并为一类。

例如，有 A、B、C 三个小类，如果(A，B)小类内的离差平方和小于(A，C)或(B，C)小类内的离差平方和，那么 A、B 应合并为一小类。

离差平方和法聚类的基本步骤是，首先各个体自成一类，然后逐渐凝聚成小类。随着小类的不断凝聚，类内的离差平方和必然不断增大。应选择使类内离差平方和增加最小的两类凝聚，直到所有个体合并成一类为止。

10.2.3 层次聚类的基本操作

层次聚类的基本操作步骤如下。

(1) 选择菜单【分析→分类→系统聚类】，出现如图 10-1 所示的窗口。

(2) 把参与层次聚类分析的变量选到【变量】框中。

(3) 把一个字符型变量作为标记变量选到【标注个案(C)】框中，它将大大增强聚类分析结果的可读性。

(4) 在【聚类】框中选择聚类类型。

(5) 在【输出】框中选择输出内容。其中【统计量】表示输出聚类分析的相关统计量；【图】表示输出聚类分析的相关图形。

(6) 在图 10-1 所示的窗口中单击 方法(M) 按钮指定距离的计算方法，窗口如图 10-2 所示。【度量标准】框中给出的是不同变量类型下个体距离的计算方式。【聚类方法(M)】框中给出计算个体与小类、小类与小类间距离的方法。

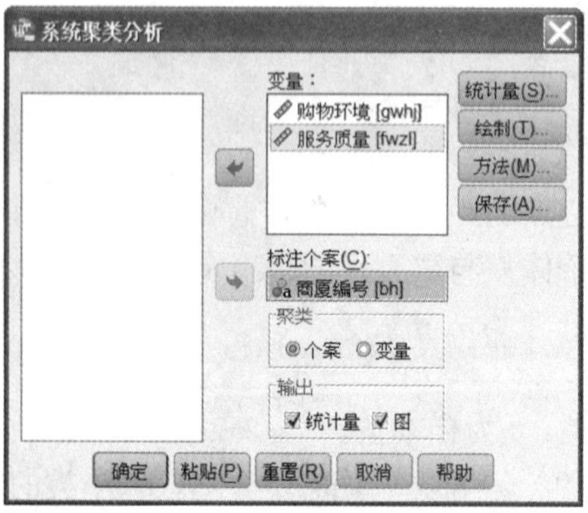

图 10-1　层次聚类分析窗口

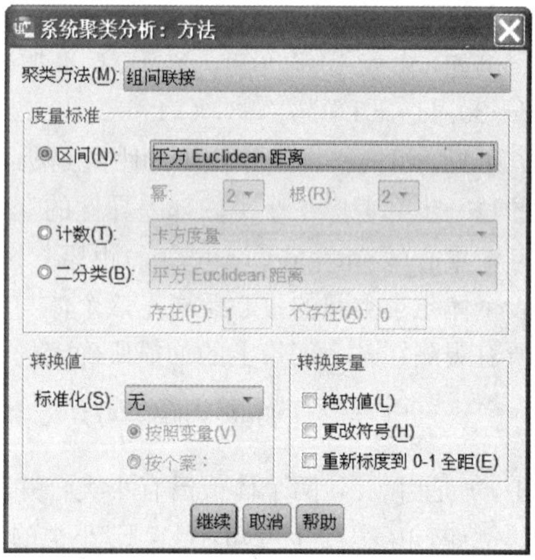

图 10-2　层次聚类分析的方法窗口

(7) 如果参与聚类分析的变量存在数量级上的差异，应在【转换值】框中的【标准化(S)】选项中选择消除数量级差的方法。并指定处理是针对变量的还是针对观测的。【按照变量(V)】表示针对变量，适于 Q 型(个案)聚类分析；【按个案】表示针对观测，适于 R 型(变量)聚类分析。消除数量的方法有以下几种。

- 【无】表示不进行任何处理。
- 【Z 得分】：表示计算 Z 分数。它将各变量值减去均值后除以标准差。标准化后的变量值平均值为 0，标准差为 1。

- 【全距从−1 到 1】：表示将各变量值除以全距，处理以后变量值的范围在−1～+1 之间。该方法适于变量值中有负值的变量。
- 【全距从 0 到 1】：表示将各变量值减去最小值后除以全距。处理以后变量值的范围在 0～+1之间。
- 【1 的最大量】：表示将各变量值除以最大值。处理以后变量值的最大值为 1。
- 【均值为 1】：表示将各变量值除以均值。
- 【标准差为 1】：表示将各变量值除以标准差。

(8) 在图 10-1 所示的窗口中单击[统计量(S)]按钮指定输出哪些统计量，窗口如图 10-3 所示。【合并进程表(A)】表示输出聚类分析的凝聚状态表(如表 10-8 所示)；【相似性矩阵】表示输出个体间的距离矩阵(如表 10-7 所示)；【聚类成员】框中，【无(N)】表示不输出各观测的所属类，【单一方案(S)】表示指定输出分成 k 类时各观测所属类，是单一解。【方案范围(R)】表示指定输出分成 m 至 n 类($m \leqslant n$)时各观测所属类(如表 10-9所示)，是多个解。

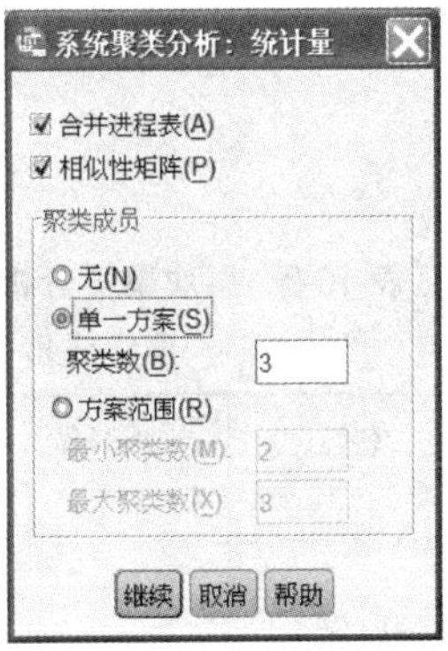

图 10-3　层次聚类分析的统计量窗口

表 10-8　层次聚类分析中的凝聚状态表

聚类表

阶	群集组合		系数	首次出现阶群集		下一阶
	群集 1	群集 2		群集 1	群集 2	
1	4	5	3.606	0	0	3
2	1	2	8.062	0	0	4
3	3	4	11.013	0	1	4
4	1	3	28.908	2	3	0

在表 10-8 中，第一列表示聚类分析的第几步；第二列、第三列表示本步聚类中哪两个观测个体或小类聚成一类；第四列是个体距离或小类距离；第五列、第六列表示本步聚类中参与聚类的是个体还是小类，0 表示个体，非 0 表示由第几步聚类生成的小类参与本步聚类；第七列表示本步聚类的结果将在以下第几步中用到。

表 10-8 显示了五座商厦聚类的情况。聚类分析的第 1 步中，4 号观测(D 商厦)与 5 号观测(E 商厦)聚成一小类，它们的个体距离(这里采用欧氏距离)是 3.606，这个小类将在下面第 3 步用到；同理，聚类分析的第 3 步中，3 号观测(C 商厦)与第一步聚成的小类(以该小类中第一个观测号 4 为标记)又聚成一小类，它们的距离(个体与小类的距离，这里采用组间平均链锁距离)是 11.013，形成的小类将在下面的第 4 步用到。经过 4 步聚类过程，5 个观测最后聚成了一大类。第 k 步完成时可形成($n-k$)个类。

由表 10-9 可知，当聚成 3 类时，A、B 两个商厦为一类，C 商厦自成一类，D、E 两个商厦为一类；当聚成两类时，A、B 两个商厦为一类，C、D、E 三个商厦为一类。可见，SPSS 的层次聚类能够产生任意类数的分类结果。

(9) 在图 10-1 所示的窗口中单击 绘制(T) 按钮指定输出哪种聚类分析图，窗口如图 10-4 所示。【树状图(D)】选项表示输出聚类分析树状图(如图 10-5 所示)；在【冰柱】框中指定输出冰挂图(如图 10-6 所示)，其中，【所有聚类(A)】表示输出聚类分析进程每步的冰挂图，【聚类的指定全距(S)】表示只输出某些步阶段的冰挂图，应指定从第几步开始，到第几步结束，中间间隔几步；在【方向】框中指定冰挂图为纵向显示还是横向水平显示。

表 10-9　层次聚类分析中的类成员

群集成员

案例	3 群集	2 群集
1:A 商厦	1	1
2:B 商厦	1	1
3:C 商厦	2	2
4:D 商厦	3	2
5:E 商厦	3	2

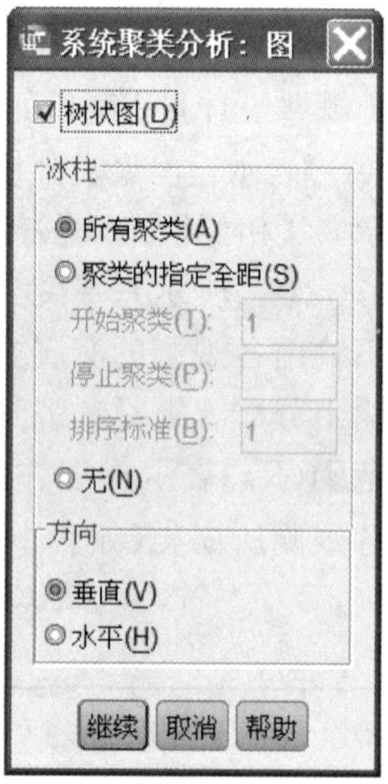

图 10-4　层次聚类分析的绘制窗口

在图 10-5 中，树状图以躺倒树的形式展现了聚类分析中每一次类合并的情况。SPSS 自动将各类间的距离映射到 0～25 之间，并将凝聚过程近似地表示在图上。由图 10-5 可知，D 商厦与 E 商厦的距离最近，首先合并成一类；其次合并的是 A 商厦和 B 商厦，它们间的距离大于 D、E 商厦间的距离；再次是 C 商厦与(D 商厦，E 商厦)合并；最后所有个体聚成一类，此时类间的距离已经非常大了。树状图仅是粗略地展现聚类分析的过程，如果样本量较大且个体或小类间的距离相差较小，那么在图形上就较难分辨凝聚的每步过程，此时应借助凝聚状态表。

图 10-6 是一幅纵向显示的冰挂图。由于冰挂图的样子很像冬天房檐上垂下的冰柱，因此而得名。观察冰挂图应从最后一行开始。由图 10-6 可知，当聚成 4 类时，D、E 商厦为一类，其他各商厦自成一类；当聚成 3 类时，A、B 商厦为一类，D、E 商厦为一类，C 商厦自成一类；当聚成 2 类时，A、B 商厦为一类，D、E、C 商厦为一类。

(10) 在图 10-1 所示的窗口中单击 保存(A) 按钮可以将聚类分析的结果以变量的形式保存到数据编辑器窗口中。生成的变量名为 clun_m(如 clu2_1)，其中 n 表示类数(如 2)，m 表示是第 m 次分析(如 1)。由于不同的距离计算方法可能产生不同的聚类分析结果，即使聚成 k 类，同一观测的类归属也会因计算方法的不同而不同。因此实际分析中应反复尝试以最终得到符合实际的合理解，并保存于 SPSS 变量中。

至此，完成了层次聚类分析的操作过程，SPSS 将根据用户的选择自动完成聚类分析，并将结果显示到查看器窗口或保存到数据编辑器窗口中。

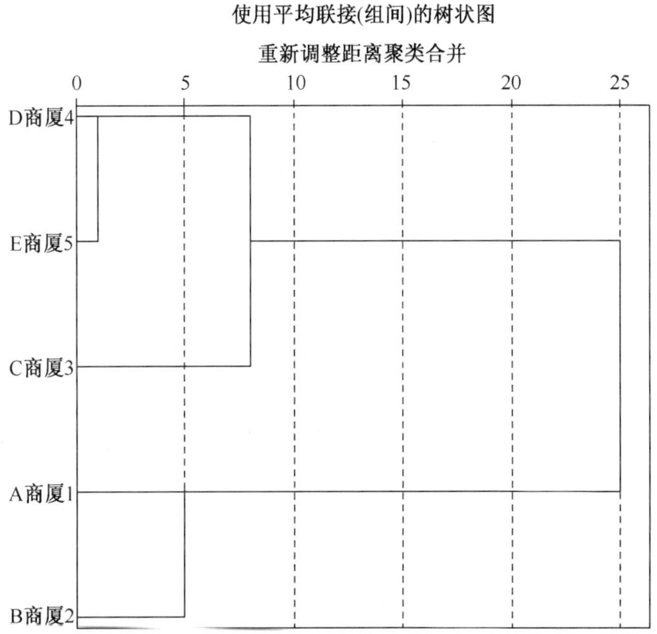

图 10-5　层次聚类分析的树状图

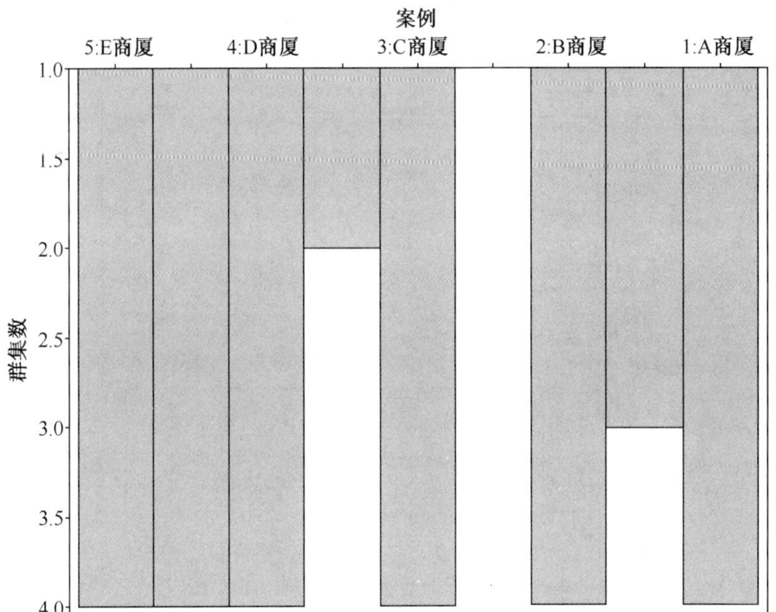

图 10-6　层次聚类分析的冰挂图

10.2.4　层次聚类的应用举例

1. 31 个省市自治区小康和现代化指数的层次聚类分析

利用 2001 年全国 31 个省市自治区各类小康和现代化指数的数据(资料来源：朱庆芳《全国各省市区全面小康社会目标实现程度的综合评价》，SPSS 数据文件名：小康指数.sav)，对地区进行聚类分析。该份数据中包括六类指数，分别是综合指数、社会结构指数、经济与技术发展指数、人口素质指数、生活质量指数、法制与治安指数。其中，社会结构指数由第三产业从业人员比重等五项指标组成，反映在社会化、城市化、非农化、外向型经济和智力投资等方面；经济与科技是实现小康和现代化的经济基础和知识创新手段，经济与技术发展指数由人均 GDP 等七项指标组成，反映在综合经济的投入产出、就业率、知识创新投入和发明创造能力等方面；文化科技素质是对实现目标起决定作用的，人口素质指数由人口自然增长率、专业技术人员等六项指标组成；生活质量指数由恩格尔系数等六项指标组成，反映在生活现代化和电气化等方面；法制与治安是现代化建设的稳定机制，法制与治安指数由刑事案件、治安案件、律师数和交通事故死亡率四项指标组成，是逆向指标。

这里，利用 SPSS 层次聚类 Q 型聚类对 31 个省市自治区进行聚类分析。其中个体距离采用平方欧氏距离，类间距离采用平均组间链锁距离，由于数据不存在数量级上的差异，因此无须进行标准化处理。生成的聚类分析树状图如图 10-7 所示，其他结果略去。

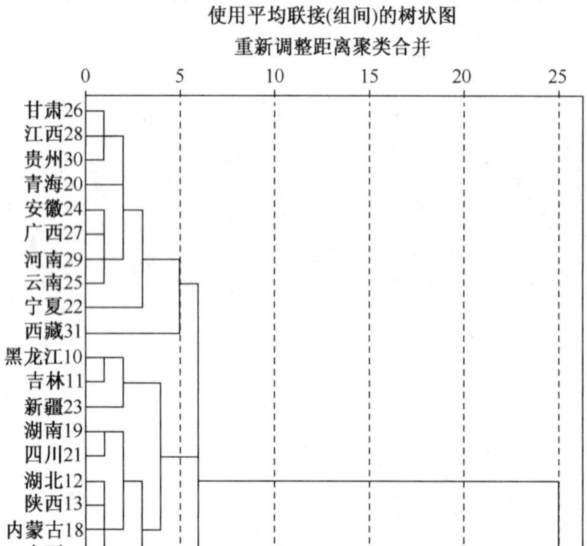

图 10-7　31 个省市自治区小康和现代化指数层次聚类分析结果

由图 10-7 可知，甘肃、江西、贵州的相似性较高且较早聚成了一类；安徽、广西、河南、云南的相似性较高且较早聚成了一类；黑龙江、吉林的相似性较高且较早聚成了一类；湖南、四川的相似性较高且较早聚成了一类；湖北、陕西、内蒙古、山西、重庆的相似性较高且较早聚成了一类；北京、上海的相似性较高且较早聚成了一类；浙江、广东的相似性较高且较早聚成了一类。如果聚成 3 类，则北京、上海、天津为一类(第 1 类)，江苏、山东、辽宁、浙江、广东、福建为一类(第 2 类)，其余省市自治区为一类(第 3 类)。如果聚成 4 类，则海南自成一类(第 4 类)。

确定聚类数目是聚类分析的关键。SPSS 层次聚类分析将所有可能的聚类解全部输出了，应如何确定分类数目呢？对此并没有统一的唯一正确的确定标准，但可以考虑以下方面：各类的重心间距离应较大；各类所包含的个体数目都不应过多；分类数目应符合分析的目的等。另外，还可以利用碎石图这个辅助工具帮助确定最终的聚类数目。碎石图中的横轴为类间距离(从凝聚状态表中获得)，纵轴为聚类数目，如图 10-8 所示。

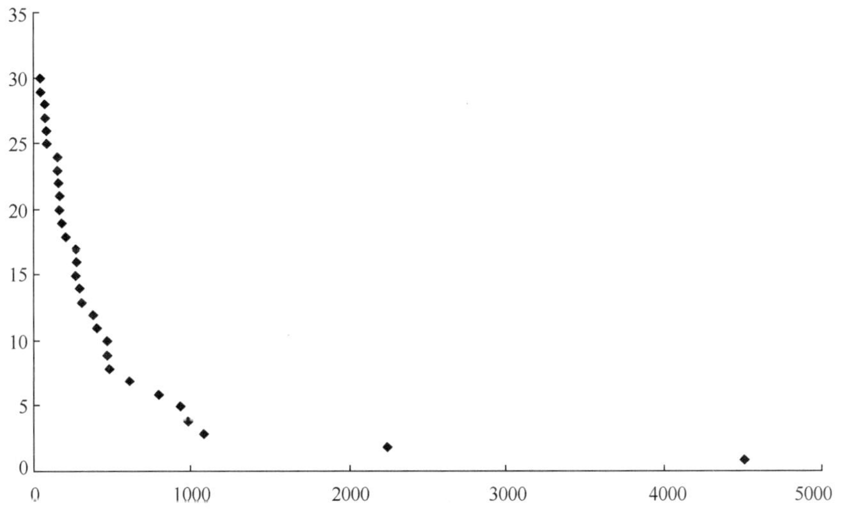

图 10-8　31 个省市自治区小康和现代化指数聚类分析碎石图

观察图 10-8 的碎石图可知，随着类的不断凝聚、聚类数目的不断减少，类间距离在逐渐增大。在聚成 7 类之前，类间距离增大的幅度较小，形成极为“陡峭的山峰”，但到 3 类后，类间距离迅速增大，形成极为“平坦的碎石路”。根据类间距离小则形成类的相似性大，类间距离大则形成类的相似性小的原则，可以找到“山脚”下的“拐点”碎石，以它作为确定分类数目的参考。在本例中，可以考虑聚成 3 类或 4 类。

聚类分析到此并没有结束，还需分析各类的特征。可对各类的各个指标分别进行描述统计，结果如表 10-10 所示。

由表 10-10 可知，共聚成了 3 类。第 1 类有 3 个省市，其综合指数、社会结构指数、经济与技术发展指数、人口素质指数、生活质量均名列三类之首，法制与治安指数最低，各项指数都是最上游的；第二类有 6 个省市，其六个指数均位于第二，各项指数均处于中游水平；第三类有 22 个省市自治区，其法制和治安指数最高，其余各项指数均最低，各项指数均处于下游。在本例中，第 3 类的样本数量多，不利于进一步区分该类内省市间的差异，可通过增加聚类数目的方法解决该问题。

表 10-10　31 个省市自治区小康和现代化指数聚类分析的各类特征

描述统计量

Average Linkage		N	极小值	极大值	均值	标准差
1	综合指数	3	87.90	93.20	91.1333	2.83608
	社会结构	3	93.40	100.00	96.1667	3.42685
	经济与技术发展	3	88.70	94.70	92.0333	3.05505
	人口素质	3	90.00	97.40	94.2667	3.82797
	法制与治安	3	55.50	62.70	58.5667	3.71663
	Valid N(listwise)	3				
2	综合指数	6	71.70	80.90	76.3833	3.69184
	社会结构	6	70.80	90.40	83.6500	7.08287
	经济与技术发展	6	65.70	86.90	75.2000	8.99778
	人口素质	6	65.90	93.10	77.0167	9.90443
	生活质量	6	68.10	86.60	77.2167	7.87132
	法制与治安	6	58.00	77.20	66.5333	8.36150
	Valid N(listwise)	6				
3	综合指数	22	50.90	70.10	60.4773	5.38710
	社会结构	22	51.60	81.10	67.3682	7.38295
	经济与技术发展	22	31.50	57.20	44.5636	6.79570
	人口素质	22	56.00	85.80	69.9045	8.78210
	生活质量	22	29.90	67.60	52.5318	8.39282
	法制与治安	22	61.60	100.00	75.9136	9.17280
	Valid N(listwise)	22				

2. 裁判打分的层次聚类分析

收集到某场比赛中意大利、韩国、罗马尼亚、法国、中国、美国、俄罗斯以及热心观众分别给 300 名运动员的平均打分数据(SPSS 数据文件名:裁判打分.sav)，希望分析各国裁判员的打分标准是否有相似性。这里，采用 SPSS 层次聚类的变量聚类，即 R 型聚类分析。其中变量个体距离采用平方欧氏距离，类间距离采用平均组间链锁距离，由于数据不存在数量级上的差异，因此无须进行标准化处理。生成的聚类分析冰挂图如图 10-9 所示，其他结果略去。

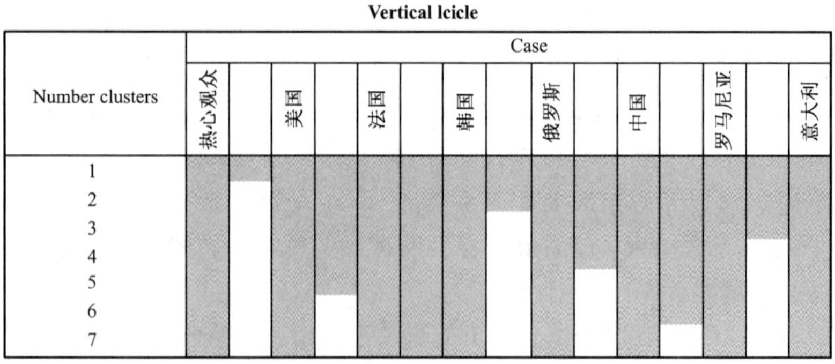

图 10-9　各国裁判员打分的变量聚类分析冰挂图

由图 10-9 可知，法国裁判员和韩国裁判员的打分相似性最强，其次是中国和罗马尼亚。如果将裁判分成 3 类，热心观众自成一类(第 1 类)，则美国、法国、韩国为一类(第 2 类)，俄罗斯、中国、罗马尼亚、意大利成一类(第 3 类)，对此可通过计算变量相关系数矩阵加以验证。进一步，如果要从上述裁判打分中选出 3 个具有代表性的裁判打分，则应选择热心观众，从美国、法国和韩国中选一名，从俄罗斯、中国、罗马尼亚、意大利中选一名。具体选择哪个国家的裁判打分可分别计算它们的复相关系数，并选择复相关系数最高的作为代表。第 1 类的各复相关系数分别为，美国与(法国、韩国)：0.93，法国与(美国、韩国)：0.944，韩国与(美国、法国)：0.949，因此可选择韩国；第 2 类的各复相关系数分别为，俄罗斯与(中国、罗马尼亚、意大利)：0.951，中国与(俄罗斯、罗马尼亚、意大利)：0.945，罗马尼亚与(俄罗斯、中国、意大利)：0.948，意大利与(俄罗斯、中国、罗马尼亚)：0.929，因此可选择俄罗斯作为代表。

总之，层次聚类分析能够得到多个分类解。从层次聚类分析的过程可以看出，层次聚类分析的每一步都要重新计算各个距离。在大样本情况下，层次聚类分析方法对计算机的性能要求比较高，需占用较多的 CPU 时间和内存，可能会出现等待时间过长等问题。

10.3　K-Means 聚类

虽然层次聚类能够得到多个分类解，但其执行效率并不十分理想，K-Means 聚类则能有效地解决该问题。

10.3.1　K-Means 聚类分析的核心步骤

K-Means 聚类也称快速聚类，它仍将数据看成 p 维空间上的点，仍以距离作为测度个体“亲疏程度”的指标，并以牺牲多个解为代价换得高的执行效率，其核心步骤是：

- 第一步，指定聚类数目 K

在 K-Means 聚类中，应首先要求用户自行给出需要聚成多少类，最终也只能输出关于它的唯一解。这点不同于层次聚类。

- 第二步，确定 K 个初始类中心

在指定了聚类数目 K 后，还需要指定这 K 个类的初始类中心点。

SPSS 中初始类中心点的指定方式有两种：第一，用户指定方式。用户应事先准备好一个存有 K 个观测的 SPSS 数据文件，这 K 个观测将作为 K 个类的初始类中心点。这里，用户的自主性是比较大的，应根据实际问题的分析需要和以往经验指定相对合理的初始类中心；第二，系统指定方式。SPSS 系统会根据样本数据的具体情况选择 K 个有一定代表性的样本作为初始类中心点。

- 第三步，根据距离最近原则进行分类

依次计算每个观测数据点到 K 个类中心点的欧氏距离，并按照距 K 个类中心点距离最近的原则分派所有观测，形成 K 个分类。

- 第四步，重新确定 K 个类中心

中心点的确定原则是，依次计算各类中 p 个变量的均值，并以均值点作为 K 个类的中心点，完成一次迭代。

- 第五步，判断是否已满足终止聚类分析的条件

聚类分析终止的条件有两个：第一，迭代次数。当目前的迭代次数等于指定的迭代次数(SPSS 默认为 10)时终止聚类；第二，类中心点偏移程度。新确定的类中心点距上个类中心点的最大偏移量小于指定的量(SPSS 默认为 0.02)时终止聚类。通过适当增加迭代次数或合理调

整中心点偏移量的判定标准，能够有效克服初始类中心点指定时有可能存在的偏差，提高聚类分析的准确性。上述两个条件中任意一个满足则结束聚类，如果均不满足，则回到第三步。

可见，与层次聚类不同,K-Means 快速聚类是一个反复迭代的分类过程。在聚类过程中，观测所属的类会不断调整，直到最终达到稳定为止。

10.3.2　K-Means 聚类分析的基本操作

K-Means 聚类分析的基本操作如下。

(1) 选择菜单【分析→分类→ K-均值聚类】，出现如图 10-10 所示的窗口。

(2) 选定参与 K-Means 聚类的变量放入【变量(V)】框中。

(3) 选择一个字符型变量作为标记变量放入【个案标记依据(B)】框中。标记变量将大大增强聚类分析结果的可读性。

(4) 在【聚类数(U)】框中输入聚类数目，该数应小于样本量。

(5) 如果用户自行指定初始类中心点，则选择【读取初始聚类中心(E)】项,并指定数据集或数据文件名。初始聚类中心数据中的变量名应与当前数据编辑器窗口中的变量名一致，且应设一名为“Cluster_”的变量存放类编号；否则，本步可略去。

(6) 在【方法】框中指定聚类过程是否调整类中心点。其中,【迭代与分类(T)】表示在聚类分析的每一步都重新确定类中心点(SPSS 默认)；【仅分类(Y)】表示聚类分析过程中类中心点始终为初始类中心点，此时仅进行一次迭代。

(7) 在图 10-10 所示的窗口中单击 迭代(I) 按钮确定终止聚类的条件，窗口如图 10-11 所示。在【最大迭代次数(M)】框后输入最大迭代次数；在【收敛性标准(C)】框后输入类中心的偏移量。另外,【使用运行均值(U)】选项，选中表示每当一个观测被分派到一类时便立即重新计算新的类中心点，此时类中心点与样本分配的前后顺序有关；不选定该项表示只有当完成了所有观测的类分派后才计算类中心点，该方式可节省运算时间。通常不选中该选项。

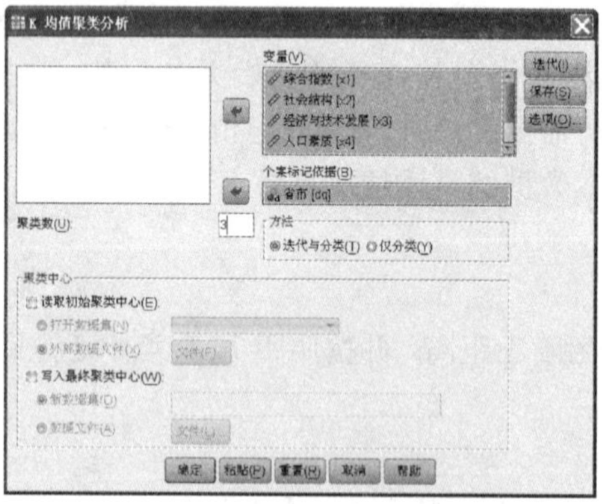

图 10-10　K-Means 聚类分析窗口

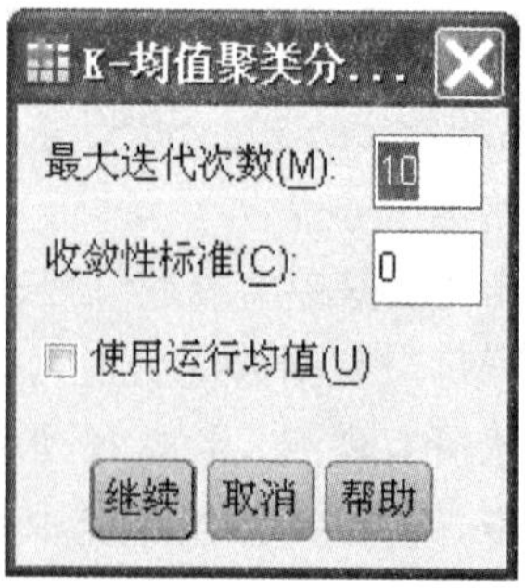

图 10-11　K-Means 聚类分析的迭代窗口

(8) 在图 10-10 所示的窗口中单击 保存(S) 按钮将聚类分析的部分结果以 SPSS 变量的形式保存到数据编辑器窗口中，窗口如图 10-12 所示。其中【聚类成员(C)】表示保存观测所属类的类号；还可以保存观测距各自类中心点的距离。可通过该距离评价聚类的效果。

(9) 在图 10-10 所示的窗口中单击选项(O)按钮确定输出哪些相关分析结果和缺失值的处理方式，窗口如图 10-13 所示。【统计量】框中，可指定输出初始类中心点；【ANOVA 表(A)】表示以聚类分析产生的类为控制变量，以聚类变量为观测变量进行单因素方差分析，并输出各变量的方差分析表；还可指定输出观测分类信息及距所属类中心点的距离。

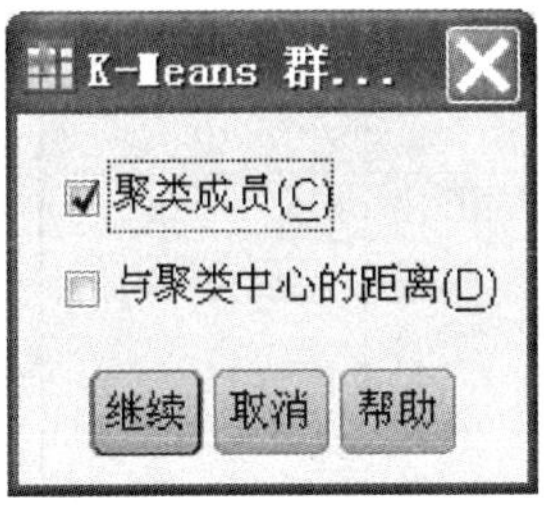

图 10-12　K-Means 聚类分析的保存窗口

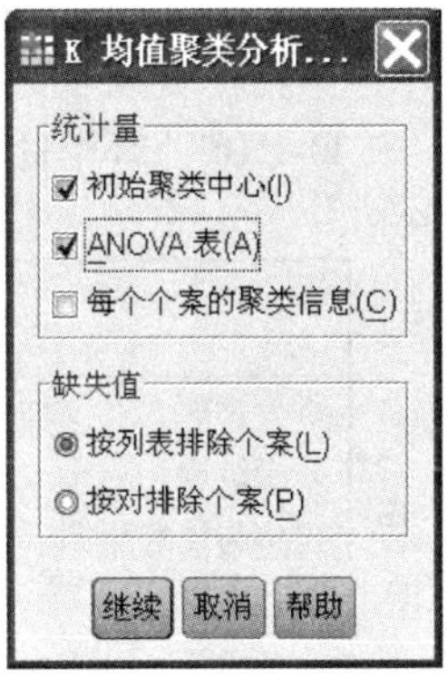

图 10-13　K-Means 聚类分析的选项窗口

至此，完成了 K-Means 聚类分析的全部操作，SPSS 将根据用户指定自动进行聚类分析，并将结果显示到查看器窗口或保存到数据编辑器窗口中。

10.3.3　K-Means 聚类分析的应用举例

1. 31 个省市自治区小康和现代化指数的 K-Means 聚类分析

仍利用上述 2001 年全国 31 个省市自治区各类小康和现代化指数的数据，对地区进行 K-Means聚类分析，要求分成 3 类，初始类中心点由 SPSS 自行确定。具体操作如图 10-10至图 10-13所示，分析结果如表 10-11 所示。

表 10-11(a)　31 个省市自治区小康和现代化指数的 K-Means 聚类分析结果(一)

初始聚类中心

	聚类		
	1	2	3
综合指数	79.20	92.30	51.10
社会结构	90.40	95.10	61.90
经济与技术发展	86.90	92.70	31.50
人口素质	65.90	112.00	56.00
生活质量	86.50	95.40	41.00
法制与治安	59.40	57.50	75.60

表 10-11(a) 展示了 3 个类的初始类中心的情况。3 个初始类中心点的数据分别是(79.20，90.40，86.90，65.90，86.50，59.40)，(92.30，95.10，92.70，112.00，95.40，57.50)，(51.10，61.90，31.50，56.00，41.00，75.60)。可见，第 2 类各指数均是最优的，第 1 类次之，第 3 类各指数均最不理想。

表 10-11(b)展示了 3 个类中心点每次迭代时的偏移情况。由表 10-11(b)可知，第 1 次迭代后，3 个类的中心点分别偏移了 24.387，6.307，23.579，第 1 类中心点偏移最大；第 2 次迭代后，3 个类的中心点偏移均小于指定的判定标准(0.02)，聚类分析结束。

表 10-11(b)　31个省市自治区小康和现代化指数的K-Means聚类分析结果(二)

迭代历史记录[a]

迭代	聚类中心内的更改		
	1	2	3
1	24.387	6.307	23.579
2	.000	.000	.000

a. 由于聚类中心内没有改动或改动较小而达到收敛。任何中心的最大绝对坐标更改为.000。当前迭代为2。初始中心间的最小距离为49.349。

表 10-11(c)　31个省市自治区小康和现代化指数的K-Means聚类分析结果(三)

最终聚类中心

	聚类		
	1	2	3
综合指数	75.49	91.13	60.02
社会结构	82.86	96.17	66.86
经济与技术发展	72.41	92.03	44.03
人口素质	77.74	106.13	69.32
生活质量	75.84	94.27	51.81
法制与治安	67.17	58.57	76.16

表 10-11(d)　31个省市自治区小康和现代化指数的K-Means聚类分析结果(四)

每个聚类中的案例数

聚类	1	7.000
	2	3.000
	3	21.000
有效		31.000
缺失		.000

表10-11(c)展示了3个类的最终类中心的情况。3个最终类中心点的数据分别是(75.49,82.86，72.41，77.74，75.84，67.17)，(91.13，96.17，92.03，106.13，94.27，58.57),(60.02，66.86，44.03，69.32，51.81，76.16)。仍然可见，第2类各指数均是最优的，第1类次之，第3类各指数均最不理想。

表10-11(d)展示了3个类的类成员情况。第1类(中游水平)有7个省市，第2类(上游水平)有3个省市，第3类(下游水平)有21个省市自治区。这里没有输出详细分类结果。

表 10-11(e)　31个省市自治区小康和现代化指数的K-Means聚类分析结果(五)

ANOVA

	聚类		误差		F	sig.
	均方	df	均方	df		
综合指数	1633.823	2	22.518	28	72.556	.000
社会结构	1539.872	2	47.312	28	32.547	.000
经济与技术发展	4381.296	2	56.760	28	77.190	.000
人口素质	1817.856	2	74.363	28	24.446	.000
生活质量	3315.174	2	59.276	28	55.928	.000
法制与治安	530.188	2	76.284	28	6.950	.004

表10-11(e)展示了各指数(聚类变量)在不同类的均值比较情况，各数据项的含义依次为：组间方差、组间自由度、组内方差、组内自由度，F统计量的观测值以及概率p值。该表显示各指数的总体均值在3类中有显著差异，应注意，这里的单因素方差分析并非用于对各

总体均值的对比，而需关注 F 统计量的观测值。F 值越大，表明组间差大、组内差小，越说明将数据聚成当前的 K 个类是合理的。

K-Means 聚类分析的结果与层次聚类分析相比略有差异，黑龙江省从下游省份中分离出来，被划入了中游省份。这是由两种聚类方法思路上的差异造成的。在 K-Means 聚类分析中，黑龙江省距中游类中心的距离小于距下游类中心的距离，因此被归入中游类。而在层次聚类分析过程中，黑龙江省所在的小类距其他小类的距离小于距中游小类的距离，因此，没能被凝聚在中游类中。可见，层次聚类分析中观测所属类一旦确定就不会再改变，而 K-Means 聚类分析中观测的类归属会不断调整。

2. 五商厦总体评价的 K-Means 聚类分析

利用上述五商厦购物环境和服务质量的顾客评分数据，利用 K-Means 聚类分析方法按照优秀、良好、合格的总体水平将它们分类。这里，用户自行指定 3 个类中心且不应在聚类进程中重新调整类中心点，即不应进行迭代，具体操作如图 10-14 所示。

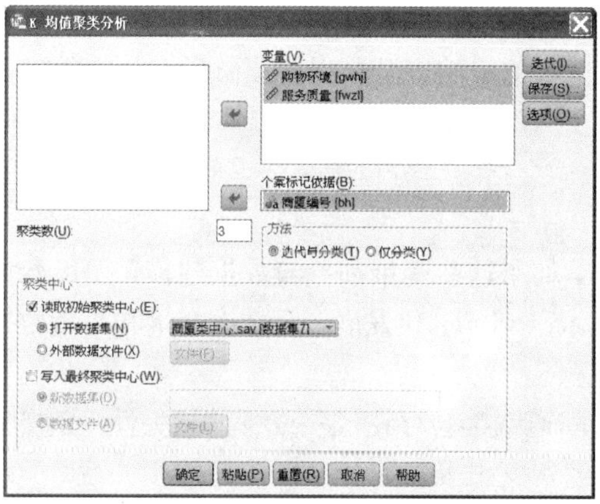

图 10-14　五商厦的 K-Means 聚类分析

用户指定的初始类中心应事先存储在 SPSS 数据文件中。本例的初始类中心数据如表 10-12 所示。

表 10-12　初始类中心

cluster_	gwhj	fwzl
1	95	95
2	85	85
3	65	65

分析结果发现，E 商厦属优秀类，C、D 商厦属良好类，A、B 商厦属合格类。虽然该结论与前面(D，E)为一类的结果不一致，但却是符合研究要求的，结论也是可理解的。

第 11 章　SPSS 的因子分析

11.1　因子分析概述

11.1.1　因子分析的意义

在研究实际问题时往往希望尽可能多地收集相关变量，以期能对问题有比较全面、完整的把握和认识。例如，对高等学校科研状况的评价研究，可能会收集诸如投入科研活动的人年数、立项课题数、项目经费、经费支出、结项课题数、发表论文数、发表专著数、获得奖励数等多项指标；再如，学生综合评价研究中，可能会收集诸如基础课成绩、专业基础课成绩、专业课成绩、体育等各类课程的成绩以及获得各项奖学金的次数等。虽然这些数据能够较为全面精确地描述事物，但在实际数据建模时，它们未必能真正发挥预期的作用，“投入”和“产出”并非呈合理的正比，反而会给统计分析带来许多问题，表现在：

● 计算量的问题

由于收集的变量较多，如果这些变量都参与数据建模，无疑会增加分析过程中的计算工作量。虽然现在的计算技术已有了迅猛发展，但高维变量和海量数据仍是不容忽视的。

● 变量间的相关性问题

收集到的诸多变量之间通常都会存在或多或少的相关性。例如，高校科研状况评价中的立项课题数与项目经费、经费支出等之间会存在较高的相关性；学生综合评价研究中的专业基础课成绩与专业课成绩、获奖学金次数等之间也会存在较高的相关性。

变量间信息的高度重叠和高度相关会给统计方法的应用带来许多障碍。例如，多元线性回归分析中，如果众多解释变量间存在较强的相关性，即存在高度的多重共线性，那么会给回归方程的参数估计带来许多麻烦，致使回归方程参数不准确甚至模型不可用等。类似的问题还有许多。

为解决这些问题，最简单和最直接的解决方案是削减变量个数，但这必然会导致信息丢失和信息不完整等问题的产生。为此，人们希望探索一种更有效的解决方法，它既能大大减少参与数据建模的变量个数，同时也不会造成信息的大量丢失。因子分析正是这样一种有效降低变量维数，并已得到广泛应用的分析方法。

因子分析的概念起源于 20 世纪初 Karl Pearson 和 Charles Spearmen 等人关于智力测验的统计分析。目前，因子分析已成功应用于心理学、医学、气象、地质、经济学等领域，并因此促进了理论的不断丰富和完善。

因子分析以最少的信息丢失为前提，将众多的原有变量综合成较少几个综合指标，名为因子。通常，因子有以下几个特点：

● 因子个数远远少于原有变量的个数

原有变量综合成少数几个因子后，因子将可以替代原有变量参与数据建模，这将大大减少分析过程中的计算工作量。

● 因子能够反映原有变量的绝大部分信息

因子并不是原有变量的简单取舍，而是原有变量重组后的结果，因此不会造成原有变量信息的大量丢失，并能够代表原有变量的绝大部分信息。

● 因子之间的线性关系不显著

由原有变量重组出来的因子之间的线性关系较弱，因子参与数据建模能够有效地解决诸如变量多重共线性等给分析应用带来的诸多问题。

● 因子具有命名解释性

通常，因子分析产生的因子能够通过各种方式最终获得命名解释性。因子的命名解释性有助于对因子分析结果的解释，对因子的进一步应用有重要意义。例如，对高校科研情况的因子分析中，如果能够得到两个因子，且其中一个因子是对科研人力投入、经费投入、立项项目数等变量的综合，而另一个是对结项项目数、发表论文数、获奖成果数等变量的综合，那么，该因子分析就是较为理想的。因为这两个因子均有命名可解释性，其中一个反映了科研投入方面的情况，可命名为科研投入因子，另一个反映了科研产出方面的情况，可命名为科研产出因子。

总之，因子分析是研究如何以最少的信息丢失将众多原有变量浓缩成少数几个因子，如何使因子具有一定的命名解释性的多元统计分析方法。

11.1.2　因子分析的数学模型和相关概念

因子分析的核心是用较少的互相独立的因子反映原有变量的绝大部分信息。可以将这一思想用数学模型来表示。设原有 p 个变量 $x_1, x_2, x_3, \cdots, x_p$，且每个变量(或经标准化处理后)的均值为 0，标准差均为 1。现将每个原有变量用 $k(k<p)$ 个因子 $f_1, f_2, f_3, \cdots, f_k$(标准化值)的线性组合来表示，即有

$$\begin{cases} x_1 = a_{11}f_1 + a_{12}f_2 + a_{13}f_3 + \cdots + a_{1k}f_k + \varepsilon_1 \\ x_2 = a_{21}f_1 + a_{22}f_2 + a_{23}f_3 + \cdots + a_{2k}f_k + \varepsilon_2 \\ x_3 = a_{31}f_1 + a_{32}f_2 + a_{33}f_3 + \cdots + a_{3k}f_k + \varepsilon_3 \\ \cdots \\ x_p = a_{p1}f_1 + a_{p2}f_2 + a_{p3}f_3 + \cdots + a_{pk}f_k + \varepsilon_p \end{cases} \tag{11.1}$$

式(11.1)便是因子分析的数学模型，也可用矩阵的形式表示为 $\boldsymbol{X}=\boldsymbol{AF}+\boldsymbol{\varepsilon}$。其中 $\boldsymbol{F}$ 称为因子，由于出现在每个原有变量的线性表达式中，因此又称为公共因子，$f_j(j=1, 2, \cdots, k)$ 彼此不相关。$\boldsymbol{A}$ 称为因子载荷矩阵，$a_{ij}(i=1,3,\cdots, p;j=1,2,\cdots,k)$称为因子载荷，是第 i 个原有变量在第 j 个因子上的载荷。$\boldsymbol{\varepsilon}$ 称为特殊因子，表示原有变量不能被因子解释的部分，其均值为 0，独立于 $f_j(j=1, 2, \cdots, k)$。

由因子分析的数学模型可引入以下几个相关概念。理解这些概念不仅有助于理解因子分析的意义，更利于把握因子与原有变量间的关系，明确因子的重要程度以及评价因子分析的效果。

● 因子载荷

可以证明，在因子不相关的前提下，因子载荷 a_{ij} 是变量 x_i 与因子 f_j 的相关系数，反映了变量 x_i 与因子 f_j 的相关程度。因子载荷 a_{ij} 值小于等于 1。绝对值越接近 1，表明因子 f_j 与变量 x_i 的相关性越强。同时，因子载荷 a_{ij}^2 反映了因子 f_j 对解释变量 x_i 的重要作用和程度。

● 变量共同度(Communality)

变量共同度即变量方差，变量 x_i 的共同度 h_i^2 的数学定义为

$$h_i^2 = \sum_{j=1}^{k} a_{ij}^2 \tag{11.2}$$

式(11.2)表明，变量 x_i 的共同度是因子载荷矩阵 $\boldsymbol{A}$ 中第 i 行元素的平方和。在变量 x_i 标准化时，由于变量 x_i 的方差可以表示成 $h_i^2+\varepsilon_i^2=1$，因此原有变量 x_i 的方差可由两个部分解释：第一部分为变量共同度 h_i^2，是全部因子对变量 x_i 方差解释说明的比例，体现了因子全体对变量 x_i 的解释贡献程度。变量共同度 h_i^2 越接近 1，说明因子全体解释说明了变量 x_i 的较大部分方差，用因子全体刻画变量 x_i，变量 x_i 的信息丢失较少；第二部分为特殊因子 ε_i 的平方，也即特殊因子方差，反映了变量 x_i 方差中不能由因子全体解释说明的部分，ε_i^2 越小则说明变量 x_i 的信息丢失越少。

总之，变量 x_i 的共同度刻画了因子全体对变量 x_i 信息解释的程度，是评价变量 x_i 信息丢失程度的重要指标。如果大多数原有变量的变量共同度均较高(如高于 0.8)，则说明提取的因子能够反映原有变量的大部分(80%以上)信息，仅有较少的信息丢失，因子分析的效果较好。因此，变量共同度是衡量因子分析效果的重要依据。

● 因子的方差贡献

因子 f_i 的方差贡献的数学定义为

$$S_j^2 = \sum_{i=1}^{p} a_{ij}^2 \tag{11.3}$$

式(11.3)表明，因子 f_j 的方差贡献是因子载荷阵 $\boldsymbol{A}$ 中第 j 列元素的平方和。因子 f_j 的方差贡献反映了因子 f_j 对原有变量总方差的解释能力。该值越高，说明相应因子的重要性越高。因此，因子的方差贡献和方差贡献率 S_j^2/p 是衡量因子重要性的关键指标。

11.2 因子分析的基本内容

11.2.1 因子分析的基本步骤

围绕浓缩原有变量提取因子的核心目标，因子分析主要涉及以下四大基本步骤：

(1) 因子分析的前提条件

由于因子分析的主要任务之一是对原有变量进行浓缩，即将原有变量中的信息重叠部分提取和综合成因子，最终实现减少变量个数的目的。对此它要求原有变量之间应存在较强的相关关系。否则，如果原有变量相互独立，不存在信息重叠，那么也就无法将其综合和浓缩，也就无须进行因子分析。本步正是希望通过各种方法分析原有变量是否存在相关关系，是否适合于进行因子分析。

(2) 因子提取

将原有变量综合成少数几个因子是因子分析的核心内容。本步骤正是研究如何在样本数据的基础上提取和综合因子。

(3) 使因子更具有命名可解释性

将原有变量综合为少数几个因子后，如果因子的实际含义不清，则不利于进一步的分析。本步骤正是希望通过各种方法使提取出的因子实际含义清晰，使因子具有命名可解释性。

(4) 计算各观测的因子得分

因子分析的最终目标是减少变量个数，以便在进一步的分析中用较少的因子代替原有变量参与数据建模。本步正是通过各种方法计算各观测在各因子上的得分，为进一步的分析奠定基础。

下面将依次对上述基本步骤进行详细讨论。

11.2.2　因子分析的前提条件

因子分析的目的是从众多的原有变量中综合出少数具有代表性的因子，这必定有一个潜在的前提要求，即原有变量之间应具有较强的相关关系。不难理解，如果原有变量之间不存在较强的相关关系，那么就无法从中综合出能够反映某些变量共同特性的几个较少的公共因子。因此，一般在因子分析时需首先对因子分析的条件，即原有变量是否相关进行研究。通常可采用以下几种方法：

(1) 计算相关系数矩阵

计算原有变量的简单相关系数矩阵并进行统计检验。观察相关系数矩阵，不难理解，如果相关系数矩阵中的大部分相关系数值小于 0.3，即各个变量间大多为弱相关，那么原则上这些变量是不适合进行因子分析的。

(2) 计算反映像相关矩阵(Anti-Image Correlation Matrix)

反映像相关矩阵是关于负的偏相关系数和 MSA(Measure of Sample Adeguacy)的矩阵。不难理解，偏相关系数是在控制了其他变量对两变量影响的条件下计算出来的净相关系数。如果原有变量之间确实存在较强的相关性以及传递影响，也就是说，如果原有变量中确实能够提取出公共因子，那么在控制了这些影响后的偏相关系数必然很小。

反映像相关矩阵第 i 行对角线上的元素为变量 x_i 的 MSA(Measure of Sample Adequacy)统计量，其数学定义为

$$\mathrm{MSA}_i = \frac{\sum\limits_{j\neq i} r_{ij}^2}{\sum\limits_{j\neq i} r_{ij}^2 + \sum\limits_{j\neq i} p_{ij}^2} \tag{11.4}$$

式中，r_{ij}是变量 x_i 和其他变量 $x_j(j\neq i)$间的简单相关系数，p_{ij}是变量 x_i 和变量 $x_j(j\neq i)$在控制了剩余变量下的偏相关系数。由式(11.4)可知，变量 x_i 的 MSA_i统计量的取值在 0 和 1 之间。当它与其他所有变量间的简单相关系数平方和远大于偏相关系数的平方和时，MSA_i值接近 1。MSA_i值越接近于 1，意味着变量 x_i 与其他变量间的相关性越强；当它与其他所有变量间的简单相关系数平方和接近 0 时，MSA_i值接近 0。MSA_i越接近于 0，意味着变量 x_i 与其他变量间的相关性越弱。

观察反映像相关矩阵，如果反映像相关矩阵中除主对角元素外，其他大多数元素的绝对值均较小，对角线上元素的值较接近 1，则说明这些变量的相关性较强，适合进行因子分析。

(3) 巴特利特球度检验(Bartlett Test of Sphericity)

巴特利特球度检验以原有变量的相关系数矩阵为出发点，其原假设 H_0：相关系数矩阵是单位阵，即相关系数矩阵为对角矩阵(对角元素不为 0，非对角元素均为 0)且主对角元素均为 1。

巴特利特球度检验的检验统计量根据相关系数矩阵的行列式计算得到，且近似服从卡方分布。如果该统计量的观测值比较大，且概率 p 值小于给定的显著性水平 α，则应拒绝原假设，认为相关系数矩阵不太可能是单位阵，原有变量适合作因子分析；反之，如果检验统计

量的观测值比较小且概率 p 值大于给定的显著性水平 α，则不能拒绝原假设，可以认为相关系数矩阵与单位阵无显著差异，原有变量不适合作因子分析。

(4) KMO(Kaiser-Meyer-Olkin)检验

KMO 检验统计量是用于比较变量间简单相关系数和偏相关系数的统计量，数学定义为

$$\mathrm{KMO}=\frac{\sum_{i}\sum_{i\neq j}r_{ij}^2}{\sum_{i}\sum_{i\neq j}r_{ij}^2+\sum_{i}\sum_{i\neq j}p_{ij}^2} \tag{11.5}$$

式中，r_{ij} 是变量 x_i 和变量 x_j 间的简单相关系数，p_{ij} 是变量 x_i 和变量 x_j 在控制了剩余变量下的偏相关系数。KMO 将相关系数和偏相关系数矩阵中的所有元素都加入到平方和的计算中。由式(11.5)可知，KMO 统计量的取值在 0 和 1 之间。当所有变量间的简单相关系数平方和远远大于偏相关系数平方和时，KMO 值接近 1。KMO 值越接近于 1，意味着变量间的相关性越强，原有变量越适合作因子分析；当所有变量间的简单相关系数平方和接近 0 时，KMO 值接近 0。KMO 值越接近于 0，意味着变量间的相关性越弱，原有变量越不适合作因子分析。Kaiser 给出了常用的 KMO 度量标准：0.9 以上表示非常适合；0.8 表示适合；0.7 表示一般；0.6 表示不太适合；0.5 以下表示极不适合。

11.2.3 因子提取和因子载荷矩阵的求解

通过上面的讨论可以知道，因子分析的关键是根据样本数据求解因子载荷矩阵。因子载荷矩阵的求解方法有基于主成分模型的主成分分析法、基于因子分析模型的主轴因子法、极大似然法、最小二乘法、α 因子提取法、映像分析法等。这里，仅对在因子分析中占有主要地位且使用最为广泛的主成分分析法作简单讨论。

主成分分析法能够为因子分析提供初始解，因子分析是对主成分分析结果的沿承和拓展。主成分分析法通过坐标变换，将原有的 p 个相关变量 x_i(标准化)做线性组合，转换成另一组不相关的变量 y_i，于是有

$$\begin{cases}y_1=\mu_{11}x_1+\mu_{12}x_2+\mu_{13}x_3+\cdots+\mu_{1p}x_p\\ y_2=\mu_{21}x_1+\mu_{22}x_2+\mu_{23}x_3+\cdots+\mu_{2p}x_p\\ y_3=\mu_{31}x_1+\mu_{32}x_2+\mu_{33}x_3+\cdots+\mu_{3p}x_p\\ \cdots\\ y_p=\mu_{p1}x_1+\mu_{p2}x_2+\mu_{p3}x_3+\cdots+\mu_{pp}x_p\end{cases} \tag{11.6}$$

式(11.6)是主成分分析的数学模型，其中 $\mu_{i1}^2+\mu_{i2}^2+\mu_{i3}^2+\cdots+\mu_{ip}^2=1(i=1,2,3,\cdots,p)$。对式(11.6)中的系数应按照以下原则求解：

- y_i 与 $y_j(i\neq j;\ i,\ j=1,2,3,\cdots,p)$不相关。
- y_1 是 $x_1,x_2,x_3,\cdots,x_p$ 的一切线性组合(系数满足上述方程组)中方差最大的；y_2 是与 y_1 不相关的 $x_1,x_2,x_3,\cdots,x_p$ 的一切线性组合中方差次大的；y_p 是与 $y_1,y_2,y_3,\cdots,y_{p-1}$ 都不相关的 $x_1,x_2,x_3,\cdots,x_p$ 的一切线性组合中方差最小的。

根据上述原则确定的变量 $y_1,y_2,y_3,\cdots,y_p$ 依次称为原有变量 $x_1,x_2,x_3,\cdots,x_p$ 的第 1、第 2、第 3、…、第 p 个主成分。其中 y_1 在总方差中所占比例最大，它体现原有 $x_1,x_2,x_3,\cdots,x_p$ 方差的能力最强，其余主成分 $y_2,y_3,\cdots,y_p$ 在总方差中所占比例依次递减，体现原有变量 $x_1,x_2,x_3,\cdots,x_p$ 方差的能力依次减弱。在主成分分析的实际应用中，一般只选取前面

几个方差较大的主成分。这样既减少了变量的数目，又能够用较少的主成分反映原有变量的绝大部分信息。

可见，主成分分析法的核心是通过原有变量的线性组合以及各个主成分的求解来实现变量降维。可从几何意义的角度理解这个核心原理。为易于理解，这里以二维空间来讨论。设有两个变量 x_1, x_2，n 个观测数据，可将这 n 个观测数据看成由 x_1 和 x_2 构成的二维空间上的 n 个点。如图 11-1 所示。

在图 11-1 中，n 个数据点呈带状分布，沿 x_1 和 x_2 轴方向都有较大的离散性。为区分这 n 个点必须同时考虑 x_1 和 x_2，仅考虑 x_1 和 x_2 中的一个必然会导致原有变量信息的丢失，无法做到正确区分数据点。现将 x_1 轴和 x_2 轴同时按逆时针方向旋转 θ 角度得到新坐标轴 y_1 和 y_2，如图 11-2 所示。于是 n 个数据点在新坐标轴中的坐标为

$$\begin{cases} y_1 = x_1\cos\theta + x_2\sin\theta \\ y_2 = -x_1\sin\theta + x_2\cos\theta \end{cases} \tag{11.7}$$

由式(11.7)可知，新变量 y_1 和 y_2 的值是由原有变量 x_1 和 x_2 线性组合的结果，是对原有变量 x_1 和 x_2 的综合，分别为第 1 主成分和第 2 主成分。其中的系数可用 μ_{ij} $(i, j=1,2)$ 表示(同式(11.6))且满足平方和等于 1 的约束条件。在新的坐标轴中，n 个数据点在 y_1 轴上的离散性较高，在 y_2 轴上的离散性较小，数据点在 y_1 上的方差远大于在 y_2 上的方差。于是，仅考虑第 1 主成分 y_1 就基本能够区分这 n 个数据点，虽然也存在原有变量信息的丢失现象，但整体上并无大妨碍，并获得了二维空间降为一维空间，两个变量变为一个变量的“实惠”。

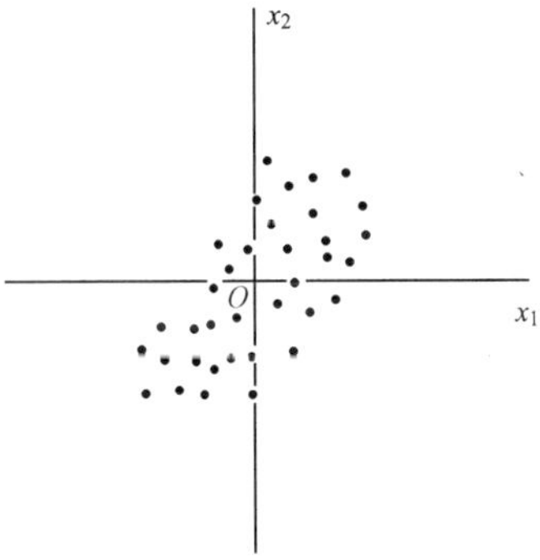

图 11-1　x_1 和 x_2 二维空间中的数据点

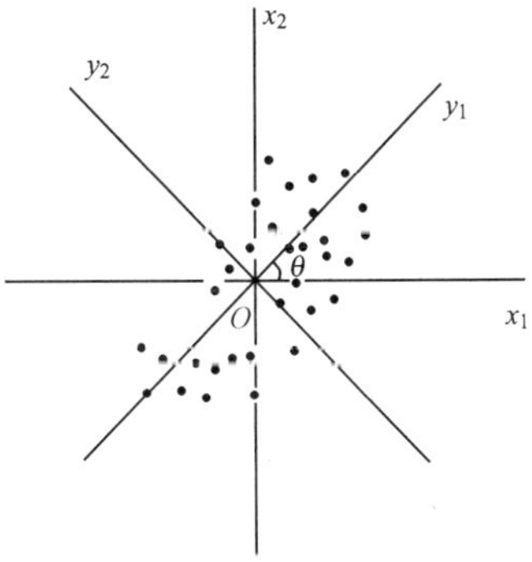

图 11-2　y_1 和 y_2 二维空间中的数据点

基于上述基本原理，现将主成分数学模型的系数求解步骤归纳如下：

(1) 将原有变量进行标准化处理。

(2) 计算变量的简单相关系数矩阵 $\boldsymbol{R}$。

(3) 求相关系数矩阵 $\boldsymbol{R}$ 的特征值 $\lambda_1 \geqslant \lambda_2 \geqslant \lambda_3 \geqslant \cdots \geqslant \lambda_p \geqslant 0$ 及对应的单位特征向量 $\boldsymbol{\mu}_1, \boldsymbol{\mu}_2, \boldsymbol{\mu}_3, \cdots, \boldsymbol{\mu}_p$。

通过上述步骤，计算 $\boldsymbol{y}_i = \boldsymbol{\mu}'_i \boldsymbol{x}$ 便得到各个主成分。其中的 p 个特征值和对应的特征向量便是因子分析的初始解。

现在回到因子分析中来。因子分析利用上述 p 个特征值和对应的特征向量，并在此基础之上计算因子载荷矩阵

$$\boldsymbol{A}=\begin{pmatrix} a_{11} & a_{12} & \cdots & a_{1p} \\ a_{21} & a_{22} & \cdots & a_{2p} \\ \cdots & \cdots & \cdots & \cdots \\ a_{p1} & a_{p2} & \cdots & a_{pp} \end{pmatrix}=\begin{pmatrix} u_{11}\sqrt{\lambda_1} & u_{21}\sqrt{\lambda_2} & \cdots & u_{p1}\sqrt{\lambda_p} \\ u_{12}\sqrt{\lambda_1} & u_{22}\sqrt{\lambda_2} & \cdots & u_{p2}\sqrt{\lambda_p} \\ \cdots & \cdots & \cdots & \cdots \\ u_{1p}\sqrt{\lambda_1} & u_{2p}\sqrt{\lambda_2} & \cdots & u_{pp}\sqrt{\lambda_p} \end{pmatrix} \tag{11.8}$$

由于因子分析的目的是减少变量个数，因此在因子分析的数学模型中，因子数目 k 小于原有变量个数 p。所以在计算因子载荷矩阵时，只选取前 k 个特征值和对应的特征向量，得到式(11.9)所示的包含 k 个因子的因子载荷矩阵

$$\boldsymbol{A}=\begin{pmatrix} a_{11} & a_{12} & \cdots & a_{1k} \\ a_{21} & a_{22} & \cdots & a_{2k} \\ \cdots & \cdots & \cdots & \cdots \\ a_{p1} & a_{p2} & \cdots & a_{pk} \end{pmatrix}=\begin{pmatrix} u_{11}\sqrt{\lambda_1} & u_{21}\sqrt{\lambda_2} & \cdots & u_{k1}\sqrt{\lambda_k} \\ u_{12}\sqrt{\lambda_1} & u_{22}\sqrt{\lambda_2} & \cdots & u_{k2}\sqrt{\lambda_k} \\ \cdots & \cdots & \cdots & \cdots \\ u_{1p}\sqrt{\lambda_1} & u_{2p}\sqrt{\lambda_2} & \cdots & u_{kp}\sqrt{\lambda_k} \end{pmatrix} \tag{11.9}$$

这里的主要问题是如何确定因子数 k。通常有以下两个标准：

● 根据特征根 λ_j 确定因子数

这里，特征根 λ_j 等于因子载荷矩阵第 j 列元素的平方和，即第 j 个因子的方差贡献。一般选取特征值大于 1 的特征根因子，即应至少解释 1 个方差。另外，还可绘制特征值的碎石图，如图 11-3 所示，并观察碎石图确定因子数。

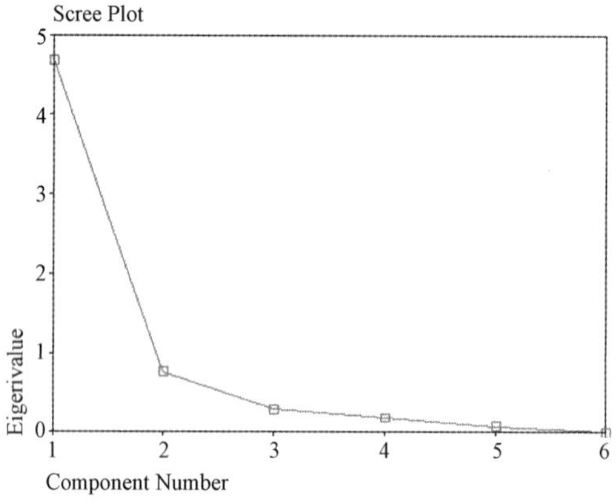

图 11-3　因子分析的碎石图

在图 11-3 中，横坐标为特征值编号，纵坐标为各特征值。可以看出，第 1 个特征值较大，很像"陡峭的山坡"，第 2 个特征值次之，第 3 个以后的特征值都很小，图形很平缓，很像"高山脚下的碎石"。可以丢弃这些"碎石"。因此，"山脚"下的特征值编号为因子个数 k。例如，在图 11-3 中可尝试选取前两个因子。

● 根据因子的累计方差贡献率确定因子数

第一个因子的累计方差贡献率定义为

$$a_1 = S_1^2/p = \lambda_1 \Big/ \sum_{j=1}^{p} \lambda_j \tag{11.10}$$

由式(11.10)可知，第一个因子的方差贡献率是它的方差贡献除以总方差贡献(总方差)。由于原有的 p 个变量已经进行了标准化处理(均值为 0，方差为 1)，因此总方差为 p。

第二个因子的累计方差贡献率定义为

$$a_2 = (S_1^2 + S_2^2)/p = (\lambda_1 + \lambda_2)/\sum_{i=j}^{p}\lambda_j \tag{11.11}$$

于是，前 k 个因子的累计方差贡献率定义为

$$a_k = \sum_{i=1}^{k} S_i^2/p = \sum_{i=1}^{k}\lambda_i \Big/ \sum_{i=1}^{p}\lambda_i \tag{11.12}$$

根据式(11.12)计算因子的累计方差贡献率。通常选取累计方差贡献率大于 0.85 时的特征值个数为因子个数 k。

11.2.4　因子的命名

因子的命名解释是因子分析的另一个重要问题。观察因子载荷矩阵，如果因子载荷 a_{ij} 的绝对值在第 i 行的多个列上都有较大的取值(通常大于 0.5)，则表明原有变量 x_i 与多个因子同时有较大的相关关系。也就是说，原有变量 x_i 的信息需要由多个因子来共同解释；如果因子载荷 a_{ij} 的绝对值在第 j 列的多个行上都有较大的取值，则表明因子 f_j 能够同时解释许多变量的信息，因子 f_j 不是任何一个原有变量 x_i 的典型代表。在这种情况下，因子 f_j 的实际含义是模糊的。而实际分析工作中人们总是希望对因子的实际含义有比较清楚的认识。为解决这个问题，可通过因子旋转的方式使一个变量只在尽可能少的因子上有比较高的载荷。最理想状态是，使某个变量 x_i 在某个因子 f_j 上的载荷趋于 1，在其他因子上的载荷趋于 0。这样，因子 f_j 就能够成为某个变量 x_i 的典型代表，于是因子的实际含义也就清楚了。

所谓因子旋转就是将因子载荷矩阵 $\boldsymbol{A}$ 右乘一个正交矩阵 $\boldsymbol{\tau}$ 后得到一个新的矩阵 $\boldsymbol{B}$。它并不影响变量 x_i 的共同度 h_i^2，却会改变因子 f_j 的方差贡献 S_j^2。因子旋转通过改变坐标轴，能够重新分配各个因子解释原始变量方差的比例，使因子更易于理解。如图 11-4 和图 11-5 所示。

图 11-4 是以两个因子 f_1，f_2 为坐标轴的因子载荷图(基于因子载荷矩阵绘制的散点图)。可以看到，图中的 10 个变量(10 个点)在因子 f_1，f_2 上均有一定的载荷，因此，因子 f_1，f_2 的含义不清。在图 11-5 中，坐标旋转后，在新的坐标轴中，10 个变量中的 6 个变量在因子 f'_1 上有较高的载荷，在因子 f'_2 上的载荷几乎为 0；其余 4 个变量在因子 f'_2 上有较高的载荷，在因子 f'_1 上的载荷几乎为 0。此时，因子 f'_1，f'_2 的含义就较为清楚，它们分别是对原有 6 个变量和剩余 4 个变量的综合与浓缩。因此，坐标旋转后应尽可能使原有变量点出现在某个坐标轴的附近，同时远离其他坐标轴。在某个坐标轴附近的变量只在该因子上有较高载荷，而在其他因子上有很低的载荷。

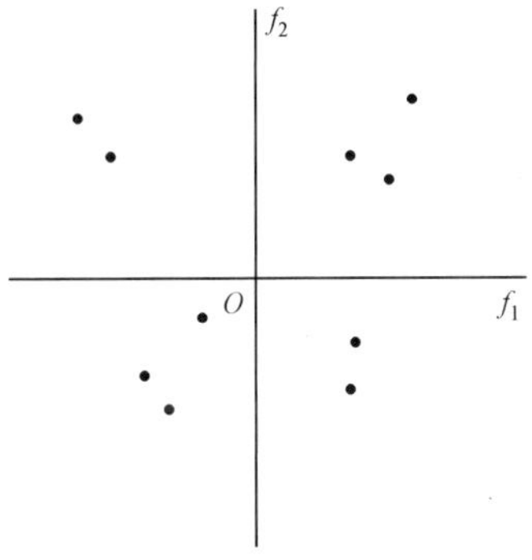

图 11-4　因子载荷图

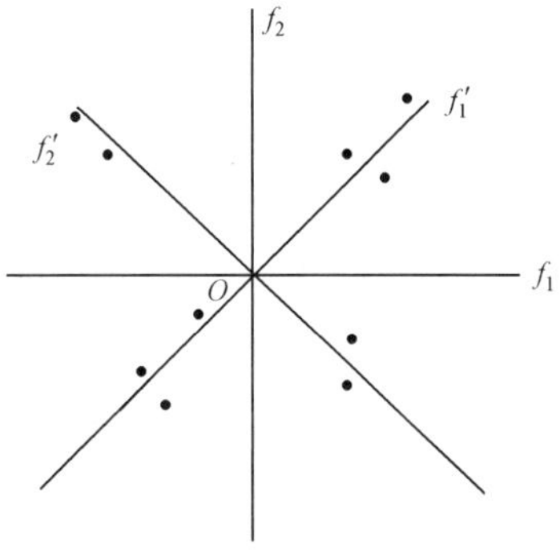

图 11-5　坐标旋转后的因子载荷图

因子旋转方式有两种：一种为正交旋转，另一种为斜交旋转。正交旋转是指坐标轴在旋转过程中始终保持垂直，于是新生成的因子仍可保持不相关性；斜交旋转中坐标轴的夹角可以是任意度数，因此新生成的因子之间不能保持不相关性。在使因子具有命名可解释性方面，斜交旋转通常会优于正交旋转，但却以不能保持因子的不相关性为代价。因此应用中一般会选用正交旋转方式。这里，仅对正交旋转进行简单论述。

正交旋转方式通常有四次方最大法(Quartimax)、方差最大法(Varimax)和等量最大法(Equamax)等。这些旋转方法的目标是一致的，只是策略不同，现仅以方差最大法为例。

在方差最大法中，如果只考虑两个因子的正交旋转，因子载荷矩阵 $\boldsymbol{A}$ 右乘一正交矩阵 $\boldsymbol{\tau}$ 后的矩阵 $\boldsymbol{B}$ 为

$$\boldsymbol{B}=\begin{bmatrix} b_{11} & b_{12} \\ b_{21} & b_{22} \\ & \cdots & \\ b_{p1} & b_{p2} \end{bmatrix}$$

为实现因子旋转的目标(一部分变量与第 1 个因子相关性强，与第 2 个因子相关性很弱，另一部分变量相反)，这里即要求($b_{11}^2,b_{21}^2,\cdots,b_{p1}^2$)和($b_{12}^2,b_{22}^2,\cdots,b_{p2}^2$)两组数据的方差尽可能地大，综合考虑应使式(11-13)最大，即

$$G=V_1+V_2=\frac{1}{p^2}\left[p\sum_{i=1}^{p}\left(\frac{b_{i1}^2}{h_i^2}\right)^2-\left(\sum_{i=1}^{p}\frac{b_{i1}^2}{h_i^2}\right)^2\right]+\frac{1}{p^2}\left[p\sum_{i=1}^{p}\left(\frac{b_{i2}^2}{h_i^2}\right)^2-\left(\sum_{i=1}^{p}\frac{b_{i2}^2}{h_i^2}\right)^2\right] \tag{11.13}$$

于是，可以通过求极值的方法求解出参数。

当因子个数大于两个时，应首先逐次对两两因子进行上述旋转，这样需进行 C_k^2 次旋转；然后继续重复下一轮旋转，直到 G 基本不变或达到指定的迭代次数为止。

11.2.5　计算因子得分

因子得分是因子分析的最终体现。在因子分析的实际应用中，当因子确定以后，便可计算每个观测在各个因子上的具体数值，这些数值称为因子得分，形成的变量称为因子变量。于是，在以后的分析中就可以以因子变量代替原有变量进行数据建模，或利用因子变量对样本进行分类或评价等研究，进而实现降维和简化问题的目标。

计算因子得分的途径是用原有变量来描述因子得分变量，第 i 个观测在第 j 个因子上取值可表示为

$$F_{ji}=\widetilde{\omega}_{j1}x_{1i}+\widetilde{\omega}_{j2}x_{2i}+\widetilde{\omega}_{j3}x_{3i}+\cdots+\widetilde{\omega}_{jp}x_{pi}$$

$$(j=1,2,3,\cdots,k) \tag{11.14}$$

式(11.14)中，$x_{1i},x_{2i},x_{3i},\cdots,x_{pi}$ 分别是第 1，2，3，…，p 个原有变量在第 i 个观测上的取值，$\widetilde{\omega}_{j1},\widetilde{\omega}_{j2},\widetilde{\omega}_{j3},\cdots,\widetilde{\omega}_{jp}$ 分别是第 j 个因子和第 1，2，3，…，p 个原有变量间的因子值系数。可见，它是原有变量线性组合的结果，因子得分可看做对各变量值的加权($\widetilde{\omega}_{j1},\widetilde{\omega}_{j2},\widetilde{\omega}_{j3},\cdots,\widetilde{\omega}_{jp}$)，权数的大小表示了变量对因子的重要程度。于是有

$$F_j=\widetilde{\omega}_{j1}x_1+\widetilde{\omega}_{j2}x_2+\widetilde{\omega}_{j3}x_3+\cdots+\widetilde{\omega}_{jp}x_p$$

$$(j=1,2,3,\cdots,k) \tag{11.15}$$

式(11.15)称为因子得分函数。由于因子个数 k 小于原有变量个数 p，因此式(11.15)中方程的个数少于变量的个数。因此，对因子值系数通常采用最小二乘意义下的回归法进行估计。可以证明，式(11.15)中系数的最小二乘估计满足

$$\boldsymbol{W}_j\boldsymbol{R} = \boldsymbol{S}_j \tag{11.16}$$

式(11.16)中，$\boldsymbol{W}_j=(\tilde{\omega}_{j1},\tilde{\omega}_{j2},\tilde{\omega}_{j3},\cdots,\tilde{\omega}_{jp})$；$\boldsymbol{R}$ 为原有变量的相关系数矩阵；$\boldsymbol{S}_j=(s_{1j},s_{2j},s_{3j},\cdots,s_{pj})$，是第 1，2，3，…，$p$ 个变量与第 j 个因子的相关系数，是不可见的。虽然 $\boldsymbol{S}_j$ 不可见，但当各因子正交时有 $\boldsymbol{S}_j=\boldsymbol{A}'_j=(a_{1j},a_{2j},a_{3j},\cdots,a_{pj})$，$a_{1j},a_{2j},a_{3j},\cdots,a_{pj}$ 为第 1，2，3，…，p 个变量在第 j 个因子上的因子载荷，于是有

$$\boldsymbol{W}_j = \boldsymbol{A}'_j\boldsymbol{R}^{-1} \tag{11.17}$$

式中，$\boldsymbol{R}^{-1}$为相关系数矩阵的逆矩阵。

根据式(11.17)可计算出因子得分变量 F_j 的因子值系数，再利用式(11.15)可计算出各个观测在第 j 个因子上的因子得分。估计因子得分的方法还有 Bartlette 法、Anderson-Rubin 法等。

11.3　因子分析的基本操作及案例

11.3.1　因子分析的基本操作

因子分析的基本操作如下。

(1) 选择菜单【分析→降维→因子分析】，出现如图 11-6 所示的窗口。

(2) 把参与因子分析的变量选到【变量(V)】框中。

(3) 选择参与因子分析的样本。把作为条件变量的变量指定到【选择变量(C)】框中，单击值(L)按钮输入变量值，只有满足相应条件的数据才参与因子分析。

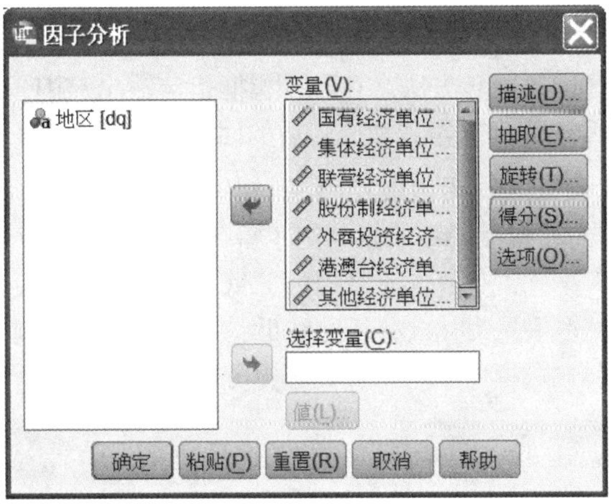

图 11-6　因子分析窗口

(4) 在图 11-6 所示的窗口中单击描述(D)按钮指定输出结果，如图 11-7 所示。【统计量】框中指定输出哪些基本统计量，包括输出各个变量的基本描述统计量以及因子分析的初始解。【相关矩阵】框中指定考察因子分析条件的方法及输出结果，其中【系数(C)】表示输出相关系数矩阵；【显著性水平(S)】表示输出相关系数检验的概率 p 值；【行列式(D)】表示输出变量相关系数矩阵的行列式值；【逆模型(N)】表示输出相关系数矩阵的逆矩阵(与相关系数矩阵的积为单位阵)；【反映像(A)】表示输出反映像相关矩阵；【KMO and Bartlett 的球形度检验(K)】表示进行巴特利特球度检验和 KMO 检验。

(5) 在图 11-6 所示的窗口中单击 抽取(E) 按钮指定提取因子的方法，如图 11-8 所示。在【方法(M)】框中提供了多种提取因子的方法，其中包括主成分分析法等；在【分析】框中指定提取因子的依据，包括相关性矩阵(当原有变量存在数量级的差异时，通常选择该选项)和【协方差矩阵】。在【抽取】框中选择如何确定因子数目：在【特征值大于】后输入特征值(默认值为 1)，SPSS 将提取大于该值的特征值；也可在【要提取的因子】框后输入提取因子的个数。在【输出】框中选择输出哪些与因子提取有关的信息，包括输出未旋转的因子载荷矩阵和因子碎石图。

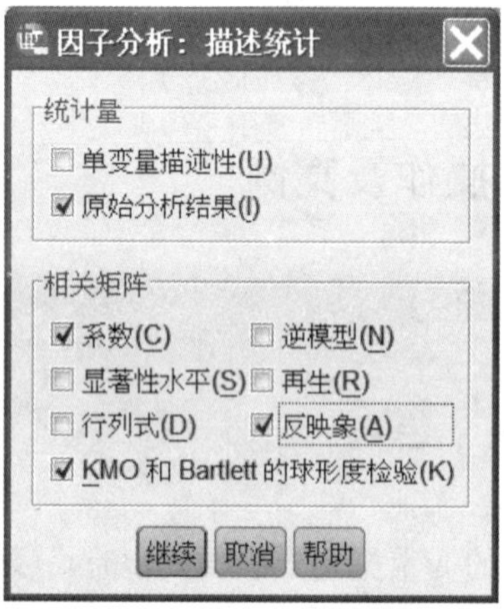

图 11-7　因子分析的描述窗口

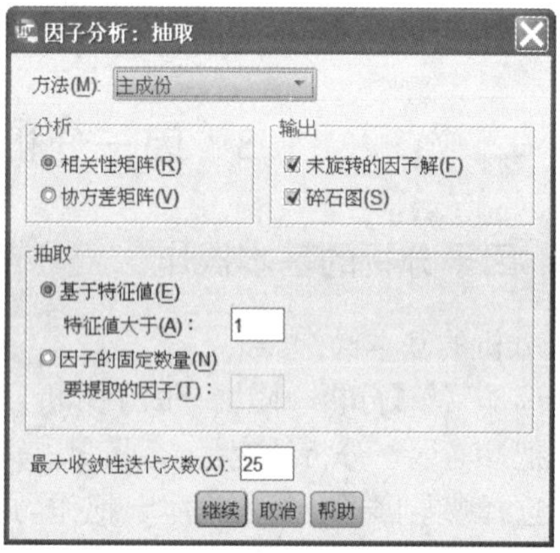

图 11-8　因子分析的抽取窗口

(6) 在图 11-6 所示的窗口中单击 旋转(T) 按钮选择因子旋转方法，如图 11-9 所示。在【方法】框中选择因子旋转方法。在【输出】框指定输出与因子旋转相关的信息，包括输出旋转后的因子载荷矩阵 B 和旋转后的因子载荷图。

(7) 在图 11-6 所示的窗口中单击 得分(S) 按钮选择计算因子得分的方法，如图 11-10 所示。选中【保存为变量(S)】项表示将因子得分保存到 SPSS 变量中，生成几个因子便产生几个 SPSS 变量。变量名的形式为 FAC*n*_*m*，其中 *n* 是因子编号，以数字序号的形式表示；*m* 表示是第几次分析的结果。还可指定输出因子得分函数中的各因子得分系数。在【方法】框中指定计算因子得分的方法。

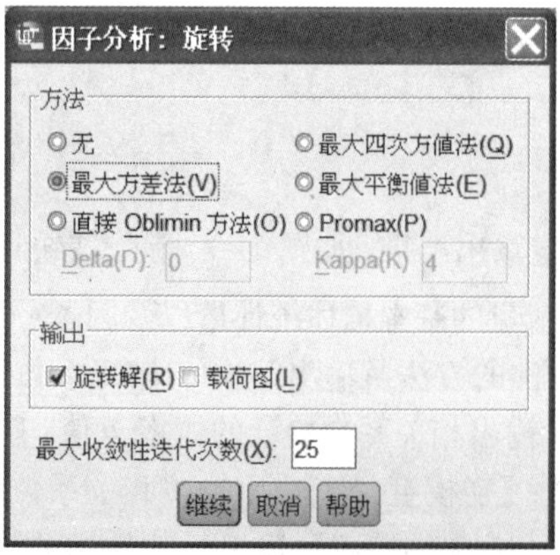

图 11-9　因子分析的旋转窗口

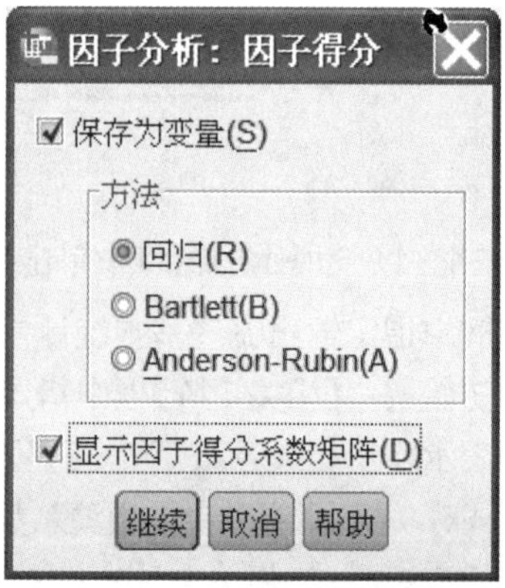

图 11-10　因子分析的得分窗口

(8) 在图 11-6 所示的窗口中单击 选项(O) 按钮指定缺失值的处理方法和因子载荷矩阵的输出方法，如图 11-11 所示。在【缺失值】框中指定如何处理缺失值，相应方法见以前章节。在【系数显示格式】框中指定因子载荷矩阵的输出方式，其中可以按第一因子得分的降序输出因子载荷矩阵，也可以在【绝对值如下】框后输入一数值，表示只输出绝对值大于该值的因子载荷。

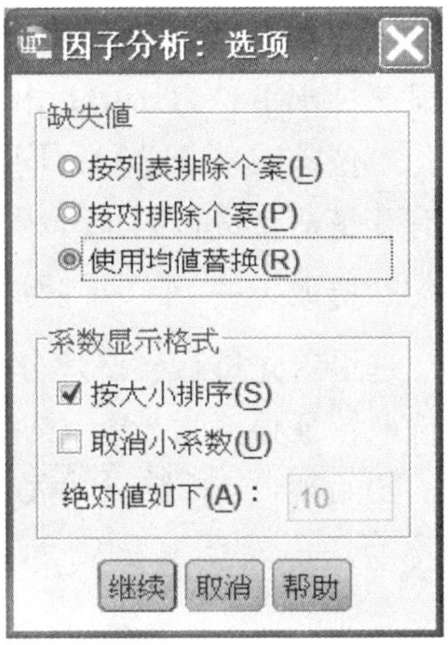

图 11-11　因子分析的选项窗口

至此，完成了因子分析的全部操作，SPSS 将按照用户的指定自动进行因子分析，并将结果显示到查看器窗口或将因子得分保存到数据编辑器窗口中。

11.3.2　因子分析的应用举例

为研究全国各地区年人均收入的差异性和相似性，收集到 1997 年全国 31 个省市自治区各类经济单位包括国有经济单位、集体经济单位、联营经济单位、股份制经济单位、外商投资经济单位、港澳台经济单位和其他经济单位的年人均收入数据(数据来源：中国统计网，SPSS 数据文件名：各地区平均收入.sav)。由于涉及的变量较多，直接进行地区间的比较分析较为烦琐，因此首先考虑采用因子分析方法减少变量个数，之后再进行比较和综合评价。由于数据中存在缺失值，故采用均值替代法处理缺失值。

1. 考察原有变量是否适合进行因子分析

首先考察收集到的原有变量之间是否存在一定的线性关系，是否适合采用因子分析方法提取因子。这里，借助变量的相关系数矩阵、巴特利特球度检验和 KMO 检验方法进行分析。具体操作如图 11-6 和图 11-7 所示。分析结果如表 11-1 所示。

表 11-1(a)　原有变量的相关系数矩阵

相关矩阵

		国有经济单位	集体经济单位	联营经济单位	股份制经济单位	外商投资经济单位	港澳台经济单位	其他经济单位
相关	国有经济单位	1.000	.825	.595	.773	.742	.786	.574
	集体经济单位	.825	1.000	.716	.740	.824	.849	.654
	联营经济单位	.595	.716	1.000	.689	.598	.676	.482
	股份制经济单位	.773	.740	.689	1.000	.765	.849	.571
	外商投资经济单位	.742	.824	.598	.765	1.000	.898	.698
	港澳台经济单位	.786	.849	.676	.849	.898	1.000	.747
	其他经济单位	.574	.654	.482	.571	.698	.747	1.000

表 11-1(a)是原有变量的相关系数矩阵。可以看到，大部分相关系数都较高，各变量呈较强的线性关系，能够从中提取公共因子，适合进行因子分析。

表 11-1(b)　巴特利特球度检验和 KMO 检验

KMO 和 Bartlett 的检验

取样足够度的 Kaiser-Meyer-Olkin 度量。		.882
Bartlett 的球形度检验	近似卡方	182.913
	df	21
	Sig.	.000

由表 11-1(b)可知，巴特利特球度检验统计量的观测值为 182.913，概率 p 值接近 0。如果显著性水平 α 为 0.05，由于概率 p 值小于显著性水平 α，应拒绝原假设，认为相关系数矩阵与单位阵有显著差异。同时，KMO 值为 0.882，根据 Kaiser 给出的 KMO 度量标准可知，原有变量适合进行因子分析。

2. 提取因子

这里首先进行尝试性分析。根据原有变量的相关系数矩阵，采用主成分分析法提取因子并选取特征根值大于 1。具体操作如图 11-8 所示，并在图 11-7 所示的窗口中指定输出因子分析的初始解，分析结果如表 11-2(a)所示。

表 11-2(a)　因子分析的初始解(一)

公因子方差

	初始	提取
国有经济单位	1.000	.760
集体经济单位	1.000	.851
联营经济单位	1.000	.599
股份制经济单位	1.000	.785
外商投资经济单位	1.000	.830
港澳台经济单位	1.000	.913
其他经济单位	1.000	.592

提取方法：主成分分析。

表 11-2(a)是因子分析的初始解，显示了所有变量的共同度。第一列是因子分析初始解下的变量共同度，它表明，对原有 7 个变量采用主成分分析方法提取 7 个因子，那么原有变量的所有方差都可被解释，变量的共同度均为 1。事实上，因子个数小于原有变量的个数才是因子分析的目标，所以不可提取全部；第二列是在按指定提取条件(这里为特征根大于 1)提取因子时的变量共同度。可以看到，港澳台经济单位、集体经济单位以及外商投资经济单位等变量的绝大部分信息(大于 76%)可被因子解释，这些变量的信息丢失较少；但联营经济单位、其他经济单位两个变量的信息丢失较为严重(近 40%)。因此本次因子提取的总体效果并不理想。

重新指定提取标准，指定提取两个因子。分析结果如表 11-2(b)所示。

表 11-2(b)　因子分析的初始解(二)

公因子方差

	初始	提取
国有经济单位	1.000	.767
集体经济单位	1.000	.854
联营经济单位	1.000	.813
股份制经济单位	1.000	.816
外商投资经济单位	1.000	.855
港澳台经济单位	1.000	.922
其他经济单位	1.000	.871

提取方法：主成分分析。

表 11-2(b)是指定提取两个因子时因子分析的初始解。由第二列可知，此时所有变量的共同度均较高，各个变量的信息丢失都较少。因此本次因子提取的总体效果较理想。

表 11-2(c)　因子解释原有变量总方差的情况

解释的总方差

成分	初始特征值			提取平方和载入			旋转平方和载入		
	合计	方差的%	累积%	合计	方差的%	累积%	合计	方差的%	累积%
1	5.331	76.151	76.151	5.331	76.151	76.151	3.168	45.261	45.261
2	.568	8.108	84.259	.568	8.108	84.259	2.730	38.997	84.259
3	.410	5.859	90.117						
4	.278	3.976	94.094						
5	.233	3.327	97.421						
6	.107	1.531	98.951						
7	.073	1.049	100.000						

提取方法：主成分分析。

在表 11-2(c)中，第一列是因子编号，以后三列组成一组，每组中数据项的含义依次是特征值(方差贡献)、方差贡献率和累积方差贡献率。

- 第一组数据项(第二列至第四列)描述了初始因子解的情况。可以看到，第 1 个因子的方差贡献为 5.331，解释原有 7 个变量总方差的 76.2%(5.33÷7×100)，累积方差贡献率为 76.2%；第 2 个因子的方差贡献为 0.57，解释原有 7 个变量总方差的 8.1%(0.57÷7×100%)，累积方差贡献率为 84.3%((5.33+0.57)÷7×100)。其余数据含义类似。在初始解中由于提取了 7 个因子，原有变量的总方差均被解释掉，累积方差贡献率为 100%，表 11-2(b)的第二列也说明了这一点。
- 第二组数据项(第五列至第七列)描述了因子解的情况。可以看到，由于指定提取两个因子，两个因子共解释了原有变量总方差的 84.3%。总体上，原有变量的信息丢失较少，因子分析效果较理想。
- 第三组数据项(第八列至第十列)描述了最终因子解的情况。可见，因子旋转后，累积方差贡献率没有改变，也就是没有影响原有变量的共同度，但却重新分配了各个因子解释原有变量的方差，改变了各因子的方差贡献，使得因子更易于解释。

在图 11-12 中，横坐标为因子编号，纵坐标为特征值。可以看到：第 1 个因子的特征值(方差贡献)很高，对解释原有变量的贡献最大；第 3 个以后的因子特征值都较小，对解释原有变量的贡献很小，已经成为可被忽略的“高山脚下的碎石”，因此提取两个因子是合适的。

表 11-2(d)显示了因子载荷矩阵，是因子分析的核心计算结果。根据该表可以写出本应用案例的因子分析模型：

$$\text{港澳台经济单位} = 0.955f_1 - 0.095f_2$$
$$\text{集体经济单位} = 0.923f_1 + 0.057f_2$$
$$\text{外商投资经济单位} = 0.911f_1 - 0.159f_2$$
$$\text{股份制经济单位} = 0.886f_1 + 0.176f_2$$
$$\text{国有经济单位} = 0.872f_1 + 0.086f_2$$
$$\text{联营经济单位} = 0.774f_1 + 0.462f_2$$
$$\text{其他经济单位} = 0.770f_1 - 0.527f_2$$

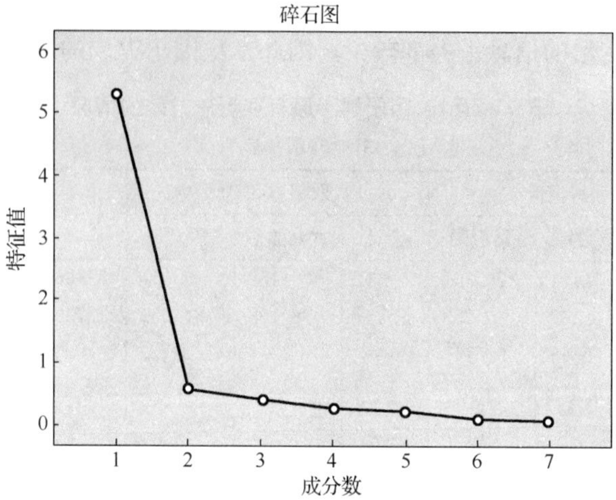

图 11-12 因子的碎石图

由表 11-2(d)可知，7 个变量在第 1 个因子上的载荷都很高，意味着它们与第 1 个因子的相关程度高，第 1 个因子很重要；第 2 个因子与原有变量的相关性均很小，它对原有变量的解释作用不显著。另外还可以看到，这两个因子的实际含义比较模糊。

表 11-2(d) 因子载荷矩阵

成分矩阵[a]

	成分	
	1	2
港澳台经济单位	.955	−.095
集体经济单位	.923	.057
外商投资经济单位	.911	−.159
股份制经济单位	.886	.176
国有经济单位	.872	.086
联营经济单位	.774	.462
其他经济单位	.770	−.527

提取方法：主成分。

a. 已提取了 2 个成分。

3. 因子的命名解释

这里采用方差最大法对因子载荷矩阵实施正交旋转以使因子具有命名解释性。指定按第一因子载荷降序的顺序输出旋转后的因子载荷以及旋转后的因子载荷图，具体操作如图 11-9 和图 11-11 所示，分析结果如表 11-3 所示。

由表 11-3(a)可知，联营经济单位、股份制经济单位、集体经济单位、国有经济单位在第 1 个因子上有较高的载荷，第 1 个因子主要解释了这几个变量，可解释为内部投资经济单位；其他经济单位、外商投资经济单位、港澳台经济单位在第 2 个因子上有较高的载荷，第 2 个因子主要解释了这几个变量，可解释为外来投资经济单位。与旋转前相比，因子含义较为清晰。

表 11-3(c)显示了两因子的协方差矩阵。可以看出，两因子没有线性相关性，实现了因子分析的设计目标。

表 11-3(a)　旋转后的因子载荷矩阵

旋转成分矩阵[a]

	成分	
	1	2
联营经济单位	.883	.180
股份制经济单位	.773	.467
集体经济单位	.720	.579
国有经济单位	.702	.524
港澳台经济单位	.642	.714
外商投资经济单位	.566	.731
其他经济单位	.213	.908

提取方法：主成分。

旋转法：具有 Kaiser 标准化的正交旋转法。

a. 旋转在 3 次迭代后收敛。

表 11-3(b)　因子旋转中的正交矩阵 T

成分转换矩阵

成分	1	2
1	.739	.674
2	−.674	.739

提取方法：主成分。

旋转法：具有 Kaiser 标准化的正交旋转法。

表 11-3(c)　因子协方差矩阵

成分得分协方差矩阵

成分	1	2
1	1.000	.000
2	.000	1.000

提取方法：主成分。

旋转法：具有 Kaiser 标准化的正交旋转法。

构成得分。

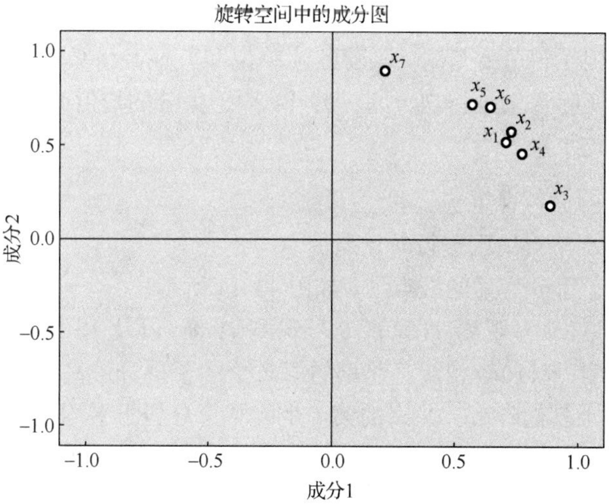

图 11-13　旋转后的因子载荷图

由图11-13可直观地看出，联合经济单位(X_3)、其他经济单位(X_7)比较靠近两个因子坐标轴，表明分别用第1个因子刻画联合经济单位，用第2个因子刻画其他经济单位，信息丢失较少，效果较好。但用一个因子分别刻画其他变量，效果不是很理想。

4. 计算因子得分

这里，采用回归法估计因子得分系数，并输出因子得分系数。具体操作如图11-10所示，具体结果如表11-4所示。

表11-4　因子得分系数矩阵

成分得分系数矩阵

	成分	
	1	2
国有经济单位	.223	.002
集体经济单位	.196	.042
联营经济单位	−.656	.504
股份制经济单位	−.331	.117
外商投资经济单位	.062	−.322
港澳台经济单位	.020	−.244
其他经济单位	.519	−.784

提取方法：主成分。

旋转法：具有Kaiser标准化的正交旋转法。

构成得分。

根据表11-4可写出以下因子得分函数：

F_1＝0.223国有＋0.196集体－0.656联营－0.331股份＋0.062外商＋0.202港澳台＋0.519其他

F_2＝＋0.002国有＋0.042集体＋0.504联营＋0.117股份－0.322外商－0.244港澳台－0.784其他

可见，计算两个因子得分变量时，联营经济单位和其他经济单位的权重较高，但方向恰好相反，这与因子的实际含义是相吻合的。另外，因子得分的均值为0，正值表示高于平均水平，负值表示低于平均水平。

5. 各省市自治区的综合评价

可利用因子得分变量对地区进行对比研究。

首先，绘制两因子得分变量的散点图，如图11-14所示。

观察图11-14可见，1号观测(北京)、9号观测(上海)以及19号观测(广东)是较为特殊的点(省市)，其他观测(地区)较相似。北京的第2个因子得分最高，表明外来投资经济单位的人均年收入远远高于其他省市。北京的第1个因子得分居于平均值，表明内部投资经济单位的人均年收入与其他地区差异不大，处在平均水平上；上海的两个因子得分均比较高，都高于平均水平，因此总体上上海的人均年收入是较高的；广东的第1因子得分最高，表明内部投资经济单位的人均年收入远高于其他省市。广东的第2个因子得分略低于平均值，表明外来投资经济单位的人均年收入与其他地区差异不明显。

其次，对各地区人均年收入进行综合评价。这里采用计算因子加权总分的方法，其中权重的确定是关键。通常的做法是根据实际问题由专家组研究来确定。这里，仅从单纯的数量上考虑，以两个因子的方差贡献率为权数。于是，计算公式为 $F=0.45/(0.45+0.39)F_1+0.39/(0.45+0.39)F_2$，人均年收入较高的省市有北京、上海、广东、浙江、天津、福建和江苏等，多属经济文化中心或东南部沿海地区。人均年收入较低的省市有内蒙古、山西、黑龙江、青海等，多为内陆或西北部边远地区。

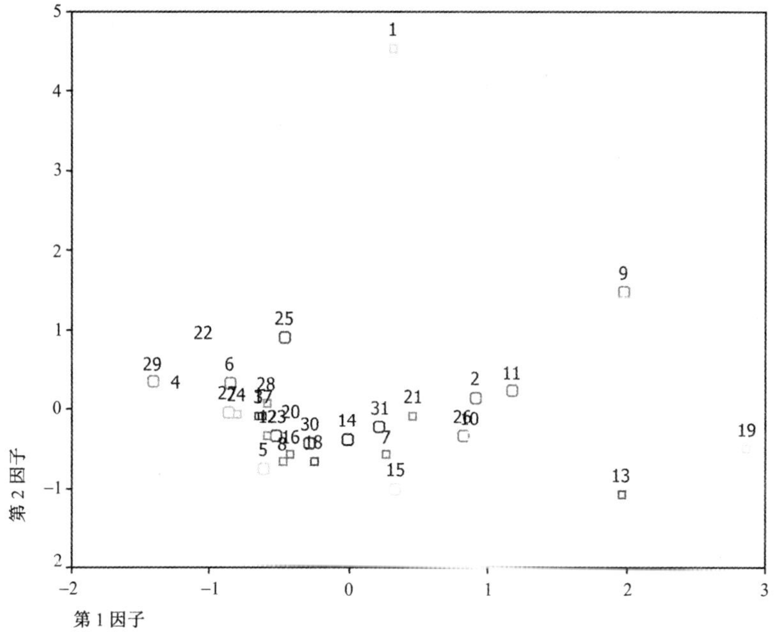

图 11-14　各地区两因子得分变量的散点图

第 12 章　SPSS 的对应分析

12.1　对应分析概述

12.1.1　对应分析的提出

社会科学的数量研究中经常会对分类型变量进行分析，研究两个或多个分类型变量之间的相关关系。例如，在利用理财数据研究客户收入水平与所选择的理财产品类型间是否存在联系的问题时，收入水平和产品类型都是分类型变量，其中：收入水平为定序变量，产品类型为定类变量；再如，在分析顾客职业与购买汽车的品牌之间的关系，研究不同客户群对汽车的喜爱偏好时，顾客职业和汽车品牌都是定类型变量。分析分类型变量之间的关系通常从编制两变量的交叉列联表入手，并通过对列联表的进一步研究探究变量间的联系。常见的方法有基于列联表的卡方检验等。在变量分类值较多时，上述分析方法通常较难直观地揭示变量之间的联系以及变量各分类之间的联系，主要表现在：

- 首先，由于变量的分类值较多使得交叉列联表行列数剧增，列联表庞大，不易于对列联表的直观观察。更主要的是，由于列联表的单元格数较多，极不易于揭示列联表中行列变量之间的联系。
- 其次，在变量分类值较多但样本量却不够大时，生成的交叉列联表中会出现大量的稀疏数据，不易于卡方检验等分析方法的运用。
- 另外，在以图形方式直观展示变量间关系方面，以往常见的图形不尽如人意。
- 再有，常见方法侧重揭示两变量间的关联，但却淡化了变量各分类间的内在联系。事实上不同变量不同分类间的关系是普遍存在的。例如，收入水平可能分为低收入、中低收入、中等收入、中高收入、高收入五个类别。理财产品类型更是种类繁多。仅以储蓄为例就有活期储蓄、一年定期储蓄、三年以上定期储蓄，等等。如果分析收入水平与储蓄产品时会发现，中等收入和中高收入水平储户选择的储蓄品种较相似，多选择一年定期储蓄和活期储蓄，低收入水平储户大多选择活期储蓄，高收入水平储户大多选择三年以上定期储蓄，则表明不同类型储户之间确实存在储蓄产品选择上的倾向性和偏好性，存在选择的相似性和差异性。

对应分析正是解决该类问题的一种基于图形分析的直观有效的多元统计分析方法。

12.1.2　对应分析的基本思想

对应分析以两变量的交叉列联表为研究对象，利用降维的方法，通过图形方式，直观揭示变量不同类别之间的联系，特别适合于多分类型变量关系的研究。

对应分析的基本思想是，首先编制两分类型变量的交叉列联表，将交叉列联表中的每个数据单元看成两变量在相应类别上的对应点。例如，编制收入水平与储蓄产品的交叉列联表，表中每个单元格中的频数(人数)代表了某个收入水平选择某类储蓄产品的人数，这个人数便是相应收入水平与相应储蓄产品的对应点，反映了不同收入水平储户与不同储蓄产品之间的联系；然后，对应分析将变量及变量之间的联系同时反映在一张二维或三维的散点图，即对应分布图上，并使联系密切的类别点较集中，联系疏远的类别点较分散。例如，中等收入点、中高收入点与一年定期储蓄点和活期储蓄点集中在一起，低收入点与活期储蓄点集中在一起，高收入点与三年以上定期储蓄点集中在一起，同时这些点之间又彼此远离；最后，通过观察对应分布图就能直观地把握变量类别之间的联系。

可见，对应分析的关键问题是：第一，如何将多个类别点表示在低维空间中，以易于直观观察；第二，如何确定各类别点的坐标，以易于鉴别类别间联系的强弱。

12.2　对应分析的基本步骤

围绕如何解决上述两个问题，对应分析采用与因子分析类似的方法降低维数，采用与多维尺度分析类似的方法绘制图形。基本步骤如下：

第一，编制交叉列联表并计算概率矩阵 $\boldsymbol{P}$。

编制两分类变量的交叉列联表，涉及的两变量分别称为行变量和列变量。例如，编制收入水平与储蓄产品的交叉列联表，其中，设行变量为收入水平，列变量为储蓄产品。于是得到一个 $r\times c$ 的矩阵 $\boldsymbol{X}$，即

$$\boldsymbol{X}=\begin{bmatrix} x_{11} & x_{12} & x_{13} & \cdots & x_{1c} \\ x_{21} & x_{22} & x_{23} & \cdots & x_{2c} \\ x_{31} & x_{32} & x_{33} & \cdots & x_{3c} \\ & & \cdots & & \\ x_{r1} & x_{r2} & x_{r3} & \cdots & x_{rc} \end{bmatrix}$$

其中，r 为行变量的类别个数，c 为列变量的类别个数，且要求 $x_{ij}>0$。将矩阵 $\boldsymbol{X}$ 归一化为 $r\times c$ 的概率矩阵 $\boldsymbol{P}$，即

$$\boldsymbol{P}=\begin{bmatrix} p_{11} & p_{12} & p_{13} & \cdots & p_{1c} \\ p_{21} & p_{22} & p_{23} & \cdots & p_{2c} \\ p_{31} & p_{32} & p_{33} & \cdots & p_{3c} \\ & & \cdots & & \\ p_{r1} & p_{r2} & p_{r3} & \cdots & p_{rc} \end{bmatrix}$$

其中，$p_{ij}=\dfrac{x_{ij}}{\sum\limits_{i=1}^{r}\sum\limits_{j=1}^{c}x_{ij}}$ 为各单元频数的总百分比。于是，矩阵 $\boldsymbol{P}$ 表示了一组关于比例的相对数据。

第二，根据 $\boldsymbol{P}$ 矩阵确定数据点坐标。

- 将 $\boldsymbol{P}$ 矩阵的 r 行看成 r 个观测，并将这 r 个观测看成 c 维空间中的 r 个观测数据点，且第 i 个数据点的坐标定义为

$$z_{i1},z_{i2},z_{i3},\cdots,z_{ic}\quad(i=1,2,3,\cdots,r)$$

其中，$z_{ij}=\dfrac{p_{ij}}{\sqrt{\sum\limits_{k=1}^{r}p_{kj}\sum\limits_{k=1}^{c}p_{ik}}}$ $(i=1,2,3,\cdots,r;j=1,2,3,\cdots,c)$。令：$p_{\cdot j}=\sum\limits_{k=1}^{r}p_{kj}$；$p_{i\cdot}=\sum\limits_{k=1}^{c}p_{ik}$。

有 $z_{ij}=\dfrac{p_{ij}}{\sqrt{p_{\cdot j}p_{i\cdot}}}$。此时，各个数据点的坐标是一个相对数据，它在各单元总百分比的基础

上，将在行和列上的分布比例考虑了进来。于是，如果某两个数据点相距较近，则表明行变量的相应两个类别在列变量所有类别上的频数分布差异均不明显。例如，如果中等收入水平点与中高收入水平点距离较近，则意味着中等收入水平和中高收入水平对储蓄产品的选择具有相似性；反之，如果某两个数据点相距较远，则表明行变量的相应两个类别在列变量所有类别上的频数分布差异明显。例如，如果低收入水平点与高收入水平点距离较远，则意味着低收入水平和高收入水平对储蓄产品的选择不具有相似性。

将 $\boldsymbol{P}$ 矩阵中 r 个点的 c 个坐标定义为 z_{ij} 的原因是：由于列联表的特殊性，通常将其中第 h 个点与第 m 个点间的距离定义为卡方距离(详见 10.1.2)或平方卡方距离。基于平方卡方距离有：

$$\mathrm{CHISQ}(h,m)=\sum_{j=1}^{c}\frac{(p_{hj}/p_{h\cdot}-p_{mj}/p_{m\cdot})^2}{p_{\cdot j}}=\sum_{j=1}^{c}\left(\frac{p_{hj}}{\sqrt{p_{\cdot j}}p_{h\cdot}}-\frac{p_{mj}}{\sqrt{p_{\cdot j}}p_{m\cdot}}\right)^2=\sum_{j=1}^{c}(z_{hj}-z_{mj})^2$$

其中，$p_{\cdot j}=\sum_{i=1}^{r}p_{ij}$，$(j=1,\ 2,\ \cdots,\ c)$；$p_{i\cdot}=\sum_{j=1}^{c}p_{ij}$，$(k=1,\ 2,\ ...,\ r)$，分别为各行百分比和各列的百分比，反映了行列边缘分布特点。可见，如果将各点的坐标定义为 z_{ij}，两点间的平方卡方距离即为平方欧氏距离。

进一步，可计算 r 个点的重心的坐标。这里用 r 个点第 j 个坐标的加权平均(权重为各行的行百分比 $p_{i\cdot}$)作为重心点的第 j 个坐标，即：

$$\sum_{i=1}^{r}\frac{p_{ij}}{\sqrt{p_{\cdot j}}p_{i\cdot}}p_{i\cdot}=\frac{1}{\sqrt{p_{\cdot j}}}\sum_{i=1}^{r}p_{ij}=\sqrt{p_{\cdot j}},\ (j=1,\ 2,\ \cdots,\ c)$$

所以，重心点坐标为：$\sqrt{p_{\cdot 1}},\sqrt{p_{\cdot 2}},\cdots,\sqrt{p_{\cdot c}}$。再进一步，计算 r 个点到重心点的平方加权(权重为各行的行百分比 $p_{i\cdot}$)欧氏距离之和：

$$I=\sum_{i=1}^{r}\sum_{j=1}^{c}p_{i\cdot}\left(\frac{p_{ij}}{\sqrt{p_{\cdot j}}p_{i\cdot}}-\sqrt{p_{\cdot j}}\right)^2=\sum_{i=1}^{r}\sum_{j=1}^{c}\frac{(p_{ij}-p_{i\cdot}p_{\cdot j})^2}{p_{i\cdot}p_{\cdot j}}=\frac{1}{n}\chi^2$$

其中，n 为样本量，χ^2 等价于卡方统计量(详见 4.3.3)。称上述 I 为总惯量。可见总惯量是各点与重心总距离大小的测度。

- 同理，将 $\boldsymbol{P}$ 矩阵的 c 列看成 c 个观测，并将这 c 个观测看成 r 维空间中的 c 个观测数据点，且第 j 个数据点的坐标定义为

$$z_{1j},z_{2j},z_{3j},\cdots,z_{rj}\quad (j=1,2,3,\cdots,c)$$

式中，$z_{ij}=\dfrac{p_{ij}}{\sqrt{\sum_{k=1}^{c}p_{ik}\sum_{k=1}^{r}p_{kj}}}=\dfrac{p_{ij}}{\sqrt{p_i}p_{\cdot j}}(i=1,2,3,\cdots,\ r;j=1,2,3,\cdots,\ c)$。同理，各个数据点的坐标也是一个相对数据。于是，如果某两个数据点相距较近，则表明列变量的相应两个类别在行变量所有类别上的频数分布差异均不明显。例如，如果一年定期储蓄点和活期储蓄点距离较近，则意味着一年定期储蓄和活期对不同收入水平的储户具有选择上的相似性；反之，如果某两个数据点相距较远，则表明列变量的相应两个类别在行变量所有类别上的频数分布差异明显。例如，如果活期储蓄点与三年以上定期储蓄距离较远，则意味着活期储蓄和三年定期储蓄对不同收入水平的储户不具有选择上的相似性。

同理，可计算各个重心点的坐标为：$\sqrt{p_{1\cdot}}$，$\sqrt{p_{2\cdot}}$，$\cdots$，$\sqrt{p_{r\cdot}}$。

第二，行变量和列变量的分类降维处理。

通过第二步能够将两变量的各个类别看做多维空间上的点，并通过点与点间距离的测度分析类别间的联系。在变量的类别较多时，数据点所在的空间维数必然较高。由于高维空间比较抽象，且高维空间中的数据点很难直观地表示出来，因此最直接的解决方法便是降维。对应分析正是采用通过类似因子分析的方式，分别对行变量类别和列变量类别实施降维。具体做法是：

- 对列变量实施分类的降维
  - 将 $\boldsymbol{P}$ 矩阵的 c 列看做 c 个变量，计算 c 个变量的加权（权重为各行的行百分比 $p_{i.}$）协方差矩阵 $\mathbf{A}$。可证明该协方差矩阵为 $\sum = (a_{ij})_{c\times c}$，其中 $a_{ij} = \sum_{k=1}^{r} Z_{ki}Z_{kj}$，$Z_{ij} = \dfrac{p_{ij} - p_{i.}p_{.j}}{\sqrt{p_{i.}p_{.j}}}$，$(i = 1, 2, \cdots, r;\ j = 1, 2, \cdots, c)$。若令 $\mathbf{Z} = (Z_{ij})$，有 $\mathbf{A} = \mathbf{Z}\mathbf{Z}'$。
  - 从协方差矩阵 $\boldsymbol{A}$ 出发，计算协方差矩阵 $\boldsymbol{A}$ 的特征值 $\lambda_1 > \lambda_2 > \cdots > \lambda_k, 0 < k \leqslant \min\{r,c\} - 1$ 以及对应的特征向量 $\boldsymbol{\mu}_1, \boldsymbol{\mu}_2, \cdots, \boldsymbol{\mu}_k$。
  - 根据累计方差贡献率确定最终提取特征值的个数 k，通常 k 取 2，并计算出相应的因子载荷矩阵 $\boldsymbol{F}$，即

$$\boldsymbol{F} = \begin{bmatrix} \mu_{11}\sqrt{\lambda_1} & \mu_{21}\sqrt{\lambda_2} \\ \mu_{12}\sqrt{\lambda_1} & \mu_{22}\sqrt{\lambda_2} \\ \cdots & \\ \mu_{1c}\sqrt{\lambda_1} & \mu_{2c}\sqrt{\lambda_2} \end{bmatrix}$$

    其中，因子载荷是列变量的某类别在某个因子上的载荷。与因子分析类似，可通过变量（列变量某分类）的共同度测度其方差的解释程度和信息的丢失程度；可通过因子的方差贡献测度因子的重要程度。
- 同理，对行变量实施分类的降维
  - 将 $\boldsymbol{P}$ 矩阵的 r 行看做 r 个变量，计算 r 个变量的加权（权重为各列的列百分比 $p_{.j}$）协方差矩阵 $\boldsymbol{B}$。可证明 $\boldsymbol{B} = \boldsymbol{Z}'\boldsymbol{Z}$。
  - 从协方差矩阵 $\boldsymbol{B}$ 出发，计算协方差矩阵 $\boldsymbol{B}$ 的特征值和特征向量。可以证明协方差矩阵 $\boldsymbol{A}$ 和 $\boldsymbol{B}$ 有相同的非零特征值。如果 $\boldsymbol{\mu}_k$ 为矩阵 $\boldsymbol{A}$ 特征值 λ_k 相应的特征向量，那么 $\boldsymbol{v}_k = \boldsymbol{Z}'\boldsymbol{\mu}_k$ 就是矩阵 $\boldsymbol{B}$ 的特征值 λ_k 相应的特征向量。
  - 根据累计方差贡献率确定最终提取特征根的个数 k，通常 k 取 2，并计算出相应的因子载荷矩阵 $\boldsymbol{G}$，即

$$\boldsymbol{G} = \begin{bmatrix} v_{11}\sqrt{\lambda_1} & v_{21}\sqrt{\lambda_2} \\ v_{12}\sqrt{\lambda_1} & v_{22}\sqrt{\lambda_2} \\ \cdots & \\ v_{1r}\sqrt{\lambda_1} & v_{2r}\sqrt{\lambda_2} \end{bmatrix}$$

    其中，因子载荷是行变量的某类别在某个因子上的载荷与因子分析类似，可通过变量（行变量某分类）的共同度测度其方差的解释程度和信息的丢失程度；可通过因子的方差贡献测度因子的重要程度。

第四，绘制行列变量分类的对应分布图。

由上一步计算可知，因子载荷矩阵 $\boldsymbol{F}$ 和 $\boldsymbol{G}$ 中的元素，其取值范围是相同的，且元素数量大小的含义也是类似的，因此可以将它们分别看成 c 个二维点和 r 个二维点绘制在一个共同的坐标平面中，形成对应分布图，各点的坐标即为相应的因子载荷。

通过以上基本步骤，实现了对行列变量多类别的降维，并以因子载荷为坐标，将行列变量的多个分类点直观地表示在对应分布图中，实现了分类变量各类别间差异的量化。通过观察对应分布图中各数据点的远近就能够判断各类别之间联系的强弱。

12.3　对应分析的基本操作及案例

12.3.1　对应分析的基本操作

利用 SPSS 进行对应分析之前应首先组织好数据。这里只涉及两个变量。如果收集到了原始数据，应将待分析的两组原始数据组织成两个 SPSS 变量的形式；如果没有原始数据而只有交叉分组下的频数数据，可按频数数据组织方式设置 SPSS 变量并指定权数变量。具体操作请参考第 2 章有关内容。

SPSS 对应分析的基本操作步骤如下。

(1) 选择菜单【分析→降维→对应分析】，于是出现如图 12-1 所示的窗口。

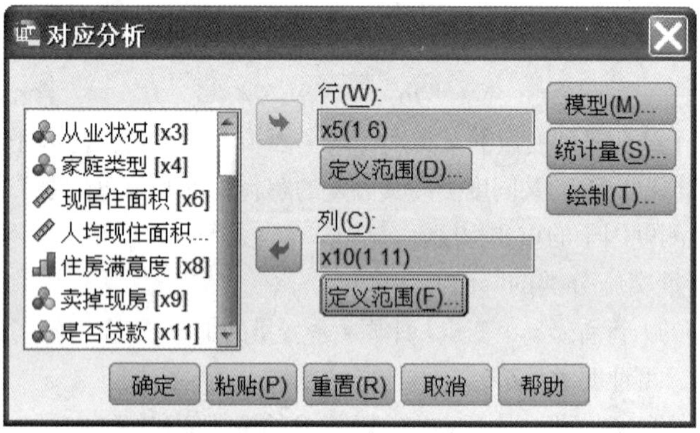

图 12-1　对应分析窗口

(2) 将行变量选择到【行(W)】框中，将列变量选择到【列(C)】框中，并分别单击 定义范围(F) 按钮指定行列变量的分类值范围，如图 12-2 所示。在【最小值(M)】框后输入分类最小值，在【最大值(A)】框后输入分类最大值，并单击 更新(U) 按钮，于是各分类值会依次显示在窗口下方的【类别约束】框中；其中，【无(N)】表示不再对分类值重新分组，【类别必须相等(C)】表示指定将哪些分类值合并为一类，【类别为补充型(G)】表示指定某些分类值不参与分析。

(3) 在图 12-1 所示的窗口中单击 模型(M) 按钮进行模型参数设置，如图 12-3 所示。在【解的维数】框后输入行列变量分类最终提取的因子个数。该数可根据累计方差贡献率给定，或指定为 2(默认)以便于将各分类点表示在二维平面上；在【距离度量】框中指定分类点间距离的定义方式，对分类型变量通常选卡方距离；在【正态化方法】框中指定数据标准化的方式，其中，当希望重点分析行列变量各类别之间的联系，而非每个变量各类别之间的差异时选【对称(S)】项；当希望重点分析行变量各类别之间的差异时选【主要行(N)】项；当希望重点分析列变量各类别之间的差异时选【主要列(V)】项；当希望同时分析行列变量各类别之间的差异时选【主要(P)】项，它们将影响到分类点的坐标值。

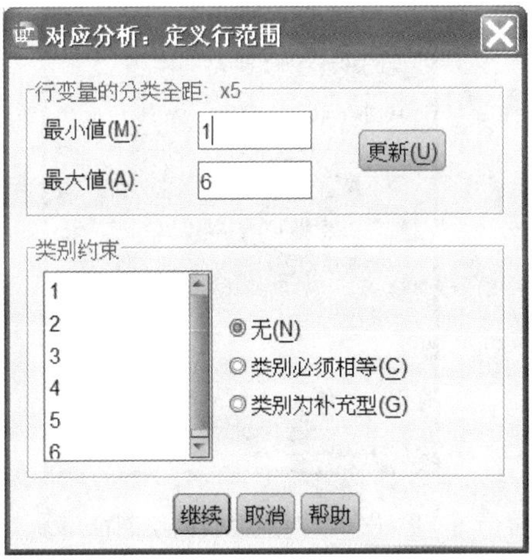

图 12-2 对应分析变量分类值定义窗口

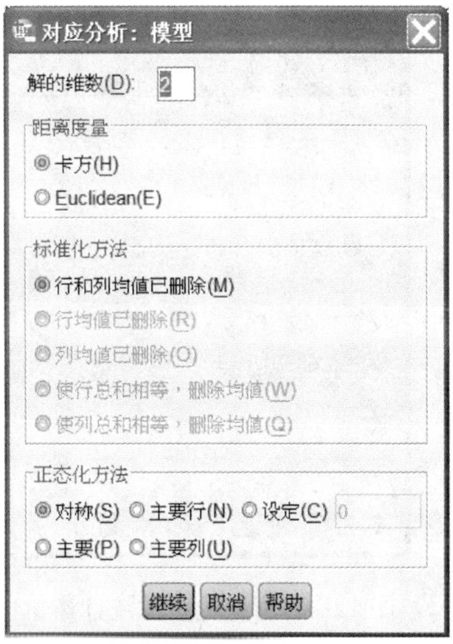

图 12-3 对应分析的模型窗口

(4) 在图 12-1 所示的窗口中单击统计量(S)按钮指定输出哪些统计量，如图 12-4 所示。其中，【对应表(C)】表示输出行列变量的交叉列联表；【行点概览(R)】表示输出行变量的因子载荷以及方差贡献等；【列点概览(L)】表示输出关于列变量的因子载荷以及方差贡献等；【行轮廓表(O)】表示输出频数的行百分比；【列轮廓表(U)】表示输出频数的列百分比。

(5) 在图 12-1 所示的窗口中单击绘制(T)按钮指定输出哪些图形，如图 12-5 所示。【散点图】框中为各种散点图，其中，【双标图(B)】为行列变量的对应分布图；【行点(O)】为行变量各类别在第一因子和第二因子上的载荷图；【列点(M)】为列变量各类别在第一因子和第二因子上的载荷图。【线图】框中为各种线图，其中，【已转换的行类别(T)】为行变量各分类的因子载荷线图；【已转换的列类别(A)】为列变量各分类的因子载荷线图。

至此，完成了 SPSS 对应分析的基本操作，SPSS 将按照用户指定自动进行对应分析，并将分析结果显示到查看器窗口中。

12.3.2 对应分析的应用举例

现收集到购买商品房的客户背景资料和房屋购买情况的数据(SPSS 数据文件名：购房调查数据.sav)。根据这些数据分析不同客户对户型购买的偏好。

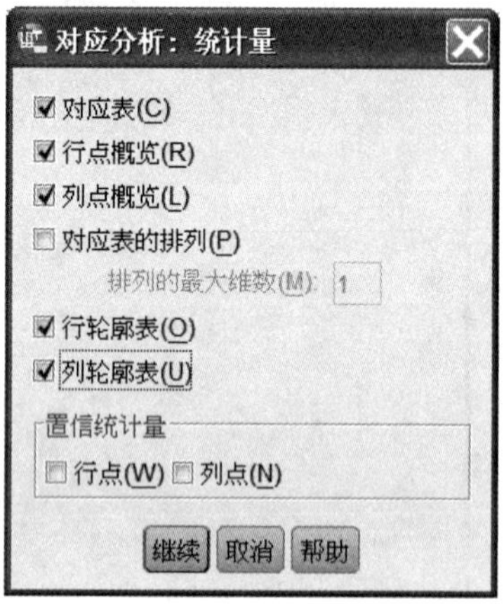

图 12-4　对应分析的统计量窗口

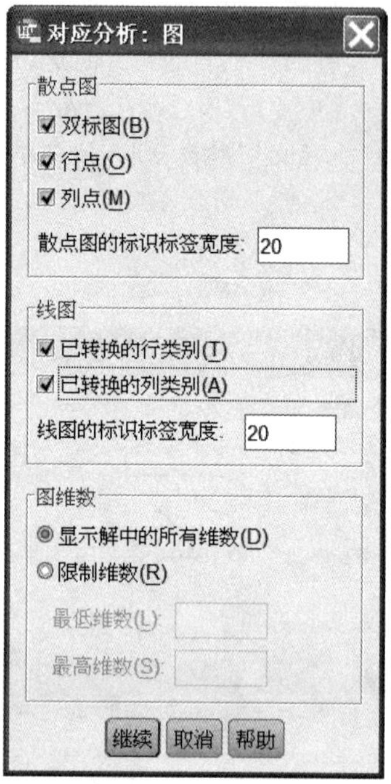

图 12-5　对应分析的绘制窗口

1. 家庭收入与户型选择

首先研究家庭收入与户型选择方面的关系，力图发现家庭收入对户型选择的影响及倾向。这里，涉及家庭收入和购买户型两个变量。其中家庭收入为行变量，分类值在 1～6 之间，购买户型为列变量，分类值在 1～11 之间。指定提取 2 个因子，并输出相关统计量和图形。具体操作如图 12-1 至图 12-5 所示，分析结果如表 12-1 至表 12-7 以及图 12-6 至图 12-12 所示。

表 12-1　家庭收入与购买户型的对应分析结果(一)

信任度

CORRESPONDENCE
Version1.1
by
Data Theory Scaling System Group(DTSS)
Faculty of Social and Behavioral Sciences
Leiden University, The Netherlands

表 12-1 是对应分析模型的版权信息。对应分析模块是荷兰 Leiden 大学 DTTS 课题组的研究成果。由于 SPSS 套用了该模块，所以每次分析结果中均显示它的版权信息。

表 12-2 是家庭收入与购买户型的交叉列联表。表中的数据为相应的频数。有效边际为边缘分布频数，是相应的合计数据。可以看到，在 719 名客户中，较多的家庭收入在 5000～10000 元、10000～25000 元和 25000～50000 元之间。较多家庭选择购买了两室一厅、三室一厅和三室两厅。尽管通过表 12-2 可以大致发现客户以及客户的购买倾向，但没有揭示出哪类家庭偏好哪种户型的规律。

表 12-2　家庭收入与购买户型的对应分析结果(二)

对应表

家庭收入	购买户型										
	一室一厅	两室一厅	两室两厅	三室一厅	三室两厅	三室三厅	四室两厅单卫	四室二厅双卫	四室三厅单卫	四室三厅双卫	更大户型	有效边际
5000 元以下	2	7	2	7	3	1	1	0	0	0	0	23
5000～10000 元	4	70	26	49	38	1	1	3	0	0	0	192
10000～25000 元	5	75	52	102	90	0	7	16	2	3	3	355
25000～50000 元	0	13	11	20	51	1	6	9	0	2	6	119
50000～75000 元	0	2	3	4	5	0	0	2	0	0	0	16
75000 元以上	0	0	0	3	5	0	0	3	0	0	3	14
有效边际	11	167	94	185	192	3	15	33	2	5	12	719

表 12-3　家庭收入与购买户型的对应分析结果(三)

行简要表

家庭收入	购买户型										
	一室一厅	两室一厅	两室两厅	三室一厅	三室两厅	三室三厅	四室两厅单卫	四室二厅双卫	四室三厅单卫	四室三厅双卫	更大户型	有效边际
5000 元以下	.087	.304	.087	.304	.130	.043	.043	.000	.000	.000	.000	1.000
5000～10000 元	.21	.365	.135	.255	.198	.005	.005	.16	.000	.000	.000	1.000
10000～25000 元	0.14	.211	.146	.287	.254	.000	.020	.045	.006	.008	.008	1.000
25000～50000 元	.000	.109	.092	.168	.429	.008	.050	.076	.000	.017	.050	1.000
50000～75000 元	.000	.125	.188	.250	.313	.000	.000	.125	.000	.000	.000	1.000
75000 元以上	.000	.000	.000	.214	.357	.000	.000	.214	.000	.000	.214	1.000
质量	.015	.232	.131	.257	.267	.004	.021	.046	.003	.007	.017	

表 12-3 是对表 12-2 的补充，显示了各频数在本行上的百分比，较表 12-2 更直观清晰。可以看到，购买两室一厅、三室一厅、三室两厅的家庭分别占总家庭的 23.2%、25.7%、26.7%，三室两厅购买比例最高；购买四室三厅单卫的比例最低，仅为 0.3%。

表 12-4 也是对表 12-2 的补充，显示了各频数在本列上的百分比，较表 12-2 更直观清晰。可以看到，购买商品房的客户中，收入在 10000～25000 元的家庭比例最高，占到 49.4%。家庭收入在 75000 元以上的家庭所占比例最低，仅为 1.9%。

表 12-5 是对应分析的核心结果。第 1 列列出了特征值的编号。由对应分析的基本原理可知，提取的特征值个数为 $\min\{r,c\}-1$，这里，由于家庭收入有 6 个水平($r=6$)，户型有 11 种($c=11$)，因此提取的特征根数应为 $\min\{6, 11\}-1=5$；第 2 列是奇异值，它的平方是惯量；第 3 列是惯量，即特征值。由对应分析的基本原理知道，协方差阵 $\boldsymbol{A}$ 与协方差阵 $\boldsymbol{B}$ 有相同的非零特征根，这里列出了相应的特征值，其中第 1 个特征值最大，意味着它解释各类别

差异的能力最强，地位最重要，其他特征值的重要性依次下降。特征值的总和(总惯量 I)为 0.214；第 4 列、第 5 列是对交叉列联表作卡方检验的卡方观测值(154.016)和概率 p 值(0.000)。这里，总惯量 $I=\frac{1}{n}\chi^2$，$n=719$。如果显著性水平 α 为 0.05，由于概率 p 值小于显著性水平 α，所以拒绝原假设，认为行变量和列变量有显著的相关关系；第 6 列是各个特征值的方差贡献率。如第 1 个特征值的方差贡献率为0.658(0.141÷0.214)，方差贡献率是最高的；第 7 列是各特征值的累计方差贡献率。如第 2 特征根的累计方差贡献率为 0.804((0.141+0.031)÷0.214)。5 个特征根的累计方差贡献为 1。由于 2 个特征值就已经解释了各类别差异的 80.4%，因此最终提取 2 个因子是可行的，信息丢失较少。实际应用中可以根据该项数据确定最终提取的因子个数。

表 12-4　家庭收入与购买户型的对应分析结果(四)

列简要表

家庭收入	购买户型										
	一室一厅	两室一厅	两室两厅	三室一厅	三室两厅	三室三厅	四室两厅单卫	四室二厅双卫	四室三厅单卫	四室三厅双卫	更大户型	质量
5000 元以下	.182	.042	.021	.038	.016	.333	.067	.000	.000	.000	.000	.032
5000～10000 元	.364	.419	.277	.265	.198	.333	.067	.091	.000	.000	.000	.267
10000～25000 元	.455	.449	.553	.551	.469	.000	.467	.485	1.00	.600	.250	.494
25000～50000 元	.000	.078	.117	.108	.266	.333	.400	.273	.000	.400	.500	.166
50000～75000 元	.000	.012	.032	.022	.026	.000	.000	.061	.000	.000	.000	.022
75000 元以上	.000	.000	.000	.016	.026	.000	.000	.091	.000	.000	.250	.019
有效边际	1.0	1.0	1.00	1.00	1.0	1.0	1.00	1.0	1.00	1.00	1.0	

表 12-5　家庭收入与购买户型的对应分析结果(五)

摘要

维数	奇异值	惯量	卡方	Sig.	惯量比例		置信奇异值	
					解释	累积	标准差	相关 2
1	.375	.141			.658	.658	.042	.424
2	.177	.031			.146	.804	.054	
3	.161	.026			.121	.925		
4	.111	.012			.058	.982		
5	.062	.004			.018	1.000		
Total		.214	154.016	.000[a]	1.000	1.000		

a. 50 degrees of freedom.

表 12-6 显示了行变量各类别降维的情况。第 2 列是行变量各类别的百分比；第 3 列、第 4 列是行变量各分类在第 1、第 2 个因子上的因子载荷，它们将成为分布图中数据点的坐标；第 5 列为各特征值，是各行点与重心点的平方加权欧氏距离；第 6 列、第 7 列是行变量各类别对第 1、第 2 个因子值差异的影响程度。如家庭收入中的 25000～50000 元类对第 1 个因子值的差异影响最大(36.5%)，5000 元以下类对第 2 因子值的差异影响最大(47.6%)；第 8 列、第 9 列、第 10 列是第 1、第 2 因子对行变量各差异的解释程度。如对 5000 元以下类第 1

个因子解释了 21.7%的差异，第 2 个因子解释了 50.6%的差异，两因子共解释了 72.3%的差异。50000～75000 元类的信息丢失较为严重。

表 12-6 家庭收入与购买户型的对应分析结果(六)

概述行点

家庭收入	质量	维中的得分		惯量	贡献				
					点对维惯量		维对点惯量		
		1	2		1	2	1	2	总计
5000 元以下	.032	−.729	1.621	.029	.045	.476	.217	.506	.723
5000～10000 元	.267	−.568	.231	.041	.229	.081	.787	.061	.849
10000～25000 元	.494	−.066	−.252	.010	.006	.178	.083	.574	.657
25000～50000 元	.166	.910	−.008	.061	.365	.000	.838	.000	.838
50000～75000 元	.022	.289	−.653	.006	.005	.054	.108	.265	.373
75000 元以上	.019	2.597	1.386	.066	.350	.212	.743	.100	.843
Active Total	1.000			.214	1.000	1.000			

a. 对称标准化。

表 12-7 显示了列变量各类别降维的情况。含义与表 12-6 类似。

表 12-7 家庭收入与购买户型的对应分析结果(七)

概述列点

购买户型	质量	维中的得分		惯量	贡献				
					点对维惯量		维对点惯量		
		1	2		1	2	1	2	总计
一室一厅	.015	−.983	1.494	.014	.039	.193	.383	.417	.800
两室一厅	.232	−.597	.243	.038	.220	.078	.813	.064	.876
两室两厅	.131	−.249	−.357	.006	.022	.094	.475	.460	.935
三室一厅	.257	−.180	−.052	.007	.022	.004	.432	.017	.448
三室两厅	.267	.432	−.172	.024	.133	.045	.769	.058	.827
三室三厅	.004	−.343	3.478	.015	.001	.286	.012	.600	.613
四室两厅单卫	.021	.657	.013	.012	.024	.000	.288	.000	.288
四室二厅双卫	.046	1.113	−.098	.025	.152	.002	.852	.003	.856
四室三厅单卫	.003	−.176	−1.429	.003	.000	.032	.011	.352	.363
四室三厅双卫	.007	.864	−.876	.005	.014	.030	.403	.195	.598
更大户型	.017	2.897	1.579	.064	.373	.236	.819	.115	.934
Active Total	1.000			.214	1.000	1.000			

a. 对称标准化。

图 12-6 是家庭收入在第 1 个因子上的载荷线图，其中 75000 元以上类的载荷最高。图 12-7 是家庭收入在第 2 个因子上的载荷线图，其中 5000 元以下类的载荷最高。

图 12-8 是购买户型在第 1 个因子上的载荷线图，其中更大户型类的载荷最高。图 12-9 是购买户型在第 2 个因子上的载荷线图，其中三室三厅类的载荷最高。

图 12-10 是家庭收入在第 1、第 2 因子上载荷的散点图，借助该图可分析家庭收入各类间的差异性。可以看出，5000 元以下类、75000 元以上类比较特别，可分别自成一类，其余类别可粗略看做一类，差异不显著。图 12-11 是购买户型在第 1、第 2 因子上载荷的散点图，借助该图可分析购买户型各类间的差异性。可以看出，可将一室一厅、三室三厅、更大户型分别看成一类，四室三厅单卫和四室三厅双卫看成一类，其余户型可粗略看成一类。

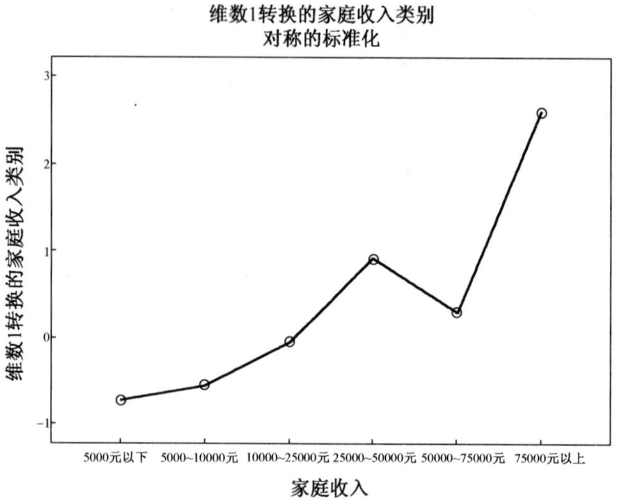

图 12-6　对应分析图形结果(一)

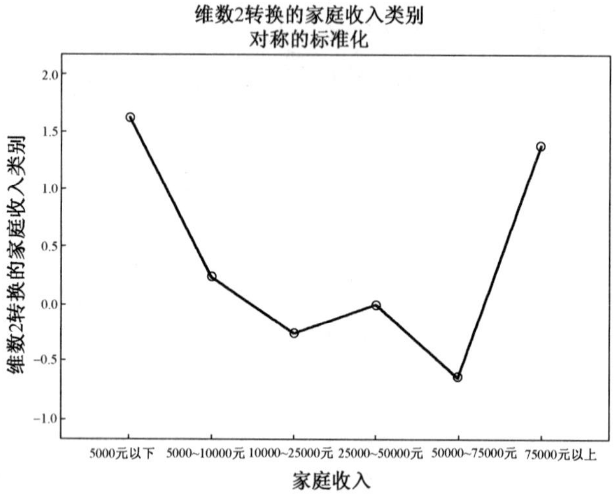

图 12-7　对应分析图形结果(二)

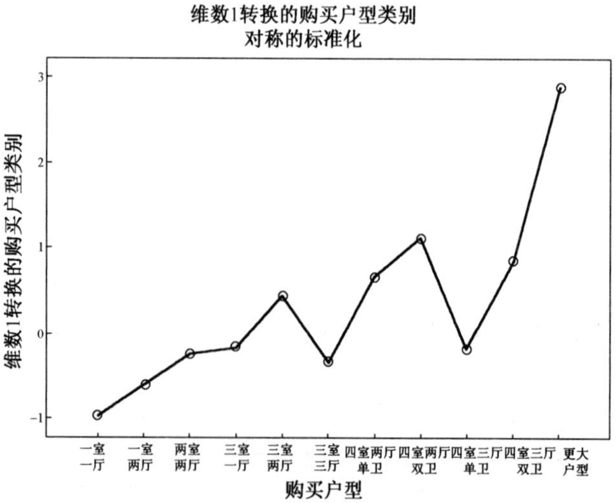

图 12-8　对应分析图形结果(三)

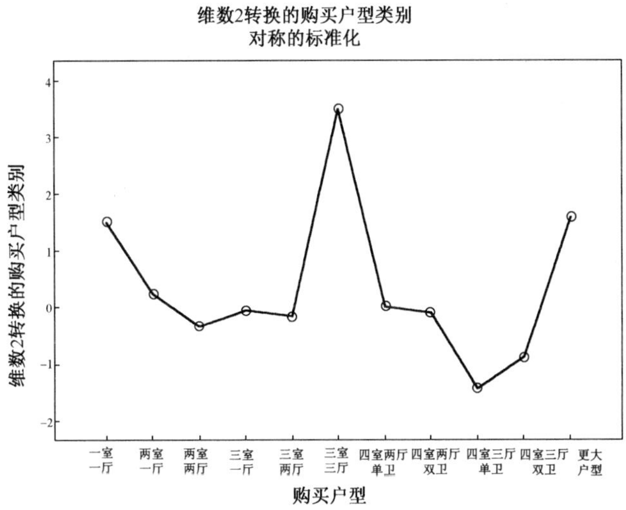

图 12-9　对应分析图形结果(四)

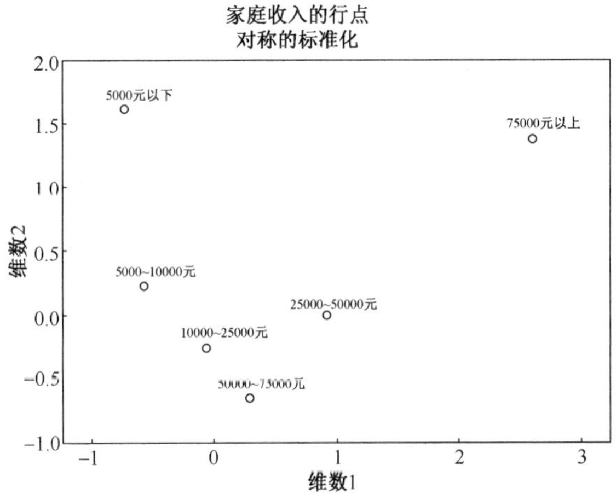

图 12-10　对应分析图形结果(五)

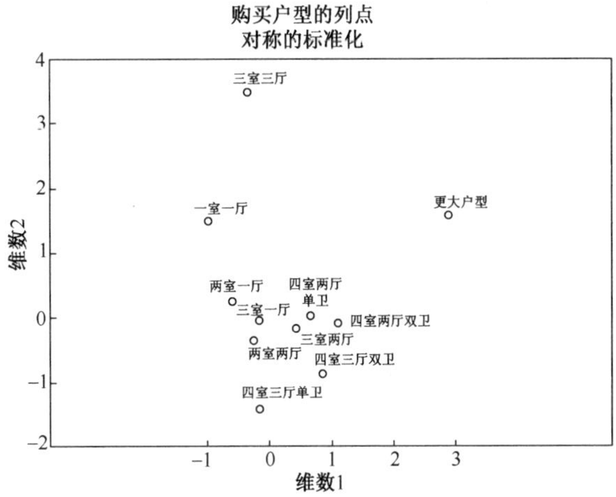

图 12-11　对应分析图形结果(六)

图 12-12 是家庭收入与购买户型的对应分布图，借助该图可分析家庭收入与购买户型各类间的倾向性。可以看出，家庭年收入 75000 元以上的客户较偏爱更大户型；家庭年收入 5000 元以下的客户较偏爱一室一厅户型；家庭年收入在 50000～75000 元的客户较偏爱四室三厅双卫户型；其余家庭年收入类别对户型的选择差异不十分显著，基本集中在两室一厅、两室两厅、三室一厅、三室两厅等户型上。因此可知这些户型对这些收入类的家庭来说差异并不明显。可根据居民的普遍收入状况，从成本核算方面多设计利润较高的户型。另外，三室三厅问津的人不多。

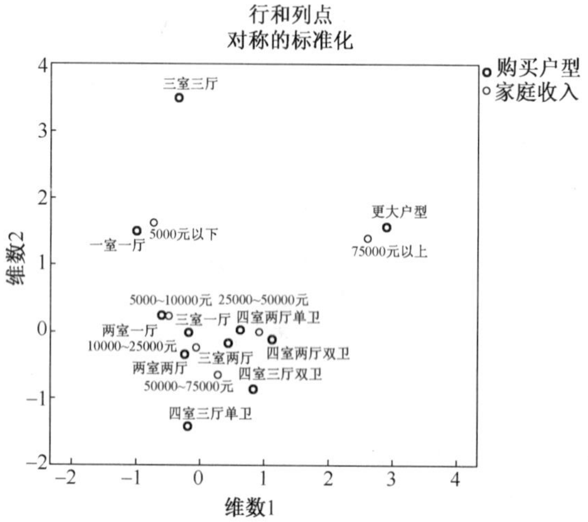

图 12-12　对应分析图形结果(七)

2. 家庭收入、家庭类型、户主年龄与户型选择

根据数据研究家庭收入、家庭类型(如单身、两口之家、三口之家、与父母同住)、户主年龄与户型选择方面的关系，力图发现这些因素对户型选择的影响及倾向。

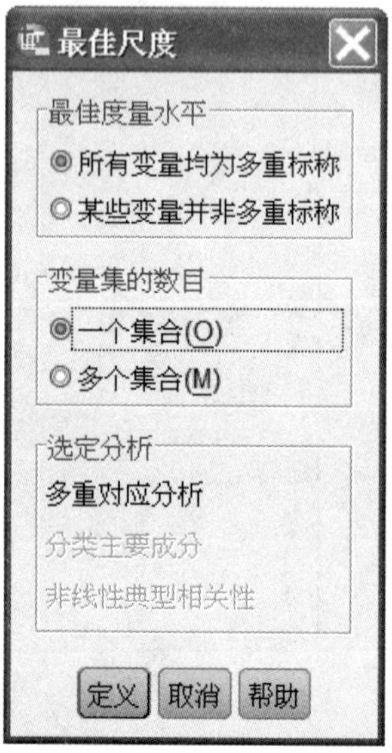

图 12-13　最优尺度分析窗口

对应分析能够有效分析变量各类别间及两变量各类别间的联系。如果同时分析多变量类别间的关系，对应分析就显得力不从心。对此通常采用 SPSS 最优尺度分析中的多重对应分析。多重对应分析的核心目的也是力图在低维空间展现两个或多个分类型变量之间的关系。

这里仅通过对上述问题的研究，对 SPSS 多重对应分析作简单介绍。具体分析操作步骤是：选择菜单【分析→降维→最优尺度】，出现如图 12-13 所示的窗口。

图 12-13 所示的窗口中，在【最佳度量水平】框中选择【所有变量均为多重标称】项，表示所分析的变量均为分类变量，于是 SPSS 将自动采用多重对应分析方法。另一选项表示所分析的变量中有数值型变量。在【变量集的数目】框选择【一个集合(O)】项，表示进行不同变量间的分析；【多个集合(M)】表示对几个变量组间作分析，SPSS 将自动采用非线性典型相关分析方法；单击定义按钮进行变量的详细定义，窗口如图 12-14 所示。

在图 12-14 所示的窗口中选择参与分析的多个变量到【分析变量(A)】框。单击 变量(B) 按钮，显示如图 12-15 所示的窗口。指定所有变量到【联合类别图(J)】框中，最后得到的多重对应分布图如图 12-16 所示。

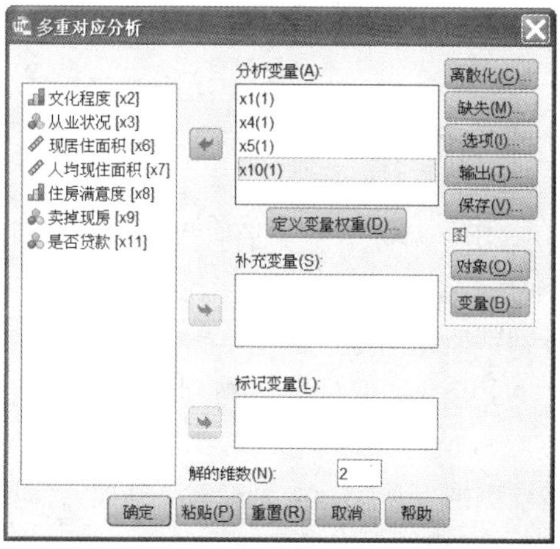

图 12-14　多重对应分析窗口

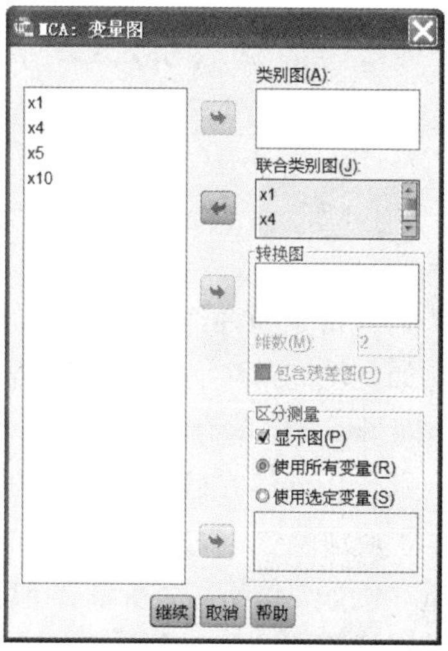

图 12-15　多重对应分析的变量窗口

图 12-16 较清楚地展示了各影响因素内不同类别间的关系以及对户型选择的影响和偏好特征。可以看到：家庭收入在 75000 元以上的客户倾向选择更大户型，且不受家庭类型和年龄的影响；25 岁以下的客户多为单身家庭。其他相关因素和户型选择大致分别集中在两个区域。25～35 岁的年轻户主，家庭收入较集中在 25000～50000 元和 50000～750000 元的较高收入段，较偏爱较大户型。35～45 岁、45～55 岁的中年户主，家庭收入中等水平，较偏爱中型户型。家庭类型对户型选择的影响不显著。

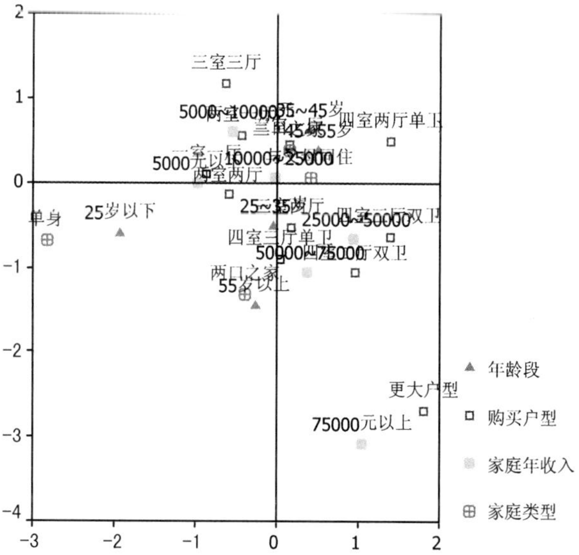

图 12-16　户型选择的多重对应分布图

第 13 章　SPSS 的判别分析

13.1　判别分析概述

判别分析是一种经典的多元统计分析方法，用于对分类型变量取值的分析和预测。

例如，收集到网上众多店铺经营的商品种类、品牌、型号、价格、是否有定期促销、交易量、访问量、卖家信息以及星级的数据，分析判别店铺的星级等。

判别分析能够在已有样本数据的基础上，分析类别变量取值与判别变量之间的数量关系，建立判别函数，最终实现对新数据类别变量取值的预测。这里，用于判别的变量称为判别变量。例如，价格、交易量、访问量等。被预测的变量称为类别变量，例如店铺星级等。

可以从不同角度对判别分析方法进行分类。根据类别变量的类别个数，可将判别分析分为两组判别分析和多组判别分析；根据所采用的数学模型，可将判别分析分为线性判别分析和非线性判别分析；根据判别准则，可将判别分析分为距离判别法、Fisher 判别法和 Bayes 判别法。

可见，判别分析与 Logistic 回归等方法有类似的分析目标。但判别分析更注重类别的预测，不用于对影响因素的分析。

以下将分别介绍距离判别法、Fisher 判别法和 Bayes 判别法，并通过案例分析讨论 SPSS 判别分析的实现步骤和结果解读。

13.2　距离判别法

距离判别法，顾名思义，就是以距离为依据实现判别。

13.2.1　距离判别的基本思路

设类别变量有 k 个类别，且有分别来自 $k(k\geqslant 2)$ 个类别总体的 k 个样本，每个样本都有若干个判别变量为 x_1，x_2，…，x_p（$p>k$）的观测值，且判别变量均为数值型，并服从正态分布。

距离判别法的基本思路是：首先，将样本数据看成 p（p 个判别变量）维空间中的点；然后，分别计算 k 个样本各判别变量的均值，作为 k 个类别的中心；最后，计算新数据点到各类别中心的马氏(Mahalanobis)距离，并根据距离最近的原则，新数据点距离哪个类别中心近则属于哪个类别。

首先，以两个类别总体为例直观说明基本原理和基本计算方法。设有两个类别总体 G_1 和 G_2，从第一个总体中抽取 n 个样本观测，从第二个总体中抽取 m 个样本观测，每个样本均有 p 个判别变量。数据和计算得到的均值如表 13-1 所示。

表 13-1　计算示例

第一个样本	$x_{11}^{(1)}$　$x_{12}^{(1)}$　…　$x_{1p}^{(1)}$ $x_{21}^{(1)}$　$x_{21}^{(1)}$　…　$x_{2p}^{(1)}$ … $x_{n1}^{(1)}$　$x_{n2}^{(1)}$　…　$x_{np}^{(1)}$	第二个样本	$x_{11}^{(2)}$　$x_{12}^{(2)}$　…　$x_{1p}^{(2)}$ $x_{21}^{(2)}$　$x_{21}^{(2)}$　…　$x_{2p}^{(2)}$ … $x_{m1}^{(2)}$　$x_{m2}^{(2)}$　…　$x_{mp}^{(2)}$
均值 $\bar{\boldsymbol{X}}^{(1)}$	$\bar{x}_1^{(1)}$　$\bar{x}_2^{(1)}$　…　$\bar{x}_p^{(1)}$	均值 $\bar{\boldsymbol{X}}^{(2)}$	$\bar{x}_1^{(2)}$　$\bar{x}_2^{(2)}$　…　$\bar{x}_p^{(2)}$

设 $\boldsymbol{\mu}^{(1)}$ 和 $\boldsymbol{\Sigma}^{(1)}$ 为总体 G_1 的均值向量和协差阵，$\boldsymbol{\mu}^{(2)}$ 和 $\boldsymbol{\Sigma}^{(2)}$ 为总体 G_2 的均值向量和协差阵。当总体均值未知时，用各组的样本均值 $\bar{\boldsymbol{X}}^{(1)}$ 、$\bar{\boldsymbol{X}}^{(2)}$ 作为估计值。数据点 $\boldsymbol{X}$ 到总体 G_i 的平方马氏距离定义为

$$D^2(\boldsymbol{X},G_i)=(\boldsymbol{X}-\boldsymbol{\mu}^{(i)})'(\boldsymbol{\Sigma}^{(i)})^{-1}(\boldsymbol{X}-\boldsymbol{\mu}^{(i)})\quad(i=1,2)\tag{13.1}$$

显然，马氏距离是点 $\boldsymbol{X}$ 到各类别中心的平方欧氏距离，以判别变量的协差阵作调整后的距离。协差阵调整后的距离相对欧氏距离能够更好地反映样本的似然。虽然数据点到类中心的欧氏距离不同，但它们的概率密度值却有可能相同。例如，在多元正态分布中，概率密度相同的观测点分布在同一椭圆上，虽然它们到中心的欧氏距离不同，但马氏距离视这些点与中心有相等的“距离”。

于是，可根据 $D^2(\boldsymbol{X},G_1)$ 和 $D^2(\boldsymbol{X},G_2)$ 进行判断：

- 如果 $D^2(\boldsymbol{X},G_1)<D^2(X,G_2)$，则 $\boldsymbol{X}\in G_1$，点 $\boldsymbol{X}$ 判属于第一类总体。
- 如果 $D^2(\boldsymbol{X},G_2)<D^2(\boldsymbol{X},G_1)$，则 $\boldsymbol{X}\in G_2$，点 $\boldsymbol{X}$ 判属于第二类总体。
- 如果 $D^2(\boldsymbol{X},G_1)=D^2(\boldsymbol{X},G_2)$，则无法判断。

进一步，设 $W(\boldsymbol{X})=D^2(\boldsymbol{X},G_2)-D^2(\boldsymbol{X},G_1)$ 为判别函数，则有：

- 如果 $W(\boldsymbol{X})>0$，则 $\boldsymbol{X}\in G_1$，点 $\boldsymbol{X}$ 判属于第一类总体。
- 如果 $W(\boldsymbol{X})<0$，则 $\boldsymbol{X}\in G_2$，点 $\boldsymbol{X}$ 判属于第二类总体。
- 如果 $W(\boldsymbol{X})=0$，则无法判断。

13.2.2　判别函数的计算

计算判别函数时，应分以下两种情况考虑：

- 如果各总体的协差阵相等，平方马氏距离计算时采用合并的组内协差阵（Pooled Within-Groups Covariance），记为 $\boldsymbol{\Sigma}$，定义为：

$$\begin{aligned}\boldsymbol{\Sigma}&=\frac{1}{n_1+n_2-2}(\boldsymbol{S}_1+\boldsymbol{S}_2)\\ \boldsymbol{S}_i&=\sum_{j=1}^{n_i}(\boldsymbol{X}_j^{(i)}-\bar{\boldsymbol{X}}^{(i)})(\boldsymbol{X}_j^{(i)}-\bar{\boldsymbol{X}}^{(i)})'\quad(i=1,2)\end{aligned}\tag{13.2}$$

其中，n_i 为第 i 类的样本量，$\boldsymbol{S}_i$ 为 SSCP（Sum of Square and Cross-Product）矩阵。整理后得到判别函数 $W(\boldsymbol{X})$ 为

$$W(\boldsymbol{X})=(\boldsymbol{X}-\bar{\boldsymbol{X}})'\boldsymbol{\Sigma}^{-1}(\bar{\boldsymbol{X}}^{(1)}-\bar{\boldsymbol{X}}^{(2)})\tag{13.3}$$

其中，$\bar{\boldsymbol{X}}=\frac{1}{2}(\bar{\boldsymbol{X}}^{(1)}+\bar{\boldsymbol{X}}^{(2)})$ 。

可见，该判别函数为线性判别函数，$W(\boldsymbol{X})=0$ 代表的是一条能够分隔两类总体的线或平面或超平面。落在其上的数据点，判别函数值为 0，形成的点轨迹为图 13-1 中的虚线。

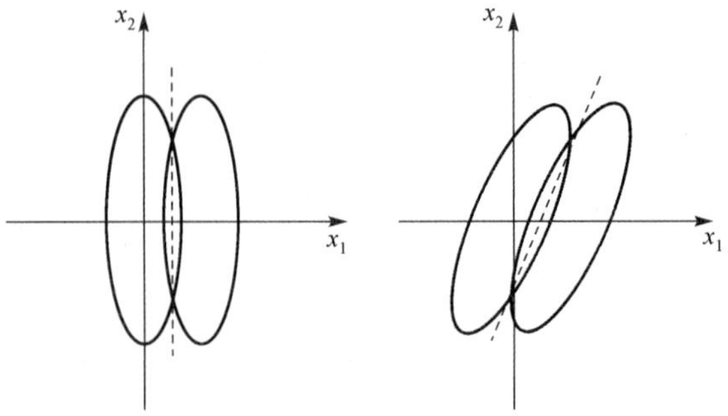

图 13-1　距离判别原理示意

图 13-1 中，左图为判别变量 x_1 和 x_2 不相关的情况，右图为线性相关的情况。可见，判别函数等于 0 时所对应的分隔线与两类的中心连线垂直，且垂足为连线的中点。

- 如果各总体协差阵不相等，平方马氏距离计算时采用各类别自身的协差阵(Separated-groups covariance)。整理后的判别函数 $W(\boldsymbol{X})$ 为

$$W(\boldsymbol{X})=(\boldsymbol{X}-\overline{\boldsymbol{X}}^{(2)})'(\boldsymbol{\Sigma}^{(2)})^{-1}(\boldsymbol{X}-\overline{\boldsymbol{X}}^{(2)})-(\boldsymbol{X}-\overline{\boldsymbol{X}}^{(1)})'(\boldsymbol{\Sigma}^{(1)})^{-1}(\boldsymbol{X}-\overline{\boldsymbol{X}}^{(1)}) \tag{13.4}$$

该判别函数是个二次判别函数，它是一个分隔曲线或曲面。

距离判别的目的是最终确定这条分隔线或平面或超平面，即求 $D^2(\boldsymbol{X},G_2)=D^2(\boldsymbol{X},G_1)$ 时 $\boldsymbol{X}$ 的解。因此，距离判别法直观易懂。

值得注意的是，当两个总体的均值差异不显著时，判别分析的错判概率是很大的，也就是说，只有当两个总体的均值存在显著差异时，判别分析才有意义。

13.3　Fisher 判别法

13.3.1　Fisher 判别的基本思路

Fisher 判别也称典型判别，其基本思想是先投影再判别，其中投影是 Fisher 判别的核心。

所谓投影是将原来 p 维 X 空间的观测点投影到 $m(m<=p)$ 维 Y 空间中。将这里的 Y 空间称为 Fisher 判别空间。Fisher 判别的判别函数是判别变量的线性函数形式，即

$$y=a_1x_1+a_2x_2+\cdots+a_px_p \tag{13.5}$$

其中，系数 a_i 称为判别系数，表示各输入变量对于判别函数的影响；y 是低维 Y 空间中的某个维度。

判别函数通常为多个，于是得到低维 Y 空间中的多个维度 $y_1,y_2,\cdots,y_m$。这样，通过对原数据坐标系统的变换，高维 X 空间中的所有观测点都将变换到低维 Y 空间中。

以上线性组合可以有多个解，但要获得理想的分类判别效果，坐标系统变换的原则是应尽量找到能够将来自不同总体(类别)的样本尽可能分开的方向。

以图 13-2 为例，图中星和圆点表示观测点分别属于两个类别。为了有效地将两个类别的样本点分开，可先将数据点投影到图中斜线表示的方向上，因为该方向是将来自不同总体的样本尽可能分开的方向。为此：

- 首先，应在判别变量的 p 维空间中，找到某个线性组合，使各类别的平均值差异最大，作为第一维度，代表判别变量组间(类别变量不同类别间)方差中的最大部分，得到第一判别函数。

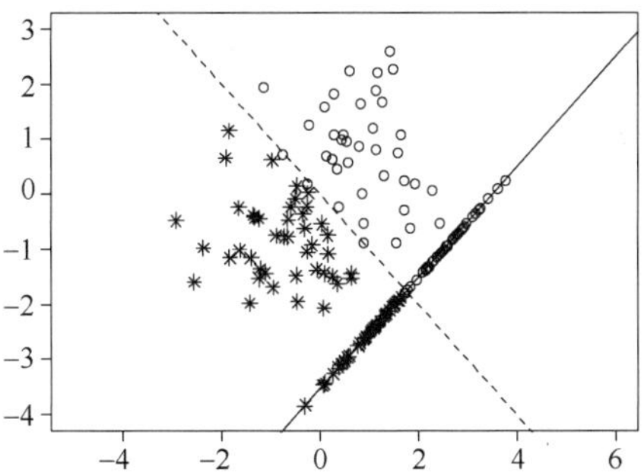

图 13-2　Fisher 判别的投影示意

- 然后，按照同样规则依次找到第二判别函数、第三判别函数等，且判别函数之间独立。

由于得到的每个判别函数都可以反映判别变量组间方差的一部分，各判别函数所代表的组间方差比例之和为 100%。显然，前面的判别函数对于分类来说相对重要，而后面的判别函数由于只代表很少一部分方差，可以被忽略。

仍以表 13-1 为例。假设所建立的判别函数为 $y=a_1x_1+a_2x_2+\cdots+a_px_p$。将属于两个不同类别的样本数据代入判别函数中，则有

$$y_j^{(1)}=a_1x_{j1}^{(1)}+a_2x_{j2}^{(1)}+\cdots+a_px_{jp}^{(1)},\ j=1,2,\cdots,n$$

$$y_j^{(2)}=a_1x_{j1}^{(2)}+a_2x_{j2}^{(2)}+\cdots+a_px_{jp}^{(2)},\ j=1,2,\cdots,m$$

$$\bar{y}^{(1)}=\sum_{i=1}^{p}a_i\bar{x}_i^{(1)}$$

$$\bar{y}^{(2)}=\sum_{i=1}^{p}a_i\bar{x}_i^{(2)}$$

为使判别函数很好地区分两类样本，希望 $\bar{y}^{(1)}$ 和 $\bar{y}^{(2)}$ 相差越大越好，且各组内的离差平方和越小越好，即式(13.2)越大越好。

$$I=\frac{(\bar{y}^{(1)}-\bar{y}^{(2)})^2}{\sum_{j=1}^{n}(y_j^{(1)}-\bar{y}^{(1)})^2+\sum_{j=1}^{m}(y_j^{(2)}-\bar{y}^{(2)})^2} \tag{13.6}$$

其中，分子为组间离差，分母为组内离差平方和。应找到使 I 达到最大时的系数向量 a。

以图 13-1 为例，Fisher 判别函数对应的方向如图 13-3 中的粗箭头所示。

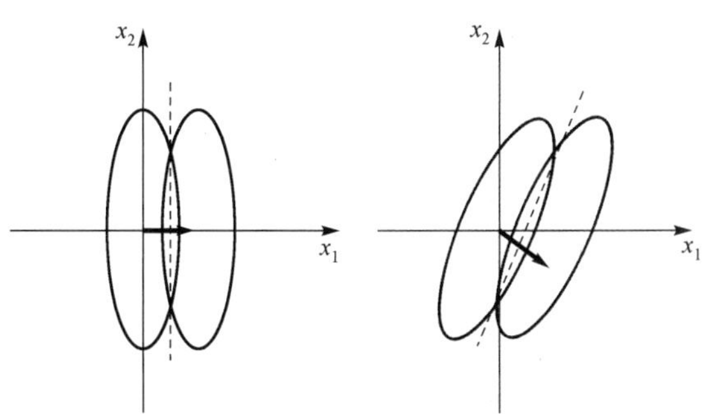

图 13-3　Fisher 判别所确定的方向示例

显然，Fisher 判别函数和距离判别函数等于 0 对应的直线或平面之间是相互垂直的。

13.3.2 Fisher 判别的计算

利用矩阵形式对上述思路更一般的表述是：如果点 $\boldsymbol{x}$ 在以 $\boldsymbol{a}$ 为法方向的投影为 $\boldsymbol{a}'\boldsymbol{x}$，则第 i 类样本观测的投影为：

$$G_i: \boldsymbol{a}'\boldsymbol{x}_1^{(i)} \ldots \boldsymbol{a}'\boldsymbol{x}_{n_i}^{(i)}, i = 1,2,\cdots,k$$

k 为类别个数，n_i 为第 i 类的样本量。如果 G_i组的均值向量为 $\boldsymbol{a}'\overline{\boldsymbol{x}}^{(i)} = \frac{1}{n_i}\sum_{j=1}^{n_i}\boldsymbol{a}'\boldsymbol{x}_j^{(i)}$，$i=1, 2, \cdots, k$，$k$ 类投影的总均值向量为 $\boldsymbol{a}'\overline{\boldsymbol{x}} = \frac{1}{n}\sum_{i=1}^{k}\sum_{j=1}^{n_i}\boldsymbol{a}'\boldsymbol{x}_j^{(i)}$。$n$ 为总样本量。

于是，组间离差平方和为

$$\begin{aligned} \text{SSG} &= \sum_{i=1}^{k} n_i (\boldsymbol{a}'\overline{\boldsymbol{x}}^{(i)} - \boldsymbol{a}'\overline{\boldsymbol{x}})^2 \\ &= \boldsymbol{a}' \sum_{i=1}^{k} n_i (\overline{\boldsymbol{x}}^{(i)} - \overline{\boldsymbol{x}})(\overline{\boldsymbol{x}}^{(i)} - \overline{\boldsymbol{x}})'] \boldsymbol{a} = \boldsymbol{a}'\boldsymbol{B}\boldsymbol{a} \end{aligned} \tag{13.7}$$

其中，$\boldsymbol{B}$ 为组间 SSCP 矩阵。组内离差平方和为

$$\begin{aligned} \text{SSE} &= \sum_{i=1}^{k}\sum_{j=1}^{n_i} (\boldsymbol{a}'\boldsymbol{x}_j^{(i)} - \boldsymbol{a}'\overline{\boldsymbol{x}}^{(i)})^2 \\ &= \boldsymbol{a}' \sum_{i=1}^{k}\sum_{j=1}^{n_i} (\boldsymbol{x}_j^{(i)} - \overline{\boldsymbol{x}}^{(i)})(\boldsymbol{x}_j^{(i)} - \overline{\boldsymbol{x}}^{(i)})'] \boldsymbol{a} = \boldsymbol{a}'\boldsymbol{E}\boldsymbol{a} \end{aligned} \tag{13.8}$$

其中，$\boldsymbol{E}$ 为组内 SSCP 矩阵。

于是，希望寻找 $\boldsymbol{a}$,使得 SSG 尽可能大而 SSE 尽可能小，即 $\Delta(\boldsymbol{a}) = \frac{\boldsymbol{a}'\boldsymbol{B}\boldsymbol{a}}{\boldsymbol{a}'\boldsymbol{E}\boldsymbol{a}} \rightarrow \max$。可以证明使 $\Delta(\boldsymbol{a})$ 最大的值为方程$|\boldsymbol{B}-\lambda\boldsymbol{E}|=0$ 的最大特征值 λ_1。

记方程$|\boldsymbol{B}-\lambda\boldsymbol{E}|=0$ 的全部特征值为 $\lambda_1 \geqslant \lambda_2 \geqslant \cdots \geqslant \lambda_p > 0$，相应的特征向量为 $\boldsymbol{v}_1, \boldsymbol{v}_2, \cdots, \boldsymbol{v}_p$，则判别函数即为 $y_i(\boldsymbol{x}) = \boldsymbol{v}_i'\boldsymbol{x} = \boldsymbol{a}'_i\boldsymbol{x}$。

记 S_i为第 i 个判别函数的判别能力，为 $S_i = \frac{\lambda_i}{\sum_{i=1}^{p}\lambda_i}$。于是，前 m 个判别函数的判别能力为 $\sum_{i=1}^{m} S_i = \frac{\sum_{i=1}^{m}\lambda_i}{\sum_{i=i}^{p}\lambda_i}$。

可依据两个标准决定最终取几个判别函数：第一，指定取大于 1 的特征值；第二，前 m 个判别函数的判别能力达到指定的百分比。

判别时，应首先计算 Fisher 判别空间中各类别的中心。对于新观测 $\boldsymbol{X}$，计算其 Fisher 判别函数值，以及 Fisher 判别空间中与各类别中心的距离。然后利用距离判别法，判别其属于的类别。

13.4　贝叶斯判别法

13.4.1　贝叶斯判别的基本思路

当类别变量有 k 个分类时，按照上述 Fisher 判别方法，需建立 C_k^2 个距离判别函数，进行两两类别间的逐对判别。当 k 较大时，判别函数会较多，计算量会增加，判别效率也会降低。于是，通常的解决思路是采用贝叶斯(Bayes)判别方法。

贝叶斯判别属于贝叶斯方法范畴。贝叶斯方法是一种研究不确定性的推理方法，其不确定性用贝叶斯概率来表示，且这种概率是一种主观概率。

通常，经典概率反映的是事件的客观特征，如投掷硬币可能出现正反面两种情况，经典概率代表硬币某面朝上的概率，这个概率不会随人们主观意识的变化而变化。而贝叶斯概率则不同，它是人们对事物发生概率的主观估计。对于投掷硬币问题，反映的是人们相信某面朝上的置信程度。

贝叶斯概率的估计取决于先验知识的正确性和后验知识的丰富性，必然会随人们掌握信息的不同而发生变化，随人们主观意识的改变而改变。例如，某部新影片上映后获得理想票房收入的概率，在电影未上映之前，主要取决于电影发行商多年的经验和对电影内容的基本把握，是一种个人信念。在电影上映过程中，这个概率必然得到调整，这取决于当时的电影市场状况等因素；再如，新产品开发人员认为：某新产品在市场上受到欢迎的概率是某个值，其依据的是对市场一般信息的掌握程度。一旦市场环境发生变化，这个主观概率必然会随之增大或减少。因此，先验知识和后期信息是贝叶斯概率估计的关键。

贝叶斯判别主要思路是，在先验概率的基础上，利用判别函数所提供的信息对先验概率进行调整，最后得到某个样本观测属于哪个类别的概率估计。具体如下：

- 首先，计算样本观测 $\boldsymbol{X}$ 属于总体 $G_i(i=1,2,\cdots,k)$ 的概率，记为 $p(G_i \mid \boldsymbol{X})$。
- 然后，根据 k 个概率值的大小决策，样本观测 $\boldsymbol{X}$ 应属于概率最大的类别(总体)。

当然，这种决策方案的出发点是基于错判损失相等的前提，即实际为 i 类但错误地判为 j 类的损失，与实际为 j 类而错误地判为 i 类的损失相等的前提。否则，决策会倾向于选择错判损失较小的类。

13.4.2　贝叶斯判别的计算

这里，重点讨论如何计算概率 $p(G_i|\boldsymbol{X})$。贝叶斯判别中，为计算 $p(G_i|\boldsymbol{X})$，应考虑以下方面：

- 第一，计算先验概率。

这里，先验概率是指随机抽取一个样本观测属于总体 $G_i(i=1,2,\cdots,k)$ 的概率，记为 $p(G_i)$，可将其视为先验知识。设 k 个总体 $G_1,G_2,\cdots,G_k$ 的先验概率分别为 $q_1,q_2,\cdots,q_k$。先验概率可以根据样本直接获得，也可以依据熵最大原则，令 $q_1=q_2=\cdots=q_k$。

- 第二，计算样本似然。

这里，样本似然是指在总体 $G_i(i=1,2,\cdots,k)$ 中抽到样本观测 $\boldsymbol{X}$ 的概率或概率密度，记为 $p(\boldsymbol{X}|G_i)$。

以两个总体为例。如果判别变量服从多元正态分布，且各总体(类别)的协差矩阵相等，则在总体 G_1 中抽到样本观测 $\boldsymbol{X}$ 的概率密度为

$$p(\boldsymbol{X}|G_1)=\frac{1}{|\boldsymbol{\Sigma}|\sqrt{2\pi}}\exp\left[-\frac{1}{2}(\boldsymbol{X}-\boldsymbol{\mu}^{(1)})'(\boldsymbol{\Sigma})^{-1}(\boldsymbol{X}-\boldsymbol{\mu}^{(1)})\right] \tag{13.9}$$

即为多元正态分布的密度函数。其中，$|\boldsymbol{\Sigma}|$ 是协差阵的行列式值，称为广义方差。中括号部分为平方马氏距离 D_1^2 的 $-1/2$，于是有

$$p(\boldsymbol{X}|G_1)=\frac{1}{|\boldsymbol{\Sigma}|\sqrt{2\pi}}\exp\left[-\frac{1}{2}D_1^2\right] \tag{13.10}$$

同理，在总体 G_2 中抽到样本观测 $\boldsymbol{X}$ 的概率密度为

$$p(\boldsymbol{X}\mid G_2)=\frac{1}{|\boldsymbol{\Sigma}|\sqrt{2\pi}}\exp\left[-\frac{1}{2}D_2^2\right] \tag{13.11}$$

● 第三，计算样本观测属于总体 $G_i(i=1,2,\cdots,k)$ 的概率 $p(G_i|\boldsymbol{X})$。

根据贝叶斯公式定义，用样本似然调整先验概率，有

$$p(G_i|\boldsymbol{X})=\frac{q_i p(\boldsymbol{X}|G_i)}{\sum_{j=1}^{k}q_j p(\boldsymbol{X}|G_j)},\quad i=1,2,\cdots,k \tag{13.12}$$

由于 $p(\boldsymbol{X}|G_i)$ 与 $\exp\left[-\frac{1}{2}D_i^2\right]$ 成比例，因此，贝叶斯概率为

$$p(G_i|\boldsymbol{X})=\frac{q_i\exp(-D_i^2/2)}{\sum_{j=1}^{k}q_j\exp(-D_j^2/2)},\quad i=1,2,\cdots,k \tag{13.13}$$

样本观测 $\boldsymbol{X}$ 应属于 $p(G_i|\boldsymbol{X})$ 最大的类。

贝叶斯判别以贝叶斯判别函数的形式以及判别得分，给出各类别归属的可能性。

13.5　判别分析的基本操作及案例

现有某商学院招收 MBA 学生的模拟数据(SPSS 数据文件名：MBA 录取情况.sav)，变量包括：大学平均成绩(x1)、管理才能评分(x2)以及录取结果(Y，1 表示录取，2 表示不录取，3 表示待定)三个变量。针对该数据，建立该学院 MBA 学生录取的判别模型，预测新学生的录取结果。

13.5.1　判别分析的基本操作

判别分析的基本操作步骤如下。

(1) 选择菜单【分析→分类→判别】，出现如图 13-4 所示的窗口。

(2) 选择类别变量到【分组变量(G)】框中，单击 定义范围(D) 按钮给出类别变量的类别值范围。这里，选择录取结果(Y)，类别取值范围是 1 至 3。

(3) 选择判别变量到【自变量(I)】框中。这里，选择大学平均成绩和管理才能得分。

(4) 指定判别变量进入策略。【一起输入自变量(E)】选项，表示所有判别变量同时进入，为默认策略；【使用步进式方法(U)】为逐步筛选策略。

如果采用默认策略，虽然所有判别变量都出现在判别函数中，但它们的判别能力往往是不同的，有些作用大，有些作用小。如果判别能力很低的输入变量仍保留在判别函数中，不仅会增加计算量，而且会影响整体的判别效果。因此可采用逐步筛选策略，只挑选具有高判别能力的输入变量进入判别函数。

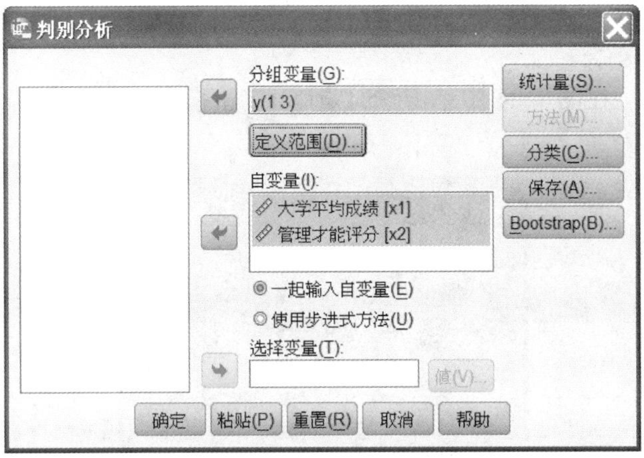

图 13-4　判别分析窗口

逐步筛选法与回归分析中的逐步回归法思想类似，采用的是“有进有出”策略，即逐步引入“最重要”的判别变量进入判别函数。同时，每引入一个判别变量的同时，都考察已经进入判别函数的判别变量，判断它们是否因为后续判别变量的引入而变得不再重要，也许它们的作用被后续引进的判别变量的组合所替代。如果作用不再显著，则应从判别函数中剔除最不重要的，直到没有判别变量进入判别函数，且没有判别变量可以被剔除出判别函数为止。最终判别函数中仅保留那些判别能力显著的判别变量。

显然，进入判别函数和剔除出判别函数都需要进行统计检验，当选择了【使用步进式方法】选项后可单击 方法(M) 按钮选择统计检验方法。通常选择 Wilk's 检验，依次选择当前使 Wilk's λ 统计量减少最多且显著的判别变量进入判别函数，详见 13.5.2 节。

(5) 如果只对符合一定条件的观测进行分析，则可选择一个条件判断变量到【选择变量(T)】框中，并单击 值(V) 按钮，给出判断值。

13.5.2　判别分析的准备工作：均值检验和协差阵齐性检验

● 均值检验

要使判别分析的效果较为理想，多个类别总体下的各判别变量的均值应存在显著差异，否则给出错误判别结果的概率会较高。通常，应首先进行总体的均值检验，也就是判断各类别总体下判别变量的组间差是否显著。

SPSS 采用方差分析的方法，利用 F 统计量(详见 6.2.3 节)，对每个判别变量逐个进行检验。同时，还计算 Wilk's λ 统计量。检验统计量定义为

$$\text{Wilk's}\,\lambda = \frac{\text{SSE}}{\text{SST}} \tag{13.14}$$

其中，SST 为判别变量的总离差平方和，SSE 为组内离差平方和。分子反映了组内离差，分母反映了总离差。Wilk's λ 服从 Wilks 分布，也可用卡方分布近似。

显然，Wilk's λ 越接近 1，说明判别变量的总离差中组内差所占比例越大，各组间均值差异越小。

SPSS 将给出 Wilk's λ 统计量、F 统计量的观测值和概率 p 值。如果概率 p 值小于显著

性水平 α，则应拒绝原假设，认为各类别总体下，该判别变量的均值存在显著差异。可采用判别分析。

为得到上述结果，在图 13-4 中单击 统计量(S) 按钮指定输出相应统计量。窗口如图 13-5 所示。

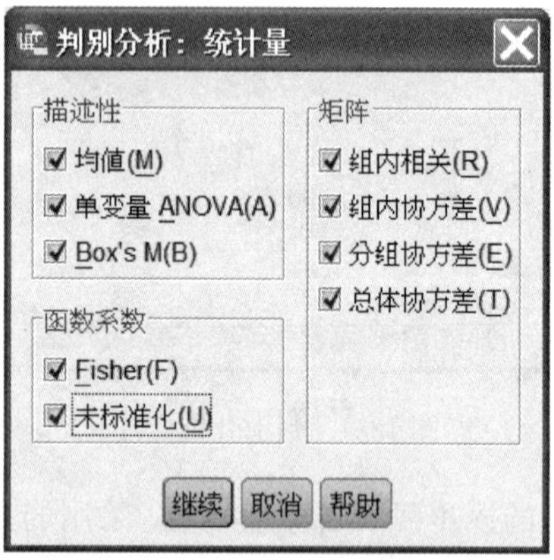

图 13-5　判别分析的统计量窗口

其中，

■【均值(M)】选项：表示输出各类别组判别变量的基本描述统计量，如表 13-2(a)所示。

表 13-2(a)　案例分析结果(一)

组统计量

录取结果		均值	标准差	有效的 N(列表状态)	
				未加权的	已加权的
录取	大学平均成绩	3.4187	.28821	31	31.000
	管理才能评分	560.2581	67.77707	31	31.000
不录取	大学平均成绩	2.4571	.16620	28	28.000
	管理才能评分	442.1071	67.14734	28	28.000
待定	大学平均成绩	2.9858	.18556	26	26.000
	管理才能评分	443.1154	50.89466	26	26.000
合计	大学平均成绩	2.9695	.45918	85	85.000
	管理才能评分	485.5059	84.30297	85	85.000

表 13-2(a)给出了录取、不录取以及待定三组(类)中大学平均成绩和管理才能评分的均值和标准差。可见，录取组的大学平均成绩和管理才能平均值最高，待定组次之，不录取组的成绩最低。

【单变量 ANOVA(A)】选项：表示进行均值检验。分析结果如表 13-2(b)所示。

表 13-2(b)　案例分析结果(二)

组均值的均等性的检验

	Wilks 的 Lambda	F	df1	df2	Sig.
大学平均成绩	.231	136.174	2	82	.000
管理才能评分	.543	34.474	2	82	.000

表 13-2(b) 给出了两个判别变量的 Wilks λ 值，方差分析的 F 统计量的观测值、自由度和概率 p 值。如果显著性水平 α 为 0.05，由于概率 p 值小于显著性水平 α，应拒绝原假设，

说明各类别总体下判别变量的均值存在显著差异。这里，三组的大学平均成绩和管理才能评分的均值存在显著差异。

● 协差阵齐性检验

在距离判别中，各类别总体的协差阵相等和不相等将采用不同的判别函数，因此，应观察判断协方差阵是否存在显著差异，或采用 Box'M 法进行检验。

图 13-5 所示的【统计量】窗口中：

■【分组协方差(E)】和【总体协方差(T)】选项：表示输出各类别下各判别变量的协差阵和总的协差阵，如表 13-2(c)所示。

■【组内协方差(V)】和【组内相关(R)】选项：表示输出各判别变量合并的类内协差阵和相关系数矩阵，如表 13-2(d)所示。

表 13-2(c)　案例分析结果(三)

协方差矩阵[a]

录取结果		大学平均成绩	管理才能评分
录取	大学平均成绩	.083	3.419
	管理才能评分	3.419	4593.731
不录取	大学平均成绩	.028	−.035
	管理才能评分	−.035	4508.766
待定	大学平均成绩	.034	−6.061
	管理才能评分	−6.061	2590.266
合计	大学平均成绩	.211	18.997
	管理才能评分	18.997	7106.991

a. 总的协方差矩阵的自由度为 84。

表 13-2(c) 给出了录取、不录取、待定三组(类)的大学平均成绩和管理才能得分的协差阵和总协差阵。可以看到，各组的协差阵有比较大的差异。如录取组大学平均成绩和管理才能的协方差为正，是正相关，而其他两组为负，是负相关。可考虑采用二次判别函数。

表 13-2(d)第一行为合并的类内协差阵，是依据表 13-2(c)前三个矩阵计算 SSCP 后求和并除以自由度得到的结果。第二行为相关系数矩阵。

表 13-2(d)　案例分析结果(四)

汇聚的组内矩阵[a]

		大学平均成绩	管理才能评分
协方差	大学平均成绩	.050	−.609
	管理才能评分	−.609	3954.942
相关性	大学平均成绩	1.000	−.043
	管理才能评分	−.043	1.000

a. 协方差矩阵的自由度为 82。

【Box's M】选项：表示采用 Box's M 法进行方差齐性检验。

通过直观观察判断协差阵是否齐性是较为粗略的，可采用 Box's M 方法进行检验。该检验的原假设 H_0：各类别的协差阵无显著差异，即 $\boldsymbol{\Sigma}_1=\boldsymbol{\Sigma}_2=\cdots=\boldsymbol{\Sigma}_k=\boldsymbol{\Sigma}$，检验统计量定义为

$$M=\prod_g\left(\frac{|\boldsymbol{C}_{W(g)}|}{|\boldsymbol{C}_W|}\right)^{(n_g-1)/2} \tag{13.15}$$

其中，g 表示第 g 类，取值范围是 1 至 k，$\boldsymbol{C}_{W(g)}$ 是第 g 类的协差阵，$\boldsymbol{C}_W$ 是合并的类内协差阵，

n_g 是第 g 类的样本量。为方便计算，通常对式(13.15)取对数并转换：

$$B=(1-C)\{\sum_g(n_g-1)\ln|\boldsymbol{C}_W|-\sum_g(n_g-1)\ln|\boldsymbol{C}_{W(g)}|\} \tag{13.16}$$

其中，

$$C=\left[\sum_g\frac{1}{(n_g-1)}-\frac{1}{\sum_g(n_g-1)}\right]\left[\frac{2p^2+3p-1}{6(p+1)(G-1)}\right] \tag{13.17}$$

其中，p 为判别变量的个数，G 为类别个数。该统计量近似服从 $\frac{1}{2}p(p+1)(G-1)$ 个自由度的卡方分布。

容易理解，B 统计量反应了各组协差阵对数行列式值与合并的类内协差阵对数行列式值的差异。如果原假设成立，则不应有显著差异。SPSS 将给出统计量的观测值和概率 p 值。如表 13-2(e)和表 13-2(f)所示。

表 13-2(e)给出了各类的协差阵以及合并的类内协方阵的对数行列式值。

表 13-2(e)　案例分析结果(五)

对数行列式

录取结果	秩	对数行列式
录取	2	5.913
不录取	2	4.825
待定	2	3.960
汇聚的组内	2	5.285

打印的行列式的秩和自然对数是组协方差矩阵的秩和自然对数。

表 13-2(f)　案例分析结果(六)

检验结果

箱的 M		26.694
F	近似	4.291
	df1	6
	df2	146732.896
	Sig.	.000

对相等总体协方差矩阵的原假设进行检验。

表 13-2(f)给出了 M、B 统计量的观测值，以及概率 p 值近似为 0.00。如果显著性水平 α 为 0.05，由于概率 p 值小于显著性水平 α，则应拒绝原假设，认为各类别总体下的判别变量协差阵存在显著差异。

13.5.3　解读判别结果

基于前面的分析，在图 13-4 所示的判别分析窗口中，单击 分类(C) 按钮进行参数设置，窗口如图 13-6 所示。

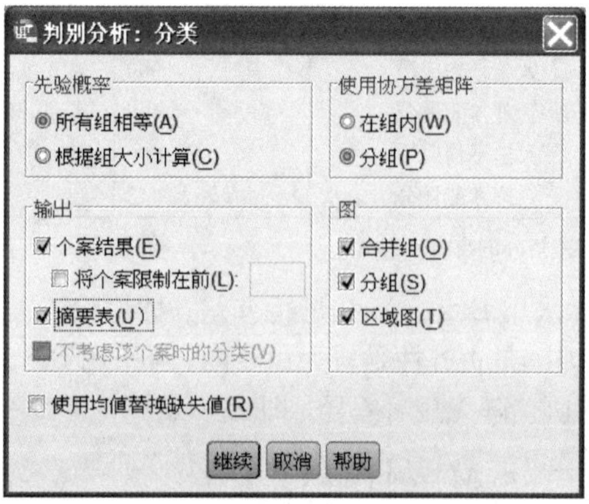

图 13-6　判别分析的分类窗口

在【先验概率】框中指定贝叶斯判别中的先验概率。【所有组相等(A)】表示采用最大熵原则，各类别的先验概率设为相等；【根据组大小计算(C)】表示将样本中各类别的比例作为先验概率。这里采用第一个选项。

在【使用协方差矩阵】框中指定距离计算时采用哪种协差阵。【在组内(W)】表示采用合并的类内协差阵；【分组(P)】表示采用各类的协差阵。由协差阵齐性检验可知，应选择第二个选项。

● Fisher 判别函数

在图 13-5 中选择【函数系数】框中的【未标准化(U)】选项，表示输出非标准化的 Fisher 判别函数，如表 13-3(a)所示，否则仅输出标准化的判别函数。

表 13-3(a) 案例分析结果(七)

典型判别式函数系数

	函数	
	1	2
大学平均成绩	4.086	−1.831
管理才能评分	.007	.014
(常量)	−15.595	−1.470

非标准化系数。

表 13-3(a)是 Fisher 判别函数的非标准化的系数矩阵。两个判别函数如下：

$$y_1 = -15.595 + 4.086x_1 + 0.007x_2$$

$$y_2 = -1.470 - 1.831x_1 + 0.014x_2$$

将所有观测原始变量 x_1(大学平均成绩)和 x_2(管理才能评分)值代入上式，可计算出各观测点投影到 Fisher 判别空间(Y)中的坐标。需注意的是，SPSS 将 Fisher 判别空间的坐标原点移到观测全体的总中心(−15.595，−1.470)位置上，因此，这里的 y_1 和 y_2 值分别为观测点与总中心在 Fisher 判别空间的 y_1 和 y_2 轴上的距离(坐标值之差)，判别函数有常数项。

在该空间中，三类样本(录取、不录取、待定)的类中心位置如表 13-3(b)所示。

表 13-3(b) 案例分析结果(八)

组质心处的函数

录取结果		函数	
		1	2
dimension0	录取	2.368	.241
	不录取	−2.403	.321
	待定	−.236	−.633

在组均值处评估的非标准化典型判别式函数。

进一步，为探究原始变量对 Fisher 判别空间中样本观测点位置确定的贡献程度，通常采用标准化判别系数。标准化判别系数克服了原始变量量纲差异造成的影响，如表 13-3(c)所示。

表 13-3(c) 案例分析结果(九)

标准化的典型判别式函数系数

	函数	
	1	2
大学平均成绩	.913	−.409
管理才能评分	.449	.895

新空间中，第一坐标位置主要取决于大学平均成绩(系数为0.913，大于0.449)，第二坐标位置主要由管理才能评分决定(系数为0.895，大于−0.409的绝对值)。

● 判别能力检验

Fisher判别函数的投影是否很好地实现了将各类样本分开的效果？哪个判别函数更重要？结果见表13-4(a)和表13-4(b)。

表13-4(a)　案例分析结果(十一)

特征值

函数	特征值	方差的 %	累积 %	正则相关性
1	4.110[a]	95.7	95.7	.897
2	.184[a]	4.3	100.0	.394

a. 分析中使用了前2个典型判别式函数。

表13-4(a)显示了两个特征值(eigenvalue)、所解释方差的百分比、所解释方差的累积百分比以及典型相关系数。可以看到，第一判别函数的特征值为4.11，可解释判别变量各类之间方差总和(4.11+0.184)的95.7%，第一判别函数很重要；第二判别函数解释方差的能力较低，仅有4.3%，可以略去，即Fisher判别空间仅为一维空间。如果略去第二个判别函数，结合前表则知，判别的主要依据是大学平均成绩。

第五列为典型相关系数。典型相关系数依特征值计算，计算公式是：

$$\text{Can. corr}_i = \sqrt{\frac{\text{eigenvalue}_i}{1+\text{eigenvalue}_i}} \tag{13.18}$$

显然，典型相关系数越大，说明该判别函数轴上的类别差异越明显。第一个判别函数明显优于第二个。

表13-4(b)　案例分析结果(十二)

Wilks的Lambda

函数检验		Wilks的Lambda	卡方	df	Sig.
dimension0	1到2	.165	146.710	4	.000
	2	.845	13.773	1	.000

表13-4(b)是Wilks检验结果，即从统计检验角度分析哪个判别函数的判别能力是显著的，哪些是不显著的。它从各判别函数联合判别能力的检验入手，采用Wilks'λ统计量反向测度。

$$\text{Wilks}'\lambda_i = \prod_i^I \frac{1}{1+\text{eigenvalue}_i} \tag{13.19}$$

其中，i表示第i个判别函数，I代表最后一个判别函数。该统计量以特征值倒数积的形式反应了判别函数的整体判别能力，其值越小说明整体判别能力越强。

表13-4(b)第一行的0.165，是式(13.19)中i取1至2时的计算结果，即根据第一个特征值和第二个特征值计算得到，反映的是前两个判别的整体判别能力。进一步，可进行显著性检验，原假设H_0为：组间差为0，意味着当前判别函数的整体判别能力弱。检验统计量是在Wilks'λ基础上构建的：

$$\lambda_i^2 = -\left(n-\frac{p+G}{2}-1\right)\ln(\text{Wilks}'\lambda_i) \tag{13.20}$$

其中，n 为总样本量；p 为判别变量个数；G 为类别数；ln(Wilks'λ)小于 0。该统计量近似服从卡方分布。可见，Wilks'λ 越小，卡方观测值越大，概率 p 值越小。当概率小于显著性水平 α 时，应拒绝原假设，认为当前判别函数整体的判别能力越强。

本例中，对于第一和第二判别函数，检验统计量的观测值为 146.710，概率 p 值近似为 0。如果显著显著性水平 α 为 0.05，由于概率 p 值小于显著性水平 α，应拒绝原假设，认为第一和第二判别函数的整体判别能力统计显著；第二行的 0.845 是式(13.19)中 i 取 2 时的计算结果，是对第二个判别函数判别能力的反映，也呈统计显著性。结合第一行结果可知，第一判别函数和第二判别函数各自的判别能力均显著，但由于第二判别数据的方程贡献仅为 4.3%，仍可考虑略去第二判别函数。

● 贝叶斯判别函数

在图 13-5 中选择【函数系数】框中的【Fisher(F)】选项，结果如表 13-5 所示。

表 13-5　案例分析结果(十三)

分类函数系数

	录取结果		
	录取	不录取	待定
大学平均成绩	70.255	50.616	61.215
管理才能评分	.152	.120	.121
(常量)	−163.901	−89.717	−119.397

Fisher 的线性判别式函数

表 13-5(a)给出了录取、不录取和待定三个类别的贝叶斯判别函数：

$$录取 = -163.9 + 70.26x_1 + 0.15x_2$$

$$不录取 = -89.71 + 50.6x_1 + 0.12x_2$$

$$待定 = -119.40 + 61.22x_1 + 0.12x_2$$

将各样本观测的变量值直接代入判别式，哪个取值大便属于哪个类别。

● 各样本观测的判别详细结果

在图 13-6 中选择【输出】框中的【个案结果(E)】项，表示显示前若干个观测的判别详细结果，可在【将个案限制在前(L)】框中指定想查看的观测个数。前 10 个观测的结果如表 13-6 所示。

表 13-6 中，第 1 列为样本观测编号，第 2 列为样本观测实际的所属类别。其余各列均为预测结果，分为三个部分，其中：

■ 最高组部分为贝叶斯判别给出的最有可能的预测类别，显示在第 3 列中，** 表示预测类别与实际列不一致；P(D>d|G=g)为样本似然值；P(G=g|D=d)为观测属于 g 类(总体)的概率(贝叶斯后验概率)；到质心的平方 Mahalanobis 距离为观测与所属类中心的平方马氏距离。

■ 第二最高组部分为贝叶斯判别给出的次有可能的预测类别。组为次可能的类别编号；P(G=g|D=d)为相应的贝叶斯后验概率；最后一列仍为平方马氏距离。

■ 判别式得分部分为各观测 Fisher 判别函数得分，是判别空间(以总中心为坐标原点)中观测点的坐标。

表 13-6　案例分析结果(十四)

按照案例顺序的统计量

案例数目			实际组	最高组					第二最高组			判别式得分	
				预测组	P(D>d| G=g)		P(G=g | D=d)	到质心的平方 Mahalanobis 距离	组	P(G=g | D=d)	到质心的平方 Mahalanobis 距离	函数 1	函数 2
					p	df							
初始	dimension1	1	1	1	.202	2	.985	3.203	3	.009	14.467	.749	1.590
		2	1	3**	.243	2	.663	2.826	1	.337	2.225	.607	−.490
		3	1	1	.454	2	.757	1.578	3	.243	5.807	.998	−.509
		4	1	1	.829	2	.998	.375	3	.002	15.089	1.605	.004
		5	1	1	.391	2	1.000	1.877	3	.000	37.080	3.083	−1.042
		6	1	1	.001	2	1.000	14.868	2	.000	159.478	7.569	.223
		7	1	1	.190	2	.999	3.320	2	.001	19.441	1.249	1.888
		8	1	1	.178	2	1.000	3.455	2	.000	30.358	2.167	2.122
		9	1	1	.144	2	1.000	3.878	3	.000	21.085	2.424	−1.757
		10	1	1	.830	2	1.000	.373	3	.000	42.740	3.052	−.105

**. 错误分类的案例

为了将判别结果保存起来，在图 13-4 中单击[保存(A)]按钮，窗口如图 13-7 所示。

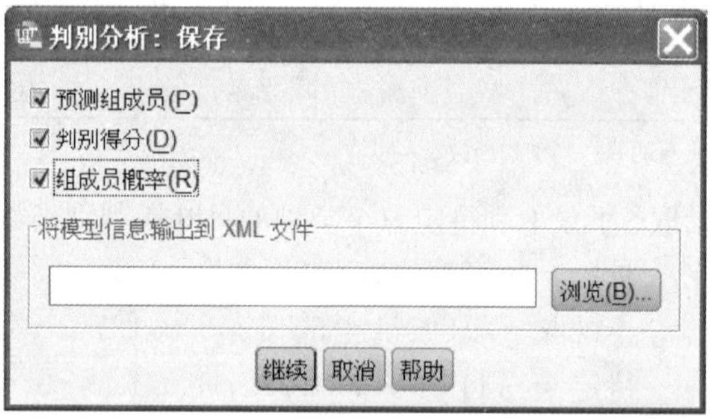

图 13-7　判别分析的保存窗口

其中，

■【预测组成员(P)】选项：表示将各观测的预测类别值保存到数据编辑器窗口中。

■【判别得分(D)】选项：表示将各观测的 Fisher 判别函数值保存到数据窗口中。

■【组成员概率(R)】选项：表示将各观测的贝叶斯概率值保存到数据编辑器窗口中。

● 判别结果的评价

在图 13-6 中的【输出】框中选择【摘要表(U)】选项，表示输出判别结果的混淆矩阵，结果如表 13-7 所示。

表 13-7 列出了混淆矩阵的频数和百分比。实际录取且判别结果也是录取的有 30 人，有 1 人误判为待定，对录取类别的判别正确率为 96.8%；同理，对于不录取和待定的判别正确率分别为 96.4%和 92.3%，依混淆矩阵可计算模型判别的总正确率为 95.3%，比较理想。

另外，为使预测更有稳健性，可在图 13-6 的【输出】框中选择【不考虑该个案时的分类(V)】选项，表示在 $n-1$(n 为样本量)个样本数据基础上建立判别模型，并用该模型预测剩余 1 个观测的类别变量取值。将建立 n 个模型，以误差百分比作为模型的总体误差估计。

● 判别结果的图形表示

在图 13-6 的【图】框中选择以下选项：

■【分组(S)】选项，表示将各类别观测点在 Fisher 判别函数空间中的分布和位置情况，分别绘制在多张图中，如图 13-8 所示。

表 13-7　案例分析结果(十五)

分类结果[a]

录取结果			预测组成员			合计
			录取	不录取	待定	
初始	计数	录取	30	0	1	31
		不录取	0	27	1	28
		待定	1	1	24	26
	%	录取	96.8	.0	3.2	100.0
		不录取	.0	96.4	3.6	100.0
		待定	3.8	3.8	92.3	100.0

a. 已对初始分组案例中的 95.3% 个进行了正确分类。

图 13-8 显示了录取类别中，各观测点在 Fisher 判别空间中的分布和位置情况。

■【合并组(O)】选项，表示将各类观测点在 Fisher 判别空间中的分布和位置情况，绘制在一张图中，如图 13-9 所示。

图 13-9 显示了各类的观测点在 Fisher 判别空间中的分布位置情况。可以看到，各类别的观测点分布相对比较集中，Fisher 判别的效果较为理想。

■【区域图(T)】表示输出判别结果的领域图，它以数字符号标出了在 Fisher 判别空间中各类别的“领域”，较为直观，因篇幅所限略去。

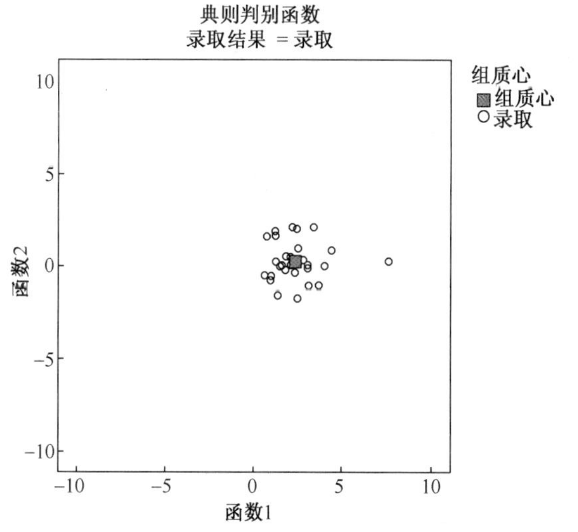

图 13-8　案例分析的图形结果(一)

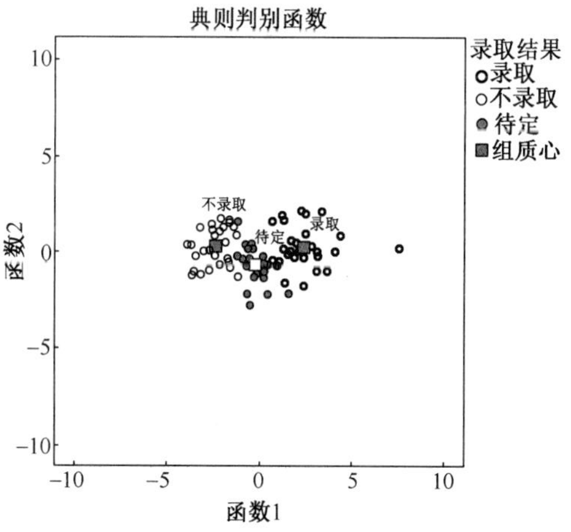

图 13-9　案例分析的图形结果(二)

第 14 章　SPSS 的信度分析

14.1　信度分析概述

14.1.1　信度分析的提出

信度分析是一种测度综合评价体系是否具有一定稳定性和可靠性的有效分析方法。

在社会生活或经济管理活动中，对某个体或某事物做综合评价是极为普遍的。例如，汽车驾驶培训学校在学习结束时要对学员的汽车驾驶能力进行综合考核，学校学期末要对学生掌握某门课程的程度进行全面考察，心理咨询中心要对来访者的心理状况进行综合评分，挑选国家排球队员要对运动员的条件进行评估等。

综合评价问题必然会涉及如何对被评估对象实施综合评估的问题。通常的做法是编制量表。所谓编制量表就是围绕评估的总体目标，将其分解为若干个子方面，它们是总体目标不同特征的体现，是总体特征的部分反映。进一步，每个子方面又由若干个可量化的评估项目组成，不同项目是对某个特征的不同角度或不同层面的描述。评估者通过计算被评估对象某个方面得分的总和，实现对特定特征的评估。最后通过对各个方面得分的再加总得到最终的评估结果。

例如，考察学生对计算机程序设计课程掌握的程度时，一般会涉及两个子方面：一方面是通过上机测试题考察学生动手解决实际问题的能力，另一方面是通过书面笔答题测试学生掌握相关基本理论的程度。上机考试题和书面笔答题又都包括若干道小题。教师需分别计算学生上机考试题的得分和书面笔答题的得分，得到学生在这两方面的评估结果，最后再将两部分成绩加总，得到最终的评估结果。

量表编制合理性和有效性将决定着评价结果的可信性和可靠性。量表的合理性主要指，所设置的评估项目在内容上是否完整全面，总体结构(权重)是否合理。量表的有效性是指，针对某个特定特征设置的评估项目只是对该特征的部分反映，适时地更新评估项目是合理的和必要的。有效性的量表应能保证评估项目更新前后所得的评估结果有较高的相关性。否则，如果差异较大，则意味着所设置的评估项目可能并非是对同一个特征的测度，评估项目可能无法达到预期的考察目的。如果诸多评估项目是对同一特征的测度，那么所获得的测试结果应具有较高的一致性。

信度分析正是要对量表的可靠性(信度)进行研究。量表的信度分析包括内在信度分析和外在信度分析。内在信度分析重在考察一组评估项目是否测量的是同一个特征，这些项目之间是否具有较高的内在一致性。内在信度高意味着一组评估项目的一致程度高，相应的评估项目有意义，所得的评估结果可靠；外在信度分析是指在不同时间对同一批被评估对象实施重复测量时，评估结果是否具有一致性。如果两次评估的结果相关性较强，则说明在被评估对象没有故意隐瞒的前提下，评估项目的概念和内容是清晰的、不模糊的，没有二义性。因而所得的评估结果是可靠的。

14.1.2　信度分析的基本原理

SPSS 的信度分析主要用于对量表内在信度进行研究。它首先对各个评估项目做基本描述统计，计算各项目的简单相关系数以及剔除一个项目后其余项目间的相关系数，便于对内在信度进行初步分析。然后，采用各种信度分析系数对内在信度或外在信度做进一步的研究。信度系数主要包括克朗巴哈(Cronbach)α 系数、折半(Split-half)信度系数等。

1. 克朗巴哈 α 系数

克朗巴哈 α 系数用于测度量表内部的一致性，其计算方法是：

- 计算各评估项目的相关系数矩阵，并计算相关系数的均值。
- 基于 Spearman-Brown 信度预测公式，计算标准化的克朗巴哈 α 系数，其数学定义为

$$\alpha = \frac{k\bar{r}}{1+(k-1)\bar{r}} \tag{14.1}$$

式中，k 为评估项目数，$\bar{r}$ 为$\frac{k(k-1)}{2}$项目相关系数的均值，标准化克朗巴哈 α 系数假设各评估项目有相等的方差。克朗巴哈 α 系数定义为：

$$\alpha = \frac{k(\overline{\text{cov}}/\overline{\text{var}})}{1+(k-1)(\overline{\text{cov}}/\overline{\text{var}})}$$

$\overline{\text{cov}}$是各项目间协方差的平均值，$\overline{\text{var}}$是各项目方差的平均值。

克朗巴哈 α 系数在 0～1 之间。由式(14.1)可知，克朗巴哈 α 系数将会受评估项目数以及相关系数均值的影响。当评估项目数一定时，如果相关系数的均值较高，则意味着项目的内在信度较高，此时克朗巴哈 α 系数也较高，接近于 1；如果相关系数的均值较低，则意味着项目的内在信度较低，此时克朗巴哈 α 系数也较低，接近于 0。因此，可通过克朗巴哈 α 系数的大小评价内在信度的高低。经验上，如果克朗巴哈 α 系数大于等于 0.9，则认为量表的内在信度很高；如果克朗巴哈 α 系数 $0.7 \leqslant \alpha < 0.9$，则认为内在信度较高或是可接受的；如果克朗巴哈 α 系数 $0.6 \leqslant \alpha < 0.7$，则认为量表设计存在一定问题，但仍有一定参考价值；如果克朗巴哈 α 系数小于 0.6，则认为量表设计存在较大问题，应考虑重新设计。

不容忽视的问题是，式(14.1)也说明，当相关系数的均值一定时，如果项目数 k 较大，也可获得较高的克朗巴哈 α 系数。例如，如果相关系数的均值为 0.2(很低)，当项目数 k 为 10 时，克朗巴哈 α 系数为 0.71；但如果项目数 k 为 20，则克朗巴哈 α 系数会升高至0.83。可见，项目数 k 较大时，即使相关系数的均值较低，也会得到较高的克朗巴哈 α 系数。此时，克朗巴哈 α 系数存在扩大内在信度的趋势。对此应结合其他指标进行综合分析。

另外，还可计算剔除的克朗巴哈 α 系数。剔除的克朗巴哈 α 系数是指将某个评估项目剔除后的克朗巴哈 α 系数。此时，式(14.1)中的 k 为剔除某评估项目后的项目数，$\bar{r}$ 为剔除某评估项目后相关系数的均值。如果剔除后的克朗巴哈 α 系数较剔除前的克朗巴哈 α 系数有显著提高，则说明所剔除的评估项目与其他项目的相关性较低，正是由于剔除了该项目才使其他项目的总体相关性得以提高。

2. 折半信度系数

折半信度系数主要用于外在信度的评价，同时也可用在内在信度分析方面。其基本思路是将评估量表一分为二后计算关于两部分的克朗巴哈 α 系数(这里称为折半信度系数)，进而

对两部分量表的信度进行比较。通常，在做量表的外在信度分析时，可将特定被评估对象群前后两次的评估项目得分横向合并在一起，然后计算折半信度系数；在做量表的内在信度分析时，在评估项目较多时也可计算折半信度系数。

两部分量表间相关程度的评估是折半信度分析中的重要内容。其主要目的是分析两部分量表间是否存在共性。在外在信度分析中，通过分析两次评估结果的相关性来判断是否存在概念模糊和二义性等问题；在内在信度分析中，则主要研究如果仅对被评估对象进行一半的项目评估其可靠性有多大。具体步骤是：

- 对每个被评估对象，分别计算在两部分评估项目上的总得分。
- 计算上述两个总分的简单相关系数，记为 r_{xx}。
- 如果两部分的评估项目数相等，一般依 Spearman-Brown 信度预测公式，计算折半信度系数

$$r_{xx}\Delta = \frac{2r_{xx}}{1+r_{xx}} \tag{14.2}$$

如果两部分的评估项目数不等，可从方差角度计算折半信度系数

$$r_{xx}\Delta = 2\left(1-\frac{S_1^2+S_2^2}{S^2}\right) \tag{14.3}$$

式中，S_1^2，S_2^2，S^2 分别为第一部分总评分的方差、第二部分总评分的方差、两部分总评分的方差。该系数称为 Guttman 折半信度系数。

利用 SPSS 进行信度分析时应注意：

- 由于综合评估量表中通常包含若干个子方面，因此，信度分析应针对各个子方面逐个进行，不可直接对整个量表进行分析。
- 如果某特征下设的多个评估项目并非全部同向，存在反向计分题时，应对它们进行反向处理后再进行信度分析。

14.2　信度分析的基本操作及案例

14.2.1　信度分析的基本操作

利用 SPSS 进行信度分析之前，应将各个评估项目数据分别以 SPSS 变量的形式组织好。SPSS 信度分析的基本操作步骤如下。

(1) 选择菜单【分析→度量→可靠性分析】，出现如图 14-1 所示的窗口。

(2) 把参与信度分析的变量(评估项目)选择到【项目(I)】框中。

(3) 在【模型(M)】框后选择需计算的信度系数。

(4) 在图 14-1 所示的窗口中单击 统计量(S) 按钮指定输出哪些统计量，窗口如图 14-2 所示。

- 【描述性】框中：【项(I)】表示输出各评估项目的基本描述统计量，【度量(S)】表示输出各评估项目之和(总分)的基本描述统计量，【如果项已删除则进行度量(A)】表示输出剔除某评估项目后的基本统计量，便于对评估项目进行逐个评价。
- 【项之间】框中：可以指定输出各评估项目的相关系数矩阵，各评估项目的协方差矩阵。
- 【摘要】框中：可指定输出 k 个评估项目平均分的基本描述统计量，k 个评估项目方差

的基本描述统计量，协方差矩阵的基本描述统计量；【相关性(O)】表示输出相关系数矩阵的基本描述统计量。

- 【ANOVA 表】框中提供了多种方法，用于检验同一被评估对象在各评估项目上的得分是否具有一致性。其中，【F 检验(F)】表示进行重复测量的方差分析，适合于数值型正态分布数据；【Friedman 卡方(Q)】表示进行多配对样本的 Friedman 检验，适合于非正态分布数据或定序型数据；【Cochran 卡方(H)】表示进行多配对样本的 Cochran 检验，适合于二值数据。后两种为非参数检验方法，见非参数检验章节。

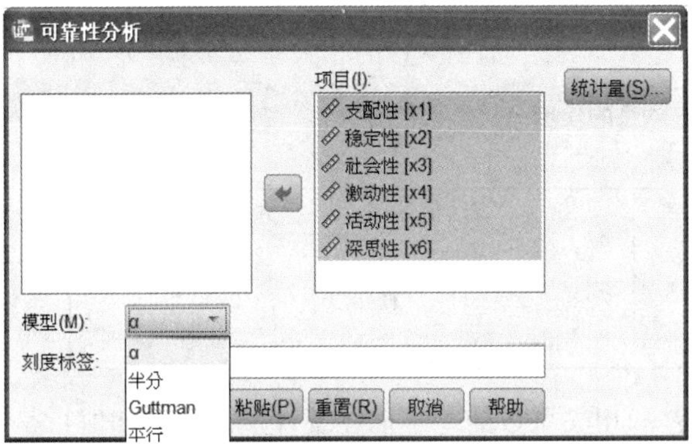

图 14-1　信度分析窗口

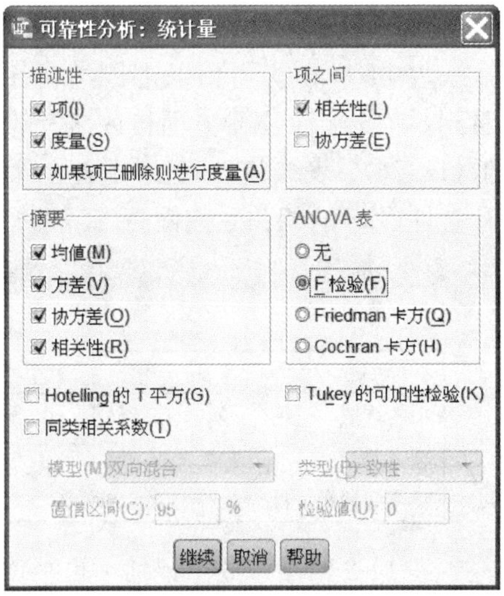

图 14-2　信度分析的统计量窗口

至此，完成了 SPSS 信度分析的基本操作，SPSS 将根据用户的指定自动进行分析，并将分析结果显示到查看器窗口中。

14.2.2　信度分析的应用举例

为大学生心理测试设计了一套评价量表(SPSS 数据文件：心理测试.sav)，其中包括的评价项目有支配性、稳定性、社会性、激动性、活动性和深思性，每个评估项目的满分为 20 分，分数越高越理想。为研究该评价体系的可靠性，对 44 名学生进行了预测试。现根据这些数据利用信度分析方法对其内在信度进行分析。具体操作如图 14-1 至图 14-2 所示，分析结果如表 14-1 至表 14-6 所示。

表 14-1(a)　心理测试评价体系的信度分析结果(一)

项统计量

	均值	标准偏差	N
支配性	17.5909	1.38628	44
稳定性	16.7273	1.96911	44
社会性	14.6932	3.34840	44
激动性	15.8182	3.90154	44
活动性	12.7614	4.99359	44
深思性	14.7159	4.12085	44

表 14-1(b)　心理测试评价体系的信度分析结果(二)

项间相关性矩阵

	支配性	稳定性	社会性	激动性	活动性	深思性
支配性	1.000	.580	.769	.321	.666	.641
稳定性	.580	1.000	.599	.266	.431	.583
社会性	.769	.599	1.000	.480	.686	.641
激动性	.321	.266	.480	1.000	.408	.441
活动性	.666	.431	.686	.408	1.000	.636
深思性	.641	.583	.641	.441	.636	1.000

表 14-1(a)显示了 44 名同学在各评估项目上得分的基本描述，包括均值和标准差。可以看到，在支配性(X1)方面被评估者的平均得分最高(17.59)，活动性(X5)方面的平均得分最低(12.76)；表 14-1(b)显示了各个评估项目的简单相关系数矩阵。可以看到：支配性(X1)与社会性(X3)的相关系数最高(0.7689)，稳定性(X2)与激动性(X4)的相关系数最低(0.2658)。

表 14-2　心理测试评价体系的信度分析结果(三)

摘要项统计量

	均值	极小值	极大值	范围	极大值/极小值	方差	项数
项的均值	15.384	12.761	17.591	4.830	1.378	2.933	6
项方差	12.358	1.922	24.936	23.014	12.975	73.986	6
项之间的相关性	.543	.266	.769	.503	2.893	.020	6

表 14-2 给出了 6 个评估项目平均分、方差和相关系数的基本描述统计量。项的均值行是关于 6 个评估项目平均分的基本描述，包括均值(15.384)、最小值(12.761)、最大值(17.591)、全距(4.823)、最大值与最小值的比(1.378)、方差(2.9330)；项方差行是关于 6 个评估项目得分方差的基本描述，也包括均值(12.3584)、最小值(1.922)、最大值(24.936)、全距(23.014)、最大值与最小值的比(12.975)、方差(73.986)。可见，尽管各项目的平均分基本相当，但各项目评分的差异性却极不平衡，有的项目上得分差异性很小($\sqrt{1.922}=1.38$ 分)，有的却很大($\sqrt{24.936}=4.99$ 分)；项之间的相关性是相关系数的基本描述，包括均值(0.5432)、最小值(0.266)、最大值(0.769)、全距(0.503)、最大值与最小值的比(2.893)、方差(0.020)。可见，各个评估项目的相关程度均较高且相关程度的差异也较小。

表 14-3(a)　心理测试评价体系的信度分析结果(四)

项总计统计量

	项已删除的刻度均值	项已删除的刻度方差 γ	校正的项总计相关性	多相关性的平方	项已删除的 Cronbach's Alpha 值
支配性	74.7159	211.586	.752	.665	.823
稳定性	75.5795	206.860	.584	.451	.825
社会性	77.6136	164.405	.794	.706	.771
激动性	76.4886	178.424	.481	.288	.837
活动性	79.5455	136.172	.710	.568	.798
深思性	77.5909	152.015	.736	.572	.780

表 14-3(b)　心理测试评价体系的信度分析结果(五)

可靠性统计量

Cronbach's Alpha	基于标准化项的 Cronbachs Alpha	项数
.835	.877	6

表 14-3(a)显示了剔除某评估项目后的情况。其中：第 1 列是剔除某评估项目后剩余评估项目的总平均分。例如，如果剔除了支配性项目，44 名同学在其余 5 个项目上总分的均值为 74.7159；第 2 列是剔除某评估项目后剩余评估项目总分的方差。例如，如果剔除了支配性项目，44 名同学在其余 5 个项目上总分的方差为 211.586；第 3 列是某评估项目与其余评估项目总分的简单相关系数。例如，支配性项目与其余项目总分的简单相关系数为 0.752；第 4 列是某评估项目与其余评估项目的平方复相关系数，其平方根反映了该评估项目与其余评估项目的总体相关程度。例如，支配性项目与其余项目的复相关系数为 0.815($\sqrt{0.665}$)；最后一列是剔除某评估项目后的信度 α 系数。例如，剔除了支配性项目后的信度 α 系数为 0.823。表 14-3(b)中，Alpha 为信度系数(0.835)。由于信度系数大于 0.8，因此总体上该评价体系的内在信度是比较理想的。进一步分析各个评估项目，从复相关系数看，社会性(X3)与其他评估项目的总体相关性最高 $0.84=\sqrt{0.706}$，该项目设计较合理。激动性(X4)与其他评估项目的总体相关性最低 $0.54=\sqrt{0.288}$，可以考虑对该项目做适当调整。再从剔除的信度 α 系数看，当剔除激动性(X4)后，信度系数略有所改善，由总体的 0.835 增加到 0.837，意味着该项目与其他项目的相关程度不高。与前面结论一致。其他评估项目剔除后信度系数均有所下降，因此应保留这些项目。

表 14-4　心理测试评价体系的信度分析结果(六)

ANOVA

		平方和	df	均方	F	Sig
人员之间		1747.435	43	40.638		
人员内部	项之间	645.266	5	129.053	19.255	.000
	残差	1441.026	215	6.702		
	总计	2086.292	220	9.483		
总计		3833.726	263	14.577		

总均值＝15.3845

表 14-4 是重复测量的方差分析结果。在这里，所谓重复测量的方差分析是将每个被评估对象在不同评估项目上的得分看成对同一特征反复测量的结果，且认为得分符合 Huynh-Feldt 条件，即它们之间不存在相关性。同时，将不同被评估对象(这里是 44 名同学)看成不同的控制水平，于是有 44 个控制水平。某个被评估对象的各项得分被看做某个控制水平下的各个观测值。基于这种思路算得评分的总变差为 3833.726，其中，可由不同个体(水平间)解释的变差(人员之间)为 1747.435，可由各个体内评分随机变动解释的变差(人员内部)为 2086.292。由于信度分析是要研究不同评估项目间是否具有相关性，因此这里应重点考察个体内的总变差部分，而非个体间的变差，即在排除被评估对象个体差异对评分影响的条件下，考察项目差异的影响。为此又将评估项目作为控制变量(有 6 个控制水平)，将所有被评估对象在某项上的得分看做某控制水平上的不同观测值。于是，可由不同评估项目解释的变

差(项之间)为645.266,其余变差(残差)部分为 1441.026,视为个体间随机变动造成的。算出的 F 检验统计量(服从 F 分布)的观测值为 19.255(129.053÷6.702),概率 p 值接近 0。如果显著性水平 α 为 0.05,由于概率 p 值小于显著性水平 α,应拒绝 F 检验的原假设,认为各项目的均值总体上存在显著差异,各项评分均值不全部相等,也即有一些评估项目与其他项目存在不一致和不相关性。结合前面的分析可知,激动性(X4)可能是导致该现象的主要原因。另外,表下方的总均值是 6 个评估项目平均分的均值(15.3845)。

表 14-5 心理测试评价体系的信度分析结果(七)

ANOVA 以及 Friedman 检验

		平方和	df	均方	Friedman 的卡方	Sig
人员之间		1747.435	43	40.638		
人员内部	项之间	645.266[a]	5	129.053	68.043	.000
	残差	1441.026	215	6.702		
	总计	2086.292	220	9.483		
总计		3833.726	263	14.577		

总均值=15.3845

a. Kendall 的和谐系数 W=.168。

表 14-5 是 Friedman 检验(详见 7.5.1)的结果。Friedman 平均秩检验的卡方观测值为 68.0435,概率 p 值接近 0。如果显著性水平 α 为 0.05,由于概率 p 值小于显著性水平 α,应拒绝其原假设,认为各项目评分的总体分布存在显著差异,应该是其中存在不相关项目所致。同时,协同系数 W(详见 7.5.3)为 0.168,由于显著小于 1,因此认为评估者个体间分数的相关性较弱,该评价体系能够对评估者加以区分。

总之,将第四项评估项目做适当调整后,该评价体系总体上是可以接受的。

另外,如果对上述量计算折半信度系数,每部分包括 3 个评估项目。第一部分包括支配性(X1)、稳定性(X2)和社会性(X3);第二部分包括激动性(X4)、活动性(X5)和深思性(X6)。相关分析结果如表 14-6 所示。

表 14-6 心理测试评价体系的信度分析结果(八)

可靠性统计量

Cronbach's Alpha	部分 1	值	.775
		项数	3[a]
	部分 2	值	.744
		项数	3[b]
	总项数		6
表格之间的相关性			.753
Spearman-Brown 系数	等长		.859
	不等长		.859
Guttman Split-Half 系数			.781

a. 这些项为:支配性,稳定性,社会性。

b. 这些项为:激动性,活动性,深思性。

表 14-6 显示了与折半信度系数相关的内容。表格之间的相关性是两部分量表总分的相关系数 r_{xx},为 0.753,相关程度较高。项目等长下的 Spearman-Brown 系数为 0.859,也较高,意味着两部分具有较高的可相互解释性,两部分性格特征有一定的一致性;进一步看各部分的信度系数,第一部分为 0.775,第二部分为 0.744,均可以接受,说明它们内部各自的可靠性比较理想。

第 15 章　SPSS 的一般对数线性分析模型

15.1　一般对数线性分析模型概述

15.1.1　模型的提出

多个分类型变量间关系的研究是数量分析中的重要课题，在社会经济研究中有着极为广泛的应用。例如，某度假村欲研究不同性别、不同职业、不同文化程度、不同年龄段与选择哪种娱乐项目之间存在怎样的关系。对于这类问题通常采用卡方检验方法进行研究。它从两变量的交叉列联表入手，通过对列联表各单元格中频数的分析判断行列变量是否存在相关性。然而，当研究对象是多个分类型变量时，卡方检验方法有一些不尽如人意的方面，表现在：

- 卡方检验的分析对象是一张关于两变量的二维列联表，只能分析两变量之间的关系，而无法同时针对多个变量进行。因此，当涉及多个变量时，只能将一张针对多变量的多维列联表分解成多张二维列联表，即将多个变量两两组合编制列联表后才能进行分析。例如，在研究上述娱乐项目问题时，只能分别研究性别与娱乐项目、职业与娱乐项目、文化程度与娱乐项目、年龄段与娱乐项目等之间的关系。这样的分析显然是非常烦琐的。但问题的要害还不在于此，重要的是由于它将多个变量割裂开来分别进行孤立的研究，因而无法同时对多个变量之间的内在联系进行剖析。例如，无法同时研究性别、职业、文化程度以及年龄段对娱乐项目的共同作用，但这些往往是人们更关注的。
- 卡方检验仅是一种对分类型变量间相关关系的检验方法，无法给出变量间关系的准确的数量描述。通常，卡方检验的原假设是行列变量独立，卡方检验的结论无非是拒绝原假设或无法拒绝原假设。虽然，在卡方基础上计算得到的多种系数(如列联系数、Phi 系数、Crammer's *V* 系数等)能够给出不同情况下变量间关系强弱程度的度量，但它们仍然没有给出变量间如何作用的数量描述。道理上，如果各变量类别间存在一定的关系，必然会在列联表的频数中得到反映，必然会使某单元格中的频数显著有别于其他单元格。卡方检验没有准确描述某变量一个类别的变化会对列联表中的频数产生怎样的作用以及其作用的幅度大小等。例如，如果研究发现不同职业对娱乐项目的选择是有差异的，进一步还应分析职业间的选择差异究竟有多大，这对度假村制定娱乐项目设置方案是非常重要的。尽管，通过简单比较不同类别下频数的总百分比就能够得到粗略的分析结果，但仍然无法准确得知这种差异性究竟有多少是由变量不同类别造成的，有多少是由变量的共同作用引起的。
- 在没有对其他变量加以控制的条件下得到的某变量类别间差异程度的数据是不尽准确的。例如，如果通过观察频数，发现客人选择保龄球和乒乓球的人数比为某个比值。应该注意到，该结论是在对其他因素(如客人的职业)不加任何控制的条件下得到的，如果将其他因素加以控制(其他因素各类别的频数均相等时)，两类别间的差异是会发生变化的。

一般对数线性分析模型正是一种能够有效地解决上述问题的多元统计分析方法。

15.1.2 基本概念和基本思路

一般对数线性分析模型是一种分析多分类型变量间关系的多元统计分析方法。它以多维交叉列联表中的对数频数为研究对象，将卡方检验与多因素方差分析、多元线性回归分析等方法相结合，以有效和简单为基本策略，通过建立简约模型，以达到解释对数频数变化成因、拟合对数频数变化规律的目的。

一般对数线性分析以多变量的多维列联表为出发点，认为列联表中的频数分布是各变量不同类别独立作用以及各变量各类别组合交互作用的结果。它将多个分类型变量称为因素，将多个因素不同类别对频数分布造成的独立影响称为主效应，将多个因素不同类别组合所造成的影响称为交互效应。

为清晰地阐述对数线性模型的基本思路，这里以两因素的一般对数线性分析为例讨论。表15-1是一张仅包含A，B两个因素的r行c列的二维交叉列联表。其中因素A有r个类别，因素B有c个类别。

表15-1　r行c列的二维交叉列联表

行变量(因素A)	列变量(因素B)			
	1	2	…	c
1	f_{11}	f_{12}	…	f_{1c}
2	f_{21}	f_{22}	…	f_{2c}
…	…	…	…	…
r	f_{r1}	f_{r2}	…	f_{rc}

一般对数线性分析认为表15-1中的f_{ij}是因素A的r个类别和因素B的c个类别独立作用(主效应)，以及因素A和因素B的$r\times c$种不同类别组合作用(交互效应)的必然结果。为清楚地反映频数分布与各效应之间的关系，考察各因素的主效应以及交互效应是如何影响频数分布的，对数线性模型希望建立关于频数单元的且包含诸多因素的线性模型。其基本思路是：

- 生成对数频数表

首先计算表15-1中的各频数的自然对数，得到表15-2所示的对数频数表。

表15-2　r行c列的对数频数表

行变量(因素A)	列变量(因素B)				平均
	1	2	…	c	
1	$\ln(f_{11})$	$\ln(f_{12})$	…	$\ln(f_{1c})$	$\mu_{1.}$
2	$\ln(f_{21})$	$\ln(f_{22})$	…	$\ln(f_{2c})$	$\mu_{2.}$
…	…	…	…	…	
r	$\ln(f_{r1})$	$\ln(f_{r2})$	…	$\ln(f_{rc})$	$\mu_{r.}$
平均	$\mu_{.1}$	$\mu_{.2}$		$\mu_{.c}$	$\mu_{..}$

表 15-2 中的最右列 1～r 行单元中的数据是对应行 1～c 列的均值，记为 $\mu_{i.}$（$j=1,2,3,\cdots,r$）。最下行 1～c 列单元中的数据是对应列 1～r 行的均值，记为 $\mu_{.j}$（$j=1,2,3,\cdots,c$）。$\mu_{..}$ 是所有单元的均值。为避免表 15-1 单元格中的数据为 0 而无法计算对数，通常对数线性模型都会对单元格中的频数进行调整，如给每个频数都加上 0.5 等。

● 建立各种对数线性分析模型

接下来的任务是借鉴方差分析和多元回归分析的基本思想，根据研究问题的具体需要选择恰当的模型，并利用极大似然估计等方法估计模型中的参数，最终构造出可描述和反映对数频数变化特征的线性模型。由于实际中研究问题的侧重点不同，所选择的模型也会存在差异。一般对数线性分析主要包括三类模型：饱和模型和非饱和层次模型、一般对数线性模型、Logit 模型。以下将分别介绍。

● 模型参数的描述

模型参数是模型的重要组成部分。通过对模型中各种参数的对比描述，能够直观地反映模型所含的各种效应对对数频数的作用方向和作用程度。它对解释模型的实际意义、反映变量各类别之间的差异性是非常重要的。

● 模型检验

由于模型是基于样本数据建立的，模型对总体的代表程度、能否应用等问题都需要经过统计检验以后才能得到解答。由于对数线性模型的研究目标是分析多个分类型变量间是否具有显著的相关关系，因此模型检验也是紧紧围绕这一目标进行的。模型检验主要有：

- ■ 模型对对数频数的拟合效果如何
- ■ 各交互效应是否对对数频数分布产生显著影响
- ■ 各主效应是否对对数频数分布产生显著影响
- ■ 某单个效应是否对对数频数分布产生显著影响

通过对模型参数的各种检验，确保最终得到的模型是一个能够准确拟合数据、有效揭示各变量间关系的简约模型。

以下将围绕上述基本思路对各种模型进行简要论述。

15.2 饱和模型和非饱和层次对数线性模型

一般对数线性分析的开始阶段，应首先对所分析的变量以及变量之间的大致关系有一个整体粗略的了解，为确定最终的分析模型做准备。一般对数线性分析往往是从饱和模型入手的，因此首先讨论饱和模型。

15.2.1 饱和模型和参数估计

所谓饱和模型就是基于对数频数，建立包括所有主效应和所有交互效应在内的线性模型。这里，为易于理解仍以表 15-2 为例阐述。于是，所建立的模型是

$$\ln(f_{ij}) = \lambda + \lambda_i^A + \lambda_j^B + \lambda_{ij}^{AB}$$
$$(i = 1,2,3,\cdots,r; j = 1,2,3,\cdots,c) \tag{15.1}$$

式(15.1)称为一般对数线性分析饱和模型，是一个包含多个参数的线性模型。可以看到它与多因素方差分析的模型非常相似，因此其参数的含义以及参数估计的方法也相同。其中

λ 为对数频数的总理论值，它的无偏估计为 $\mu_{..}$；λ_i^A 是因素 A 第 i 类别对对数频数产生的附加影响，称为因素 A 第 i 类别对对数频数的主效应，且 $\sum_{i=1}^{r}\lambda_i^A=0$。它的无偏估计为 $\mu_{i.}-\mu_{..}$。由于 $\sum_{i=1}^{r}\lambda_i^A=0$，当 $\lambda_i^A(i=1,2,3,\cdots,r-1)$ 确定后，λ_r^A 便可由此推算出来；同理，λ_j^B 是因素 B 第 j 类别对对数频数产生的附加影响，称为因素 B 第 j 类别对对数频数的主效应，且 $\sum_{j=1}^{c}\lambda_j^B=0$。它的无偏估计为 $\mu_{.j}-\mu_{..}$。由于 $\sum_{j=1}^{c}\lambda_j^B=0$，当 $\lambda_j^B(j=1,2,3,\cdots,c-1)$ 确定后，λ_c^B 便也可由此推算出来；λ_{ij}^{AB} 是因素 A 第 i 类别与因素 B 第 j 类别对对数频数产生的附加影响，称为因素 A 第 i 类别与因素 B 第 j 类别对对数频数的交互效应，且 $\sum_{i=1}^{r}\sum_{j=1}^{c}\lambda_{ij}^{AB}=0$，它的无偏估计为 $\ln(f_{ij})-\mu_{i.}-\mu_{.j}+\mu_{..}$。这里的交互效应是个二阶效应。

接下来的任务是明确饱和模型中各参数的实际意义。可通过下面的例子来理解。

现采用一般对数线性分析研究游客的收入水平与特定时间段内休闲度假次数之间的关系。这里，收入水平和度假次数均为分组数据，可视为分类型变量。表 15-3 是不同收入的游客近两年来到郊区休闲度假次数的交叉列联表。由于有些单元格中的频数为 0，无法取对数，不符合模型要求，需对各单元频数加以调整，这里对所有单元都加 0.5。接下来，计算表 15-3 各单元格中频数的自然对数，得到表 15-4 所示的对数频数表。

表 15-3　收入与度假次数的交叉列联表

收入水平(因素 A)	到北京郊区休闲度假的次数(因素 B)			
	1～2 次	3～4 次	5～6 次	6 次以上
2000 元以下	1.5	1.5	0.5	0.5
2000～6000 元	9.5	5.5	3.5	10.5
6000～10000 元	2.5	1.5	1.5	4.5
10000 元以上	3.5	2.5	2.5	8.5

表 15-4　收入与度假次数的对数频数表

收入水平(因素 A)	到北京郊区休闲度假的次数(因素 B)				平均
	1～2 次	3～4 次	5～6 次	6 次以上	
2000 元以下	0.405	0.405	−0.693	−0.693	−0.144
2000～6000 元	2.251	1.705	1.253	2.351	1.890
6000～10000 元	0.916	0.405	0.405	1.504	0.808
10000 元以上	1.253	0.916	0.916	2.140	1.306
平均	1.206	0.858	0.470	1.326	0.965

在表 15-4 的基础上建立式(15.1)所示的饱和模型。根据上述给出的参数估计可计算出模型的各个参数，即计算出各主效应以及各交互效应值，结果如表 15-5 所示。

根据表 15-5 可给出各参数的实际含义。可知：

- 对数频数的总平均水平为 0.965，即游客在各类情况下的总的平均人数为0.965个单位。
- 对不同的收入水平来说，2000 元以下类的主效应为负数(−1.109)，意味着该收入水平的游客人数低于总平均水平，为 0.965−1.109 个单位。2000～6000 元类的主效应为正数(0.925)，意味着该收入水平的游客人数高于总平均水平，为 0.965+0.925 个单位。其他类别可同理计算。因此，在 10000 元以上类的游客人数是最高的，2000 元以下类最低。

表 15-5　收入与度假次数的主效应和交互效应值

λ_{ij}^{AB}	到北京郊区休闲度假的次数(因素 B)效应				λ_i^A
	1～2 次	3～4 次	5～6 次	6 次以上	
2000 元以下	0.308	0.656	−0.054	−0.91	−1.109
2000～6000 元	0.12	−0.078	−0.142	0.1	0.925
6000～10000 元	−0.133	−0.296	0.092	0.335	−0.157
10000 元以上	−0.294	−0.283	0.105	0.473	0.341
λ_j^B	0.241	−0.107	−0.495	0.361	0.965

- 对不同度假次数来说，1～2 次类的主效应为正(0.241)，意味着与总平均水平相比有更多的游客集中在该类别上，为 0.965＋0.241 个单位。3～4 次类的主效应为负(−0.107)，意味着与总平均水平相比集中在该类别上的游客要少些，其他类别可同理计算。因此，游客分布在 6 次以上类别上的人数是最高的，在 5～6 次类最低。
- 对不同收入水平和不同度假次数来说，收入在 2000 元以下且度假次数在 1～2 次的游客人数较总平均水平高(交互效应为正)出 0.308 个单位，对数频数为 0.308＋(−0.144)＋1.206−0.965。2000 元以下收入游客出游的次数较多集中在 3～4 次上，较少有人能出游 6 次以上。收入在 10000 元以上且度假次数在 1～2 次的游客人数较总平均水平低(交互效应为负)出 0.294，对数频数为−0.294＋1.306＋1.206−0.965。10000 元以上收入游客出游的次数较多集中在 6 次以上，较少仅出游 1～2 次。

可见，模型中的各参数是相应类别对平均水平施加独立作用和交互作用的方向及幅度的具体体现。通过分析这些参数就能够方便地得到各变量以及各变量交互作用对频数分布的影响。

进一步，可以将式(15.1)所示的模型推广到更多因素中。例如，如果分析 A、B、C 三个分类型变量间的关系，所建立的饱和模型为

$$\ln(f_{ijk}) = \lambda + \lambda_i^A + \lambda_j^B + \lambda_k^C + \lambda_{ij}^{AB} + \lambda_{jk}^{BC} + \lambda_{ijk}^{ABC} \tag{15.2}$$

式(15.2)中包括了三个主效应、三个二阶交互效应和一个三阶交互效应。如果 C 变量有 m 个类别，则 $k=1, 2, \cdots, m$。

15.2.2　饱和模型检验

前面提到，一般对数线性分析模型的检验主要包括模型拟合效果的检验、交互效应、主效应以及单个效应的显著性检验。对于饱和模型的检验理论上也包括这几方面。

1. 拟合效果检验

模型拟合效果检验的基本思路是检验对数频数的实际观测值与其预测值即期望值之间是否存在显著差异。其原假设 H_0：观测值与预测值无显著差异，意味着模型对数据的拟合效果甚佳。检验统计量是 pearson 卡方和似然比卡方检验。在样本量较大时，似然比卡方值与传统列联表分析中的 Pearson 卡方值极为接近，其数学定义为

$$L^2=2\sum_{i=1}^{r}\sum_{j=1}^{c}\ln(f_{ij})\ln\frac{\ln(f_{ij})}{e_{ij}} \qquad (15.3)$$

式中，e_{ij} 为对数频数的期望值，对数线性模型中通常通过极大似然估计法得到，是模型给出的对数频数的预测值。如果似然比卡方的值较大，在一定自由度下对应的概率 p 值较小，且小于给定的显著性水平 α，则认为观测值与预测值间存在显著差异，模型的拟合效果不理想。由于饱和模型中预测值和观测值是完全一致的，因此似然比卡方值应为 0。表 15-6 是上例饱和模型拟合效果检验的结果。

表 15-6(a) 饱和模型拟合效果的检验(一)

单元计数和残差

收入水平	最近两年到北京郊区休闲度假的次数	观测		期望		残差	标准残差
		计数[a]	%	计数	%		
2000 元以下	1～2 次	1.500	2.9%	1.500	2.9%	.000	.000
	3～4 次	1.500	2.9%	1.500	2.9%	.000	.000
	5～6 次	.500	1.0%	.500	1.0%	.000	.000
	6 次以上	.500	1.0%	.500	1.0%	.000	.000
2000～4000 元	1～2 次	9.500	18.3%	9.500	18.3%	.000	.000
	3～4 次	5.500	10.6%	5.500	10.6%	.000	.000
	5～6 次	3.500	6.7%	3.500	6.7%	.000	.000
	6 次以上	10.500	20.2%	10.500	20.2%	.000	.000
6000—10000 元	1～2 次	2.500	4.8%	2.500	4.8%	.000	.000
	3～4 次	1.500	2.9%	1.500	2.9%	.000	.000
	5～6 次	1.500	2.9%	1.500	2.9%	.000	.000
	6 次以上	4.500	8.7%	4.500	8.7%	.000	.000
10000 元以上	1～2 次	3.500	6.7%	3.500	6.7%	.000	.000
	3～4 次	2.500	4.8%	2.500	4.8%	.000	.000
	5～6 次	2.500	4.8%	2.500	4.8%	.000	.000
	6 次以上	8.500	16.3%	8.500	16.3%	.000	.000

a. 对于饱和模型，.500 已添加至所有观测单元格中。

表 15-6(b) 饱和模型拟合效果的检验(二)

拟合优度检验

	卡方	df	Sig.
似然比	.000	0	.
Pearson	.000	0	.

在表 15-6(a)中，不同收入水平下度假次数的模型情况，其中的百分比为总百分比。标准化残差定义为

$$\text{Std. Res}_{ij}=\frac{\ln(f_{ij})-e_{ij}}{\sqrt{e_{ij}}} \qquad (15.4)$$

如果模型的拟合效果较为理想，标准化残差应近似服从标准正态分布。标准化残差能够帮助人们从另一个角度评价模型的拟合效果。如果大部分残差的值都在正负 2 个标准差的范围内，也可认为模型的拟合效果较理想。在本例中，由于预测值与实际值相同，因此残差和标准化残差都为 0。

表 15-6(b)为拟合效果检验结果。Pearson 卡方、似然比卡方值均为 0，概率 p 值为无确定值。这些都说明模型对数据是完全拟合的。

2. 交互效应检验

通过上面的讨论可以看到，模型拟合效果检验是总体层次上的检验。在应用中还需考察各因素的交互作用是否对频数分布产生显著影响，这就需要对交互效应进行检验。其原假设 H_0：各交互效应与零无显著差异。

交互效应检验与多元线性回归分析有相似的解决思路，与模型拟合效果检验有相同的检验策略。其基本思路是：首先，从饱和模型中剔除交互效应后建立新模型，并计算新老两个模型似然比卡方的改变量。由于该改变量是交互效应剔除后产生的，因此也可将改变量看做是交互效应对频数施加的附加影响；然后检验引起的改变量是否显著。如果被剔除的交互效应对解释频数变化是有意义的，必然会使模型预测值与实际观测值间的差距增大，导致模型似然比卡方值改变。如果改变量的变化幅度较大，且相应的概率 p 值小于给定的显著性水平 α，则原假设不成立，即被剔除的交互效应显著不为零；如果被剔除的交互效应无显著作用，那么模型预测值与实际观测值间的差距不会显著增大，似然比卡方值也不会显著改变。如果改变量的变化幅度较小，且相应的概率 p 值不小于给定的显著性水平 α，则表明无法拒绝原假设，即被剔除的交互效应显著为零。为得到更简约的模型，剔除它是合理的。表 15-7 是上例交互效应检验的结果。

表 15-7　模型交互效应的检验步骤摘要

步骤[a]			效果	卡方[c]	df	Sig.	迭代数
0	生成类[b]		v10 * v4	.000	0	.	
	已删除的效果	1	v10 * v4	4.929	9	.840	2
1	生成类[b]		v10,v4	4.929	9	.840	
	已删除的效果	1	v10	28.506	3	.000	2
		2	v4	11.544	3	.009	2
2	生成类[b]		v10,v4	4.929	9	.840	

a. 在每一步骤中，如果最大显著性水平大于.050，则删除含有“似然比更改”的最大显著性水平的效果。

b. 在步骤 0 之后，将在每一步骤显示最佳模型的统计量。

c. 对于“已删除的效果”，从模型中删除该效果之后，这是卡方中的更改。

表 15-7 第 1 行显示了剔除 $V10$(收入水平)和 $V4$(度假次数)交互效应后的情况。可以看到，似然比卡方变化了 4.929，对应的概率 p 值为 0.840。如果显著性水平 α 为 0.05，由于概率 p 值大于显著性水平 α，所以不应拒绝原假设，认为交互效应项引起似然比卡方的变化并不显著，$V10$ 和 $V4$ 的交互效应对频数分布没有显著影响，可以剔除该效应。第 3 行是剔除交互效应后新模型的情况。新模型(非饱和模型)中只包括 $V10$ 和 $V4$ 的主效应。与饱和模型相比，似然比卡方值变化了 4.929，但变化幅度并不显著。模型的拟合效果没有受到显著影响，仍然较为理想。因此，剔除交互效应是合理的，得到了一个较好的简约模型(只包含主效应)。

3. 主效应检验

在应用中还需要关注变量(因素)的不同类别是否对频数分布产生了影响。这就需要对各个变量的主效应进行检验。

主效应检验目的是考察某因素的主效应是否对频数分布产生了显著影响。其原假设 H_0：主效应与零无显著差异。其基本思路与交互效应检验相同。表 15-7第 2 行是上例主效应检验的结果。

第 2 行表示剔除 $V10$(收入水平)或 $V4$(度假次数)后似然比卡方的变化情况。可以看到，在剔除 $V10$ 后似然比卡方值变化了 28.506，对应的概率 p 值接近 0。如果显著性水平 α 为 0.05，由于概率 p 值小于显著性水平 α，所以应拒绝原假设，认为收入水平的主效应与零有显著差异，收入水平的各个类别对频数分布有显著影响；同理，$V4$(度假次数)也有显著影响，由于 $V4$ 引起的似然比卡方变化量为 11.544，小于 28.506，表明度假次数对数据的影响较收入水平要小些。总之，收入水平和度假次数对解释频数变化是有重要意义的，它们不应被剔除。

另外，似然比卡方值本身是可以被分解和合并还原的。本例中，当将两个主效应看做一个整体时，主效应整体的共同作用使似然比卡方值变化了 40.049(28.506+11.544)，对应的概率 p 值接近 0，表明主效应全体是显著的。结果见表 15-8。

表 15-8 模型交互效应和主效应的检验

K-Way 和高阶效果

K		df	似然比		Pearson		迭代数
			卡方	Sig.	卡方	Sig.	
K-Way 和高阶效果[a]	1	15	44.979	.000	46.462	.000	0
	2	9	4.929	.840	4.298	.891	2
K-way 效果[b]	1	6	40.049	.000	42.164	.000	0
	2	9	4.929	.840	4.298	.891	0

a. 检验 k-way 和高阶效果是否为零。

b. 检验 k-way 效果是否为零。

表 15-8 第 1 行是 k 阶及更高阶交互效应的似然比卡方检验结果，其原假设 H_0：k 阶及更高阶的交互效应与 0 无显著差异。本例中，2 阶及以上交互效应(仅包括 λ_{ij}^{AB}，没有更高阶的效应)检验的似然比卡方值为 4.929，1 阶及以上交互效应(包括 λ_i^A，λ_j^B，λ_{ij}^{AB})检验的似然比卡方值为 44.979。两者的差应为主效应整体检验的似然比率卡值，为 44.979−4.929=40.049=28.506+11.544；表 15-8 第 2 行是 k 阶交互效应的似然比卡方检验结果，其原假设 H_0：k 阶交互效应与 0 无显著差异。本例中，1 阶交互效应(包括 λ_i^A、λ_j^B)的似然比率卡值为 40.049，恰好等于上述结果。2 阶交互效应(包括 λ_{ij}^{AB})检验的似然比率卡值为 4.929，也与上述结果吻合。可见，表 15-8 综合展示了交互效应和主效应检验的部分结论。

4. 单项效应检验

通过主效应检验和交互效应检验能够得到这些效应总体上是否显著的结论。与多元线性回归分析中回归方程的显著性检验相类似，如果某因素的效应在总体上是显著的，并不意味着它所有类别的效应都显著，也无法得知究竟哪个类别的效应显著。单项效应检验正是要对各因素中各类别的效应进行逐一检验。其原假设 H_0：某类别效应与零无显著差异，即它对频数分布的影响不显著。

单项效应检验的基本思路是，可以证明某因素某类别效应的均值抽样分布近似服从正态分布。于是可构造在原假设成立下的 Z 统计量，它近似服从标准正态分布，即

$$Z = \frac{\lambda - 0}{\sigma} \tag{15.5}$$

其中，λ 为效应估计值，σ 为标准误。

显然，如果 Z 统计量的概率 p 值小于显著性水平 α，则应拒绝原假设，认为该类别的效应是显著的；如果 Z 统计量观的概率 p 值大于显著性水平 α，则不应拒绝原假设，认为该类别的效应是不显著的；另外从另一个角度看，在原假设成立时，效应真值应落在 $\lambda \pm Z_{\frac{\alpha}{2}} \times \sigma$（双侧检验，置信度为 95%时为 $\lambda \pm 1.96 \times \sigma$）的置信区间内。也可以通过判断检验值（这里为 0）是否落入该区间判断原假设是否成立。表 15-9 是上例单项效应检验的结果。

表 15-9　模型单项效应的检验

参数估计值

效果	参数	估计	标准误	Z	Sig.	95%置信区间	
						下限	上限
V10 * V4	1	.308	.644	.478	.632	−.954	1.570
	2	.656	.655	1.002	.316	−.627	1.940
	3	−.055	.898	−.061	.952	−1.816	1.706
	4	.120	.359	.334	.738	−.583	.823
	5	−.078	.402	−.194	.846	−.867	.711
	6	−.143	.483	−.295	.768	−1.088	.803
	7	−.133	.492	−.270	.787	−1.098	.832
	8	−.295	.569	−.519	.604	−1.410	.819
	9	.092	.607	.152	.879	−1.097	1.282
V10	1	−1.109	.450	−2.465	.014	−1.991	−.227
	2	.925	.238	3.886	.000	.458	1.391
	3	−.157	.311	−.505	.613	−.767	.453
V4	1	.241	.285	.846	.397	−.318	.800
	2	−.107	.309	−.346	.729	−.713	.499
	3	−.495	.375	1.320	.187	1.230	.240

表 15-9 分别显示了各因素各类别效应的估计值和检验情况。各列数据项的含义依次是，效应估计值、效应值的标准误、Z 统计量的观测值、对应的概率 p 值以及效应真值的 95%置信区间。其中的效应估计值同表 15-5。可以看到，表 15-9 中各因素的主效应只输出了前（类别数−1）个效应值。例如，对 $V10$（收入水平）有 4 类别，仅输出了前 3 类别的主效应值。事实上，根据效应总和等于 0 的约束条件，第 4 个主效应值可由前 3 个值推算出来。对于交互效应可同理计算。

逐个观察各效应值发现：

- 对于 $V10$（收入水平），其第 1 类别（2000 元以下）和第 2 类别（2000～4000 元）的效应，在显著性水平 α 为 0.05 时，由于 Z 统计量的概率 p 值小于 α，认为效应均显著不为 0。由 Z 统计量的符号可知，第 1 类别效应是负向的，第 2 类别是正向的。同理，第 3 类别（6000～10000 元）Z 统计量的概率 p 值大于 α，说明该类别效应不显著。另外 0 落在置信区间内，也表明该效应不会显著影响游客人数的分布，在总平均水平上可能叠加正效应也可能叠加负效应；
- 对于 $V4$（度假次数），第 1 至第 3 类别效应，在显著性水平 α 为 0.05 时，Z 统计量观测值的概率 p 值大于 α，不应拒绝原假设，认为其施加的效应不显著。这点也可从置信区间上得到证实。结合主效应检验结果可知，第4类别的效应应是显著的。

- 对于$V10$(收入水平)和$V4$(度假次数)的交互作用，在显著性水平α为0.05时，Z统计量观测值的概率p值大于α，不应拒绝原假设，认为这些类交叉产生的交互效应都是不显著的。

实际问题中饱和模型的应用价值有限。事实上，建立既简单又能够准确反映变量之间关系的简约模型才是根本目的。建立简约模型往往从饱和模型开始，因为通过饱和模型能够把握各类效应的显著程度，为下一步模型的简化提供依据。

15.2.3 非饱和层次模型

通过上面的讨论可知，虽然饱和模型能够完全精确地重现对数频数，但通常它包含一些对解释频数分布没有显著意义的效应项，模型并不符合准确而简单的原则。因此应尽量剔除那些总体上不显著的效应项，建立非饱和模型。

非饱和层次模型是在饱和模型(或不完全饱和模型)上建立起来的简约模型。非饱和层次模型建立的基本原则是，认为模型中的低阶效应是由高阶效应派生出来的。如果模型中的高阶效应是显著的，那么相应的所有低阶效应也均是显著的。如果一个低阶效应不显著，则与其相关的其他高阶效应也会不显著。剔除模型中不显著效应时，应从最高阶开始，按照由高阶至低阶的顺序依次分层地剔除，直到没有可剔除的效应为止，最终得到简约的非饱和层次模型。

例如，在式(15.2)所示的饱和模型中，如果三阶交互效应λ_{ijk}^{ABC}总体上是显著的，则它的所有派生效应λ_{ij}^{AB}，λ_{ik}^{AC}，λ_{jk}^{BC}，λ_i^A，λ_j^B，λ_k^C都是显著的。剔除不显著效应时应从三阶交互效应λ_{ijk}^{ABC}开始。如果仅三阶效应不显著，剔除它后得到的非饱和层次对数线性模型是

$$\hat{\ln}(f_{ijk}) = \lambda + \lambda_i^A + \lambda_j^B + \lambda_j^B + \lambda_k^C + \lambda_{ij}^{AB} + \lambda_{ij}^{AB} + \lambda_{ik}^{AC} + \lambda_{jk}^{BC} + \varepsilon_{ijk} \tag{15.6}$$

ε_{ijk}是随机误差项，期望等于0。如果二阶效应λ_{ij}^{AB}不显著，剔除它后得到的非饱和层次对数线性模型是

$$\hat{\ln}(f_{ijk}) = \lambda + \lambda_i^A + \lambda_j^B + \lambda_k^C + \lambda_{ik}^{AC} + \lambda_{jk}^{BC} + \varepsilon_{ijk} \tag{15.7}$$

其他情况类似。

非饱和层次对数线性模型中，效应值的估计是利用极大似然估计方法通过不断迭代得到的。如果两次迭代的结果差距很小或已经到达了指定的迭代次数，则应停止迭代过程并得出效应估计值。

实际上，上述饱和模型中各个效应的检验过程正是不断剔除不显著效应项，逐步建立非饱和层次模型的过程。

15.2.4 建立饱和模型和非饱和层次对数线性模型的基本操作

在利用SPSS进行对数线性模型分析之前，应首先组织好数据。如果有最原始的数据，则应将其按原始数据方式组织。如果已有汇总数据，则应将其按频数方式组织。基本操作步骤如下。

(1) 选择菜单【分析→对数线性模型→模型选择】，如图15-1所示的窗口。

(2) 把待分析的变量作为因素选择到【因子(F)】框中，并单击[定义范围]按钮逐一定义各因素的类别取值范围。

(3) 如果数据是按频数方式组织的，应在【单元格权重(W)】框中指定权重变量。否则，该步可略去。

(4) 在【建立模型】框中选择建模策略和相应参数。其中，【使用向后排除法(V)】表示在饱和模型的基础上按照向后剔除策略，阶数从高到低逐个剔除不显著的效应，并给出非饱和层次模型。可在【最多步骤数(A)】框后输入最多的剔除次数(默认为 10)以强行终止剔除工作，这样得到的模型不一定是最简洁的模型。在【删除概率(P)】框后输入自动剔除标准，即显著性水平 α 的值(默认为 0.05)，只有大于该值的效应才会被剔除；【一步进入(N)】表示只建立饱和模型，不给出非饱和层次模型的建议。

(5) 在图 15-1 所示的窗口中单击 模型 按钮指定初始模型是一个饱和模型还是一个用户指定的不完全饱和模型。这样，不显著效应的剔除将开始于不同的初始模型，以提高建模效率。如果用户对变量间的关系不甚清楚，初始模型最好指定为饱和模型。操作同方差分析。

(6) 在图 15-1 所示的窗口中单击 选项(O) 按钮指定输出项和参数估计时所需的参数。窗口如图 15-2 所示。在【输出】框中指定输出高维列联表以及实际观测值与模型预测值的残差；在【显示饱和模型】框中指定输出饱和模型中各效应的估计值和偏关联卡方检验结果。偏关联卡方检验即为从模型中剔除一个效应后对数似然比卡方变化的检验；在【模型标准】框中输入极大似然估计法的最大迭代次数和收敛标准。满足其中一个条件迭代结束。在【Delta(D)】框后输入 Delta 值(默认 0.5)，该值将被自动加到实际观测频数上，其目的是防止观测频数为 0 时所带来的计算问题。如果观测频数均大于 0，则 Delta 值可改设为 0。

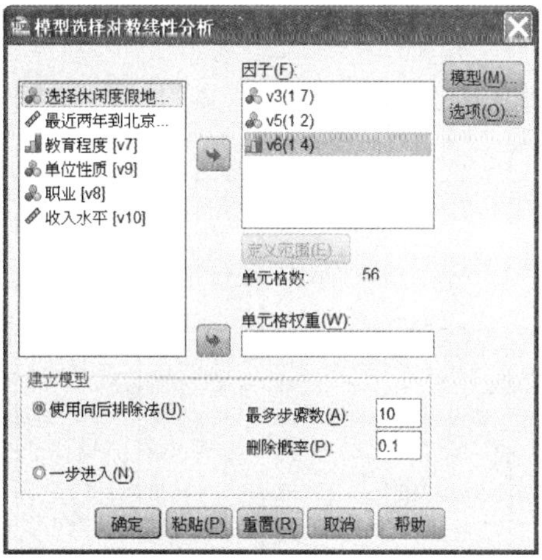

图 15-1　一般对数线性分析窗口

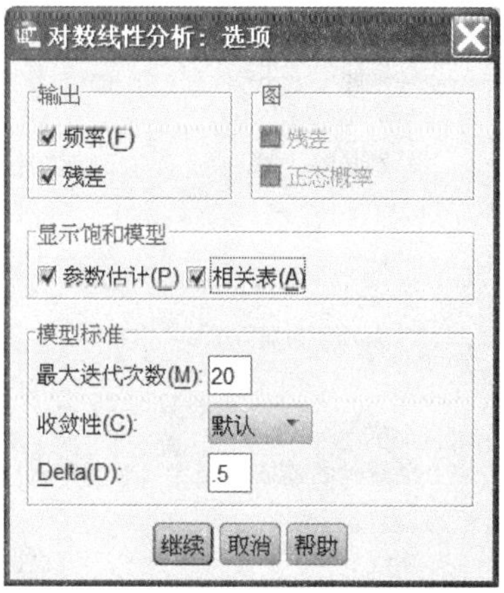

图 15-2　一般对数线性分析的选项窗口

至此，完成了饱和模型建立和模型选择的操作过程，SPSS 将根据用户的定义自动进行分析，并将结果显示到查看器窗口中。

15.2.5　饱和模型和非饱和层次对数线性模型的应用举例

某度假村要研究游客的年龄、性别与他们所喜爱的娱乐项目之间的关系(SPSS 数据文件名：度假.sav)。由于涉及的变量有 3 个，所以可利用一般对数线性分析模型进行研究。首先建立饱和模型和非饱和层次模型，且设置效应剔除标准为 0.10。具体操作如图 15-1～图 15-2 所示。由于分析结果较多，这里只摘录其中的一部分，如表 15-10 所示。

表 15-10(a) 一般对数线性分析应用案例结果(一)

拟合优度检验

	卡方	df	Sig.
似然比	.000	0	.
Pearson	.000	0	.

表 15-10(b) 一般对数线性分析应用案例结果(二)

K-Way 和高阶效果

	K	df	似然比		Pearson		迭代数
			卡方	Sig.	卡方	Sig.	
K-Way 和高阶效果[a]	1	55	112.073	.000	120.308	.000	0
	2	45	81.317	.001	86.805	.000	2
	3	18	22.772	.200	31.243	.027	7
K-Way 效果[b]	1	10	30.757	.001	33.502	.000	0
	2	27	58.544	.000	55.562	.001	0
	3	18	22.772	.200	31.243	.027	0

用于这些检验的 df 没有为结构零或抽样零进行调整。使用这些 df 的检验可能有些保守。

a. 检验 K-Way 和高阶效果是否为零。

b. 检验 K-Way 效果是否为零。

表 15-10(c) 一般对数线性分析应用案例结果(三)

步骤摘要

步骤[a]			效果	卡方[c]	df	Sig.	迭代数
0	生成类[b]		v3 * v5 * v6	.000	0	.	
	已删除的效果	1	v3 * v5 * v6	22.772	18	.200	7
1	生成类[b]		v3 * v5, v3 * v6, v5 * v6	22.772	18	.200	
	已删除的效果	1	v3 * v5	9.609	6	.142	2
		2	v3 * v6	47.649	18	.000	2
		3	v5 * v6	7.584	3	.055	2
2	生成类[b]		v3 * v6, v5 * v6	32.381	24	.118	
	已删除的效果	1	v3 * v6	44.500	18	.000	2
		2	v5 * v6	4.436	3	.218	2
3	生成类[b]		v3 * v6, v5	36.816	27	.099	
	已删除的效果	1	v3 * v6	44.500	18	.000	2
		2	v5	3.816	1	.051	2
4	生成类[b]		v3 * v6, v5	36.816	27	.099	

a. 在每一步骤中，如果最大显著性水平大于.100，则删除含有“似然比更改”的最大显著性水平的效果。

b. 在步骤 0 之后，将在每一步骤显示最佳模型的统计量。

c. 对于“已删除的效果”，从模型中删除该效果之后，这是卡方中的更改。

表 15-10(d) 一般对数线性分析应用案例结果(四)

拟合优度检验

	卡方	df	Sig.
似然比	36.816	27	.099
Pearson	28.712	27	.375

- 表 15-10(a)中，建立饱和模型，模型的拟合效果检验的似然比卡方值为 0，模型完全拟合数据。
- 表 15-10(b)中，k 阶及以上效应检验。在显著性水平 α 为 0.1 时，如果剔除最高阶(即 3 阶)效应，似然比卡方值变化不显著(22.772，概率 p 值为 0.200)，表明 3 阶效应不显著，可以剔除；如果剔除 2 阶及以上效应，似然比卡方值变化显著(81.317，概率 p 值为 0.001)。如果剔除 1 阶及以上效应，似然比卡方值变化显著(112.073，概率 p 值为 0.0000)。这些表明，2 阶和 1 阶效应总体上是显著的，不可剔除。
- 表 15-10(c)中，根据非饱和层次模型的基本原则，从 3 阶效应开始剔除模型中不显著的效应项，共经过了 4 步。在显著性水平 α 为 0.1 时，第 0 步剔除了 $V3*V5*V6$，表明总体上娱乐项目、性别、年龄的交互影响不显著；第 1 步和第 2 步分别剔除了 $V3*V5$、$V5*V6$，表明游客选择娱乐项目和性别没有显著联系，性别与年龄的交互影响不显著；第 3 步没有剔除任何效应得到了最终的非饱和层次模型，该模型包含娱乐项目($V3$)主效应、性别($V5$)主效应、年龄($V6$)主效应以及娱乐项目与年龄的 2 阶交互效应。

表 15-10(d)中，与饱和模型相比，最终非饱和层次模型的拟合效果检验的似然比卡方值为 36.816，概率 p 值为0.099。在显著性水平 α 为 0.05 时，模型的拟合效果是较为理想的。

通过上面的分析可知，游客选择怎样的娱乐项目与他们的年龄有较大关系，而性别对此并没有显著影响。因此，娱乐场所在进行应设置哪些娱乐项目的决策时，应将游客的年龄作为重点考虑因素。

需要说明的是，虽然这里 SPSS 给出了非饱和层次模型应包含的项目以及各单元格的预测频数，但没有直接给出非饱和模型下的效应估计值。从这个意义上讲，该功能模块只适用于一般对数线性分析的探索阶段。

15.3　一般对数线性模型

15.3.1　一般对数线性模型的概述

通过上面的讨论可知，虽然 SPSS 能够给出简约模型的建议，但却并没有给出简约对数线性模型下效应的估计值，这不利于简约模型下各效应值的分析和对比。为此需建立一般对数线性模型。一般对数线性模型属于广义线性模型范畴。

一般对数线性模型可以是饱和模型，也可以是非饱和模型。其模型的数学形式以及模型的参数估计方法与饱和模型或非饱和层次对数线性模型基本相同。与非饱和层次模型不同的是，一般对数线性中可包含任意阶数的效应，即使某低阶效应不显著，模型中仍可以包含相应的高阶效应，没有层次性的概念。因此，如果事先已经对因素的效应有所了解，可利用一般对数线性模型的这一特点，对先验知识进行验证。

15.3.2　建立一般对数线性模型的基本操作

建立一般对数线性模型时，数据的组织方式与饱和模型及非饱和层次模型相同。具体操作步骤如下。

(1) 选择菜单【分析→对数线性模型→常规】,出现如图 15-3 所示的窗口。

(2) 选择待分析的变量作为因素放到【因子(F)】框中。

(3) 选择数值型变量作为协变量放到【单元协变量(C)】框中，于是在一般模型中将考虑到协变量的影响因素，并在剔除协变量影响下分析各因素的效应。与协方差分析类似。如果不考虑协变量的影响，则该步可略去。

(4) 如果数据是按频数方式组织的，应在【单元结构】框中指定权重变量。否则，该步可略去。

(5) 在【单元计数分布】框中指定列联表频数分布的类型。如果列联表各单元频数相互独立，服从相互独立的泊松分布时选择【泊松(I)】项；反之，如果列联表各单元频数相互不独立且服从多项分布时应选择【多项式分布(N)】选项。它们对应不同的极大似然估计函数。

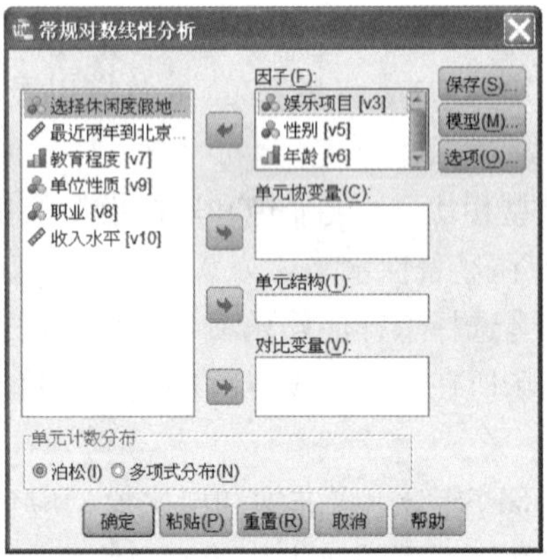

图 15-3　一般对数线性模型窗口

(6) 在图 15-3 所示的窗口中单击 模型(M) 按钮指定模型中应包含哪些效应，窗口如图 15-4所示。其中【饱和(S)】表示建立饱和模型，模型中将包含所有效应项；【设定(C)】表示用户自定义模型，其中的效应可以包括主效应以及若干阶交互效应。

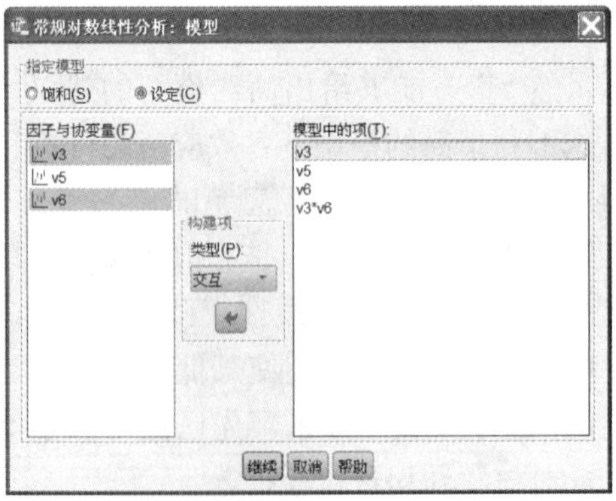

图 15-4　一般对数线性模型的模型窗口

(7) 在图 15-3 所示的窗口中单击 选项(O) 按钮指定相关参数，窗口如图 15-5 所示。在【输出】框中指定输出哪些分析结果，其中【频率(F)】表示显示多变量的交叉列联表，

【残差】表示显示对数频数实际值与模型预测值的残差，【估计(E)】表示输出模型的效应估计值；在【置信区间(I)】框后指定计算效应值置信区间时的置信度；在【标准】框中指定利用极大似然法估计效应值的最大迭代次数(默认 20 次)和收敛标准(默认 0.001)。在【Delta(T)】框后指定交叉列联表的调整值(默认 0.5)，以避免列联表单元格值为 0 时带来的计算问题；在【图】框指定绘制关于残差的图形，以观察残差是否服从正态分布。

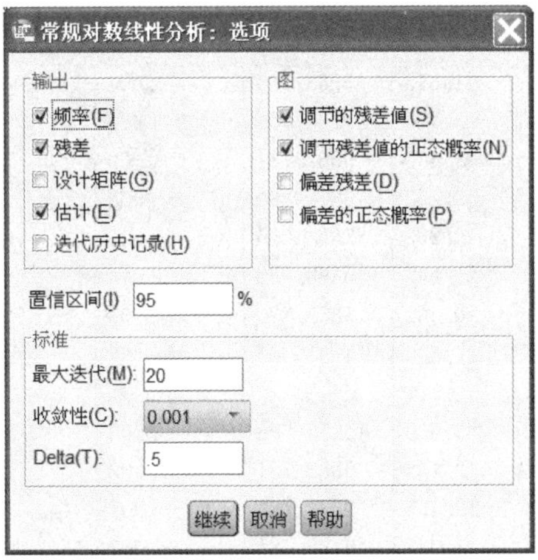

图 15-5　一般对数线性模型的选项窗口

在图 15-3 所示的窗口中单击 保存(S) 按钮指定将哪些分析结果以变量的形式保存到数据编辑器窗口中，其中包括残差、标准化残差、模型预测值等。

至此完成了一般对数线性模型建立的基本操作过程，SPSS 将按照用户指定自动计算，并将结果显示到查看器窗口或将部分结果保存到数据编辑器窗口中。

15.3.3　一般对数线性模型的应用举例

仍然利用上述度假村的数据，利用一般对数线性模型进一步分析游客的性别(*V*5)、年龄(*V*6)与所喜爱的娱乐项目(*V*3)间的关系，为度假村制订娱乐设施方案提供辅助依据。通过饱和对数线性模型和非饱和层次模型的分析已经得到初步结论：娱乐项目和性别、性别和年龄的交互效应不显著，因此，在一般对数线性模型中可不必包含它们，只需要考虑娱乐项目、性别、年龄的主效应和娱乐项目与年龄的交互效应即可。具体操作过程如图 15-3至图 15-5所示，并将残差保存到数据编辑器窗口中。由于分析结果很多，这里只摘录了其中一部分列在表 15-11 中。残差图形分析结果如图 15-6 所示。

表 15-11(a)　一般对数线性模型应用案例分析结果(一)

拟合度检验[a,b]

	值	df	Sig.
似然比	36.816	27	.099
Pearson 卡方检验	28.712	27	.375

a. 模型：泊松

b. 设计：常量＋v6＋v5＋v3＋v6 * v3

表 15-11(b)　一般对数线性模型应用案例分析结果(二)

参数估计[b,c,d]

参数	估计	标准误	Z	Sig.	95%置信区间	
					下限	上限
常量	-20.272	5868.230	-.003	.997	-11521.791	11481.246
[v5=1]	.552	.288	1.917	.055	-.012	1.117
[v5=2]	0[a]	.	.	.	.	.
[v6=1]	.600	5868.231	.000	1.000	-11500.921	11502.121
[v6=2]	.600	5868.231	.000	1.000	-11500.921	11502.121
[v6=3]	21.345	5868.230	.004	.997	-11480.174	11522.863
[v6=4]	0[a]	.	.	.	.	.
[v3=1.00]	.400	9582.781	.000	1.000	-18781.505	18782.305
[v3=2.00]	19.265	5868.230	.003	.997	-11482.253	11520.784
[v3=3.00]	19.265	5868.230	.003	.997	-11482.253	11520.784
[v3=4.00]	20.875	5868.230	.004	.997	-11480.644	11522.393
[v3=5.00]	20.364	5868.230	.003	.997	-11481.155	11521.883
[v3=6.00]	.800	4791.390	.000	1.000	-9390.153	9391.753
[v3=7.00]	0[a]	.	.	.	.	.
[v6=1] * [v3=1.00]	-.600	12215.698	.000	1.000	-23942.927	23941.727
[v6=1] * [v3=2.00]	-19.465	9582.781	-.002	.998	-18801.372	18762.441
[v6=1] * [v3=3.00]	-19.465	9582.781	-.002	.998	-18801.372	18762.441
[v6=1] * [v3=4.00]	-21.075	9582.781	-.002	.998	-18802.981	18760.831
[v6=1] * [v3=5.00]	-20.564	9582.781	-.002	.998	-18802.470	18761.342
[v6=1] * [v3=6.00]	.000	.	.	.	.	.
[v6=1] * [v3=7.00]	0[a]	.	.	.	.	.
[v6=2] * [v3=1.00]	19.875	9582.782	.002	.998	-18762.032	18801.782
[v6=2] * [v3=2.00]	-19.465	9582.781	-.002	.998	-18801.372	18762.441
[v6=2] * [v3=3.00]	.786	5868.231	.000	1.000	-11500.735	11502.307
[v6=2] * [v3=4.00]	-2.209	5868.231	.000	1.000	-11503.730	11499.311
[v6=2] * [v3=5.00]	-1.699	5868.231	.000	1.000	-11503.220	11499.822
[v6=2] * [v3=6.00]	.000	.	.	.	.	.
[v6=2] * [v3=7.00]	0[a]	.	.	.	.	.
[v6=3] * [v3=1.00]	-2.479	9582.781	.000	1.000	-18784.385	18779.426
[v6=3] * [v3=2.00]	-19.959	5868.230	-.003	.997	-11521.477	11481.560
[v6=3] * [v3=3.00]	-19.959	5868.230	-.003	.997	-11521.477	11481.560
[v6=3] * [v3=4.00]	-21.568	5868.230	-.004	.997	-11523.087	11479.951
[v6=3] * [v3=5.00]	-21.750	5868.230	-.004	.997	-11523.269	11479.768
[v6=3] * [v3=6.00]	-2.186	4791.391	.000	1.000	-9393.139	9388.767
[v6=3] * [v3=7.00]	0[a]	.	.	.	.	.
[v6=4] * [v3=1.00]	0[a]	.	.	.	.	.
[v6=4] * [v3=2.00]	0[a]	.	.	.	.	.
[v6=4] * [v3=3.00]	0[a]	.	.	.	.	.
[v6=4] * [v3=4.00]	0[a]	.	.	.	.	.
[v6=4] * [v3=5.00]	0[a]	.	.	.	.	.
[v6=4] * [v3=6.00]	0[a]	.	.	.	.	.
[v6=4] * [v3=7.00]	0[a]	.	.	.	.	

a. 此参数为冗余参数，因此将被设为零。

b. 模型：泊松。

c. 设计：常量＋v5＋v6＋v3＋v6 * v3。

d. 由于 Hessian 矩阵为奇异矩阵且无法逆转，导致某些参数估计被估算为零。因此将计算 Hessian 矩阵的广义逆转。

- 表 15-11(a)中，所建立的一般对数线性模型包括常数项、年龄(V6)、性别(V5)、娱乐项目(V3)以及年龄和娱乐项目的交互项(V6 * V3)。模型拟合效果度的似然比卡方为 36.816，对应的概率 p 值为 0.099。当 a 为 0.05 时，模型的拟合效果较为理想。这点也可从图 15-6 所示的残差的 P-P 图上得到印证。从图 15-6 可见，残差近似服从正态分布，也说明模型的拟合效果较理想。这里的一般对数线性模型与上节的非饱和层次对数线性模型是一致的。
- 表 15-11(b)中，SPSS 将每个变量的最后一个类别，即编码值最大的类别作为参照类，其效应值设定为 0，其他类别都以参照类别为标准进行比较。如果某类别的效应值小于 0，则表示该类别的效应小于参照类别。如果某类别的效应值大于 0，则表示该类别的效应大于参照类别。通过效应绝对值的大小对比各类别影响程度的高低，通过效应值的符号分析各类别效应的方向。这里，卡方检验的概率 p 值表明，尽管年龄(V6)、性别(V5)、娱乐项目(V3)以及年龄和娱乐项目的交互项(V6 * V3)整体上对游客人数的分布有显著影响，各类别水平也存在效应估计值上的差异，但相对于各变量的参照类这些差异在统计上并不显著。

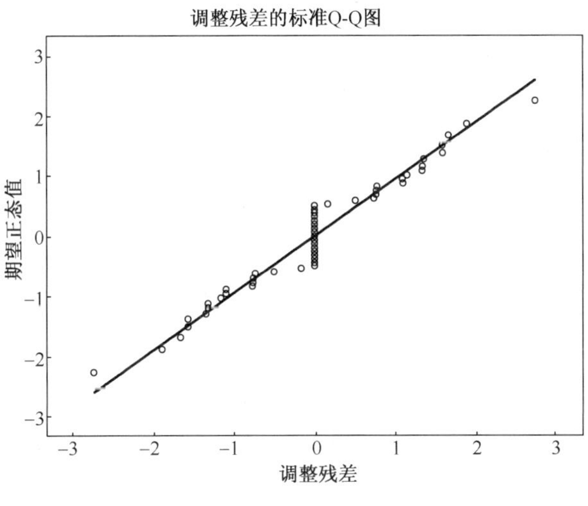

图 15-6　残差的 P-P 图

总之，SPSS 的对数线性模型，在功能设置方面，一般对数线性模型与饱和模型或非饱和层次对数线性模型的主要区别是，一般对数线性模型对不显著效应不进行自动剔除；非饱和层次对数线性模型不输出简约模型下各效应的估计值。因此，后者适合于对数据的初步分析和确定简约模型方案，前者则可用于建立简约模型，进行模型的参数估计，进而实现对各类效应的对比分析。所以，在实际应用中可将两者结合起来以最终完成一般对数线性分析。

15.4　Logit 对数线性模型

15.4.1　Logit 对数线性模型的概述

通常一般对数线性分析中各因素的地位是等价的，也就是说，各因素之间不存在解释和被解释关系，是没有解释变量和被解释变量之分的，但实际应用中，人们往往需要研究事物某个特征是否会受到其他特征的影响，这些因素之间是否存在显著的解释依赖关系。例如，希望研究游客在选择度假地点时是否会受到性别和受教育程度的影响，性别、受教育程度与选择标准之间是否存在显著的影响关系。对该问题如果用对数线性模型分析中的一般对数线性模型进行分析，以上因素应是完全对等并列的。实际问题却要求将选择度假地点标准作为被解释因素，将性别和受教育程度等作为解释因素。这点与多元线性回归分析是类似的。

Logit 对数线性模型正是为解决上述问题而设置的。在应用 Logit 对数线性模型时需满足以下两个约束条件：

- 各因素之间有被解释因素和解释因素之分，存在相关关系的假设。
- 被解释因素只能有两个类别。

Logit 对数线性模型是一种简化的对数线性模型，它不再仅仅专注于交叉列联表本身的分析，而重点研究解释因素对被解释因素的作用和影响，因此 Logit 对数线性模型中只包含被解释因素、与被解释因素相关的效应，与被解释因素不相关的效应将不再包含在内。以 B、C 两个解释因素为例，如果因素 A 为被解释因素，Logit 对数线性模型的饱和模型为

$$\ln(f_{ijk}) = \lambda + \lambda_i^A + \lambda_{ij}^{AB} + \lambda_{ik}^{AC} + \lambda_{ijk}^{ABC} + \varepsilon_{ijk} \tag{15.8}$$

ε_{ijk} 为随机误差项，期望等于 0。由于被解释因素是个只有两个类别的分类变量，Logit 对数线性模型可用于比较两个类别出现(发生)的频数，通常可采用的指标是发生比。为简化问题，这里仅以两个解释因素为例说明发生比的计算方法和含义。在 Logit 对数线性模型中，被解释因素两类别的发生比定义 Ω_{jk}^{BC} 为$\dfrac{f_{1jk}}{f_{2jk}}$，于是有：

$$\ln(\Omega_{jk}^{BC}) = \ln(f_{1jk}) - \ln(f_{2jk}) \tag{15.9}$$

式中，f_{1jk} 和 f_{2jk} 分别为两解释因素 B、C 分别取 j 类和 k 类(j 和 k 取不到因素 B、C 的最大类别，默认最大类别为参照类)时，被解释因素在 1 类和 2 类下的频数。依据模型(15.8)可将式(15.9)细化为

$$\ln(\Omega_{jk}^{BC}) = (\lambda_1^A - \lambda_2^A) + (\lambda_{1j}^{AB} - \lambda_{2j}^{AB}) + (\lambda_{1k}^{AC} - \lambda_{2k}^{AC}) + (\lambda_{1jk}^{ABC} - \lambda_{2jk}^{ABC}) \tag{15.10}$$

进一步，与一般对数线性模型类似，在 Logit 对数线性模型中设解释因素对被解释因素第 2 类的效应为参照类(效应值为 0)，又可将式(15.10)简化为

$$\ln(\Omega_{jk}^{BC}) = \lambda_1^A + \lambda_{1j}^{AB} + \lambda_{1k}^{AC} + \lambda_{1jk}^{ABC} \tag{15.11}$$

于是有

$$\Omega_{jk}^{BC} = \exp(\lambda_1^A) \times \exp(\lambda_{1j}^{AB}) \times \exp(\lambda_{1k}^{AC}) \times \exp(\lambda_{1jk}^{ABC}) \tag{15.12}$$

式(15.12)表明，被解释因素两类别间频数之比除受自身主效应的影响外，还受到它与其他解释因素交互效应的影响，是这些效应交乘作用的结果。由于其中没有包含解释因素的主效应和解释因素间的交互效应项，意味着它们对发生比的影响均显著为 0。在这种假设前提下，当 Logit 对数线性模型中各效应参数的估计值得到以后，由式(15.12)计算出的发生比是在控制了其他影响下得到的发生比。

15.4.2 Logit 对数线性模型的应用举例

利用上述数据分析游客选择度假地点时所考虑的因素(v1，取值包括价格和距离、风光景色两类)是否会受其性别(v5)和受教育程度(v7)的影响。由于这里需要分析因素间的相关关系，因此可采用 Logit 模型。其中，度假地点因素为被解释因素，性别和受教育程度为解释因素。在建立 Logit 模型之前，一般可通过 SPSS【对数线性模型】下的【模型选择】菜单，对

因素各效应进行初步分析。SPSS 中 Logit 对数线性模型的基本操作与一般对数线性模型基本类似，只需选择菜单【分析→对数线性模型→Logit】即可，其他操作同前。该例具体操作窗口如图 15-7 所示，部分分析结果如表 15-12 所示。

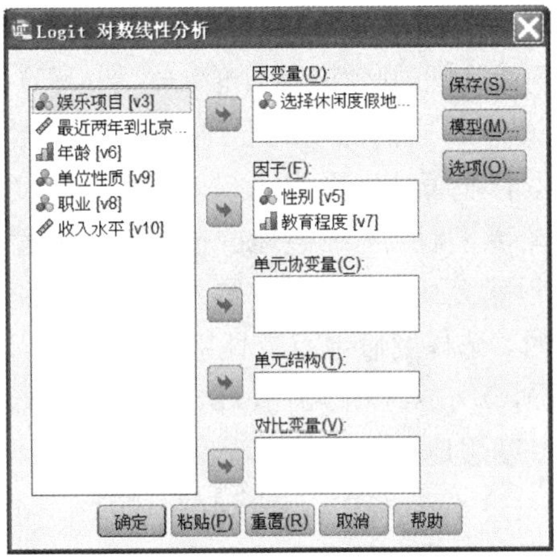

图 15-7　Logit 对数线性模型窗口

表 15-12　Logit 对数线性模型分析结果

参数估计[c,d]

参数	估计	标准误	Z	Sig.	95%置信区间	
					下限	上限
常量　[v5=1]∗[v7=1]	3.157[a]					
[v5=1]∗[v7=2]	2.015[a]					
[v5=2]∗[v7=1]	1.253[a]					
[v5=2]∗[v7=2]	.405[a]					
[v1=1]	2.120	.864	2.454	.014	.427	3.814
[v1=2]	0[b]	.	.	.	.	.
[v1=1]∗[v5=1]	−2.882	1.080	−2.670	.008	−4.999	−.766
[v1=1]∗[v5=2]	0[b]	.	.	.	.	.
[v1=2]∗[v5=1]	0[b]	.	.	.	.	.
[v1=2]∗[v5=2]	0[b]	.	.	.	.	.
[v1=1]∗[v7=1]	−2.120	1.148	−1.847	.065	−4.370	.130
[v1=1]∗[v7=2]	0[b]	.	.	.	.	.
[v1=2]∗[v7=1]	0[b]	.	.	.	.	.
[v1=2]∗[v7=2]	0[b]	.	.	.	.	.
[v1=1]∗[v5=1]∗[v7=1]	−.968	1.944	−.498	.619	−4.778	2.843
[v1=1]∗[v5=1]∗[v7=2]	0[b]	.	.	.	.	.
[v1=1]∗[v5=2]∗[v7=1]	0[b]	.	.	.	.	.
[v1=1]∗[v5=2]∗[v7=2]	0[b]	.	.	.	.	.
[v1=2]∗[v5=1]∗[v7=1]	0[b]	.	.	.	.	.
[v1=2]∗[v5=1]∗[v7=2]	0[b]	.	.	.	.	.
[v1=2]∗[v5=2]∗[v7=1]	0[b]	.	.	.	.	.
[v1=2]∗[v5=2]∗[v7=2]	0[b]	.	.	.	.	.

a. 在多项式假设中常量不作为参数使用。因此不计算它们的标准误。

b. 此参数为冗余参数，因此将被设为零。

c. 模型：多项 Logit。

d. 设计：常量+v1+v1∗v5+v1∗v7+v1∗v5∗v7。

表 15-12 显示了 Logit 模型包含的效应项，是 Logit 的饱和模型(包含所有有关的效应)。输出内容包括各类别效应的估计值、效应检验以及 95%的置信区间等。其中第 5 行是；V1 = 1]的效应值，即被解释因素(选择度假地点)在为 1(价格和距离)时的效应估计值。同理，后面的第 7，11，15 行分别为：[V1 = 1] * [V5 = 1]，[V1 = 1] * [V7 = 1]，[V1 = 1] * [V5 = 1] * [V7 = 1]下的效应估计值。性别(V5)的参照类是女性。受教育程度(V7)的参照类是大学本科以下。它们的效应不列入模型。

效应值的检验结果表明，若显著性水平为 0.05，游客选择度假地点有明显的差异。在综合考虑性别和受教育程度两个因素以后，度假地的选择在不同性别上有明显的差异性，而在教育程度以及性别和受教育程度交互作用下的差异不明显。

- 分析受教育程度不变时，选择度假地点在性别上的差异。

计算发生比：$\Omega_1^{V5}=\exp(\lambda_1^{V1}) * \exp(\lambda_{11}^{V1V5})=\exp(2.120) * \exp(-2.882)=0.47$。

- 分析性别不变时，选择度假地点在受教育程度上的差异。

计算发生比：$\Omega_1^{V7}=\exp(\lambda_1^{V1}) * \exp(\lambda_{11}^{V1V7})=\exp(2.120) * \exp(-2.120)=1$。

- 分析选择度假地点在性别和受教育程度交叉分组下的差异。

计算发生比：$\Omega_1^{V5V7}=\exp(\lambda_1^{V1}) * \exp(\lambda_{11}^{V1V5}) * \exp(\lambda_{11}^{V1V7}) * \exp(\lambda_{111}^{V1V5V7})=0.02$。

结果表明：整体上，关注价格和距离因素的人数与关注风光景色的人数之比(记为 Ω)，一方面受人们选择度假地的主观考虑因素影响，另一方面也受它与性别及教育程度的交互影响。参照 Logistic 回归分析，不考虑常数项，解释模型系数的含义。

当性别和受教育程度均为参照水平，即对于大学本科以下的女性人群，若有意识地考虑风光景色因素，其 Ω 记为 Ω_0 且 Ω_0 等于 1。那么，若她们有意识地转为关注价格和距离因素，则 Ω 是 Ω_0 的 exp(2.12)=8.3 倍。

进一步，若关注因素转变的同时人群构成换成了本科以下的男性人群，其 Ω 是 Ω_0 的 exp(2.12) * exp(−2.882)=0.47 倍，小于 Ω_0，说明相同学历的男性对价格和距离因素的关注程度低于女性。同时，若关注因素转变的同时人群构成换成了本科及以上的女性人群，其 Ω 是 Ω_0 的 exp(2.12) * exp(−2.12)=1 倍，没有变化，说明女性人群的受教育程度对此并不产生影响。

再进一步，若关注因素转变的同时人群构成换成了本科及以上的高学历男性人群，其 Ω 是 Ω_0 的 exp(2.12) * exp(−2.882) * exp(−2.12) * exp(−0.968)=0.02 倍，远小于 Ω_0，说明男性高学历人群对价格和距离因素的关注程度大大低于女性人群。

第 16 章 SPSS 的时间序列分析

16.1 时间序列分析概述

时间序列分析(Time Series Analysis)是研究事物随时间发展变化规律的一种量化分析方法，隶属于统计学但又有不同于其他统计分析方法的特殊特点。近年来，时间序列分析的理论和应用研究一直是人们关注的热点，也取得了很大的进步。

对于时间序列一词可以有不同层次的理解。一般情况下，那些依时间先后顺序排列起来的一系列有相同内涵的数据都可以称为时间序列。在这个意义上来看，时间序列在日常生活中无处不在。从国家社会等宏观角度看，我们常常听到的 GDP、物价指数、股票指数等可以构成时间序列；从微观角度看，一个家庭每天的开支、一个人每天的工作量、一个学生每天的伙食费，等等，也可以构成时间序列。事实上，万事万物的变化发展所表现出来的各种特征，只要能够被持续地观察和度量，同时被记录，就能够得到所谓的时间序列。

时间序列与一般的统计数据的不同之处在于：这是一些有严格先后顺序的数据。不同时间点或时间段对应的数据之间，大多数情况下存在着某种前后相承的关系，而非互相独立。因此，对这类数据的分析和研究需要一些特殊的方法。时间序列分析是针对这种独特数据特点而形成和发展起来的一系列统计分析方法体系。

时间序列分析方法丰富多样。随着人们对时间序列认识的不断深化和创新，有许多新方法应运而生，同时也有许多人们熟知的方法趋于成熟。在这门学科的发展历程当中，出现了一般的从因果关系出发的回归分析方法、多种传统的时间序列分析方法以及现代的基于随机过程理论的分析方法，更有从物理学演化而来的以全新角度考虑时间序列的频域分析方法。新的认识角度及新的理论使得时间序列分析越来越精细化、复杂化，也越来越依赖于计算技术的发展。

16.1.1 时间序列的相关概念

通常，将时间序列描述成一个有序的数列：$y_1, y_2, y_3, \cdots, y_t$，其中下标 t 表示时间序号。对上述数列可以有以下几种理解：

- 第一，可理解为一个有先后顺序且时间间隔均匀的数列。
- 第二，可理解为随机变量族或随机过程$\{y(t), t \in T\}$的一个实现。即在每一个固定的时间点 t 上，将现象 y_t 看做一个具有多种可能事实的随机变量。每一个 y_t 只是随机变量 y_t 由于种种原因而表现出来的一个结果，而在所有被关注时间点上 $y_1, y_2, y_3, \cdots, y_t$ 就是一系列随机变量所表现出来的一个结果，通常称做一个实现或一个现实，也可以称做一个轨道。

使时间序列得以产生的随机变量有什么样的性质？它们之间的关系如何？随着时间的推移这些性质和关系会有什么样的变化？所有这些都是时间序列分析中必须关注的问题。然而这些问题涉及大量随机变量的联合分布，其复杂性可想而知。因而在实践中人们将随机过程分成了多种不同的类型，即使是现代的时间序列分析方法，其研究的对象大多数也只是其中一些比较简单的、利用现有的数学和统计学知识可以进行描述和度量的随机过程。下面将对这些随机过程以及对应的时间序列的性质做简单介绍。

通常研究时间序列问题时会涉及以下记号和概念。

(1)指标集 T

指标集 T 可直观理解为时间 t 的取值范围。对一般的随机过程来说它是一个连续的变化范围，如可取$(-\infty,+\infty)$，此时上述随机过程可相应地记为$\{y(t),t\in(-\infty,+\infty)\}$。时间序列分析一般只涉及离散的时间点，如 t 可取$\{0, \pm1, \pm2, \cdots\}$此时的随机过程记为$\{y(t),t=0,\pm1,\pm2,\cdots\}$。又由于0点的相对性，一般的 t 可取$\{0,1,2,\cdots\}$。

(2)采样间隔 Δt

采样间隔 Δt 可直观理解为时间序列中相邻两个数的时间间隔。在实际研究中，在整个数据期间一般都取一致的时间间隔，这样会使分析结果更具直观意义，更易使人信服。如在实际当中 T 为(a,b)时，若取 N 个时间点，则采样间隔为 $\Delta t=\dfrac{b-a}{N}$。

(3)平稳随机过程和平稳时间序列

在一些时间序列分析方法当中要求时间序列具有平稳性，即要求时间序列对应的随机过程是一个平稳的随机过程。

平稳随机过程定义如下：如果对$\forall t_1,t_2,\cdots,t_n,h\in T$和任意整数$n$，都使$(y_{t_1},y_{t_2},\cdots,y_{t_n})$与$(y_{t_1+h},y_{t_2+h},\cdots,y_{t_n+h})$同分布，则随机过程$\{y(t),t\in T\}$称为平稳过程。从这个定义可以看出平稳性实质上是要求随机过程包含的任意有限维随机变量族的统计特性具有时间上的平移不变性。这是一种非常严格的平稳性要求，而要刻画和度量这种平稳性，需要掌握 2^n-1 个随机变量或随机变量族的分布或联合分布，这在实践当中是非常困难甚至是不可能的。因此这种平稳性一般被称为严平稳或者完全平稳。

实际中一般要求的平稳性称为宽平稳，它没有严平稳那样苛刻的条件，而只要求某阶矩的平稳性。二阶宽平稳随机过程定义为：如果 $E(y_t)$ 为常数，且对$\forall t,t+h\in T$都使协方差 $E[Y_t-E(y_t)][Y_{t+h}-E(y_{t+h})]$存在且与 t 无关(只依赖于 h)，则随机过程$\{y(t),t\in T\}$称为宽平稳过程。可以看出，二阶宽平稳性只考察到随机过程均值和方差及协方差即二阶矩的性质，因此也称为协方差平稳。

从字面上看，宽平稳与严平稳往往会使人们产生严平稳过程必然是宽平稳过程的错觉。事实上这两种平稳过程没有一种必然的联系，严平稳是在分布层次上的平稳，宽平稳只是在分布的几个数字特征层次上的平稳，它们涉及的性质不在一个层次上，只有那些二阶矩存在的严平稳过程才同时是二阶宽平稳过程。

(4)白噪声序列

白噪声序列是一种特殊的平稳序列。它定义为：若随机序列$\{y_t\}$由互不相关的随机变量构成，即对所有 $s\neq t,\mathrm{Cov}(y_s,y_t)=0$，则称其为白噪声序列。可以看出，白噪声序列是一种平稳序列，在不同时点上的随机变量的协方差为0。该特性通常被称为“无记忆性”，意味着人们无法根据其过去的特点推测其未来的走向，其变化没有规律可循。虽然有这个特点，但白噪声序列却是其他时间序列得以产生的基石，这在时间序列的ARIMA模型分析中体现得相当明显。另外，时间序列分析当中，当模型的残差序列成为白噪声序列时，可认为模型达到了较好的效果，剩余残差中已经没有可以识别的信息。因此，白噪声序列对模型检验也是很有用处的。

(5)时点序列和时期序列

实际当中，人们研究的时间序列是前面提到的随机过程的一个实现，也就是那些按时间先后顺序排列的一系列数据。这些数据往往由两部分组成：一是观测值；二是观测值对应的时间点或时间段。表 16-1 便是两个时间序列数据的示例。

表 16-1　时间序列数据示例

时间 t	出口总额 y_{t1}	外汇储备 y_{t2}
1993.01	3356681911	201.38
1993.02	5823356915	202.80
……	……	……
2002.05	24639190843	2384.73
2002.06	25997486733	2427.60
2002.07	29123022902	2465.34
2002.08	29413283112	2530.90
2002.09	31720692499	2586.30
2002.10	29935932895	2655.39
2002.11	31205349173	2746.25
2002.12	31889820185	2864.07

表 16-1 中包含了互相对应的两列数，一列是出口总额 y_{t1}，一列是外汇储备总额 y_{t2}。它们对应的时间点是 1993 年 1 月到 2002 年 12 月。从表面上看，这两个数列是相似的，但实际上有着很大的不同，它们在相同的时间 t 上有着完全不同的意义。对于 y_{t1}，其指标集 T_1 中的每个元素表示的是一段时间，即每个出口总额数据都是对应月份的出口额总量，这种数据称为时期数据；而对于 y_{t2}，其指标集 T_2 中的每个元素表示的是一个时间点，即每个外汇储备数据都是到该月底为止我国的外汇储备总量，这种数据称为时点数据。

一般情况下，时期数据和时点数据之间可以通过将时期数据累加，或者将时点数据后项减前项或后项比前项的处理方式互相转换。不过随着这种转换，序列包含的实际意义也会有所变化，相应变量的统计性质也会有很大的变化，对应的分析处理方法也会有很大的不同。

16.1.2　时间序列分析的一般步骤

时间序列分析一般需经过数据的准备、数据的观察及检验、数据的预处理、数据的分析和建模、模型的评价、模型的实施应用等几个阶段。

(1)数据的准备阶段

数据的准备阶段就是要根据分析目的收集数据，并将数据按恰当格式组织在统计分析软件中。

(2)数据的观察及检验阶段

数据观察及检验阶段的主要目标是总体把握时间序列发展变化的特征，这是今后选择恰当模型对数据进行深入分析的前提。对数据的观察和检验可通过图形方法或统计检验方法实现。

(3)数据的预处理阶段

通过数据的观察和检验阶段得到对序列变化特征的总体把握后，就可根据分析的需要对数据进行必要的变换等预处理。通过预处理，一方面能够使序列的特征体现得更加明显，利于分析模型的选择；另一方面也使数据满足于模型的要求。

(4)数据分析和建模阶段

数据分析和建模阶段的主要任务是根据时间序列的特征和分析的要求，选择恰当模型进行数据建模和分析。时间序列分析在长期的发展中形成了各种流派，产生了丰富多样的方法。这些方法有些已经发展得相当成熟，有些还是当前时间序列分析研究的热点。在进行分析研究时，应根据数据的特点及其实际意义，选择合适的方法和模型，使分析结果既能达到所需的精度又简洁实用。

时间序列分析方法从本质上可以分成两个大类：一类是时域分析(Time domain)；另一类是频域分析(Frequency domain)。它们对相同的序列有完全不同的理解角度。时域分析认为时间序列是过去值和一些相关变量的函数，也就是说，当前的表现是由过去的状态和一些外部因素决定的，通过过去和当前的序列数据可以预知将来的表现；而频域分析则认为时间序列是由若干个具有不同周期的正弦波成分叠加而成，通过复杂的数学工具对这些周期成分进行识别和分解，就可以认识时间序列的特性，掌握它的变化规律。时域分析方法和频域分析方法各有特色，不同专业背景的人对两种方法各有偏爱。当然如果二者结合使用则会使分析更有说服力。

在时间序列的时域分析方法当中，也有不同的流派和方法。其中简单回归分析法、趋势外推法、指数平滑法等都是产生时间较长且较为简单直观的分析方法。而 ARIMA 模型、ARCH 模型等则是相对较新的逐渐受到关注的方法。这些方法对时间序列有着不同的考察角度，因而有着自己适合的分析领域和用途。

简单回归分析法是通过研究变量间的关系，用一个或几个变量的变化来解释所关注变量的变化规律。它是一种基于因果关系的分析方法，适合序列间的结构分析和较长期的预测。同时，较为理想的模型也可用于控制，即通过对那些可控变量施加影响而改变那些不确定变量的走向。

趋势外推法是对序列中的长期趋势利用人们已知的具有各种变化特征的曲线进行拟合的分析方法。趋势外推法适用于精度要求不很高的中长期趋势预测，不适合对那些波动性较大较频繁的序列做精确预测。不过对于这样的序列，仍可借助它分解出序列中蕴含的趋势性，从而一方面可以让人们掌握事物的大致走向，另一方面可通过消除趋势性以便人们对时间序列的波动性进行更深入的研究。

自回归(Autoregression)方法同样利用了简单回归分析的原理。不同的是它引入了被解释变量某些阶数的滞后变量，并把它们当做解释变量，与其他解释变量一起共同解释被解释变量的变化。由于回归中引入了被解释变量自身，因此该方法被称为自回归。自回归方法适用于简单回归分析中残差项存在一阶自相关情况的序列。

自回归移动平均模型(ARMA 模型)也称 Box Jenkins 方法，简写为 B-J 方法。自回归移动平均模型通过从数据自身当中提取各种因素来解释序列的变化规律。这种方法一方面认为序列可以由其自身的某些滞后序列进行解释，这样形成 AR 模型；另一方面认为时间序列是若干白噪声序列的某种组合，这样形成 MA 模型，而将两种模型进行有机地结合形成 ARMA 模型。这是一种典型的随机型时间序列分析方法，常用于对随机性波动较频繁序列的短期预测。自回归移动平均模型适用于平稳序列的分析。对于非平稳的序列，可以通过差分或季节差分以及各种变换进行平稳化处理后再采用，这样处理过的模型被统称为 ARIMA 模型。

频域分析中的谱分析方法适用于那些高频波动数据，通过对序列中各种周期成分的识别来达到模型识别、随机性波动检验、趋势性识别等目的。

(5)模型的评价阶段

模型的评价是时间序列分析的重要阶段。模型评价应与模型分析的目标相结合，与研究目的相结合。

预测是时间序列分析的重要目标之一。预测精度无疑是衡量模型好坏的重要指标。预测精度的衡量指标包括误差平方和 SSE(Sum Squared of Error)、平均绝对百分误差 MAPE (Mean Absolute Percent Error)、拟合优度 R 方、预测值的方差，等等。

时间序列间的横向关系是时间序列分析的另一重要目标。对此模型中变量的相关性也是考察的重点。模型的 F 统计量、各个变量系数的 t 统计量、AIC、SBC 等统计量都是参考的重要依据。

在时间序列的回归分析当中，控制往往也是分析的目标之一。对此考察变量间准确而非虚假的因果数量关系也是模型评价的重点。模型中的系数不但要通过显著性检验，还必须有一定的实际意义，这就涉及模型估计方法的选择问题。例如，如果在序列的回归分析中不加选择地采用最小二乘法进行参数估计，很可能会严重歪曲变量间的因果数量关系。

(6)模型的实施应用阶段

建立了合适的模型之后就要将模型付诸实践。不同的模型运用中也有不同的要求。例如对预测来讲，不同的模型适用于不同时期的预测。有些方法适合进行比较长期的预测，而有些方法则只适用于短期的预测，也有些方法不适于预测，而只适于结构的分析。这些都是在模型实际运用当中需要考虑的。

16.1.3　SPSS 时间序列分析的特点

SPSS 的时间序列分析没有自成一体的单独模块，各处理功能分散在数据、转换、分析三个功能菜单当中。在数据和转换中实现对时间序列数据的定义和必要处理，以适应各种分析方法的要求；在分析的预测菜单中主要提供了四种时间序列的分析方法，包括指数平滑法、自回归法、ARIMA 模型和季节调整方法；同时提供了时间序列分析的图形工具，包括序列图(Sequence)、自相关函数和偏自相关函数图、互相关图等。另外，也可利用 SPSS 的频谱分析等模块进行简单的谱分析。

16.2　数 据 准 备

数据准备是利用 SPSS 进行时间序列分析的一个首要任务，它对以后的分析起着举足轻重的作用，是数据分析的基础。

通过前面的讨论可知，时间序列最显著的特点就是数据有着严格的先后顺序，并且与一定的时间点或时间段相对应。因此，要把一系列 SPSS 变量数据当做时间序列数据来分析，就必须首先指明每个数据所对应的时间点或时间段，以及整个数据所对应的期间。SPSS 的数据准备正是用来完成这些任务的。

SPSS 的数据准备包括数据文件的建立、时间定义和数据期间的指定。其中数据文件的建立与一般 SPSS 数据文件的建立方法相同，每一个变量将对应一个时间序列数据，且不必设置标志时间的变量。这里以表 16-1 的数据(SPSS 数据文件名：总出口额.sav)为例，重点讨论时间定义的操作步骤。

SPSS 的时间定义功能用来将数据编辑器窗口中的一个或多个变量指定为时间序列变量，并给它们赋予相应的时间标志，具体操作步骤如下。

(1) 选择菜单【数据 →定义日期】，出现如图 16-1 所示的窗口。

(2)【个案为(C)】框提供了多种时间形式，可根据数据的实际情况选择与其匹配的时间格式和参数。例如，本案例数据为 1993 年到 2002 年的月度数据，则选择年份、月份格式，并在【第一个个案为(F)】框中输入起始年份 1993 和月份 1。

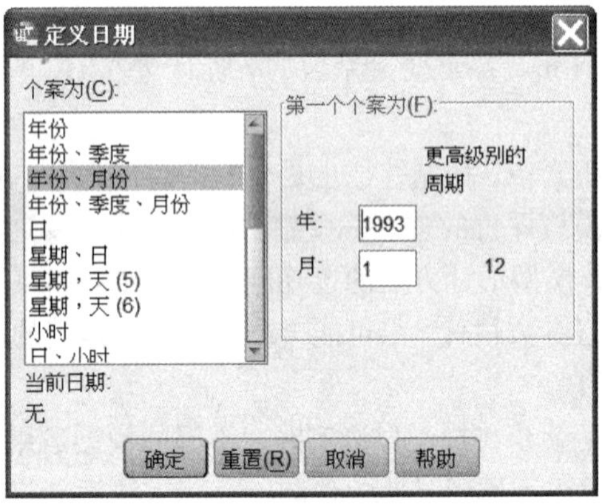

图 16-1　时间序列的时间定义窗口

至此，完成了 SPSS 的时间定义操作。SPSS 将在当前数据编辑器窗口中自动生成标志时间的变量，如 year_，month_，date_等。同时，在查看器窗口中将输出一个简要的日志，说明时间标志变量及其格式和包含的周期等。

数据区间的选取也是时间序列分析中经常遇到的问题。所谓数据区间的选取是指，如果分析过程中只希望选取部分时段数据进行分析，则应首先指定该时间段的起止时间。对此可通过 SPSS 的选择个案功能实现。具体操作可参考本书相关章节。

16.3　时间序列的图形化观察及检验

16.3.1　时间序列的图形化观察及检验目的

在时间序列分析的第一步，应对时间序列发展变化的特征有一个初步的总体把握，它是今后选择恰当的模型以及对数据进行深入分析的前提。通过图形化观察和检验能够把握时间序列的诸多特征，如时间序列的发展趋势是上升还是下降，还是没有规律的上下波动；时间序列变化的周期性特点；时间序列波动幅度的变化规律；时间序列中是否存在异常点，时间序列不同时间点上数据的关系等。例如，观察不同年份的数据之间是否有相同的变化特征，某时间点上的数据是否与其前期或后期数据有特定的关系，一段时间的数据是否有某种相同或相似的特性等。通过时间序列的图形化观察和检验应把握以下几点：

(1)时间序列的正态性

时间序列的正态性是考察数据是否符合正态假定，一般情况下对模型残差序列的检验包括这个内容。正态性检验通常可通过直方图或多种非参数检验方法实现。由于相关内容已在前面章节讨论过，所以不再赘述。

(2)时间序列的平稳性

时间序列分析的不同方法对数据有不同的要求。考察时间序列的平稳性正是要了解时间序列数据适合于什么样的模型，或者能否直接用来建立模型等。时间序列分析中的一些方法(例如，时域分析中的 B-J 方法、频域分析中的谱分析等)通常会要求用于建模的序列具有二阶宽平稳性，使用这些方法之前对序列进行平稳性检验是必需的。如果序列非平稳，则不能直接用于建模，这时就需要通过各种手段对序列进行平稳化处理，以最终得到相对平稳的时间序列。另外，时间序列的趋势性实质上是一种均值水平上的非平稳性，因而可通过平稳性考察来进行检验。

(3)时间序列的周期性

时间序列的周期性是指随着时间的推移序列呈现出有规律的周期性波动。

时间序列的平稳性和周期性考察通常要采用图形观察与统计检验相结合的方法进行。两者的结合不但充分利用了图形观察相对直观且全面的优势，同时也使基于统计量的各种参数和非参数假设检验相对精准。

(4)时间序列的其他特性

现实当中的的时间序列数据往往由于各种原因而包含一些异常值(Outlier)；另外，一些高频波动的数据还存在簇集性等特点。这些特性都可以通过图形观察大致识别，在下一节有较详细的介绍。

16.3.2 时间序列的图形化观察工具

时间序列图形化观察工具主要包括以下几种。

1.序列图

序列图是按照时点顺序将数据展现出来的一种图形，它是时间序列分析当中用得最多也最为有用的图形工具，可用于对序列直观特性的观察。

一个平稳的时间序列，由于各时间点的统计特性保持不变，或者各时间点间的协方差只与时间间隔有关而与时间起点无关，因此在图形上表现的特征是：在水平方向平稳发展，在垂直方向的波动性保持稳定，如图 16-2 所示。

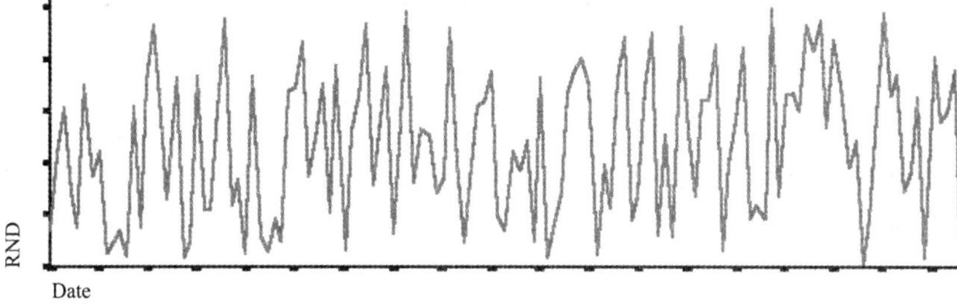

图 16-2 平稳序列的序列图示例

实践中真正具有平稳性的时间序列并不多见，通常都会表现出非平稳性。非平稳性的表现形式多种多样，主要特征有趋势性、异方差性、波动性、周期性、季节性，以及这些特征的交错混杂等。图 16-3～图 16-6 展示了非平稳序列的常见特征。

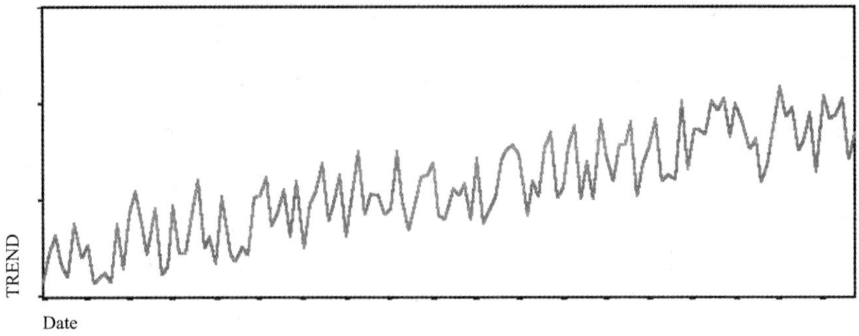

图 16-3　具有上升趋势的非平稳序列

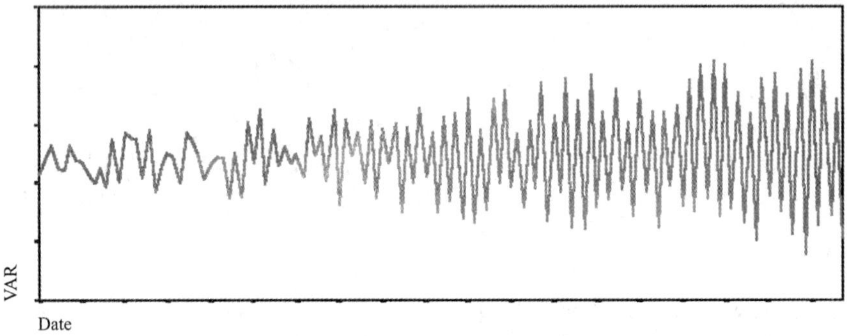

图 16-4　具有异方差性的非平稳序列

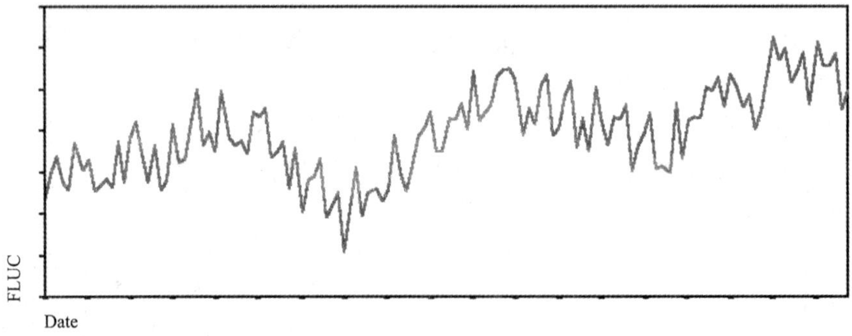

图 16-5　具有波动性的非平稳序列

图中给出的四种非平稳序列都是非常典型的。实际当中时间序列的非平稳性往往是多种非平稳特征组合的结果，在序列图中一般不会表现得像以上四种图形那样分明。

序列图还可用于对序列异常值的探索，以及体现序列的簇集性，如图 16-7 和图 16-8 所示。

图 16-7 所示的序列是一个存在异常值的序列。异常值是那些由于外界因素的干扰而导致的与序列的正常数值范围偏差巨大的数据点。通过序列图能够方便地识别异常值。

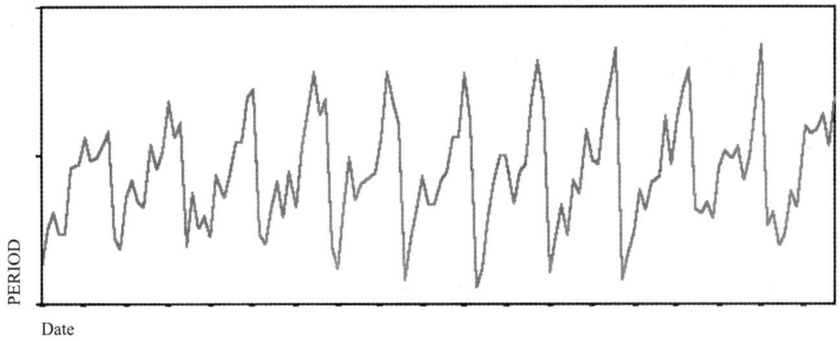

图 16-6　具有周期性的非平稳序列

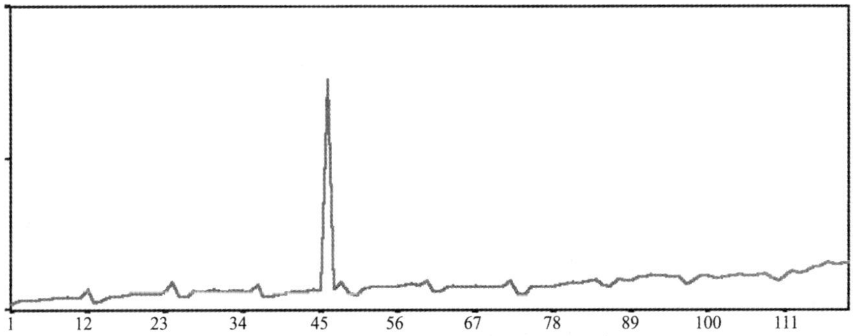

图 16-7　存在异常值的序列

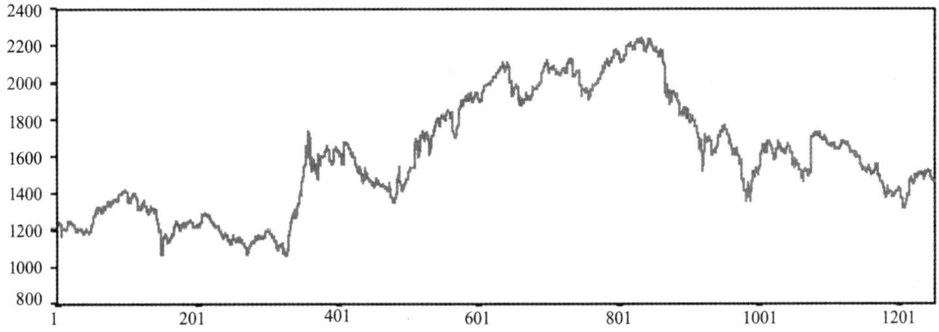

图 16-8　有簇集性特征的序列

图 16-8 所示是一个股价指数序列。该序列有明显的簇集性特征。簇集性是指数据在一段时间内具有相似的水平。在不同的水平间呈跳跃性变化，而非平缓性变化。这种特征在金融数据中体现得尤其明显。例如，股票价格往往在一段时间内高位振荡，而在某个时刻又会出人意料地跳水，在低谷徘徊。对簇集性的研究促成了 GARCH 模型等现代时间序列分析方法的形成，近年来受到了广泛的关注。

2. 直方图

直方图是体现序列数据分布特征的一种图形，通过直方图可以了解序列的平稳性、正态性等特征。

3. 自相关函数图和偏自相关函数图

自相关函数图和偏自相关函数图是序列平稳性考察中的两个重要图形工具，对识别时间序列的各种非平稳性和确定时序模型中的参数有非常重要的作用。

自相关函数图和偏自相关函数图是以自相关函数和偏自相关函数为依据绘制而成的图形。所谓自相关是指序列与其自身经过某些阶数滞后形成的序列之间存在某种程度的相关性。对自相关的测度往往采用自协方差函数和自相关函数。

自协方差函数：设$\{y_t\}$是平稳序列。由平稳性可知，对任意整数 h 有

$$\mathrm{Cov}[Y_t, y_{t+h}] = E[(y_t - \mu)(y_{t+h} - \mu)] = R(h) \tag{16.1}$$

式中，$\mu = E(y)$，$R(h)$是时间间隔 h 的函数，称为序列$\{y_t\}$的自协方差函数。

h 阶滞后的自相关函数定义为

$$\rho(h) = R(h)/R(0) = R(h)/\sigma^2 \tag{16.2}$$

式中，$R(0) = E(y_t - \mu)^2$。由式(16.2)可知，自相关函数是将自协方差函数进行了类似于标准化的处理。它消去了量纲的影响，使不同的相关函数值间可以进行对比。同时，对于平稳序列，自相关函数也是时间间隔 h 的函数，同样与时间起点无关。

严格的相关性检验还需要根据相关函数值的统计性质，构造统计量进行假设检验。其原假设 H_0 是：某阶相关函数值与 0 无显著差异。只有通过检验拒绝了原假设，才可以认为序列与该阶滞后序列存在着显著的相关性，意味着在某种程度上序列的当前状态可以由序列过去的变化进行解释。

应注意的是，对序列在两个时期间的相关性考察时应剔除那些外来因素的影响。例如，序列与其一阶滞后序列的相关性可能影响到它与二阶滞后序列的相关性。因此要考察后者，就要剔除前者带来的影响。偏自相关函数就是在其他序列给定情况下的两序列条件相关性的度量函数。

自相关函数图和偏自相关函数图将时间序列各阶滞后的自相关和偏自相关函数值及其在一定置信水平下的置信区间直观地展现出来，较函数值和统计检验量更为直观和方便。图 16-9 和图 16-10 便是两种形式的自相关图。

Lag	Auto-Corr.	Stand. Err.	-1 -.75 -.5 -.25 0 .25 .5 .75 1	Box-L jung	Prob.
1	.020	.086	. * .	.052	.820
2	-.021	.086	. * .	.113	.945
3	-.042	.085	. *| .	.355	.949
4	.009	.085	. * .	.368	.985
5	.011	.085	. * .	.384	.996

图 16-9　自相关函数图(一)

图 16-9 比较详细，列出了各阶自相关函数值、标准差、95%的置信区间以及检验统计量的观测值和概率 p 值。有关检验统计量将在后面讲解。

图 16-10 比较简单，仅给出了柱状的自相关函数值和 95%的置信区间。

对于平稳或非平稳序列，其自相关函数图和偏自相关函数图通常有一定的特征和规律性。了解和把握这些特征对时间序列分析是很有帮助的。图 16-11～图 16-15 是几种典型的自相关函数图和偏自相关函数图。

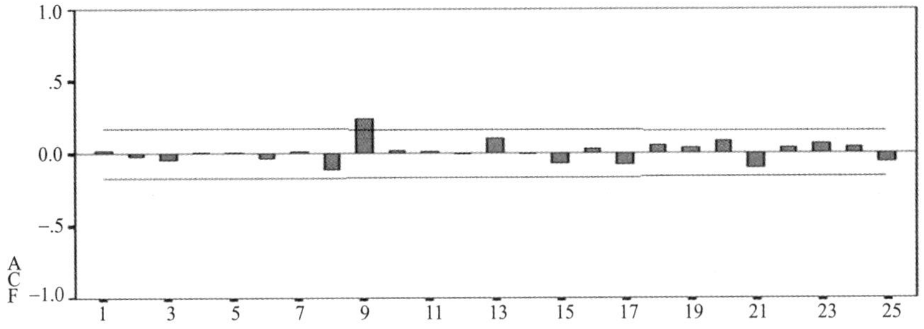

图 16-10　自相关函数图(二)

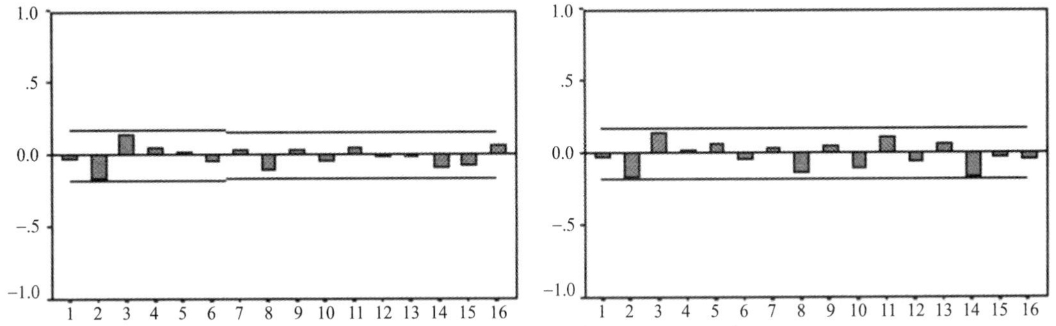

图 16-11　正态白噪声序列的自相关函数和偏自相关函数图

图 16-11 是一种白噪声序列的自相关函数图和偏自相关函数图。由图可知，白噪声序列的各阶自相关和偏自相关函数值均与 0 无显著差异。虽然序列多少会有一些相关性，但函数值均落在置信区间内，且没有明显的变化规律。

图 16-12 是一种具有明显趋势的非平稳序列的自相关函数图和偏自相关函数图。由图可知，具有趋势性的非平稳序列，序列的各阶自相关函数值显著不为 0。同时随着阶数的增大，函数值呈缓慢下降的趋势；偏自相关则呈明显的下降趋势，很快落入置信区间。

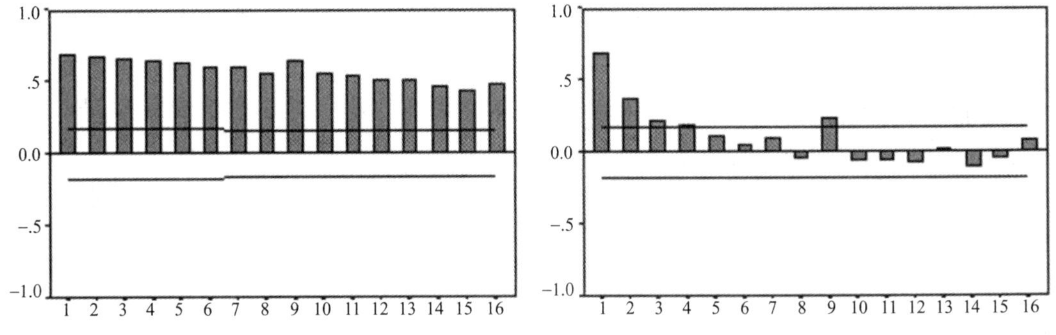

图 16-12　一个上升趋势序列的自相关函数和偏自相关函数图

图 16-13 是一种具有异方差性的非平稳序列的自相关函数图和偏自相关函数图。由图可知，对于具有异方差性的非平稳序列，其各阶自相关函数值显著不为 0，且呈现出正负交错，缓慢下降的趋势；偏自相关函数值也呈正负交错的形式，但下降趋势明显。

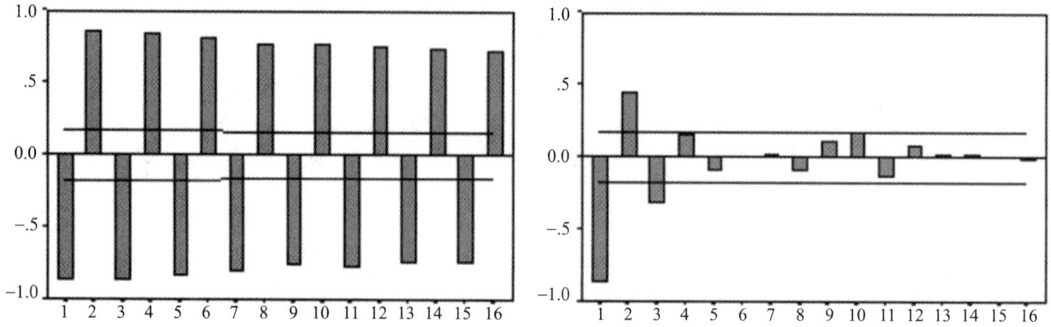

图 16-13　一个异方差序列的自相关函数和偏自相关函数图

图 16-14 是一种具有周期性的非平稳序列的自相关函数图和偏自相关函数图。由图可知，周期性序列的自相关函数呈明显的周期性波动，且以周期长度及其整数倍数为阶数的自相关和偏自相关函数值均显著不为零。

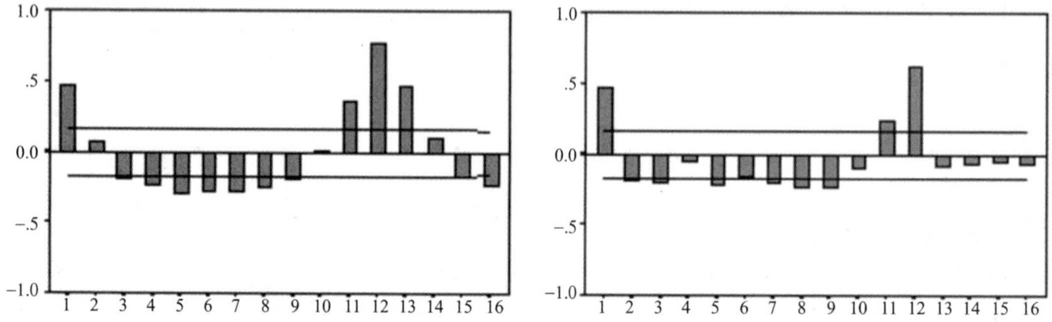

图 16-14　一个周期性序列的自相关函数和偏自相关函数图

图 16-15 是一种具有波动性的非平稳序列的自相关函数图和偏自相关函数图。由图可知，非周期的波动性序列的自相关图与趋势性序列有一定的相似之处。由于波动性中往往包含着趋势性，且这种趋势性不像完全趋势性序列那样一直延续不断，因此自相关函数值会在一定的阶数之后较快地趋于零。而偏自相关函数则会很快落入到置信区间内。

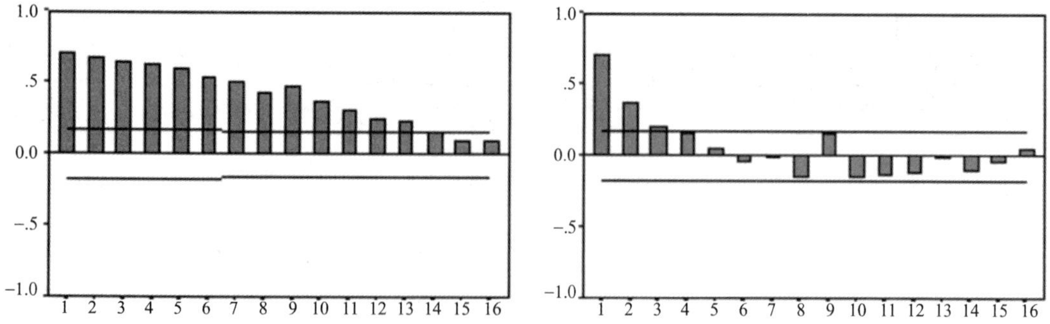

图 16-15　一个非周期的波动性序列的自相关函数和偏自相关函数图

以上列举了几个有非平稳特征的序列的自相关和偏自相关函数图，可以看出各种非平稳的特性在两图中会有不同的表现。在实际应用中需要注意的是，相关图的形式并不能唯一地确定序列的特征，实际建模时要将统计量的检验和图形结合起来进行模型识别。

4. 谱密度图(Spectral)

谱密度图用于序列周期性的检验，它是时间序列频域分析中识别序列隐含周期性的有效方法。时间序列的频域分析认为时间序列是具有不同周期的谐波叠加而成的。如果将那些没有周期的序列看做是周期无限长的序列，则这种观点可以涵盖所有的时间序列。基于这种观点的谱分析法重在对序列当中的周期成分进行识别，从而达到对序列进行认识和分解的目的。图 16-16 是一种具有周期性序列的谱密度图。

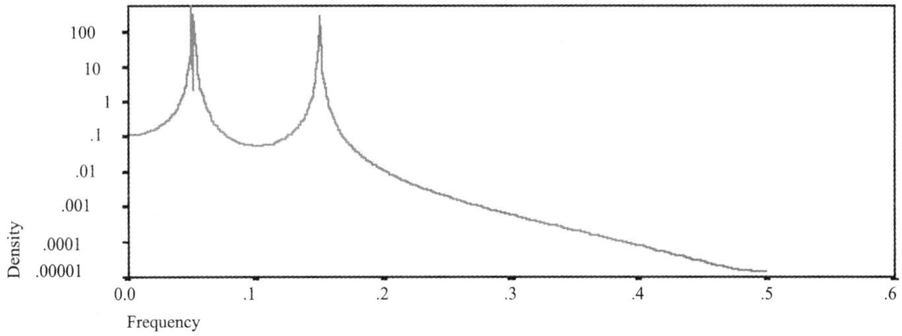

图 16-16　一个周期性序列谱密度图

在图 16-16 中，两个尖峰意味着序列中存在两个明显的周期成分。当然，严格的谱分析还需要通过统计量对尖峰进行检验来判断对应周期成分的显著性。因为实际序列中往往存在着虚假的周期成分，或者有多个或高或低的尖峰。只有那些通过显著性检验的尖峰对应的周期成分才被认为是真正的隐周期。

5. 互相关图(Cross correlations)

互相关图是对两个互相对应的时间序列进行相关性分析的实用图形工具。一般变量之间的相互关系可通过多种方法进行检验，其中最常见的是回归分析法。但由于时间序列中往往需要检验一个序列与另一个序列的滞后序列之间的相关性，这时回归分析法就显得不很方便。互相关图则能方便直观地实现该分析。

互相关图是依据互相关函数绘制出来的。互相关函数与自相关函数的原理相同，差别之处在于它所体现的是不同时间序列间不同时期滞后序列的相关性。图 16-17 是一个互相关图的示例。

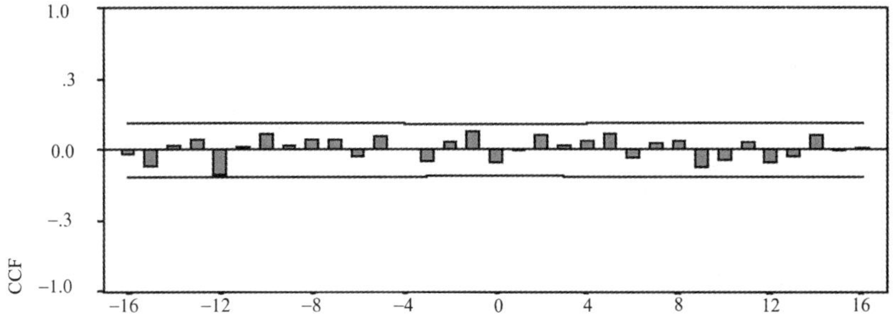

图 16-17　互相关图示例

图 16-17 是 1993 年初至 2002 年年底我国海关统计出口总额和外汇储备月度数据经过一阶逐期差分之后得到的序列互相关图。由图可知，各阶相关函数值均处于随机区间内，意味着两个序列之间无论哪一阶的滞后均不能认为有显著的相关性。

16.3.3 时间序列的检验方法

通常，序列的非平稳性可通过序列图、自相关函数图和偏自相关函数图大致分辨出来。但实际中有一些序列的特征是接近于平稳，或非平稳特征的错综复杂，或非平稳性表现得不明显。通过图形观察往往不能准确地发现这些特征，这时就需要一些定量的检验方法。其中包括参数检验法、游程检验法等。

1. 参数检验法

平稳性的参数检验法从序列的宽平稳性出发，检验序列的均值、方差、相关函数等数字特征是否随时间的推移而变化。如果这些指标随时间的推移没有明显变化，则可认为序列是平稳序列的。

参数检验的基本思路是，将序列分成若干子序列，并分别计算子序列的均值、方差、相关函数。根据平稳性假设，当子序列中数据足够多时，各统计量在不同的子序列之间不应有显著差异。当显著性水平 α 为 0.05 时，子序列均值、方差、子序列间相关函数之差的检验分别为

$$|\bar{x}_i-\bar{x}_j|>1.96\sqrt{2\sigma_1^2}$$

$$|s_i^2-s_j^2|>1.96\sqrt{2\sigma_2^2}$$

$$|\rho_i(r)-\rho_j(r)|>1.96\sqrt{2\sigma_3^2}$$

其中，$\sigma_1^2=\mathrm{Var}(\bar{x}_i)$，$\sigma_2^2=\mathrm{Var}(s_i^2)$，$\sigma_3^2=\mathrm{Var}(\rho_i(r))$均可通过样本估计得到。如果差值大于检验值，则认为序列具有非平稳性。

还有一种极为常见的参数检验方法是利用 BOX-Ljung 检验统计量。该检验的原假设 H_0 是时间间隔小于指定值 m 的子序列值之间相互独立，即 $\rho(1)=\rho(2)=\cdots=\rho(m)=0$。BOX-Ljung 检验统计量定义为 $\mathrm{BOX_{Ljung}}=n(n+2)\sum_{k=1}^{m}\frac{\rho(k)^2}{n-k}$。BOX-Ljung 统计量在原假设成立条件下近似服从自由度为 m 的卡方分布。

2. 游程检验法

游程检验是一种非参数检验方法，这在本书非参数检验部分中已经涉及。时间序列中应用游程检验的基本思路是，将序列的数值按一定规则重新分组形成两类。游程则为时间序列中同类数据连在一起的子序列个数。一般认为，平稳性的或随机性的序列中不应出现许多同类数据连续出现的情况，也不应出现两类数据反复交替出现的情形。也就是说游程不能太多，也不能太少。关于游程检验的详细内容请参见本书有关非参数检验章节。

16.3.4 时间序列的图形化观察的基本操作和应用举例

SPSS 提供了时间序列绘图功能，使人们能够方便轻松地得到时间序列的各种图形，这里以总出口额.sav 数据为例，考察出口总额的序列特征。

1. 绘制序列图

绘制序列图的基本操作步骤如下。

(1) 选择菜单【分析→预测→序列图】，出现如图 16-18 所示的窗口。

(2) 将需绘图的序列变量选入【变量(V)】框中。

(3) 在【时间轴标签(A)】框中指定横轴(时间轴)标志变量。该标志变量默认的是日期型

变量。通常，左侧列表中的变量均可作为时间轴的变量。如果选择了非时间型变量，序列图仍然按时间顺序排列。此时横坐标的刻度不再有数量上的意义。

(4) 在【转换】框中指定对变量进行怎样的变换处理。其中包括对数据取自然对数，对数据进行 n 阶(默认 1 阶)差分，对数据进行季节差分。

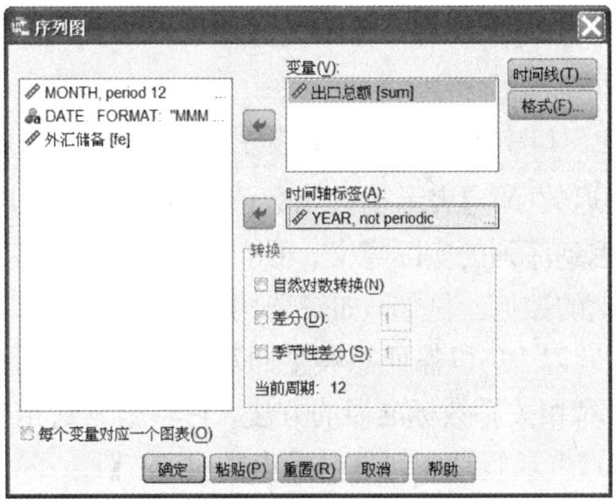

图 16-18　序列图绘制窗口

(5) 在图 16-18 所示的窗口单击 时间线(T) 按钮定义在序列图中需要特别标注的时间点，给出无标注、在某变量变化时标注、在某个日期标注三项供选择。这里的标注为一条竖线。

(6) 在图 16-18 所示的窗口单击 格式(F) 按钮定义图形的格式，可选择横向或纵向序列图；对于单变量序列图，可选择绘制线图或面积图，还可选择在图中绘制序列的均值线；对多变量的序列图，可选择将不同变量在同一时间点上的点用直线连接起来。

图 16-19 是应用案例中出口总额的序列图。显然，出口总额随着时间的推移呈现明显的上升趋势，是一个非平稳序列。

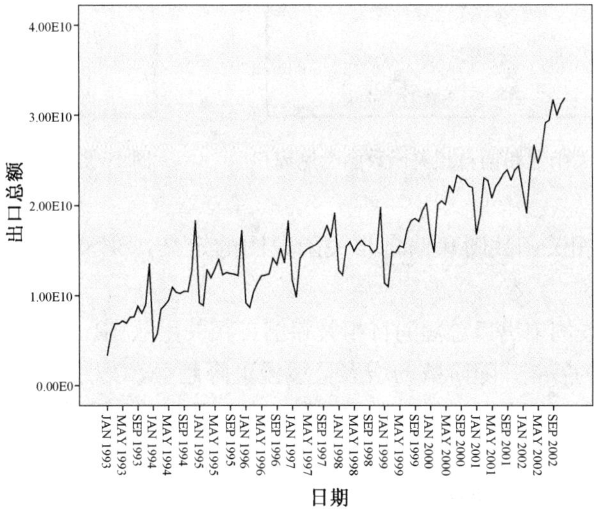

图 16-19　应用案例的序列图

2. 绘制自相关函数图和偏自相关函数图

基本操作步骤如下。

(1) 选择菜单【分析→预测→自相关】，出现如图 16-19 所示的窗口。

(2) 将需绘图的序列变量选入【变量(V)】框。

(3) 在【输出】框选择绘制哪种图形，包括绘制自相关函数图和偏自相关函数图。一般可同时绘制两种图形。

(4) 在图 16-20 所示的窗口中单击 选项(O) 按钮定义相关参数，出现如图 16-21 所示的窗口。其中【最大延迟数(M)】表示相关函数值包含的最大滞后期，即时间间隔 h。最大滞后的选择要考虑到序列的实际意义、可能的滞后作用及周期性等。一般情况下可取两个最大周期以上的数值。例如，如果选用的是月度数据，由于最大周期数为 12，则最大滞后期可为 25 以上，以保证能够全面观察到序列中可能的周期性因素；在【标准误法】框中指定计算相关系数标准误的方法，它将影响到相关函数图形中的置信区间。其中【独立模型(I)】表示假设序列是白噪声的过程；【Bartlett 的近似值(B)】表示，根据 Bartlett 给出的估计自相关系数和偏自相关系数方差的近似式计算方差。该方法适合于当序列是一个 $k-1$ 阶的移动平均过程，且标准差随阶数的增大而增大的情况。

(5) 选中【在周期延迟处显示自相关(D)】，表示只显示时间序列周期整数倍处的相关函数值。例如，周期为 12 时，选中此项则相关图中只给出 12，24，36 等阶的函数值。一般如果只考虑序列中的周期因素可选中该项。否则该步可略去。

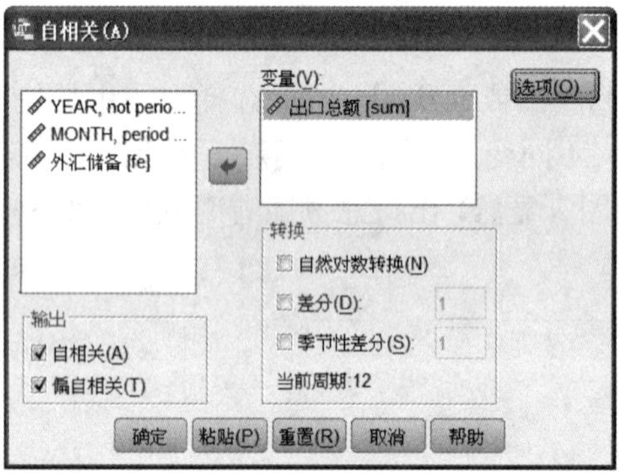

图 16-20　自相关函数和偏自相关函数图绘制窗口

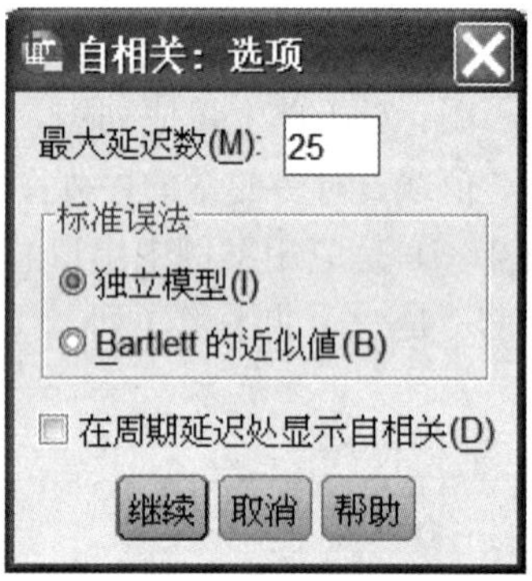

图 16-21　自相关函数和偏自相关函数图的选项窗口

至此，完成了自相关函数图和偏自相关函数图的定义，SPSS 将自动绘制图形并输出到查看器窗口中。

图 16-22 是应用案例中出口总额的自相关和偏自相关函数图。可以看到，出口总额的各阶自相关函数值显著不为零，并随阶数的增大呈缓慢下降趋势，表明序列具有趋势性。同时，偏自相关函数值在除周期(年)及其整数倍数的阶数之外，基本落入置信区间内，与零无显著差异，表明序列还具有一定的周期性。

出口总额的自相关函数值如表 16-2 所示。可见，各阶的 BOX-Ljung 统计量的概率 p 值均接近 0，应拒绝原假设，即各阶自相关系数不同时为零，各子序列存在相关性，具有有趋势性的非平稳序列的重要特征。

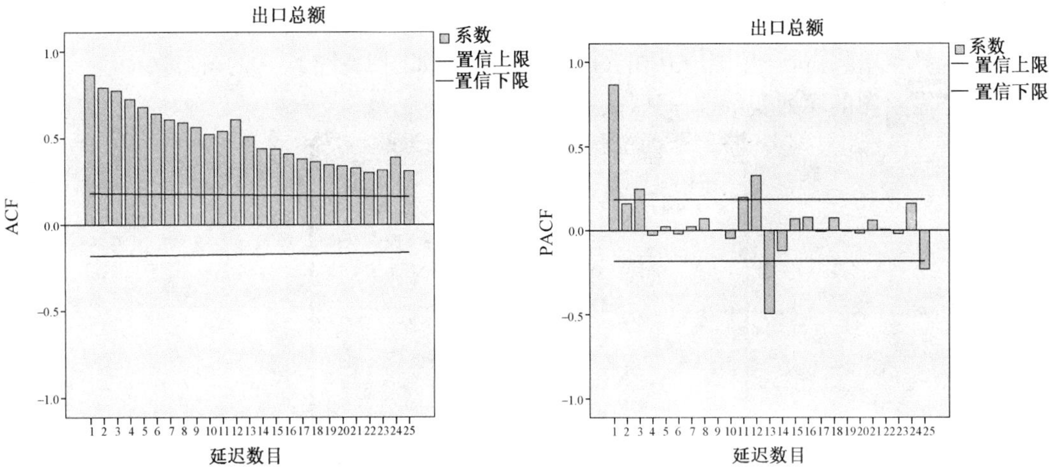

图 16-22　应用案例的自相关和偏自相关函数图

表 16-2　应用案例的自相关函数值表

自相关图

序列：出口总额

滞后	自相关	标准 误差[a]	Box-Ljung 统计量		
			值	df	Sig.[b]
1	.866	.090	92.351	1	.000
2	.790	.090	169.834	2	.000
3	.773	.089	244.649	3	.000
4	.724	.089	310.830	4	.000
5	.679	.089	369.501	5	.000
6	.640	.088	422.059	6	.000
7	.606	.088	469.687	7	.000
8	.589	.087	515.087	8	.000
9	.563	.087	556.867	9	.000
10	.522	.087	593.201	10	.000
11	.540	.086	632.431	11	.000
12	.606	.086	682.286	12	.000
13	.508	.085	717.622	13	.000
14	.440	.085	744.383	14	.000
15	.439	.085	771.212	15	.000
16	.411	.084	794.949	16	.000
17	.380	.084	815.495	17	.000
18	.365	.083	834.596	18	.000
19	.346	.083	851.925	19	.000
20	.340	.083	868.802	20	.000
21	.328	.082	884.712	21	.000
22	.298	.082	898.015	22	.000
23	.314	.081	912.909	23	.000
24	.389	.081	935.927	24	.000
25	.309	.081	950.673	25	.000

a. 假定的基础过程是独立性(白噪声)。

b. 基于渐近卡方近似。

3. 绘制互相关图

(1) 选择菜单【分析→预测→互相关图(V)】，出现如图 16-23 所示的窗口。

(2) 把需绘图的序列变量选择到【变量】框中。

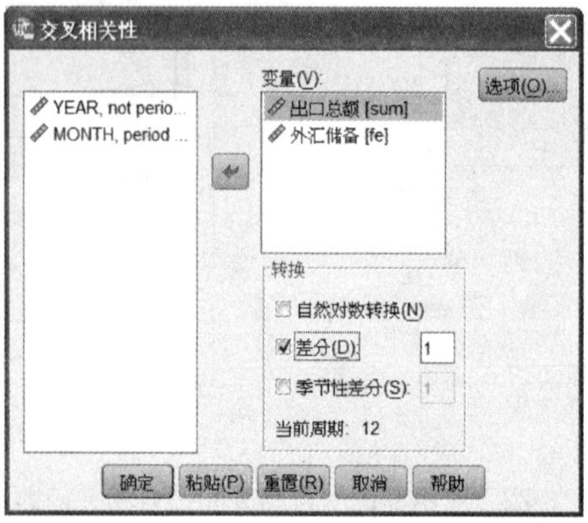

图 16-23　互相关图绘制窗口

绘制互相关图时要求两个序列均具有平稳性。因为趋势性的序列之间即使实际上毫无关系，也会因为相同的走向而表现出强相关性，这一点需要特别留心。本例中，出口额是一个具有趋势性的非平稳序列，所以应在图 16-23 所示的窗口中选择【差分(D)】以消除趋势性，之后再考察它与外汇储备的相关性。图形结果如图 16-17 所示。

另外需要注意的是，互相关图不具有关于时间原点的对称性，而是一种反对称性，因此变量在图 16-23 中排列的先后顺序不同，得到的图形也会不同。

16.4　时间序列的预处理

16.4.1　时间序列预处理的目的和主要方法

通过数据的观察和检验阶段实现对序列变化特征的把握后，就可根据数据的特点和分析的需要对数据进行必要的变换处理。预处理的目的可大致归纳为两个方面：第一，使序列的特征体现得更加明显，利于分析模型的选择；第二，使数据满足于某些特定模型的要求。序列的预处理主要包括以下几个方面：

1. 序列缺失数据的替换处理

缺失数据的替换处理是时间序列预处理的重要环节。多个时间点上数据的严重缺失将使时间序列的总体发展趋势无法被完整准确地反映出来，从而影响到模型的选择和模型参数的估计，使模型预测精度大大下降。因此通常应在对缺失数据进行恰当处理后再实施建模。处理的方法是寻找合适的值对缺失值进行替代，具体方法将在介绍 SPSS 的操作过程时一并介绍。

2. 序列数据的变换处理

数据变换是直接服务于模型选择和模型建立的，主要包括序列的平稳化处理和序列的平滑处理等。

(1)序列的平稳化处理

序列的平稳化处理目的是为满足一些模型对数据的基本要求而实施的一种数据处理方

法，其目的是使处理后的序列成为平稳序列。均值平稳化一般采用差分(Difference)处理，方差平稳化一般用 Box-Cox 变换处理。

差分是一种通过逐项相减消除前后期数据相关性的方法，可大致剔除序列中的趋势性，使数据在水平方向基本平稳。差分运算可用后移算子 B 或者差分算子 Δ 以及相应的阶数 d 表示，即

$$y_t = \Delta^d x_t = (1-B)^d x_t \tag{16.3}$$

其中，差分算子 Δ 表示后项减前项，其数学形式为 $y_t=\Delta x_t=x_t-x_{t-1}$；后移算子 B 表示时间点的后移，数学形式为 $y_t=Bx_t=x_{t-1}$，差分阶数 d 表示对差分生成的序列再进行差分，将这样的过程循环 d 次，数学形式为 $\Delta^d x_t=\Delta^{d-1}(x_t-x_{t-1})=\Delta^{d-2}(x_t-2x_{t-1}+x_{t-2})=\cdots$。这样，当差分阶数为 d 时，最后的数据就会损失 d 个。图 16-24 是某序列差分前后的序列图，从中可明显地看出差分前后数据的平稳性状况。

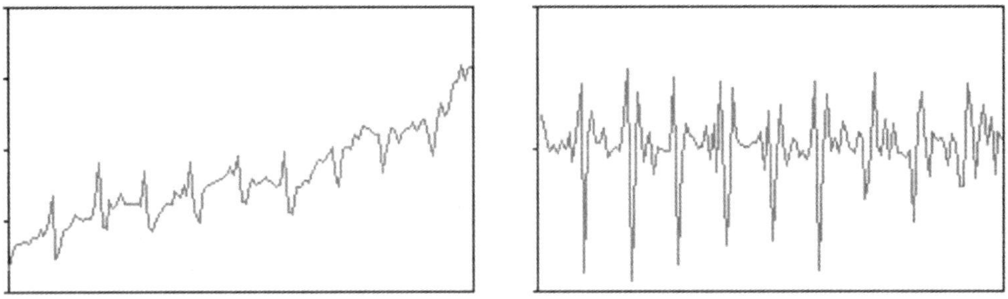

图 16-24　差分前后序列图对比

差分不一定是相邻项之间的运算，也可以在有一定跨度的时间点之间进行。季节差分(Seasonal difference)就是一个典型代表。如果序列存在季节周期 S，通过季节差分可消除季节性使序列平稳化。季节差分的数学形式为

$$y_t = \Delta_S^D x_t = (1-B_S)^D x_t \tag{16.4}$$

式中，S 表示季节差分；D 表示季节差分的阶数；Δ_S 和 B_S 分别为季节差分算子和季节后移算子，$\Delta_S x_t=(1-B_S)x_t=x_t-x_{t-s}$。

对于既有趋势性又有季节性的序列，可同时进行差分和季节差分处理，其数学形式为

$$y_t = \Delta^d \Delta_S^D x_t = (1-B)^d (1-B_S)^D x_t \tag{16.5}$$

对于方差非平稳化的处理，人们常常采用取自然对数的变换方式。事实上对数变换只是 Box-Cox 变换的一种形式，Box-Cox 变换的基本形式为

$$y_t = \frac{x_t^\lambda - 1}{\lambda} \tag{16.6}$$

式中，λ 是变换参数，不同的变换参数对应着不同的变换形式，而取自然对数就是 $\lambda\to 0$ 时的极限形式，常见的参数值和变换的简化形式对应如表 16-3 所示。

表 16-3　Box-Cox 变换参数对应表

λ 取值	变换后主体形式
−1.0	$1/x_t$
−0.5	$1/\sqrt{x_t}$
0	$\ln x_t$
0.5	$\sqrt{x_t}$
1	x_t(无变换)

SPSS 没有提供专门的 Box-Cox 变换功能，使用者可根据需要，自己通过变量计算菜单实现。

(2)序列的平滑处理

时间序列的平滑处理目的是为了消除序列中的随机波动性影响。平滑处理的方式很多，常用的有各种移动平均、移动中位数以及这些方法的各种组合等。这里简单介绍几种常用的方法：

■ 中心移动平均法(Centered moving average)

中心移动平均法是一种消除数据波动性的平滑方法。它计算以当前值为中心的时间跨度 k 范围内数据的移动平均数。例如，如果时间跨度 k 为 5(奇数)，则表示当前数据与其前后各两个数共 5 个数据进行移动平均；再如，如果时间跨度 k 为 4(偶数)，则表示先进行一次跨度为 4 的移动平均，然后再进行一次跨度为 2 的移动平均。可见，偶数跨度的中心移动平均相当于一个加权的中心移动平均。同时，也只有这样，新序列中的数据才能和时点对应起来。中心移动平均后，若跨度 k 为奇数，则前后各损失$\frac{k-1}{2}$个数据；若跨度 k 为偶数，则前后各损失$\frac{k}{2}$个数据。

■ 向前移动平均法(Prior moving average)

向前移动平均法也是一种消除数据中波动性的平滑方法。若指定时间跨度为 k，则用当前值前面 k 个数据(注意：不包括当前值)的平均值代替当前值。这种方法会在新序列前面损失 k 个数据。当 $k=1$ 时，相当于数据后移一个时间点。

■ 移动中位数(Runing medians)

移动中位数也用于消除序列中的随机波动性。它以当前时间点为中心，根据指定的时间跨度 k 计算中位数。当指定的时间跨度 k 为偶数时，则先计算一次指定跨度的移动中位数，然后再计算一次阶数为 2 的移动平均。例如，时间跨度 k 为 4 时，第一次移动中位数的计算是依次对每四个数排序后计算第二位和第三位数的平均值并作为四个数的中位数，接下来对新序列再进行一次二阶移动平均。移动中位数的数据损失个数与移动平均相同。

另外，还可以通过序列取对数以及对序列进行标准化、中心化、归一化处理等方法进行数据变换。它们可使偏态分布的序列变成对称的分布，可消除序列中的异方差性，可使变量间的非线性关系转换成为线性关系，在时间序列数据数量级很大的时候会起到显著改善计算精度的作用。

16.4.2 时间序列预处理的基本操作

1.序列缺失数据替换的基本操作

一般的时间序列分析方法都要求序列在所分析的样本期内是完整无缺的，而实际中由于各种原因往往使序列存在缺失值。对于时间序列的缺失值，一般需要用适当的方法进行替换，而不能一删了之。SPSS 缺失数据处理的基本操作步骤如下。

(1) 选择菜单【转换→替换缺失值】，出现如图 16-25 所示的窗口。

(2) 把需处理的变量(序列)选择到【新变量(N)】框中。

(3) 在【名称和方法】框中选择缺失值的替换方法。在【名称(A)】后输入处理后新生成的变量名，在【方法(M)】中选择缺失值的替代方法，并单击 更改(H) 按钮。其中：

● 【连续平均值】表示用整个序列的均值作为替代值。

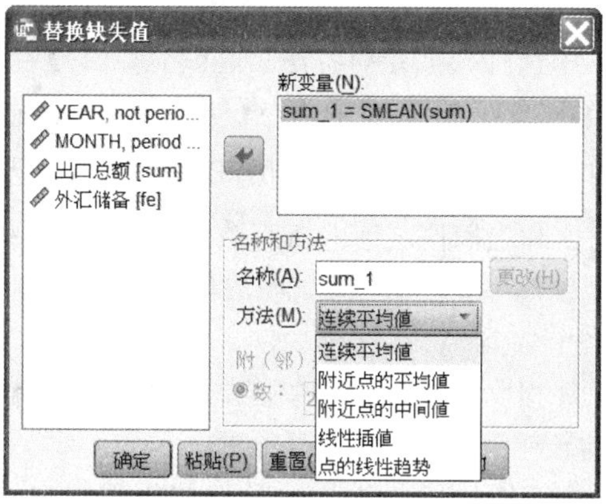

图 16-25　序列缺失值替换窗口

- 【附近点的均值】：表示利用邻近点的均值作为替代值。对此在【附(邻)近点的跨度】框中指定数据段。在【数】后输入数值 k，表示以缺失值为中心，前后分别选取 k 个数据点。这样最后填补的值就是由这 $2k$ 个数的平均数。也可选择【全部】，作用同连续平均值选项。
- 【附近点的中间值】：表示利用邻近点的中位数作为替代值。数据段指定方法同上。
- 【线性插值】：表示用缺失值前后两时点数据的某种线性组合进行填补，是一种加权平均。
- 【点的线性趋势】：线性趋势值法，表示利用回归拟合线的拟合值作为替代值。

请注意，如果序列的第一个和最后一个数据为缺失值，则只能利用序列均值和线性趋势值法处理，其他方法不适用。

至此，完成了 SPSS 缺失值的处理操作，SPSS 将自动根据用户指定进行处理。

2. 序列数据变换的基本操作

SPSS 提供了专门进行时间序列数据变换的模块，其中包含差分和季节差分等平稳化方法、移动平均和移动中位数等平滑方法，以及生成新序列的变换方法。SPSS 数据变换的基本操作步骤如下。

(1) 选择菜单【转换→创建时间序列】，出现如图 16-26 所示的窗口。

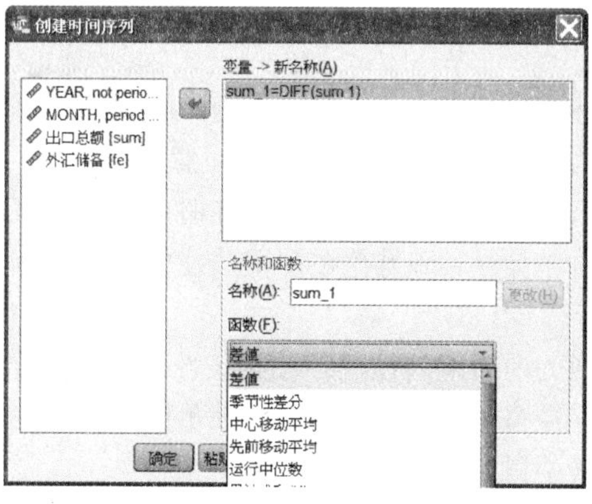

图 16-26　序列数据变换窗口

(2) 把待处理的变量选择到【变量→新名称(A)】框中。

(3) 在【名称和函数】框中选择数据变换方法。在【名称(A)】后输入处理后新生成的变量名，在【函数(F)】中选择处理方法，在【顺序(O)】后输入相应的阶数，并单击 更改(H) 按钮。其中的方法除前面介绍的几种外，还包括以下几种。

- 累加求和：即对当前值和当前值之前的所有数据进行求和，生成原序列的累计值序列。
- 滞后：即对指定的阶数 k，用从当前值向前数到第 k 个数值来代替当前值。这样形成的新序列将损失前 k 个数据。
- 提前：与数据滞后正好相反，即用指定的阶数 k，从当前值向后数以第 k 个数值来代替当前值。这样形成的新序列将损失后 k 个数据。

至此，完成了 SPSS 数据变换的基本操作。SPSS 将根据用户的选择自动进行数据变换，并在数据编辑器窗口中生成新的数据序列。

接下来将进入时间序列的数据分析和建模阶段。下面将分别对几种常用方法进行讨论。

16.5 时间序列的简单回归分析法和趋势外推法

简单回归分析方法与趋势外推方法是时间序列分析中的传统分析方法。它们考察时间序列的角度有所不同。前者认为时间序列的变化大体上可由其他与其对应的时间序列来决定，并以此出发找出序列与其他序列间的大体上的数量关系；后者则认为事物的内在发展规律是与时间本身的推移相关联的，可以建立序列与时间 t 的函数关系来反映事物发展的规律，并用于对未来的预测。虽然二者的角度存在差异性，但模型结构却有着相似性。

16.5.1 简单回归分析法和趋势外推法概述

在时间序列分析中，简单回归分析法和趋势外推法都是基于回归分析原理的。所要研究的时间序列被当做回归模型的被解释变量，它的变化发展与其他与之对应的时间序列有这样或那样的关系，其他变量被当做回归模型的解释变量。

在简单回归分析法中，解释变量与被解释变量都是具有实际意义的时间序列。例如，一段时期内的家庭总收入与总支出序列等。其一般模型为

$$\begin{cases} y_t = \beta_0 + \beta_1 x_{t1} + \beta_2 x_{t2} + \cdots + \beta_p x_{tp} + \varepsilon_t \\ \{\varepsilon_t\} \sim \mathrm{WN}(0, \sigma^2) \end{cases} \tag{16.7}$$

式中，$\{\varepsilon_t\} \sim \mathrm{WN}(0,\sigma^2)$表示残差序列$\{\varepsilon_t\}$是白噪声的，是模型的一个基本假设。

利用简单回归分析法对时间序列进行分析时应注意以下问题：

- 在时间序列中，由于分析所涉及的解释变量在时间上是相互对应的，因此解释变量之间很容易存在较强的相关性，即易存在多重共线性。此时利用简单回归分析法很可能得到错误的结论。
- 时间序列中同一序列的前后期间往往存在相关性。利用这样的数据建立的回归模型其残差序列中往往也存在自相关性，进而无法满足回归模型的基本假定。应如何解决该问题将在自回归分析中讨论。
- 时间序列分析的一个重要目的是进行预测，但简单回归分析模型的解释变量和被解释变量往往是同一时期的不确定性变量，即不能先于被解释变量得到解释变量的值。因此通常无法利用这样的模型进行预测，一般用于对序列间关系和结构的分析。

在趋势外推法中，模型中的解释变量往往是一些表示时间顺序的序列，它们可以没有实际意义，仅表示数据点的先后顺序。也可以有实际意义，如表示年份或者月份等。但是这种意义并不代表绝对数量，实际上只是先后顺序的一种表示。在趋势外推法的发展过程中，人们根据事物的发展规律归纳出了可概括各种发展规律的数学曲线形式，如幂函数曲线、对数曲线、指数曲线、修正指数曲线、双曲线、Pearl 曲线、Gompertz 曲线等。多项式也是其中的一种，在时间序列分析中应用最为广泛，其一般模型为

$$\begin{cases} y_t = \beta_0 + \beta_1 t + \beta_2 t^2 + \cdots + \beta_p t^p + \varepsilon_t = \sum_{k=0}^{p} \beta_k t^k + \varepsilon_t \\ \{\varepsilon_t\} \sim \mathrm{WN}(0, \sigma^2) \end{cases} \tag{16.8}$$

由式(16.8)可以看出，多项式回归形式中的解释变量是时点变量的各次幂。最高次幂不同对应的曲线形式不同，反映了不同的变化趋势。一般常用的有直线、二次曲线、三次曲线等。理论上讲，只要不对次幂进行限制，任何一个序列都可以用一个多项式进行精度很高的拟合。但是经过高次幂计算后的时间变量往往有巨大的数量级，这使计算处理会积累很大的舍入误差。同时，高次幂的模型会带来巨大的预测误差，容易产生所谓过度拟合问题。因此，实际中一般不采用幂次很高的多项式回归。对变化趋势较复杂的序列，往往对其进行特殊处理后再进行较低次幂的多项式回归拟合。

趋势外推法主要用于较长期的预测分析。但同时应该看到，趋势外推方法是基于人们对事物发展规律的认识的。虽然经过长期实践已经积累了大量可借用的经验模型，但现实中事物的变化是纷繁复杂的。相对于这样的复杂变化，基于经验模型的趋势外推法多少显得有些呆板。同时，由于模型的选择存在较强的主观性，模型选择上的差异会导致对同批数据的不同分析结论。

无论简单回归分析法还是趋势外推法，从其模型可以看出，二者实质上都是利用回归分析的原理，且在参数估计方法上也没有什么区别。但在参数含义的解释方面，趋势外推法不能像简单回归分析法那样简单依据模型进行解释，而应根据时间变量的特点去解释。

时间序列的回归分析法和趋势外推法在 SPSS 中没有设置专门的模块，而是通过回归分析和曲线估计实现的。该部分内容在前面的章节已经讨论过，这里不再赘述。

16.5.2　简单回归分析法和趋势外推法应用举例

根据 1992—2002 年我国海关统计煤炭和成品油出口量月度数据(单位为“吨”，SPSS 数据文件名：煤炭及成品油出口.sav)，研究煤炭出口量在较长一段时间内的发展变化趋势以及煤炭出口量与成品油出口量之间的数量关系。

1. 趋势外推模型

为选择恰当的模型形式，首先绘制煤炭出口量的序列图，如图 16-27 所示。

由图 16-27 可知，数据在 11 年的变化基本呈线性增长趋势，但同时伴有波动。如果仅从波动上升的数据中找出数据逐年增长的数量规律，则可用一条直线去拟合，进行线性趋势外推分析。具体操作参照 SPSS 的曲线估计过程，分析结果如表 16-4 所示，模型的拟合情况如图 16-26 所示。

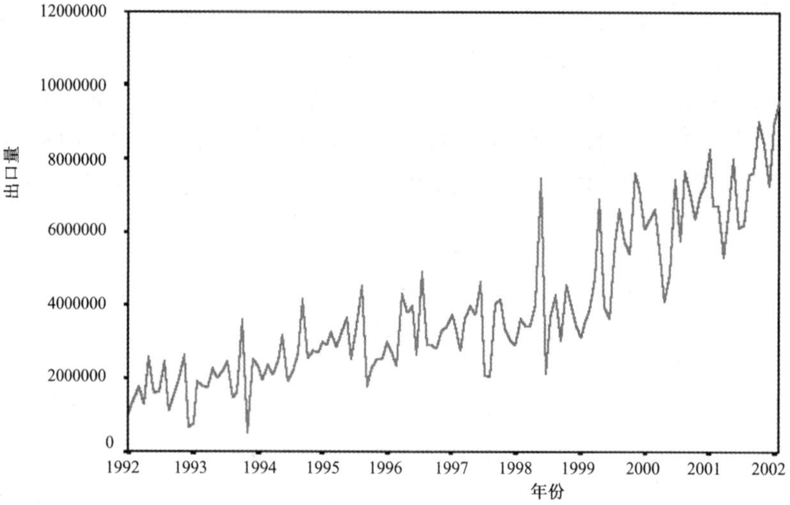

图 16-27　煤炭出口量序列图

表 16-4　煤炭出口量的线性趋势外推模型结果

模型汇总和参数估计值

被解释变量器窗口:煤炭出口量

方程	模型汇总					参数估计值	
	R 方	F	df1	df2	Sig.	常数	b1
线性	.746	382.113	1	130	.000	800545.284	47047.970

由表 16-4 可知，煤炭出口量每年平均增长 47047.97 吨。线性模型拟合优度 R 方为 0.746。

由图 16-28 可知，线性的趋势外推模型基本把握了数据的发展趋势，但拟合效果并不理想。其原因是，趋势外推法只考虑序列长期发展趋势，对于本例这种波动性较大的数据，拟合效果较差是可以理解的。

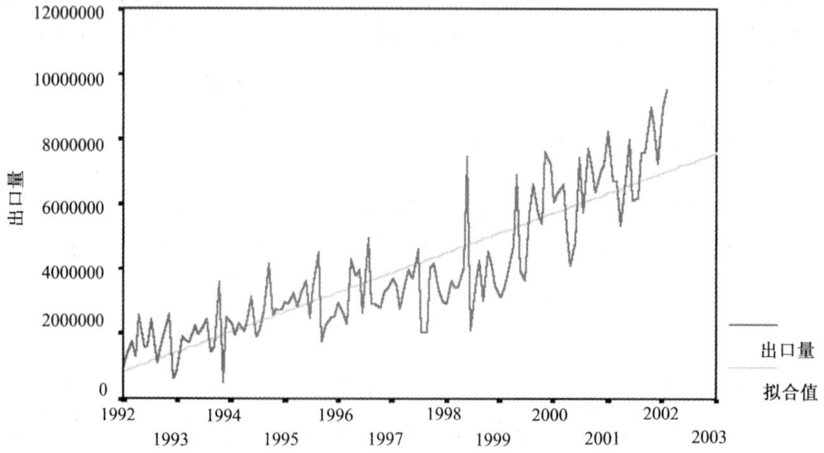

图 16-28　煤炭出口量线性趋势外推模型的拟合图

2. 简单回归模型

接下来用简单回归分析法对煤炭出口量序列进行分析。由于煤炭和成品油在工业等领域有着相似的作用，它们的出口量之间会有怎样的数量关系是这里分析的重点问题。首先可绘制两者的散点图，如图 16-29 所示。

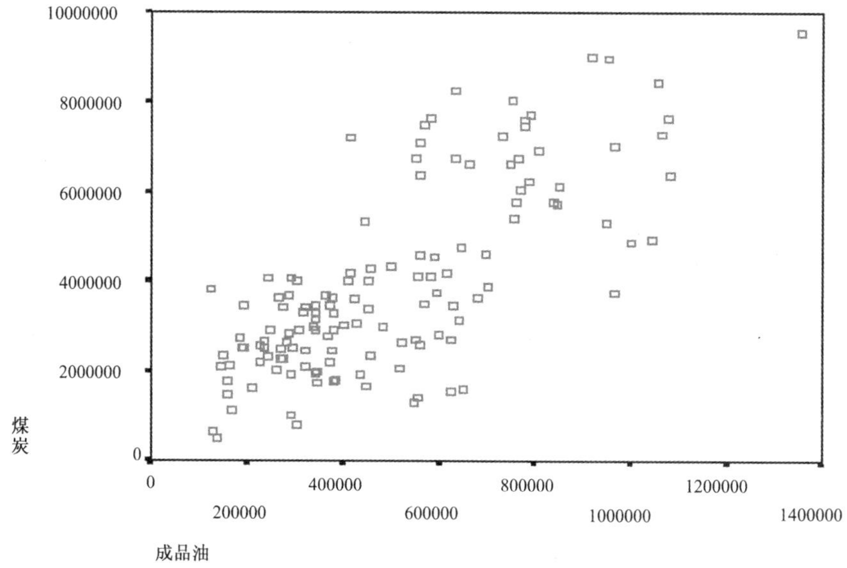

图 16-29　煤炭出口量和成品油出口量的散点图

由图 16-29 可知，煤炭出口量与成品油出口量大致表现出一种正比例对应关系。下一步要利用简单回归分析法对其做进一步的研究。这里，煤炭出口量为被解释变量，成品油出口量为解释变量。具体操作参照 SPSS 的曲线估计。简单回归分析的结果如表 16-5 所示，模型拟合情况如图 16-30 所示。

表 16-5　煤炭出口量和成品油出口量的简单回归分析结果

系数[a]

模型		非标准化系数		标准系数	t	Sig.
		B	标准 误差	试用版		
1	（常量）	914326.832	266861.863		3.426	.001
	成品油出口量	6.052	.477	.744	12.693	.000

a. 被解释变量器窗口：煤炭出口量

由表 16-5 可知，模型的标准化回归系数 0.744，表示成品油出口量变化一个单位对应煤炭出口量变化 0.744 个单位，也就是说，煤炭出口量和成品油出口量在同一时期的数量对比关系约为 0.744:1。

由图 16-30 可知，实际数据点大致散布在模型直线周围，表明模型对二者数量关系的把握较为准确。

从上述例子可以看出，简单回归分析法和趋势外推法都是较为粗略的时间序列分析方法。随着人们对时间序列认识的不断深化和创新，需要更多能及时准确反映数据复杂变化规律且极为灵活的分析方法。下面将重点介绍 SPSS 时间序列分析体系中的指数平滑法、自回归方法、自回归与移动平均法(ARIMA 模型)以及季节调整法，它们较简单回归分析法和趋势外推法更加精准和灵活。

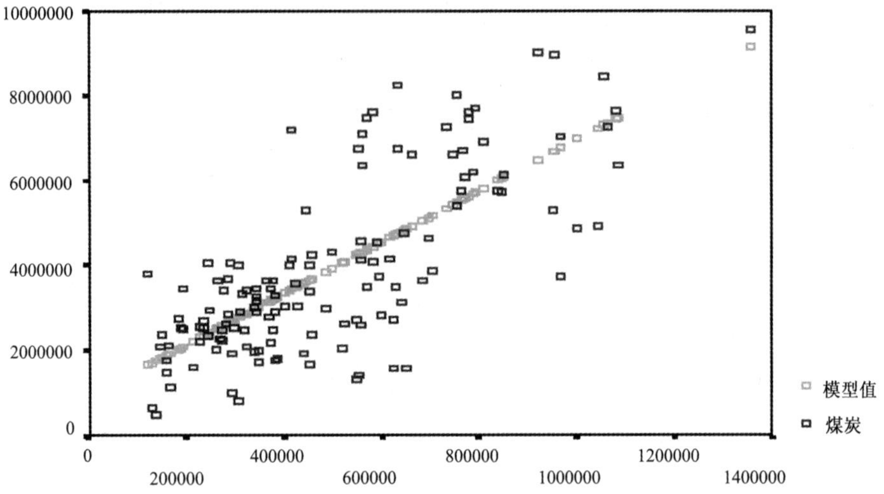

图 16-30 简单回归模型拟合图

16.6 指数平滑法

16.6.1 指数平滑法的基本思想

为掌握指数平滑法的基本思想应首先了解移动平均的思想。研究时间序列的一个重要目的是预测。现实当中事物的发展都是有连续性的，事物过去的表现与现在的状态有关，现在的状态又与将来的可能表现有一定的联系。因此，可以从现有数据入手通过构造某种计算方法实现对未来的预测。基于这种思想可以构造出丰富多彩的预测模型。移动平均法正是这样一种利用已知值的某种平均值进行预测的方法。移动平均包括简单移动平均法和加权移动平均法。

简单移动平均法是利用一定时间跨度 t 下数据的简单平均实现对下一期值的预测，即 $f_{t+1}=\frac{y_1+y_2+\cdots+y_t}{t}=\frac{1}{t}\sum_{i=1}^{t}y_i$。可见，简单移动平均认为，时间跨度内的所有数据对未来的预测贡献全部相同。然而，众所周知，事物的当前状态与其在过去时间所有点上的表现之间联系的紧密程度并不完全一致，因此这样的预测有时可能出现很大的偏差。通常，序列数据在近期的表现要比远期的表现与现实状态的联系更加紧密。因此，预测时对过去的数据应给予不同的重视程度。

加权移动平均法是对简单移动平均法的改进，通过不同的权数体现对过去状态的不同重视程度。重视程度高、与现实联系密切的时间点对应较大的权数，而重视程度低、与现实联系松散的时间点则对应较小的权数。即

$$f_t=\frac{\alpha_1' y_1+\alpha_2' y_2+\cdots+a_t' y_t}{\sum_{i=1}^{t}\alpha_i'}=\alpha_1 y_1+\alpha_2 y_2+\cdots+\alpha_t y_t$$

$$\alpha_1\leqslant\alpha_2\leqslant\cdots\leqslant\alpha_t,\ \alpha_1+\alpha_2+\cdots+\alpha_t=1$$

不同事物的发展规律是不同的，同一种事物随时间的推移其变化规律也会发生变化。所

以，权数应随不同问题、不同时间的变化而变化。通常，权数确定没有一定之规，一般可参照几种典型的具有代表性的方法设计权数。

加权移动平均法中确定合适的权数是一件较为烦琐的事情。而指数平滑法通过对权数的改进，使其在处理时简单易行，因而在实际中应用较为广泛，可带来较为理想的短期预测精度。其基本思想也是用序列过去值的加权平均数预测未来的值，且通过权数的大小体现事物发展中不同时期间与现实联系的紧密程度。

16.6.2 指数平滑法的模型

指数平滑法因权数选择和平滑方法的不同而分成多种模型形式。虽然它们都基于上述基本思想，但在具体实现上有所差别，也有不同的适用场合。下面介绍常用的几种模型。

1. 一次指数平滑法(简单指数平滑法)

一次指数平滑法是简单移动平均法的变形，模型为

$$f_{t+1}=f_t+\frac{1}{n}(y_t-f_t) \tag{16.9}$$

其中，f_t 是 t 时刻的一次指数平滑值，n 为移动步长，整理后得：$f_{t+1}=\frac{1}{n}y_t+(1-\frac{1}{n})f_t$。如果令 $\alpha=\frac{1}{n}$，则 $f_{t+1}=\alpha y_t+(1-\alpha)f_t$。其中 α 为一次平滑模型中的平滑常数，且显然$0<\alpha<1$。

由

$$\left.\begin{aligned}f_{t+1}&=\alpha y_t+(1-\alpha)f_t\\f_t&=\alpha y_{t-1}+(1-\alpha)f_{t-1}\end{aligned}\right\}$$

$$\begin{aligned}f_{t+1}&=\alpha y_t+(1-\alpha)[\alpha y_{t-1}+(1-\alpha)f_{t-1}]\\&=\alpha y_t+(1-\alpha)\alpha y_{t-1}+(1-\alpha)^2 f_{t-1}\\&=\cdots\\&=\alpha y_t+(1-\alpha)\alpha y_{t-1}+(1-\alpha)^2\alpha y_{t-2}+\cdots\\&=\alpha\Big[\sum_{k=0}^{t}(1-\alpha)^k y_{t-k}\Big]\end{aligned}$$

指数平滑法以当期的平滑值作为当期的预测值。任何预测值都是以前所有实际值的加权平均。计算时只需知道 t 期的实际值 y_t 和 t 期的平滑值 f_t 就可得到 $t+1$ 期的预测值。

从以上推论结果可以看出，无论平滑常数 α 取怎样的值，其随时间的变化呈一条衰减的指数函数曲线，即随时间向过去的推移，各期实际值对预测值的影响按指数规律递减，这是该方法冠以指数平滑的原因。同时，平滑常数 α 的选择也是很重要的，它将直接影响过去各期数据对预测值的作用。当平滑常数 α 接近 1 时，各期历史数据的作用将迅速衰减，近期数据作用最大。当时间序列变化剧烈时，平滑常数 α 可选大些；当时间序列变化平缓时，平滑常数 α 可选小些。在 SPSS 中可根据模型对数据的拟合情况，根据误差大小，自动选择误差最小时的平滑常数值。

简单指数平滑法适用于平稳和无季节周期的序列。当序列中存在上升趋势时，预测值往往会偏低，而存在下降趋势时则会偏高。预测往往落后于事物发展的实际趋势。

2. 二次指数平滑法(线性指数平滑法)

二次指数平滑也称双重指数平滑，是对一次指数平滑值再进行一次平滑。一次指数平滑法是直接利用平滑值作为预测值，而二次指数平滑则是利用平滑值对时间序列的线性趋势进行修正，进而建立线性平滑模型进行预测。二次指数平滑法包括布朗(Brown)线性指数平滑、霍特(Holt)指数平滑等。

(1)布朗线性指数平滑

布朗线性指数平滑的一次平滑公式为

$$f_t^{(1)} = \alpha y_{t-1} + (1-\alpha) f_{t-1}^{(1)} \tag{16.10}$$

布朗线性指数平滑的二次平滑公式为

$$f_t^{(2)} = \alpha f_t^{(1)} + (1-\alpha) f_{t-1}^{(2)} \tag{16.11}$$

式中，$f_t^{(1)}$ 为一次指数平滑值，$f_t^{(2)}$ 为二次指数平滑值。

由两个平滑值计算线性平滑模型的两个参数(推导过程略去)：$a_t = 2f_t^{(1)} - f_t^{(2)}$，$b_t = \frac{\alpha}{1-\alpha}(f_t^{(1)} - f_t^{(2)})$，从而得到线性指数平滑模型

$$f_{t+m} = a_t + b_t m \tag{16.12}$$

式(16.12)即为布朗单一参数线性指数平滑的预测模型，也称为线性平滑模型。m 为预测的超前期数。f_{t+m} 为超前 m 期的预测值。当 $t=1$ 时，由于 $f_{t-1}^{(1)}$ 和 $f_{t-1}^{(2)}$ 是平滑初始值，需事先给定。布朗线性指数平滑适用于有线性趋势的时间序列。

(2)霍特指数平滑

霍特指数平滑与布朗线性指数平滑有相同的原理，也适用于有线性趋势的序列。差别在于，霍特指数平滑不直接应用二次指数平滑，而是分别对原序列数据和序列的趋势进行平滑。模型的一般形式为

$$f_{t+m} = f_t + b_t m \tag{16.13}$$

其中：

$$f_t = \alpha y_t + (1-\alpha)(f_{t-1} + b_{t-1}) \tag{16.14}$$

$$b_t = \gamma(f_t - f_{t-1}) + (1-\gamma) b_{t-1} \tag{16.15}$$

在式(16.14)和式(16.15)中，f_t 为数据的平滑值。b_t 为趋势的平滑值，取决于相邻两个平滑值之差、上期趋势平滑值以及 γ(模型初始参数)。m 为预测的超前期数。当 $t=1$ 时，由于 f_{t-1} 和 b_{t-1} 是平滑初始值，也需事先给定。霍特指数平滑模型也适用于有趋势的时间序列。

3. 三次指数平滑法

三次指数平滑也称三重指数平滑，与二次指数平滑类似，也不直接将平滑值作为预测值，而是服务于模型建立。三次指数平滑包括布朗三次指数平滑、温特(Winter)线性和季节性指数平滑。

(1)布朗三次指数平滑

布朗三次指数平滑是对二次指数平滑值再进行一次平滑，并用于估计二次多项式参数。其一般模型为

$$f_{t+m} = a_t + b_t m + \frac{1}{2} c_t m^2 \tag{16.16}$$

m 为预测的超前期数。由式(16.16)可知，布朗三次指数模型并非一个关于 m 的线性模型，而是类似于二次多项式的曲线模型，可表现时间序列的曲线变化趋势。其中

$$a_t = 3f_t^{(1)} - 3f_t^{(2)} + f_t^{(3)} \tag{16.17}$$

$$b_t = \frac{\alpha}{2(1-\alpha)^2}[(6-5\alpha)f_t^{(1)} - (10-8\alpha)f_t^{(2)} + (4-3\alpha)f_t^{(3)}] \tag{16.18}$$

$$c_t = \frac{\alpha^2}{(1-\alpha)^2}(f_t^{(1)} - 2f_t^{(2)} + f_t^{(3)}) \tag{16.19}$$

$f_t^{(1)}$，$f_t^{(2)}$，$f_t^{(3)}$ 依次为一次、二次、三次指数平滑值。各次平滑形式分别为

$$f_t^{(1)} = \alpha y_t + (1-\alpha)f_{t-1}^{(1)} \tag{16.20}$$

$$f_t^{(2)} = \alpha f_t^{(1)} + (1-\alpha)f_{t-1}^{(2)} \tag{16.21}$$

$$f_t^{(3)} = \alpha f_t^{(2)} + (1-\alpha)f_{t-1}^{(3)} \tag{16.22}$$

布朗三次指数平滑模型适用于有非线性趋势存在的序列。

(2)温特线性和季节性指数平滑

温特线性和季节性指数平滑模型的一般形式为

$$f_{t+m} = (f_t + b_t m)I_{t-l+m} \tag{16.23}$$

式(16.23)中包含三种成分，它们分别是水平性(f_t)、趋势性(b_t)和季节性(I_t)。l 为季节周期长度，I 为季节调整因子，α、γ、δ 分别为模型的三个参数。其中

$$f_t = \alpha \frac{y_t}{I_{t-l}} + (1-\alpha)(f_{t-1} + b_{b-1}) \tag{16.24}$$

$$b_t = \gamma(f_t - f_{t-1}) + (1-\gamma)b_{t-1} \tag{16.25}$$

$$I_t = \delta \frac{y_t}{f_t} + (1-\delta)I_{t-l} \tag{16.26}$$

式(16.26)中，由于 f_t是序列的平滑值，即平均水平，不包含季节性。因而 $\frac{y_t}{f_t}$ 为序列第 t 期的实际值与同期平滑值的比，体现了序列第 t 期的季节特征，也称为季节指数。式(16.26)采用以参数 δ 为权重计算加权季节指数，同时用$(1-\delta)$加权上一期的季节调整因子 I_{t-1}，得到第 t 期的季节调整因子。式(16.24)中 $\frac{y_t}{I_{t-l}}$ 的目的就是消除序列观察值中的季节性波动。

式(16.25)通过对序列水平值的调整估计序列的趋势性。用参数 γ 加权水平增量 $f_t - f_{t-1}$，再用$(1-\gamma)$加权上一期的趋势性 b_{t-1}，得到第 t 期的趋势性。

温特线性和季节性指数平滑模型适用于同时具有趋势性和依赖于水平的季节性的时间序列，且只适用于短期预测。

从以上的讨论可以看出，各种模型有着不同的适用场合。实际当中应该根据数据中的趋势性、季节性等特点进行模型选择。

16.6.3　指数平滑法的基本操作

由于指数平滑法要求数据中不能存在缺失值，因此在用 SPSS 进行指数平滑法分析前，应首先对数据序列中的缺失值做替补处理。基本操作步骤如下。

(1) 选择菜单【分析→预测→创建模型】，出现如图 16-31 所示的窗口。该窗口是 SPSS 时间序列建模的总窗口，包括多个选项卡，用于进行变量的选择，指定输出哪些统计量、绘制怎样的图表、输出哪些模型以及保存哪些分析预测结果等。

(2) 把待分析的变量选择到【因变量(D)】框中。由于指数平滑法不涉及其他序列，因此无须指定解释变量序列。

(3) 在【方法(M)】框中选择【指数平滑法】。选项中的【专家建模法】表示当用户无法确定具体模型形式时，SPSS 将在已有模型中自动给出最佳模型。

(4) 若第(3)步选择指数平滑法，可单击[条件(C)]按钮，指定指数平滑法的具体模型形式，如图 16-32 所示。

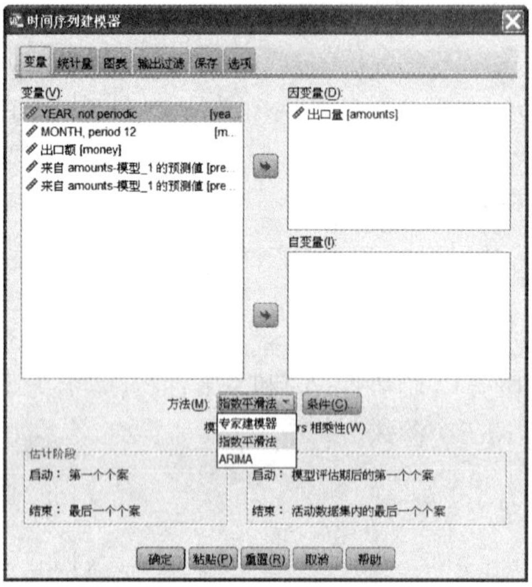

图 16-31　时间序列建模窗口

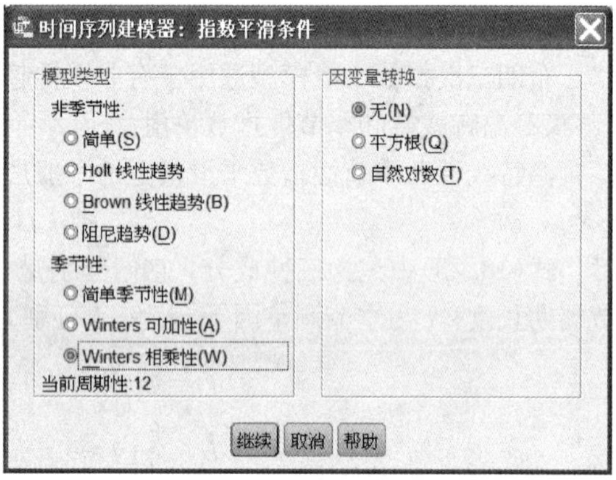

图 16-32　指数平滑法的具体模型指定窗口

图 16-32 中各模型的应用条件和具体形式见前。另外，【Winter 相乘性(W)】模型为前面讨论的温特线性和季节性指数平滑模型。【Winters 可加性(A)】模型类似于 Winter 相乘性模型，不同在于模型是线性趋势变动与季节平滑的和，适用于既具有线性变化趋势又含有季节变动，且季节波动幅度不随趋势的增加而变化的时间序列。

(5) 在图 16-31 中选择【统计量】选项卡，出现如图 16-33 所示的窗口。

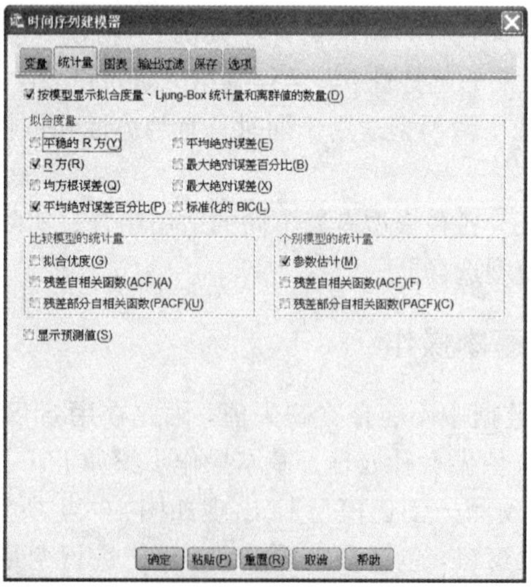

图 16-33　时间序列建模的统计量窗口

图 16-33 给出了评价模型精度的若干个指标。选中【按模型显示拟合度量、Ljung-Box 统

计量和离群值的数量(D)】表示显示关于模型拟合度的统计量以及 Ljung-Box 统计量以及数据中离群点的个数。拟合度的统计量显示在【拟合度量】框中，常用的指标如下：

- R 方，定义为 $R^2 = 1 - \dfrac{\sum (Y_t - \hat{Y}_t)^2}{\sum (Y_t - \bar{Y})^2}$

其中，Y_t 为 t 时刻的实际值，$\hat{Y}$ 为模型给出的 t 时刻的预测值，$\bar{Y}$ 为序列平均值。R 方取值范围在 0～1 之间，越接近 1 拟合效果越好。

- 平稳的 R 方，定义为 $R_s^2 = 1 - \dfrac{\sum (\Delta Y_t - \Delta \hat{Y}_t)^2}{\sum (\Delta Y_t - \Delta \bar{Y})^2}$

对具有线性趋势的序列可通过差分实现平稳化。记差分后的序列为 ΔY，$\Delta \bar{Y}$ 为差分序列的平均值。平稳的 R 方取值范围在 0～1 之间，越接近 1 拟合效果越好。

- 平均绝对百分误差，定义为 $\text{MAPE} = \left(\sum \left|\dfrac{Y_t - \hat{Y}_t}{Y_t}\right| / N\right) \times 100$

其中，N 为观测个数。通常认为，平均绝对百分误差小于 10，则模型的拟合效果较好。

由于 SPSS 的时间序列建模过程可以实现自动建模，并能在诸多模型中选出最优模型。为了解每个模型的预测性能，可在【比较模型的统计量】框中指定输出每个模型的相关统计量，包括拟合优度的度量指标、残差序列的自相关函数和偏自相关函数。另外，为得到模型中参数的估计值，需在【个别模型的统计量】框中选中【参数估计(M)】。

(6) 在图 16-31 中选择【图表】选项卡，出现如图 16-34 所示的窗口。

选中相关选项后，SPSS 将自动以图形的形式展示相同统计量的值。通常需选中【观察值(O)】、【预测值(S)】(预测期的模型预测值)或【拟合值(I)】(估计期的模型预测值)选项。

(7) 在图 16-31 中选择【输出过滤】选项卡，出现如图 16-35 所示的窗口。

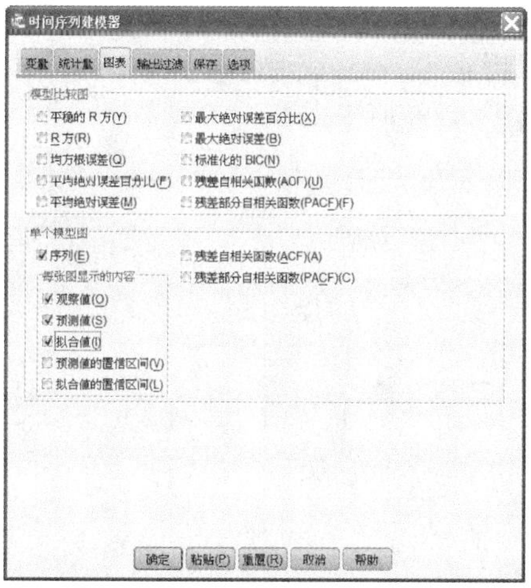

图 16-34　时间序列建模的图表窗口

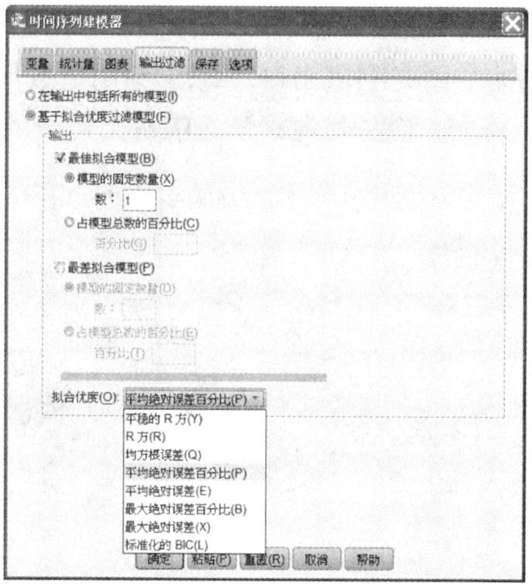

图 16-35　时间序列建模的输出过滤窗口

在图 16-35 中指定输出自动建模过程中的所有模型，或仅输出指定最佳或最差的若干个模型。在【拟合优度(O)】框中选择评价模型的统计指标。

(8) 在图 16-31 中选择【保存】选项卡，出现如图 16-36 所示的窗口。

若希望将预测值及其置信上限、下限以及残差以变量的形式保存在 SPSS 数据编辑器窗口中，需在图 16-36 相应项的【保存】列中打钩，并在【变量名的前缀】列中给出生成变量的名称前缀。

(9) 在图 16-31 中选择【选项】选项卡，出现如图 16-37 所示的窗口。

在图 16-37 中指定所给预测值的时间范围，以及置信水平等。

至此，完成了建立指数平滑模型的基本操作，SPSS 将根据用户的设置自动进行分析，并将结果输出到查看器窗口中。

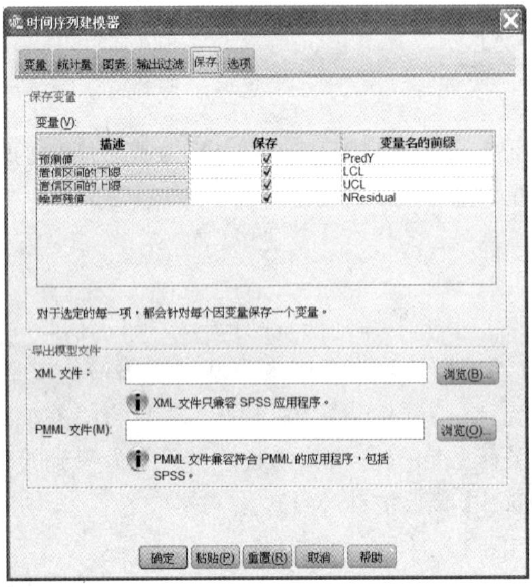

图 16-36　时间序列建模的保存窗口

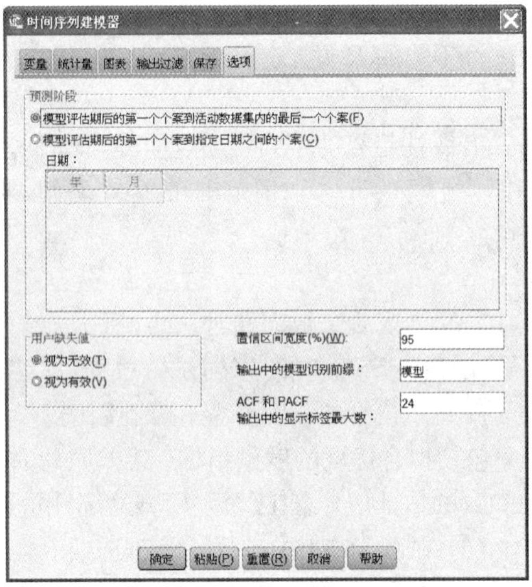

图 16-37　时间序列建模的选项窗口

16.6.4　指数平滑法的应用举例

对于 1992 年至 2002 年共 11 年我国激光唱机出口量(单位：台)的月度数据(SPSS 数据文件名：激光唱机出口.sav)，利用指数平滑法进行分析。

首先，绘制和观察激光唱机出口量的序列图，如图 16-38 所示。

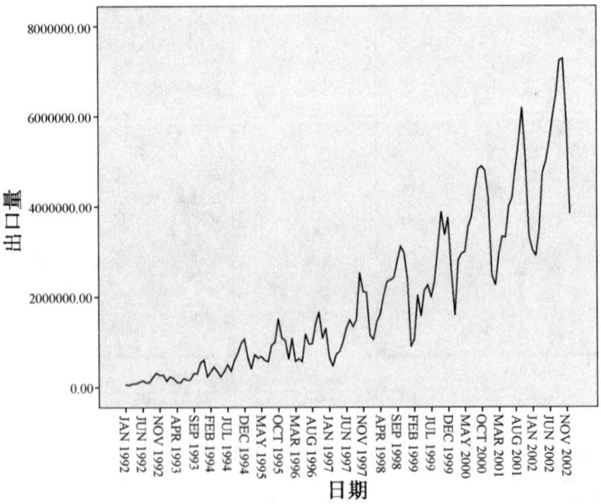

图 16-38　激光唱机出口量序列图

由图 16-38 可知：激光唱机出口量存在明显的上升趋势，同时还存在季节周期，且周期性波动随着时间的推移在不断加剧。据此，尝试采用 Winters 可乘性模型，具体操作窗口见图 16-31至图 16-38。分析结果如表 16-6 和图 16-39 所示。

表 16-6(a)　激光唱机出口量指数平滑模型结果(一)

模型统计量

模型	预测变量数	模型拟合统计量		Ljung-Box Q(18)			离群值数
		R 方	MAPE	统计量	DF	Sig.	
出口量-模型_1	0	.960	25.866	52.015	15	.000	0

a. 根据 MAPE 的最佳拟合模型(值越小表示拟合越好)。

表 16-6(b)　激光唱机出口量指数平滑模型结果(二)

指数平滑法模型参数

模型			估计	SE	T	Sig.
出口量-模型_1	无转换	Alpha (水平)	.252	.036	6.968	.000
		Gamma (趋势)	.031	.010	3.229	.002
		Delta (季节)	.081	.010	8.115	.000

由表 16-6 可知，指数平滑模型的拟合优度较高，但 MAPE 为 25.9，误差较大。这里的 Box-Ljung 检验是针对残差序列的，因检验统计量的概率 p 值近似等于 0，所以拒绝 Box-Ljung 检验的原假设，残差序列仍存在自相关。模型并不理想。模型的三个参数 α、γ、δ 分别为 0.252，0.031 和 0.081。图 16-39 为实际观测值和拟合值的序列图。

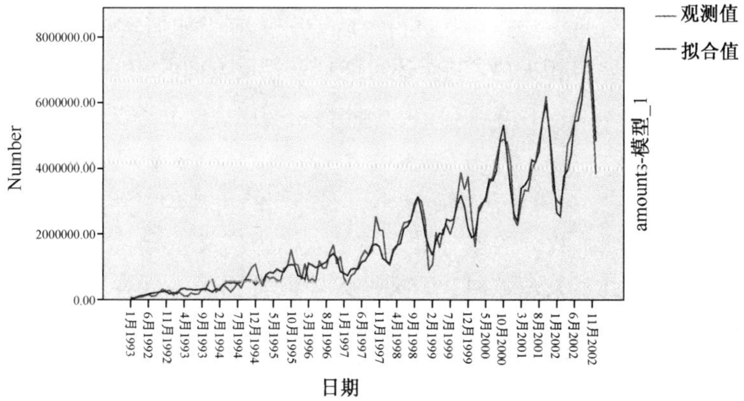

图 16-39　激光唱机的实际值和拟合值序列图

16.7　ARIMA 模型分析

ARIMA 模型是随机性时间序列分析中一大类分析方法的综合，这些方法以序列不同时期间的相关性度量为基础，可以进行精度较高的短期预测。

16.7.1　ARIMA 分析的基本思想和模型

ARIMA 是自回归移动平均结合(AutoRegressive Integrated Moving Average)模型的简

写形式，用于平稳序列或通过差分而平稳的序列分析。在讨论 ARIMA 方法之前，应先了解 ARMA 方法。

ARMA 方法也称 B-J 方法，是一种时间序列预测方法。从字面上可以知道，ARMA 方法是自回归模型(AR)和移动平均模型(MA)有效组合和搭配的结果，称为自回归移动平均模型。对 ARMA 的理解可分别从自回归模型 AR 和移动平均模型 MA 开始。

1. 自回归模型

利用简单回归分析法进行时间序列分析时，模型要求随机误差项是不相关的。在前文的平稳随机过程的定义中也介绍过，只有当误差项中不存在任何可利用的信息时，才能认为模型已经达到了最优。而当误差项之间存在相关性时，一方面常用的估计方法不再具有优良性，普通回归模型存在较大的缺陷；另一方面也说明模型对序列中的信息没有充分提取。

自回归模型，简写为 AR 模型，正是针对模型误差项存在相关性的情况而设计的一种改进方法。由于自回归模型只考虑了误差项中的一阶相关性，因此也称为一阶自回归 AR(1)模型，其一般形式为

$$\begin{cases} y_t = \beta_0 + \beta_1 x_{t1} + \beta_2 x_{t2} + \cdots + \beta_p x_{tp} + \varepsilon_t \\ \varepsilon_t = \rho\varepsilon_{t-1} + \mu_t \end{cases} \tag{16.27}$$

式(16.27)中，$|\rho|<1$，$\mu_t \sim N(0,\sigma^2)$。可以看出：模型的主要部分与一般回归模型完全相同，但是其残差序列不满足一般回归模型要求的残差项之间不存在相关性的 Gauss-Markov 假设，而是存在系数为 ρ 的一阶自相关性。

对于存在一阶自相关性的序列，当然不能按普通回归模型进行分析，而应想办法消除残差项中的自相关性。一般的处理方法是对其进行一阶差分。应当如何实施一阶差分是很重要的，不恰当的差分不但不能消除自相关性，甚至还可能带来相反方向的相关性。适当的差分方法为

$$\begin{cases} y_{t-1} = \beta_0 + \beta_1 x_{(t-1)1} + \beta_2 x_{(t-1)2} + \cdots + \beta_p x_{(t-1)p} + \varepsilon_{t-1} \\ \varepsilon_t = \rho\varepsilon_{t-1} + \mu_t \end{cases} \Rightarrow$$
$$y_t - \rho y_{t-1} = (1-\rho)\beta_0 + \beta_1(x_{t1} - \rho x_{(t-1)1}) + \cdots + \beta_p(x_{tp} - \rho x_{(t-1)p}) + \mu_t \tag{16.28}$$

式(16.28)表示的是一种加系数 ρ 的差分处理方法，称为广义差分。只有该系数恰好等于式(16.27)中残差项的一阶自相关系数时，广义差分才能真正消除误差项的一阶自相关性。因此，进行广义差分需要对误差项的一阶自回归系数进行估计。估计的方法较多，一般可对原模型的残差序列与其自身滞后一期序列，做常数项为 0 的线性回归分析，得到的回归系数即可作为系数 ρ 的估计值。另外，还可以按式(16.29)进行估算，即

$$\rho \approx 1 - \frac{\text{D. W}}{2} \tag{16.29}$$

式(16.29)中，D. W 是 Durbin-Watson 统计量，是对小样本随机误差项的一阶自相关性进行检验的统计量，这在回归分析中已经讨论过。

对式(16.28)中的差分形式稍做变换得到：

$$y_t = \rho y_{t-1} + (1-\rho)\beta_0 + \beta_1(x_{t1} - \rho x_{(t-1)1}) + \cdots + \beta_p(x_{tp} - \rho x_{(t-1)p}) + \mu_t \tag{16.30}$$

式(16.30)所示的模型即为一阶自回归模型。它与一般回归模型十分相似，但其中的解释变量不只包含影响被解释变量的外界因素，还包括被解释变量自身的一阶滞后序列，正是因为这个特点得名为自回归模型。同理，还可以建立高阶自回归模型。

如果自回归模型中的解释变量仅包括被解释变量 1,2,…,p 阶的滞后，这意味着一个时

间序列 y_t 的变化受到自身以往状态的影响，影响 y_t 变化的主要因素可能是时间序列不同时期的取值。于是，p 阶自回归模型 AR(p)为 $y_t=\varphi_0+\varphi_1 y_{t-1}+\varphi_2 y_{t-2}+\cdots+\varphi_p y_{t-p}+e_t$。

从 AR(p)的定义可知：在去除间接的相关性之后，y_t 与它间隔超过 p 期的序列值将不再相关，因而 AR(p)的偏自相关函数图将在 p 阶函数值之后呈现截尾性。

2. 移动平均模型

移动平均模型的核心思想是：上期预测值之上加上预测误差（白噪声）便可得到当期的预测值，基于这种考虑，q 阶移动平均模型 MA(q)为 $y_t=\theta_0+\theta_1 e_{t-1}+\theta_2 e_{t-2}+\cdots+\theta_q e_{t-q}+e_t$。从 MA($q$)的定义可知：移动平均模型是白噪声序列 e_t 的 $q+1$ 个近期值的线性组合，因此，e_t 只会影响$q+1$期的 y_t 序列值，从而使得相隔时间超过 $q+1$ 的两个 y_t 之间不存在相关性，于是 MA(q)的自相关函数图在 q 阶函数值之后将呈现截尾性。

3. ARMA(p, q)模型

ARMA(p, q)模型是建立在 AR(p)和 MA(q)模型基础上的。对于平稳可逆的模型来说，它事实上是无限阶的 AR 模型或 MA 模型的等价形式。因此有效的 ARMA 模型可以弥补单纯用 AR 模型或 MA 模型导致的参数过多的问题，理论上能够较大提高估计精度。ARMA 的一般形式为

$$y_t-\varphi_1 y_{t-1}-\varphi_2 y_{t-2}-\cdots-\varphi_p y_{t-p}=e_t-\theta_1 e_{t-1}-\theta_2 e_{t-2}-\cdots-\theta_q e_{t-q} \qquad (16.31)$$

式(16.31)中，等式左边是模型的自回归部分，非负整数 p 称为自回归阶数，$\{\varphi_1,\varphi_2,\ldots,\varphi_p\}$ 称为自回归参数；等式右边是模型的移动平均部分，非负整数 q 称为移动平均阶数，$\{\theta_1,\theta_2,\cdots,\theta_q\}$ 称为移动平均系数。p、q 分别是偏自相关函数值和自相关函数值显著不为零的最高阶数。可以看出，当 $p=0$ 时，模型是纯移动平均模型，记为 ARMA(0, q)；当 $q=0$ 时，模型是纯自回归模型，记为 ARMA(p, 0)。ARMA(p, q)模型可用较少的参数对序列进行较好的拟合，其自相关和偏自相关函数均具有拖尾性，表现为指数衰减和（或者）正弦衰减。

表 16-7 是上述模型的相关图特征列表。通过观察图形并结合该表可以大致识别出ARMA模型的阶数。

表 16-7　各种模型的自相关和偏自相关函数特征表

模型方程	AR(p)	MA(q)	ARMA(p,q)
自相关函数	拖尾	q 步滞后截尾	拖尾
偏自相关函数	p 步滞后截尾	拖尾	拖尾

4. ARIMA 模型

ARMA 模型只适合于对平稳序列的分析。实际应用中的时间序列并非均为平稳序列，不能直接采用 ARMA 模型。但通常这些序列可通过变换处理后变为平稳序列。对它们的分析一般应采用自回归移动平均结合 ARIMA 模型。ARIMA 模型又分为 ARIMA(p,d,q)模型和 ARIMA(p,d,q)(P,D,Q)^{s}模型。

- ARIMA(p,d,q)模型

当序列存在趋势性时，可通过某些阶数的差分处理使序列平稳化，这样的序列是一种准平稳的序列。对这种准平稳序列的分析应采用 ARIMA(p,d,q)模型，其中 d 表示平稳化过程中的差分阶数。

- ARIMA(p,d,q)(P,D,Q)^{s}模型

当序列同时存在趋势性和季节性时，序列具有以季节周期的整数倍为长度的相关性，需要经过某些阶数的逐期差分和季节差分才能使序列平稳化。对这种准平稳序列的分析应采用 ARIMA$(p,d,q)(P,D,Q)^s$模型，其中 P、Q 为季节性自回归阶数和季节性移动平均阶数，D 为季节差分阶数，s 为季节周期(如取 4 或 12 等)。

16.7.2　ARIMA 分析的基本操作

SPSS 进行 ARIMA 分析的操作窗口与指数平滑分析相同，不同点是在图 16-31 所示的时间序列建模窗口的【方法】框中选择【ARIMA】选项，并单击 条件 按钮，出现如图 16-40 所示的窗口。

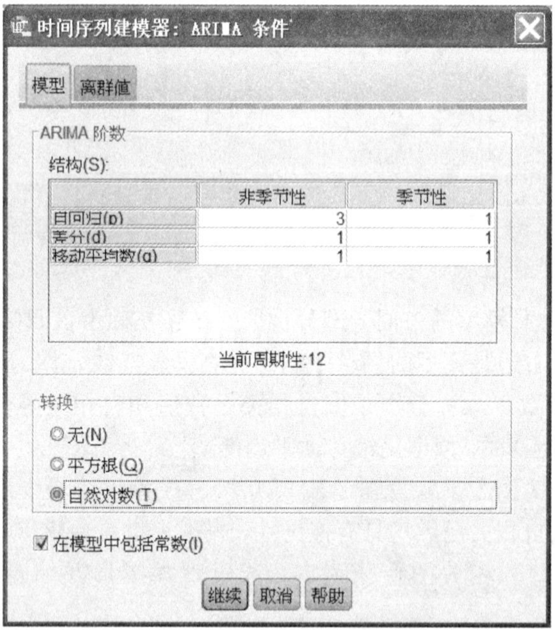

图 16-40　ARIMA 的条件窗口

图 16-40 中的第一列三行参数分别对应 ARIMA$(p,d,q)(P,D,Q)^s$中的 p,d,q，第二列三行参数分别对应 P,D,Q。这些参数默认为 0，代表普通的时间序列回归模型。操作中用户应合理给出相关参数。

图 16-40 中的【转换】框，用于指定对被解释变量序列进行必要的转换处理，之后再建立模型；【离群值】选项卡用于对离群点的自动探测和处理。

16.7.3　ARIMA 分析的应用举例

仍利用 1992 年至 2002 年共 11 年我国激光唱机出口量(单位：台)的月度数据(SPSS 数据文件名：激光唱机出口.sav)，采用 ARIMA 方法进行分析，主要分析过程如下。

图形观察，确定初步模型。首先利用各种图形工具把握序列特征并初步确定模型参数。由于不同的序列特性会在自相关函数图和偏自相关函数图中有不同表现，因此可将自相关函数图(ACF)和偏自相关函数图(PACF)，作为观察序列自身特征的工具，主要目的是结合序列特点设置模型阶数。本例中，激光唱机序列的相关图(最大阶数设为 25)如图 16-41 所示。

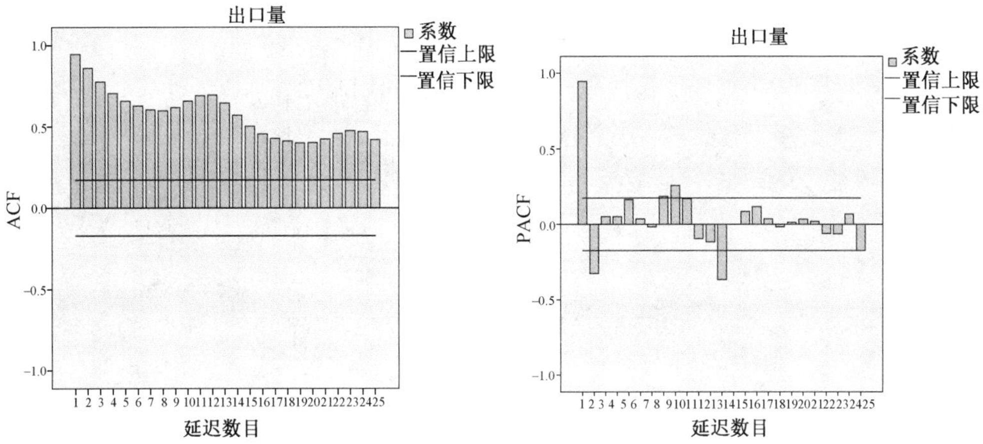

图 16-41　激光唱机出口量序列相关图

由图 16-41 可知：25 阶自相关函数值均明显地超出随机区间，呈带波动的缓慢下降趋势，说明序列存在强烈的上升趋势，而其中的波动应该是季节性因素作用的结果，只是很强的趋势性使得季节性的表现不明显；从偏自相关函数图来看，除一阶函数值之外，2 阶、9 阶、13 阶均显著不为 0，这说明序列当中除趋势性外还存在一些特殊的相关性。

为了消除序列中的强趋势性，使其他相关因素更鲜明地体现出来，可先对序列进行一阶逐期差分处理。前面谈到，ARIMA 模型是针对序列当中可能存在的趋势性和周期性而设计的，模型当中的参数 d 和 D 的识别依据的是差分使序列平稳化的过程。如果进行一阶逐期差分后使序列平稳化，那么模型当中的 d 应为 1。而如果同时进行了一阶季节差分后才能使序列平稳化，那么 D 也应同时取为 1。图 16-42 是序列一阶逐期差分后的自相关函数和偏自相关函数图。

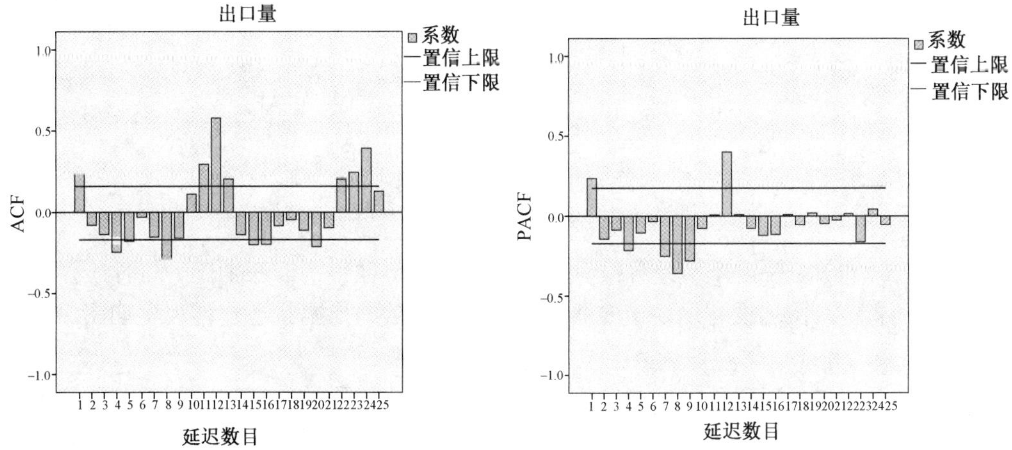

图 16-42　激光唱机出口量一阶逐期差分后的相关图

观察如图 16-43 所示的一阶逐期差分序列的序列图，可知经过一阶逐期差分后，序列中的趋势得到了彻底的消除。但同时图 16-42 中的自相关函数图似乎表现出一种周期性的波动状态，这是异方差性的表现，结合图 16-43 发现差分后的序列确实存在很强的方差非平稳性。另外，序列当中的季节性体现得更加清楚，表现在自相关函数图和偏自相关函数图的第 12 阶函数值均显著不为 0。

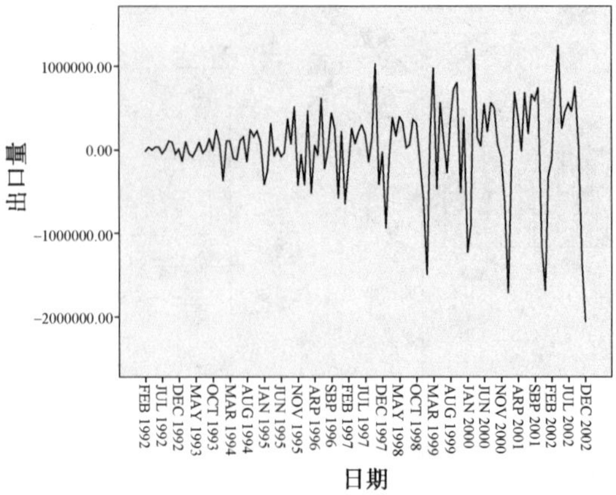

图 16-43　激光唱机出口量一阶逐期差分后的序列图

由于一阶逐期差分序列存在很明显的季节性，因此需再进行一阶季节差分(季节周期 $s=12$)。图 16-44 是再差分后的自相关函数和偏自相关函数图。

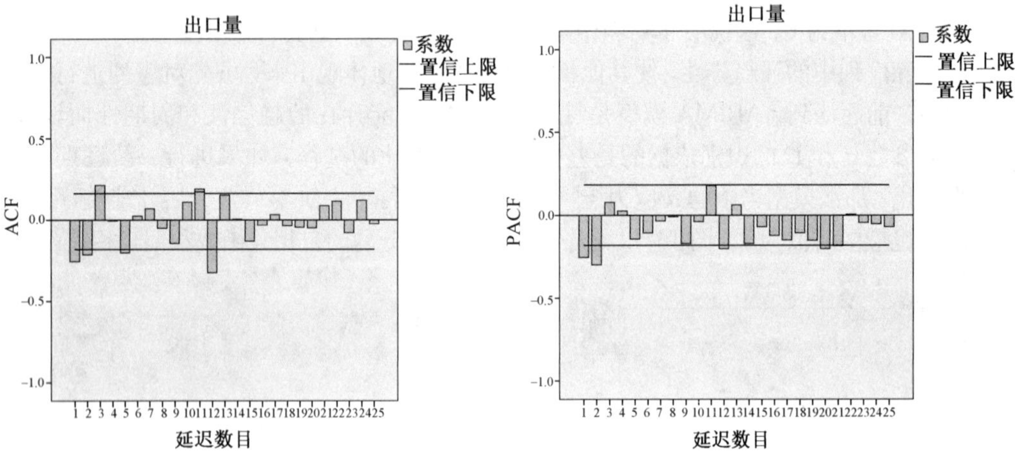

图 16-44　激光唱机出口量经过一阶逐期差分和一阶季节差分后的相关图

由图 16-44 可知：一阶季节差分没有使序列中的季节性得到彻底消除，同时还存在一定异方差性的可能，两图均没有如期望的那样呈现平缓收敛的拖尾状态。再观察如图 16-45 所示的序列图。

由图 16-45 可知：序列并没有平稳化，虽然异方差性得到了一定的消除，但是波动幅度还有明显的阶段性差别。如果异方差性得不到消除，模型精度就不会太高。于是，可以考虑对序列进行数据变换处理。这里采用对序列取自然对数的方法，目的是使序列的波动幅度趋于一致。图 16-46 是对数序列的自相关函数和偏自相关函数图。

由图 16-46 可知：它与原序列相关图(图 16-41)大体相似，主要表现在：序列中趋势性在自相关函数图中体现得仍然相当明显；季节因素的影响同样也有所体现，但被强趋势性所掩盖。该图与原序列的相关图的不同之处表现在：自相关函数图中的波动比较平缓；偏自相关函数图中，原序列的 2、13 阶比较突出，而对数序列中只有 13 阶比较突出。

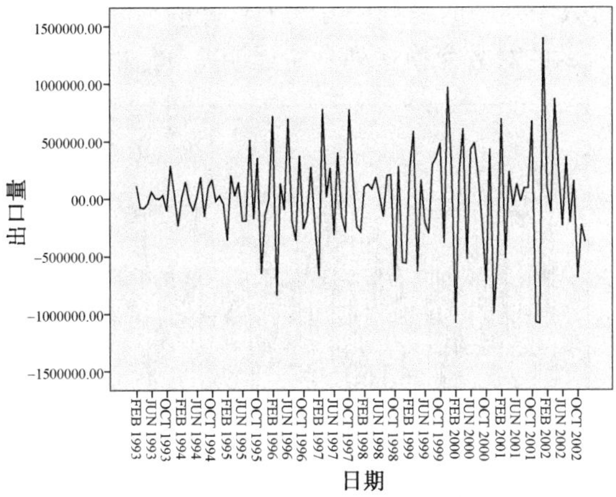

图 16-45　激光唱机出口量一阶逐期差分和一阶季节差分后的序列图

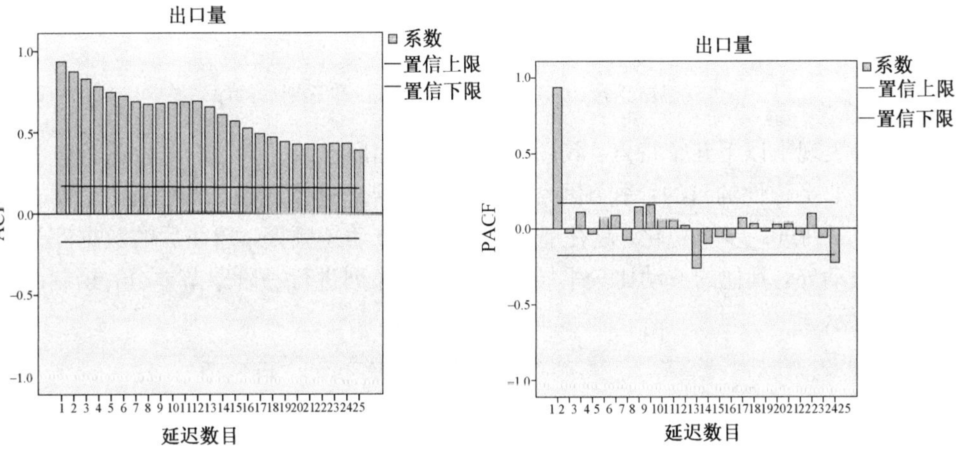

图 16-46　激光唱机出口量对数变换后的序列相关图

进一步，为消除对数序列中的强趋势性，再进行一阶逐期差分得到差分对数序列的自相关函数图和偏自相关函数图，如图 16-47 所示。

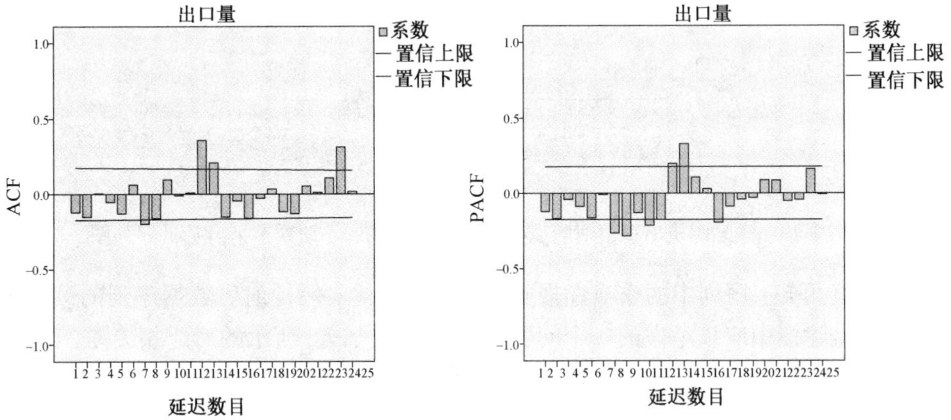

图 16-47　激光唱机出口量对数变换序列一阶逐期差分后的相关图

由图 16-47 可知：对数序列中的趋势性得到了较好的消除，序列中的季节相关性突显出来。再观察如图 16-48 所示的对数变换序列一阶逐期差分后的序列图。

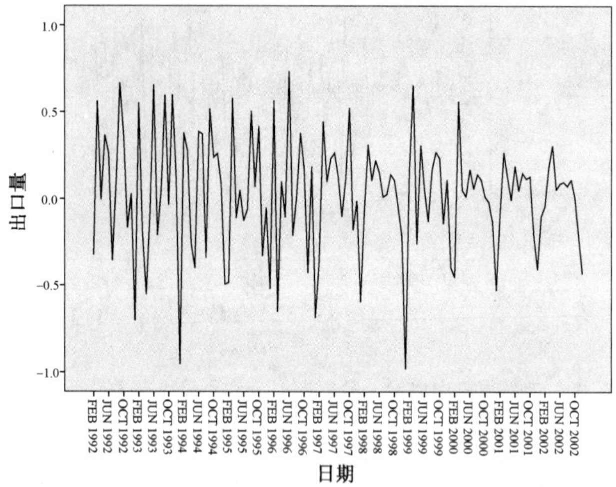

图 16-48　激光唱机出口量对数变换序列一阶逐期后的序列图

图 16-48 表现出以下几个特点：较图 16-43 波动幅度已趋于一致，可以认为较好地达到了消除异方差非平稳性的目的；季节因素在序列的后半部分体现得相当明显，它要求应进行季节差分，使序列进一步平稳化；越往前的数据序列波动越频繁，越往后的数据序列除了季节性的周期波动外，其他的波动比较平缓。再对对数序列进行一阶季节差分，绘制的序列图如图 16-49 所示。

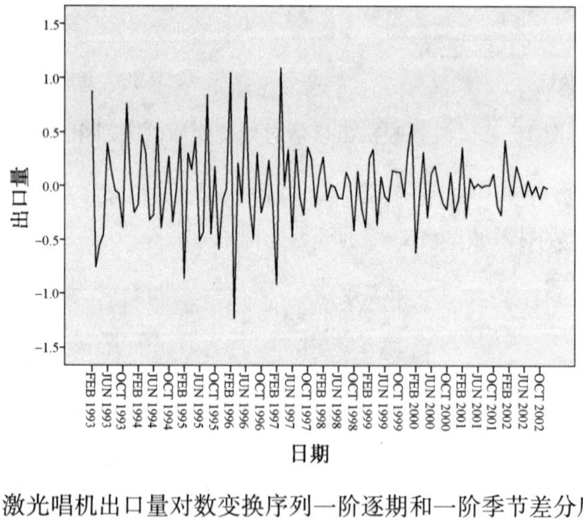

图 16-49　激光唱机出口量对数变换序列一阶逐期和一阶季节差分后的序列图

由图 16-49 可知：序列中的季节性得到了较好的消除，但是前后数据序列的波动差别显得很明显，这是建模中应该考虑的一个问题。观察如图 16-50 所示的对应相关图。

由图 16-50 可知：自相关函数和偏自相关函数图前 10 阶有较好的表现，10 阶以后的相关函数值中季节周期及其整数倍处的相关性表现较为突出。

至此，根据上图和前面的差分过程，尝试建立 ARIMA 模型，并考察模型效果。ARIMA 模型的完整形式是 ARIMA$(p,d,q)(P,D,Q)^{S}$。前面的处理中对序列首先进行了取自然对数的数据变换，其次进行了一阶逐期差分和一阶季节差分，得到了一个基本平稳的序列。于是，模型中的 d 和 D 应同时取为 1；从自相关函数图看，在 1 阶以后函数值呈拖尾性，明显趋于 0，因此可将 q 取为 1，而第 12 阶的函数值显著不为 0，因此可将 Q 取为 1(季节周期 $s=12$)；再看偏自相关图，前三阶函数值均显著不为 0，之后呈拖尾性趋于 0 ，因此可将 p 取为 3，而第 12 阶也显著不为 0，因此可考虑 P 取为 1。于是得到初步的模型形式：ARIMA(3,1,1)(1,1,1)^S ($s=12$)，阶数定义窗口如图 16-40所示，主要分析结果如表 16-8 所示。

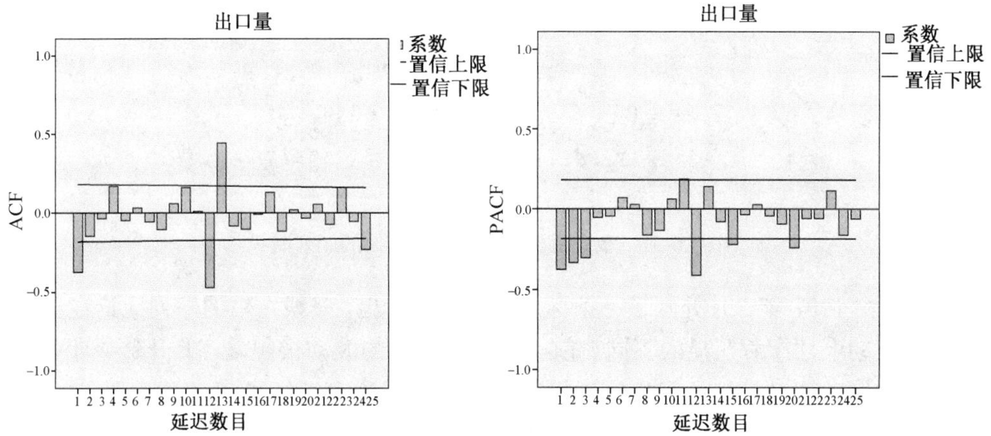

图 16-50 激光唱机出口量对数变换序列一阶逐期和一阶季节差分后的相关图

表 16-8(a) 激光唱机出口量对数变换序列的 ARIMA(3,1,1)(1,1,1)^{S}模型结果(一)

模型统计量

模型	预测变量数	模型拟合统计量		Ljung-Box Q(18)			离群值数
		R 方	MAPE	统计量	DF	Sig.	
出口量-模型_1	0	.960	25.866	52.015	15	.000	0

表 16-8(b) 激光唱机出口量对数变换序列的 ARIMA(3,1,1)(1,1,1)^{S}模型结果(二)

ARIMA 模型参数

					估计	SE	t	Sig.
出口量-模型_1	出口量	自然对数	常数		−.006	.005	−1.234	.220
			AR	滞后 1	−.450	.389	−1.157	.250
				滞后 2	−.370	.185	−1.993	.049
				滞后 3	−.238	.142	−1.676	.097
			差分		1			
			MA	滞后 1	−.028	.399	−.069	.945
			AR，季节性	滞后 1	−.115	.152	−.758	.450
			季节性差分		1			
			MA，季节性	滞后 1	.594	.149	3.980	.000

由表 16-8 可知，模型总体的拟合效果尚可，残差序列的 Box-Ljung 检验表明，残差序列仍存在一定的自相关性。应看到，尽管该模型的 MAPE 较温特指数平滑有所下降，但仍需改善，且模型中包括了统计检验不显著的因素，它们之间的相关性极可能造成拟合优度高的假象。可以考虑重新调整模型。

重新审视激光唱机出口量对数变换的序列图(如图 16-51)所示。

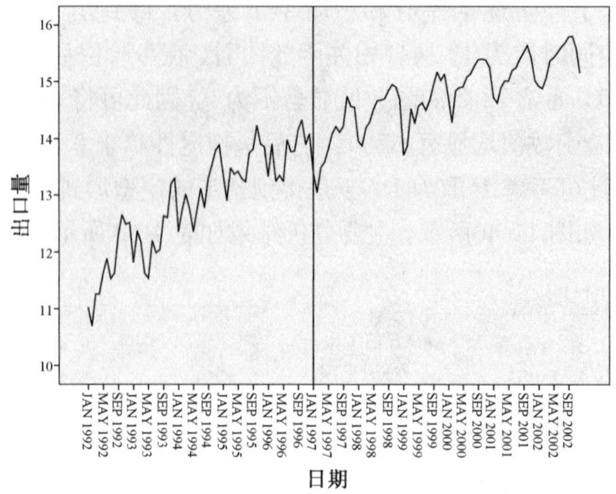

图 16-51　激光唱机出口量对数变换的序列图

图 16-51 中 1997 年 1 月处画了一条标志线。可以看出，竖线左右的序列无论在趋势性上还是在季节波动上均有着明显的不同。前一部分数据小的波动很频繁，上升趋势较强；后一部分数据小的波动相对较少，上升趋势相对较弱。基于这个特征可以考虑去除前一部分数据，仅利用后一部分数据建模。具体参数读者可自行尝试。

需要说明的是：虽然 ARIMA 模型可通过差分消除序列当中的趋势性以得到平稳序列，但实际中的序列通过有限阶的差分并不一定能得到较好的平稳化效果，因此也可通过选用趋势模型拟合，然后从序列中剔除趋势，再用残差序列建立 ARMA 模型。这样能够更有效地发挥 ARMA 模型对平稳时间序列建模的优良性能。

至此，前面涉及季节性因素的时间序列方法已有两种，分别为引入季节因素的指数平滑方法和 ARIMA 模型。这些方法都把季节性周期作为序列中的一个成分在预测时加以利用。下一节将要介绍的季节调整方法，虽然针对的也是具有季节周期性的序列，但它的主要目的是提取序列当中的季节性变动，从而一方面更便于对剩余序列作进一步的分析，另一方面也可以从季节性成分中得到序列中周期性的数量化特征。

16.8　季节调整法

时间序列分析是研究事物发展变化数量特征的量化分析方法。在现实当中，特别是在社会经济当中，事物的发展常常与某些循环往复的时间周期，比如年、季度、月、周、天等联系起来，使得相应的时间序列也表现出一些或隐蔽或明显的周期性特征。

例如，羽绒服是一种冬季服装，它的销售情况在各个季节有着明显的差别。在寒冷的冬天可能会供不应求，而在炎热的夏天一般不会有人去买。春天和秋天是气温变化的季节，可能会有一定的销量。如果记录羽绒服的销量，就会发现数据上会表现出与季节紧密相关的变化，而这种变化在每年会比较一致。因为气温随季节的变化在每年都会有相似的特征，从而使得羽绒服的销量也表现出一种比较稳定的周期性特征。

又如，在金融领域人们常常发现，股票价格和股价指数的升降也存在一定的周期性。从每天来看，早上开盘到下午收盘会有一个特定的走势。而从每周来看，周一开盘到周五收盘又会有一个特定的走势。这些特定的走势也可以看做一种周期性特征。

这些周期性特征的存在使得相应的时间序列不再具有随机性，然而也正是它们的存在为人们提供了更加深刻地认识事物发展变化的机会。在时间序列分析中对周期性的特征加以识别和利用，可以使得分析和预测更加精准。

本节所讨论的季节调整方法的本质就是要对时间序列的周期性进行识别和分解。一般的时间序列分析的论述中将这种方法局限在那些与年、季、月等相关的周期性的分析上，把这样的周期性变动称为季节性变动(seasonal fluctuation)，而将其他的周期性变动统称周期性(periodicity)。不过一般认为季节调整方法完全可用于序列中各种周期性成分的识别和提取上。

16.8.1　季节调整法的基本思想和模型

季节调整法认为，时间序列是由四种成分构成的，它们分别是趋势性 T(Trend)、季节性 S(Seasonal Fluctuation)、周期性 P(Periodicity)和不规则波动性 I(Irregular Variations)。这些成分通过不同的组合方式影响时间序列的发展变化。时间序列分析的季节调整法从这个角度出发理解时间序列的构成因素，并将其转化成可量化的季节模型。通过季节模型能够反映出时间序列在一个周期内所呈现的典型状态，而这种状态在不同周期以基本相同的形态出现。季节调整模型通常分为加法模型和乘法模型。

- 加法模型

加法模型认为时间序列是由趋势性、季节性、周期性和不规则波动性叠加形成的。一般来说，加法模型适用于那些随着时间的推移，波动幅度没有明显变化的序列。加法模型的一般形式为

$$Y = T + S + P + I$$

- 乘法模型

乘法模型认为时间序列是由趋势性、季节性、周期性和不规则波动性交乘形成的。一般来说，乘法模型适用于那些随时间的推移，波动幅度随之增大或减小的序列。乘法模型的一般形式为

$$Y = T \times S \times P \times I$$

从模型的形式可以看出，乘法模型通过对数变换即可转换为加法模型，因此一般认为加法模型是季节调整模型最基础的形式。

实际分析当中还会遇到其他的模型形式，但往往都是由以上两种模型变化而来的。它们或者因为某种成分无须考虑而将其舍去，或者是两种模型的某种组合，等等。另外，在一些书的讨论中往往将趋势仅仅局限于线性，实际上只要能明确识别出趋势的类型，非线性的趋势也可以引入到季节调整模型当中，这样可大大拓宽季节调整方法的应用范围。

季节模型通常由季节指数构成，它们能够刻画出现象在一个周期内各时段的典型数量特征。若分析的数据是月度数据，季节模型就由 12 个指数构成；若分析的数据是季度数据，季节模型就由 4 个指数构成；各个指数是以全年的月或季的平均数为基础计算出来的。

下面以一般的月(季)形式的季节周期来说明计算过程。分析季节变动的方法较多，常见的有按月(季)平均法和趋势剔除法等。

按月(季)平均法是一种根据原时间序列通过简单平均计算季节指数的方法。其基本思想

是，为消除随机性的影响，计算各年同月(或季)的平均数作为该月(或季)的代表值；然后计算出所有月(或季)的平均数作为总月的代表值；最后将同月(或季)平均数与总月(或季)的平均数对比，结果即为季节指数。

趋势剔除法的基本思想与按月(或季)类似，它首先将时间序列中的长期趋势消除，然后再利用按月(季)平均法计算季节指数。序列中的趋势值可采用移动平均法或最小二乘法求得，分别称为移动平均趋势剔除法和趋势剔除法。在乘法模型中，各因素的消除可通过 Y 除以各因素实现。

16.8.2　季节调整法的基本操作

SPSS 中的季节调整法比较简单。读者若想根据实际情况构造比较特殊的模型，可考虑将该模块与回归分析、数据转换模块等结合，通过一定的手工操作达到建模和预测的目的。SPSS 季节调整的基本步骤如下。

(1) 选择菜单【分析→预测→季节性分解】，出现如图 16-52 所示的窗口。

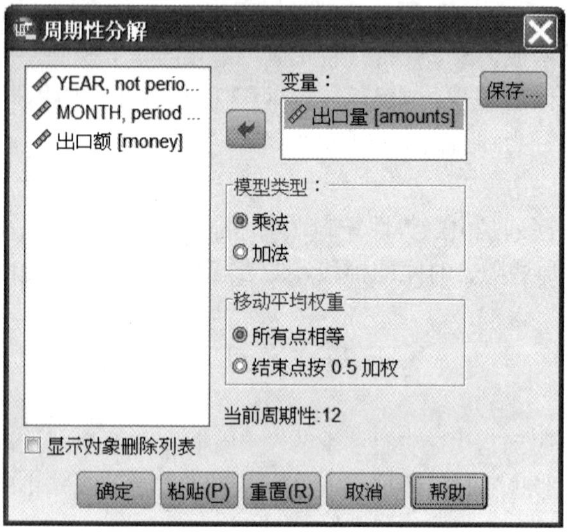

图 16-52　季节调整方法窗口

(2) 把需分析的变量选择到【变量】框中。

(3) 在【模型类型】框中选择模型形式，包括乘法模型和加法模型。

(4) 在【移动平均权重】框中选择移动平均权数的确定方法。因为 SPSS 季节调整中的趋势性提取是通过移动平均将季节性、周期性、不规则波动剔除而实现的。其中：

- 【所有点相等】表示以当前序列指定的周期为跨度，各点权数相同，实际就是简单移动平均。例如，以 12 个月份为周期时，该方法的跨度为 12，平均模型为 $y_T=\frac{1}{12}(y_1+y_2+\cdots+y_{12})$。SPSS 将其作为第 7 期的移动平均值。
- 【结束点按 0.5 加权】表示以当前季节周期长度加 1 作为移动平均的跨度，最后一个数据的权数为 0.5，之前的数据权数平均分配另外的 0.5。例如，以 12 个月份为周期时，该方法的跨度为 13，模型表示为 $y_T=\frac{0.5}{12}(y_1+y_2+\cdots+y_{12})+0.5y_{13}$。需要注意的是，当指定的周期为奇数时，只能用前一种移动平均模型。

对于序列中的周期需重申：如果序列中有几种周期性，则 SPSS 默认的周期是跨度最大的周期。例如，在一个月度数据当中，存在月度周期 12 和季度周期 4，那么时间序列默认的周期就是 12。这时如果想进行季度性周期的分析，需重新进行日期变量的定义，将最高水平的周期定义为季度。

(5) 选中【显示对象删除列表】选项表示在分析报告中输出整个计算过程，包括移动平均的结果、季节指数的生成过程以及序列的成分分解过程等。这种详细的输出结果对了解季节调整的具体过程和序列的构成是很有帮助的。如果不选该选项，分析报告当中只会显示简略结果。

(6) 单击保存按钮设置季节指数、调整后序列值、平滑值及不规则波动项的保存方式，如图 16-53 所示。

图 16-53 给出了三种选择，添加至文件、替换现有或者不要创建。

至此，完成了季节调整的基本操作，SPSS 将根据用户的选择自动建立模型。

图 16-53　季节调整方法的保存窗口

16.8.3　季节调整法的应用举例

利用我国 1992 年至 2002 年(共 11 年)的鲜苹果出口量(单位为“吨”)月度数据(SPSS 数据文件名：鲜苹果出口.sav)采用季节调整法进行分析。主要分析过程如下：

- 为实现对该序列特征的总体把握，首先绘制序列图，如图 16-54 所示。

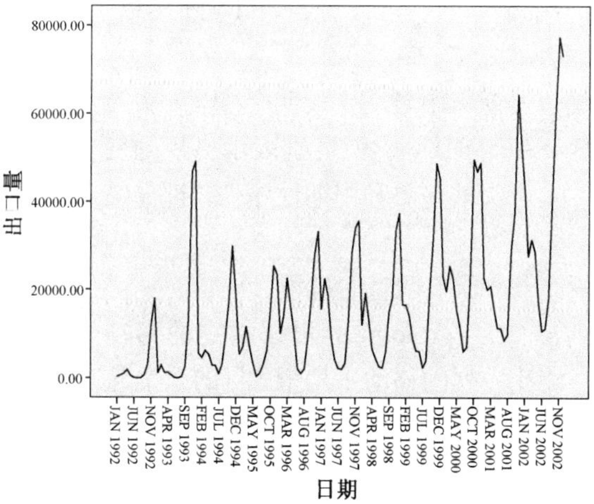

图 16-54　鲜苹果出口量的序列图

由图 16-54 可知：

- 序列存在明显的周期性特征，每个年度都有着从低到高，又从高到低的大致变化规律。这点提示可以建立周期为 12 的季节调整模型，当然也可以考虑建立以季度数 4 为周期的模型。
- 序列中存在一定的上升趋势。这点提示在季节调整过程中应引入趋势因素。

■ 序列的上下波动幅度有逐年增大的趋势。这点提示可以采用乘法模型。
■ 1994 年数据与其相邻年份数据有明显不同，需特别注意。由于数据中包括 11 个年度 132 条数据，数据量充足，在建模时可考虑将这一段明显偏离一般趋势的数据截去，以提高模型的精度。

为进一步把握序列的周期性，可绘制一阶逐期差分序列的相关图，如图 16-55 所示。

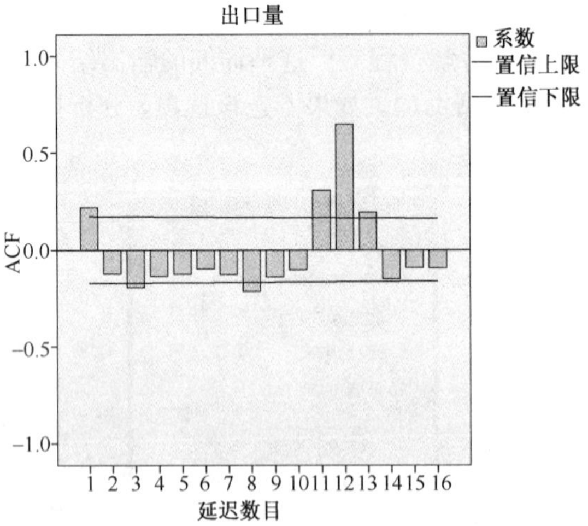

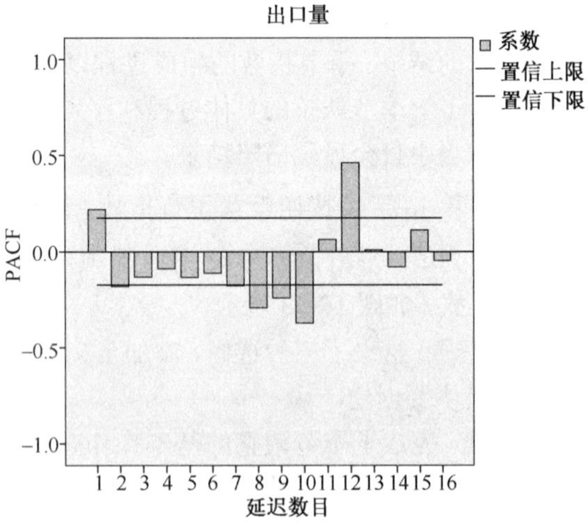

图 16-55　鲜苹果出口量一阶逐期差分序列的相关图

由图 16-55 可知，周期的整数倍处相关函数值都非常突出，意味着序列有明显的季节周期性。这里尝试建立季节调整的乘法模型。操作窗口如图 16-52 和图 16-53 所示。

具体分析结果如表 16-9 所示。

表 16-9 中列出了模型季节指数。可以看到，11 月份的季节指数是最高的。

同时，SPSS 在数据编辑器窗口中自动生成四个变量，头三个字母依次为 ERR、SAS、SAF、STC，它们分别表示不规则变动、季节调序列、季节指数、平滑的趋势和周期性序列。部分结果如图 16-56 所示。

表 16-9　季节调整模型分析结果

季节性因素

序列名称:出口量

期间	季节性因素（%）
1	88.5
2	99.2
3	101.7
4	68.8
5	40.6
6	24.1
7	14.6
8	25.0
9	80.5
10	149.2
11	254.9
12	252.9

结合表 16-56 可分析 SPSS 季节调整的过程：

■ 第一步：由原序列出口量(Amounts)根据指定的移动平均方法和周期，计算序列的移动平均值，目的是消除序列中的季节性和其他波动性因素，得到序列的趋势值。
■ 第二步：根据选择的模型形式，从原序列中剔除趋势因素，得到序列比率(Ratios)。这里选用的是乘法模型，计算过程为 Raitos(* 100)＝100×Amounts/移动平均值。
■ 第三步：计算季节指数。将各年同月的比率求平均，得到 12 个平均数；再将 12 个平均数除以总比率平均数，得到各月的季节指数(SAF)。

根据分析所得的季节指数变量可绘制季节指数线图。图 16-57 是两年季节指数的线图。

	year_	month_	date_	amounts	money	ERR_1	SAS_1	SAF_1	STC_1
1	1992	1	JAN 1992	347.98	264518.00	1.08752	393.10097	.88523	361.46634
2	1992	2	FEB 1992	611.52	875053.00	.93514	616.22954	.99236	658.97176
3	1992	3	MAR 1992	983.75	749022.00	.77161	967.58478	1.01671	1253.98261
4	1992	4	APR 1992	1849.03	1279079.00	1.77356	2688.43513	.68777	1515.83722
5	1992	5	MAY 1992	560.33	412288.00	1.11700	1380.65889	.40584	1236.04717
6	1992	6	JUN 1992	63.78	85171.00	.36187	264.51271	.24111	730.95817
7	1992	7	JUL 1992	15.91	21593.00	.29583	108.96743	.14604	368.34168
8	1992	8	AUG 1992	29.32	10176.00	.22879	117.39760	.24978	513.13030
9	1992	9	SEP 1992	679.24	364277.00	.64495	843.69326	.80508	1308.16134
10	1992	10	OCT 1992	3126.47	1421797.00	.76554	2096.14581	1.49153	2738.13310
11	1992	11	NOV 1992	11997.95	5929645.00	1.22002	4706.31806	2.54933	3857.58184
12	1992	12	DEC 1992	18051.90	8952303.00	1.67353	7137.34021	2.52922	4264.83822
13	1993	1	JAN 1993	1140.72	443514.00	.38905	1288.61712	.88523	3312.23869
14	1993	2	FEB 1993	2863.45	1360963.00	1.15002	2885.50718	.99236	2509.09305
15	1993	3	MAR 1993	1212.20	750585.00	.67481	1192.28401	1.01671	1766.84434
16	1993	4	APR 1993	1255.99	555989.00	1.14549	1826.17343	.68777	1594.22517
17	1993	5	MAY 1993	654.53	226243.00	1.36534	1612.76866	.40584	1181.22299
18	1993	6	JUN 1993	90.15	44385.00	.43095	373.89373	.24111	867.59572
19	1993	7	JUL 1993	29.25	8443.00	.20814	200.28261	.14604	962.26705
20	1993	8	AUG 1993	308.33	220156.00	.55979	1234.40434	.24978	2205.12967
21	1993	9	SEP 1993	2600.56	1279862.00	.59910	3230.19079	.80508	5391.74406
22	1993	10	OCT 1993	13286.73	5886332.00	.88520	8908.11348	1.49153	10063.35147
23	1993	11	NOV 1993	46779.69	17990804	1.36103	18349.80589	2.54933	13482.30088
24	1993	12	DEC 1993	49196.92	19229447	1.44324	19451.42506	2.52922	13477.58862
25	1994	1	JAN 1994	5614.14	2370400.00	.62249	6342.02237	.88523	10188.16845
26	1994	2	FEB 1994	4616.69	1521926.00	.63315	4652.25241	.99236	7347.75856

图 16-56　模型生成的部分结果

由图 16-57 可知，鲜苹果出口量受季节的影响很明显。每年 7 月的出口量最低，其季节指数最低。从 7 月份开始逐月上升，到 11 月达到顶峰，其季节指数最高。经过 12 月，到 1 月份又很快跌到较低水平。此后在 3 月份又到一个较小的峰点，以后逐月下降，到 7 月份达到谷底。这种变化趋势应该是可以理解的，苹果产量在很大程度上受到气候、环境等自然因素的影响，产量随季节的变化加上市场因素的变化共同形成了以上这种季节性的变化周期。

■ 第四步：从原序列当中剔除季节成分，即除以季节指数，得到经过季节调整的序列(SAS)，再将其进行平滑(SPSS 默认采用周期跨度为 5 的权重依次为 1，2，3，2，1 的加权移动平均)处理，得到平滑后的包含趋势和周期波动的序列(STC)。

■ 第五步：从季节调整后的序列(SAS)中剔除包含趋势和周期波动因素(除以 STC)，得到不规则波动序列(ERR)。

利用所得序列可做进一步的分析。例如，可通过对比季节指数发现一年中各月出口量的变化特点，还可对剔除了季节因素的序列建立各种预测模型，从而使预测更加精确，并在得到拟合值之后利用季节因子进行还原，得到序列的预测值。

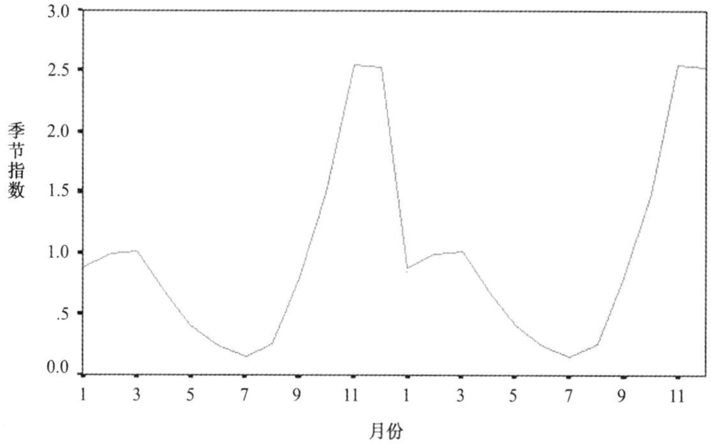

图 16-57　季节指数线图

总之，季节调整的目的是从季节性波动明显的序列中识别和提取季节因素，季节调整的最终结果是季节指数。将序列中的季节因素剔除之后，序列中还会有其他可利用的信息，包括趋势及其他有规律的周期波动性等，这些信息还需要通过其他时间序列分析方法进行识别。对于趋势性，通过季节调整方法可得到序列趋势性的大致估计，但它是基于移动平均方法的，并没有确定的模型形式。因此，通常可利用季节调整后的序列进行曲线拟合并得到趋势性的估计。对于其他波动性，可利用前面所讲 ARIMA 模型加以识别。总之，季节调整方法需与其他方法结合后，才能够实现完整意义上的时间序列分析和预测。